高等學校創新能力提升計劃（2011計劃）
出土文獻與中國古代文明研究協同創新中心

傳抄古文綜合研究

李春桃 著

吳振武 題

上海古籍出版社

國家社科基金項目"傳抄古文整理與研究"
（批准號：15CYY039）

全國高等院校古籍整理研究工作委員會項目
"《汗簡》、《古文四聲韻》綜合研究"（批准號：1337）

凡　　例

　　1. 本書在標注《汗簡》、《古文四聲韻》中古文形體出處時，先後順序分別爲：輯錄書籍簡稱/卷數/原書影印頁數/出處簡稱，如"㦧四4·18老"，指該形見於《古文四聲韻》卷4第18頁（原影印頁數），出自《古老子》。同一形體出處較多者，出處名稱用"\"號隔開，表示"或出自"義，如"龡汗5·62石\説"，指該形見於《汗簡》卷5第（卷下之一）62頁（原影印頁數），形體出自石經和《説文》。至於出處均用簡稱，簡稱多數與《傳抄古文字編》一書相合，以便互相參照，詳所附"《汗簡》、《古文四聲韻》古文出處簡稱表"。

　　2. 本書引用的出土文獻除了與討論内容相關的文字，其餘多按讀破之字直接寫出，不作嚴格隸定。

　　3. 書中直引文獻内容及學者觀點時，省略内容用"……"表示，若原文中有"……"者，本書改作"…"。爲節省篇幅，引用古書内容除需特別説明部分外，一般不注明版本及頁數；引用傳世字書、韻書内容時，直接列出形體所在的部首或韻部，不再另注頁數。

　　4. 書中常用的材料著録類、古文研究類書籍均用簡稱，詳書後所附"引書簡稱表"。

　　5. 本書所録三體石經古文很多采自施謝捷所輯的《魏石經古文彙編》一書（未刊稿），所録《説文》古文形體采自施謝捷所製《説文解字》電子版中形體。誌此兼表謝忱。

　　6. 爲行文方便，在引用學者觀點時，一般逕稱學者之名而不加先生等稱謂，敬祈見諒。

目　　錄

凡　例 001

緒　論 001
    一、相關術語界定及研究材料 001
    二、研究意義及行文結構 001
第一章　傳抄古文的來源、流傳及研究 004
  第一節　古文的來源與整理階段 005
    一、兩漢——古文經的來源、整理期 005
    二、魏晉——古文的流傳時期 010
    三、唐宋——古文整理時期 013
  第二節　古文的研究階段 016
    一、宋代古文研究 016
    二、清代古文研究 018
    三、清末民初以來古文研究 022
第二章　傳抄古文的價值 032
  第一節　古文對出土文獻研究的價值 032
    一、據古文形體考釋古文字 032
    二、據古文所反映的用字情況解決出土文獻中疑難問題 ... 043
  第二節　古文對傳世文獻研究的價值 053
    一、音 054
    二、形 057

		三、義	062
第三章	古文文本問題研究		066
	第一節	《汗簡》、《古文四聲韻》古文誤植現象清理與研究	067
		一、《汗簡》、《古文四聲韻》誤植現象清理	067
		二、古文誤植現象產生原因	093
		三、古文誤植現象形成時間	095
	第二節	古文其他文本問題	099
		一、古文偏旁的改造與拼合	099
		二、承襲《說文》而誤	107
		三、因誤認而產生的錯訛現象	115
		四、古人有偽造古文的現象	123
		五、古文出處訛誤	128
第四章	古文的形體特點及考釋方法		130
	第一節	古文的形體特點及構形規律	130
		一、形體的書寫形式	130
		二、形體的構形方式	135
		三、關於古文中存在合文現象的假設	146
	第二節	古文的考釋方法	147
		一、破解通假關係	148
		二、考訂古文訛體	151
		三、辨析誤置現象以考釋古文	161
		四、聯繫自身體系考釋古文	164
		五、結合古書用字考釋古文	169
		六、利用出土文獻考釋古文	174
		七、根據後世俗字考釋古文	176
第五章	《古文四聲韻》版本問題研究		181
	第一節	不同版本之間的差異及相關問題研究	181
	第二節	《集古文韻》的價值與性質	192
		一、《集古文韻》上聲殘卷所收古文價值	194
		二、《集古文韻》上聲殘卷的性質	206

第六章　隸定古文研究　210
第一節　隸定古文的判定　210
第二節　隸定古文的研究　216
　　一、從隸定形體研究古文　216
　　二、從隸定規律研究古文　222

第七章　古文的時代問題
　　——與不同時代文字對比研究　228
第一節　古文與先秦古文字研究　228
　　一、古文與古文字形體及構形規律相合　228
　　二、古文與甲骨金文研究　234
　　三、古文與戰國文字研究　248
　　四、古文與古文字比對需要注意的問題　267
第二節　古文與漢代文字研究　274
　　一、古文所含漢代文字揭示　274
　　二、古文所含漢代文字現象分析　287
　　三、古文與漢代文字研究可相互促進　294
第三節　古文與後世俗字研究　296
　　一、古文中的俗字現象揭示　298
　　二、古文中的俗字考釋　313
　　三、研究古文中俗字的意義　330
第四節　研究古文應充分注意古文的時代差異性　334
　　一、應分辨後世俗字與古文字　334
　　二、同是古文字應分清時代早晚　338

第八章　古文國別問題研究　341
第一節　《汗簡》、《古文四聲韻》古文的國別判斷　342
　　一、《汗簡》、《古文四聲韻》古文與各系文字相合程度統計
　　　　結果　344
　　二、古文與楚系文字關係　346
　　三、古文與郭店簡《唐虞之道》等篇的關係　353
第二節　研究或利用古文應該注意其國別特徵　359

附　錄

　　附表一　《汗簡》、《古文四聲韻》中古文與古文字形體對照表　　367

　　附表二　《集古文韻》與《新集古文四聲韻》形體有無對照表
　　　　　　（第五章第二節附表）　　485

　　附表三　《集古文韻》與《新集古文四聲韻》形體出處差異對照表
　　　　　　（第五章第二節附表）　　499

引書簡稱表　　505

《汗簡》、《古文四聲韻》古文出處簡稱表　　507

參考文獻　　509

筆畫檢索表　　533

後記　　545

緒　　論

一、相關術語界定及研究材料

"古文"這一術語涵義較爲寬泛，在討論相關問題之前，有必要對本書所謂"古文"進行概念上的界定。此處所論的"古文"是指經過人們輾轉傳寫而得以保存的古文字資料（以戰國文字爲主體），又稱傳抄古文或傳世古文，本書一般稱之爲"傳抄古文"或簡稱"古文"。按照形體書寫形式劃分，古文可分爲篆體古文和隸定古文。前者主要保存在《説文》、三體石經、《汗簡》、《集篆古文韻海》、《訂正六書通》以及碑刻材料中，後者則見於《玉篇》、《廣韻》、《集韻》、《一切經音義》、《龍龕手鏡》等字書中，部分先秦兩漢典籍的注疏中也存在隸定古文。《古文四聲韻》一書則既收録大量的篆體古文，也包含一定量的隸定古文。

以上材料中《集篆古文韻海》所收形體甚多，但未注明形體出處，而《訂正六書通》成書於明末清初，時代較晚，書中又混有大量的金文、璽印材料，所以學界對此二書中的古文形體持保留態度，但是這兩部書與《汗簡》、《古文四聲韻》一脈相承，彼此之間可以相互校勘，因此我們對兩書所收形體雖不進行全面討論，但會大量引用其有價值的內容。故而本書研究對象主要爲《説文》、三體石經、《汗簡》、《古文四聲韻》、碧落碑等材料所收的古文。[1]

二、研究意義及行文結構

傳抄古文經過後人反復摹寫、不斷傳抄才得以保存，古文資料自身存在一些問題，因此古文曾一度受到質疑，尤其是《汗簡》、《古文四聲韻》等晚出書籍曾長時間遭

---

[1] 另外，關於《説文》籀文的時代性質，學界仍有分歧，但其爲秦系文字應無疑問，故本書不予專門討論。

到忽視。這種現象隨着戰國文字研究的逐漸深入而有所改變,特別是近年來大批戰國竹簡出土,簡文往往能與古文相合,有時一些疑難文字的釋讀也需要依靠古文,所以古文資料在出土文獻中的重要地位開始凸顯出來。不但如此,古文對傳世古籍的研究也有重要意義。這是因爲古文形體屬於戰國文字,其出處又爲傳世典籍,如石經古文出自《尚書》、《春秋》等書,《汗簡》、《古文四聲韻》所采録的文獻更是達數十種之多。可見古文是連接古文字與傳世典籍的橋梁,重要性不言而喻。

學者對《説文》、石經古文一直都很重視,但對《汗簡》、《古文四聲韻》的關注則是從近年開始的,專門研究《汗簡》、《古文四聲韻》古文的著述,據筆者所見有黄錫全《汗簡注釋》、①王丹《〈汗簡〉、〈古文四聲韻〉新證》。② 前者對《汗簡》古文進行了全面的清理與研究,是研究《汗簡》的重要著作。但此書出版距今已二十餘年,近年戰國文字研究進展迅速,有許多新成果可以對該書進行補充、修正。後者吸收了很多近年的研究成果,對《汗簡》、《古文四聲韻》部分形體進行了比對,然而此文篇幅過小,只是選擇性地討論了部分形體,且對《古文四聲韻》版本、誤植、時代、國别等問題均未過多涉及。所以,目前仍有對《汗簡》、《古文四聲韻》以及相關古文進行綜合研究的必要。

本書分爲正文、附録兩部分。正文結合學界以及筆者自己的研究,對傳抄古文的價值、版本、時代、國别、形體特點、考釋方法以及存在的問題進行了綜合性討論。其中第二章裏古文對傳世文獻的意義、第三章裏《古文四聲韻》一書的誤植現象、第五章裏《集古文韻》殘卷的價值,這些内容前人提及甚少,本書進行了詳細的討論。又第四章總結了古文的特點及考釋方法,考釋出一批疑難古文形體,第六章對《古文四聲韻》一書隸定古文進行了研究,第七章探討了古文的時代,將古文與古文字及後世俗字相結合,不但討論了古文形體,也解决了一些古文字、俗字中的問題。

"附表一"是"《汗簡》、《古文四聲韻》中古文與古文字形體對照表"。表格收録可對應的古文及古文字形體,③並列出了古文字的時代、國别,有助於了解古文的來源時代以及演變過程,且該表對古文的國别研究作用重大,書中第八章"古文國别問題研究"中做出的國别統計結果就是依據此表格。④

"附表二、三"分别是《集古文韻》與《新集古文四聲韻》"形體有無對照表"、"形體出處差異對照表"。表格對二者形體多寡及出處差異進行了全面對比,並在此基礎上

---

① 黄錫全:《汗簡注釋》,吉林大學博士學位論文(指導教師:于省吾教授),1984年。後於1990年由武漢大學出版社出版。
② 王丹:《〈汗簡〉、〈古文四聲韻〉新證》,北京師範大學博士學位論文(指導教師:趙平安教授),2009年。後於2015年由上海古籍出版社出版。
③ 如此處理簡單明了,也避免了逐條疏證形式所引起的堆砌材料的弊病。
④ 至於屬於異體關係而不能與古文字直接對應者,筆者曾在另一部小書《古文異體關係整理與研究》(中華書局,2016年)進行了全面整理。

判斷兩者的優劣及《集古文韻》的性質,詳參書中第五章第二節。

　　本書在繼承前人成果的基礎上,也考釋了一些疑難古文形體,並利用古文來研究古文字、後世俗字,討論出土文獻及傳世文獻中的一些問題。但傳抄古文本身數量很多,且開放性較大,本書定有許多不足之處,還請讀者批評指正。

第一章

傳抄古文的來源、流傳及研究

秦代書同文字、剪滅古文，六國文字遂廢而不行於世，所以秦漢時期主要的通行文字是秦篆和隸書。漢代古文經的出現，使六國文字重新面世，經輾轉流傳並保存至今，成爲現在所謂的古文。

古文的流傳與發展，明顯帶有時代特徵。宋代是分水嶺，宋以前屬於古文的發現與整理期，宋代《汗簡》、《古文四聲韻》的成書，標誌着古文整理收錄的高峰。同時宋代金石學興盛，古文與金石學相結合，逐漸成爲研究對象。此後，古文由整理期轉入研究期。

1925年暑期王國維受清華學生會之邀作公開演講，他對中國古今學術的重大發現及影響有精闢的論述：

> 古來新學問起，大都由於新發見。有孔子壁中書出，而後有漢以來古文家之學；有趙宋古器出，而後有宋以來古器物、古文字之學。惟晋時汲冢竹簡出土後，即繼以永嘉之亂，故其結果不甚著。然同時杜元凱注《左傳》，稍後郭璞注《山海經》，已用其說；而《紀年》所記禹、益、伊尹事，至今成爲歷史上之問題。然則中國紙上之學問賴於地下之學問者，固不自今日始矣。自漢以來，中國學問上之最大發現有三：一爲孔子壁中書；二爲汲冢書；三則今之殷虛甲骨文字，敦煌塞上及西域各處之漢晋木簡，敦煌千佛洞之六朝及唐人寫本書卷，內閣大庫之元明以來書籍檔册。①

王國維所論之重大發現，多與古文關係密切，有的直接引發古文的出現，有的則對古文研究産生了重大影響。

本章以兩個節次從學術史角度，結合各個時代的學術特徵、重大發現，對古文的

---

① 王國維：《最近二三十年中中國新發見之學問》，此演講稿初發表於《清華周刊》350期，後重加改定收入《靜庵文集續編》，此據姚淦銘、王燕編：《王國維文集》第四卷，中國文史出版社，1997年，第33頁。

來源、流傳、整理與研究進行介紹。

第一節　古文的來源與整理階段

一、兩漢——古文經的來源、整理期

1. 漢代古文經的來源

經歷秦代"書同文字"後,漢代人見到的書籍主要是用隸書(少數用篆書)寫成,還有少部分是以不被人們熟悉的六國文字書寫,前者被稱爲今文經,後者被稱爲古文經。古文經的出現引發了對中國文化影響巨大的今古文之爭。同時,古文經也是傳抄古文的主要源頭。

(1) 孔壁古文

漢代古文經與孔壁竹書關係密切。孔壁竹書被王國維譽爲中國學術史上最大發現之一,其發現情況,很多典籍都有記載:

> 1. 及魯恭王壞孔子宅,欲以爲宮,而得古文於壞壁之中,《逸禮》有三十九,《書》十六篇。天漢之後,孔安國獻之,遭巫蠱倉卒之難,未及施行。及《春秋》左氏丘明所修,皆古文舊書,多者二十餘通,臧於祕府,伏而未發。
> ——劉歆《移太常博士書》①

> 2. 武帝末,魯共王壞孔子宅,欲以廣其宮,而得《古文尚書》及《禮記》、《論語》、《孝經》凡數十篇,皆古字也。……孔安國者,孔子後也,悉得其書,以考二十九篇,得多十六篇。安國獻之。遭巫蠱事,未列于學官。
> ——《漢書·藝文志》②

> 3. 恭王初好治宮室,壞孔子舊宅以廣其宮,聞鐘磬琴瑟之聲,遂不敢復壞,於其壁中得古文經傳。　　——《漢書·景十三王傳》③

> 4. 至孝景帝時,魯恭王壞孔子教授堂以爲殿,得百篇《尚書》於牆壁中。武帝使使者取視,莫能讀者,遂祕於中,外不得見。
> ——王充《論衡·正説篇》④

---

① (東漢)班固撰,(唐)顏師古注:《漢書》第七册,中華書局,2009年,第1969頁。
② 《漢書》第六册,第1706頁。
③ 《漢書》第八册,第2414頁。
④ (東漢)王充:《論衡》,《諸子集成》第七册,上海書店,1991年,第269頁。"魯恭王"之"恭",原作"共",現直接改作"恭",後《案書篇》亦同。

5. 孝武皇帝封弟爲魯恭王。恭王壞孔子宅以爲宫,得佚《尚書》百篇、《禮》三百、《春秋》三十篇、《論語》二十一篇。聞弦歌之聲,懼復封塗,上言武帝。武帝遣吏發取,古經、《論語》,此時皆出。

——王充《論衡·佚文篇》①

6.《春秋左氏傳》者,蓋出孔子壁中。孝武皇帝時,魯恭王壞孔子教授堂以爲宫,得佚《春秋》三十篇,《左氏傳》也。

——王充《論衡·案書篇》②

7. 魯恭王壞孔子宅,而得《禮記》、《尚書》、《春秋》、《論語》、《孝經》,又北平侯張倉獻《春秋左氏傳》。 ——許慎《説文解字·敘》

8. 魯恭王壞孔子宅,以廣其宫,得古文《尚書》,多十六篇,及《論語》、《孝經》。武帝時孔安國家獻之,會巫蠱事,未列於學官。……其《禮古經》五十六篇,出於魯壁中。

——荀悦《前漢紀·成帝紀》引劉向語③

9. 及秦用篆書,焚燒先典,而古文絶矣。漢武時,魯恭王壞孔子宅,得《尚書》、《春秋》、《論語》、《孝經》。

——《晋書·衛恒傳》④

10.《古文尚書》者,出孔安國。武世,魯恭王壞孔子宅,欲廣其宫,得《古文尚書》及《禮》、《論語》、《孝經》數十篇,皆古字也。

——袁宏《後漢紀·章帝紀》

爲了便於比對,下面以表格形式列出上録文獻的主要内容,再討論相關問題:

出　處	發現時間	發現者	發現地點	獻書者	獻書時間	所出書籍及卷數
移太常博士書		魯恭王	孔子宅	孔安國	天漢以後	《逸禮》三十九,《書》十六篇
漢書·藝文志	武帝末	魯恭王	孔子宅	孔安國	遭巫蠱事	《尚書》及《禮記》、《論語》、《孝經》凡數十篇
漢書·景十三王傳		魯恭王	孔子宅			古文經書

---

① 《論衡》,《諸子集成》第七册,第199頁。文中"《春秋》三十篇"之"十"原誤作"百";"聞弦歌之聲"之"聞"原誤作"闓",現直接據後人注文改寫。
② 《論衡》,《諸子集成》第七册,第277頁。
③ (東漢)荀悦:《前漢紀》,欽定四庫全書薈要本,吉林出版集團有限公司,2005年,第234頁。
④ (唐)房玄齡等撰:《晋書》第四册,中華書局,1982年,第1061頁。

續　表

出　處	發現時間	發現者	發現地點	獻書者	獻書時間	所出書籍及卷數
論衡·正説	景帝時	魯恭王	孔子教授堂	武帝使使者取視		百篇《尚書》
論衡·佚文	武帝時	魯恭王	孔子宅	武帝遣吏發取		《尚書》百篇、《禮》三百、《春秋》三十篇、《論語》二十一篇
論衡·案書	武帝時	魯恭王	孔子教授堂			《春秋》三十篇,《左氏傳》也
説文·敘		魯恭王	孔子宅			《禮記》、《尚書》、《春秋》、《論語》、《孝經》
《前漢紀》引劉向語		魯恭王	孔子宅	孔安國家	會巫蠱之事	《尚書》,多十六篇,及《論語》、《孝經》
晋書·衛恒傳	漢武帝	魯恭王	孔子宅			《尚書》、《春秋》、《論語》、《孝經》
後漢紀·章帝紀	武世	魯恭王	孔子宅			《尚書》及《禮》、《論語》、《孝經》數十篇

以上文獻記載孔壁竹書的發現者是魯恭王,並無異詞。發現地點有"孔子教授堂"、"孔子宅"兩種稱呼,但孔子教授堂可能也在孔子宅内,所以兩者並不構成區別。除這兩點外,關於孔壁竹書的其他記載却有很大差異。下面分别從發現時間、獻書者和獻書時間、書籍種類和卷數等角度進行討論。

① 發現時間

竹書的發現時間,以上記載主要有三種説法:《漢書·藝文志》記爲"武帝末";《論衡·正説》記爲"景帝時";其他書籍泛稱"武帝時"。按:許多學者已經指出"武帝末"的説法不可信,因爲恭王薨於武帝元光六年(前129年),在武帝初年。現多數學者相信《論衡·正説》的記載,因爲恭王"孝景前三年徙王魯",其治宮室也當在初遷魯時,應在景帝時期。① 其實此説也存在問題。《論衡》一書至少有三次明確記載了孔壁古文的發現情況,《佚文》、《案書》篇都謂竹書出現在武帝時期,《正説》篇却説在景帝時,可見《論衡》的記録本身就存在矛盾。又《佚文》篇曰:"孝武帝封弟爲魯恭王。"按,恭王初封正確時間是景帝時期,可見《論衡》一書關於恭王這段歷史的記載比較混亂,不足取信於人。還可以通過《正説》本身的記載來證明其所謂"景帝説"不可信,此篇云:"<u>至孝景帝時</u>,魯恭王壞孔子教授堂……<u>武帝使使者取視</u>。"楊

---

① 張舜徽:《張舜徽集·漢書藝文志通釋》,華中師範大學出版社,2004年,第196頁。又徐剛:《古文源流考》,北京大學出版社,2008年,第5頁注3。

寶忠謂：

> 今以文例求之，此文當作"至孝武皇帝時"。仲任稱其時則言孝某皇帝時，下稱其帝則直言某帝。上文"孝景皇帝時"，"景帝遣晁錯……"，"至孝宣皇帝時"，"宣帝下示博士"，下文"至孝成皇帝時"，"獻之成帝"，"成帝高其才而不誅"，此其例。此言"至孝景帝時"，"武帝使使者取視"，既是"武帝使使者取視"，則其時自是孝武皇帝之時也。誤作"景帝"，文不可通矣。①

楊説是，王充在《論衡》中記載漢代皇帝時，記録格式爲"孝 A 皇帝……A 帝……"，按此規律，《正説》中"至孝景〈皇〉帝時，魯恭王壞孔子教授堂……武帝使使者取視"，"景帝"與"武帝"必有一誤，而孔壁古文最後歸屬武帝，所以《正説》中"孝景帝"應是"孝武帝"之誤。如此，"景帝説"便失去了根據。如果孔壁竹書屬實的話，其發現時間只能在武帝初年。

② 獻書者和獻書時間

關於孔壁古文最早的記載是《移太常博士書》和《漢書·藝文志》。兩者都謂孔安國獻之，獻書的時間前者記爲天漢（前 100—前 97 年）以後，後者記爲"遭巫蠱事"時（前 91 年）。《論衡》云"武帝使使者取視"，《前漢紀》説"孔安國家獻之"，時間也是"遭巫蠱事"時。其中《論衡》的記載與其他皆不同，上文已論《論衡》記載此事多有舛訛，此處也不足爲信。②《前漢紀》成書較晚，説服力不强。所以《移太常博士書》和《漢書·藝文志》的記載最值得注意，兩者都記載孔安國是獻書者，獻書時間在天漢以後，此説法影響非常之大。但典籍中關於孔安國的生卒年記載存在差異，③孔安國在天漢時期是否在世都無法確定，故認爲其在天漢以後獻書，是非常可疑的。

③ 書籍種類和卷數

劉歆《移太常博士書》中記載孔壁所出的古書僅有《逸禮》和《書》兩種，稍晚文獻的記載則有所增益，多出《禮記》、《論語》、《孝經》、《春秋》、《左傳》等。據陳夢家研究，《禮記》是班固對《禮》古經的誤記；《論語》、《孝經》、《春秋》、《左傳》等書也並非出自孔壁。④ 關於書籍種類，現在學者的意見也存有差異。至於每種書的卷數，歧異則更大了。

---

① 楊寶忠：《論衡校箋》，河北教育出版社，1999 年，第 884 頁；關於孔壁古文出於漢景帝時不可信，也可參李若暉：《孔壁古文〈論語〉探論》，《紅河學院學報》2006 年第 3 期。
② 《論衡·正説篇》："武帝使使者取視，莫能讀者，遂祕於中，外不得見。"《史記·儒林傳》："孔氏有古文《尚書》，而安國以今文讀之，因以起其家。逸《書》得十餘篇，蓋《尚書》滋多於是矣。"可見孔安國曾見古文《尚書》，並"以今文讀之"，這與《正説》"外不得見"、"莫能讀者"不同，也可證明《論衡》所記不可信。
③ 關於孔氏世系的記載分別參《史記·孔子世家》、《漢書·孔光傳》、《孔子家語》序二，幾者記載互有牴牾。
④ 陳夢家：《尚書通論》，中華書局，2007 年，第 34—35 頁。

總之,典籍關於孔壁竹書的記載牴牾之處很多,再加上《史記》並未記載孔壁竹書之事,按照"天下遺文古事靡不畢集太史公"的説法來看,孔壁出現古文,司馬遷在《史記》中不予提及,的確有悖常理。① 所以清代今文經派學者據此認爲孔壁竹書是僞造的,並認爲古文經亦屬僞造。

從種種迹象來看,孔壁竹書之事確有可疑之處,但是不能因此便認爲古文經也屬僞造。從現今的古文字學研究來看,很多古文與戰國文字相合,古文經的存在不容置疑。其實,本着科學的態度,不必把孔壁竹書和古文經看成一事,應將兩者分開來看,孔壁竹書真實與否並不影響古文經的可信性。古文經在漢代肯定存在,但孔壁竹書是否確有其事已不易判斷,可能是古文經學家爲擴大古文經的影響,托"孔壁"之名也未可知。總之漢代出現了一批以戰國時期六國文字書寫的經籍,因其事已浩渺難徵,爲便於説明,徑直稱它們爲"孔壁竹書"也未嘗不可。

(2) 民間獻書

民間獻書是古文重要來源之一。秦代焚書坑儒,又施行挾書律,使得很多先秦典籍散亂亡佚。漢代惠帝廢除挾書律,文、景時期又實行懷柔政策,鼓勵百姓獻書。如許慎在《説文·叙》中曾提到張蒼獻有古文《春秋左氏傳》。又《論衡·正説篇》載:

> 至孝宣皇帝之時,河內女子發老屋,得逸《易》、《禮》、《尚書》各一篇,奏之。宣帝下示博士,然後《易》、《禮》、《尚書》各益一篇。②

此處雖然未明言河內女子所得諸篇是否以古文書寫,然這些篇章若爲今文經籍,似無需奏之宣帝,宣帝更不必下示博士,由此可知這幾篇文獻應也是古文寫本。另據《漢書·藝文志》:"《禮古經》者,出於魯淹中及孔氏,與十七篇文相似,多三十九篇。"③則魯淹中也出有《禮古經》。

(3) 好古者搜集之書

王公大臣大力搜羅佚籍也促進了古文經的發現,如河間獻王曾廣泛徵集佚籍,《漢書·河間獻王傳》載:

> 河間獻王德以孝景前二年立,修學好古,實事求是。從民得善書,必爲好寫與之,留其真,加金帛賜以招之。繇是四方道術之人不遠千里,或有先祖舊書,多奉以奏獻王者,故得書多,與漢朝等。是時,淮南王安亦好書,所招致率多浮辯。

---

① 《史記·儒林傳》載"孔氏有古文《尚書》,而安國以今文讀之"。司馬遷曾問故於孔安國,倘若孔安國之古文爲"孔壁竹書",司馬遷理應知曉,《史記》當會提及。
② 《論衡》,《諸子集成》第七册,第269頁。
③ 《漢書》第六册,第1710頁。

> 獻王所得書皆古文先秦舊書,《周官》、《尚書》、《禮》、《禮記》、《孟子》、《老子》之屬,皆經傳說記,七十子之徒所論。①

獻王所得之書不但數量多(與漢朝等),而且質量也精(不似淮南王浮辯),應是古文經的重要組成部分。

2. 漢代古文經的歸屬與研究

無論是所謂的"孔壁竹書",還是民間所獻的古文經,最後都歸於漢代祕府之中。《漢書·藝文志》載:"劉向以中古文《易經》校施、孟、梁丘經,或脫去'無咎'、'悔亡',唯費氏經與古文同。"②又:"劉向以中古文校歐陽、大小夏侯三家經文,《酒誥》脫簡一,《召誥》脫簡二。率簡二十五字者,脫亦二十五字,簡二十二字者,脫亦二十二字,文字異者七百有餘。脫字數十。"③是祕府之中有古文寫本《易經》、《尚書》之明證,推測其來源,無外乎民間所獻或是王侯徵得。祕府使古文經能夠得以集中保存,皇家學者如劉向等可以閱讀研究,對古文的流傳起到了巨大作用。

《史記·儒林傳》:"孔氏有古文《尚書》,而安國以今文讀之,因以起其家。"④可見孔安國對古文《尚書》進行了研究,"以今文讀之"既包括釋讀工作也包含整理研究,孔安國是最早對古文進行研究的學者之一。

古文經的出現引起了今古文之爭,古文經派標榜古文經學,派中學者應參與了古文經的整理與研究。如成帝感歎學殘文缺、稍離其真,命劉向陳發舊藏,校理舊文,結果發現今文經有很多脫訛、錯簡之處。劉向之子劉歆也參與過古文經的整理。東漢時期,古文經派代表人物許慎把當時所見的古文收錄於《說文》之中,這也是傳抄古文的重要組成部分。後來鄭玄不分今古、遍注羣經,才彌合了今、古文之間的分歧,兩派之爭暫時結束。現今所見的古籍注疏中含有很多古文,尤其在漢代經師的注文中體現得更爲突出,這都是當時學者綜合今、古文經研究的結果。

二、魏晉——古文的流傳時期

1. 三體石經刊立

歷經東漢,古文經學逐漸盛行,人們不但學習古文經,還善於模仿古文筆法進行書寫,《晉書·衛恒傳》載《四體書式》曰:

---

① 《漢書》第八冊,第2410頁。
② 《漢書》第六冊,第1704頁。
③ 《漢書》第六冊,第1706頁。
④ (西漢)司馬遷撰:《史記》第十冊,中華書局,1975年,第3125頁。

> 及秦用篆書，焚燒先典，而古文絕矣。漢武時，魯恭王壞孔子宅，得《尚書》、《春秋》、《論語》、《孝經》。時人以不復知有古文，謂之科斗書。漢世祕藏，希得見之。魏初傳古文者，出於邯鄲淳。恒祖敬侯寫淳《尚書》，後以示淳，而淳不別。至正始中，立三字石經，轉失淳法，因科斗之名，遂效其形。太康元年，汲縣人盜發魏襄王冢，得策書十餘萬言。案敬侯所書，猶有髣髴。①

又《魏書・江式傳》：

> 陳留邯鄲淳亦與(張)揖同時，博古開藝，特善《倉》、《雅》，許氏字指，八體六書精究閑理，有名於揖，以書教諸皇子。又建三字石經於漢碑之西，其文蔚炳，三體復宣。校之《説文》，篆隸大同，而古字少異。又有京兆韋誕、河東衛覬二家，並號能篆。當時臺觀榜題、寶器之銘，悉是誕書，咸傳之子孫，世稱其妙。②

通過《江式傳》可知，當時已形成一套嚴格的古文書寫傳承系統，且發展成熟。

　　古文經學不斷強大，直至被立爲官學，加上當時存在善於書寫的學者，這兩點便爲三體石經的刊立創造了先決條件。魏正始二年(241年)刊立石經，由於石經用古文、篆文、隸書三種字體刻寫，所以稱之爲三體石經或三字石經。因刊立時間在正始年間，又稱正始石經。關於三體石經刊立的情況，除了上面《魏書》中有記載外，還見於《水經・穀水注》：

> 魏正始中，又立古、篆、隸三字石經……自秦用篆書，焚燒先典，古文絕矣。魯恭王得孔子宅書，不知有古文，謂之科斗書。蓋因科斗之名，遂效其形耳。……魏初，傳古文出邯鄲淳，石經古文，轉失淳法，樹之于堂西，石長八尺，廣四尺，列石于其下。碑石四十八枚，廣三十丈。③

石經所刻經書包括《尚書》、《春秋》、《左傳》，其中《左傳》未刊全。關於石經的書寫者一直存在爭議，典籍記載有邯鄲淳、衛覬、嵇康、張揖等不同説法，王國維從多個方面進行總結，認爲石經並非出自一人之手，④孫海波、⑤趙立偉⑥均贊同，王説當可信。關於石經碑數，文獻記載也有差異，上錄《水經注》記載四十八枚，《西征記》記載三十五枚，《洛陽伽藍記》記載二十五枚。現代學者意見也有分歧，王國維贊同《西征記》三十五

---

① (唐)房玄齡等撰：《晋書》第四册，第1061頁。
② (北齊)魏收撰：《魏書》第六册，中華書局，1984年，第1963頁。
③ 陳橋驛：《水經注校證》，中華書局，2007年，第401—402頁。
④ 王國維：《魏石經殘石考》，《王國維遺書》第九册，上海古籍書店，1983年。
⑤ 孫海波：《魏三字石經集錄》，藝文印書館，1975年，源流部分第7頁。
⑥ 趙立偉：《魏三體石經古文輯證》，社會科學文獻出版社，2007年，第23—24頁。

枚的説法，①章太炎信從《水經注》觀點，認爲碑數爲四十八枚。②孫海波根據一碑上正反兩面分別刻有"第廿一"、"第八"字樣，認爲原碑數爲二十八枚。③諸説之中似以孫海波觀點更爲可信。

石經在流傳過程中遭到了破壞，現在見到的多是斷石殘文，但它仍是傳抄古文的重要組成部分，也是研究古文字的重要資料。

2. 汲冢竹書的出現與研究

魏晉時期最重要的出土資料當屬汲冢竹書，此事也被王國維譽爲中國學術史上的重大發現。西晉初年汲冢竹書發現於汲郡（今河南省衛輝市）戰國魏襄王（一説魏安釐王）墓。《晉書·束晳傳》：

> 太康二年，汲郡人不準盜發魏襄王墓，或言安釐王冢，得竹書數十車。……大凡七十五篇，七篇簡書折壞，不識名題。冢中又得銅劍一枚，長二尺五寸。漆書皆科斗字。初發冢者燒策照取寶物，及官收之，多燼簡斷札，文既殘缺，不復詮次。武帝以其書付祕書校綴次第，尋考指歸，而以今文寫之。晳在著作，得觀竹書，隨疑分釋，皆有義證。④

又《晉書·荀勗傳》：

> 及得汲郡冢中古文竹書，詔勗撰次之，以爲《中經》，⑤列在祕書。⑥

竹書甫一出現，晉武帝便下令整理。此批材料數量極大，整理、研究非一時一人所能完成，很多當時的著名學者參與了此項工作。據朱希祖研究，竹書整理共花費近二十年時間，分三個階段：⑦第一期自武帝太康二年（281年）至太康八、九年，整理者爲荀勗、和嶠；第二期自惠帝永平元年（291年）至楚王瑋事件止，主要整理者是衛恒；第三期自惠帝元康六年（296年）至永康元年（300年），主要整理者是束晳。

汲冢竹書的整理與研究引起了當時學界的討論。《晉書·王接傳》：

> 時祕書丞衛恒考正汲冢書，未訖而遭難。佐著作郎束晳述而成之，事多證異義。時東萊太守陳留王庭堅難之，亦有證據。晳又釋難，而庭堅已亡。散騎侍郎

---

① 王國維：《魏石經考》，《觀堂集林》，中華書局，2004年，第962頁。
② 章太炎：《新出三體石經考》，《章太炎全集（七）》，上海人民出版社，1999年，第1077頁。
③ 孫海波：《魏三字石經集錄》，源流部分5頁。
④ 《晉書》第五册，第1432—1433頁。
⑤ 按：此《中經》又稱《中經新簿》，與魏鄭默所編《中經》（又稱《魏中經簿》）非同一書，前者是仿照後者編成。
⑥ 《晉書》第四册，第1154頁。
⑦ 朱希祖：《汲冢書考》，中華書局，1960年，第43頁。

潘滔謂接曰："卿才學理議,足解二子之紛,可試論之。"接遂詳其得失。摯虞、謝衡皆博物多聞,咸以爲允當。①

除對竹書進行整理外,學者還利用竹書材料校讀傳世文獻。如《晉書·司馬彪傳》所載:"初,譙周以司馬遷《史記》書周秦以上,……周於是作《古史考》二十五篇,皆憑舊典,以糾遷之謬誤。(司馬)彪復以周未盡善也,條《古史考》中凡百二十二事爲不當,多據《汲冢紀年》之義,亦行於世。"②竹書對當時學界的影響於此可見。所以不難推斷,汲冢古文在典籍或字書中會得以保存,部分形體屢經傳寫很可能被後來出現的《汗簡》、《古文四聲韻》所采錄,成爲傳抄古文的一部分。

汲冢所出竹書門類廣泛、篇數衆多。可惜流傳下來的只有《穆天子傳》、《竹書紀年》,後者爲輯本已非原貌。③ 竹書皆以古文書寫,因汲縣戰國屬魏,竹書又是魏國典籍,按照現今戰國文字分域原則,汲冢竹書的文字應屬於三晉文字。

這一時期除了汲冢竹書外,還有零星的古文資料出土,不過較爲零散,且最後歸屬不明,故不予詳論。

三、唐宋——古文整理時期

唐宋距戰國已遠,出土古文材料較少,④對古文所作的工作更多體現在整理與應用方面。

1. 唐代古文的書寫與整理

唐代是中國書法史上的高峰,曾專門設立培養書法人才的教學機構,在課程設置上重視小學,尤其是文字學。《新唐書·選舉志上》卷四十四:"凡書學,石經三體限三歲,《説文》兩歲,《字林》一歲。"⑤"石經三體"即三體石經,《説文》、《字林》都是文字學重要著作。所以唐代的很多書法家如李陽冰等都具有很高的文字學素養。正是由於政府機構的大力提倡,才形成了書法與文字學結合的現象。文字之中又以古文最爲奇妙奧古,極具吸引力,故而書寫古文在唐代頗爲盛行。

唐代最爲著名的古文體碑刻爲碧落碑。唐高祖十一子韓王元嘉之子李訓、李誼、

---

① 《晉書》第五册,第 1436 頁。
② 《晉書》第七册,第 2142 頁。
③ 汲冢竹書在隋唐時期尚有《古文瑣語》一書行於世(参《隋書·經籍志》),後該書亦亡佚。
④ 唐代也有古文經發現,如《汗簡·略序》引李士訓《記異》:"大曆初,予帶經鋤於瀍水之上,得石函中有絹素古文《孝經》一部,二十二章,壹阡捌佰柒拾式言。初傳與李太白,白授當塗令李陽冰,陽冰盡通其法,上皇太子焉。"是當時發現一本古文《孝經》。
⑤ (宋)歐陽修、宋祁撰:《新唐書》第四册,中華書局,1975 年,第 1160 頁。

李譔、李謀爲其母房太妃（房玄齡之女）立"大道天尊"石像，並於石像之後書寫碑文，時在唐高宗總章三年（670年）。因石像背後不易椎拓，故別刻於另一石上。碑文二十一行，六百餘字。碑文本是時人尚古而作，儘管包含一些俗字、雜糅形體，但多數文字均爲古文，且有所依憑，流傳到現在已經成爲重要的古文資料。

唐代重要的古文體書寫材料還有華山古文三碑，碑立於天寶九年（750年），分別爲《唐嶽廟古松詩》、《唐雲臺觀三方功德頌》、《唐雲臺觀金籙齋頌》。徐剛認爲這三方碑文都與道教思想有關，且認爲唐代的古文之風與道教有緊密聯繫。①

除此之外，由元結撰文，瞿令問所書的《窊尊銘》、《陽華岩銘》均爲古文體碑刻。《窊尊銘》刻於唐永泰二年（766年），石在湖南道縣，現存碑文拓本不甚清晰，《八瓊室金石補正》中有摹本。②《古泉山館金石文編》："（瞿）所書《窊尊銘》，結體遒勁，所用古文，皆有依據，無一字杜撰，以此見公篆學之精深。"《陽華岩銘》仿三體石經，以古文、小篆、隸書三體書寫，石在湖南江華縣，書寫時間與《窊尊銘》相同。兩篇碑文不但書法價值珍貴，也是研究古文的重要材料。

唐代的字書、韻書中也收錄了古文形體，推動了古文的流傳與整理。唐代一方面注重規範文字，經常有字樣類的書籍，如《九經字樣》等；另一方面也重視文字異體，如顏元孫《干祿字書》收錄文字正體的同時也收錄俗字。又王存乂《切韻》、李商（或作尚）隱《字略》、裴光遠《集綴》等收集了不少古文，以上諸書，現多亡佚，不復得見，但宋代仍可看到。所以郭忠恕、夏竦兩人在編纂《汗簡》和《古文四聲韻》時還能引用，使得古文流傳至今。

2. 宋代專門收錄古文的書籍問世

宋代以前，古文往往作爲異體收在字書中正體之後，如《説文》體例爲"今敘篆文，合以古籀"。即便存在專門收錄古文的字書，現皆已亡佚，已無法了解其內容與體例。目前所見最早大規模專門收集古文的書籍是《汗簡》、《古文四聲韻》，兩者均爲集大成之作。

《汗簡》，正文共三卷，每卷又分上、下兩部分。宋郭忠恕撰，忠恕字恕先，洛陽人，《宋史》有傳，謂其"尤工篆籀"，曾訂《古文尚書》。郭氏另有《佩觿》三卷行於世，該書闡述文字構形、考證文字變遷。"汗簡"取義"殺青竹簡"，以表明其來源於簡書，淵源甚古。此書收錄形體兩千九百餘，均爲篆體古文，形體下注楷書釋文。書中徵引著述凡七十一家（含同書異名者），其中字書、碑刻除《説文》、三體石經、碧落文等少數幾種

---

① 徐剛：《古文源流考》，北京大學出版社，2008年，第233—235頁。
② （清）陸增祥：《八瓊室金石補正》，文物出版社，1985年，第415頁。

外，其他現多已亡佚。所收形體按《說文》部首順序排列，以古文偏旁分隸諸字，此與其他按韻系字或按楷書分部的字書有別。①

該書少量釋文寫誤；所收形體偶有訛竄；部分形體釋文脫失；一些形體出處也不準確。因書中形體以古文偏旁領起，又有部分形體歸部不夠準確，故不易檢索。

《汗簡》是宋代最早大規模專門收錄傳抄古文的書籍，具有開創風氣的作用，後出《古文四聲韻》、《集篆古文韻海》等書，都是在此基礎上增補、修訂而成。此書完成後，文字研究者却並不重視。探其原因：一是書中所引材料多已亡佚，無以核對；二是書中形體與當時所見的銅器銘文及小篆均有差異。現在隨着戰國文字研究的深入，此書的價值已爲學界所認可。

《古文四聲韻》，共五卷。宋慶曆四年(1044年)夏竦撰，夏竦字子喬，江州德安人，《宋史》有傳。此書以韻分字、以隸領篆，其自序云所列韻目本自唐《切韻》。書中兼收篆體古文和隸定古文，所收古文形體，多數爲戰國文字，還包括少量後世俗字。古文形體與字頭除屬異體關係外，還含有通假及同義換讀關係。該書在《汗簡》基礎上，廣泛搜羅材料，引書較《汗簡》多出十餘種，古文數量更是多出數倍。②

此書存在一些問題。如收錄了少量僞造或"以隸作古"形體；相鄰字頭間形體或有訛竄；楷書字頭或被誤認作隸定古文；楷書字頭偶有脫失；所錄形體出處或被誤記。

《古文四聲韻》最大的價值就是保存了大量的傳抄古文形體。自20世紀下半葉始，戰國文字資料大量出土，相關研究日益深入，很多文字形體與此書所錄相合，甚至疑難文字有時都是依據古文才得以釋出。首見該書的形體如"悖"字古文（字）、"拔"字古文、"抱"字古文（保）等形，被出土郭店簡《老子》、清華簡《繫年》所證明，類似例子還有很多。該書是古文字尤其是戰國文字研究的重要參考書籍。

郭忠恕與夏竦都是古文大家，代表當時古文研究的最高水平。他們所作的古文收集工作也包含了辨認識別，這從二書體例便可看出。《汗簡》依《說文》部首排列，《古文四聲韻》按韻分卷，郭、夏二氏在對古文歸類時，勢必進行識別，某些來自字書或韻書的形體，可能直接包含釋文，但來自碑刻或典籍的古文，需根據文例才能做出判斷。況且，並非所有材料都能提供有用的辭例，毋庸置疑，郭、夏二人對古文也作了一定的考釋工作。二書所收形體中存在一些問題，如含有僞造或釋錯的古文（詳參後文第三章）。不難想像，某些問題可能就是郭、夏二氏所爲。

---

① 今學界字編類書籍層出不窮，字頭排列多依據《說文》順序，或認爲此體例源自吳大澂《說文古籀補》，實不知宋代《汗簡》已開此風。

② 全祖望跋此書謂："實即取《汗簡》而分韻錄之，絕無增減異同，雖不作可也。"余嘉錫已指出其所評不當，參《欽定四庫全書總目》（整理本），中華書局，1997年，第542頁注1引余嘉錫語。

南宋洪适《隸續》一書摹錄了三體石經《左傳》遺字,對於石經古文的研究意義重大。另外,宋代又有杜從古編《集篆古文韻海》一書,收錄古文衆多。明代閔齊伋編《六書通》,後經清代畢弘述改定成《訂正六書通》,它們采用的多是《說文》、石經、《汗簡》、《古文四聲韻》中的古文,並有擴充,收錄了當時所見的部分銅器銘文、璽印文字。《集篆古文韻海》所收形體不注明出處,《訂正六書通》又成書太晚,所以學者對此二書的使用多采取謹慎態度。但兩者在很大程度上繼承了《汗簡》、《古文四聲韻》中的形體,故可利用它們補充、校對《汗簡》、《古文四聲韻》,它們對傳抄古文研究具有很大的參考價值。

第二節　古文的研究階段

宋代金石學開始興盛,古文與金石學研究逐漸融爲一體。徐剛謂"宋代以後,古文學的傳承出現了根本性的變化,那就是融入了金石學的傳統。古文從此與其他先秦古文字一起作爲一個整體,成爲金石學研究的輔助手段"。① 科學研究中,材料的論證往往具有相互性,利用古文研究金石文字,同時這一過程也印證了古文自身的合理性,所以這本身便是對古文的研究。在學術風氣轉變的影響下,古文由早期的整理階段轉入了研究階段。宋代一方面標誌着古文整理階段的完成,另一方面也是古文研究階段的開始。

一、宋代古文研究

"有趙宋古器出,而後有宋以來古器物、古文字之學"。② 宋代彝器銘文頻現,金石材料豐富,又有高素養的學者參與,這些都促使了宋代金石學的興起。

金石學屬於新興學科,研究者不以文字釋讀爲主要目的,所以宋代的古文字研究水平一般。即便如此,吕大臨、薛尚功等學者還是釋出了一批金文,查其考釋方法,主要是形體對勘法。對比材料除《說文》小篆外,便屬古文資料最多。吕大臨在《考古圖釋文・序》中說:

至漢魯恭王壞孔子宅得壁中書,及張蒼獻古《春秋左氏傳》,魯三老獻古《孝經》,及郡國於山川得鼎彝之銘,然後古文復出。孔安國以伏生口傳之書訓釋壁

---

① 徐剛:《古文源流考》,第26頁。
② 王國維:《最近二三十年中中國新發見之學問》,《王國維文集》第四卷,第33頁。

中書,以隸定古文,然後古文稍能訓讀。其傳於今者,有古《尚書》、《孝經》、《陳倉石鼓》及郭氏《汗簡》、夏氏《集韻》(桃按:即《古文四聲韻》)等書尚可參考。①

可見在文字考釋過程中,學者參考了古文資料。古文本是戰國時期東方六國文字,鐘鼎彝銘主要爲西周文字,就時代而言,兩者已有距離,但就文字系統的整體性而言,六國文字也是從西周文字發展而來,所以古文與金文也可相互驗證。《考古圖釋文》是宋代考釋金文的重要著作,性質相當於金文字典,下面以該書爲例來討論古文在金文考釋中的作用。據統計,該書據古文釋金文達二十餘例。如據《説文》"宜"字古文⭞,釋⭞爲"宜";據《説文》"業"字古文⭞,釋⭞爲"業";據《古道德經》中"爲"字作⭞,把⭞釋成"爲";據《古尚書》中"秦"字作⭞,把⭞釋作"秦"。其所引《古尚書》、《古道德經》中形體出自《汗簡》或《古文四聲韻》。呂氏在考釋金文的同時,也解決了一些古文的來源,如把⭞形釋爲"叡",指出該形與《古尚書》中的"且"字古文⭞相近,認爲"叡"、"且"同音,②釐清了"且"字古文的來源。

宋代對古文的認識還不夠深入,如呂大臨也常誤用古文資料。《説文》"直"字古文作⭞,呂氏認爲該形與⭞"互有繁省",據此釋⭞形爲"直"。其實此二形並不相近,⭞是"刺"字,與"直"無關。又《古孝經》中"爭"字作⭞,呂氏據此把⭞形釋爲"爭"。非是,⭞實爲"貫"字。雖然存在誤用現象,但利用古文考釋文字的方法卻是可取的,也說明宋代學者已經注意到古文的重要性。

宋代金石學與古文相結合,使古文進入了研究階段,儘管一些考證還是零散的、不自覺的,未能形成成熟的體系,卻開了"二重證據法"的先河,爲以後的古文研究打下了基礎。

古文與金文融合,不僅表現在文字互證上,在金文字書方面也有體現。如元、明時期金文書籍,往往兼收古文。元代楊鉤輯有《增廣鐘鼎篆韻》一書,③是在薛尚功《廣鐘鼎篆韻》的基礎上增訂而成,薛書現已亡佚。《增廣鐘鼎篆韻》在收錄鐘鼎文字的同時,也收錄古文形體。明代釋道泰輯有《集鐘鼎古文韻選》,④與《增廣鐘鼎篆韻》相似,也是同時收錄金文與古文。同時,諸書所收金文和古文被摹寫得極爲相似,說明兩者被等同看待,可見時人對古文的性質並不了解。馬國權評價《增廣鐘鼎篆韻》謂"楊鉤

---

① (宋)呂大臨、趙九成:《考古圖·續考古圖·考古圖釋文》,中華書局,1987年,第271頁。
② 原書中古文形體處空白,現依據出處補出。該書在引用古文時,有多處作空白狀。
③ (元)楊鉤:《增廣鐘鼎篆韻》,《北京圖書館古籍珍本叢刊》第5冊,書目文獻出版社,1980年,第573—686頁。
④ (明)釋道泰:《集鐘鼎古文韻選》,《北京圖書館古籍珍本叢刊》第5冊,第688—745頁。

是花費了不少氣力,但他没有比薛尚功有所發展,有些反而是後退了,而這點,正反映了元人對金文的認識水平不及宋人之處"。①

另一方面,收録古文的書籍,也兼收金文。《集篆古文韻海》等書在收録古文的同時,也闌入了部分金文。將兩者等同處理,顯然有欠妥當。直到清代吴大澂《説文古籀補》、民國時期丁佛言《説文古籀補補》、强運開《説文古籀三補》仍然把金文當成古文看待,收録其中,似亦不妥。但應明確,《説文古籀補》等三書除了收金文外,還收了大量的璽印、陶器、貨幣文字,把這些戰國文字材料看成是"古籀"的補充却是很合理的。

二、清代古文研究

關於古文的研究,清末民初與清代前中期並不相同,現將清末民初的古文研究放入下一部分論述,此處僅討論清代前、中期的古文研究情況。②

1. 今文學派與古文研究

今古文之争在東漢末年得以平息,此後一千餘年今文經學一直處於蟄伏狀態,直到清代又重新蘇醒。今文經派的復蘇與常州學派關係密切。常州學派以莊存與、莊述祖、劉逢禄、宋翔鳳等爲核心人物,因莊、劉都是常州府人,故此得名。今文經派在常州學派的帶動下才開始復興。梁啓超謂:

> 其最近數十年來崛起之學術,與惠、戴争席而駸駸相勝者,曰西漢今文之學。首倡之者爲武進莊方耕(存與),著《春秋正辭》。方耕與東原同時,相友善,然其學不相師也。戴學治經訓,而博遍群經;莊學治經義,而約取《春秋公羊傳》。……方耕弟子劉申受(逢禄)始顓主董仲舒、李育,爲《公羊釋例》,實爲治今文學者不祧之祖。③

可見莊存與爲清代今文經的倡導者,劉逢禄是奠基人,後來經龔自珍、魏源等人的推進,今文經學影響逐漸擴大。

今文經派推崇"公羊學",並將其與政治聯繫起來,專力推崇《春秋》的"微言大義"。他們反對古文經學,如魏源著《書古微》推重今文《尚書》,否定馬融、鄭玄等人所作的《尚書》傳、解。又有《詩古微》申述齊、魯、韓三家大意,排斥毛詩。後來康有爲的

---

① 馬國權:《金文字典述評》,《中華文史論叢》1980 年第 4 期。
② 從時間來看,這裏所謂的"中期"實際更晚一些,應持續到同治(1856—1874)年間。
③ 梁啓超:《飲冰室合集》文集之七,中華書局,1989 年,第 96 頁。

《新學僞經考》《孔子改制考》更大膽認爲古文經多是劉歆僞造,以附和王莽新政。今文派學者否認古文經的存在,其觀點"質言之,則所謂古文諸經者,皆有連帶關係,真則俱真,僞則俱僞"。① 依此邏輯,古文經既屬僞造,古文形體自不可信。清代今文經學者對古文態度非常明瞭。

今文派學者也有專門研究古文、籀文者。常州學派重要人物莊述祖著《説文古籀疏證》一書,②莊氏以所見金文對古文、籀文進行考證,是較早以古文字材料與古籀相印證的學者,其研究方法可以啓發後人。但該書臆斷之處較多,認爲文字緣起於甲子,爲古聖賢所造等等,均屬穿鑿不實之言。後代學者對莊述祖有相關評價,王國維在《〈史籀篇〉疏證序》中評價莊氏之書"自爲一家言,專輒尤甚"。③ 後又在寫給羅振玉的信中説:

> 此次作《籀篇疏識》,初以爲無所發明,便擬輟筆,及昨晚得所録諸字,細觀一過,覺可發見者頗多。此事唯先生知我,亦唯我知先生。然使能起程、段諸先生於九原,其能知我二人,亦當如我二人之相知也。至於並世學者,未必以我輩爲異於莊述祖諸人也。④

輕蔑之意躍然紙上。當然,莊氏一書的問題也是整個今文派學者的癥結所在,此皆因他們對古文經的觀念所致,徐中舒曾對今文派學者的古文研究有過很好的概述:

> 劉逢禄、龔自珍對於古籀之學極爲疏闊。劉逢禄之學出自莊述祖。莊氏《説文古籀疏證》對於金文,所見墨本既少,其中真僞雜糅,亦不能辨。王國維先生《古籀疏證敍録》評其書曰"專輒已甚",言其書專憑己見,錯誤太多,實無足取。龔自珍爲吳榮光考訂《筠清館金文》,孫詒讓《古籀拾遺》譏其書曰:"書空貤謬","書空"是没有證據的空談,"貤謬"是以謬爲是而以不謬爲謬。他們對於古籀之學,並無真知,而悍然斥六國古字爲僞字,六國古文書爲僞書。總之,清代今文家自其開宗明義時,就缺乏一種嚴肅的學者態度。及其末流,就免不了要"極附會荒唐之能事,真不知是在説什麽話了"!(原注:周予同《經今古文學》語)⑤

2. 古文學派與古文研究

真正代表清代學術高峰的是以考證爲主的樸學,正所謂"無考證學則是無清學

---

① 梁啓超著,朱維錚導讀:《清代學術概論》,上海古籍出版社,2009年,第76頁。
② (清)莊述祖:《説文古籀疏證》,叢書集成初編本,中華書局,1985年。
③ 王國維:《〈史籀篇〉疏證序》,《王國維遺書》第六册,上海古籍書店,1983年,第3頁。
④ 王慶祥、蕭立文校注,羅繼祖審訂:《羅振玉王國維往來書信》,東方出版社,2000年,第42頁;又吳澤主編,劉寅生、袁英光編:《王國維全集——書信》,中華書局,1984年,第57頁。
⑤ 徐中舒:《經今古文問題綜論》,《紀念顧頡剛學術論文集》上册,巴蜀書社,1990年,第70頁。

也"。明末清初,顧炎武、黃宗羲的經世思想掃清了宋明理學的障礙,爲清代經學研究回歸學術本身鋪平道路。隨後閻若璩、胡渭從經籍自身進行研究,爲樸學的發展奠定了基礎,尤其閻若璩的《尚書古文疏證》證明了《古文尚書》係後人僞造,給人以深刻啓發,使人們逐漸認識到對傳世"經典"的研究還應以考證方法爲主。

乾嘉學派的誕生將清代樸學的發展推向了巔峰。因"乾嘉樸學"繼承了東漢古文經學,故又稱爲"漢學"、"考據學",代表人物爲惠棟和戴震,以二人爲中心形成了兩個學術團體。因惠棟等人出自蘇州等江南地區,故該群體被稱作吳派,成員包括惠棟弟子江聲、余蕭客,以及再傳弟子江藩。另外同出自江南的洪亮吉、孫星衍、王昶、錢大昕都是此派的中堅分子;以戴震爲中心則形成了皖派,重要成員包括其弟子段玉裁、孔廣森、王念孫及其子王引之等。①

古文經派推崇漢代傳、注,重視文獻自身研究,追求還原經典的真實。在對經典進行復原時,不但重視漢代傳、注中的古文,同時也使用很多後世字書中的古文,如王念孫《讀書雜誌》、王引之《經義述聞》、盧文弨《鍾山札記》、《龍城札記》、孫詒讓《札迻》、俞樾《古書疑義舉例》等,都大量引用了《説文》、《玉篇》、《集韻》等書中的古文形體,並取得了不錯的成績。後文第二章討論古文對傳世文獻價值時會予以舉證,此不贅述。

小學是經學研究的重要手段,所以清代古文經學者在研究經籍的過程中,也將中國傳統的小學推向了高峰。就文字學而言,清代《説文》研究取得了豐碩成果。《説文》中存有大量古文材料,所以清代的古文研究成就突出。以段玉裁爲例,他對古文就有深刻的認識,如《説文》:"妞,人姓也。从女、丑聲。《商書》曰:無有作妞。"段玉裁注:

> 《鴻範》文,今《尚書》"妞"作"好"。此引經説叚借也。"妞"本訓人姓,好惡自有真字。而壁中古文叚"妞"爲"好"。此以見古之叚借不必本無其字,是爲同聲通用之肇耑矣。此如"朕聖讒説"叚"聖"爲"疾","尚狟狟"叚"狟"作"桓","布重莫席"叚"莫"爲"纖蒻之義","日圛"叚"圛"爲升雲半有半無之義,皆偶經以明六書之叚借也。而淺人不得其解,或多異説,蓋許書之湛晦久矣。②

此注十分精彩。其一,段玉裁認爲"妞"爲壁中古文,十分正確,《説文解字注》一書在解釋古文時"許所據壁中古文也"、"蓋壁中文如是"之語頻見,説明段氏已經認識到

---

① 吳派與皖派雖然都推崇古文經,且皖派的戴震等人曾受到吳派惠棟的影響,但兩派學術觀點仍有細微差別。吳派推崇漢代傳、注,"凡漢必好",並不考慮漢代學者對經文解釋的對錯與否。皖派則重視經文本身的正確,以還原經文本義爲學術宗旨。如解義不通,漢代傳注亦不取。所以學者概括吳派的宗旨爲"漢不漢"、"皖派"的宗旨是"真不真"。相關研究看梁啓超著,朱維錚導讀:《清代學術概論》,上海古籍出版社,2009年,第33、43頁。劉墨:《乾嘉學術十論》,三聯書店,2006年,第97頁。

② (清)段玉裁:《説文解字注》,江蘇廣陵古籍刻印社,1998年,第613頁。

《説文》古文來源於"孔壁竹書"。其二,段玉裁認爲"敃"與"好"、"聖"與"疾"、"狟"與"桓"都屬假借關係,明確了古文並非都是本字,還有大量假借字。這些認識都超越了前人,但段玉裁拘泥於舊説,認爲《説文》中古文都是上古三代倉頡所造之字,實不可信。直到民國初年王國維指出古文乃東方六國文字,才爲古文找到了真正源頭。

清代對《汗簡》進行全面研究的是鄭珍。鄭氏對《汗簡》所引書籍、書中所收古文進行了考證,鄭氏的突出之處是在考證古文的同時,注意其出處,對出自經史典籍者,儘量還原典籍辭例,此是清代學者熟悉文獻的優勢所在。但鄭氏不夠重視當時已經存在的金文資料,①對很多正確的古文形體疑之過深、責之過甚,且對出自《説文》、石經以外的古文很少徵引,均爲其不足之處。

此外,清代學者在古文書籍傳承中也發揮了積極作用。汪啓淑刻印《古文四聲韻》,後來學界常用的就是這個本子。

事實上清代早中期學者對《汗簡》、《古文四聲韻》等材料仍持懷疑態度。鄭珍雖專門研究《汗簡》,但他對該書成見很深,其箋正《汗簡》的目的是爲揭示該書古文的僻怪訛誤,以維護《説文》的正統地位。② 正因如此,《汗簡箋正》一書責難駁斥古文的地方甚多,鄭珍尚且如此,其他學者的態度可想而知。錢大昕謂《汗簡》:

> 郭忠恕《汗簡》,談古文者奉爲金科玉律,以予觀之,其灼然可信者,多出于《説文》,或取《説文》通用字,而郭氏不推其本,反引它書以實之,其它偏旁詭異不合《説文》者,愚固未敢深信也。③

同時他也批評《古文四聲韻》:

> 英公(桃按:此指夏竦)博覽好古而未通六書之原,不能別擇去取,故踳訛複沓,較之《汗簡》爲甚。④

潘祖蔭認爲《汗簡》、《古文四聲韻》中所輯並非商周古文字:

> 古籀廢絶二千年,至於今日,孰從而極其變哉。《説文》所載重文,後人或有增加,真偽參半。郭忠恕《汗簡》所輯,皆漢唐六朝文字,點畫不真,詮釋不當。夏竦《古文四聲韻》相爲表裏,其謬則同。所謂商周遺迹無有也。⑤

---

① 但鄭氏對金文材料亦有引用,陳偉武曾有總結,參陳偉武:《試論晚清學者對傳抄古文的研究》,《第二屆國際清代學術研討會論文集》,臺灣中山大學中文系,1999年,第862頁。此文承陳偉武惠贈,謹致謝忱。
② 關於《汗簡箋正》的寫作動機可參袁本良:《鄭珍〈汗簡箋正〉論略》,《貴州文史叢刊》2001年第3期。
③ (清)錢大昕:《潛研堂文集》,陳文和主編:《嘉定錢大昕全集》第九冊,江蘇古籍出版社,1997年,第449頁。
④ (清)錢大昕:《潛研堂文集》,陳文和主編:《嘉定錢大昕全集》第九冊,第450頁。
⑤ (清)潘祖蔭:《説文古籀補序》,吳大澂:《説文古籀補》,商務印書館,1936年,第1—2頁。

吴大澂亦認爲《汗簡》、《古文四聲韻》是"援據雖博,蕪雜滋疑"。① 李學勤對此種現象做了評議:"到清代,《説文》之學風行,金文研究日益深入,以《汗簡》爲代表的古文,被認爲上不合於商周,下有悖於《説文》,受到不應有的蔑視。"②究其緣由,當時雖然存在金文材料,但是古文真正的源頭是六國文字,與金文尚存差别,相合者數量不多,古文形體自身得不到證明。《汗簡》、《古文四聲韻》成書較晚,且所引書籍多已亡佚,學者無法考證書中古文的流傳脈絡,故疑之。

總之,清代早、中期的學者對待古文材料的態度存在差異。今文派學者否定古文的存在,古文派學者承認古文的價值。同時古文派對不同的古文材料,態度也不同,對漢代傳注中古文、《説文》、三體石經古文往往深信,但是對《汗簡》、《古文四聲韻》中的古文多持懷疑態度。

三、清末民初以來古文研究

隨着學術思潮的變化,清末民初的古文研究也有很大改變。此時最大的學術事件莫過於甲骨文的出現,也是王國維所謂三大重要發現之一。甲骨文的發現直接促使古文字學從傳統的小學和金石學中獨立出來,成爲一門新興學科。

1. 清末民國時期的古文研究

甲骨文發現後,即有一批學者參與研究,如孫詒讓、羅振玉、王國維等,同時他們也研究古文,且從文字學自身出發,方法往往更爲科學。

孫詒讓在《古籀餘論》、《古籀拾遺》中常常利用古文資料考證金文。羅振玉在《殷墟書契考釋》中也常引用古文資料。

值得注意的是王國維,他是古文研究最重要的學者,先後完成《〈史籀篇〉疏證》、《戰國時秦用籀文六國用古文説》、《〈史記〉所謂古文説》、《〈漢書〉所謂古文説》、《〈説文〉所謂古文説》、《〈説文〉今序篆文合以古籀説》、《漢時古文本諸經傳考》、《漢時古文諸經有轉寫本説》、《兩漢古文學家多小學家説》、《科斗文字説》、《桐鄉徐氏印譜序》等文章,對古文的性質、國别、形體都有很精闢的見解。另外王氏在考釋古文字時也能自覺地運用古文材料。了解王國維對古文的貢獻,不僅要通過其文章著作,更需結合當時的學術背景等多方面因素。所以筆者單獨撰有《王國維與清末民初古文研究》一文,③此不多論。

---

① (清)吴大澂:《説文古籀補》,第7頁。
② 李學勤:《〈汗簡注釋〉序》,參黄錫全:《汗簡注釋》,武漢大學出版社,1990年,第2頁。
③ 李春桃:《王國維與清末民初古文研究》,《戰國文字研究的回顧與展望》,中西書局,2017年。

這一時期出現了研究《説文》古文的專論。胡光煒《説文古文考》、①舒連景《説文古文疏證》、②商承祚《説文中之古文考》③都利用出土文字資料證明古文形體，均取得了不錯的成績。

石經的發現極大地推動了古文研究的進展。清光緒二十一年(1895年)三體石經《尚書·君奭》殘石出土，引起了學界關注。羅振玉《吉石庵叢書》較早著錄了此石拓本，同年王國維作《魏石經考》考證了石經源流、字數、碑數、拓本、經文。④ 1922年洛陽再次出土三體石經《尚書》和《春秋》經殘石，羅振玉《魏正始石經殘字跋》予以介紹。⑤ 王國維又作《魏石經殘石考》，對原碑格式和經文進行了研究。此外，章太炎《新出三體石經考》⑥對石經古文進行了綜合研究，尤其對石經的流傳情況用力較深。孫海波的《魏三字石經集錄》⑦共考證古文三百餘字，考證石經碑數爲二十八枚，頗有見地。另外，同時期白堅、馬衡、張國淦、吳維孝等學者的著述都曾涉及三體石經，對古文研究也做出了貢獻。

相對而言，此時學者對於《汗簡》、《古文四聲韻》二書並未予以足夠的重視，如古文字學家唐蘭就認爲《汗簡》是"杜撰的古字"、《古文四聲韻》中的材料"大抵不能用"，⑧可見，二書的價值當時仍未得到普遍認可。

2. 建國以來的古文研究

建國以來戰國文字資料日漸豐富，帶有文字的璽印、陶器、貨幣、銅器等材料不斷出土，尤其是近年來大批有字楚簡逐漸被發現。若王國維仍在世，定會將其譽爲第四大發現。新發現可促進學術的進步，就文字學而言，這些材料推進了戰國文字研究的發展。學者們發現戰國文字很多都與古文相合，並漸漸意識到不但《説文》、石經中的古文可信，《汗簡》、《古文四聲韻》兩書中的古文也十分重要。如李學勤説：

> 郭店簡的文字多同於郭忠恕《汗簡》、夏竦《古文四聲韻》所引古文。這種古文，長期受到學者否定，懷疑是捏造杜撰。近年戰國文字研究發達，兩書的名聲漸得昭雪。郭店簡裏的特異寫法，與兩書相同或近似的最多。⑨

---

① 此書完成於1927年，此處據胡光煒：《胡小石論文集三編·説文古文考》，上海古籍出版社，1995年。
② 舒連景：《説文古文疏證》，商務印書館，1937年。
③ 商承祚：《説文中之古文考》，《金陵學報》第四、五、六、十卷。後合成書籍《説文中之古文考》，上海古籍出版社，1983年。
④ 王國維：《魏石經考》，《廣倉學宭叢書》，上海倉聖明智大學，1916年，後經改編擇選收入《觀堂集林》中，參王國維：《觀堂集林》，中華書局，2004年，第955—975頁。
⑤ 羅振玉：《魏正始石經殘字跋》，國立北京大學《國學季刊》第一卷第三號，1923年。
⑥ 此書完成於1933年，此處據章太炎：《章太炎全集(七)·新出三體石經考》，上海人民出版社，1999年。
⑦ 此書完成於1937年，此處據孫海波：《魏三字石經集錄》。
⑧ 唐蘭：《古文字學導論》，齊魯書社，1981年。
⑨ 李學勤：《郭店楚簡與儒家經籍》，《中國哲學》第二十輯，1999年，第20頁。

不僅如此，一些疑難文字的釋讀有時也需依靠古文資料。古文研究不斷進步，並開始向成熟期邁進，主要表現在以下兩方面：首先，人們在考釋古文字時能夠自覺運用古文資料；其次，專門研究傳抄古文的書籍、文章大量出現，且相關研究逐漸細化，研究涉及古文形體、出處、源流、國別等多個方面。

爲了表述更爲清晰，下面分類介紹這一時期的古文研究情況，每類按《説文》、石經、《汗簡》、《古文四聲韻》等古文資料的順序依次述及。

(1) 形體

古文的最大價值在於保留了早期文字形體，爲出土文獻研究提供最直接的對比材料。這一時期，學者在研究中已能自覺地運用古文材料，且用力最多之處也在形體考證方面。

集中研究《説文》古文的著述，如李天虹《〈説文〉古文校補疏證》、[①]張學城《〈説文〉古文研究》，[②]都利用新出戰國文字資料，排比相關字形，對古文形體進行了細緻考辨。此外，祝敏申在《〈説文解字〉與中國古文字學》一書後所附"《説文》重文與考古材料對照表"也收錄了《説文》古文以及能與之對應的古文字形體，並注明了古文字的時代及國別。[③]

石經古文方面，臺灣學者邱德修撰有《魏石經古文釋形考述》、[④]《魏石經初探》二書，[⑤]前者對古文形體進行辨析考證，後者則以字表形式加以收錄。王慧《魏石經古文集釋》[⑥]集釋了諸家考釋意見；趙立偉《魏三體石經古文輯證》以表格形式將石經古文與古文字形體進行了比對。[⑦]

此時《汗簡》、《古文四聲韻》的價值凸顯出來，研究著述層出不窮。如黃錫全《汗簡注釋》，[⑧]利用古文字資料考證《汗簡》所收字形，證明《汗簡》中古文形體多能與先秦文字相合，糾正了前人貶低《汗簡》的錯誤。相關討論可參看曾憲通《是對〈汗簡〉做出正確評價的時候了》。[⑨] 同時，《古文四聲韻》一書也開始走入學者的視野，許學仁《〈古文四聲韻〉古文研究·古文合證篇》辨析了一些古文形體，並對《古文四聲韻》引錄古文材料來源進行統計。[⑩] 王丹《〈汗簡〉與〈古文四聲韻〉新證》[⑪]吸收最新研究成果，對

---

① 李天虹：《〈説文〉古文校補疏證》，吉林大學碩士學位論文(指導教師：林澐教授)，1990年。
② 張學城：《〈説文〉古文研究》，安徽大學博士學位論文(指導教師：徐在國教授)，2009年。
③ 祝敏申：《〈説文解字〉與中國古文字學》，復旦大學出版社，1998年。
④ 邱德修：《魏石經古文釋形考述》，學生書局，1977年。
⑤ 邱德修：《魏石經初探——魏石經古篆字典》，學海出版社，1978年。
⑥ 王慧：《魏石經古文集釋》，安徽大學碩士學位論文(指導教師：徐在國教授)，2004年。
⑦ 趙立偉：《魏三體石經古文輯證》，社會科學文獻出版社，2007年。
⑧ 黃錫全：《汗簡注釋》，武漢大學出版社，1990年。
⑨ 曾憲通：《是對〈汗簡〉做出正確評價的時候了》，《曾憲通學術文集》(收入該文時改名爲《論〈汗簡〉古文之是非得失》)，汕頭大學出版社，2002年。
⑩ 許學仁：《〈古文四聲韻〉古文研究·古文合證篇》，自印本，此書承陳偉武轉贈，特此致謝。
⑪ 王丹：《〈汗簡〉與〈古文四聲韻〉新證》，北京師範大學博士學位論文(指導教師：趙平安教授)，2009年。後於2015年由上海古籍出版社出版。

此二書中的部分形體進行了研究。

綜合研究古文形體的著述,如馮勝君編"《說文》古文、三體石經古文與戰國文字對照表",①把戰國文字分成齊、三晋、燕、楚、秦等五域分别和古文進行比較,强調了分域意識,方法更爲科學。張富海《漢人所謂古文之研究》②討論了《説文》、石經古文,並將部分漢人注疏中古文一併納入。徐在國《隸定古文疏證》③則對傳世字書中的隸定古文進行了考證,此書爲研究隸定古文的重要著作。

除上述專著外,單篇研究文章的大量湧現也推動了古文研究。如曾憲通《三體石經古文與説文古文合證》、④何琳儀《戰國文字與傳抄古文》、⑤黄錫全《利用〈汗簡〉考釋古文字》、⑥張光裕《〈説文〉古文中所見言字及从心从言偏旁互用例札迻》、⑦黄錫全《〈汗簡〉、〈古文四聲韻〉中之石經、〈説文〉"古文"的研究》、⑧李天虹《〈説文〉古文校補29則》、⑨劉樂賢《釋〈説文〉古文慎字》、⑩李天虹《〈説文〉古文新證》、⑪趙平安《〈説文〉古文考辨五篇》、⑫李守奎《〈説文〉古文與楚文字互證三則》、⑬趙立偉《魏三體石經古文疏證(五則)》、⑭蘇建洲《〈説文〉古文補説二則》,⑮此類文章都推動了古文研究。筆者也曾專門對古文形體進行過考釋,如《傳抄古文釋讀(五則)》、⑯《古文考釋八篇》、⑰《傳抄古文考釋四篇》、⑱《利用楚簡資料研究古文五則》、⑲《古文形體三考》、⑳《釋邾公鈺鐘銘中的"穆"字》。㉑ 另外從事古文字研究的學者,在進行古文字釋讀時,多能聯繫古

---

① 馮勝君:《論郭店簡〈唐虞之道〉、〈忠信之道〉、〈語叢〉1—3以及上博簡〈緇衣〉爲具有齊系文字特點的抄本》,北京大學博士後出站報告,2004年。該表亦見於馮勝君:《郭店簡與上博簡對比研究》附録表二,綫裝書局,2008年。
② 張富海:《漢人所謂古文之研究》,綫裝書局,2008年。
③ 徐在國:《隸定古文疏證》,安徽大學出版社,2002年。
④ 曾憲通:《三體石經古文與説文古文合證》,《古文字研究》第七輯,中華書局,1982年。
⑤ 何琳儀:《戰國文字與傳抄古文》,《古文字研究》第十五輯,中華書局,1986年。
⑥ 黄錫全:《利用〈汗簡〉考釋古文字》,《古文字研究》第十五輯。
⑦ 張光裕:《〈説文〉古文中所見言字及从心从言偏旁互用例札迻》,《文物研究》第七輯,黄山書社,1991年。
⑧ 黄錫全:《〈汗簡〉、〈古文四聲韻〉中之石經、〈説文〉"古文"的研究》,《古文字研究》第十九輯,中華書局,1992年,第509—536頁,又見氏著《古文字與古貨幣論集》,文物出版社,2009年,第507—533頁。
⑨ 李天虹:《〈説文〉古文校補29則》,《江漢考古》1992年第4期。
⑩ 劉樂賢:《釋〈説文〉古文慎字》,《考古與文物》1993年第4期。
⑪ 李天虹:《〈説文〉古文新證》,《江漢考古》1995年第2期。
⑫ 趙平安:《〈説文〉古文考辨五篇》,《河北大學學報》1998年第1期。
⑬ 李守奎:《〈説文〉古文與楚文字互證三則》,《古文字研究》第二十四輯,中華書局,2002年。
⑭ 趙立偉:《魏三體石經古文疏證(五則)》,《康樂集——曾憲通教授七十壽慶論文集》,中山大學出版社,2006年。
⑮ 蘇建洲:《〈説文〉古文補説二則》,《〈上博楚竹書〉文字及相關問題研究》,萬卷樓圖書公司,2008年。
⑯ 李春桃:《傳抄古文釋讀(五則)》,《中國文字》第三十六輯,藝文印書館,2011年。
⑰ 李春桃:《古文考釋八篇》,簡帛網,http://www.bsm.org.cn/show_article.php?id=1447,2011年4月13日。
⑱ 李春桃:《傳抄古文考釋四篇》,《古文字研究》第二十九輯,中華書局,2012年。
⑲ 李春桃:《利用楚簡資料研究古文五則》,《簡帛》第七輯,上海古籍出版社,2012年。
⑳ 李春桃:《古文形體三考》,《出土文獻與古文字研究》第五輯,上海古籍出版社,2013年。
㉑ 李春桃:《釋邾公鈺鐘銘中的"穆"字》,復旦大學出土文獻與古文字研究中心網站,http://www.gwz.fudan.edu.cn/SrcShow.asp?Src_ID=1496,2011年5月13日。

文形體,既考釋出了古文字,同時又解決了古文形體來源,限於篇幅,具體文章不再贅舉。

(2) 音韻

古文的性質獨特:從源頭上說,來源於戰國文字;從出處上說,多出自傳世典籍。典籍中常使用通假字,因此古文中也存在大量的通假關係,整理這些通假現象有助於音韻學研究。祝鴻熹、黃金貴在《〈說文〉所稱古文中的假借字》①中列舉出《說文》中具有通假關係的古文37例,並予以論證。黃天樹《〈說文〉重文與正篆關係補論》②列出《說文》中具有通假關係的古文。王丹在《〈古文四聲韻〉重文間的關係試析》③中列舉了《古文四聲韻》中具有假借關係的部分古文。筆者《古文異體關係整理與研究》一書對古文中的異體現象進行了全面的整理與研究。④《古文四聲韻》是按韻部排列的字書,該書本身韻部設置便反映了宋代的語音面貌,1917年王國維《書〈古文四聲韻〉後》⑤將該書與《廣韻》、《切韻》的分韻異同做了比較,並在給羅振玉的信中指出《古文四聲韻》的部目與《干禄字書》及唐寫本《切韻》屬一系,與《廣韻》有別。⑥《集古文韻》上聲殘卷的分韻與《古文四聲韻》也有差異,⑦這些對於研究韻書分韻有很大作用。此外,吕朋林《〈汗簡〉音切考校(上)》、《〈汗簡〉音切考校(下)》⑧將《汗簡》古文形體下部所標的440條反切音注與《廣韻》、大徐本《說文》反切進行了比較研究,增加了學者關於宋代韻書的認識。

(3) 訓詁

除了通假現象,古文中還存在同義換讀關係。同義換讀是指意義相同或相近的兩個字在文獻中有時可以換用,這種換用和讀音沒有聯繫,完全是由同義關係所引起。關於同義換讀現象,無疑屬於訓詁學範疇。黃天樹在《〈說文〉重文與正篆關係補論》一文中,提到早在20世紀80年代中期,裘錫圭、李家浩在北京大學古文字課上就指出了古文中含有同義換讀關係;⑨同時黃文對《說文》中的同義換讀現象進行了討論。另外,徐在國《談隸定古文中的義近誤置字》⑩對隸定古文中的義近換用進行了整理;王丹《〈古文四聲韻〉重文間的關係試析》對《古文四聲韻》一書中的同義換讀關係也有所提及。

---

① 祝鴻熹、黃金貴:《〈說文〉所稱古文中的假借字》,《語言研究》1982年第2期。
② 黃天樹:《〈說文〉重文與正篆關係補論》,《語言》第一卷,首都師範大學出版社,2000年。
③ 王丹:《〈古文四聲韻〉重文間的關係試析》,《漢字研究》第一輯,學苑出版社,2005年。
④ 李春桃:《古文異體關係整理與研究》,中華書局,2016年。
⑤ 王國維:《書〈古文四聲韻〉後》,《觀堂集林》。
⑥ 吴澤主編,劉寅生、袁英光編:《王國維全集——書信》。
⑦ 周祖謨:《〈新集古文四聲韻〉與〈集古文韻〉辨異》,《古籍整理研究學刊》1991年第1期。
⑧ 吕朋林:《〈汗簡〉音切考校(上)》、《〈汗簡〉音切考校(下)》,《古籍整理研究學刊》1998年第1、2期。
⑨ 轉引自黃天樹:《〈說文〉重文與正篆關係補論》,《語言》第一卷。
⑩ 徐在國:《談隸定古文中的義近誤置字》,《古籍整理研究學刊》1998年第6期。

（4）國別

隨着戰國文字資料的大量出土，學者根據地域書寫特徵，將戰國文字分成秦、楚、齊、燕、三晉五大系統。人們也逐漸認識到王國維關於古文是六國文字的説法是正確的。但王氏認爲古文屬於齊魯文字，一些學者對此尚持不同意見。郭店楚墓竹簡公布後，因許多簡文與古文相合，所以學者或以爲古文與楚系文字有關。李學勤《郭店楚簡與儒家經籍》便認爲古文是楚文字，孔壁竹書是魯國被楚國占領後楚人所寫。① 何琳儀《戰國文字通論（訂補）》在討論古文性質時，認爲孔壁竹書屬於齊魯系竹簡，但又在後面括注"或以爲屬楚系竹簡"，②可見其態度尚有猶豫。與此同時，也有衆多學者撰文反對"古文屬楚系文字"的説法，申述古文爲齊魯系文字。如楊澤生的《孔壁竹書的文字國別》③力主古文屬於齊魯系文字，並進行了簡要的論述。馮勝君《郭店簡與上博簡對比研究》④則將大量的古文與戰國各系文字進行比較，論證了《説文》及石經古文具有更多的齊系文字因素。周波在其《戰國時代各系文字間的用字差異現象研究》⑤中直接把古文歸在齊系文字。客觀來説，就目前所見戰國文字資料，古文確實與齊系文字相合較多，但筆者認爲應該把不同的古文材料加以區分，其中《説文》、石經古文屬性相似，《汗簡》、《古文四聲韻》中古文屬性相似，且來源更爲複雜，這一問題將在後文第八章討論古文國別問題時加以詳述。

（5）古文流傳、輯録書籍版本問題

古文源流歷來是學者關注的重點，尤其是石經流傳問題。趙立偉《魏三體石經古文輯證》⑥對前賢研究有很好的總結。由趙立偉、寧登國共同撰寫的《魏三體石經歷代著録考》⑦又對歷代的石經著録進行了整理。至於《汗簡》、《古文四聲韻》二書古文的出處比較複雜，清代學者鄭珍《汗簡箋正》曾予以討論，黃錫全《汗簡注釋》又在此基礎上進行了研究。曹建國、張玖青《李商隱〈字略〉真偽考辨》⑧、徐剛《衛宏〈古文官書〉考述》⑨等文也屬於此類研究。對古文的流傳問題加以系統整理、研究的是徐剛《古文源流考》，⑩該書分"古文經書考"、"古文字書考"、"金石古文跋"等幾部分，對古文出處進行了深入研究。

---

① 李學勤：《郭店楚簡與儒家經籍》，《中國哲學》第二十輯。
② 何琳儀：《戰國文字通論（訂補）》，江蘇教育出版社，2003年，第45頁。
③ 楊澤生：《孔壁竹書的文字國別》，《中國典籍與文化》2004年第1期。
④ 馮勝君：《郭店簡與上博簡對比研究》，綫裝書局，2008年。
⑤ 周波：《戰國時代各系文字間的用字差異現象研究》，綫裝書局，2012年。
⑥ 趙立偉：《魏三體石經古文輯證》，社會科學文獻出版社，2007年。
⑦ 趙立偉、寧登國：《魏三體石經歷代著録考》，《圖書館理論與實踐》2008年第2期。
⑧ 曹建國、張玖青：《李商隱〈字略〉真偽考辨》，《文學遺產》2004年第3期。
⑨ 徐剛：《衛宏〈古文官書〉考述》，《中國典籍與文化》2004年第4期。
⑩ 徐剛：《古文源流考》，北京大學出版社，2008年。

關於書籍版本問題的討論，主要集中在《古文四聲韻》一書。1983 年中華書局出版了《汗簡·古文四聲韻》，其中《古文四聲韻》是據北京圖書館所藏"宋刻配抄本"影印，同時又在書後附錄了《集古文韻》"上聲"殘卷。關於該殘卷的性質學者目前看法不盡相同。如該書後附袁克文《集古文韻跋》認爲《集古文韻》即《古文四聲韻》，且屬北宋原本。① 李零、劉新光也稱《集古文韻》是齊安郡學本(即所謂的"僧翻本")。後來周祖謨發表了《〈新集古文四聲韻〉與〈集古文韻〉辨異》一文，②認爲《集古文韻》和《古文四聲韻》是兩部書。王丹《〈汗簡〉、〈古文四聲韻〉新證》贊同周祖謨的觀點，並舉出部分古文形體予以論證。筆者認爲《集古文韻》與《古文四聲韻》關係密切，前者是在後者基礎上修訂而成的，可看作一個修訂本，詳論參本書第五章。又寒冬虹《羅振玉題〈古文四聲韻〉》③一文介紹了北京圖書館所藏《古文四聲韻》兩個版本的情況。

《汗簡》、《古文四聲韻》二書中存在很多誤植現象。其中《汗簡》誤植現象鄭珍《汗簡箋正》、黃錫全《汗簡注釋》略有述及。《古文四聲韻》中的誤植情況學者則少有提及，筆者曾撰《〈汗簡〉、〈古文四聲韻〉所收古文誤置現象校勘(选錄)》④對《汗簡》中誤植現象進行過總結補充，對《古文四聲韻》一書中的誤植情況進行了清理校正。

(6) 字編、目錄

學者對古文研究是多方面的，除了以上專題討論的成果以外，還有很多字編目錄類工具書。1957 年商承祚《石刻篆文編》⑤收錄了部分三體石經古文。施謝捷又全面搜羅三體石經古文撰成《魏石經古文彙編》(未刊電子稿)。顧頡剛、顧廷龍《尚書文字合編》⑥則對石經古文中《尚書》的拓本作了全面地搜集整理。徐在國《傳抄古文論著目》⑦列出了古文研究著述，同時其《傳抄古文字編》⑧又是目前收錄古文較爲詳備的字編類工具書。後徐在國又與黃德寬合著《古老子文字編》⑨一書，書中收集竹簡、帛書、古文等多種版本《老子》中文字，對研究《老子》一書有很大參考價值。

---

① 李零、劉新光整理：《汗簡·古文四聲韻》，中華書局，1983 年，正文部分第 95 頁。
② 周祖謨：《〈新集古文四聲韻〉與〈集古文韻〉辨異》，《古籍整理研究學刊》1991 年第 1 期。
③ 寒冬虹：《羅振玉題〈古文四聲韻〉》，《文獻》1991 年第 2 期。
④ 李春桃：《〈汗簡〉、〈古文四聲韻〉所收古文誤置現象校勘(选錄)》簡帛網，http://www.bsm.org.cn/show_article.php? id=1449, 2011 年 4 月 13 日。
⑤ 商承祚：《石刻篆文編》，中華書局，1992 年。
⑥ 顧頡剛、顧廷龍：《尚書文字合編》，上海古籍出版社，1996 年。
⑦ 徐在國：《傳抄古文論著目》，《中國文字學報》第一輯，商務印書館，2006 年。
⑧ 徐在國：《傳抄古文字編》，綫裝書局，2006 年。
⑨ 徐在國、黃德寬：《古老子文字編》，安徽大學出版社，2007 年。

(7) 概述性研究

顧新民《夏竦與〈古文四聲韻〉》①、李學勤《汗簡》②、何琳儀《戰國文字通論（訂補）》③陳偉武《試論晚清學者對傳抄古文的研究》、④陸榮軍《〈汗簡〉研究綜述》、⑤王丹《〈汗簡〉、〈古文四聲韻〉研究綜述》，⑥都對古文研究做過總結。另外，一些古文字學通論性書籍、學術史方面的著述都對古文研究情況有所提及，此不贅舉。

(8) 專門對某種資料的研究

古文存於多種載體中，所以也有單獨研究某一古文材料的著述。

關於《尚書》中古文研究，如劉起釪《〈尚書〉與歷代"石經"》、⑦趙立偉《論三體石經〈尚書〉異文的類型及價值》、⑧林志強《古本〈尚書〉文字研究》。⑨ 關於《古文孝經》的研究，舒大剛《論日本傳〈古文孝經〉決非"隋唐之際"由我國傳入》⑩通過字形比較，認為日本寫本《古文孝經》與我國唐宋時期《古文孝經》寫本無因襲關係；郭子直《記元刻古文〈老子〉碑兼評〈集篆古文韻海〉》⑪介紹了元代古《老子》碑，並對《集篆古文韻海》一書進行了評述；徐在國、黃德寬《傳抄〈老子〉古文輯說》⑫結合出土古文字資料對《老子》古文進行了梳理。此外，黃錫全《〈汗簡〉、〈古文四聲韻〉中之〈義雲章〉"古文"的研究》⑬對《義雲章》中古文進行了討論。于省吾《碧落碑跋》、⑭唐蘭《懷鉛隨錄——書碧落碑後》、⑮陳煒湛《碧落碑研究》、⑯江梅《碧落碑研究》、⑰徐剛《碧落碑考釋》⑱則對碧落文形體或文本內容進行了考證。

(9) 新見材料及研究

新中國成立後，古文石經仍有出土。1957年西安發現石經殘石，劉安國《西安市

---

① 顧新民：《夏竦與〈古文四聲韻〉》，《江西歷史文物》1987年第1期。
② 李學勤：《汗簡》，《失落的文明》，上海文藝出版社，1997年。
③ 何琳儀：《戰國文字通論（訂補）》，江蘇古籍出版社，2003年。
④ 陳偉武：《試論晚清學者對傳抄古文的研究》，《第二屆國際清代學術研討會論文集》，臺灣中山大學中文系，1999年。
⑤ 陸榮軍：《〈汗簡〉研究綜述》，《鹽城工學院學報》2004年第4期。
⑥ 王丹：《〈汗簡〉、〈古文四聲韻〉研究綜述》，《菏澤學院學報》2009年第6期。
⑦ 劉起釪：《〈尚書〉與歷代"石經"》，《史學史研究》1983年第3期。
⑧ 趙立偉：《論三體石經〈尚書〉異文的類型及價值》，《西華大學學報》2008年第4期。
⑨ 林志強：《古本〈尚書〉文字研究》，中山大學出版社，2009年。
⑩ 舒大剛：《論日本傳〈古文孝經〉決非"隋唐之際"由我國傳入》，《四川大學學報》2002年第2期。
⑪ 郭子直：《記元刻古文〈老子〉碑兼評〈集篆古文韻海〉》，《古文字研究》第二十一輯，中華書局，2001年。
⑫ 徐在國、黃德寬：《傳抄〈老子〉古文輯說》，《中研院歷史語言研究所集刊》第73本第2分冊，又《古老子文字編》附錄一。
⑬ 黃錫全：《〈汗簡〉、〈古文四聲韻〉中之〈義雲章〉"古文"的研究》，《古文字研究》第二十輯，中華書局，2000年；又見氏著《古文字與古貨幣論集》，文物出版社，2009年，第534—554頁。
⑭ 于省吾：《碧落碑跋》，《考古社刊》第五期，1936年。
⑮ 唐蘭：《懷鉛隨錄——書碧落碑後》，《考古社刊》第五期。
⑯ 陳煒湛：《碧落碑研究》，《故宮博物院院刊》2002年第2期。
⑰ 江梅：《碧落碑研究》，東北師範大學碩士學位論文（指導教師：張世超教授），2004年。
⑱ 徐剛：《碧落碑考釋》，《文史》2004年第4期。

出土的"正始三體石經"殘石》①對此有所介紹。近幾年古文石經亦有發現,趙振華、王學春《談偃師焦村魏石經〈尚書·無逸〉殘石》②簡述了偃師焦村所發現的石經殘石情況。

除石經外,還有其他傳世、出土古文資料。宋代魏閑墓誌現藏山西省平陸縣文化館,傳爲司馬光所書,誌蓋銘文以古文書寫,共十二字。③ 傳世另有明代黃道周所撰其父墓誌及碑銘。據碑文記載,天啓七年(1627)黃道周合葬其母時書寫此墓誌。清人陳壽祺於道光十年(1830)刊刻的《明漳浦黃忠端公全集》附有原碑摹本。清人郭柏蒼《竹間十日話》收有摹本及釋文。④ 山西陽曲縣西村廟梁上又有傅山題記,其中十二字用古文書寫,張頷曾撰文考釋,⑤但文字個別形體殘訛嚴重,難以確釋。

1958 年河南省方城縣出土宋代古文磚,簡報稱"據了解,磚約有三十餘塊,現僅存八塊,磚的文字完全一樣"。同時簡報發表了一塊磚的拓本,文字共六行,每行十六字左右,簡報未提供釋文。⑥ 後李零、⑦徐剛、⑧吳振武⑨分別對碑文加以考釋。1979 年山東省高唐縣出土金代虞寅墓誌,誌蓋銘文共十六字,以古文書寫,原整理者誤認作女真字,⑩胡平生予以糾正。⑪ 2013 年 9 月在河北大名縣陳莊村南出土一方《宣差大名路達魯花赤小李鈐部公墓誌》,墓誌兩面書寫,一面爲西夏文,共 11 字;另一面爲漢字,以 500 餘字記載了小李鈐部的生平大略,其頂部八字"小李鈐部公墓誌銘"則以傳抄古文書寫。⑫ 同時,古代璽印及銅鏡文字也有用傳抄古文書寫者,如宋金銅鏡中有多面所謂的"煌丕昌天"鏡,⑬從鏡文寫法看,學者認爲文字屬於傳抄古文,⑭可信,其中"天"字寫法與《古文四聲韻》所收《華嶽碑》的形體相同。1986 年 8 月陝西旬陽縣爛灘溝發現一處宋代窖藏,窖藏出土銅印一方,印文作"爲善最樂"。⑮ 後王人聰指出此印

---

① 劉安國:《西安市出土的"正始三體石經"殘石》,《人文雜誌》1957 年第 3 期。
② 趙振華、王學春:《談偃師焦村魏石經〈尚書·無逸〉殘石》,《古籍整理研究學刊》2005 年第 5 期。
③ 戴尊德:《司馬光撰魏閑墓誌之研究》,《文物》1990 年第 12 期。
④ 郭禮炬、李雲波:《黃道周篆書其父墓誌及墓後碑銘釋文》,《閩臺文化研究》2013 年第 3 期;鄧少平:《黃道周所撰其父墓誌及墓後碑銘與傳抄古文》,復旦大學出土文獻與古文字研究中心網站,http://www.gwz.fudan.edu.cn/SrcShow.asp? Src_ID=2199,2013 年 12 月 24 日。
⑤ 張頷:《山西陽曲縣西村廟梁傅山古文題記考釋》,《文物季刊》1995 年第 3 期。
⑥ 河南省文化局文物工作隊:《河南方城鹽店莊村宋墓》,《文物參考資料》1958 年第 11 期。
⑦ 李零:《鑠古鑄今》,三聯書店,2007 年,第 105 頁。
⑧ 徐剛:《古文源流考》,第 252—253 頁。
⑨ 吳振武:《宋建安高平范氏家族墓地所出古文磚誌跋》,《吉林大學古籍研究所建所三十周年紀念論文集》,上海古籍出版社,2014 年。
⑩ 聊城地區博物館:《山東高唐金代虞寅墓發掘簡報》,《文物》1982 年第 1 期。
⑪ 胡平生:《金代虞寅墓誌的"古文"蓋文》,《文物》1983 年第 7 期。
⑫ 相關銘文及介紹參劉廣瑞、朱建路:《大名新出夏漢文合璧墓誌銘的價值和意義》,《光明日報》2014 年 5 月 21 日。
⑬ 鏡文可參高西省:《論中韓兩國出土的航海圖紋銅鏡》插圖二,《考古與文物》2000 年第 4 期。
⑭ 張英:《海船鏡》,《北方文物》1985 年第 1 期。
⑮ 張沛:《旬陽發現宋代窖藏》,《文博》1988 年第 4 期。

風格及文字與毓慶宮舊藏一方璽印相同,兩者文字性質均屬於傳抄古文。① 另外,2006年至2007年重慶酉陽地區陸續發現兩本綫裝古舊書,文字怪異,舊認爲其與苗族文字或是"女書"、"水書"有關,②均不可信,筆者曾撰文指出此二書是以古文書寫,只不過把篆體古文改成了隸定形體,其與少數民族文字無關。③ 重慶酉陽地區連續發現以古文書寫的書籍,說明古文在該地區曾一度流行,並可用以抄寫和書法創作,這對於研究古文的流傳是有意義的。2010年3月鄭州市黃崗寺村一座宋代壁畫墓出土蔡氏墓誌,誌銘以傳抄古文書寫,全銘共426字,字數之多、文字之美,皆前所未見,故而非常重要。發掘報告對誌文進行了初步考釋,④但仍存在一些錯誤,筆者曾撰文予以考證。⑤ 還有其他古文資料,筆者將另有討論,此不贅述。

建國以來古文研究得到全面發展,這主要歸因於古文字學科的不斷成熟、戰國文字研究的逐漸深入。相信隨着新資料的陸續公布,傳抄古文的作用會進一步顯現,其研究也會更加全面、深入。

---

① 王人聰:《毓慶宮舊藏"爲善最樂"印年代辨析》,《故宮博物院院刊》1994年第3期。
② 《重慶晨報》2008年2月15日第九版。
③ 李春桃:《近年重慶酉陽縣新發現古書文字性質新探》,《四川文物》2011年第5期。
④ 鄭州市文物考古研究院、河南省南水北調文物保護管理辦公室:《鄭州黃崗寺北宋紀年壁畫墓》,《中原文物》2013年第1期。
⑤ 李春桃:《鄭州黃崗寺北宋紀年壁畫墓所出古文墓誌銘簡論》,《中國文字學報》第六輯,商務印書館,2015年。

第二章

傳抄古文的價值

第一節 古文對出土文獻研究的價值

一、據古文形體考釋古文字

對於出土文獻,傳抄古文的主要作用就是爲古文字考釋提供最直接的證據。文字釋讀的基礎是形體自身,學者往往把待釋形體與已釋文字聯繫起來進行考釋。但首次出現的字形往往與其他形體没有直接聯繫,那麽文字考釋就失去了綫索。此類釋讀有時需依靠傳抄古文,此時古文就像鑰匙一樣會打開釋讀的大門,給文字的考釋工作提供有力的幫助。

下面以郭店簡《尊德義》16 號簡中兩個疑難字考釋爲例,具體來看古文對古文字釋讀的重要作用:

教以權謀,則民【字】【字】遠禮亡親仁。

其中【字】字原整理者釋爲"湯",並括注問號表示不確定。① 但該形右部與常見的"昜"旁差異較大,釋"湯"在文意上亦不通順。李家浩據《古文四聲韻》所收《古老子》"淫"字的古文【字】形將簡文改釋爲"淫"。② 李零認爲該形是"潯"字,以音求之,應讀爲"淫"。③ 綜合兩者意見,【字】的釋讀已可確定。李家浩雖未具體分析字形,但爲【字】的釋讀找到了一個有力的支點,釋成"淫"於文意非常合適。李零的形體分析則非常正確,該

---

① 荆門市博物館:《郭店楚墓竹簡》,文物出版社,1998 年,釋文第 173 頁。
② 李家浩:《讀〈郭店楚墓竹簡〉瑣議》,《中國哲學》第二十輯,第 344 頁。
③ 李零:《郭店楚簡校讀記》,《道家文化研究》第十七輯,三聯書店,1999 年,第 525 頁。

形右部从尋。《成之聞之》簡 24 有 [字] 形,釋讀意見較多,其中徐在國認爲該形左部从"宷","宷"是"審"字異體,①此説可從。該形右部與 [字] 形右部相同,周鳳五據上録"淫"字古文,認爲 [字] 右部从尋,②其説甚是。"審"是書母侵部字,"尋"是邪母侵部字,兩者讀音相近,[字] 是一個雙聲符字,由此也可看出釋 [字] 右部爲"尋"是可信的。

再看 [字] 形,整理者無釋。該形下部从心,上部較爲奇特,相關寫法還見於《六德》中:

疏衰齊牡麻絰,爲 [字] 弟也,爲妻亦然。(簡 27—28)

爲 [字] 弟絶妻,不爲妻絶 [字] 弟。(簡 29)

整理者以不識字處理。裘錫圭聯繫文意指出此字"在此必當讀爲'昆弟'之'昆'"。③"昆弟"一詞文獻常見,裘説可信。李家浩認爲 [字] 就是"昆"字,相關形體見於傳抄古文:

昆:[字] 汗 3·34 碧   [字] 四 1·36 碧

混:[字] 四 3·15 老

混:[字] 四 3·15 老

並云:

"混"从"昆"聲,故《古文四聲韻》引《古老子》"混"或以"昆"爲之。上揭《六德》那個似"革"非"革"之字,與此古文"昆"十分相似,唯簡文中間頭部寫作實筆而已。不過這個字在楚國文字中,也有中間頭部不寫作實筆的,如望山二號墓竹簡中一個字所從的偏旁:

[字] 《望山楚簡》五二·六

此字偏旁的寫法,跟《古文四聲韻》所引《碧落碑》的"昆"更爲相似。據此,上揭《六德》那個字當是古文"昆",望山二號墓竹簡那個字當是古文"緄"。

---

① 徐在國:《郭店簡文字補釋一則》,《古墓新知——紀念郭店楚簡出土十周年論文專輯》,國際炎黃文化出版社,2003 年,第 54—57 頁。
② 周鳳五:《郭店竹簡文字補釋》,《古墓新知——紀念郭店楚簡出土十周年論文專輯》,第 64—66 頁。
③ 參閲荆門市博物館:《郭店楚墓竹簡》,文物出版社,1998 年,第 189 頁注[一七]"裘按"。

最後他指出 [图] 應是"悃"字,簡文"淫悃"屬於同義連言。① 其説可從。

《尊德義》16 號簡中兩個疑難字的考釋都是依據傳抄古文。"尋"字已見於古文字中,但在 [图] 形中發生訛變,不易與已知形體繫聯,所以不易釋讀。[图] 在古文字中第一次出現,無形體可與之對應,即便從文意上明確其讀爲"昆",但字形本身仍不易釋讀。古文爲此二字的釋讀提供了關鍵綫索。

再看一個金文中的例子。燕王職壺由上海博物館從香港古玩市場購得,器上刻有銘文,内容非常重要。銘文最後一句爲:

克邦 [图] 城,[图] 齊之 [图]。

最早考釋壺銘的周亞認爲 [图] 以"左"旁爲聲符,應讀爲"隳",訓爲"毁"。② 按此形所從不是"左",而是"阜"和"土"兩個形體,故釋"隳"説不能成立。與此形相關的壺銘第五字作 [图],[图]、[图] 二形右部相同。董珊、陳劍指出三體石經《春秋》經"踐土"之"踐"的古文作:

[图] 石

與銘文 [图] 形相似,則 [图] 可釋爲"踐",讀成"殘","殘城"指"殘齊",並謂"殘齊"一詞見於典籍,《韓非子·有度》:"燕襄王以河爲境,以薊爲國,襲涿、方城,殘齊,平中山。"同時把 [图] 讀爲"踐",與後面的"祚"字組成"踐祚"一詞,典籍多見。③ [图] 形屢見於戰國文字,以其爲聲符的字可讀爲"淺"、"察"、"竊",均與"踐"音近,可見該説可信。金文中有一類從 [图] 之字,多與"伐"字連用,舊多釋爲"撲",劉釗認爲此類字應釋爲"踐","踐伐"即"翦伐",古書常見。④

[图] 形在銘文中佔兩字空間,所以周亞認爲它是"威"、"水"二字,並將"水"與其後"齊"字連讀爲"水齊",即指齊國都城臨淄;董珊、陳劍引裘錫圭的意見認爲"水"應是"威"的偏旁,只是置於下部而已,則該形爲"滅"字。按,裘説可信,因爲若把"水"看成一個字,後面"水齊"一詞怪異,銘文難通。又傳抄古文中的"滅"字或作:

---

① 李家浩:《讀〈郭店楚墓竹簡〉瑣議》,《中國哲學》第二十輯,第 343—344 頁。
② 周亞:《郾王職壺銘文初釋》,《上海博物館集刊》第八期,上海書畫出版社,2000 年,第 148—149 頁。後文引周亞關於壺銘的意見皆出此文,不另出注。
③ 董珊、陳劍:《郾王職壺銘文研究》,《北京大學中國古文獻研究中心集刊》第三輯,2002 年。下引董珊、陳劍關於壺銘意見均據此,不再出注。
④ 劉釗:《利用郭店楚簡字形考釋金文一例》,《古文字研究》第二十四輯,中華書局,2002 年,第 277—281 頁。

[图] 汗6·79 石　[图] 汗6·79 義　[图] 四5·14 義　[图] 四5·14 老

上録"滅"字古文寫法都將"水"旁置於"威"旁下部，與[图]形情況相同，而[图]與[图]兩形下部相似，可見裘錫圭釋[图]爲"滅"可信。

舊釋[图]爲"殺"，於文意難通。董珊、陳劍將此字釋爲"穫"，讀爲"獲"：

> 銘文中最後一字的寫法確實很像"殺"，但是現在真正可以確認的"殺"字，左下部分從來不寫作類似"巾"的形狀。我們認爲，這個字除掉"戈"旁以外的部分就是"禾"，這是比較直捷的分析。《汗簡》《古文四聲韻》都引《義雲章》古文"穫"字作如下形體：
>
> [图]《汗簡》中之禾部（汗3·37 義）　[图]《古文四聲韻》入聲鐸部（四5·25 義）
>
> 鄭珍《汗簡箋正》認爲此字"从戈聲"，何琳儀《戰國古文字典》從之（詳下）。但是戈和穫古韻一在歌部，一在鐸部，聲母穫在匣紐，戈在見紐，二者的古音並不接近。所以恐怕不能把這個"穫"字的古文看作形聲字。我們認爲這個字係从禾从戈會意，就是"刈穫"之"穫"的表意字。郾王職壺的"戙"和古文"穫"的不同之處，僅在於一個是戈援畫在禾的中間，另一個把禾寫在戈的下面。……燕王職壺"戙"字也把戈援畫在禾的中間，表示的也應該是斷禾、刈禾之意。……可以看作是刈穫、收穫禾的"穫"所造的專字（穫與獲音義皆近）……把燕王職壺最後一個字隸定作"戙"並釋爲"穫"，當然應該讀爲"獲"。

此説可從，釋[图]爲"獲"不但形體有據，文意也極爲順暢。再回頭看此銘中三個疑難字[图]、[图]、[图]的考釋，其中[图]與[图]都是直接依靠古文才得以釋出，至於[图]字，古文亦提供了補證，古文的重要性毋庸多言。

第一章已論古文字研究與古文研究可相互促進，如能把二者正確地聯繫起來，古文字的考釋也有利於古文的釋讀。

如《古文四聲韻》中"戰"字古文作：

[图] 四4·23 老　[图] 四4·23 老

此形顯然不是从單的"戰"，以前學者多對此字無説。後來郭店簡發表，《語叢三》1—2號簡：

> 父無惡，君猶父也。其弗惡也，猶三軍之[图]，正也。

其中󰀀字,整理者隸定爲"旃",無説。黄德寬、徐在國指出上引《古文四聲韻》"戰"字古文與簡文完全相同,《玉篇·止部》"戰"字古文作"䇂",亦同。所以󰀀似可釋爲"戰",構形待考。① 將󰀀與"戰"字古文聯繫起來很有啓發性,但郭店簡中已經出現從單的"戰"字,而且此處釋"戰"於文意亦難通。湯餘惠認爲"䇂"所從的"井"爲"丹"字之誤(兩者在古文字中形近易混),所以"䇂"應該是"旃"字,"旃"與"戰"古音並屬章母元部,讀音相同。《釋名·釋兵》:"旃,戰也。"以"戰"訓"旃"屬於聲訓,傳抄古文中是假"旃"爲"戰",而簡文中"旃"用爲本字。②

簡文中󰀀字還有别的釋法,如顏世鉉認爲該形從㠯從井,當讀作"旌"。③ 李零認爲從"井"得聲,"井"、"旌"音近,簡文可讀爲"旌"。④ 單就簡文來說,此類釋讀也有合理性,而且還避免了"井"旁是"丹"旁訛誤的曲折,但若與傳抄古文結合考慮,這種釋法就不合適了。因爲古文與簡文形體相同,不能輕易割裂兩者關係,釋"旌"無法解釋該字在古文中用爲"戰",而釋"旃"不但使簡文通順,同時也使"戰"字古文得到正確分析。另,關於"戰"、"旃"相通,也可補充新證,清華簡《繫年》64 號簡有人名"邨單",即典籍中的"趙旃",又 117 號、136 號兩簡中用爲"旃"的字寫作從巿、從單,"戰"從單得聲,是"旃"、"戰"可通之明證。

又《汗簡》、《古文四聲韻》中"閔"字古文作:

󰀀 汗 4·48 石　　󰀀 四 3·14 石

舊或認爲此形爲"㦖"字,下部"又"旁是"心"的訛形。楚簡中有如下形體:

󰀀 望山 2-47　󰀀 包山 190　󰀀《語叢一》60　󰀀《語叢一》97　󰀀《曹沫之陳》11

望山簡中的形體整理者疑爲"蘆(苴)"之簡體,⑤ 包山簡中該形用作人名,整理者僅作隸定而無説;《語叢一》中形體裘錫圭在按語中疑讀爲"度"或"序"。⑥ 後經廖名春、陳偉的努力,把《語叢一》中的 31 號簡和 97 號簡相編聯,簡文辭例爲"禮因人之

---

① 黄德寬、徐在國:《郭店楚簡文字考釋》,《吉林大學古籍整理研究所建所十五周年紀念文集》,吉林大學出版社,1998 年,第 108 頁。
② 湯餘惠:《釋"旃"》,《吉林大學古籍整理研究所建所十五周年紀念文集》,第 66—67 頁。
③ 顏世鉉:《郭店楚簡淺釋》,《張以仁先生七秩壽慶論文集》,學生書局,1999 年,第 396 頁。
④ 李零:《郭店楚簡校讀記》(增訂本),中國人民大學出版社,2007 年,第 195 頁。
⑤ 湖北省文物考古研究所、北京大學中文系:《望山楚簡》,中華書局,1995 年,第 125 頁。
⑥ 荆門市博物館:《郭店楚墓竹簡》,第 200 頁注 3。

情而爲之節▆也",正好與《禮記·坊記》"禮因人之情而爲之節文"相對應。① ▆與"文"相當。李天虹最早把簡文釋爲"文",②後來李家浩、③李學勤、④李零⑤都指出簡文與上錄"閔"字古文相關。李學勤又把形體分析成从民得聲。上述意見注意到簡文與古文的聯繫,是可信的。在此基礎上,陳劍把此類形體隸定成"敯",拆分爲"民"和"旻"兩部分,"旻"來源於金文中的▆類形體,讀音與"啟"字相近,形體中的"民"和"旻"均爲聲符。⑥ 相關形體還見於新公布的上博簡,如《曹沫之陳》11號簡、《季庚子問於孔子》9號簡、《用曰》18號簡,簡文都讀爲"文"。蔡侯申墓出土殘鐘銘文中也有該形,舊多誤釋,程鵬萬將之改釋爲"文"。⑦ 另齊文字中有▆形,在齊陶文中多次出現,⑧舊多隸作"纆",承吳振武面告,此形右部中間有三個點畫,與楚簡中▆形是同一個字,▆可釋作"紋"。此説可從。可見齊、楚文字都出現了該形,上錄古文形體與之相合,但借用爲"閔"。正是由於戰國文字中▆形的釋出,才明確了古文的來源。

以上討論了古文對文字考釋的重要作用,下面舉出幾個筆者自己利用古文考釋古文字的例子。

左冢漆梮C邊上有文字作:

▆

左面▆形,可嚴格隸定作"勄",黃鳳春、劉國勝讀爲"解";⑨陳偉武讀爲"懈"。⑩ 他們

---

① 分別參看廖名春:《荊門郭店楚簡與先秦儒學》,《中國哲學》第二十輯,第65頁;陳偉:《〈語叢〉一、三中有關"禮"的幾條簡文》,《郭店楚簡國際學術研討會論文集》,第143頁。
② 李天虹:《釋楚簡文字"度"》,《華學》第四輯,紫禁城出版社,2000年,第85—88頁。
③ 轉引自張富海《北大中國古文獻研究中心"郭店楚簡研究"項目新動態》,簡帛研究網站,http://www.jianbo.org/Xyxw/Beida.htm,2003年6月2日。
④ 李學勤:《試解郭店簡讀"文"之字》,《孔子·儒學研究文叢》第一輯,齊魯書社,2001年。又見於《中國古代文明研究》,華東師範大學出版社,2005年,第229—230頁。本文據後者。
⑤ 李零:《郭店楚簡中的"敏"字和"文"字》,《古文字研究》第二十四輯,第389—391頁。
⑥ 陳劍:《甲骨金文舊釋"尤"之字及相關諸字新釋》,《北京大學古文獻研究中心集刊》第四輯,北京大學出版社,2004年。又《甲骨金文考釋論集》,綫裝書局,2007年,第59—80頁。本文據後者。
⑦ 程鵬萬:《安徽壽縣蔡侯墓出土殘鐘銘文中可以讀爲"文"的字》,《出土文獻與古文字研究》第四輯,上海古籍出版社,2011年,第89—92頁。
⑧ 孫剛:《齊文字編》,福建人民出版社,2010年,第341頁第一欄最後一形,第二欄中兩形。
⑨ 黃鳳春、劉國勝:《左冢三號楚墓出土的棋局文字及用途初考》,《荊門左冢楚墓》,文物出版社,2006年,第230頁;又黃鳳春、劉國勝:《記荊門左冢楚墓漆梮》,《第四屆國際中國古文字學研討會論文集》,香港中文大學中國語言文學系,2003年,第493—501頁。
⑩ 陳偉武:《荊門左冢楚墓漆梮文字釋補》,復旦大學出土文獻與古文字研究中心網站,2009年7月21日。後發表在《出土文獻與傳世典籍的詮釋——紀念譚樸森先生逝世兩周年國際學術研討會論文集》,上海古籍出版社,2010年,第198頁。

都認爲"觢"是"解"字異體，目前似未見到不同意見。筆者認爲"觢"形應不是"解"字。

《說文》："解，判也。从刀判牛角。"可見"解"字中"刀"旁是關鍵的表意部件，楚文字中的"解"字多見，共分兩類，分別作：

[包山 144] [包山 248]

[包山 198] [老子甲 27]

第一類从刀，第二類从刃。而作爲意符時，"刃"和"刀"兩旁表意功能相近，古文字中存在很多"刀"旁和"刃"旁互換的例子，如"則"字本从刀，在鄂君啓車節中从刃作[字]（《集成》12110）①"割"本从刀，在郭店簡《語叢四》中从刃作[字]（16 號簡），②皆是其例。所以"解"字可以从刃作。但楚文字中的"解"字多見，向來沒有从力的，"力"與"刀"兩旁在楚文字中區別明顯，③再從運筆的方向和頓筆來看，[字]形所从的"力"旁上部有明顯的轉向頓筆寫法，而[字]所从的"刀"旁則不會出現類似特徵，兩者區別明顯，將"力"旁看成是"刀"旁的訛形也不能成立。所以釋"觢"爲"解"並不可信。

按照漢字的一般構字規律，"觢"可以分析成从力、觠聲，"觠"从角从牛，見於傳抄古文：

[觠] 四 5·6 崔

《古文四聲韻》以該形爲"觸"字古文，《玉篇》："觠，古文觸。"亦將"觠"字當成"觸"字古文。該形也見於出土古文字中：

[字]《璽彙》0664 [字]《璽彙》2060

《古璽文編》收該字隸定爲"觠"，並謂"《說文》所無，《玉篇》'觠，牴也，與觸字同'"，④是該書把"觠"當作"觸"字異體，其說可從。又趙國銘刻中有形體作[字]（十八年相邦平國君鈹），⑤用爲人名，舊釋作"解"，也不可信。此形與古文以及前引璽印形體相同，應該也是"觸"字。⑥《說文》："觸，牴也。从角、蜀聲。"从蜀的"觸"是個形聲字，見於秦系文

---

① 也可參湯餘惠主編：《戰國文字編》，福建人民出版社，2001 年，第 274 頁。
② 也可參湯餘惠主編：《戰國文字編》，第 276 頁。
③ "力"旁和"刀"旁相混主要發生在秦漢文字中，甲骨金文、六國文字中二旁寫法有別。
④ 羅福頤主編：《古璽文編》，文物出版社，1981 年，第 98 頁。
⑤ 黃盛璋：《關於加拿大多倫多市安大略博物館所藏三晉兵器及其相關問題》，《考古》1991 年第 1 期。
⑥ 湯志彪《三晉文字編》（作家出版社，2013 年，第 632 頁）已將其歸在"觸"字下。

字,①而"牪"大概是以"牛"和"角"兩形及其位置關係會"牴也"之義,爲早期表意字。那麽左冢漆梮上的"勪"字就應該分析成从力、牪(觸)聲,"觸"本爲牴義,"力"旁作意符正合適,所以"勪"應是"牪(觸)"字異體。

漆梮中"勪"右面一字學者多釋爲"速",該形與常見的"速"稍異,可能是"速"的異體。"速勪"應讀爲"速誅"。"勪(觸)"與"誅"讀音相近,古"蜀"聲系字與"朱"聲系字可通,如"味"、"噣"二字通用,《詩·召南·行露》鄭玄注:"雀之穿屋不以角,乃以味。"《釋文》:"味,本亦作噣。""速誅"可能是快速誅滅義。漆梮C邊中有"息毀"二字,陳偉武認爲"息毀"的解釋有兩種可能:一是懷疑"息毀"爲反義連文,"息"指滋息、生長,"毀"指毀棄。"息毀"猶言"息耗",指消長。二是"息毀"屬近義連文,因爲"息"還有"止息"、"消失"之義。② 按,"息毀"反義連用的可能性較小,"息"有止息義,指停止,但無消失義,其不能與"毀"夠成同義連用關係。其實,漆梮中的"息"字應讀爲"疾"。楚文字中"息"與"疾"可通,如《鮑叔牙與隰朋之諫》5 號:"公胡弗察人之性三:食、色、息。"學者多指出相似文例見於《語叢一》110 號簡:"食與色與疾。"③"息"與"疾"顯然是一組異文。清華簡《祭公之顧命》篇有兩處"息"字,《禮記》中相對應之字作"疾",復旦大學研究生讀書會據此將簡文"息"讀爲"疾"。④ 以上均是"疾"、"息"相通之證。循此用例,漆梮文字中"息毀"之"息"亦當讀爲"疾","疾毀"是急速毀滅義。"疾毀"與"速誅"意義相近。又梮C邊中有"余忽"二字,或釋爲"徐忍",⑤"速誅"、"息毀"與"徐忍"意思正好相反。可見從文意上把"勪"釋爲"觸"也很合適。

金文中與"勪"字相關形體作:

毇子鼎《集成》2345

銘文从牪、从殳,可隸定作"毇"。舊認爲其與罤子甗(《集成》874)中的 形爲同一個字,或釋爲"解",⑥或釋爲"敷"。⑦ 釋"敷"在形體上並無依據,釋"解"也有可疑之處。不知該形是否與"觸"字有關,可惜銘文用作人名,没有合適的文意作爲判斷依據。如

---

① 丞相觸戈銘文中"觸"便寫作此形,詳參《集成》11294 號。
② 陳偉武:《荆門左冢楚墓漆梮文字釋補》,《出土文獻與傳世典籍的詮釋——紀念譚樸森先生逝世兩周年國際學術研討會論文集》,第 199 頁。
③ 可參李天虹:《再談〈鮑叔牙與隰朋之諫〉中的"息"字》,簡帛網,2006 年 3 月 1 日。
④ 復旦大學出土文獻與古文字研究中心研究生讀書會:《清華簡〈祭公之顧命〉研讀札記》,復旦大學出土文獻與古文字研究中心網站,http://www.gwz.fudan.edu.cn/SrcShow.asp? Src_ID=1354,2011 年 1 月 5 日。
⑤ 釋讀意見參黃鳳春、劉國勝:《記荆門左冢楚墓漆梮》,《第四屆國際中國古文字學研討會論文集》,第 493—501 頁。
⑥ 《金文編》,第 293 頁。
⑦ 陳秉新:《釋罤、毇、般及从凬諸字》,《吉林大學古籍整理研究所建所十五周年紀念文集》,第 15—19 頁。關於此字還有其他考釋意見,一併參看此文。

果該形確與"觸"字有關,那麼"毇"與漆桐中"勤"可聯繫起來,兩者均從䍩得聲,意符"殳"、"力"表意功能相近,它們可能是異體關係。

雖然很多學者都能自覺地運用古文來釋讀古文字,但傳抄古文中還有一些重要形體未受到足夠重視,不能與古文字相繫聯,導致古文字形體一直被誤釋,下面以邾公𨰿①鐘銘文(《集成》102)一字釋讀爲例進行討論。爲便於行文,先按通行意見把釋文寫在下面:

　　　　陸終之孫邾公𨰿作氒龢鐘。用敬卹盟祀,祈年眉壽,用樂我嘉賓及我正卿,揚君靈君以萬年。

銘文舊釋爲"揚"之字原篆作:

【字形】

以往學者都將其釋作"揚",②似無異議。若仔細分析,此字的釋讀仍需進一步討論。

舊釋【】爲"揚"的主要依據是《説文》"揚"字古文从攴作"敭"。【】右部从攴應無疑問,但左面却與"昜"寫法不同。古文字中的"昜"旁多見,常寫作 𠃜 、𠃝 形,③正常寫法中未見與【】左部相同者。④故把該形左部看作"昜"旁是不正確的。

再説【】形的右部,雖然《説文》以"敭"爲"揚"字古文,但先秦古文字"揚"字出現頻率很高,未見有从攴者,⑤它們右部都从丮。所以【】字从攴也不能作爲將其釋爲"揚"

---

①　其中的邾公名字一直存在釋"𨰿"和釋"釛"兩種觀點,本文暫取前説。
②　據筆者所見,以前涉及該形的著録類、字典類、字編類、檢索類等著作,多直接把該形釋成"揚"字,其中僅《三代吉金文存釋文》將其嚴式隸定爲"敭",未做任何説明,這是因爲該書對所有釋文都僅作嚴格隸定,並不括注所讀之字。所以不難推想,該書如此處理不會有什麼特別用意。看羅福頤:《三代吉金文存釋文》卷一,香港問學社,1983年。
③　相關寫法分別參《金文編》,第666、678—780頁;《戰國文字編》,第641、794頁。
④　洪颺認爲【】形中左下部的"丰"形是"丯"旁,"丯"是"揚"的聲符。按此説可商,首先從形體上看,【】左下部所从是三個横畫,"丯"正常寫法从三個撇畫,兩者不同,該形所从並非"丯"旁。其次,從音理上看,"丯"是月部字,"揚"是陽部字,二者韻部遠隔,讀音並不相近。洪颺是先論證了魚部字與月部字讀音相近,因而認爲陽部(與魚部爲對轉關係)字與月部字讀音亦近。其實就算個別的魚部字與月部字讀音相近,也不能説明陽、月二部讀音相近,所以洪説難通。洪颺觀點參:《從阿盙銘文"𠭯公休"的釋讀談古文字資料中魚部字和月部的相通》,中國古文字研究會第十八次年會散發論文,2010年。
⑤　按,《戰國古文字典》662頁"敭"字下所收陶文形體屬於誤摹,原陶文形體右部从戈,湯志彪《三晉文字編》(1715頁)已經正確地把該形收在"戡"字下;又徐在國《〈戰國古文字典〉所録陶文研究》一文也指出該形是誤摹。《戰國古文字典》662頁又收有見於包山120號簡的"敡"字,其實此字下部所从亦非"敭"旁,李學勤已指出該形所從爲"尋"字,此説極是。以上觀點分別參看何琳儀:《戰國古文字典》,中華書局,1998年;湯志彪:《三晉文字編》,作家出版社,2013年;李學勤:《續釋"尋"字》,《故宮博物院院刊》2000年第6期。徐在國:《〈戰國古文字典〉所録陶文研究》,《中國文字學報》第三輯,商務印書館,2010年。另外,或認爲柳鼎銘文(《集成》2805)中的"揚"字右部是"攴"旁,其實非是,因該銘中的"牧"字从攴,"攴"旁的寫法與"揚"字右部迥異。仔細觀察,柳鼎中的"揚"字右部所从乃"丮"旁之訛。

的證據。從文意上講,讀成"揚"也有問題,辭例"揚君靈"難通。由上所論,以往釋該形爲"揚"不可信。

筆者認爲此形左部是"穆"字省體,右部是攴,可隸定作"敹"。"敹"就是"穆"字異體。"穆"字在齊系、楚系、三晉文字中作:

[字形](郳公華鐘)[字形](叔夷鎛)(《齊文字編》197頁)

[字形](曾侯乙鐘)[字形](王孫誥鐘)(《金文編》500頁)

[字形](《三晉文字編》1061頁)

對比可知,上面"穆"字左部與"敹"形左邊相同。關於"敹"是"穆"字異體,從傳抄古文、傳世字書以及傳世典籍中都能找到證據。先説傳抄古文中的情況,《古文四聲韻》中"穆"字下收古文作:

[字形] 四5·5崔

又同書"睦"字下收古文作:

[字形] 四5·5孝

[字形]與[字形]爲同一個字,黃光武指出它們是"穆"字異體,①王丹從之。② 按,"睦"以"穆"爲古文屬於通假關係,兩者都是明母覺部字,相通之例甚多。③ 仔細觀察上録古文形體,尤其是未被隸定的[字形]形,與[字形]形如出一轍,兩者無疑是同一形體,既然[字形]形是"穆"字,那麽[字形]也應爲"穆"字。古文與六國文字本是"一家之屬",[字形]與[字形]相合不是偶然,兩者可能具有淵源關係。

"敹"也見於傳世字書。《玉篇·禾部》:"穆,古文作敹。""敹"和"敹"只是對"攴"旁的隸定方式不同,兩者是同一個字;《集韻·屋韻》:"穆,古作敹。"《龍龕手鏡·文部》也收有"敹"字,作爲"穆"的異體。關於傳世字書中以"敹"爲"穆"的古文,徐在國認爲形體中"攴"旁是"禾"旁的訛變。④ 但"禾"、"攴"二旁從古至今都不相似,訛誤可能性很小,"穆"字作"敹"當有更古的來源。現今釋出[字形]字,正可與字書中的"敹"相印證。

除字書之外,敦煌文獻中的"穆"或寫成"敹"。敦煌殘卷古文《尚書》中"穆"字寫

---

① 黃光武:《釋穆——兼談昭穆的禮樂含義》,《古文字研究》第二十三輯,中華書局,2002年,第198頁。
② 參《新證》,第86頁。
③ 如《史記·司馬相如列傳》:"旼旼睦睦。"《漢書·司馬相如傳》中"睦"作"穆",是其證。
④ 《疏證》,第155頁。

作"歎",下面並注:"古穆字,古文作歎。"①另外,傳世文獻亦可提供佐證。《漢書·王子侯表上》:"臨樂敦侯光。"顏師古注:"敦……,又作敊,古穆字。"②按"敊"字聲母爲見母,韻部或歸宵部、或歸藥部,"穆"爲明母覺部字,兩者讀音不近,故"敊"與"穆"不屬於通假關係。那麽顏師古爲何認爲"敊"是"穆"的古文呢? 王念孫指出"敊"可能是"歎"的誤字,二字形體相似,訛混的可能性很大,且"歎"字不常見,容易被誤寫成"敊"。③ 王説顯然可信,可見"歎"、"穆"關係在傳世文獻中也有保留。

把"歎"釋成了"穆"字,還要面對兩個文字學上的問題:第一,古文字中"穆"字多從禾作,"歎"從攴較爲奇怪;第二,古文字中"穆"象禾穗垂頭形,爲表意字,其左部形體似不能輕易割裂出來。這兩個問題是有關聯的,下面先解釋後者,前者也就清楚了。

裘錫圭指出古文字在發展過程中有"記號化"趨勢。④ 早期象形文字中的表意部件,到後期往往表意功能逐漸弱化,在使用者的意識中它們只是記號。邾公鈁鐘的時代在春秋時期,從時間上講,距甲骨文及西周早期金文已有一段距離,其"符號化"趨勢較爲明顯。早期的"穆"字,"禾"旁和"日"形連接在一起作形。春秋時期邾公華鐘"穆"作,"禾"與"日"形分離,失去了表意功能,容易把該形當成從禾㣈聲之字。《説文》的分析值得注意,《説文》謂"穆"從㣈聲,並收有單獨的"㣈"字,單獨的"㣈"字古文字中未見,但從許慎的處理可以看出,至少在他眼中,"㣈"是一個獨立的字,並可作爲偏旁出現,所以"歎"從㣈就不奇怪了。

按照傳統的六書説分析,"歎"可分析成從攴,穆省聲,"歎"應是"穆"字的異體。當然,考慮到"攴"的表意功能,"歎"也可能是與"穆"讀音相近的字。典籍中"翏"聲字和"穆"多能相通,⑤且古文字中有"敹"字,叔夷鎛銘文(《集成》285.2)"敹穌三軍徒旆",其中"敹"字,于省吾引孫星衍觀點讀爲"穆",⑥可從。"敹"也見於古璽印文中,⑦用爲姓氏,何琳儀以爲是"摎"字異體,古有"摎"氏。⑧ 其實"敹"在璽文中也可能

---

① 黃永武主編:《敦煌寶藏》第127册,新文豐出版公司,1981—1986年,第427頁;又吳福熙:《敦煌殘卷古文尚書校注》,甘肅人民出版社,1992年,第60頁。徐在國亦注意到了敦煌文獻中的"歎"字,但是他把該形中的"攴"旁也看成是"禾"旁的訛體,與本文的理解不同,參《疏證》第155頁。
② 《漢書》第二册,第463頁。
③ 王念孫:《讀書雜志》,江蘇古籍出版社,2000年,第193—194頁。
④ 裘錫圭:《文字學概要》,商務印書館,1988年,第13、35頁。
⑤ 高亨、董治安:《古字通假會典》,齊魯書社,1997年,第750頁"穆"與"繆"條。
⑥ 于省吾:《于省吾著作集·雙劍誃吉金文選》,中華書局,2009年,第89頁。楊樹達讀爲"睦",訓爲"和"(《積微居金文説》,中華書局,2004年,第34頁)。按,表示"和"這個義項時,"穆"、"睦"可通,所以兩説無本質區別。
⑦ 見於《璽彙》3214號。
⑧ 何琳儀:《戰國古文字典》,第238—239頁。

讀爲"穆","穆"也是一個古老的姓氏。所以"斁"也可能與"數"是異體關係,兩者都可讀成"穆"。總之"斁"能代表"穆"這個詞應無問題。

改釋後銘文應重新斷句,可讀作"用樂我嘉賓及我正卿、穆君、靈君,以萬年","穆君"、"靈君"另有所指。①

以上將▨形改釋爲"穆",論證的關鍵就是有傳抄古文中▨形作爲證據。

二、據古文所反映的用字情況解決出土文獻中疑難問題

典籍用字有很大靈活性,可以用讀音相同或相近的幾個字來表示同一個詞,屬於常見的通假現象;也可使用意義相同或相近的字來表示同一個詞,屬於同義換讀現象。所以,即使構形明確的字,究竟要破讀爲何字,仍是文獻研究需要解決的問題。傳抄古文不僅保留了古文字形體,同時也保存了古代用字習慣,古文的用字習慣有助於出土文獻的解讀。

下面以一條簡文的釋讀來看傳抄古文對出土文獻研究的重要作用。《老子甲》27號簡:

▨〈閉?〉其说(兑),塞其門,和其光,週(同)其慎(塵),▨其▨,解其紛。

今本對應的語句作:

塞其兑,閉其門,挫其銳,解其紛,和其光,同其塵。

兩者語序稍異,從用字方面看,多數字可對應,也略有不同。▨形與今本"塞"或"閉"對應,整理者認爲是"閉"的誤字;②李零、劉釗認爲是"悶"的誤寫,而"悶"可讀爲"閉"。③"慎"與今本"塵"對應,兩者讀音相近,屬於假借用法。而▨與"挫"、▨與"銳"兩組對應字頗難解釋,學者爭議較大。劉信芳認爲▨可隸定作"剭",讀如"到",訓作折傷也。④ 趙建偉亦隸作"剭",疑讀爲"逐"、"畜","逐"同爲覺部字,聲母相近;又疑讀"肅縮"之"肅"訓爲收斂,"畜"、"肅"同爲覺部字,聲母亦相近。⑤ 黃錫全釋爲"蓄","蓄其銳",就是蓄其精銳、不露鋒芒,根據文義,很可能"蓄"爲本字,"挫"爲借字;

---

① 關於"穆"字釋讀的詳細論證及辭例分析參李春桃:《邿公鈺鐘銘文研究》,《江漢考古》2017年第4期。
② 荆門市博物館:《郭店楚墓竹簡》,釋文第116頁。
③ 李零:《郭店楚簡校讀記》(增訂本),第12頁;劉釗:《郭店楚簡校釋》,福建人民出版社,2003年,第21頁。
④ 劉信芳:《荆門郭店竹簡老子解詁》,藝文印書館,1999年,第35頁。
⑤ 趙建偉:《郭店竹簡〈老子〉校釋》,《道家文化研究》第十七輯,第289頁。

又疑"劀"是"剹"字異體。①還有類似意見,限於篇幅不再列出。"畜"與"挫"讀音遠隔,認爲該形从"畜"與今本無法對應。黃德寬、徐在國注意到《汗簡》中"撤"、《古文四聲韻》中"轍"字古文分別作:

撤:[字形]汗5·66

轍:[字形]四5·15老

其右部與簡文左邊相似,他們引用黃錫全《注釋》(415頁)的觀點,認爲古文从畜,是"搐"字,"搐撤雙聲。此假搐爲撤"。②將簡文與"撤"(轍)字古文相聯繫非常具有啓發性,但認爲古文从畜是"搐"字則不正確。馮勝君聯繫古文字以及傳抄古文中"散"的寫法認爲[字形]所从不是"畜"字,而是"散"的一種變體,从"散"的"轍",是定母月部字,"挫"是清母歌部字,兩者讀音相近,故"散"、"挫"古音可通,③簡本[字形]可依今本直接讀爲"挫"。

[字形]與今本中的"鋭"相對應,整理者隸定作"䫉",未作詳解。魏啓鵬疑此字即"貼"之繁構,从貝、尔聲。二"貝"乃意符之疊加繁化。"尔"同"爾",在簡文此句中讀爲"邇",其義爲進。④劉信芳認爲此字从"佘",貼聲,讀如"嬰",訓作繞。⑤趙建偉認爲此字或許是"贔"的訛寫或異形,亦可讀爲"攖"。⑥黃德寬、徐在國指出《古文四聲韻》中"閱"字古文作:

[字形]四5·14老

應理解作从心貼聲。而[字形]應分析爲从尔貼(代表"貝"的讀音)聲,按照古文的用法,[字形]可直接讀爲"鋭"。⑦趙彤亦有類似意見。⑧後清華簡《皇門》中出現了[字形]形,共三見,3號簡一見、13號簡兩見,3號簡中字對應今本《尚書》作"允"。劉洪濤最早將其與《老子甲》中形體聯繫到一起,認爲它們都从"爾",且今本《尚書》中的"允"與今本《老子》

---

① 黃錫全:《讀郭店楚簡〈老子〉札記三則》,《郭店楚簡國際學術研討會論文集》,第458頁;又見氏著《古文字與古貨幣論集》,文物出版社,2009年,第421—425頁,本文據後者。
② 黃德寬、徐在國:《郭店楚簡文字考釋》,《吉林大學古籍整理研究所建所十五周年紀念文集》,第100頁。
③ 馮勝君:《郭店簡與上博簡對比研究》,第172頁。
④ 魏啓鵬:《楚簡〈老子〉柬釋》,《道家文化研究》第十七輯,第228頁。
⑤ 劉信芳:《荆門郭店竹簡老子解詁》,第35頁。
⑥ 趙建偉:《郭店竹簡〈老子〉校釋》,《道家文化研究》第十七輯,第289頁。
⑦ 黃德寬、徐在國:《郭店楚簡文字考釋》,《吉林大學古籍整理研究所建所十五周年紀念文集》,第100頁。
⑧ 趙彤:《釋"䫉"》,簡帛研究網,2004年2月6日。

中的"鋭"讀音相近,簡文記録的應是同一個詞。① 陳劍結合多位學者意見全面討論了此類形體,認爲清華簡中形體從爾、從䫉,兩者均表音,所從的"䫉"與《説文》中讀與"嬰"相近的"䫉"不是同一個字,簡文所從的"䫉"與"爾"、"鋭"(或閲)讀音相近。② 由於有傳抄古文用法作爲支點,又有新出字形作爲佐證,《老子甲》中的 ![字] 形便可與今本"鋭"字直接對應起來。

出土文獻釋讀是一個複雜過程。有今本對照者相對容易,可以"有的放矢"。但出土本子用字並不一定要與今本完全一致,兩者的差異也未必一定屬於通假關係,還有義近换用的可能性。兩個本子《老子》中 ![字] 與"挫"、![字] 與"鋭"的差異,很多學者就是從義近换用的角度出發,這些意見說服力却不强,很難令人信服。相比之下,通過傳抄古文的用法,簡本中的字都可與今本直接對應起來,目前雖不能說問題已經徹底解決,但如此處理是比較直接的途徑。一個句子中兩個疑難問題都是依據傳抄古文才得以解決,古文對出土文獻研究的作用不言而喻。

古文不僅對楚簡類的長篇文獻釋讀意義重大,對璽印、銘文等短篇資料的作用也不可忽視,有如下一方三晉璽印:

![璽印圖]

《璽彙》未收該璽,《古璽文字徵》以不識字歸入附録中。吴振武曾對上録古璽文字進行過考釋,他指出璽文第一字從弓從矢,可隸定成"䉰"。"弓"是"弩"字異體,"䉰"形表示以弩射箭,爲"射"字異體:

> 我們既已知道"射"字的古體"䈰"是表示以弓射箭,那麽很清楚,這個從"弓"(弩)從"矢"的字表示的是以弩射箭,也應該是"射"字的古體,"射"字從"弓"(弩)的寫法在傳抄古文中也出現過。《汗簡》卷下之一女部和《古文四聲韻》卷四去聲四十禡引《義雲章》"射"字作:

![字形]

顯然是從"弓"(弩)從"又"。"又"代表手,前舉甲骨、金文中的"射"字也有從"又"

---

① 劉洪濤云:"古文字的'爾'和'向'有相混的現象,因此這個字很可能不是從'向'而是從'爾'的。我記得好像有一個字從'䫉'從'尔'(一時檢不出,或許是記憶有誤),和此字很可能是一字的異體。"劉雲接着補充出《老子甲》中的形體。詳參沈培《清華簡字詞考釋二則》(復旦大學出土文獻與古文字研究中心網站,2011 年 1 月 9 日)一文後面的跟帖留言,後來劉洪濤又撰文詳述該觀點,參劉洪濤:《清華簡補釋四則》,復旦大學出土文獻與古文字研究中心網站,2011 年 4 月 27 日。

② 陳劍:《清華簡〈皇門〉"䫉"字補説》,復旦大學出土文獻與古文字研究中心網站,2011 年 2 月 4 日,後該文又刊於《出土文獻與古文字研究》第四輯,第 170—184 頁。

的寫法(桃按：此指▢形)，可以比較。從文獻和考古材料來看，弩在戰國時已普遍使用，所以當時的"射"字出現了這種以"弩"(弩)代"弓"的新寫法是不難理解的。①

同時古璽印文中還有與此相關用爲姓氏的字，以前未釋，其形體如下：

▢(廝)《璽彙》2882

傳抄古文中的"謝"字作：

▢汗5·67義 ▢四4·32义

吳振武認爲以上形體均从广从敠(射)，應釋爲"廝"字。可是古代既有謝氏，又有射氏，璽文破讀的靈活性較大，究竟該讀哪個字呢？吳振武據該形在傳抄古文中用爲"謝"，判斷"廝"應該讀爲謝氏之"謝"。其說可從。傳抄古文無疑給此處印文破讀提供了明確的指向。

季姬方尊有銘文如下：

賜厥田以生：馬十又□匹、牛六十又九叙、羊三百又八十(?)又五叙、禾二牆。

其中兩個"叙"字，原整理者皆屬下讀作"叙羊"、"叙禾"。② 董珊改屬上讀，指出"叙"是表示牛、羊的量詞，字又見於戍簋銘文(《集成》04322)："俘戎兵盾、矛、戈、弓、箙、矢、裨冑，凡百又卅又五叙。"他認爲"叙"可以讀爲量詞"介"或"个"，並指出三體石經《春秋·僖公》"介葛盧"之"介"古文作：

▢石

即"叙"字，古文中"介"、"叙"相通，與銘文用法相同。又師同鼎銘文(《集成》02779)："羊百刲。""刲"也是量詞，从丯得聲，而"丯"與"叙"、"介"讀音皆近，所以"刲"也應讀爲"介"。③ 其說可信。

師𩵦鼎(《集成》2830)有形體作：

▢

---

① 吳振武：《燕馬節補考——兼釋戰國時代的"射"字》，中國古文字研究會第八屆年會論文，1990年。
② 蔡運章、張應橋：《季姬方尊銘文及其重要價值》，《文物》2003年第9期。
③ 董珊：《季姬方尊補釋》，《戰國題銘與工官制度研究——附論新見銅器和簡帛》，北京大學考古文博學院博士後研究工作報告，2004年，第107頁。

此形釋法多樣，以往很多學者把形體右側理解成"犬"或"豕"旁，破讀也各不相同。其實此字應該隸定作"叙"，右上部是泐痕，而並非筆畫。至於破讀方面，舊說中也未見有合理意見。①

此字訓解還應結合前後文意綜合考慮，現結合諸家意見將銘文斷句如下：

……伯太師丕自乍（助）小子夙夕溥由先祖烈德，用臣皇辟；伯亦克叙由先祖叀，孫子一姗皇辟懿德，用保王身。

其中"叀"字，于豪亮認爲是"蠱"字異體，據古籍用法，可訓作事。由，訓作行。② 李學勤從之，並對此句加以分析：

"溥由"，意爲廣由。下面"猷由"，"猷"字即"猷"。"柔遠能邇"，金文"邇"作"猷"，這裏"猷"當讀爲"彌"。"彌由"意思也是廣由，正和"溥由"一樣。③

此說釋字不確，讀"彌"自然也不可信，但對文意的理解却是可從的，銘文"叙由"與"溥由"前後相當，意思應相近。"溥"訓廣，"叙"應與此義近，再結合上錄傳抄古文及金文的用法，此處"叙"字應該也讀爲"介"。"介"訓爲大，爲古之常訓。《周易·晉》："受兹介福。"釋文："介，大也。"《左傳·昭公二十四年》："而問於介衆。"杜預注："介，大也。"《逸周書·武順》："集固介德。"孔晁注："介，大也。"④銘文是說師𩰫日夜廣行先祖之美德，伯亦能大行先祖之事，文意前後相應。

三晉兵器元年相邦建信君鈹中有銘文如下：⑤

邦右庫 ⿱

相同辭例也見於四年相邦建信君鈹（《集成》11695），與 ⿱ 相對應的字作 ⿰，兩者爲同一個字，舊多不識。後來吳振武釋該字爲"䜌"，《說文》："䜌，亂也。一曰：治也。一曰：不絕也。从言、丝。𤔔，古文䜌。"銘文中的"䜌"訓作"治"，用法與三晉兵器常見的"伐器"相同，其文義爲"邦右庫治器"。⑥ 此說可信。但是從"䜌"字本身的構形看不出其有"治"義，在較早的金文中它也沒有此類用法。那麼《說文》以及鈹銘中的"䜌"何以訓作"治"呢？筆者認爲訓作"治"的"䜌"字是個借字，其本字應該是"𤔔"（亂），相同

---

① 關於諸家觀點及此形的隸定依據筆者將另有文章專門介紹。
② 于豪亮：《陝西省扶風縣强家村出土虢季家族銅器銘文考釋》，《于豪亮學術文存》，第15頁。
③ 李學勤：《師𩰫鼎剩義》，《新出青銅器研究》，第95頁。
④ 更多例子參宗福邦、陳世鐃、蕭海波主編：《故訓匯纂》，商務印書館，2003年，第79頁。
⑤ 張學海主編：《海岱考古》第一輯，山東大學出版社，1989年，第320—325頁。
⑥ 吳振武：《談濟南市博物館藏元年相邦建信君鈹》，《揖芬集——張政烺先生九十華誕紀念文集》，社會科學文獻出版社，2002年，第305—308頁。

用法見於古文中,《説文》、《汗簡》、《古文四聲韻》中"亂"字古文作:

　　[字形]説　　[字形]汗1·13　　[字形]四2·6石

都是"𤔔"(亂)字,"亂"以"𤔔"(亂)爲古文屬於假借用法,兩者古音相同,可通,①而"亂"字古書中常訓爲"治"。參考古文的用字習慣,鈹銘中"亂"的用法也就清楚了。

　　古書中有很多"亂"字訓爲治,屬於訓詁學中的反訓。但因"亂"與"嗣"形體相近,古書中有相混之例,所以很多學者懷疑訓作治的"亂"可能是"嗣"的形近誤字。其實不然,出土銘文中亦有訓作治的"亂",這一用法見於疴簋銘文。此銘最早由張光裕進行考釋,②銘文中有所謂的"嗣"字,原篆在器銘和蓋銘中分别作(爲行文方便下文用 A 代替):

　　[字形]蓋銘　　[字形]器銘(器銘下部模糊)

其所在的辭例爲"乃令疴 A 三族"。張光裕將 A 隸定爲"𤔲",並括注爲"嗣"字。其並未單獨討論該字,但在討論"三族"問題及"疴"身份時説:

> 本銘之"三族",從周公"陳殷"之啓示,疑即指三監之族屬,三監既平,周公乃派員予以管治,疴獲委重任,故於銘中紀其任命。
>
> 既因協助平定三監之亂有功,蒙周公賞賜,並獲任命派往管治三族,其後又成爲輔助周公、召公經營成周洛邑之重要大員。

從括注及相關討論可以看出,他把 A 釋作"嗣"並訓爲"管治"、"治理"。後來李學勤、③吴德章、洪颺、④劉源⑤等都曾討論到 A,他們把 A 或釋爲"嗣"字,或直接括讀爲"治"字。

　　將 A 隸定成"𤔲"可從,但讀爲"嗣"或"治"是不正確的。"嗣"字本從司聲,而 A 根本不從"司"。《説文·辛部》:"辭,訟也。從𤔲,𤔲猶理辜也。𤔲,理也。嗣,籀文辭從司。""司"是心母之部字,"嗣"是邪母之部字,兩者韻部相同,聲母同屬齒音,讀音相

---

① 《睡虎地秦墓竹簡·日書甲種》:"盜者𤔲而黄色。"整理者注:"𤔲,讀爲孿。""孿"從"䜌"聲,是其證。
② 張光裕:《疴簋銘文與西周史事新證》,《文物》2009年第2期。
③ 李學勤:《疴簋與何尊的關係》,《出土文獻研究》第九輯,中華書局,2010年。李學勤把[字形]隸定作"𤔲",後面括注"治",其隸定方式與張光裕相同,只不過張光裕文括注爲"嗣","嗣"與治讀音相近,從行文方式看,李學勤也是認爲[字形]與"治"音近,並直接把[字形]讀爲"治"。
④ 洪颺:《從疴簋銘文"埶公休"的釋讀談古文字資料中魚部字和月部的相通》,中國古文字研究會第十八次年會散發論文,2010年。吴德章觀點出處參洪颺文。
⑤ 劉源:《從殷墟卜辭的"族"説到周初金文中的"三族"》,《古文字研究》第二十八輯,中華書局,2010年,第85—91頁。

近，可見"司"爲"嗣"的聲符。"嗣"既从"司"得聲，那麼"司"旁是不能輕易省去的。"嗣"字金文中多見，或从司聲，作【圖】形；或从司省聲，作【圖】形。① 目前還未見到可以省掉聲符的"嗣"，而牁簋中的 A 恰恰就没有"司"旁（或省體），可見 A 不是"嗣"字。如此，A 也不能讀成與"嗣"音近的"治"字。

其實，A 是"亂"字，金文中的"亂"字作：

【圖】番生簋蓋《集成》4326　　【圖】五年琱生簋《集成》4292

與此二形相比，牁簋中的 A 下部僅多出一"手"形。古文字中作爲意符時，一個手形和兩個手形往往無別，所以 A 應爲"亂"字。②

還可從另一角度證明牁簋中 A 是"亂"字。《尚書·君奭》"割申勸甯〈文〉王之德"③一語在其他典籍中有異文，《禮記·緇衣》鄭玄注引漢博士讀法作"厥亂勸甯〈文〉王之德"。對比相關文例可以發現，與《尚書》中"申"相對應的字，鄭玄所引當時博士讀法寫作"亂"，裘錫圭曾討論過這一問題，他認爲"申"字在古文字中作"【圖】"，是"傳《尚書》之今博士誤以左半之'矞'爲聲旁而讀爲'亂'"。④ 其説近是。金文中的"申"（紳）作：

【圖】三年師兑簋《集成》4318　　【圖】訣簋《集成》4317

"今博士"應該就是誤認【圖】類形體左部爲聲符，而將其誤讀爲"亂"。上面【圖】字左部與 A 爲同類形體，漢代博士讀【圖】爲"亂"是錯誤的，但却證明早在漢代就把 A 這類形體讀成"亂"了。這可作爲釋 A 爲"亂"的一個證據。

下面再談一下"亂"字在銘文中的訓詁，銘文中的"亂"可訓作"治"。《説文》："亂，治也。"《廣雅·釋詁》："亂，治也。"《尚書·盤庚》："兹予有亂政同位，具乃貝玉。"孔安國傳："亂，治也。"《禮記·樂記》："復亂以飭歸。"孔穎達疏："亂，治也。"傳世文獻中還有大量的"亂"訓爲"治"的例子⑤。牁簋銘文中的"亂"也應該訓爲"治"，銘文"乃令牁亂三族"的意思是派遣牁治理三族，文通字順。由此可見，出土文獻中"亂"字在西周早期就有"治"的意思，與《尚書》中"亂"訓爲"治"的用法相吻合，也説明鈹銘中"戀"

---

① 容庚著，張振林、馬國權摹補：《金文編》，第 976—979 頁。
② A 在器銘中下部模糊，但是仔細觀察《文物》雜誌提供的器銘彩色照片，器銘中 A 下部似乎是从一個手形，如果事實如此，那麼器銘中 A 與金文中常見的"亂"字寫法相同，A 爲"亂"字無疑。
③ 此"寧"字爲"文"字之誤，清代學者就已經指出，相關論述參看裘錫圭：《談談清末學者利用金文校勘〈尚書〉的一個重要發現》，《古代文史研究新探》，江蘇古籍出版社，1992 年，第 73—80 頁。
④ 裘錫圭：《史牆盤銘解釋》，《古文字論集》，第 383 頁注 10。
⑤ 宗福邦、陳世鐃、蕭海波主編：《故訓匯纂》，第 49—50 頁。

（亂）的用法淵源有自。①

　　古文記錄的主要是戰國文字，其中也含有甲骨、金文，古文的用字習慣也有利於研究甲骨金文。如番生簋蓋銘文（《集成》4326）有關於賞賜品的記載如下（暫按照通行意見標點）：

　　　　賜朱巿、恖黄、韠鞻、玉環、玉瑹、車、[B]軙、荎縪靫、朱䢅圅燮、虎幎纁裏、錯衡、右軶、畫轉、畫轎……

銘文記載的物品都是周王賜給番生的。隨着考古材料的不斷出土，其中多數物品已被大家了解，但關於部分器物的認識，學界仍存在較大的分歧，此處要討論的是[B]（下文用B代替）字的釋讀，進而明確其究竟是什麼器物。

　　學者以往都把B與後面的"軙"當成一個詞，認爲B修飾形容"軙"。至於字形分析，主要有兩種意見：一是釋"申"（或"紳"）說；另一種是釋"電"說。持第一種意見的如高田忠周認爲B是"紳"或"訓"的假借。② 林巳奈夫認爲B是"申"字，"申"有約束義，所以"B軙"是指有加強作用之車軙。③ 黄然偉也認爲B爲"申"字，即後世之"紳"，《廣雅》："紳，束也。""B軙"即有革束縛之車軙。④ 持第二種意見的如《銘文選》，該書認爲"電"和"霆"常可互訓，而"霆"和"梃"雙聲疊韻可通假，那麼銘文中"電"可讀爲"梃"，"梃"古有"勁直"義。⑤ 陳漢平認爲B是"申"字的同時，也疑其爲"電"字，"電軙"爲"有金屬裝飾，光亮如電之車軙"。⑥《殷周金文集成釋文》、《殷周金文集成引得》釋文、新版《集成》釋文等，都直接把B釋成"電"。⑦

　　仔細推敲以上幾種觀點，從字形上把B形釋成"電"或"申"都不能算錯（詳後文），但幾種解釋都有難通之處。先說釋"電"的觀點，《銘文選》把"電"讀作"梃"，"電"和"霆"互訓是兩者義近，但不能說明"電"和"梃"也能相通，事實上二者音、義遠隔，"電"

---

① 按，上文關於訶簋銘文中"亂"字的考證，筆者曾以《說訶簋銘文中的"亂"字》爲題刊於復旦大學出土文獻與古文字研究中心網站（2010年12月17日），而有的學者懷疑訓作治的"亂"是"嗣"的誤字，訶簋銘文中"䛊"可能也是"嗣"的誤字。後來清華簡第五冊公布，其中《厚父》篇云："惟曰其助上帝[亂]下民。"趙平安將簡文[亂]釋爲"䛊"（亂），訓作治（參趙平安《〈厚父〉的性質及其藴含的夏代歷史文化》，《文物》2014年第12期），其說可從。是後出古文字資料中有明確訓作治的"䛊"（亂），簡文正可與金文用法互證。
② 周法高主編：《金文詁林》第14册，香港中文大學出版社，1974年，第7744—7745頁。
③ 轉引自張曉雲：《西周金文所記車馬器研究》，吉林大學碩士學位論文（指導教師：吳振武教授），2000年，第11頁。
④ 黄然偉：《殷周青銅器賞賜銘文研究》，香港龍門書店，1978年，第182頁。
⑤ 馬承源：《商周青銅器銘文選》第三卷，文物出版社，1988年，第225—226頁。
⑥ 陳漢平：《西周册命制度研究》，學林出版社，1986年，第240頁。
⑦ 中國社會科學院考古研究所編：《殷周金文集成釋文》第3卷，香港中文大學，2001年，第461頁；張亞初：《殷周金文集成引得》，中華書局，2001年，第88頁；中國社會科學院考古研究所編：《殷周金文集成（修訂增補本）》第4册，中華書局，2007年，第2709頁。

不可能讀爲"梃"。陳漢平把銘文理解作"光亮如電之車軫",如此不合語法的句子,恐怕古人也不會用。再看釋"申"説,高田忠周把 B 後的"軫"字誤釋爲"瑤",那麽他對 B 的理解也是有問題的。至於其他學者把"B 軫"解釋成"有革束縛之車軫",有增字解經之嫌。何况,"軫"是車輿下面的横木,①作爲一種獨立的賞賜品,是否需要"束縛"是很難判斷的。退一步説,如果"軫"真需要革帶束縛的話,那麽這種"革帶"和"畫轉"、"畫輯"性質相同,也應單獨出現,似不宜放在"軫"字前面。

下面談一下筆者的看法。從形體上講,B 字上部從雨毫無問題,下部釋成"电"或"申"均可。很多學者都指出"电"(電)和"申"爲一字之分化,②可信。所以 B 字無論是看成從"申"得聲,還是看作"電"字,都可以表示同一個詞,這個詞就是"靷"。

"申"聲系字和"靷"關係密切。上古音中"靷"是喻母真部字,"申"是書母真部字。兩者的聲母相近,韻部相同,讀音相近。且"申"和"引"兩聲系字古可通用。古文即有其例,《説文》"靷"字籀文以及《古文四聲韻》"靷"字古文分别作:

説籀　 四 3·14 説

古文可隸定作"轇"。王國維很早就指出"轇"右部所從爲"臮"字,即"申"字繁構。③ 其説甚是,則"靷"字古文"轇"從申得聲。可見"靷"、"申"讀音相近。曾侯乙墓竹簡中的"紳"字多見,作形,④整理者援引古文以及王國維的意見,指出"紳"在簡文中用作"靷",⑤甚確。《睡虎地秦墓竹簡》中有"軙"字,在簡文中用作"靷"。⑥ 由以上論述,不難看出把"申"讀成"靷"從音理及用字習慣上都很合適。⑦

把 B 讀成"靷"後,在銘文中它和後面的"軫"就不能看成一個詞了,而是分别指兩種不同的賞賜物品,原銘文應該在"靷"字後面讀斷。西周時期,中國馬車使用的是"軛靷式系駕法",所以"靷"是車馬器中非常重要的部件。馬曳車時主要就是通過"靷"來施力,文獻中有所記載。《説文》:"靷,所以引軸也。"(此依"段注本")《詩·秦風·小戎》:"陰靷鋈續。"孔穎達疏:"靷者,以皮爲之,繫於陰板之上,今驂馬之引。"《左傳·哀公二年》:"郵良

---

① 文獻上關於"軫"的記載或有不同,郭寶鈞曾予以梳理考證,參郭寶鈞:《殷周車器研究》,文物出版社,1998年,第 50 頁。
② 看于省吾主編:《甲骨文字詁林》第二册,中華書局,1999 年,第 1171—1172 頁所引各家觀點。
③ 王國維:《史籀篇疏證》,《王國維遺書》第六册,第 10 頁。
④ 張光裕、黄錫全、滕壬生主編:《曾侯乙墓竹簡文字編》,藝文印書館,1997 年,第 292 頁。
⑤ 裘錫圭、李家浩:《曾侯乙墓竹簡釋文與考釋》,《曾侯乙墓》下册,第 506 頁,注釋 34。
⑥ 睡虎地秦墓竹簡整理小組:《睡虎地秦墓竹簡》,文物出版社,1978 年,第 228 頁。
⑦ 其實從傳世文獻中也可找到相關例證,古"楝"、"引"通用,如《周禮·大師》:"令奏鼓楝。"鄭玄注引鄭司農云:"楝,讀爲導引之引。"《説文》:"楝,擊小鼓引樂聲也。从申、束聲。"《説文》把"楝"看成从"束"聲,但是朱駿聲在《説文通訓定聲》已經指出:"此字从束申聲,《説文》無束部,故附申部,束非聲也。説解'引樂聲',引、申同部,蓋以聲訓。"朱駿聲所説甚確,"楝"从申聲,而"靷"从引聲,"楝"與"引"音近,即證明"申"、"靷"音近。

曰：'我兩靷將絶，吾能止之，我，禦之上也。'駕而乘材，兩靷皆絶。"孔穎達疏："靷，……此皮約馬胸而引車輪也。"宋人陳暘《禮書》："靷以皮爲之，繫於陰板，所以引車也。"可見，馬正是依靠"靷"來傳輸力量，才能曳車前進，"靷"的重要性不言而喻。所以"靷"作爲賞賜品當在常理之中。周王給番生的賞賜品中還有"畫轉"和"畫䩛"，"畫轉"是指綁縛車轅與車輿之間的革帶，"畫䩛"是捆紮伏兔和軸之間的革帶。"靷"和"轉"、"䩛"的材料性質都屬於革帶類，它們同時出現，也從側面説明釋B爲"靷"是合理的。

西周金文中還有一則可能與"靷"有關的材料。伯晨鼎銘文（《集成》2816）記載周王賜賞伯晨的銘文作：

賜汝秬鬯一卣、玄袞衣、幽黼、赤舄、駒車、畫▨、幬爻、虎韔……

此句中的▨（下文徑稱C）形體特别，陳邦懷釋作"轉"；① 郭沫若隸作"听"，讀爲"靳"。② 劉體智隸作"呻"；③ 吴大澂認爲《説文》中的"鞌"字右部形體從"慶"演變而來，而C是從"鞌"字的右部變來，應該釋爲"靷"。④ 近來吴紅松也認爲該字是"呻"，應讀爲"軫"。⑤ 以上觀點中，前兩種説法明顯與形體不符，當可不論。後幾種觀點值得注意，尤其是劉體智的隸定，把該形隸作"呻"是正確的，C右部所從的"申"旁與不其簋蓋銘文（《集成》4329）中"申"作▨形相似，只是C的右部稍訛。仔細觀察不難發現，伯晨鼎銘文中很多字因寫得過於草率而發生訛變，如該銘中的"舄"、"畫"、"攸"、"勒"、"夙"等字，均有訛變（參下表格），可能是受書手書寫水平影響所致。C右部的"申"旁寫訛也屬於此類情況。

	舄	畫	攸	勒	夙
伯晨鼎銘	▨	▨	▨	▨	▨
標準寫法	▨	▨	▨	▨	▨
	集成 4274	集成 4326	集成 9899	集成 4257	集成 10175

吴紅松贊同C是"呻"字，可取。但他把"呻"讀爲"軫"，卻存在難通之處。首先，上文指出番生簋銘文中已經出現"軫"，寫作從車多聲的"軫"，並不使用假借字。如果

---

① 轉引自容庚：《金文編》，第1171頁。
② 郭沫若：《金文叢考》，科學出版社，1954年，第272頁。
③ 劉體智：《小校經閣金文拓本》第三册，1935年石印本，第29頁。
④ （清）吴大澂：《字説》，1893年思賢講舍重刻本，第37頁。
⑤ 吴紅松：《西周金文車飾二考》，《中原文物》2008年第1期。

認爲此處"呻"用爲"軫",從用字習慣角度講,似有不妥。上文已論,古文字中的"申"聲字,除了表示本字外,多用來表示"靷",具有很强的規律性,值得重視。其次,從賞賜品規格看,番生受周王賞賜物品種類之多,金文中少見,似只有毛公鼎銘(《集成》2841)能與之相比。據研究,金文賞賜品中命服顔色不同反映了被賜者身份的高低,番生受賜的"朱市"、"悤黄",爲所見册命金文中等級最高者,似只有毛公鼎所記與之相同,①番生的身份應相當高。況且,賞賜給番生的"軫"更是金文中獨見,"軫"的重要性可見一斑。相比之下,伯晨的賞賜品規格屬於中等,不及番生,他的身份無法與番生相比。從器主身份説,伯晨恐怕也不會得到"軫"這種重要賞賜品。故把"呻"讀成"軫"可能性不是很大。以上觀點中,吴大澂認爲C的源頭爲"慶"雖不可信,他把該形讀爲"靷"倒是極具啓發性,前文已論"申"可讀爲"靷",那麽"呻"自然也可讀作"靷"。"畫靷"之"畫"是修飾"靷"的形容詞,與"畫轉"、"畫輻"中的"畫"意義功能完全相同。需要注意的是,番生簋和伯晨鼎兩銘所記的共有車馬器極具可比性,現附列如下:

番生簋:車、B、軫、奉縟較
伯晨鼎:駒車、畫C、幬爻、虎韔

番生簋賞賜品中 B 前是"車",B 後是"軫"和"奉縟較"。伯晨鼎中 C 前是"駒車",C 後是"幬爻"。"較"與"爻"代表的是同一物品。由此,在兩篇銘文共有的賞賜品中,B、C 前面都是"車",後面都是"較",其排列順序是一致的,進一步説明 B 和 C 代表的應是同一詞。聯繫兩者的字形,以及 C 前面有"畫"作爲修飾,把 B、C 釋成"靷"極其合適。

出土文獻中關於"靷"的記載還見於戰國楚簡遣册中。除了上引的曾侯乙墓竹簡外,如望山 2 號墓竹簡 6 號簡記有"緄紳(靷)";②包山 271 號簡中記有"紫紳(靷)",③説明戰國時期"靷"在車馬器中是非常重要的,西周時期亦應如此。需要指出的是,不論是秦簡還是楚簡,"靷"這一器物都是用"申"聲字表示,這也説明把西周金文中的 B、C 釋成"靷"是合理的。

第二節　古文對傳世文獻研究的價值

傳抄古文不但對出土文獻整理意義重大,對傳世古籍的研究也有很大價值。古

---

① 陳漢平:《西周册命制度研究》,學林出版社,1986 年,第 290 頁。
② 湖北省文物考古研究所、北京大學中文系合編:《望山楚簡》,圖版 52 頁。其中的"緄"字從李家浩釋,看李家浩:《楚墓竹簡中的"昆"字及從"昆"之字》,《著名中年語言學家自選集・李家浩卷》,安徽教育出版社,2002 年,第 308、312 頁。
③ 湖北省荆沙鐵路考古隊:《包山楚簡》,文物出版社,1991 年,圖版 117。關於楚簡中"靷"的記載也可參田河:《出土戰國遣册所記名物分類匯釋》,吉林大學博士學位論文(指導教師:吴振武教授),2007 年,第 119 頁。

文身份特殊，介於古文字與古文獻之間，因爲其記録的形體是古文字，而形體的出處又是傳世典籍，如石經古文出於《尚書》、《春秋》等書，《汗簡》、《古文四聲韻》所采録的文獻更多至數十種。可見，古文是連接古文字與傳世文獻的橋梁。但在傳世文獻研究過程中却一直存在不夠重視古文的現象，所以這一節主要談談古文對傳世典籍研究的作用。

文獻是通過文字記録的，而漢字具有音、形、義，因而中國傳統的小學研究就很自然地分成音韻、文字、訓詁三大方面。這裏也從音、形、義三方面以舉例形式進行討論。

一、音

1. 古文保留了典籍中鮮見的通假關係

古籍中常用假借字，所以破通假是古文獻研究的重要方法，此方法要求研究者熟悉通假關係。以往研究的主要依據是傳世古籍中的通假例證，近年來隨着古文字學的不斷發展，古文字通假現象已得到研究者重視，奇怪的是易見的傳抄古文中通假現象却鮮有問津者，其價值長期被忽略。

古文字中“灋”、“廢”相通是常見現象，如大盂鼎（《集成》2837 號）銘文“勿灋朕令”之“灋”讀爲“廢”；上博二《昔者君老》3 號簡“興美灋惡”，其中“灋”與“興”相對，也讀成“廢”。研究古文獻通假關係的學者或認爲“灋”與“廢”兩者相通不見於傳世古書，①其實這明顯忽略了古文資料，“廢”字古文作：

四 4・18 老

即“灋”字，古文借“灋”爲“廢”。可見“廢”與“灋”相通的現象一直都存於古文系統中，只是研究者没有予以充分注意罷了。“灋”與“廢”相通在傳世典籍鮮見，幾種專門收録通假關係的工具書均未列出例證，學者或據出土文獻中二者相通現象新證古書訓詁。如《管子・乘馬數》：“民之不移也，如廢方於地。”其中的“廢”字，舊説皆難通，于省吾據金文“灋”與“廢”相通的規律，讀爲“灋”，其文意爲“民之不移如取灋於地之方”，②於文意甚通。《管子・侈靡》：“利不可灋，故民流；神不可灋，故事之。”“灋”字舊無合理解釋，《管子集校》讀爲“廢”，③其説可從。試想，如清代考據學家能夠留意《古文四聲韻》中借“灋”爲“廢”的現象，恐怕不會晚到現代才解決此類問題。

---

① 如洪颺《古文字考釋通假關係研究》（福建人民出版社，2008 年）便如此表述，參該書第 114 頁。
② 于省吾：《雙劍誃群經新證・雙劍誃諸子新證》，上海書店出版社，1999 年，第 242 頁。
③ 郭沫若、聞一多、許維遹：《管子集校》，科學出版社，1956 年，第 610 頁。

古文中保留了很多鮮見於傳世文獻的通假關係,可補充文獻通假現象研究之不足,其中部分資料已經被出土文獻所證明。如"鯸"字古文作:

![字形] 四4·38 籀

該形即見於《説文》的"鯸"字,从侯得聲,而"鯸"从后聲,"侯"和"后"都是匣母侯部字,兩者讀音相近,古文借"鯸"爲"鯸"。傳世典籍中鮮見兩聲系字相通之例,出土文獻却提供了證明,如屢見於包山楚簡中被祭祀的對象"侯土",學者多指出其就是見於《周禮·春官·大宗伯》的"后土"。此説可信。類似現象還有很多,如"甲"與"奄"兩聲系、"霍"與"廣"兩聲系等等。其中部分材料尚未得到古文字支持,但並不説明此類古文不可信,因爲目前所見的出土材料畢竟有限,其不能與傳世材料盡合也在情理當中。綜上,古文所反映出的通假現象價值珍貴,學者應給予足够的重視。

有時古文書籍本身的韻部設置,對古籍研究也有幫助。例如,金文中有記錄"楷伯"的資料,學者以前認爲"楷"是不見於文獻的楷國。然而2006年山西省黎城縣出土了一件楷侯青銅壺,根據當地縣誌記載,黎城縣即古書中記載的黎國,可是楷侯的器物爲什麼會在黎城出土呢?據高智、張崇寧研究,"楷"應該讀爲"黎",所謂的楷國即文獻中的黎國,可是文獻中没有"楷"、"黎"直接相通的例子,他們舉出的證據之一就是《古文四聲韻》中"皆"與"黎"、"邕"等字屬同一韻部,讀音相近。① 儘管這一論證不是非常嚴謹(《古文四聲韻》韻部按中古音排列),但仍爲該文觀點提供了極大的支持。並且,從目前來看把楷國看成黎國也是合理的,相關問題李學勤已有討論,②可參看。

2. 古文可以糾正字書對形聲字的錯誤分析

《説文》謂"毁"字从毇省聲、"陒"从毀省聲。此説不可信,其實《説文》本當有"呈"字,許慎失收,又勉强以省聲曲解之。"呈"字不見於《説文》,却保存在古文資料中。《古文四聲韻》中"毇"的古文作:

![字形] 四3·4 崔

即"呈"字,是假"呈"爲"毇"。郭店簡《窮達以時》14號簡"毁"字作![字形],古文"呈"與郭店簡中形體屬於一系,形體來源可靠。"呈"是"毁"和"陒"的聲符,至於"毇"字應从"毁"省聲才是。《説文》解説錯誤,古文保存的資料反倒是可信的。

---

① 高智、張崇寧:《西伯既勘黎——西周黎侯銅器的出土與黎國墓地的確認》,《古代文明研究通訊》總第34期,第48—50頁。
② 李學勤:《從清華簡談到周代黎國》,《出土文獻》第一輯,中西書局,2010年。

3. 古文可以爲古韻分部提供有力的證據

現代學者研究漢字的古韻部劃分，多依據《詩經》、《楚辭》的用韻以及《説文》中的諧聲系統。因材料有限，外加個人研究角度不同，學者對古韻部的劃分存在爭議，此時古文往往能提供有效的解決方法。如"爾"字韻部歸屬存在分歧，或歸在支部；或歸在歌部；或歸在脂部，①觀點存在差異。根據古文的通假現象，把"爾"歸在脂部更爲合理。"邇"從爾聲，筆者曾考證古文資料中借"還"爲"邇"，又借"邇"爲"進"，這些都屬通假現象。② 從"邇"字既可以與質部的"還"相通，又可與真部的"進"相通來看，把它放在支部、歌部都不合理，而將其放在脂部正好與質部、真部形成嚴格的對轉關係。可見"邇"應歸在脂部，那麼其聲符"爾"自然也應歸入脂部。

"徙"字歸部也比較複雜，嚴可均、王念孫、朱駿聲歸之部；段玉裁、周祖謨、王力歸支部；江有誥、黄侃、林義光歸歌部。③"徙"字古文作：

𢓊 説　𢓊 四3·5 説

此類形體在金文中可用爲"肜沙"之"沙"，上博簡《周易》"沙"字作 ▨（2 號簡），去掉土旁後與古文爲同一個字。"沙"爲歌部字，以此觀之，把"徙"字歸在歌部更爲合理。類似例子較多，此不贅舉。

4. 古文能夠反映出特殊的語音現象

《古文四聲韻》中"順"字古文作：

𦣻 四 4·19 孝

此形爲"佾"字，見於《説文》。以"佾"爲"順"古文屬於通假關係。"順"是文部字，從"尒"得聲之字與文部相隔較遠，兩者何以通用是值得研究的語音現象。沈培曾對楚簡中"尒"與文部字相通的現象作過討論，他引用陸志韋的觀點，指出在《詩經》中没有[-m]和[-n]相諧聲的例證，[-m]不變則已，一變就會變[-ŋ]。既然如此，侵部的"尒"收[-m]尾，要想與收[-n]尾的文部字相通，必須由[-m]尾變作[-ŋ]才可以。沈文又證明至少在戰國時期楚地方言中，以"尒"爲聲符的一些字已經收[-ŋ]尾，可以與文部字相通

---

　①　相關觀點看《古韻通曉》第 71 頁，諸家分部均以"效"爲代表字頭，這裏的"效"即指"爾"字而言，看同書第 348 頁。另需注意，清代學者所分韻部，有互相包含關係。現今使用的古音方面的工具書對其劃分也不同，如《上古音手册》將其歸爲支部，而《漢字古音手册》以及《古韻通曉》將其歸在脂部。分别看唐作藩：《上古音手册》，江蘇人民出版社，1982 年，第 32 頁；郭錫良：《漢字古音手册》，商務印書館，2010 年，第 97 頁；《古韻通曉》，第 193 頁。
　②　李春桃：《利用楚簡資料研究古文五則》，《簡帛》第七輯，上海古籍出版社，2012 年。
　③　《古韻通曉》，第 69 頁。

假。① 古文反映的是戰國時期用字情况,此處"佮"與"順"相通與沈培的結論正相一致。可見古文中的通假現象爲音韻學提供了新的材料,也有益於先秦時期方言的研究。

二、形

1. 古文可以校正典籍中的訛字

文獻流傳至今,難免有諸多訛誤。隨着出土文獻研究的不斷深入,學者開始依據出土文獻校正傳世文獻中的錯誤。如王國維據甲骨文校訂《史記·殷本紀》中的錯訛現象,②一直爲學界所稱道。其實,古文也有利於校讀傳世文獻。

下面先看據"簠"字古文校訂《春秋繁露》的例子,盧文弨在《鍾山札記》中説:

> 《説文》:"簠,古文作㭒。"案《春秋繁露·祭義》云:"春上豆實,夏上尊實,秋上㭒實,冬上敦實。""豆實韭也","尊實醴也","㭒實黍也","敦實稻也"。此正"簠"作"㭒"之證。文弨校梓此書時,尚沿舊本之誤作"机",錢詹事莘楣爲余言正之。案"九"與"鬼"古音相同,故"九侯"亦作"鬼侯"。③

錢大昕(字莘楣)認爲《春秋繁露》原文中"机"是"㭒"(簠)字之誤,極是。以《春秋繁露》文例觀之,此字位置與"豆"、"尊"、"敦"相對,應是盛器,"机"字顯然不符,而"㭒"(簠)字正相合。"㭒"字見於秦印中,④阜陽漢簡《詩經》中也有出現(142號簡),相應今本《毛詩》作"簠"。另外,盧文弨關於"㭒"字的分析也是正確的,"㭒"從九得聲,"九"與"簠"均爲見母幽部字,讀音相同。因爲後世文字中"九"、"几"形體相近,常發生訛混,如"軌"字古文作:

衍 四3·6崔

該形中的"九"旁便訛成"几"。《玉篇·行部》以"衍"爲"軌"字古文,可證。《干禄字書》:"軌、軌,上通下正。"前者所從之"几"亦是"九"旁之訛。1950年洛陽西宮一座秦墓出土物品有四件銅器,其中的銅簠器蓋均有銘文,自名爲軌,銘文假"軌"爲"簠"。⑤ 軌正从九,"軌"、"㭒"均以"九"爲聲符,説明相關形體中"几"旁

---

① 沈培:《上博簡〈緇衣〉篇"卷"字解》,《華學》第六輯,紫禁城出版社,2003年,第68—74頁。
② 王國維:《殷卜辭中所見先公先王考》、《殷卜辭所見先公先王續考》,《觀堂集林》,第409—450頁。
③ (清)盧文弨:《鍾山札記·龍城札記·讀史札記》,中華書局,2010年,第48—49頁。
④ 許雄志:《秦印文字彙編》,河南美術出版社,2001年,第81頁。
⑤ 杜廼松:《記洛陽西宮出土的幾件銅器》,《文物》1965年第11期。

確是訛形。

《春秋繁露·祭義》中訛字"朹",正是依靠古文才得以校正。同時也應注意到,清代學者關於"朹"的構形有持不同意見者,如桂馥在解釋《說文》中"簋"字古文時云:"朹,文當爲机,从几俎之几,訛从八九之九。"①他認爲"朹"是"机"的訛字,本末倒置,觀點誤不可取。

《急就篇》第二十章:"頃町界畝畦埒封。"其中的"封"字皇本作"窊"。孫詒讓解釋此處異文說:

"封"與上下文韻並不叶,皇本作"窊",是也。"窊"即"窊"之借字,《說文·穴部》云:"窊,屋衺下也。"《爾雅·釋詁》、《釋文》引《字林》云:"窊,汙也。音烏。"②

孫說極是,無論從協韻還是文意角度講,"封"在文中均不合適,原書當作"窊"字。爲什麼"窊"的異文會寫成"封"呢?孫詒讓沒有交代,下面試作討論。此字處於韻腳位置,要符合上下文的協韻要求,原文協魚部,"封"是東部字,並不入韻。"窊"是魚部字,"封"、"窊"讀音遠隔,不能看成通假關係。意義也不近,不屬於義近換用。"封"只能是個錯字。但無論哪一時期寫法,"窊"與"封"二者形體差別都很大,不容易發生訛混。而"窊"字古文作:

四2·12老

古文从宀、洼聲,是"窪"字或體,古"窪"、"窊"音近義通。如《老子》二十二章:"窪則盈。"朱謙之校釋:"窪字《道藏》河上本作'窊','窪'、'窊'字同,皆洿下低陷之義。"③是"窊"和"窪"、"洼"音近可通。孫詒讓已經指出《急就篇》中"窊"即"窊"之借字,猜想有的《急就篇》本子中借"窪"(或"洼")④爲"窊",後人可能誤"洼"爲"封"。也可能是原文中"洼"前已有"畦"字,兩者聲符相同讀音相近,後人不明"洼"爲"窊"之借字,爲避免重複,所以誤改"洼"爲"封"。

有時典籍中有很多解釋不通的字詞,可能是傳抄過程中訛誤所致,有的可借助古文加以校正。如《尚書·大誥》:"爾時罔敢易法。"此句在《莽誥》篇中作"爾不得易定。"⑤"法"與"定"互爲異文,孫星衍認爲"法"字古文與"定"字相似,故二字互訛。⑥按"法"字古文作:

---

① (清)桂馥:《說文義證》,中華書局,1998年,第388頁。
② 孫詒讓:《札迻》,中華書局,2006年,第49頁。
③ 漢語大字典編輯委員會:《漢語大字典》(縮印本),湖北辭書出版社、四川辭書出版社,1992年,第1143頁。
④ 《老子》這一章中"窪"字在帛書甲、乙本中均作"洼"。
⑤ 《漢書》第十冊,第3434頁。
⑥ (清)孫星衍:《尚書今古文注疏》,中華書局,1986年,第352頁。

金 説　金 汗1·8石　金 汗1·8　金 汗2·26　金 四5·29石

可隸定作"金","金"確與"定"字形近。那麼究竟是原文作"法"而後訛爲"定"？還是原作"定"後來訛作"法"呢？研究者尚有不同意見,如上引孫星衍觀點力主前説；皮錫瑞則持不同意見,他認爲原文作"定"正確,"法"爲訛字。① 近代學者顧頡剛、劉起釪、②金兆梓③也認爲當作"定","法"爲誤字。可見關於此字到底是"法"還是"定"仍有分歧,有進一步探討之必要。筆者曾撰文討論此問題,贊同"定"是"金"（法）的訛字。出土文獻中也存在類似情況,如馬王堆帛書中所謂的《篆書陰陽五行》（後改稱《式法》）裏有"金"字,④在帛書中讀成"廢",此件帛書中"廢"這個詞常見,多數都用"發"字來表示,僅此一例用"金",比較特別。整理者已經指出,《篆書陰陽五行》中的字體在篆隸之間,兼有大量的戰國時期楚文字特徵,帛書中"金"字應是戰國文字的一個孑遺。需要注意的是,與"金"對應的字在《隸書陰陽五行》中作 ⟨字形⟩。劉樂賢認爲這個字是"金"字訛體,⑤很有可能。但從形體上看,該形與"定"字漢代寫法別無二致,如馬王堆《戰國縱橫家書》中"定"字作 ⟨字形⟩,⑥是其例。所以漢代不熟悉古文的人,很容易會把 ⟨字形⟩ 看成是"定"字。《莽誥》篇中的"定"字可能即屬於此類現象。原文中"法"應讀爲"廢",訓作廢棄,"易"訓作更易。"易法（廢）"此處屬於同意連言。⑦ 如果没有古文資料,《莽誥》篇的訛誤是很難被訂正的。

"旅"字古文作：

㫃 説　㫃 石　㫃 汗1·7石　㫃 四3·9石　㫃 四3·9石\説

其形體與"衣"字篆文近似,典籍中有"旅"字古文訛爲"衣"字者,俞樾曾予以説明：

"旅"古文作"㫃",《尚書·康誥》篇："紹聞旅德言。"旅者,陳也。言布陳其德言也。因"旅"字從古文作"㫃",學者不識,改作"衣"字矣。《周書·武稱》篇："冬寒其衣服。""衣"亦"旅"字之誤。《史記·天官書》曰："主葆旅事。"是"旅"與"葆"同義。此篇曰"冬寒其旅",《大武》篇"冬凍其葆",文義同也。因"旅"字從古文作"㫃",學者不識,改作"衣"字而又加"服"字矣。《官人篇》："愚依人也。""衣"亦

---

① （清）皮錫瑞：《今文尚書考證》,中華書局,1989年,第288頁。
② 顧頡剛、劉起釪：《尚書校釋譯論》第三冊,中華書局,2010年,第1279—1280頁。
③ 金兆梓：《尚書詮譯》,中華書局,2010年,第183頁。
④ 馬王堆漢墓帛書整理小組：《馬王堆帛書〈式法〉釋文摘要》,《文物》2000年第7期。
⑤ 劉樂賢：《〈説文〉"法"字古文補釋》,《古文字研究》第二十四輯,第464頁。
⑥ 漢語大字典字形組編：《秦漢魏晉篆隸字形表》,四川辭書出版社,1985年,第500頁。
⑦ 李春桃：《〈尚書·大誥〉"爾時罔敢易法"解詁——兼談〈莽誥〉的底本性質》,《史學集刊》2011年第3期。

"旅"字之誤。"旅"讀爲"魯",《説文》曰:"夌"古文"旅",古文以爲魯、衛之"魯"是也。"愚魯"連文,義正相近,因叚"旅"爲"魯",而又从古文作"夌"。學者不識,改作"衣"字,以"愚衣"無義,又从人作"依"矣。①

由於古文可校對古籍,俞樾在《古書疑義舉例》中單設"不識古字而誤改例"一節,②以説明古文對文獻研究的作用,所舉之例雖不多,却從理論上肯定了古文的價值,具有開創風氣的作用。今日可見到的大量出土文獻,相應地對古文的認識與研究更加深入,在古籍研究過程中理應更重視古文。

2. 古文保留了古書中的用字習慣

現今所見古籍,多經過後人整理,有的用字已經與原來不同。古文保存的是早期文字,有助於了解古書的用字情況。如今本《尚書》有《費誓》篇,《周禮·秋官》鄭注引作"粊誓",《説文》於"𣂪"字下引作"𣂪誓"。"𣂪"、"費"、"粊"三者關係,前儒已作了不少考辨,其中尤以段玉裁的説法最值得注意,段氏注"𣂪"時認爲"粊"是本字,"𣂪"是誤字,而作"費"則是衛包所改。此説可從,古文系統中便有相關例證,《古文四聲韻》"費"字下收隸定古文作:

粊 四4·9籀

此即"粊"字。以"粊"爲"費"古文,保存了早期用字習慣,可證段説不誤。

古文也可與典籍異文相互印證。《尚書·泰誓》"刳剔孕婦","孕"字薛本作"䏁","孕"字古文在《汗簡》和《古文四聲韻》中作:

䏁 汗2·20尚 䏁 四4·4汗

即"䏁"字,此與薛本《尚書》相同,兩者皆有根據。黄錫全指出馬王堆帛書《經法》篇"孕"作"繩",而"䏁"、"繩"同从黽聲,古文當是借"䏁"爲"孕"。③ 此説可信,證明古文與典籍異文相合。

《周禮》一書的"視"多寫作"眡",古文"視"作:

眡説 眡汗2·16 眡四4·5天

與《周禮》相合。上博簡《緇衣》中"視"作"眡",證明古文以及《周禮》均有所據。類似例子還有很多,限於篇幅此不贅舉。

---

① 俞樾等:《古書疑義舉例五種》,中華書局,2005年,第131頁。
② 俞樾等:《古書疑義舉例五種》,第130—134頁。
③ 《注釋》,第179頁。

3. 古文有助於校對字書中的訛形

《説文》："毄，相擊中也。从殳、豆聲。古文殳如此。"又："祋，殳也。从殳、示聲。""祋"从示得聲，古音學家將其歸在月部，與侯部的"毄"讀音並不相近。《説文》謂"毄"是"古文祋"較爲怪異，段玉裁注"毄"字時直接將"祋"改成"投"，謂"各本訛作祋"。按，段説極是，"投"與"毄"均爲定母侯部字，兩者音近，前者可以後者爲古文。《古文四聲韻》中"投"字下收古文作：

毀 四 2・25 崔

爲"毀"字，《古文四聲韻》以"毀"爲"投"字古文，可爲段説添一重要證據，説明《説文》中"毄"條下的"祋"爲"投"字之訛。

慧琳以及玄應的兩部《一切經音義》保存了文字的很多古體，爲學者所引用。二書在"爇"字下收有異體作"焫"，從形體上看"焫"以"丙"爲基本聲符，但是"丙"爲陽部字，"爇"从熱聲，是月部字，兩者讀音遠隔，不能相通，"焫"無由成爲"爇"的異體。《汗簡》、《古文四聲韻》中"爇"字古文作：

爇 汗 1・5 裴　　焫 四 5・14 裴

其明顯以"內"爲基本聲符（或理解成从"芮"聲），與"爇"字讀音相近，兩者可通。對比則知"焫"所从的"丙"旁是"內"之訛。① 再如《集韻》"逸"字收異體作"𨑜"形，右部从孜从壬，不可分析，"逸"字古文作：

𨑜 石

對比可知，"𨑜"所从的"孜"是"兔"形之訛，而"壬"是"水"形訛變。如果沒有古文作爲橋樑，很難解釋"𨑜"、"逸"關係。再如《集韻・桓韻》："觀，視也，古作𦎫。""𦎫"字形體奇特，不易分析。《古文四聲韻》中"觀"字古文作：

𦎫 四 1・38 義

可知《集韻》中的"𦎫"是對此古文的隸定。又《龍龕手鏡・禾部》："穧，古文稷字，五穀總名。""穧"字詭異難辨，《古文四聲韻》收"稷"字古文作：

穧 四 5・27 尚　　稷 四 5・27 籀

前者爲篆體古文，後者是隸定古文，《龍龕手鏡》中"穧"應來源於此類形體。

---
① 《疏證》，第 211 頁。

三、義

1. 古文有利於探索字的本義

漢字是表意文字,字形往往能反映出其所表達的詞義。但是漢字由古文字經小篆並過渡到隸楷階段,形體已被硬性改造,從晚期楷書不易看出字形的本義。很多古文保留了漢字早期形體,有的與古文字形體相合,可借此來推斷漢字的構字本義。如"拔"字古文作:

〖字形〗四5·12老

此古文注出《古老子》,郭店簡《老子乙》十五號簡"善建者不拔"之"拔"作〖字形〗形,與古文正可互相印證。該形兩手拽木之形顯豁,正是《説文》訓爲"擢也"的"拔"之本字。"囿"字古文作:

〖字形〗四4·37籀

與甲骨文、石鼓文形體相合,象圍起來的園子,内有草木形,是"園囿"之"囿"的本字,从有聲的"囿"則是後起形聲字。再如"免"字古文作:

〖字形〗四3·18汗

象人戴帽子形,是冠冕之"冕"的本字,雖然形體稍有訛變(下部人旁筆畫分離),但字義仍然顯豁。其他如"因"、"兆"、"彈"等,均屬此類情况,不煩例舉。

2. 古文有助於解決古書疑難的訓詁問題

《左傳·昭公元年》:"周公殺管叔而蔡蔡叔。"又《定公四年》:"王於是乎殺管叔而蔡蔡叔。"兩句首個"蔡"字,杜預注均訓爲"放也",但古書中"蔡"無訓"放"之用例。後世學者對此爭論較大,有的學者認爲"蔡"是殘殺之義,但文意難通。"蔡"字古文作:

〖字形〗石　〖字形〗汗6·83林　〖字形〗四4·13尚\春\石　〖字形〗四4·13林

章太炎據此指出:

> 此古文"殺"字,"殺"、"蔡"聲通相借,如"殺三苗,蔡蔡叔"並借爲"槃"是也。孔仲遠説"蔡蔡叔"云:"隸書改作槃字,全類蔡字。"此則不然,正以古文重寫〖字形〗字,上〖字形〗借爲"槃",下〖字形〗借爲"蔡",隸書者遂亦重寫蔡字,而於音義分別之爾。①

---

① 章太炎:《新出三體石經考》,《章太炎全集(七)》,第1095頁。

此説可從，㡀形既爲"蔡"字古文，也是"殺"的古文，"殺"、"蔡"音近可通。上録《左傳》文中後一㡀讀爲"蔡"，前一㡀讀爲"燊"，"燊"古有"散放"義，以此義解原文，十分允當。正是憑藉古文資料此疑難問題才得以解決。

《論語·鄉黨》："色斯舉矣，翔而後集。曰：'山梁雌雉，時哉！時哉！'子路共之，三嗅而作。"句中"色斯舉矣"不易解釋，異説衆多：(1) "色"用如動詞，指人的臉色變異；(2) "色"是"戁"的借字，"戁"有恐懼義；(3) "色斯"連讀，"色斯者，鳥舉之疾也"。(4) "色"是"危"字之誤。① 但陳劍指出以上諸説都存在不足，均非《鄉黨》篇原意。他據古文以及郭店簡中形體認爲"色"應讀爲"疑"，"色"字古文分别作：

[字形] 説　[字形] 汗 4·48 義　[字形][字形] 並汗 6·82 義　[字形] 四 5·27 老

陳劍云：

> 這類字形，舊多不得其解，甚至其可靠性也每每遭到懷疑。朱駿聲《説文通訓定聲》曾將其分析爲"从首从彡、疑省聲"，其説基本正確，但長期不爲人所信。
>
> 郭店簡中有如下一字：
>
> [字形] 《語叢二》簡 50
>
> 原書釋爲"矣"。李家浩先生指出，此字乃是疑惑之"疑"的表義初文"㠯"字的省寫，省去了"㠯"字下半由"大"訛變來的"矢"形的左右兩筆。
>
> 又有如下兩字：
>
> [字形] 《語叢一》簡 110
>
> [字形] 《語叢一》簡 50
>
> ……字當分別隸定爲"頮"和"毣"，前引《説文》"色"字古文 [字形] 形，即本於"頮"形，"毣"字應係在"色"字基礎上加注聲符"㠯"而成。它們在簡文中毫無疑問都是作爲"色"字來用的……
>
> 總之，"色"跟"疑"古音相近，在郭店簡文字中，它們有特殊的密切關係，因此"色斯舉矣"可以讀爲"疑斯舉矣"。"疑斯舉矣"跟《孔叢子·抗志》的"疑之則舉"，"疑"都是"驚疑"之意，兩句可以分別翻譯爲"[鳥]感到驚疑就飛起來了"和"使鳥

---

① 以上諸觀點具體出處可參看胡文輝：《〈論語·鄉黨〉"色斯舉也"解》，《中國文化》第八輯，1993年。又洪颺《古文字考釋通假關係研究》（第 88—89 頁）對諸家觀點也有介紹。

感到驚疑它就會飛起來"。兩個"疑"的具體用法雖然略有區别,但無疑表示的是同一個詞。①

此説有《孔叢子》中"疑之則舉"作爲參照,還有古文及郭店簡的用字習慣作佐證,其結論較舊説爲優。

上一節談到古文的用字習慣對出土文獻的破讀有很大作用,同時,其對傳世古書的解讀也有幫助。

《新書·勸學篇》:"揄鋏陂,雜芷若,虽虱視,益口笑。"其中"虽虱"難通,俞樾《諸子平議》疑"虽"是"望"之借字,"虱"是"風"字之誤。劉師培斠補:

《淮南子·修務訓》作"揄步,雜芷若,龍蒙目視,冶由笑"。"虽虱視"即"龍蒙視"。高注云:"龍蒙,猶眇目視也。"龍蒙爲小,義與逢蒙同。《荀子·勸學篇》"蒙鳩"《大戴》作"蛃",此"虽"、"蒙"通轉之證。"逢"、"蒙"本無定字,故此文又作"虽虱"。

蔣禮鴻也認爲"虱"是"風"的誤字,"虽虱"當作"風虽","風虽"、"逢蒙"、"龍蒙"皆疊韻連語。② 以上諸説,俞氏謂"虱"是"風"之誤字,可信,但是他説"虽"是"望"的借字則不可取,誠如劉師培、蔣禮鴻所指,"虽虱"與"龍蒙"、"逢蒙"相同,爲疊韻連綿詞,若爲"望"字,與"風"、"蒙"並不疊韻。劉師培説"虽"、"蒙"通假可信,其實古文有二者相通的直接證據,"蒙"字古文作:

龘汗6·72尚　龘四1·10朱　龘四1·10古

爲"䖟"字,此處借爲"蒙"。"虽"與"䖟"互爲異體,可見"虽"、"蒙"確可相通,"風虽"、"龍蒙"、"逢蒙"代表的都是同一個詞。

3. 古文可以補充字書中脱漏

古籍流傳過程中屢經抄寫或翻刻,如今已非原貌。古籍整理工作就是找出其缺漏或訛誤,儘量恢復其原貌,在此過程中古文也可提供幫助。現舉一個補充字書缺漏的例子,今本《説文》"髻"字是宋代新附字,其實此非《説文》原貌。《廣雅·釋詁四》:"髽,髻也。"王念孫疏證:"按,曹憲曰:'《説文》髽即籀文髻字。'《太平御覽》引《説文》云'髻,結髮也。'則是《説文》原有髻字,而髽即髻之重文。"王氏所説極是,從王氏所引的曹憲説法來看,至少在隋唐時期(按:曹憲爲隋唐人)"髻"字還是見於《説文》的,"髽"

---

① 陳劍:《據戰國竹簡文字校讀古書兩則》,《第四屆國際中國古文字學研討會論文集——新世紀的古文字學與經典詮釋》,香港中文大學中國語言及文學系,2003年,第374—379頁。
② 以上觀點均參蔣禮鴻:《義府續貂》,中華書局,1981年,第13頁。

字是它的籀文。《古文四聲韻》中"髻"字古文作：

𩯳 四 4·14 崔

該形下部類似"个"的形體是"介"字形近譌形，①《古文四聲韻》中以"髯"爲"髻"的古文與曹憲所説正好一致，可見《説文》原來應該有"髻"字，"髯"字是它的重文。今本《説文》"髯"字獨立爲字頭，"髻"爲宋代徐鉉所增補，與《説文》原貌相距甚遠。清人鄭珍《説文逸字》補充"髻"字，②極其正確。類似據古文補充《説文》的例子還有一些，學者多有討論，③可參看。

　　以上從幾個方面討論了古文對傳世典籍研究的重要意義。從讀音上説，古文爲音韻學提供了新的材料，爲相關研究拓寬了視野；從形體上看，古文保留了早期文字形體以及用字習慣，爲校讀典籍提供了綫索和依據；從意義上講，古文有助於解決訓詁學中的疑難問題，爲疑難字詞的解釋提供了解決方法。總之，學者在傳世文獻研究中應該意識到古文的重要性，充分地利用這批資料。

---

① 李春桃：《傳抄古文釋讀（五則）》，《中國文字》新三十六期，2011年。
② （清）鄭珍：《説文逸字》，《鄭珍集·小學》，貴州人民出版社，2002年，第88頁。
③ （清）鄭珍：《説文逸字》；又李天虹：《〈説文〉古文校補29則》，《江漢考古》1992年第4期。

第三章
古文文本問題研究

　　現今所見古文字材料可分爲兩種：一種是地下出土古文字資料；另一種是世代相傳保存至今的傳抄古文。兩種材料有很多不同之處，其中之一就是出土的古文字資料僅僅記錄古文字形體，至於其相當於現今何字，需要釋讀。傳抄古文則既保留了古文形體又附有釋文，儘管某些形體與釋文的關係還有待考證，但這已爲使用古文資料提供了很大方便。需要注意的是，有的古文形體與其釋文並非是正確的對應關係，此類現象也是由古文自身特點所決定的。一方面，古文記錄的是早期文字形體，形體在傳抄過程中發生了各種訛變，致使一開始古文的釋讀工作就很困難，所以存在一些釋讀錯誤。其情況與今天誤釋出土古文字現象相似。另一方面，古書流傳過程中會出現一些訛誤，古文文本問題有些就是在流傳過程中出現的。下面以一具體例子來看古文書籍中的訛竄現象。

　　《集古文韻》是在《古文四聲韻》的基礎上加工整理而成，[①]現僅存上聲殘卷，它與《古文四聲韻》卷三（上聲一卷）可相互對比。《集古文韻》中"禹"字古文作：

　　　　雨 集6雲

《古文四聲韻》中卷三"禹"字下不收該形。"禹"字古文多寫作 命，與上錄 雨 形並不相近。倒是"雨"字有古文作 雨，與 雨 形相同。原書中"禹"、"雨"二字相鄰。筆者認爲《集古文韻》中 雨 原應收在"雨"字下，後在傳刻過程中誤竄入相鄰的"禹"字中。爲説明問題，把《集古文韻》和《古文四聲韻》中原書圖像附在下面：

[①] 關於《集古文韻》的性質討論參看後文第五章版本問題研究。

圖一 《集古文韻》　　　圖二 《古文四聲韻》①

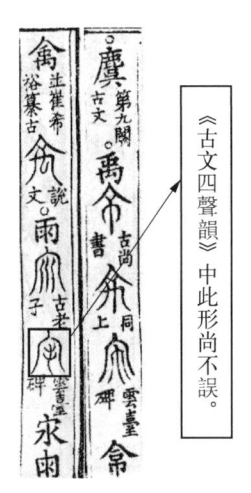

以圖一和圖二相比,可發現兩者矩形中形體相同,出處均爲《雲臺碑》,圖二中形體收在"雨"字下,正確。該形中間"手"形實爲"水"旁之訛,其爲"雨"字訛體。《集古文韻》(圖一)中把該形收在"禹"下,屬訛竄無疑。

上面所論相鄰古文互竄現象只是古文文本問題的一個方面。本章討論古文的文本問題,第一節以條目形式對《汗簡》、《古文四聲韻》中誤植現象進行清理,並試著討論訛誤原因。第二節以舉例形式討論古文其他方面的文本問題。

第一節　《汗簡》、《古文四聲韻》古文誤植現象清理與研究

一、《汗簡》、《古文四聲韻》誤植現象清理

文本問題是一切科研工作的基礎,也是深入研究的前提。所以做好文本自身的整理是非常必要的。研究或使用古文資料,首要的工作應是進行文本問題清理,本節主要清理誤植現象。由於《說文》、石經中古文誤植情況較少,所以這裏主要針對《汗簡》、《古文四聲韻》兩書。此處以條目形式,按照《說文》先後順序排列。爲省去讀者翻檢原書之勞,並力求把複雜的情況說清楚,現把部分原書圖像插入了文中,並利用電腦程序做了相關圖像處理和文字說明,附在本節後面,可與條目論證相互

---

① 《古文四聲韻》原書中這兩豎行分列在兩頁中(看 3·8 和 3·9),爲方便對比,作圖時將其粘在一處。

參看。

1. 神：[字形]**四 1·31 雲**

古文从虞，與"神"字形體相去甚遠。古文字中"虞"、"虍"兩旁常可換用，所以[字形]與《汗簡》中的[字形]（汗 1·3 尚）互爲異體，《汗簡》釋[字形]爲"誼"（據汪本），鄭珍認爲"誼"是"詛"字之誤，並指出小徐本《說文》中有"禮"字，與"詛"同訓（《箋正》506 頁），此說可信。[字形]形應該也是"詛"的古文，古文字用字情況可以證明。見於楚簡的"盟禮"（包山 211）一詞，諸家讀爲"盟詛"，甚是。古文借"禮"爲"詛"，與戰國文字相合。所以[字形]應收在"詛"字下，《古文四聲韻》歸在"神"字下，實誤。

2. 社：[字形]**汗 3·39 碧**

《箋正》(741 頁)指出釋文"社"爲"祉"字之誤，可信。古文出自碧落碑，今存碑文及《古文四聲韻》皆釋爲"祉"，可證。

3. 珍：[字形]**集 11 說**

《集古文韻》中釋文作"珍"，不可信，"珍"應是"殄"的誤字。理由有三：首先，"珍"中古音屬於"上平"聲，不會出現在《集古文韻》"上聲"殘卷，檢《廣韻》等同類韻書，相應位置都是"殄"字；其次，古文注出《說文》，《說文》"珍"下無古文，而"殄"下收古文正與該形相同；再次，《集篆古文韻海》(3·20)、《訂正六書通》(204 頁)均收該形釋作"殄"。所以原釋文"珍"可以確定爲"殄"的誤字。

4. 气：[字形]**汗 1·4 郭**

《汗簡》釋文作"气"，《箋正》(514 頁)指出釋"气"誤。《注釋》(74 頁)認爲典籍中"氛"常可訓爲"气"，此以"氛"爲"气"古文，屬於義近互訓。按：古文爲"雰"字，《說文》以"雰"爲"氛"字或體。疑《汗簡》中釋文"气"是"氛"的壞字。在傳抄過程中，釋文"氛"脫落了下部的"分"旁，所以才變成"气"。儘管典籍中的"氛"有時可訓作"气"，但此處不宜看作義近換用，因爲不但《說文》中"雰"字作爲"氛"的或體，而且晚出的《集篆古文韻海》(1·16)、《訂正六書通》(67 頁)都釋相關形體爲"氛"，而"气"下不收此形。從傳抄古文的整體性考慮，把古文釋作"氛"更爲合理。

5. 蓮：[字形]**汗 1·5 裴**

《箋正》(521 頁)指出原書釋"蓮"錯誤；《注釋》(82 頁)謂《說文》中"箑"字或體作"篓"，釋文"蓮"應是"蓳"字寫誤。

6. 苟: 〖形〗四 3·28 義　〖形〗四 3·28 義

《古文四聲韻》收此二形於"苟"字下甚誤，實則二形爲"苟"字古文。《説文》"苟"字下古文作〖形〗，同於上錄第二形；《古文四聲韻》"苟"字下收〖形〗（四 5·27 義）、〖形〗（四 5·27 説）二形與上錄古文相同，《汗簡》中收相關形體也釋爲"苟"。蓋因"苟"、"苟"二字相近，《古文四聲韻》遂誤植上錄形體於"苟"字下。

7. 芙: 〖形〗汗 1·5 裴　〖形〗四 3·8 裴

鄭珍指出《汗簡》中釋文"芙"應是"芺"之誤，《集韻》中"蒇"字同"芺"（《箋正》520 頁），此説可信，《古文四聲韻》因之誤將該形收在"芙"字下。古"失"聲字與"或"聲字讀音相近，如《説文》："趚，……讀若《詩》'威儀秩秩'。"《詩·小雅·巧言》："秩秩大猷。"《説文》"戩"字下引作"戩戩大猷"。古文"芺"與"蒇"相通之情況與此相同。兩書釋"芙"均誤。

8. 莫: 〖形〗汗 1·5 裴　〖形〗四 5·24 孝　〖形〗四 5·24 裴

原釋文作"莫"，頗疑此類形體爲"其"字古文，詳參後文第四章第二節。蓋因"莫"、"其"二字形體相近，故將古文誤收在"莫"字下。

9. 犛: 〖形〗四 1·20 説

此形注出《説文》，《説文》"犛"下不收該形，而"氂"字下收古文形體與此形相同，《訂正六書通》（50 頁）收同類形體釋爲"氂"。可見《古文四聲韻》訛誤。其原因有兩種可能：一、現在使用的《古文四聲韻》本子中没有字頭（釋文）"氂"，可能是傳抄過程中奪去，使其古文誤竄入"犛"字下；二、可能因爲"氂"、"犛"二字形體讀音都很近，夏竦在收該形時誤植在"犛"下。

10. 呼: 〖形〗四 1·26 汗　〖形〗四 1·26 汗

原書中上錄兩形均標注出自《汗簡》，作爲"呼"字古文。儘管"虖"、"呼"二字音近可通，但這種處理有欠妥當。疑〖形〗應是"虖"的隸定字頭，〖形〗爲其古文。〖形〗、〖形〗二形都是後來誤竄入"呼"字下。首先，〖形〗爲隸定形體，《汗簡》中不收隸定古文，所以該形出處值得懷疑；其次，《汗簡》中没有"呼"字，而有獨立的"虖"字，所收古文與上錄第二形相同；另外，《訂正六書通》（43 頁）"呼"字下不收此二形，而於"虖"字下收古文與上錄第二形相同。再次，《汗簡》、《訂正六書通》中都有"虖"字及其古文，若把上錄兩形釋成是"呼"字，那麼《古文四聲韻》中便無"虖"字，這與整個古文體系不合。可見，上錄第一形應是"虖"的釋文（字頭），第二形是其古文。需要注意的是，韻書中"呼"與

"虎"二字或相鄰(《訂正六書通》即如此),同樣以韻排列的《古文四聲韻》中"呼"與"虎"位置也應相近,正因如此,才將上錄兩形誤竄入"呼"字古文中。原書圖像及訛變説明詳參本節後附圖三。

11. 嘯: ▨ 四 4·25 朱

"嘯"字古文作▨(汗 4·59 裴)、▨(四 4·25 裴),上錄▨形與此不類。《訂正六書通》(298 頁)、《集篆古文韻海》(4·33)"嘯"字下都不收該形,可證。從形體上看,疑該形爲"董"字古文。"董"字古文作▨(四 3·3 雲),與▨形相同,是其證。"嘯"、"董"二者音義皆不近,此處蓋屬誤植。

12. 叫: ▨ 汗 1·4 林

《箋正》(513 頁)認爲古文爲"氖"字;《注釋》(73 頁)疑釋文"叫"爲"吃"字之誤;《新證》24 贊同《注釋》的觀點,並指出古文是"欽"字。按,古文形體左面从气,右部是"欠"旁的訛變,釋"欽"可信。《集韻·迄韻》、《玉篇·欠部》均以"欽"爲"吃"字異體。《汗簡》釋文"叫"應爲誤字。

13. 哭: ▨ 四 5·2 石

古文形體爲"喪"字,釋"哭"誤。蓋因《説文》中"哭"與"喪"兩字相鄰,流傳過程中"喪"字古文誤混入"哭"字下,夏竦未審,依錯誤收。

14. 哭: ▨ 四 5·3 崔

《疏證》(37 頁)認爲此形是"嚴"字古文,誤收在"哭"下。此説可從,《直音篇》卷一品部:"嚻,古文哭字。嚴,同上。"楊寶忠認爲"嚻"、"嚴"都是"嚴"字古文之訛。①▨與"嚴"同形,所誤亦同。

15. 徒: ▨ 汗 1·9 ▨ 四 1·26 李

《箋正》(555 頁):"古文'往',夏以爲'徃',是。"按鄭珍認爲上錄形體爲"往"字古文,可從,原書釋"徒"誤。上錄形體从辵、㞢聲,是"往"字異體。但鄭珍失檢,《古文四聲韻》收▨形亦釋作"徒",並不釋成"往",與《汗簡》同誤。

16. 徙: ▨ 四 1·26 碧

此形應是"徙"字古文,誤收在"徒"字下。《汗簡》中"徙"字收古文作▨(汗 1·9 碧),與上錄古文形體及出處均相同。類似形體也見於古文字,如齊璽印文字中"徙"

---

① 楊寶忠:《疑難字考釋與研究》,中華書局,2005 年,第 162 頁。

字作 ▨(《璽彙》0202)、▨(《璽彙》0198),與古文近似。現存碧落碑文亦用爲"徙",可見此形爲"徙"字古文無疑,收在"徒"字下是因爲"徒"、"徙"二字形體相近而誤植。

17. 遞:▨汗4·52 牧

鄭珍指出釋文"遞"是"遒"的誤字(《箋正》826頁),其說可信。古文左部所從是"尋"字早期形體,"尋"和"遒"音近可通,而釋"遞"不可解。

18. 遬:▨汗5·64 易 ▨四4·20 易\說

《説文》:"墊,忿戾也。从至,至而復遬。遬,遒也。《周書》曰:有夏氏之民叨墊。讀若摯。"今本《尚書·多方》作"亦惟有夏之民叨懫"。《箋正》(896頁)據此指出"墊"應是"懫"字古文,郭忠恕誤記,夏竦沿之。其說可從,是郭氏誤解《説文》,情況與下文第75條相類。

19. 迷:▨汗1·9

鄭珍指出釋文"迷"是"述"字之誤(《箋正》555頁),此說可從。《古文四聲韻》(5·8)收相關形體釋"述"不誤。古文爲"遹"字,"遹"、"述"通用,《爾雅·釋言》:"遹,述也。"釋文:"遹,古述字。"古文此處借"遹"爲"述",若釋"迷",不可解。

20. 迷:▨汗1·9

《注釋》(116頁)指出釋文"迷"爲"述"的形近誤字,可信。

21. 道:▨汗1·9

《古文四聲韻》(四2·23)收相關形體釋作"遁",《箋正》(552頁)認爲《汗簡》中古文應據此釋"遁"。此說是,《汗簡》中釋文"道"是"遁"的形近誤字。

22. 微:▨汗1·14 ▨四1·21 尚

《汗簡》中"微"、"徵"二字鄰近,《箋正》(590頁):"注文'微'與下'徵'當互易。此'徵'之古文▨寫誤。"此說可從,《古文四聲韻》收相關形體釋"微",亦承《汗簡》而誤。

23. 舌:▨四5·14 義 ▨四5·14 汗

以上兩個古文爲"昏"字。"舌"下除收以上兩形外,還收有▨(四5·14 汗)形,▨顯然是"舌"字。"昏"與"舌"先秦時期是截然不同的兩個字,隸變後才都寫成"舌",此處兩類形體必然有一類屬於誤收。此"舌"字位置在入聲"薛"韻下,當代表"口舌"之"舌",而非"昏"字。所以▨、▨二形屬於誤植,應剔除。究其原因,類似形體亦見於《汗簡》(1·11),釋文作"舌",《箋正》(566頁)認爲釋文"舌"代表"昏"字,乃俗寫所至。

夏竦不審,以爲"口舌"之"舌",乃大謬。

24. 踊: 〔形〕四 3·3 孝

此形《集古文韻》中作〔形〕(集 1 孝),兩者均注出《古孝經》,當有一誤,綜合來看,《集古文韻》中的形體應是正確的,相關討論參看後文第五章版本問題研究。

25. 詩: 〔形〕汗 1·12 說

《箋正》(571 頁)指出"詩"與"信"兩字相連,兩者釋文互竄,此是"信"字古文。其說是。

26. 信: 〔形〕汗 1·12 說

應釋爲"詩",參上一條。

27. 弄(詰): 〔形〕汗 1·12 說 〔形〕四 4·29 雲

舊或認爲此形是"詰"字古文〔形〕形之訛,不可信。此形實爲"詧"字,從肉、從又、從言,其中"言"旁訛變,《說文》"詰"字下收古文作〔形〕、〔形〕二形是從〔形〕訛變而來。《說文》將〔形〕收在"詰"字下,實誤。桂馥《說文義證》將〔形〕移於"詧"字下,云:"《玉篇》詧在詰後,即本書舊次。後人移詧於前,而遺其古文。"此說甚是,《汗簡》、《古文四聲韻》亦誤,當更正。

28. 童: 〔形〕汗 3·34 碧

《注釋》(248 頁)指出古文爲"量"字,釋"童"誤,《古文四聲韻》收同類形體釋爲"量",可證。

29. 史: 〔形〕四 3·7 崔

"史"字無由作此形。由形體觀之,該形應是對"〔形〕"(䐠)形的隸定,隸定時寫訛,將左邊的"𦣞"訛寫成"目",右面的"𦣞"訛寫成"月"。辨其輪廓,仍可識出。"䐠"與"史"音義皆遠隔,古文釋爲"史"屬於誤植。誤植原因有兩種可能:一是誤認〔形〕中間的"夬"爲"史",①並以爲其是聲符,所以釋爲"史";二是〔形〕本爲"夬"字古文,因"夬"、"史"形近而誤收在"史"字下。

30. 晝: 〔形〕四 4·37 汗

從形體上看,古文爲"畫"字。"畫"、"晝"二字形體相近,容易訛混,應是涉此將

---

① 《集古文韻》中該形作〔形〕,中間所從訛爲"史",是其證。

"畫"字古文誤收在"晝"字下。

31. 尋：[图] 四 2·25 説

古文爲"彝"字，《新證》(84)指出"彝"、"尋"讀音較遠，此處屬於誤植。其説是，古文注出《説文》，《説文》"尋"字下無古文，"彝"字下收古文與上録形體相同，可證。蓋因草率寫法中"彝"、"尋"二字形近而導致誤收。

32. 敗：[图] 石 [图] 汗 3·33 又 [图] 四 4·16 石

上録形體與"則"字古文[图]同形，王國維認爲石經是誤以"則"字古文爲"敗"，① 馮勝君也認爲"敗"字古文作"則""似乎只能理解爲發生在傳抄古文範圍内的形近譌混"。② 上録形體應釋作"則"，釋"敗"誤。

33. 畋：[图] 四 2·3 尚

古文形體爲"晦"字，"晦"是明母之部字，"畋"是定母真部字，兩者音義均遠隔，前者作後者的古文較爲可疑。相關形體還見於《汗簡》中作[图]（汗 6·74 尚），釋作"畝"。"畝"、"晦"皆是明母之部字，典籍中也可通用，故"晦"可作"畝"之古文。上録"畋"字古文[图]，與《汗簡》中的[图]形相同，二者均應爲"畝"的古文。再從來源考慮，它們同出自《古尚書》，《尚書·大誥》："予曷敢不終朕畝。""畝"字《莽誥》篇中作"晦"，《莽誥》篇多用古文，亦説明"晦"是"畝"字古文，並且《尚書》中"晦"字没有用作"畋"的例證，可見此古文屬於誤植無疑。蓋因"畝"、"畋"二字形近，涉此誤將"畝"字古文"晦"歸入"畋"字下。

34. 眊：[图] 四 4·30 汗

古文形體爲"目"字，只是形體上部寫得筆畫斷開而已。原書中此形上部留有空白，從間隔來看，可容納一字，疑是釋文"目"字脱落，若不細審易將該形誤當成其上部相鄰的"眊"字古文（"目"、"毛"兩聲字可通），《傳抄古文字編》(323 頁)即如此處理，恐不可從。《訂正六書通》(302 頁)、《集篆古文韻海》(5·8)"眊"字均未收此形，又此形體注出《汗簡》，《汗簡》(3·40)收該形釋爲"目"（作爲部首），可證。

35. 睦：[图] 汗 4·59 [图] 四 5·5 尚

《注釋》(378 頁)指出釋"睦"誤，實是"狂"字古文，可參看。

36. 聵：[图] 四 4·16 徐

釋文"聵"是"聵"字之誤。古文從耳從"貴"字古文，實爲"聵"字異體。此字《古文

---

① 王國維：《魏石經殘石考》，《王國維遺書》第九册，第 32 頁。
② 馮勝君：《二十世紀古文獻新證研究》，齊魯書社，2006 年，第 63 頁。

四聲韻》收在怪韻下,《集韻》一書收"瞶"字在未韻中,而"瞶"字則收在怪韻中,是其證。隸楷階段"目"旁與"耳"旁形近,偶有混訛,如《古文四聲韻》(2·12)有釋文"耽",在羅振玉石印本中訛作"眈",前者從耳,後者從目。又同書(3·13)"渺"字,碧琳琅館藏本及羅振玉石印本均作 ![渺], 中間誤作"耳",是其例。所以釋文"瞶"應是"瞶"的誤字。《訂正六書通》(276頁)與《汗簡》(5·65)收相關形體釋爲"瞶",均不誤。

37. 舊: ![形] 四4·37義

釋此形爲"舊"不可信,該形本是"雇"字古文,收在"舊"下屬於誤植。古文從鳥雩聲,爲"䳒"字,《說文》以"䳒"爲"雇"字或體,古"户"聲字與"于"聲字可通,① 而"雇"、"雩"均與"舊"字讀音不近,也無直接相通之證。把"䳒"字釋作"舊"不妥,《訂正六書通》(316頁)"舊"下不收此形,而(184頁)"雇"字下此形兩見,亦可爲證。

38. 鵝: ![形] 四2·10碧

古文可隸定作"頩",《廣雅》、《玉篇》等字書均以"頩"爲"俄"字異體。現存碑文亦用爲"俄",可見此處釋"鵝"誤,"鵝"可能是"俄"的音近誤字。

39. 鷊: ![形] 汗2·18　![形] 四4·22義

《箋正》(615頁)認爲此形是《廣雅》中的"䳢"字,釋"鷊"誤。

40. 予: ![形] 四1·23汗

古文爲"矛"字,由於"矛"、"予"兩者隸楷階段形體相近,整理者涉此誤將"矛"字古文收在"予"字下,甚謬。

41. 敢: ![形] 汗1·15石　![形] 四3·23石

《箋正》(591頁)指出古文見於石經,用爲"毅",釋"敢"誤。《注釋》(153頁)又申論之。此説可從,《古文四聲韻》中"毅"下收古文作 ![形] (四5·2春),與上録形體相同,可證。

42. 脱: ![形] 四5·12老　![形] 四5·12老

從第一形看,古文從黑、從犬,爲"默"字。從第二形看,古文從黑、從尤爲"黙"字。"默"是明母職部字,"黙"是匣母之部字,"脱"是透母月部字,無論把古文看成是"默"還是"黙",都與"脱"讀音不近,不能相通。檢《訂正六書通》(343頁)"脱"字下不收此形。筆者認爲古文形體應是"黙"字(第一形誤訛作默),《説文》:"肬,贅

---

① 如《尚書·甘誓》:"啓與有扈戰于甘之野。"《漢書·地理志》"扈"作"鄠"。"雇"與"扈"都從户聲;"䳒"和"鄠"都從雩聲,所以"雇"與"䳒"讀音也應相近,古文借"䳒"爲"雇"。

也。从肉、尤聲。默,籒文肬从黑。"《说文》以"默"爲"肬"字籀文,《訂正六書通》(141頁)"疣"字下收"默"、"肬"爲古文,是三者互爲異體。後世俗寫"脱"或作脫、脫,兩形都與"肬"字寫法接近。推測上錄古文原收在"肬"字下,因爲"脱"(俗體)、"肬"二字形近,古文整理者涉此誤收在"脱"下。

43. 腆: 塂四3·17崔　珜四3·17崔　瑼四3·17崔

《集古文韻》中收以上形體釋作"典",與宋刻配抄本不同。檢《訂正六書通》(204頁)、《集篆古文韻海》(3·20)"腆"與"典"下均不收此三形,所以《集古文韻》、《古文四聲韻》可能都存在問題。下面先説第一個形體,"塂"从土、鼎聲,古"鼎"聲字似鮮見與"典"聲字相通之例,推測"塂"應不是"腆"或"典"的古文。字書中以"塂"爲"町"字異體,《訂正六書通》(228頁)、《六書通摭遺》(469頁)"町"字下都有古文作"塂",是其證。古文字中"丁"聲字與"鼎"聲字也可相通,所以古文"塂"是"町"(或圢)字的異體。《廣韻》中"町"與"腆"、"典"都在"上聲銑韻"下,而且他們所處的位置很近(圢與腆僅隔一字),故"塂"字原來可能是"町"(或圢)的古文,在傳抄過程中誤竄到"腆"字下。

再説後兩形,此二形分別是"珜"和"瑼"字。字書中都以"瑼"爲"珜"字古文,如《玉篇·玉部》:"珜,玉名。瑼,古文。"《龍龕手鏡》亦同。《六書通摭遺》也收"瑼"爲"珜"字古文,並且出處亦爲《(崔)希裕略古》。而且"珜"和"瑼"二字音近,睡虎地秦簡"殿"字作殿(《睡虎地秦簡文字編》45頁)、"展"字作屟(《睡虎地秦簡文字編》136頁),是把"尸"下部的形體改成"典",使之在字形中充當聲符。可見"殿"、"典"的讀音相近,"瑼"本是"珜"字古文,兩者屬於聲符替換。又《集篆古文韻海》(3·20)與《六書通摭遺》(463頁)中都有獨立的"珜"字,而且都收有"瑼"字作爲古文,如果像《古文四聲韻》那樣把"瑼"釋成"腆"(典),《古文四聲韻》中便無"珜"字,這與整個古文體系不合。可見《古文四聲韻》在傳寫過程中"珜"上奪去圈記符號,①而抄寫者又在"瑼"的出處"崔希裕纂古"上面誤添一"並"字。所以誤以珜、瑼以及上面的塂是"腆"(典)的古文。原書圖像及訛誤説明參節末附圖四。

44. 副: 𠛱汗6·80石

《注釋》(491頁)指出此形是"嗣"字古文,釋"副"誤。

45. 劇: 𢅻四5·25碧

釋"劇"誤,古文出於碧落文,今存碑文以及《汗簡》(4·51)都釋作"廓",可證。後世"廓"、"劇"二者音近,如《廣韻》、《集韻》中兩者都在同一小韻下,而且位置接近,訛竄

---

① 《古文四聲韻》一書中以一個小圓圈標識字頭(釋文),本文稱之爲圈記符號。

可能性很大。還有另一種可能,即《古文四聲韻》奪去該形釋文(隸定字頭)"廓",使其誤入"劂"字下。《汗簡》(4·51)、《訂正六書通》(360頁)、《集篆古文韻海》(5·25)都有"廓"字,着眼於整個古文體系,《古文四聲韻》中不當没有,蓋其脱落,情況與後文第55條的"揚"字相類。原書圖像及訛誤説明參節末附圖五。

46. 籥:㾕 四5·23黄

該形與"炊"字古文㾕(汗4·47義)、㾕(四1·15義)同形,是"歊"字。"歊"、"炊"音近可通。"歊"與"籥"讀音遠隔,原書釋"籥"誤。推測其致誤原因,可能是誤認㾕形中"龠"旁爲聲符,因此誤以爲古文與"籥"讀音相近。

47. 簟:㶱 汗6·77義

該形釋"簟"誤,《注釋》(476頁)指出應釋作"䔲",可信。《古文四聲韻》(3·17)中收相關形體釋爲"䔲",尚不誤。

48. 枲:㲿 汗6·83

此形釋"枲"誤,《注釋》(508頁)認爲"枲"字寫誤,應釋"築",古文借"埶"爲"築"。此説可信。

49. 虘:㒳 四2·6崔

《疏證》(111頁):"'㒳'所從之'㔾'乃'虍'之訛變,'句'與'文'形異。疑'㒳'乃《説文》'虘'字古文'㦰'之隸訛。《篆隸萬象名義》二三·厂·239上:'㧃,古唐字。'可證。"

50. 虎:㒳 汗2·25義 㒳 四3·11義

上録形體與"虎"字不近,釋"虎"可疑。古文字中"鹿"字作㿙(《楚居》7)、㿙(包山246)、㿙(《容成氏》45),與上録古文形體極其相近,疑這類形體本應釋"鹿",釋"虎"誤。

51. 虒:㒳 四1·16义 㒳 四1·16义

疑上録第一形是"虖"字、第二形是"虎"字,"虖"、"虎"都與"虒"字讀音不近,它們原來應是"虎"字古文,因爲"虎"、"虒"在俗書中經常訛混,所以誤收在"虒"字下,詳參第七章第三節。

52. 亭:㒳 汗3·40義 㒳 汗4·51碧 㒳 四2·22義

《箋正》(748頁)指出"亭"是"高"字之誤,可信。"高"與"廓"讀音相近,"冋"、"頃"

兩聲系字可以相通,如《禮記·中庸》:"衣錦尚絅。"《釋文》:"絅,本又作顈。"而"絅"、"高"聲符相同,"顈"、"廎"聲符相同,此借"廎"爲"高"。《汗簡》釋"亭"誤,《古文四聲韻》涉此將古文收在"亭"字下,同誤。

53. 愛: ▇ 四4·17 老

上錄古文釋"愛"可疑。《說文》:"婚,……▇,籀文婚。"▇與"婚"字籀文▇幾乎同形,兩者爲同一個字。"愛"字篆文作▇,下部與古文相似。疑古文本應釋作"婚",但因與"愛"字下部相似而誤收在"愛"字下。

54. 柚: ▇ 四4·37 籀

此釋文"柚"應爲"袖"字之訛。《古文四聲韻》中該形在"岫"、"鼬"二字之間,《集韻》、《廣韻》相同位置之字都是"袖",而"柚"字位置離此較遠。從古文系統內部來看,《說文》:"褎,袂也。从衣、采聲。袖,俗褎从由。"是《說文》以"褎"、"袖"二形爲異體關係,另外《集篆古文韻海》、《訂正六書通》等書也將"褎"收在"袖"字下。相互對比可知,此古文中間所从之"禾"爲"采"旁之訛省。同時,釋文"柚"爲"袖"之誤字。下文第58條所論"檮"是"禱"的誤字,也是"衤"旁訛爲"木"旁之例,與此可作類比。

55. 楊: ▇ 四2·13 孝\尚   ▇ 四2·13 崔   ▇ 四2·13 崔

現在所見到的《古文四聲韻》本子將此三形以及其上面的▇形都收在"楊"字下,筆者認爲把上錄三形當成"楊"字古文是錯誤的。實際上,在▇形後、▇形前脫去字頭"揚"。第一,《汗簡》(1·14)收錄▇形(也出自《古尚書》),釋作"揚";《說文》(手部)也以▇爲"揚"字古文;第二,《訂正六書通》(113頁)錄▇形收在"揚"字下(亦注出《古孝經》),又收▇形亦在"揚"字下,同時該書"楊"字下僅收▇一類形體,未收錄和以上古文相似之形;第三,《說文》、《汗簡》、《訂正六書通》中都有"揚"字,並收有古文,如果把以上三形都看成是"楊"字古文,那麼《古文四聲韻》中便無"揚"字,這與古文整個體系不合;最後,"楊"與"揚"二字讀音相近,《訂正六書通》中兩字相鄰("楊"字在前),《古文四聲韻》中兩字也當相鄰,如果釋文(字頭)"揚"脫去,這些古文正好竄訛到"楊"字下。由此,以上三形原是"揚"字古文,由於字頭"揚"脫落,遂竄於"楊"下,當予以補出脫落字頭。原書圖像及訛誤說明參節末附圖六。

56. 榮: ▇ 四2·19 義

此形釋"榮"誤,應釋作"隸"。《古文四聲韻》中"隸"字作▇(4·13 說),與上錄古文形體相同,可證,此屬誤植。

57. 果: ![字形]四 3·21 崔

疑此形本是"杲"字古文,因"杲"、"果"二字形近而誤收在"果"字下。詳參後文第七章第三節。

58. 檮: ![字形]四 4·29 石　![字形]四 4·29 石

從形體上看,古文爲"禱"字。《研究》(28 頁)已經指出釋"檮"誤。其實,楷體中"木"、"示(礻)"二旁形近易混,釋文"檮"應是"禱"的形近誤字,檢《廣韻·号韻》、《集韻·号韻》相應位置之字均作"禱",是其明證。

59. 市: ![字形]汗 3·30

《汗簡》釋文作"市",《古文四聲韻》將![字形](四 3·6 義)形收在"市"字下,《集篆古文韻海》(3·6)、《訂正六書通》(168 頁)等書收相關形體均釋爲"市",可見《汗簡》釋文"巿"爲"市"之誤字。另,《古文四聲韻》"末"字下又收![字形](四 5·11 汗)形,注出《汗簡》,與上錄"市"字古文相同,《集篆古文韻海》(5·16)、《訂正六書通》(342 頁)等書中"末"字下也收![字形]形。從形體上看,古文形體![字形]似乎與"末"字接近,只是上部竪畫未穿出,但漢代文字中"市"字也有訛與"木"形近似者(參《字形表》346—347 頁)。故"市"、"末"二字古文相同屬於誤竄或是偶然同形尚難判定。

60. 市: ![字形]四 5·20 崔　![字形]四 5·20 崔

《疏證》(134 頁)引陳世輝觀點,指出古文"薺"、"菜"、"市"三者互訓連語,此處屬於連語互爲古文。按:此說可商,上錄兩形收在"市"下,誤。![字形]應是字頭(釋文),《古文四聲韻》中![字形]上部奪去圈記符號。《集篆古文韻海》(5·36)收古文![字形]釋作"薺"。《訂正六書通》(384 頁)"市"下不收上錄兩形,可證。《玉篇·艸部》:"薺,菜生水中也。菜,古文。"上錄第二形![字形]即"菜"字訛變,"菜"爲"薺"之異體,並非"市"字古文。"沓"與"眔"都是定母緝部字,讀音相近,以"菜"爲"薺"的古文,更爲合理。原書圖像及訛誤說明參節末附圖七。

61. 生: ![字形]四 2·19 老

此形與"生"字不近,和"主"字古文相似,如《古文四聲韻》中"主"字作![字形]![字形](並四 3·10 老),與上錄古文相同。這類形體實爲"宔"字,"宔"、"主"均見於《說文》,從古文字中用法來看,兩者爲一字分化。如《柬大王泊旱》6 號簡中"主"字作![字形],是其證。此處收在"生"字下不可説,是因"生"、"主"二字楷書相似而誤收。

62. 郤: 󰀀四1·17雲

古文釋"郤"不可講,黄錫全在考釋《汗簡》中的󰀀形時,認爲古文形體爲"喪"字,並謂《古文四聲韻》中的釋文'郤'乃'却'字,'却'本'却'字。'喪'屬書母陽部,'却'屬溪母鐸部,二字音近。此假'喪'爲'却'"(《注釋》435頁)。按:釋古文爲"喪"字可信,但謂這類形體都是"却"字古文不可從。《汗簡》(5·69)、《古文四聲韻》(四5·19)、《集篆古文韻海》(5·26)收相應形體都釋爲"郤",又《訂正六書通》(375頁)收相應形體釋爲"隙","隙"、"郤"二字典籍中常可通用,①從這一點就可看出,󰀀形應是"郤"字古文,與"却"無關。從音理上看,"郤"是溪母鐸部字,與"喪"字讀音也很近,可借"喪"爲"郤"。至於上録󰀀形收在"郤"字下,屬於誤植,因爲"郤"字常訛作"郄","郄"與"郤"字又相近,古文整理者便涉此將󰀀形歸在"郤"字下,實不可取。

63. 巷: 󰀀四4·4崔

《疏證》(143頁):"《龍龕手鏡》:'邟,俗;鄸,正。亭名。邑名。'可知邟乃鄸的俗體。此蓋假鄸爲巷。"按:謂古文是"鄸"的俗字,很正確,但謂"假鄸爲巷"則不可從。"鄸"不見於《説文》,《廣韻》將其歸在平聲"鐘韻"中,《集韻》將其歸在平聲"東韻"中,訓作亭名、山名。而後世韻書都把"巷"歸在去聲"絳韻"中,訓作"里中道"。可見"鄸"與"巷"音義都不相近,是不同的兩個字。但"巷"字篆文作󰀀,从共从邑,與"鄸"構形部件相同。頗疑古文整理者誤以爲"鄸"和"巷"是同一個字,並把"鄸"的俗字當成了"巷"的古文。

64. 早: 󰀀汗6·79義

《注釋》(485頁)指出釋文"早"是"甲"字之誤。可信,古文可隸作"虖",《玉篇·虍部》:"虖,今作狎。""虖"从虍甲聲,"甲冑"之"甲"古文字中或作"󰀀",《曹沫之陳》中"甲"字多見,均寫成󰀀(18號)、󰀀(31號)、󰀀(39號),是其例。近年學者多將"虖"釋爲"柙",根據其用法讀爲"甲冑"之"甲",②可信。"虖"字很可能是"󰀀"的異體,把"󰀀"變形音化成"甲"。

---

① 高亨、董治安:《古字通假會典》,第873頁。
② 李家浩:《包山楚簡研究(五篇)》,"第二屆國際中國古文字學研討會"會議論文,1993年(原文未見,轉引自李家浩:《讀〈郭店楚墓竹簡〉瑣議》,《中國哲學》第二十輯,第350頁);李零:《古文字雜識(兩篇)》,《于省吾教授百年誕辰紀念文集》,吉林大學出版社,1996年,第270—274頁;白於藍:《郭店楚墓竹簡》讀後記》,《中國古文字研究》第一輯,吉林大學出版社,1999年,第110—116頁。

65. 昊：〇 汗 4·52 裴

黃錫全認爲古文下部所從的〇爲昊之訛，古文字中从大與从矢不別，所以古文下部爲"昊"字，金文中有形體作〇（《金文編》663頁），據古文應釋爲"昊"。① 林文華亦贊同此觀點。② 按：此說不確，實際上《汗簡》中的釋文"昊"是"昦"的形近誤字。《古文四聲韻》收〇（3·20裴）釋爲"昦"正確。《集篆古文韻海》（3·25）、《訂正六書通》（212頁）收同類形體，都釋作"昦"，且這些書中"昊"字下不收這一形體，是其證。從形體上講，雖然古文字中从大與从矢有時不別，但是對於"昊"字而言却恰恰是有區別的，因爲"昊"字是以人和太陽的相對位置關係會意，所以從甲骨文到戰國文字，"昊"字所从的日都在人（或矢）的旁邊，似鮮見在人形正上方的，所以從形體上講，把古文釋成"昊"也無根據，相應的金文中形體釋"昊"亦不可信。

66. 曁：〇 汗 6·73 尚

釋文"曁"是"墍"的形近誤字，《古文四聲韻》（4·6）收相關形體尚不誤。

67. 斾：〇 四 4·12 石

釋"斾"誤，《汗簡》（3·34）收相關形體釋爲"旜"不誤。而且傳抄古文中"〇"多當作"會"旁來用，此處也不應例外，詳論參第七章第一節。

68. 施：〇 汗 5·70 說

釋"施"誤，《說文》、《古文四聲韻》中均收該形在"弛"下，諸家指出《汗簡》釋文"施"爲"弛"字之誤，可信。"施"、"弛"音近，此處似可看作由於音近而引起的誤植。

69. 虜：〇 汗 3·33 演　〇 四 3·11 說

《箋正》（701頁）認爲此是"貫"字，其說是。古文上部形體筆畫斷裂。《說文》中"貫"、"虜"二字相鄰，以致訛竄。

70. 虜：〇 四 3·11 汗　〇 四 3·11 汗

上錄第一形出自《汗簡》，實誤，其實該形爲"鹵"字的釋文（字頭上部脫去圈記符號），上錄第二形應是它的古文。首先，上文已論，《汗簡》中所收的形體没有"隸定古文"，上錄第一形是隸定形體，恐不會是《汗簡》中所有，《汗簡》（5·64）只有一個"鹵"

---

① 黃錫全：《利用〈汗簡〉考釋古文字》，《古文字研究》第十五輯，中華書局，1986年，第141—142頁。又《注釋》，第342頁。
② 林文華：《琱生簋"戾我考我母命"新考》，復旦大學出土文獻與古文字研究中心網站，http://www.gwz.fudan.edu.cn/SrcShow.asp? Src_ID=697，2009年2月16日。

字,爲篆體,作爲部首出現;其次,《訂正六書通》(182頁)、《集篆古文韻海》(3·11)"虜"下均不收類似"卥"的形體;再次,《集篆古文韻海》(3·11)收有㊉形,釋爲"卥",且與"虜"相鄰,至爲明顯,《古文四聲韻》中把"卥"字及其古文混入"虜"下。《古文四聲韻》後所附檢字表單獨設"卥"字,可從。原書圖像及訛誤説明參節末附圖八。

71. 秋：䆉四2·23崔

《疏證》(157頁)指出古文爲"䅺"字,釋"秋"誤。

72. 稱：肉汗3·39　肉四2·28庶

古文釋"稱"不可信,古文字中的"爯"字上部從又,上録形體無"又"旁,釋"稱"可疑,《注釋》(278頁)認爲古文是"再"字。其説是。

73. 宴：弇四4·23籀

古文爲"弇"字,"宴"是影母元部字,與談部的"弇"聲音不近。古文系統中,"弇"多作爲"奄"的古文,如"奄"字古文作弇(汗3·39尚)弇(四3·29尚)。古文字中"弇"也可與"奄"聲字相通,如郭店簡《六德》31號簡:"門内之治恩弇義。"其中的"弇"讀爲"掩"。"奄"與"宴"讀音也不近,此處應係誤收。

74. 寬：覞汗5·62义　覞四1·38义

《箋正》(886頁):"此覞字也,云寬誤。夏沿之。或原是莧,覞與莧同音。"鄭珍指出古文爲"覞"字,甚確。但"莧"是元部字、"覞"是錫部字,兩者讀音亦不近,所以此處宜看作誤植。

75. 疾：童汗1·12説

此非"疾"字古文,乃是"童"字籀文。《説文》:"童,……童,籀文童,中與竊中同從廿。廿,以爲古文疾字。"《箋正》(576頁)認爲郭忠恕誤讀"以爲古文疾字"一句,不知許慎是説"廿",而以爲説籀文童,所以致誤。鄭説可信。

76. 疚：𣥺四4·37籀

"疚"以"久"爲聲符,上録古文形體中並無"久"旁。戰國文字中"㫃"字作𣥨(《陶彙》3.1201)、𣥨(《陶彙》6.48),石經古文中"仄"字古文(㫃)作𣥨,碧落文中"側"字古文(㫃)作𣥨,均與𣥺形相似,只是𣥺筆畫斷裂並發生訛變。① 可見古

---

① 關於訛變過程參第四章第二節。

文是"旻"字,此處釋"疢"誤。大概因爲"旻"、"疢"二字形近,整理者涉此誤把"旻"字歸入"疢"字中。

77. 冕: ![字形]汗4·55史

《箋正》(843頁)指出釋文"冕"是"晃"的形近訛字,《古文四聲韻》(3·25)收相關形體釋文不誤。

78. 羅: ![字形]汗6·80尚

釋文"羅"是"罪"的形近訛字,《古文四聲韻》(3·13)收相關形體釋文不誤。

79. 罷: ![字形]汗4·55説

學者多指出釋文"罷"是"羆"字之訛,可信。

80. 帷: ![字形]四1·19碧

釋"帷"誤,今存碑文與《汗簡》並釋作"惟",可證。古文是"瞿"字,借用作"惟"。

81. 席: ![字形]四5·17林

《訂正六書通》(368頁)收相似形體(也出自《林罕集》)釋作"蓆",《汗簡》亦同,可見《古文四聲韻》誤,而且從形體上講,該形亦是"蓆",今正。

82. 假: ![字形]汗5·65林

《箋正》(905頁)認爲此形是"叚"字借用爲"假",《注釋》(412頁)從之。按:此説非是,古文字中的"叚"字以及"叚"旁都與此形不似,《古文四聲韻》收相關形體,釋爲"缺",正確。《訂正六書通》(346頁)、《集篆古文韻海》(5·19)收此形亦釋爲"缺",可證。從形體上説,此形右部是"夬"旁,與"缺"字聲符相同,兩者可通。可見《汗簡》此處釋"假"誤。

83. 僵: ![字形]四2·14石

將古文收在"僵"下誤,古文注出石經,石經中此形用爲"彊",《汗簡》亦同,可見《古文四聲韻》誤。古文形體是"彊"字,其左部本應從"弓",後訛與"亻"旁相似,夏竦誤認成"亻"而釋爲"僵"。

84. 卓: ![字形]四5·7崔 ![字形]四5·7崔

上錄古文"斵"形從晝得聲,"晝"與"卓"上古音一在侯部,一在藥部,兩者讀音不近,典籍中兩聲系字又鮮見通假現象,所以"卓"不會以"晝"聲字爲古文。有一條材料值得注意,《説文》:"斲,斫也。從斤、㺇聲。斵,斲或從畫,從丮。"(此依小徐本)"斵"與

▆、▆應是同一形體，"觳"所從的"畫"是"畫"的訛字。段玉裁説："斲或从丮畫聲。大徐作从畫，从丮。篆體作觳。今依《玉篇》正。畫聲猶亞聲也。"段説極是，從讀音上講，"斲"與"畫"都是端母侯部字，兩者相近，"斲"字或體從畫屬於聲符替換。至於今見《古文四聲韻》中以▆、▆二形爲"卓"字古文，屬於誤植。"斲"與"卓"兩字相鄰，疑後世抄寫者誤植▆、▆於"卓"字下，其情況與下文第128條相同。對此，學者可能會有不同意見，認爲是由於"斲"與"卓"中古音相近，所以整理者認爲兩者可通，便置"斲"字古文於"卓"字下。這一可能性雖不能完全排除，但也相當小，因爲《訂正六書通》(361頁)"卓"下古文不收"觳"這類形體；同一頁"斲"字下却收"觳"形爲古文。可見，早到《説文》，晚到《訂正六書通》，"觳"形都是"斲"的古文，所以《古文四聲韻》收▆、▆在"卓"下，屬於誤植。至於這種訛誤是夏竦最初收錄時粗心所致，還是後世刊刻者無心之失，尚不易判斷，後者可能性更大一些。原書圖像及訛誤説明參節末附圖九。

85. 從： ▆ 四 1·13 説

古文與"從"字形體不近，《汗簡》(1·8)收▆形釋作"徙"，且亦出自《説文》，上錄古文與《汗簡》中形體寫法、出處均相同，應是同一個字。"徙"字篆文作▆，將該形中"辵"旁所從的"止"形移到右側，便和▆形相同。可見《汗簡》釋▆爲"徙"是正確的。"徙"、"從"二字形近，典籍中常相訛混，《古文四聲韻》釋▆爲"從"，是因"徙"、"從"形近而誤植，應予以糾正。

86. 徽： ▆ 汗 1·14

釋文"徽"與"微"誤調，參上面第22條。

87. 袞： ▆ 四 2·11 義

此形與"袤"字古文▆(四 4·39 義)相同，大概是因爲"袤"與"袞"形體相近，整理者涉此誤將"袤"古文收在"袞"字下。

88. 祇： ▆ 四 3·5 石

釋"祇"誤，《汗簡》收同一形體▆(汗 1·3 石)釋爲"祇"。古文左部從示，當以《汗簡》釋"祇"正確。從讀音上看"祇"中古時期歸在平聲支韻下，"祇"歸在上聲紙韻下，《古文四聲韻》把古文收在上聲"祇"字下甚謬。究其原因，是因楷書階段"祇"、"祇"二字形體相近,《古文四聲韻》涉此便把 形誤收在"褫"字下。另外從來源上看,石經中未見該形,《尚書》、《春秋》、《左傳》也沒有"褫"或"褫"字,古文來源可疑。

89. 貌：汗 3·41

《注釋》(287 頁)指出釋文"貌"係"貈"的誤字。

90. 歇：四 5·10 李　四 5·10 老

上錄古文釋"歇"似可商,傳抄古文中"曷"字作 (四 5·10 庶)、"羯"作 (四 5·10 石)、"碣"字作 (四 5·10 義),"曷"(旁)均與上錄古文左部不相近。"觸"字古文"嗀"作 (汗 6·72)、 (四 5·6 李),與上錄古文基本相同,且上錄第一形也出自李商隱《字略》,故上錄兩形釋"歇"誤,蓋因"歇"、"嗀"兩形相近,所以涉此誤將"嗀"收在"歇"下。

91. 歠：汗 6·72

此形原釋"歠",《箋正》(953 頁)認爲古文右部的"支"是"欠"旁的訛誤。此説不可信,《古文四聲韻》、《訂正六書通》(329 頁)、《集篆古文韻海》(5·6)收此形均釋作"觸",可見《汗簡》中釋文誤,應釋爲"觸"。古文應即"嗀"字,此處借爲"觸"。

92. 欹：汗 1·10 義

《注釋》(126 頁)指出釋文"欹"是"敧"的形近訛字,《古文四聲韻》中不誤。

93. 髴：汗 4·49

諸家指出釋"髴"誤,《古文四聲韻》(四 4·9)中相關形體收在"髴"下,正確。古文可分析成從髟、弜聲,"弜"、"弗"二字音近可通,"髴"从弜作屬於聲符替換。

94. 詞：四 1·20 籀

該形也見於敦煌文獻中,用爲"龜",《疏證》(193 頁)認爲"龜"和"詞"都是之部字,蓋假"龜"爲"詞"。按《龍龕手鏡·人部》:"伞,音歸。""伞"是對"龜"字古文 (四 1·18 义)的隸定,所以"伞"是"龜"字無疑,"龜"與"詞"雖然都是之部字,但兩者並無相通之證,看成通假關係與古書用字習慣不符,以"伞"爲"詞"字古文屬誤植。

95. 却：四 5·23 唐　四 5·23 石

古文形體是"郄"字,俗書中"郄"、"却"二字形體相近,容易混淆。上錄古文第

一形 ▨ 可能是"却"字俗體,被當成古文收録。也可能是"郄"字古文誤收在"却"字下。第二形 ▨ 爲"郄"字,《汗簡》(1·11)收相關形體釋爲"郄",可證。本應把古文收在入聲陌韻"郄"字下,此處《古文四聲韻》收在藥韻"却"字下,是涉"郄"、"却"二字形近而誤收。

96. 色: ▨ 汗6·83庶

《汗簡》收此形釋爲"色",《箋正》(1030頁)謂"夐無";《注釋》(510頁)認爲此形右部是"色"旁之訛。按:兩説皆非,鄭珍失檢,《古文四聲韻》中收 ▨(3·22庶)形釋爲"也"。從形體上講該形右部也和"色"旁不近,《注釋》説法無據。筆者認爲《汗簡》釋"色"誤,當依《古文四聲韻》釋爲"也",詳論參看後文第四章第二節。

97. 魿: ▨ 四5·9汗

此形爲"色"字古文,"色"、"魿"音義皆不近,陳劍認爲釋古文爲"魿"屬於誤植,①可信。

98. 鬼: ▨ 四3·8説 ▨ 四3·8汗

上録古文第一形注出《説文》,誤。此形實爲獨立的字頭(釋文),非隸定古文。只是上部奪去圈記符號,以致於訛似"鬼"字古文,其情況與上文第70條"虞"字下收"鹵"爲古文相似。碧琳琅館叢書本作 ▨,上部圈記符號尚未奪去,可證。《古文四聲韻》後面所附檢字表以該形爲獨立之字,可從。原書圖像及相關説明參節末附圖十。

99. 畏: ▨ 四4·9

此形係"禺"字,"禺"即"䰠"字異寫。原在該形上部有圈記符號,似證明其是獨立釋文。但該形前後都是"畏"字古文,較爲可疑。有兩種可能,一是"禺"爲"畏"的形近訛字,上部衍圈記符號。二是"禺"是傳抄過程中衍出的一個形體,"䰠"與"畏"形音俱近,蓋衍此形以及上部的圈記符號。原書圖像及相關説明參節末附圖十一。

100. 象: ▨ 汗1·13義 ▨ 四4·21汗

《箋正》(583頁)討論《汗簡》中形體時云:"古'希'字,云'象'誤,夏沿之。"其説可從,"希"字古文作 ▨(四4·8爾)與上録形體相同,可證。又"希"見於郭店簡作 ▨(《語

---

① 陳劍:《據戰國竹簡文字校讀古書兩則》,《第四屆國際中國古文字學研討會論文集》,第376頁。

叢二》24),用作"肆",①簡文與古文相同,證明此類形體確是"希"字。《汗簡》中釋文"彖"應是誤字,《古文四聲韻》也承其而誤收。

101. 貊: ▨四5·18尚

釋"貊"誤,上録形體應是"貌"字古文。古文即"緢"字,《説文》:"緢,旄絲也。从糸、苗聲。《周書》曰:惟緢有稽。"按今本《尚書》"緢"作"貌",古文出處爲《古尚書》,釋成"貌"字正合,蓋因"貊"、"貌"形近而誤植古文於"貊"字下。

102. 騂: ▨四2·21籀 ▨四2·21籀 ▨四2·21説

此三形體明顯爲"𣪘"字,"𣪘"字上古音在陽部,"騂"从辛聲,上古音在真部,陽、真兩部並不近,無由相通。其實上録第一形▨原來應是獨立字頭(釋文),後二形是它的古文,即《古文四聲韻》▨形上面奪去了圈記符號,依據主要有以下幾點:第一,《訂正六書通》(134頁)以及《集篆古文韻海》"騂"字下均不收"𣪘"這類形體,且此二書中都有單獨"𣪘"字,下並收此類形體。如果認爲以上三形爲"騂"古文,則《古文四聲韻》中不見"𣪘"字,甚是可疑;第二,這三個形體中最後一個形體注出《説文》,《説文》中正以該形體爲"𣪘"字籀文,可見該形確應歸在"𣪘"下;第三,中古音"𣪘"與"騂"讀音較近,在《訂正六書通》中兩字都收在"庚"韻下,《古文四聲韻》中兩字屬同一韻,所以訛混可能性非常大。由此,上録第一形是"𣪘"字釋文,後兩形爲其古文。原書圖像及相關説明參節末附圖十二。

103. 駱: ▨四5·24義

《古文四聲韻》中"駐"下收古文作▨(四4·11老),與此古文一致。此類形體釋"駐"的可能性更大,首先,檢《訂正六書通》(358頁)"駱"下不收▨形,而《訂正六書通》(263頁)"駐"下却收相關形體;其次,了解古文爲何字,對於做出判斷是最重要的,楚簡中的"駐"字作▨(曾侯乙163),上録古文與此相近,應是從此訛變而來。由此古文是"駐"字,收在"駱"下屬於誤收,《集篆古文韻海》同誤。

104. 熊: ▨汗1·14説 ▨四1·11牧 ▨四1·11汗 ▨四1·11碧

《注釋》(150頁)認爲《汗簡》中釋文"熊"是"羆"的寫誤。其説是,《汗簡》中形體注出《説文》,然《説文》中"熊"字下無古文,"羆"下有古文,正與上録形體相同,可證。《古文四聲韻》涉此誤植。

---

① 沈培:《説郭店楚簡中的"肆"》,《語言》第二卷,首都師範大學出版社,2001年。

105. 水：[图] 四 3·6 崔

此二形釋"水"可疑，楊寶忠指出它們是"兵"的俗字，"兵"、"冰"音近，而"冰"字有異體作"氷"，與"水"字相近，故訛爲"水"字古文。① 其説可從，詳參第七章第三節。

106. 濁：[图] 四 5·7 黄

古文系統中的"蜀"旁作[图]，"曷"旁作[图]，上録[图]形右部从曷，當是"渴"字，釋"濁"誤。古文中"蜀"、"曷"兩聲系字常相訛混，如上文第 90 條，此亦同。《訂正六書通》(361 頁)"濁"下不收該形，是其證。

107. 泥：[图] 汗 4·59

《注釋》(376 頁)指出釋文"泥"是"怩"字寫訛，《古文四聲韻》中收此形不誤。

108. 滋：[图] 四 1·21 籀　[图] 四 1·21 孫

上録形體原收在"滋"下，並注第一形出自《籀韻》。按：古文形體是"蟲"、"蠱"二形的混合體，可隸定作"蠿"。釋成"滋"不可説，上録第一形是獨立字頭(釋文)，非隸定古文，第二形爲其古文。《汗簡》(6·72)中此形正單獨成字，可證。[图] 上部奪去圈記符號，當補出。原書圖像及相關説明參節末附圖十三。

109. 瀆：[图] 四 5·2 義

此形釋"瀆"不確，《汗簡》(3·33)收相應形體釋爲"續"，正確。古文爲"賡"字，"賡"和"續"意義相同，屬於同義換讀關係，釋"瀆"不可説。蓋因"續"、"瀆"相近，涉此誤收在"瀆"字下。

110. 决：[图] 汗 1·5

《注釋》(86 頁)認爲此是"次"字古文。其説可信，《古文四聲韻》中"次"字收古文形體作[图](四 4·6 義)，與上録[图]形應是同一個字，是其證。

111. 涉：[图] 四 5·21 老

此形奇特，不易分析，《集篆古文韻海》(5·37)、《訂正六書通》(388 頁)"涉"字下都不收此形。"壞"字古文作[图](四 4·30 老)，與上録[图]形相同，出處都是《古老子》，疑該形爲"壞"字古文，收在"涉"字下屬於誤植。

---

① 楊寶忠：《疑難字考釋與研究》，第 315 頁。

112. 渫: ▨汗2·20義　▨汗2·20義

《箋正》(626頁)認爲上錄形體應釋爲"楪"。

113.《古文四聲韻》(1·30)"辰"字古文中有字頭(釋文)"辰"。

原在該形上部有圈記符號,似證明其是獨立釋文。但該形前後都是"辰"字古文,較爲可疑,李家浩指出此處的"辰"是"辰"的誤字,①其實該形是"辰"的俗體,碑刻文字中曾有出現。其上部圈記符號是衍文。

114. 霜: ▨四2·16義

上錄古文下部从月,可隸定作"霄","霄"是"霄"的俗字,如《碑別字新編》(340頁)"霄"字下收齊石信墓誌作▨,下部从月,與古文相同,是其例。"霜"、"霄"二字讀音不近,古文屬於誤植,《汗簡》(5·63)收▨形與古文相同,釋作"霄",可資佐證。

115. 雲: ▨汗5·63

《箋正》(889頁)認爲釋"雲"誤,應釋作"賈"。其説是,儘管"雲"、"賈"讀音相近,但是着眼於整體性而言,《説文》、《古文四聲韻》中收同一形體均釋作"賈",是其證。

116. 鬭: ▨四5·17説

"鬭"字古文《説文》中作▨,中間从兩個手形,上錄古文與此稍異。"閗"字古文《説文》作▨,與上錄▨近似,疑▨本應是"閗"字古文,收在"鬭"下屬於誤植,詳細討論參後文第五章版本問題研究部分。

117. 閲: ▨四5·14汗

收此形在"閲"字下誤,該形本是"誩"字古文,"誩"字古文作▨(汗4·56義)、▨(四5·16義),與上錄形體相同,可證。又古文爲"誩"字,《玉篇·言部》:"誩,私訟也,恨也,内悔也,亦作閲。"可證。蓋因"閲"、"誩"二字形體相近,整理者涉此誤把古文收在"閲"字下。

118. 耽: ▨四2·12義

疑此形是"龕"字古文,後來譌竄到"耽"字下。《集篆古文韻海》(2·27)、《訂正六書通》(155頁)"耽"字下並不收此形;"龕"字古文作▨(汗5·68尚)、▨(四2·12尚),與此古文一致。《古文四聲韻》中"龕"、"耽"兩者相鄰,存在相互混竄的可能,類似

---

① 湖北省文物考古研究所、北京大學中文系編:《九店楚簡》,第64頁。

的情況在該書中常有發生，如下文要談到的"説"字古文竄入"絶"下（參第 128 條），情況與此相同。原書圖像及相關説明參節末附圖十四。

119. 掌：[字形] 四 3·23 史

該形爲"踢"字，"掌"字下除此之外，還收"爪"類形體作爲古文。《漢書·揚雄傳》："河靈矍踢，爪華蹈衰。"《新證》(127)據此處"踢"與"爪"相鄰，認爲"夏氏在收爪字的同時誤收了踢字。"此説可信。

120. 挶：[字形] 汗 5·66 孫　[字形] 四 5·22 孫

鄭珍認爲釋"挶"誤，應釋成"擁"字。上録古文爲"揇"字，《集韻》謂"揇與擁同"（《箋正》911 頁）。此説是。

121. 握：[字形] 汗 3·44 華

古文爲"掘"，《古文四聲韻》"掘"字下收古文作[字形]（四 5·10 華），與上録[字形]形均出自《華嶽碑》，當是同一形體。《注釋》(304 頁)據此指出《汗簡》釋文"握"是"掘"字之誤，認爲古文形體即"掘"字，右部[字形]是"手"形之訛，左右偏旁互移。按《注釋》改釋文作"掘"可信，①除上録《古文四聲韻》外，《集篆古文韻海》(5·13)、《訂正六書通》(339 頁)均釋同類形體爲"掘"，可證。

122. 掣：[字形] 汗 4·51 説

釋文"掣"是"摰"的形近訛字。

123. 奴：[字形] 汗 5·67 孫

《古文四聲韻》收[字形]（3·22 孫）釋爲"姐"，《玉篇·女部》以"她"爲"姐"字古文。《箋正》(921 頁)據此認爲《汗簡》釋[字形]爲"奴"誤，應釋作"姐"。其説可從。

124. 婞：[字形] 四 5·13 籀

此釋文錯誤，應該從《汗簡》釋該形爲"媟"。首先，"婞"字中古音在梗部，屬於上聲字，非入聲字，按照《古文四聲韻》一書的體例，其不應放在卷五入聲字中。而"媟"字却屬入聲，正好符合此字位置；其次，此古文形體非"婞"字，在音理上又不能與"婞"字相通，釋爲"媟"則可通；②第三，《訂正六書通》(225 頁)"婞"字下未見有古

---

① 但認爲古文右部是"手"之訛變，可商。古文並非"掘"字，而是"屈"字訛變，[字形]形應是"尾"旁下部形體脱落所致，不是"手"形。此是假"屈"爲"掘"。

② 參李春桃：《傳抄古文釋讀（五則）》，《中國文字》新三十六期，2011 年。

文作此形者,而"媟"下收相似形體作古文,可見 [字] 字是"媟"字古文無疑,《古文四聲韻》釋文誤作"婞"。①

125. 曲: [字]汗5·69裴　[字]四5·6裴

"阜"字古文作[字](《說文》),與上録古文相同。《箋正》(935頁)據此認爲《汗簡》中形體應釋爲"阜"。其説是,《古文四聲韻》涉此誤收。

126. 彊: [字]四2·16崔

古文釋"彊"誤。"弼"字古文或作[字](《說文》)、[字](汗5·70尚\說)、[字](四5·8唐),與上録形體相同,此應是"弼"字古文,誤收"彊"下。推測其原因,《說文》:"弜,彊也。从二弓。"大徐本反切爲"其兩切",與陽部的"彊"字音近,蓋整理者誤以爲古文从弜得聲,再加上《說文》中"弜"、"彊"相訓,意義相關,所以將該形誤收在"彊"下。

127. 弘: [字]四2·29古

《疏證》(262頁)指出此形釋"弘"誤,應是"引"字的古文。

128. 絶: [字]四5·14孝　[字]四5·14裴

上録古文形體與"絶"字不類,定非"絶"字。《古文四聲韻》"説"字古文作[字](四5·14貝),與上録形體明顯同形。《古文四聲韻》中"絶"與"説"兩字相鄰,猜想 [字]、[字] 原應在"説"下,傳抄過程中誤植於"絶"下。《訂正六書通》(349頁)中出於《古孝經》的 [字] 和出於裴光遠《集綴》的 [字] 都收在"説"字下,《集篆古文韻海》收録相關形體亦釋爲"説",而相鄰的"絶"字下均不收此形體,可見從《汗簡》到《集篆古文韻海》、《訂正六書通》都把 [字] 這類形體當成"説"(或悦)的古文,只有《古文四聲韻》一書與此不同,顯然不合理。況且從形體上講,古文釋"絶"不可解,若釋成"説"則可通。詳參後文第四章第二節。原書圖像及相關説明參節末附圖十五。

129. 續: [字]四5·6義

此形應是"績"字古文,"績"與"勣"並从責聲,屬假借關係。《古文四聲韻》因"績"、"續"形近而誤收在"續"字下。《汗簡》(汗6·75)收相關形體釋作"績"尚不誤,可證。

---

① 此雖釋作"婞",其所从的"幸"旁也可能是"夆"的訛誤,"夆"屬於入聲字,但是从女从夆之字似不見於字書,不如《汗簡》釋爲"媟"直接。

130. 縱: ꀀ四1·13义 ꀀ四1·13义

原書以此兩形爲"縱"字古文,並注出王存乂《切韻》,實誤。第一形實爲"奴"(也隸定作卝)字釋文(字頭),第二形爲"卝"的古文。卝上部奪圈記符號,又因原書中"縱"和"奴"二字相鄰,致使把此二形訛成"縱"字古文。原書圖像及詳細討論參後文第六章隸定古文研究部分。《古文四聲韻》後附檢字表中標明此爲"卝(奴)"字,並括注"漏圈記",可從。

131. 結: ꀀ汗5·66義

《箋正》(914頁)認爲應據《古文四聲韻》釋爲"榤"是。《訂正六書通》、《集篆古文韻海》"結"下均不收此形,可證。

132. 續: ꀀ汗6·80尚

古文收在"續"字下,誤。"續"是"續"的形近訛字,上文第129條中也是"續"、"續"相訛之例。《說文》、《古文四聲韻》中收相關形體均不誤。"賡"和"續"意義相近,屬於同義換讀關係。另,本條可與上文109條、下文147條合觀。

133. 蟠: ꀀ四1·35趙 ꀀ四1·35爾

以上兩形原收在"蟠"字下,誤。其中第一形《汗簡》、《訂正六書通》、《集篆古文韻海》均釋爲"璠"。又第二形,以上各書均釋爲"燔",《古文四聲韻》誤,應據以改釋。

134. 蠛: ꀀ四5·13孫

從形體上看該形是"轤"字(看上文第108條),此處收在"蠛"字下屬於誤植。

135. 蠡: ꀀ汗6·72演

釋文"蠡"是"蠱"(蠱)的形近誤字,《說文》以該形爲"蠱"字古文,可證。

136. 壞: ꀀ汗6·74華

《箋正》(965頁)指出釋文"壞"是"壞"的形近誤字,《古文四聲韻》(3·24)收相關形體不誤。

137. 動: ꀀ汗1·7尚 ꀀ四3·3尚

古文注出《古尚書》,然《尚書》中"動"字無作此形者,何琳儀謂:"《汗簡》旂,原在'幢'與'祈'之間。案,'旂'乃'旗'之異文,與'祈'同,應在'祈'之後。《汗簡》誤移'祈'之前,遂使其釋文'上同'二字無法理解。"[①]此說可從,《古文四聲韻》中形體亦涉此誤

[①] 何琳儀:《戰國文字與傳抄古文》,《古文字研究》第十五輯,第132頁注100。

收在"動"字下。

138. 鉬: ▢ 四 1·23 説

從形體上講,該形从玉丑聲,爲"玨"字。"玨"與"鉬"音義皆不近,前者似不能成爲後者古文。從校勘角度説,該形注出《説文》,可《説文》"鉬"下無古文。其實,該釋文"鉬"應是"鈕"的誤字。《集古文韻》(19)與《汗簡》(1·4)收此形均釋爲"鈕",正確。《説文》"鈕"下正有古文作"玨"。"玨"與"鈕"同从丑聲,兩者聲符相同,讀音相近,古文借"玨"爲"鈕"。"鉬"顯然是涉"鈕"字楷書而誤。這裏需要指出的是,"鈕"的中古音本應在上聲,《廣韻》等韻書都將其歸在上聲"有韻"下,《集古文韻》亦同。但整理者將釋文"鈕"誤認成"鉬"後,竟然把古文放在了上平聲卷一中("鉬"屬上平聲),甚謬。

139. 輾: ▢ 四 3·18 崔　▢ 四 3·18 崔

原以上録二形爲"輾"字古文,誤。事實上,▢ 形應是獨立的字頭(釋文)。檢《訂正六書通》(209 頁)、《集篆古文韻海》(3·21)"輾"下亦無此二形,可知宋刻配抄本誤。▢ 是字頭,而 ▢ 是 ▢ 的古文,兩者可通,《玉篇·艸部》:"莑,莑耳也,莽,古文。"可見"莽"爲"莑"字異體。原書圖像及相關説明參節末附圖十六。

140. 陰: ▢ 四 2·26 義　▢ ▢ ▢ 並四 2·26 義

釋"陰"誤,上録第一形應是"霒"的字頭(釋文),並非"陰"的隸定古文。《集篆古文韻海》(2·26)"陰"、"霒"二字相鄰,並且該書中收上録古文後三形都釋作"霒"字,可證。其次,《説文》中"霒"字古文作 ▢、▢,與上録 ▢、▢、▢ 相近,説明它們是"霒"字古文,不應收在"陰"字下。由此可知 ▢ 形上部奪去圈記符號,以致訛似"陰"字古文。原書圖像及相關説明參節末附圖十七。《汗簡》中有與此形相應形體作 ▢(汗 5·63)、▢(汗 5·63),原脱去釋文,《箋正》(890 頁)據《古文四聲韻》以爲是"陰"字古文,不可信,《汗簡》中形體宜釋作"霒"。

141. 隋: ▢ 汗 6·77 尚

其他書中均釋古文爲"陸",此釋"隋"誤。《汗簡》原書中此形上一字爲"隋"字,此處蓋涉上而誤。

142. 隍: ▢ 汗 6·77 義

《汗簡》在此古文下有注語"隍,一作阮"。《箋正》(992 頁)指出釋文"隍"是"陛"的訛形,今正。

143. 陛: ﹝形﹞汗 6·74 華

《箋正》(966 頁)指出上録形體是"陛"字古文,可信。釋文"陛"爲"陛"的形近誤字,《古文四聲韻》中不誤。

144. 六: ﹝形﹞汗 4·58 庶

《古文四聲韻》收古文﹝形﹞(四 4·12 庶)釋爲"大",《汗簡》中釋文"六"爲"大"字之誤。"大"和"六"二字經常訛混,具體討論參看後文第七章第三節。

145. 六: ﹝形﹞四 5·4 崔

此形本應是"大"字古文,因"六"、"大"二字形體相近而誤收在"六"字下,詳論參後文第七章第三節。

146. 尤: ﹝形﹞汗 6·83 碧

釋"尤"誤,古文出自碧落文,《古文四聲韻》以及今存碑文都用爲"先",應釋作"先"。

147. 庚: ﹝形﹞四 2·18 説

此形應是"續"字古文,釋"庚"誤。此形注出《説文》,然《説文》"庚"下未收﹝形﹞形,而﹝形﹞却見於《説文》中的"續"字下,《説文》:"續,……賡,古文續从庚、貝。"可證。同樣,《訂正六書通》(126 頁)、《集篆古文韻海》(2·15)"庚"下均不收此類形體,而以﹝形﹞爲"續"字古文。從形體上講,該形从貝庚聲,應是"賡"字,古"賡"與"續"義近,如《廣雅·釋詁下》:"賡,續也。""賡"和"續"屬同義換讀關係。蓋因"賡"、"庚"音近,夏竦涉此將古文誤收在"庚"字下。

二、古文誤植現象産生原因

上文在列出誤植現象的同時,已對誤植的原因進行了説明,但多散見各條,下面簡要進行總結、分析。

1. 因形近而誤

首先,古文形體相近導致誤植現象。如第 53 條 ﹝形﹞本爲"婚"字古文,但因該形下部與"愛"字篆文下部相似,《古文四聲韻》誤把該形收在"愛"字下。又第 83 條 ﹝形﹞形本是"疆"字古文,由於該形與"僵"字近似,所以《古文四聲韻》誤釋成"僵"。

其次,釋文形體相近導致誤植現象。第 7 條中▨形本爲"芺"的古文,因"芺"、"茣"二形相近,所以《汗簡》釋文誤作"茣",《古文四聲韻》涉此將形體誤收在"茣"字下。又如《汗簡》(1·4)中"羌"字古文作▨,因"羌"、"差"形近,《古文四聲韻》將相關的▨(四 1·16 汗)形誤收在"差"字下。《汗簡》(3·32)收▨形爲偏旁,釋爲"桼",古文形與"桼"字小篆相近。但《古文四聲韻》却因"桼"、"泰"二字形近,誤將▨(四 4·12 汗)形收在"泰"下。

2. 因音近而誤

音近也是導致古文誤植的原因之一。如第 38 條出自碧落文的▨形,本用爲"俄",但《古文四聲韻》誤釋爲"鵝","鵝"是"俄"的音近訛字。第 91 條中的▨形,《汗簡》釋爲"歇",其他書籍釋爲"觸","歇"與"觸"形體不近,應屬音近訛混。

導致誤植現象有時既有音近的因素也有形近的影響。如第 3 條,▨本爲"珍"字古文(實爲"顛"之本字),《說文》、《汗簡》均以之爲"珍"字古文,可證。《集古文韻》收在"珍"字下。"珍"、"珍"聲符相同,讀音相近,再加上兩者形體亦近似,所以"珍"訛作"珍"。又如《古文四聲韻》(1·28)收古文及釋文作▨,釋文爲"柴"字。而《汗簡》、《說文》、《訂正六書通》均釋古文爲"紫","柴"、"紫"二字音、形俱近,《古文四聲韻》中因此而訛誤。

3. 因相鄰而誤

古籍訛誤中有相鄰互竄的例子,同樣情況也發生在輯錄古文的書籍中,如第 25、26 條,《汗簡》中"詩"與"信"兩字相鄰,兩者釋文互竄。又《汗簡》中"徵"、"微"古文臨近,所以二形釋文誤調(參第 22、86 兩條)。第 128 條,▨、▨本應是"說"字古文,但因《古文四聲韻》中"絶"、"說"二字相鄰,此二形誤竄入"絶"字下。又如第 10 條,▨本爲"虍"的釋文(字頭),▨是其古文,由於"虍"、"呼"二字相鄰,所以▨、▨都誤竄入"呼"字下。

4. 因釋文脱去圈記符號而誤

由於《古文四聲韻》中含有隸定古文,所以存在誤把釋文(字頭)當成隸定古文的現象,這種現象也是因爲兩字相鄰,且釋文脱去圈記符號所致。如第 102 條▨本應是"嚳"的隸定字頭,但是其上部脫去圈記符號,所以被誤作與其相鄰的前一字"驛"的隸定古文,還有第108、139條都屬於這種情況。類似現象後文第六章"隸定古文研究"中會集中討論,此不贅述。

5. 因奪去字頭而誤竄

清代以前使用的印刷方法主要爲雕版印刷,在製作古文書籍雕版時,如果刻工不慎,漏刻字頭(釋文),那麼該字的古文就會誤竄到上一字中,如第55條,古文體系中本應有"揚"字,但《古文四聲韻》一書却奪去"揚"的釋文,所以其古文 矜、欯、廖 三形都竄入前面的"楊"字下,再加上"楊"、"揚"二字音近,會被錯認作通假關係,這種訛誤很難被校正。

三、古文誤植現象形成時間

在討論相關問題之前需要明確兩個概念:"古文形成階段"和"古文流傳階段"。所謂"古文形成階段"是指古文形體出現後並爲該形作出釋讀的時期。古文主要是六國文字,經歷秦代的"焚書坑儒"後,秦漢時期六國文字幾乎消失殆盡,後來古文經在漢代出現,傳抄古文主要就來源於這批古文經,所以大多數的古文形成階段發生在漢代。另外,古文中存在大量秦漢以後的文字材料,這些字的形成期便稍晚一些。且郭忠恕、夏竦在收錄古文時,要對形體進行收錄和辨識,經他們釋讀的古文,其形成階段應發生在宋代。所以這裏討論的"古文形成階段"可以早到漢代,晚至宋代。再説"古文流傳階段",是指古文在形成後,後人進行轉寫或傳抄的時段。這一定義也是相對而言的,它既包括漢代到宋代這一古文散亂流傳時期,也包括《汗簡》、《古文四聲韻》成書後直至今日這一古文整體流傳時期。後文再提到古文的"形成階段"和"流傳階段"都是基於以上範疇。

誤植現象有的發生在流傳階段。上文討論的因相鄰而誤竄、因奪去字頭而誤竄,都發生在古文書籍形成後的流傳時期。又《汗簡》中一些釋文訛成形體相近的另一個字,而在其他書籍中並不誤,這種情況,郭忠恕最開始的釋文可能並不誤,是後人在傳刻時不慎誤寫造成。

有的誤植發生在形成階段。發生在形成階段的誤植,多是由於整理者不能正確地識別古文所造成。即一開始他們就把古文錯釋成另一個字,如上錄第32條,"敗"字古文作 敗,早在三體石經中該形就被當作"敗"字來用。其實此形爲"則"字,釋"敗"並不正確,蓋最初的整理者就把該形誤釋作"敗",一直沿誤至今。還有《古文四聲韻》中的一些因誤釋造成的誤植現象,如果這種情況在夏竦編《古文四聲韻》時就已發生,不是後人竄入,那麼這類誤植現象都屬於發生在古文形成階段,如第119條"掌"字古文作【字形】,是夏竦在收"爪"字時,把前面的"踢"字誤收於書中,對於《古文四聲韻》一書而言,這種誤植便發生在形成階段。

很多誤植現象無法準確地判斷發生時間。如第126條,【字形】本應是"弼"字古文,釋"彊"誤。【字形】从弜,"弜"有"其兩切"的讀音,與"彊"古韻都屬陽部,而且《説文》:"弜,彊也。从二弓。"可能是整理者誤以爲古文从弜得聲,再加上《説文》中"弜"、"彊"意義又相關聯,所以誤收古文在"彊"下。僅就該條來説,可能是夏竦整理古文時誤認造成,也可能是後人誤把該形竄入"彊"字下,但並無有力證據説明誤植發生的時間。《古文四聲韻》中很多誤植現象都屬於這種情況。

以上對古文的誤植現象進行了整理,並對古文誤植原因及發生時間做了簡要的討論。研究或使用古文時,應特别留意古文的誤植現象,以免引起對古文的誤解。如《汗簡》收古文作【字形】(汗3·44)華,釋成"握"字,所以鄭珍認爲古文左部的【字形】是"屋"之誤,右部是"手"旁倒寫(《箋正》772頁)。上文第121條已經指出,《汗簡》中的釋文"握"是"掘"的誤字,鄭珍據錯誤的釋文曲解古文形體,不可從。

又《汗簡》(6·73)"土"部收形體及釋文作【字形】,其下部釋文爲"杜"字,古文形體【字形】爲"社"字。"社"字古文或作:

【字形】説 【字形】汗1·3 【字形】四3·22孝 【字形】四3·22老 【字形】四3·22説

均與【字形】形相同,可證。所以白於藍在談到此形時認爲古文是借"社"爲"杜"。① 此説可商,從用字習慣來看,《説文》、《古文四聲韻》以及後來的《訂正六書通》、《集篆古文韻海》都釋這類形體爲"社",而且古文字中此形也用爲"社",《汗簡》自身(1·3)"示"部收同樣形體也釋爲"社",《汗簡》此處釋"杜"不確,其實楷書俗寫中"示"(礻)旁與"木"接近,上録釋文"杜"應是"社"的形近誤字,其訛誤情況與上文第60條釋文"禱"誤爲"檮"相同。《箋正》(962頁)、《注釋》(455頁)都直接釋【字形】爲"社"字,是正確的,白於藍認爲此處借"社"爲"杜"恐需重新考慮。

---

① 白於藍:《釋"㐱"》,《中國文字研究》第十四輯,大象出版社,2011年,第9頁注釋3。

第一節 附圖

說明：此處把要討論的形體用矩形圈住，並附以簡要說明。

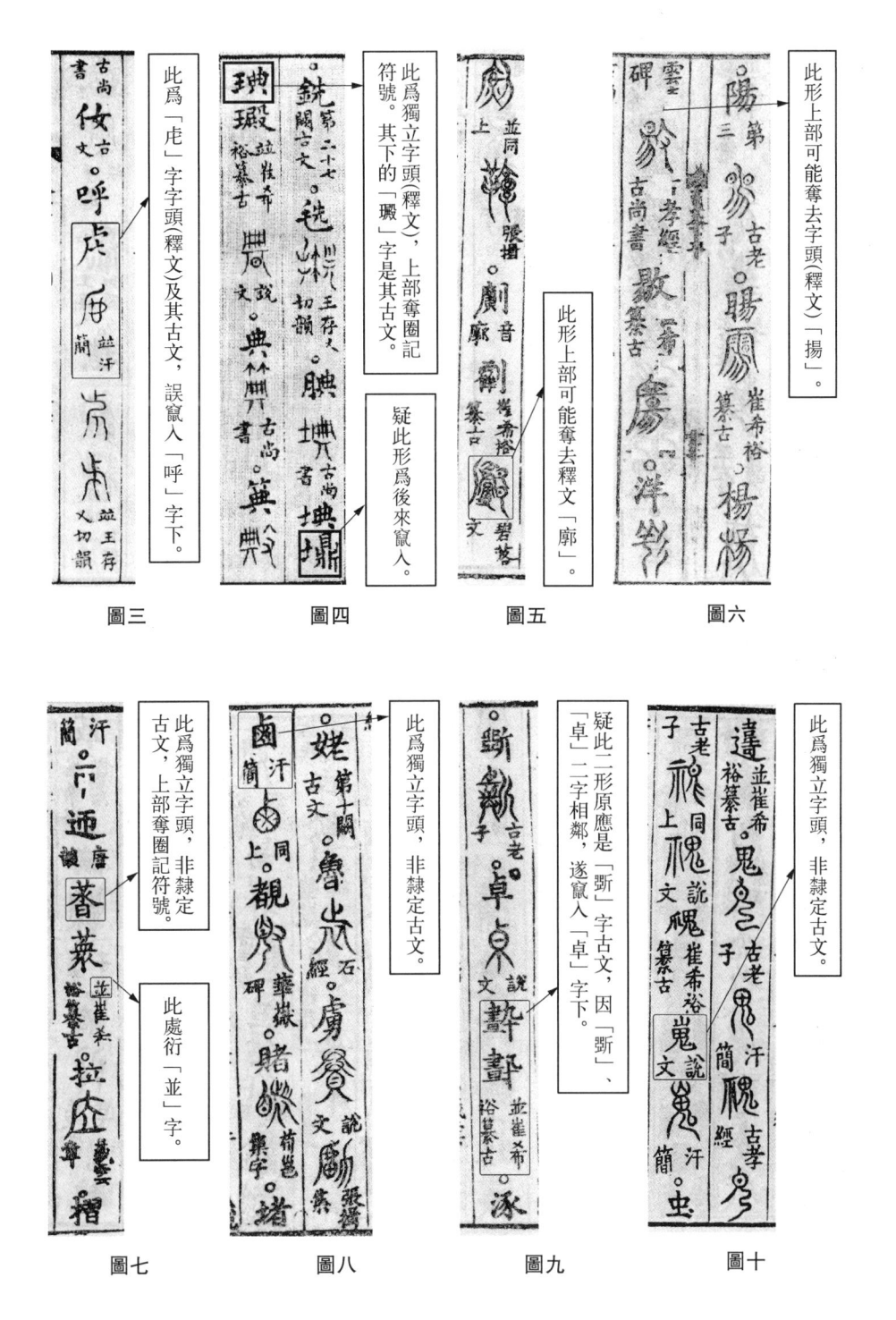

圖三：此爲「虎」字字頭（釋文）及其古文，誤竄入「呼」字下。

圖四：此爲獨立字頭（釋文）符號。其下的「璵」字，上部奪圈記字是其古文。

圖五：疑此形爲後來竄入。此形上部可能奪去釋文「廓」。

圖六：此形上部可能奪去字頭（釋文）「揚」。

圖七：此處衍「並」字。此爲獨立字頭古文，上部奪圈記符號，非隸定古文。

圖八：此爲獨立字頭，非隸定古文。

圖九：疑此二形原應是「斯」字古文，因「斯」、「卓」二字相鄰，遂竄入「卓」字下。

圖十：此爲獨立字頭，非隸定古文。

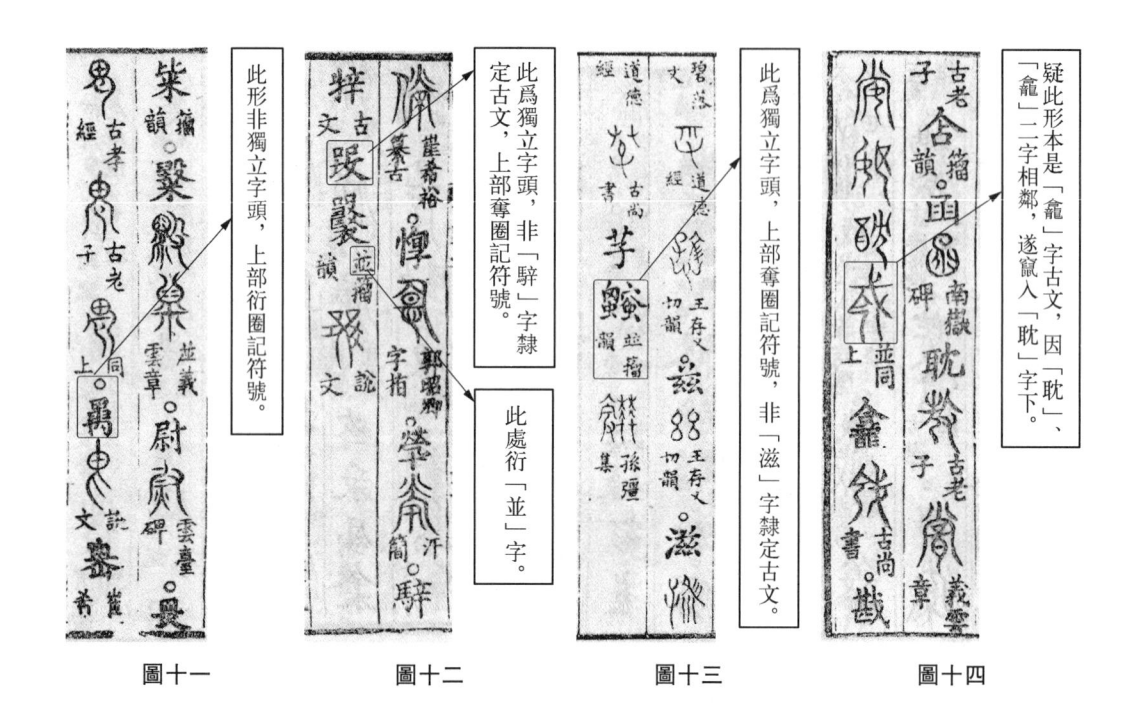

圖十一　　　　圖十二　　　　圖十三　　　　圖十四

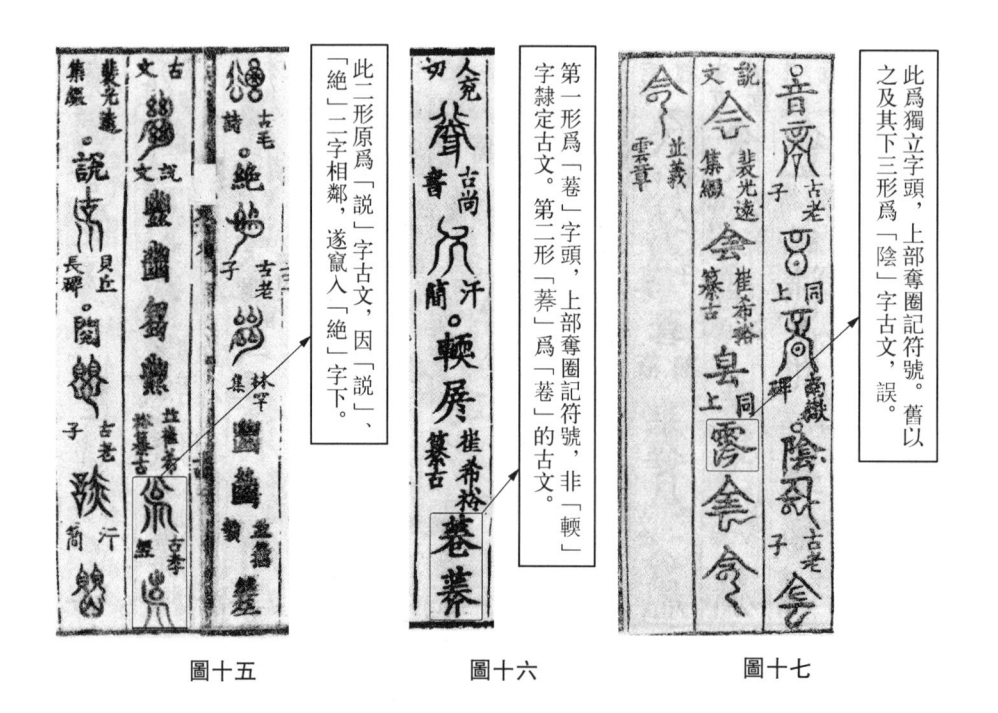

此形非獨立字頭，上部衍圈記符號。

此爲獨立字頭，非「骍」字隸定古文，上部奪圈記符號。

此處衍「並」字。

此爲獨立字頭，上部奪圈記符號，非「滋」字隸定古文。

疑此形本是「龕」字古文，因「耽」、「龕」二字相鄰，遂竄入「耽」字下。

圖十五　　　　圖十六　　　　圖十七

此二形原爲「説」字古文，因「説」、「絕」二字相鄰，遂竄入「絕」字下。

第一形爲「菶」字頭，上部奪圈記符號。第二形「莽」爲「菶」的古文，非「頓」字隸定古文。

此爲獨立字頭，上部奪圈記符號。舊以之及其下三形爲「陰」字古文，誤。

第二節　古文其他文本問題

上一節主要討論了古文的誤植現象，古文自身還存在其他文本問題，下面分析相關現象，並試圖討論形成原因，了解這些原因，對研究和使用古文資料有很大裨益。

一、古文偏旁的改造與拼合

錢玄同有一段關於古文經書文字性質的論述：

> 或曰：壁中古文經既是用六國文字寫的，則經雖可目爲劉歆之僞經，然字却不可目爲劉歆之僞字。曰：不然。劉歆的"古文"雖源出於六國的兵器、陶器、璽印、貨幣上的文字，但那些東西上的文字，爲數一定狠少，拿來寫經，是決不夠用的。……則劉歆用那樣貧乏的材料寫那麽繁多的書，豈能不拼合偏旁，造極多量的假古字呢？……我們看魏三體石經、隸古定《尚書》、《書古文訓》，以及《汗簡》、《古文四聲韻》這些書中的"古文"，便可測知壁中古文之大概。據此看來，説劉歆的古文源出於六國文字，不過考明它有來歷罷了。實際上壁中經的字用真六國文字寫的，不知有没有百分之一，而拼合偏旁的假古字一定占了最大多數，這是無疑的。所以説劉歆的古文源出於六國文字，是對的；若説它就是六國文字，那可大錯了。然則目壁中古文爲劉歆之僞字，不但可以，而且是應該的。①

在此之前，錢玄同先認定古文經書爲僞造，此段文字又認爲書寫古文經的文字雖然有少量來自戰國文字，但絕大多數仍屬後來拼合而成。由於學術的不斷發展，現在已經知道古文經書來源可信，書寫經書的文字就是戰國文字，錢玄同觀點有誤，但錢氏認爲有些古文形體是由偏旁拼合而成，這一意見仍值得注意。

《説文》、三體石經古文出現較早，是根據漢代古文經書轉寫的早期古文資料，其中大部分形體均屬直接轉錄，較爲準確。《汗簡》、《古文四聲韻》成書於宋代，所收古文形體來源複雜，有的轉錄於典籍、有的摹寫自碑刻，而且大部分經歷幾次轉錄，郭忠恕、夏竦在歸類時又進行了整理，所以二書中一些古文存在問題，形體的拼合與改造就是其中之一。對古文形體改造可分爲聲符改寫和意符改寫兩種情況。

---

① 錢玄同：《重論經今古文學問題》，《古史辨》第五册，上海古籍出版社，1982 年，第 89—90 頁。

1. 對聲符的改寫

有時爲了把文字形體變得"古"一些,古文整理者會把形體中的聲符改成古文寫法。如"差"字古文作:

[字形] 汗1·6石   [字形] 四2·12石

以上形體與"君"字古文作[字形](汗1·6尚)相同。"君"字上部本從尹作[字形](頌鼎《集成》2787),戰國文字中,爲了追求美觀,往往把"尹"旁寫成對稱結構,多作[字形](智君子鑑《集成》10288)形,上部寫成類似相連的兩個手形,如果兩個手形中間再斷裂就變成[字形](侯馬16∶3),與上錄"君"字古文相同。至於"差"字寫成[字形]形則屬於訛變,鄭珍曾有討論:

> 石經《尚書》古"差"作[字形],此形誤。夏引作[字形],亦誤。[字形]蓋以[字形]當[字形],或古文有此省體。全書中偏旁"差"从此者又作[字形],與古文"君"同,更誤。夏又出石經一體作[字形],則誤脱口者。①

鄭說可信,現今所見《隸續》保留的"差"字石經古文作[字形],與鄭珍所引[字形]形不同,上部已經斷裂,不知鄭珍是否另有所本。總之,"差"字作[字形]在古文字中找不到依據,該形屬於訛體。然而《汗簡》、《古文四聲韻》中"差"聲字多見,分別作如下形體:

瑳:[字形]汗1·4趙   [字形]四2·9趙

嗟:[字形]汗6·74孫

䪢:[字形][字形]並四2·9乂

縒:[字形]汗2·28   [字形]四1·16朱②

以上形體所從"差"旁都作[字形]。石經中[字形]屬於偶然訛變,非常規形體,但二書中的"差"旁如此相同,改寫的痕迹十分明顯。

《説文》謂"鶯"从營省聲,謂"營"从熒省聲,又謂"榮"从熒省聲。按:此説不可

---

① 《箋正》,第533—534頁。
② 此[字形]形右部與古文字中"差"旁寫法接近,但綜合其他傳抄古文中"差"旁寫法來考慮,這應是巧合,未必與古文字有繼承關係。

信,陳世輝認爲《說文》本應有"烑"字,所謂从"榮"省聲之字都應从烑得聲,由於《說文》失收"烑"字,故以省聲來曲解相關形體。① 其說甚是,古文中大量"烑"聲字寫成从一個"火"形:

榮: 汗5·64石　　四2·21汗

𤇾: 四2·21崔

榮: 汗3·30　　四2·19老　　四2·19又　　四2·19義

營: 汗4·59裴　　四2·20裴

營: 汗4·55華　　四2·20華　　四2·20雲

䳏: 汗2·27郭　　四2·20郭

祭: 汗1·3又

䘲: 汗3·38又　　四3·26又

古文字中"烑"旁或省成一個"火"形,如"營"字在陶文中或作 (《璽彙》3687),即是此例。 與上錄"營"字古文 形基本相同,可見該形來源可靠。但从一個"火"形的"營"字只是偶然出現,更多的"烑"聲字仍从兩個"火",但上錄古文十分一致,均从一個"火"形,是經過了後人的加工與改寫。類似現象在《汗簡》、《古文四聲韻》還有很多,如"龍"字古文作 (汗6·65),从龍得聲的"籠"、"聾"、"龕"、"龐"、"寵"、"壟"等字都寫作从 。"會"字古文作 (四4·12汗),从會得聲的"膾"、"檜"、"繪"、"澮"、"鄶"、"黵"等字都寫作从 ,寫法都相當一致,應是經後人的改寫所致。

一些古文形體是否經過改寫不易判斷。如"及"字古文作 (四5·22考),該形見於郭店簡作 (《唐虞之道》15),來源可靠。"級"、"笈"、"鈒"等字所从的"及"旁都寫作 ,"返"字在楚簡中寫作 (《語叢二》19),所从與古文相同,如此,其他"及"聲字來源可靠與否則不易判斷。

有時改寫者不了解古文構形,往往改造出一些謬誤的形體。如"舍"字下有古

---

① 陳世輝:《略論〈說文解字〉中的"省聲"》,《古文字研究》第一輯,中華書局,1979年,第143—144頁。

文作：

[字形]四4·33華　[字形]並四4·33籀

上錄形體由"豫"字訛變而來。金文中"豫"字作[字形](《集成》211.2)，戰國文字中"豫"字多作[字形](《璽彙》1492)、[字形](《璽彙》1839)、[字形](包山171)形。金文和璽印中的"豫"字早期不識，後經劉釗、何琳儀、陳漢平等考證，①得以確釋。與戰國時期的"豫"字相比，古文訛變較爲劇烈，其中第一形"豫"字所從的"象"旁割裂分離，並把左部的"予"旁置於其上，但仍可辨識。"豫"、"舍"二字可通，如上博簡《仲弓》10號簡："舉而所知，而所不知，人其豫之諸？"相應辭例在今本《論語·子路》作"舉爾所知。爾所不知，人其舍諸？"是"舍"、"豫"相通之明證。②

與"舍"相關的"舒"字古文可分爲兩類：

[字形]四1·22义

[字形]汗3·39大　[字形]四1·22大　[字形]四1·22樊

第一類形體爲"豫"字，古文是借"豫"爲"舒"。第二類形體需重點討論，黃錫全把古文隸定成"躇"，認爲左面的"吕"是"雍"、"宫"之聲符，並非"吕姓"之"吕"字，右部形體是"兔"形，爲"舒"之古體。③筆者的意見與此不同，黃說把[字形]看作"雍"的聲符並無根據，因爲無論從讀音還是意義上考慮，"雍"與"舒"關係都不緊密。以形體觀之，[字形]應爲"予"旁，該形在[字形]裏寫作[字形](在形體右部)，與小篆"予"字寫法相同，是其證。其實，以上"舒"字第二類古文都是經後人改寫而成。《説文》："舒，伸也。从舍、从予……"改寫者因"舒"字从予从舍，便把"予"字古文[字形]和"舍"字古文[字形]組合到一起，遂成以上三形。但改寫者不明"舍"字古文[字形]本爲"豫"字，左部形體就是"予"旁，其又在"豫"("舍"字古文)上加"予"，致使[字形]从兩個"予"旁，事實上古文字中怎會有如此怪異之字，[字形]

---

① 關於璽印文字中"豫"字的考釋意見分別參看：劉釗《〈金文編〉附録存疑字考釋（十篇）》之十"釋象"，中國古文字研究會第八屆年會會議論文；又劉釗：《古文字構形學》，福建人民出版社，2006年，第323—324頁；何琳儀《古璽雜識續》，《古文字研究》第十九輯，第478—480頁；陳漢平：《金文編訂補》，中國社會科學出版社，1993年，第358—360頁。

② 更多出土文獻中"舍"、"豫"相通之證可參看單育辰：《談晉系用爲"舍"之字》，《簡帛》第四輯，上海古籍出版社，2009年，第164—165頁。

③ 黃錫全贊同上引何琳儀釋古文字中"豫"的意見，並在此基礎上對古文形體作了如此分析，參《注釋》，第280頁。

無疑是後來僞造之形。吳王光殘鐘銘文(《集成》224.11)有[字]形,張亞初認爲銘文與古文[字]是同一個字,將銘文釋作"舒",①不可信。

以上考釋古文字中"豫"字的學者,何琳儀、陳漢平都曾引到《古文四聲韻》中的[字]形,儘管他們對古文字中"豫"字考釋正確,但是引用古文時却没有進行辨僞。張亞初以僞古文爲據考釋吳王殘鐘文字,不可信,鐘銘實爲"辟"字,與"舒"無關。

"先"字古文作:

[字]碧　[字]汗4·46碧\華　[字]汗6·83碧　[字][字]並四2·2碧

[字]四2·2老

上録第三形,《汗簡》中釋文誤爲"尤"字,今正。鄭珍認爲上録形體左部所從爲"毛",古文爲"毞"字,借用爲"先"(《箋正》785頁)。又"毞"字古文作:

[字]汗3·43又　[字]四3·17又

鄭珍云:

"先"作[字]昉於碧落文,乃用"毞"字,其毛倒書。世皆不悟,以爲古文真有是體,作"先"字悉從之,如存乂此文,不知所從之"先"已是"毞"字,尤可笑也。②

如果鄭説可信,[字]確爲"毞"字,那麽"毞"字古文作[字]與上文討論的"豫"字古文作[字]情況相同,都是後人對古文進行改寫所致。

2. 對意符的改寫

爲了讓古文形體與衆不同,整理者有時會以古文寫法改寫形體的意符。如"手"旁爲常見意符,正常寫作"[字]"形,但古文系統中還有另一種寫法:

扶:[字]汗4·58又　[字]四1·25又

拾:[字]汗6·83　[字]四5·22華　[字]四5·22雲

攜:[字]四1·28又　[字]碧落文

抗:[字]汗4·57庶　[字]四2·18庶

---

① 張亞初:《金文考證例釋》,《第三屆國際中國古文字學研討會論文集》,香港中文大學,1997年,第275—276頁。

② 《箋正》,第770頁。

何(柯)：[图] 汗2·23 碧　[图] 四2·10 碧　[图] 碧

參(摻)：[图] 汗6·83 碧　[图] 四2·12 汗　[图] 碧

序(抒)：[图] 四3·9 華　[图] 四3·9 雲

遷(栖)：[图] 汗5·64 尚　[图] 四2·4 尚　[图] 四2·4 籀

以上形體中的"手"旁都作"[图]"形，與常見的"手"形有別。古文字中"手"旁常見，未見與此形相合者。該形的來源與"折"字古文有關，"折"字古文作：

[图] 說 籀　[图] 汗6·75　[图] 四5·14 義

《說文》："[图]，斷也。从斤斷艸，譚長說。[图]，籀文折，从艸在仌中，仌寒故折。[图]，篆文折从手。"由《說文》分析可知篆文作[图]（从手），籀文作[图]（从斷木之形），則[图]爲古文。金文及秦簡中的"折"字作：

[图] 多友鼎《集成》2835　　[图] 虢季子白盤《集成》10173　　[图] 睡·日乙112

六國文字中的"折"字作：

[图] 洹子孟姜壺《集成》9730　　[图]《璽彙》4299　　[图]《楚居》16

對比可知，金文、秦簡寫法與[图]相似，六國文字寫法與[图]相似，按照籀文反映秦系文字、古文反映六國文字的規律來看，《說文》中"折"字下"籀文"是"古文"之誤，①也就是說，原本[图]應是"折"字古文、"[图]"應是籀文。由於"折"字篆文从手，古文从"[图]"，不了解古文構形的人遂把一些从手的字改寫作从"[图]"，鄭珍謂："遂凡'手'旁皆作'[图]'，以炫其奇，與《義雲章》之[图]，《華嶽碑》之[图]同一淺妄可笑，郭氏精究六書，而皆信爲古文，何也？"②後人改寫古文意符由此可見一斑。

再看"水"旁的例子，"水"字古文作：

[图] 四3·6 老　[图] 四3·6 老

形體从兩個水形，其在上者橫置，《正字通》云："[图]象泉自山谷趨坎成大川義。"但古

---

① 《研究》（第33頁）已經有此推測。
② 《箋正》，第646頁。

文上部从水不从山，此説可疑。先秦古文字中"水"（旁）未見作此形者，該形恐非先秦古文字。隋張景略銘中"水"字作"〵〵〵"，該形从上下兩個"水"形，疑古文 [字形] 即由"〵〵〵"類形體訛變而來，爲了避免重複，又把上部的"水"旁横置，如此則古文是後世俗體。古文體系中从水的"深"、"清"分别作：

深：[字形] 汗5·61 碧　　[字形] 四2·26 老　　[字形] 四2·26 碧

清：[字形] 陽　　[字形] 汗5·61 義　　[字形] 四2·20 雲　　[字形] 四2·20 義

形體中"水"旁寫作 [字形]，應是後人據"水"字古文改寫所致。

又"俗"字古文可分兩類作：

[字形] 四5·6 老　　[字形] 碧

[字形] 汗1·4 碧　　[字形] 四5·6 碧

《集韻·燭韻》、《類篇·人部》均以"伃"爲"俗"字異體，"伃"與上録第一類古文相近。但第二類不同，它們所从與"士"字古文 [字形] 相近，可知《汗簡》、《古文四聲韻》誤認碑文右部的"土"爲"士"，並將其改成古文寫法。

《汗簡》一書按照部首排列，郭忠恕在進行形體歸類時曾有意改造過古文形體。如"羽"字古文作：

[字形] 汗2·17　　[字形] 四4·10 汗

該形从三個撇畫，古文字中"羽"（旁）作 [字形]（包山269），从兩個撇畫。"羽"在《汗簡》中爲部首，同時該書還收録了一些从羽之字，其"羽"旁的寫法都作 [字形] 形，从三撇。《汗簡》中所録形體《古文四聲韻》亦有收録，相關形體都作 [字形]，从兩撇，與古文字中的"羽"旁寫法相合，可見郭忠恕在收録以下从羽之字時，做了"修改"（从羽之字並見下表）。

字頭	隸定形體	《汗簡》	《古文四聲韻》
翦	翦	[字形] 汗2·17	[字形] 四3·17 尚
舞	翠	[字形] 汗2·17	[字形] 四3·10 尚
披	撇	[字形] 汗2·17 史	[字形] 四1·15 史

續 表

字頭	隸定形體	《汗簡》	《古文四聲韻》
齟	翃	[圖] 汗2·17義	[圖] 四4·13義
頡	䪥	[圖] 汗2·17義	[圖] 四5·13義

《汗簡》中類似例子還有很多，只要詳審該書，對比部首以及部首中所收的古文形體便可明瞭，例不贅舉。

3. 截取形體偏旁爲古文

古文體系中不僅存在改寫偏旁的現象，有時也截取形體中的偏旁，並以之爲古文。此類古文往往不可信，如"桀"字古文作：

[圖] 四5·14尚

《説文》："桀，磔也。从舛在木上。"古文字中的"桀"字作：

[圖] 《璽彙》1387　　[圖] 《璽彙》1388

象二趾形立於木上，與 [圖] 形不同。[圖] 爲"舛"字，是截取"桀"旁上部而來，不存在作 [圖] 形之"桀"字。相同情況如"桑"字古文作：

[圖] 四2·17崔

《説文》："桑，蠶所食葉。从叒、木。""桑"字甲骨文作 [圖]（《合集》10058）、[圖]（《合集》6959），象桑樹之形，爲象形字。"桑"本不从叒，《説文》對"桑"字的分析不可信。《説文》中有"叒"字，是"若"字異體，讀音與"桑"字遠隔，"桑"字不會以之爲古文，[圖] 應是截取"桑"字篆文上部而來。

"兢"字古文作：

[圖] 四2·28崔

《説文》："兢，競也。从二兄，二兄，競意，从丰聲。""兢"字小篆作 [圖]，上部不从古形，古文寫法古文字中未見，應是截取 ▦ 的楷體"兢"上部而成。

"肱"字古文作：

▦ 説　▦ 四 2·29 説　▦ 四 2·29 崔

"厷"旁篆文作▦，古文字中"厷"作▦（《民之父母》9），按照文字的演變規律，圓形在隸變過程中經常訛作"厶"形，如"私"字古文"厶"、"鄰"字古文"厸"均屬此類情況，▦ 所從的▦也是由圓形訛來，情況與上面"私"、"鄰"古文相同。"肱"字古文作▦，可能是割裂▦形而來，並非六國文字。

二、承襲《説文》而誤

《説文》是我國現存第一部字書，對後世文字學研究影響深遠。古文本就屬文字學範疇，再加上其中很多形體出自《説文》，所以《説文》對古文的影響更大，一些《説文》中的錯誤也被古文承襲。

1. 承襲《説文》的錯誤分析

《説文》中很多或體在後世往往被當成古文，如果這些形體存在訛誤，古文也往往直接承襲，如《汗簡》、《古文四聲韻》中"攸"字古文作：

▦ 汗 5·61　▦ 四 2·23 崔

該形从水从攴，《説文》："攸，行水也。从攴、从人、从水省。▦，秦刻石繹山文攸字如此。"▦ 與《説文》中▦ 同形，前者源自後者。但《説文》中▦ 形並不可信，嶧山刻石中"攸"字作▦（《字形表》216 頁），左面不从水，與▦ 形不同，趙平安指出"新出文字資料與明拓本基本相同，因此▦ 當爲▦ 的訛誤"。① 其説可從，古文字中"攸"（旁）多見，从人、从彡、从攴，沒有从水者，② 可見《説文》中▦ 形爲訛體，不可信，那麼《古文四

---

① 趙平安：《〈説文〉小篆研究》，廣西教育出版社，1999 年，第 51 頁。
② 宰獸簋銘文（《文物》1998 年 8 期）中有："賜汝赤巿、幽衡、▦ 勒。"其中的▦ 形整理者羅西章隸作"鞍"，無說。後施謝捷將其改釋成"攸"，並以▦ 形爲據，分析▦ 爲从川从攴（參施謝捷：《宰獸簋銘補釋》，《文物》1999 年第 11 期）。按施謝捷讀爲"攸"可從，但是認爲該形从川似不確。相關討論也參看蘇建洲：《〈上博楚竹書〉文字及相關問題研究》，萬卷樓圖書公司，2008 年，第 135 頁。

聲韻》中 [字形] 形取自《說文》，並延續其誤，亦不可信。

《說文》中或體與正篆之間存在誤植現象，此類現象又往往直接被古文承襲，從此更能看出《說文》對古文的影響。《說文》、《汗簡》、《古文四聲韻》中"誩"字古文作：

[字形]說　　[字形]汗1·12說　　[字形]四4·29雲

《古文四聲韻》中形體所從"言"旁失形，其爲[字形]類形體訛變。鄭珍解釋《汗簡》中形體時，認爲《古文四聲韻》中無此形（《箋正》571頁），不確。唐蘭把相關形體隸定爲"䏍"，認爲"䏍"是由"䏌"訛變而成。① 從形體上看，唐説推測成分較大，並無證據。其實，該形從"言"（古文寫法）、從肉、從又，同"䏌"字構形相同，與"誩"字無涉。桂馥《説文義證》置該古文於"䏌"字下，云："本書及徐鍇本並誤在'誩'下，案《玉篇》'䏌'在'誩'後，即本書舊次。後人移'䏌'於前，而遺其古文。"②桂説甚是，《説文》屬於誤植，而《汗簡》、《古文四聲韻》都延續了這種訛誤。

《説文》以六書理論分析形體，但很多分析並不可信。古文很多文本問題是因整理者誤信《説文》分析所致，如"幽"字古文作：

[字形]汗2·19石　　[字形]四2·25汗　　[字形]四並2·25崔

《説文》："幽，隱也。從山中丝，丝亦聲。"謂"幽"從丝聲。古文字中"丝"多用爲"兹"，也用爲"絲"，③"兹"與"絲"均屬之部，讀音相近，屬於通假關係。至於"丝""於虯切"的讀音，季旭昇認爲可能是後人不明"丝"字讀音，而將"幽"字讀音轉移給"丝"，④從現今的出土資料來看，"丝"確實沒有讀"於虯切"的例子，也沒有用爲"幽"的情況，季説可從。"幽"字古文作"丝"，是誤認爲"幽"從丝得聲而誤判。

"麀"字古文作：

[字形]汗4·54石　　[字形]四2·23石

《説文》："麀，牝鹿也。從鹿、從牝省。麀，或從幽聲。"《説文》或體從幽，[字形]從"幽"字古文"丝"，既然"丝"作爲"幽"字古文屬於誤認，那麽[字形]形也不可信。[字形]應是根據"幽"字古文改寫而成，屬於上一節所論聲符改寫情況。

《説文》："妾，有辠女子給事之得接於君者。從辛、從女。《春秋》云：女爲人妾，妾

---

① 唐蘭：《史觥簋銘考釋》，《考古》1972年第5期；又見《唐蘭先生金文論集》，紫禁城出版社，1995年，第182—186頁。
② （清）桂馥：《說文義證》，第197頁。又《研究》（第57頁）亦引該說，可參看。
③ 參《金文編》，第270頁。
④ 季旭昇：《說文新證》，第322頁。

不娉也。""妾"字古文作：

[字形] 汗1·12孫   [字形] 四5·21孫

从辛、从女，與《説文》分析一致。甲骨文"妾"字作[字形]（《合集》13938）、[字形]（《合集》662），象女子頭戴刑具之形，西周金文及戰國文字均承襲此類寫法，都不从辛，《説文》謂"妾"从辛並不正確，古文信從《説文》分析，亦誤。

"卿"字古文或作：

[字形] 汗4·49   [字形] 四2·19汗

《説文》："卿，章也。……从卯、皀聲。"又："卯，事之制也。从卩、㔾。"上録古文即"卯"字訛變。"卿"、"鄉"本一字分化，甲骨文中作[字形]（《合集》5239），象兩人對食之形，"卿"本不从卯，《説文》中"卯"形可能是割裂"卿"字而來，上録古文作"卯"，是誤信《説文》分析所致。

碧落文中"昊"字古文作：

[字形] 碧

《説文》："昦，春爲昦天，元气昦昦。从日、夰，夰亦聲。"後世有贊同者，如邵瑛《群經正字》："今經典作昊，从日从天……《九經字樣》以爲隸省，其實乃俗儒不識夰字，筆法相近，變爲天也。"其實此説恰恰本末倒置，古文字中"昊"作：

[字形] 牆盤《集成》10175   [字形]《孔子詩論》6

正从天，尤其《孔子詩論》中的形體爲"昊天"合文，則"昊"从天應無疑問。此古文爲"夰"，是受《説文》分析影響，認爲"昊"从夰聲，故假"夰"爲"昊"，恐不可信。

2. 承襲《説文》小篆訛形

有些古文尤其是《古文四聲韻》中形體與小篆相同，可能是直接承襲《説文》小篆而來。學者曾指出《説文》小篆存在很多訛變形體，裘錫圭、①趙平安、②杜忠誥、③張蕾、④張麗

---

① 裘錫圭：《文字學概要》。
② 趙平安：《〈説文〉小篆研究》。
③ 杜忠誥：《説文篆文訛形釋例》，文史哲出版社，2002年。
④ 張蕾：《〈説文〉小篆訛形研究》，天津師範大學碩士學位論文（指導教師：董蓮池教授），2007年。

娜①等對此進行過討論。古文中部分形體便延續了小篆的訛誤。如"卷"字古文作：

卷：[字形]四4·24朱

《說文》："卷，䣛曲也。从卩、𢍏聲。"又"𢍏，摶飯也。从𠬞、釆聲。釆，古文辨字。讀若書卷。"《說文》謂"𢍏"讀若"卷"，證明兩者音近，所以古文可借"𢍏"爲"卷"。但《說文》對"𢍏"字構形分析却是有問題的，李家浩很早就指出"𢍏"本作[字形]，上部並不从釆。② 其實李家浩釋讀[字形]形時戰國文字資料並不豐富，其主要依據是傳抄古文：

完：[字形]汗6·74义 [字形]並四1·38义

絭：[字形]四4·24籀

"完"、"絭"古文所从之"𢍏"與六國文字相同，來源可信。上録[字形]形與《說文》小篆相同，爲訛體，从𢍏得聲的"眷"、"絭"二字古文分別作：

眷：[字形]四4·24義

絭：[字形]四4·24籀

也承其訛誤。

"徙"字古文作：

[字形]汗1·8說 [字形]四1·13說

上録《古文四聲韻》中形體原誤收在"從"下，今正。"徙"字在六國文字中多从[字形]，在秦簡中从辵、从少，"少"、"止"相近，所以在《說文》中"徙"字誤从止。③ 以上古文形體从止不从少，是沿襲《說文》之誤。

古文中"兆"、"卑"、"戎"、"中"、"彊"等也屬於同類現象。由於涉及的古文、古文字形體較多，爲了說明文字演變過程，在討論相關問題時以表格形式列出古

---

① 張麗娜：《大徐本〈說文〉篆文訛形舉例》，吉林大學碩士學位論文（指導教師：吴良寶教授），2009年。
② 李家浩：《信陽楚簡"澮"字及从"关"之字》，《中國語言學報》第一期，商務印書館，1982年；又見《著名中年語言學家自選集·李家浩卷》，第197頁。
③ 參俞偉超《中國古代公社組織的考察——論先秦兩漢的單—僤—彈》（第11—15頁）引李家浩觀點，文物出版社，1988年。

文字中形體。

(1)"兆"及從兆之字

兆：[字形]說　[字形]汗6·82說　[字形]四3·19孝　[字形]四3·19老

[字形][字形]四3·19說

俯：[字形]四3·10史

兆：[字形]汗1·8庶　[字形]四3·19庶

《說文》："𩰊，灼龜坼也。從卜、兆，象形。[字形]，古文𩰊省。"下表所錄甲骨文中的"兆"爲自組卜辭，蔣玉斌謂其從兩個背離的止形會意，① 西周金文、戰國時期楚、三晉文字均延續了這種寫法，上錄古文[字形]形，又"眺"字古文[字形]（四4·25崔）、"覜"字古文[字形]（四4·25籀）中的"兆"旁，仍保留了較爲原始的寫法。秦漢文字中的"兆"（旁）不從止，從兩個正反顛倒的人形。秦漢文字中的"兆"（旁）與《說文》小篆寫法不同，多位學者都指出小篆爲訛形。② 上錄古文除最後一類外，均涉小篆而誤，並發生了不同程度的訛變。

甲骨文	金文	楚系	三晉	秦			漢代		小篆
兆	姚	𩰊	逃	兆	兆	姚	桃	兆	兆
[字形]	[字形]	[字形]	[字形]	[字形]	[字形]	[字形]	[字形]	[字形]	[字形]
合集19756	爐叔樊鼎《集成》2679	新蔡甲三365	兆域圖《集成》10478	睡·日乙157	睡·日乙159	《秦印》237頁	《漢徵》6·13	《漢徵》4·13	說文篆文

(2)"卑"及從卑之字

卑：[字形]汗1·14張　[字形]四1·16郭　[字形]四1·16張　[字形][字形]並四1·16义

陴：[字形]四1·16孫

---

① 參蔣玉斌：《釋殷墟自組卜辭中的"兆"字》，《古文字研究》第二十七輯。
② 唐蘭：《天壤閣甲骨文存》，北京輔仁大學，1939年，第8頁。張蕾：《〈說文〉小篆訛形研究》。張麗娜：《大徐本〈說文〉篆文訛形舉例》。

卑：[图] 四1·16黃

𤰞：[图] 四1·16淮

《説文》："卑，賤也。執事也。从ナ、甲。"金文从又从[图]，[图]左下部有一短横，並非"甲"字甚明。春秋戰國文字均承此而來，但略有省改。下表所録秦陶文[图]形尚保留古體。[图]形左下部的短横在兩漢時期遺失，與當時的"甲"旁相近，所以許慎才會把本从[图]的"卑"字誤認成从"甲"，遂形成《説文》小篆寫法。① 上録古文[图]形直接承襲小篆而誤，其餘古文"卑"旁情況亦同，所从是"甲"或"甲"篆文的訛形，與古文字中"卑"不同。

金　文	齊系	三晉	楚系	秦系	西漢	東漢	小　篆
卑	卑	卑	卑	卑	卑	卑	卑
[图]	[图]	[图]	[图]	[图]	[图]	[图]	[图]
㝬簋《集成》4322.1	國差罎《集成》10361	侯馬1∶37	皇門10	陶彙5.384	老子乙248	孫臏201	武威醫簡427	説文篆文

（3）"戎"字古文

戎：[图]汗5·68義　[图]四1·11道　[图]四1·11張　[图]四1·11張

《説文》："戎，兵也。从戈、从甲。"甲骨文"戎"字作[图]、[图]（《新甲骨文編》[增訂本]719頁），从戈从盾會意。西周金文亦同，下表所録戰國秦漢文字均延續了此類寫法。古文字中未見从"甲"之"戎"字，《説文》小篆爲訛形。裘錫圭曾對訛誤原因進行了推測，他認爲"大概某些文字學者誤以爲'戎'字所从的'十'是'甲'的古寫（甲胄也是重要的戎器），所以把'戎'的篆文改成了[图]。"② 裘説可信，小徐本在解釋"戎"字時，與大徐本不同，謂"戎，兵也。从戈、从[图]，[图]古文甲字"。小徐本不直接説"戎"字从甲，而謂其从[图]，又以[图]爲古文甲字。其實[图]是"盾"字變形，因它與"甲"字相近，便被錯認成"甲"。

---

① 或説金文中形體下部从攴。按：去掉攴旁後上部形體仍非"甲"字。
② 裘錫圭：《文字學概要》，第62頁。

《説文》中有類似情况,下文要談到的"吴"與"矢"、"且"與"几",皆與此同。既然本無從甲之"戎"字,上録"戎"字古文從甲,顯然是沿襲了小篆的錯誤,非六國文字。

齊系	三晉	楚系	燕系	秦系	西漢	東漢	小篆
戎	戎	戎	戎	戎	戎	戎	戎
郝伯御戎鼎《集成》2525	七年邦司寇矛《集成》11545	周易 38	郾王戎人戈《集成》11238	關沮 132	縱橫家書 141	張遷碑	《説文》篆文

(4) "中"字古文

中: 中説 中説 籀   中四1·11尚   中四1·11説   中四1·11説

《説文》:"中,内也。從口、丨,上下通。中,古文中。中,籀文中。"古文字"中"一直存在兩種形體,中表示"中"義,多用爲"中間"之"中"。中在古文字裏多表"伯仲"之"仲"。但古文字裏"中"字中間常規寫法都作一圓環形,不從口,具體可參下表所録相關形體。《説文》篆文中從口,段玉裁改爲中,可信。石鼓文裏中中間的圓形已有向"口"旁發展的趨勢。但無論如何,《説文》篆文爲訛形可以肯定,古文受篆文影響,亦誤。

甲骨文		金文		齊系		三晉	
中	中	中	中	中	中	中	中
屯 2529	合集 20453	休盤《集成》10170	中簋《集成》3364	子禾子釜《集成》10374	璽彙 4090	侯馬 156:20	侯馬 195.8

楚系		秦		西漢		東漢	小篆
中	中	中	中	中	中	中	中
包山 138	仲弓 10	石鼓·吳人	睡·日乙 135	春秋事語 20	夏承碑	中元銀挺	説文小篆

（5）"彊"字古文（强）

彊：<图> 四 2·16 庶

上録形體爲"强"字，借用爲"彊"。如下表所列，六國文字中"强"作<形>形，只有秦系文字中"强"與古文近似。《説文》："强，蚚也。从虫、弘聲。<籀文>，籀文强从蚰、从彊。"徐鍇在《説文解字繫傳》中説："弘與强聲不相近，秦刻石文从口，疑从籀文省。"其認爲形體"从籀文省"不可信，但是指出秦刻石从口很重要，裘錫圭指出不但秦代"强"字从口，在漢代的寫法中"强"亦从口，《説文》中的小篆爲訛形。① 其説可信，從下表所列形體亦可看出。上録古文與《説文》小篆相近，與古文字中"强"字从口不同，是涉小篆而誤。

齊系	三晉	楚系	燕系	秦系	西漢	東漢	小篆
强	强	强	强	强	强	强	强
璽彙 0336	侯馬 16：9	包山 103	璽彙 2749	睡·法律答問 75	老子甲 84	北海相景君銘	《説文》篆文

此外，"斗"、"升"古文分别作：

斗：<图> 汗 6·76　<图> 四 3·28 汗

升：<图> 四 2·28 雲

"斗"小篆作<形>，"升"字小篆作<形>，從甲骨文到漢代文字，"斗"、"升"二字寫法都與小篆寫法不同，小篆爲訛體，上録古文襲小篆而來，亦是訛體。古文中還有類似現象，此不贅述。

有些情況比較特殊，不易判斷小篆是訛形還是來源有據，相應地古文也就難以判斷，如"朝"字古文作：

<图> 汗 3·34 貝　<图> 四 2·7 貝　<图> 四 2·7 唐

《説文》："𦩆（朝），旦也。从倝、舟聲。"上録古文同於《説文》篆文寫法，其中前兩形受類

---

① 裘錫圭：《釋"弘"、"强"》，《古文字論集》，第 55 頁。

化影響中間變从三個日形。金文中"朝"字作🔣、🔣、🔣(《金文編》460頁),右部似川水形,戰國文字略有訛變,右部象"川"的形體中間點畫變成橫畫(參下表第二、三欄形體)。① 張蕾曾排列古文字中的"朝"字寫法,認爲秦系文字中不存在从"舟"的"朝"字,小篆的寫法蓋因傳抄刊刻而誤。② 張蕾排列字形時漏引了下錄石鼓文中形體,此形拓本作🔣,③右下部从舟隱約可辨,左上部稍殘,摹本作🔣,寫法與小篆最爲相近,兩者很可能有因襲關係,但由於殘去部分寫法不能確定,所以小篆是否從石鼓文中形體發展而來還不能判定。準確無疑的从舟之"朝"出現在魏三體石經中作🔣,④小篆與上錄古文中的"朝"字也可能源於此類寫法。

齊	三晉	楚	秦	秦	西漢	東漢	小篆
朝	朝	朝	朝	朝	朝	朝	朝
🔣	🔣	🔣	🔣	🔣	🔣	🔣	🔣
陳侯因资敦《集成》4649	朝歌右庫戈《集成》11182	成之聞之34	《秦印》一二八頁	石鼓文·吳人	老子甲138	史晨碑	《説文》篆文

三、因誤認而產生的錯訛現象

1. 誤解形體分析

古文中一些形體表面看似有據可依,但若究其實質,却經不起推敲。下面舉例論證。"毇"字古文作:

🔣 汗3·37 義   🔣 四3·4 義   🔣 四4·9 義⑤

《箋正》(730頁)解釋《汗簡》中形體説:"毇从之,非臬即毇。"學者多信從其説,其實並不正確。古文即"臬"字,《説文》:"臬,舂糗也。从臼、米。"小徐本作"从米、臼聲",小徐本正確,"臬"當以"臼"爲聲符,上古音"臬"是群母幽部字;"毇"是曉母微部字,兩者讀

---

① 關於此處演變過程可參看吳振武:《燕國銘刻中的"泉"字》,《華學》第二輯,中山大學出版社,1996年,第48頁。
② 張蕾:《〈説文〉小篆訛形研究》。
③ 形體采自郭沫若《石鼓文研究·詛楚文考釋》,《郭沫若全集(考古編)》第九卷,科學出版社,1982年,第222頁,下文摹本采自該書69頁。
④ 商承祚:《石刻篆文編》,中華書局,1996年,第327頁。
⑤ 上錄《古文四聲韻》中形體宋刻配抄本誤釋爲"毇",而《集古文韻》中所錄不誤,此直接改爲"毇"。

音不近,後者也不能以前者爲聲符。《廣韻》收"杲"形在"有韻",其音亦與"毇"字遠隔。從文字構形上也可以證明,實際上"毀"、"毇"等形都是以"皇"爲基本聲符,"皇"字《說文》失收,却保留在《古文四聲韻》中作 ,郭店簡《窮達以時》14號簡亦出現該形,說明古文來源可信。可見,"毇"與"杲"字毫無關係。猜想此古文的整理者誤認爲"毇"從杲得聲,故誤收"杲"爲"毇"之古文,實不可信。

"猒"字古文作:

![字形] 四4·40 老　　![字形][字形] 並四4·40 籀

同類形體又見於"厭"字下:

![字形] 汗2·23 义　　![字形] 四3·29 义　　![字形] 四3·29 籀

古文可隸定作"肙"。《說文》:"猒,飽也。從甘、從肰。"古文字中"猒"字作 ![字形](叔夷鎛《集成》285.1)、,從口,並不從甘。學者多認爲"猒"爲會意字,可信。可能是整理者誤以爲"肙"是"猒"的聲符,並以之爲古文,後又進一步當成"厭"字古文。

同類情況《古文四聲韻》中還有例證,如"襗"字下收古文分別作:

![字形] 汗1·5 裴　　![字形] 四5·24 裴

![字形] 四5·24 崔

第一類古文容易解釋,可隸定成"苞",其下部爲"皂"形之訛。古"皂"、"睪"都是透母鐸部字,兩者讀音相近。"襗"字古文作"苞"屬於聲符替換。關於第二類形體,《疏證》(26頁)以 ![字形] 爲"苞"字訛形。筆者意見與此觀點不同,因爲該形下部比"苞"形多了一個"央"形,認爲兩者爲一字在形體上説不過去。《玉篇》"襗"下收古文作"㚒"形,![字形]無疑就是《玉篇》中的"㚒"字,下部所從的"央"是"夬"旁的訛體。"㚒"從艸臭聲,《說文》:"臭,獸也,似牲牲。從皂、夬聲。"可見"臭"從夬聲,並不以"皂"爲聲符,而"夬"是月部字,與鐸部的"襗"字讀音並不十分密合,似難相通。所以,頗疑整理者誤以爲"㚒"從皂聲,並將其錯收在"襗"字下。

古文形體有的來源於字書,字書中有對形體進行解釋的文字,有時古文整理者誤解體例,也易引起錯認。如上一節第75條中,《汗簡》收古文 ![字形] 釋爲"疾",是郭忠恕對"以爲古文疾字"一句理解有誤,所以錯判古文。又"俗"字古文作:

鎵 四5·6崔

該形與"俗"字不近。《龍龕手鏡·金部》："鎵,俗,音離。"按照該書的體例,"音離"是爲該形注音,"俗"是指該字爲俗體,並非説此形是"俗"的異體。蓋整理者誤認該形爲"俗"的異體,並收錄以之爲古文,實不可取。

2. 誤認形體

當然,一些誤認情況比較複雜,需仔細討論分析才能辨明。如《説文》:

> 汓,浮行水上也。从水、从子。古或以汓爲没(桃按:最後一句小徐本作"古文或以汓爲没字")。

上古音"汓"是邪母幽部字,而"没"是明母物部字,兩者聲母韻部均不近,不能相通。"没"字典籍多訓"沉也",與"汓"義又遠隔,兩者也不屬同義换讀範疇。清代説文學家多牽强附會之解,①均不足信。其實古文以"汓"爲"没"字,應是整理者的誤認。"没"字古文《古文四聲韻》中作:

四5·10老 四5·10道

張靜認爲該形與"汓"字所从的"子"形相近,可能屬於形近訛混關係。② 此説值得注意,是"叟"字,"叟"則是"没"的本字,原來形體下部从又,上部象水流回轉形,此古文把下部的"又"形和上部形體粘連到一起。"叟"見於戰國文字作:

《唐虞之道》2 《曹沫之陳》9 《鬼神之明》2

其下部的手形也與上部的形體相連,與古文情況相似,只是古文形體訛變得較爲嚴重,以致於整個形體頗像"子"字,猜想許慎所見的"没"字,應該是从水从(叟),可復原作。由於"汓"字小篆與形十分相近,所以《説文》將兩者混淆,誤認爲(汓)就是"没"字,而附會説"古或以汓爲没"。實際上,(汓)與(没)毫不相干。

《説文》中還存在類似現象。《説文》於"矤"下説:"吴,古文矢字。""吴"與"矢"音義均不近,爲何以"吴"爲"矢"的古文呢?《汗簡》以及《古文四聲韻》分別録"矢"古文作:

汗3·43義 四3·6義

---

① 參丁福保編纂:《説文解字詁林》,中華書局,1988年,第11022—11024頁。
② 張靜:《〈説文〉"古文以爲"考》,吉林大學碩士學位論文(指導教師:李守奎教授),2007年,第95頁。

李家浩據此古文認爲"吳"與"矢"的古文 屎 寫法相近,所以《説文》誤以"吳"爲"矢"的古文。① 又如"且"字小徐本下收古文作 几 形,並謂"古文以爲且,又以爲几字"。楚簡中"几"或作 几 形,李家浩據此指出因此種寫法的"几"與"且"古文形近,所以《説文》誤認爲兩者是同一個字。② 這些意見都很合理。

《説文》中還有類似的現象,如"醜"字古文作:

▨ 陽　▨ 四 3・27 老　▨ 四 3・27 説

此即"𥄫"字,《説文》:"𥄫,目圍也。从昍、厂。讀若書卷之卷。古文以爲醜字。"以"𥄫"爲"醜"字古文,應是根據《説文》"古文以爲醜字"一句。但小徐本中相應一句作"古文以爲靦",與大徐本不同。"𥄫"是見母元部字,"醜"是昌母幽部字,"靦"是透母元部字,三者相比,前兩者聲韻都不近,讀音相差較遠,而"𥄫"、"靦"二字都是元部字,讀音較近,所以清代學者如段玉裁、朱駿聲、王筠、桂馥等很多學者相信小徐本。③ 其中段玉裁論證較爲詳細:

"靦"鉉本作"醜",誤。"醜"與"𥄫"、"卷"部分遠隔也。"靦"者,姡也。《面部》曰:"面見人也。从面見。"古文作"𥄫",蓋亦謂徒有二目見人而已,古音同在十四部,故得相假借。

"𥄫"作"醜"的古文的確難通,但認爲"醜"是"靦"的錯字也值得懷疑。首先,"醜"、"靦"兩字並不十分相近,訛誤可能性很小。且《玉篇》、《集韻》、《廣韻》等書在解釋"𥄫"字時,相應之字都作"醜",不作"靦",與大徐本同。其次,"𥄫"、"靦"二字讀音雖然相近,典籍中却無相通之證,《説文》中言"古文以爲"者,是説兩者具備通假關係,很多都是有通用例證的,可能是許慎據典籍中的用字習慣收録,"𥄫"、"靦"二字僅存在通假的可能,並無通用之證。段玉裁認爲"𥄫"從二目,"蓋有二目見人"義,但"𥄫"的用法中却没有"見"這一含義,④段氏只是推測之言,並不可信,則"𥄫"、"靦"在意義上也没有聯繫。所以"醜"是否爲"靦"的誤字還有疑問。張靜在討論這一問題時,將"𥄫"與"醜"、"靦"的關係以闕疑處理,⑤是很謹慎的態度。

---

① 李家浩:《傳遽鷹節銘文考釋》,《海上論叢(二)》,復旦大學出版社,1998 年;又見氏著《著名中年語言學家自選集・李家浩卷》,第 87 頁。
② 李家浩:《包山 266 號簡所記木器研究》,《國學研究》第二卷,北京大學出版社,1994 年;又見氏著《著名中年語言學家自選集・李家浩卷》,第 236 頁。
③ 詳參丁福保編纂:《説文解字詁林》,第 3904—3906 頁。
④ 參宗福邦、陳世鐃、蕭海波主編:《故訓匯纂》,第 1559 頁。
⑤ 張靜:《〈説文〉"古文以爲"考》,第 41 頁。

其實，《說文》把"嚚"當成"醜"字古文，很可能是許慎對"嚚"的誤認。這要先從"疇"字古文說起，《說文》："嚋，誰也。从口、弓，又聲。弓，古文疇。"《汗簡》、《古文四聲韻》中"疇"字古文作：

[字形] 汗2·22 說　[字形] 汗6·82　[字形] 四2·24 說　[字形] 四2·24 尚　[字形] 四2·24 籀

爲"弓"字，"弓"即"壽"字聲符。若[字形]中所从的"工"旁變成"目"形，便與"嚚"的篆文相同。張政烺認爲因"弓"、"嚚"二形相近，《說文》才會誤記"古文以爲醜字"於"嚚"字下。① 張說是，後出古文字材料中恰好有相關例證，秦簡中的"壽"字作：

[字形] 關雎 148　[字形] 睡·日書乙 245

方勇曾討論過上錄第一形，他分析説："([字形])从老省，从嚚、从又(寸)，並且嚚字出現了兩個目旁和冖形借筆的情況。其所从的嚚形可能爲弓形的訛變。"② 其説可从，上錄秦簡"壽"字中"弓"旁確實已訛成"嚚"形。又"醜"、"疇"二字古通，如段玉裁注《説文》"醜"字云："凡云'醜，類也'者，皆謂'醜'即'疇'之假借字。"其説甚是，試想許慎見到的"弓"形已訛變作"嚚"，便會誤認作是"嚚"字，古文系統中又以"弓"爲"疇"字古文，"疇"、"醜"古通，所以許慎才會誤以爲"嚚"是"醜"字古文。後人已經不明其中訛誤細節，但知"嚚"、"醜"二字讀音不近，所以小徐本中改"醜"爲形體相近的"靦"字。

"嚚"與"醜"的情況，與上文討論的"汙"與"没"、"吴"與"矢"、"且"與"几"相似，可見此類現象在《説文》中並非孤例，也説明很多古文關係在許慎所生活的漢代就很複雜。所以不難想像，又經過近千年的傳抄，到宋代郭、夏二人整理時，其中的舛訛恐怕只能是有增無減。

3. 誤信字書

有時，古文整理者誤信其他字書的解釋，也容易造成誤認古文。如"箹"字古文作：

[字形] 汗6·75 知　[字形] 四5·21 林

《説文》："箹，箔也。从竹、爾聲。"下有徐鉉按語曰"爾非聲。未詳"。上古音"箹"在葉部，從出土文獻來看，"鈢"多數用爲"壐"字，"壐"从爾得聲，爲脂部字，兩者讀音不近，以"鈢"爲"箹"字古文十分奇怪，《箋正》(980 頁)謂：

---

① 張政烺：《〈説文〉燕召公〈史篇〉名醜解·弓字説》，《文史論集》，中華書局，2012 年，第 134—135 頁。按，本文初稿漏引張説，此蒙山東大學王輝提示，現予以增入，誌此兼表謝忱。
② 方勇：《秦簡劄記四則》，見第 3 條，簡帛網，http://www.bsm.org.cn/show_article.php? id＝1005，2009 年3 月 20 日。

《方言》:"鑈,正也。"《玉篇》:"鑈,堅正也。鈘同。"是不以爲"箝鑈"也。《廣韻》云:"鑈,亦作鈚。鑈,上同。"於是混"鑈"、"鈚"爲一字,即"鑈"亦爲"鑈"字。鄭説可從,是《廣韻》混淆二者,古文整理者誤從之。

又《汗簡》中"縻"字古文作:

[字形] 汗 3·42 林

《古文四聲韻》中"縻"字下收古文作:

[字形] 四 1·14 汗

後一形注出《汗簡》,兩形相比,應是同一形體,只是後者發生訛變。《箋正》(760 頁):"夏以爲'縻',是。从古文'續'會意,當作[字形]。以爲古字則非。"《注釋》(293 頁)照録《箋正》意見,未下判斷。按此説不確,[字形]爲"賡",《爾雅·釋詁》:"賡,續也。""賡"和"續"意義相近,屬於同義换讀關係。从人从[字形](賡)之字何以得出"縻"義,較難解釋,故鄭珍意見恐不可從。

筆者認爲古文是"價"字,爲了便於行文,先論證兩者關係,然後再從字形上進行分析。"價"和"縻"關係密切,首先應從"縻"、"鬻"的關係説起,字書中兩者音近,如《玉篇·鬲部》:"鬻,《説文》又音縻。"《廣韻·屋韻》:"《説文》'鬻,本音縻。"古文體系中也有相通之例,如《訂正六書通》(19 頁)"縻"字下收古文作[字形],爲"鬻"字。尤其是後者,屬於古文系統内部的用字習慣,更具説服力。

又古"鬻"、"價"可通,如"鬻"字古文作:

[字形] 四 5·4 崔

該形爲"價"字,"價"从賈得聲。傳世文獻中"鬻"、"賈"相通之例甚多,出土文獻也有相關例證,如郭店簡《窮達以時》(7 號簡)"百里轉鬻五羊"中"鬻"作[字形]形,所從聲符[字形]是由"賈"字[字形](金文寫法)上部演變而來,①"鬻"字可與[字形]相通,當也可與"價"相通。

可見古文體系中"縻"字可以"鬻"爲古文,而"價"又是"鬻"的古文,所以《汗簡》中可以"價"爲"縻"字古文,至於《古文四聲韻》收在"縻"字下,是因"縻"、"縻"讀音相近所致。

---

① 參荆門市博物館:《郭店楚墓竹簡》,第 146 頁注 9 中"裘按"部分。

傳抄古文中重文關係非常複雜，如音近通假、同義換讀、誤植現象均大量存在。"鬻"字作爲"糜"的古文，它們究竟屬於什麽關係還需討論。《説文》："鬻，鍵也。从鬲、米聲。"小徐本中作"从鬲、米"，"米"後無"聲"字，與大徐本不同。如果大徐本可信的話，古"米"字是明母脂部字，"麻"是明母歌部字，兩者聲母相同，韻部旁轉，兩聲系字可通，①則"鬻"和"糜"屬於通假關係。但大徐本从米聲的觀點，後世學者多提出質疑。段玉裁論述較詳：

　　　　鉉本作米聲，武悲切。此因誤衍"聲"字而爲之切音，非真唐韻有武悲切也。《爾雅》"猶如麂"之"猶"，舍人本作"鬻"。異文同部，是可以定其非形聲矣。《廣韻》、《集韻》、《篆韻》譜脂韻内皆無"鬻"。《玉篇》云："《説文》又音糜。"《廣韻》云："《説文》本音糜者。"乃陳彭年輩誤用鉉本也。②

可見段氏認爲"鬻"不从米得聲，且《玉篇》、《廣韻》中爲"鬻"字標注的讀音"音糜"也是錯誤的。朱駿聲認爲"鬻"字"从米从古文鬲會意"，③也不贊同"鬻"爲形聲字。"鬻"是覺部字，"米"是脂部字，兩者韻部有一定距離。出土先秦古文字中似未見確定的"鬻"字，但存在用爲"鬻"的字，如楚三祖先之一的"鬻熊"在楚簡中或作"㝬(熊)"（包山217），從讀音上看㝬應歸在幽部或覺部，幽部或覺部與脂部的關係並不十分緊密，所以大徐本認爲"鬻"从米得聲可能是有問題的，此處暫按段玉裁、朱駿聲的意見，把"鬻"字當成會意字來看。④ 既然"鬻"不从米得聲，那麽"鬻"和"糜"讀音也不會相近，兩者不屬於通假關係。爲何前者會成爲後者的古文呢？《爾雅·釋言》："鬻，糜也。"郝懿行疏："稠者曰糜，淖者曰鬻。"《集韻·屋韻》："鬻，糜也。"《説文》："糜，糁也。"段玉裁注："糜亦謂之鬻，亦謂之饘。"可見"鬻"、"糜"意義相近。大概因爲兩者義近，再加上大徐本《説文》誤認爲"鬻"从米得聲，《玉篇》、《廣韻》又誤注"鬻"音糜，所以"糜"字才會以"鬻"爲古文，並在此基礎上把"饘"（鬻的古文）當成了"糜"字古文。

　　下面分析古文"饘"的寫法。傳抄古文中"犢"、"讀"二字作：

---

　　① 如《禮記·月令》："行糜粥飲食。"《吕氏春秋·仲春紀》相關辭例中"糜"作"麋"；又《史記·司馬相如列傳》"糅以蘪蕪"，《漢書·司馬相如傳》作"蘼蕪"，"糜"、"蘼"都以"麻"爲基本聲符，"麋"、"蘪"都以"米"爲基本聲符，是其證。
　　② （清）段玉裁：《説文解字注》，第112頁。
　　③ （清）朱駿聲：《説文通訓定聲》，中華書局，1998年，第294頁。
　　④ 值得注意的是"鬻"字有與"穴"字通用的現象，如楚三祖先"鬻熊"在楚簡中除了寫作"㝬熊"外，也寫作"穴熊"（相關討論參李家浩《楚簡所記楚人祖先"㝬(鬻)熊"與"穴熊"爲一人説——兼説上古音幽部與微、文二部音轉》，《文史》2010年第3期；又張富海《楚先"穴熊"、"鬻熊"考辨》，《簡帛》第五輯，上海古籍出版社，2010年），"穴"字或歸入微部、或歸入質部，很多學者指出幽、覺二部與微、文二部關係密切，可以音轉。"米"是脂部字，與微部和質部都很近，大徐本謂"鬻"从米得聲，不知是否與這種音轉現象有關。

犢：[圖] 汗1·6裴　[圖] 四5·2裴

讀：[圖] 四5·2裴

"犢"、"讀"所從的"賣"旁與[圖]右部相同，可見[圖]形爲"價"字無疑。但[圖]（賣）旁寫法較爲奇怪，可能是"賣"旁訛變。另外，鄭珍的意見也值得注意，《汗簡》、《古文四聲韻》中"續"字古文（其中第二形誤收在"瀆"字下）或作：

[圖] 汗3·33義　[圖] 四5·2義

此二形是[圖]字訛體，寫法與古文所從之[圖]旁相似，"犢"、"讀"、"價"和"續"聲旁相同，"犢"、"讀"、"價"形右部作[圖]，可能是受"續"字古文類化影響所致，也可能就是後人以[圖]旁改寫而成。

在研究古文形體時，如不能對誤認現象進行辨析，有時會做出錯誤的判斷。如"磔"字古文作：

[圖] 四5·18義

王丹對此形曾有考證（《新證》97頁）：

> 戰國文字"桀"字的[圖]（璽彙1390）、[圖]（璽彙1389）類形體，從舛在木上會意。漢隸[圖]（漢印徵5.17）類形體中，"舛"所從的二"夂"形均向下延伸筆畫，將木形半包圍，若頂部粘連，即變成[圖]。《說文》："磔，辜也。從桀，石聲。""磔"字在典籍中常表"割裂祭牲"意，與"桀"字從"舛"在木上會意不相符，亦與"桀"字常用爲姓氏、人名、豪桀等意無關，所以，"磔"字從桀旁，至今仍不得其解〔原注：季旭昇《說文新證》（上冊480—481頁）藝文印書館，1997〕。此處以"桀"爲"磔"，據此，《說文》對磔字的分析應改爲從石、桀聲（原注：趙平安師語）。

王丹認爲古文爲"桀"字，並從形體上進行了論證，此點可從。① 但她贊同"磔"從桀聲的意見，恐不可信。筆者認爲《說文》謂"磔"從石得聲是可信的。從通假角度看，古"磔"、"捇"通用。《廣雅·釋詁》："捇，裂也。"王念孫疏證："《說文》：'捇，裂也。'《莊

---

① 除王丹外，史傑鵬也曾提及古文，但他認爲此形從門、從木，"木"旁是"戈"旁之訛，古文是從楚文字中的[圖]（包山233）形演變而來（參史傑鵬：《包山楚簡研究四則》，《湖北民族學院學報》2005年第3期）。此說將兩個止形誤認作"門"旁，不可信。

子・養生主篇》云：'動刀甚微，磔然已解。'磔與捇同。""捇"爲曉母鐸部字；又《史記・李斯列傳》："十公主矺死於杜。"《索隱》："矺與磔同，古今異字耳。""磔"與"矺"通，"矺"字不論是从石聲還是从乇聲，其韻部都應在鐸部，"石"在鐸部，"桀"在月部，"磔"與"石"音近。從古文字來看，于省吾指出甲骨文中表示"磔"義的詞寫作"乇"、"舌"等，①"乇"聲字與"石"聲字關係密切，如"度"字古文作：

庀 四4・11 籀　庁 四5・24 雲

均从乇得聲，"度"本从石得聲，从乇屬於聲符換用。可見"磔"與"石"讀音相近，而與"桀"讀音較遠。②《説文》對"磔"字分析可信。至於《古文四聲韻》以"桀"爲"磔"字古文，應理解成誤認，即整理者誤以爲"磔"从桀得聲，認爲兩者音近，所以便把"桀"當成了"磔"字古文，這與上文討論的"毀"字古文作"梟"、"撣"字古文作"䕫"情況相同。所以不能據古文用法認爲"磔"从桀得聲。

四、古人有僞造古文的現象

古人有僞造古文的現象。嚴格説來，上文討論的利用古文偏旁拼造形體也屬於僞造現象。有的古文形體則完全是僞造出來的，如"被"字古文作：

禯 四3・4 談　祇 四4・4 天

上録第一形 禯，原書誤隸定作"被"，其左部所从的"示"旁是"衣"旁的形近寫訛，而此古文竟然也寫成从示作 禯，一種可能是據已經訛誤的楷書回改而成篆文，是後人僞造之體，非六國古文。另一種可能是唐宋時期"示"、"衣"二旁偶有訛混，如"福"字本从示，但印章中或作 福，③訛成从衣，故也可能存在从示的"被"字俗體，後被當成古文收録。

又"褐"字古文作：

禑 四5・11 老

"褐"本从衣、曷聲。從形體上看，上録古文从示、从𦥑，當係後人僞造。"示"、"衣"在

---

① 于省吾：《于省吾著作集・甲骨文字釋林》，第193頁。
② 季旭昇指出"磔"、"乇"等字上古音與"桀"字"似乎没有什麽關係"，其説可信。參季旭昇：《説文新證》，第495頁。
③ 孫慰祖主編：《唐宋元私印押記集存》，上海書店出版社，2001年，第198頁。

隸楷階段相似，所以作僞者誤"衣"爲"示"，又回改成篆文，與上面"被"字古文情況相似。再說右部形體，在古文系統中 ▲ 代表"蜀"旁。如下列"蜀"或從蜀之字的古文作：

蜀：▲ 汗 6·72 林　▲ 四 5·6 林

濁：▲ 汗 5·61　▲ 四 5·7 朱　▲ 四 5·7 老

韣（韣）：▲ 汗 2·29　▲ 四 5·6 義

燭：▲ 汗 4·55 義　▲ 四 5·6 義

趨：▲ 四 5·6 楊　▲ 四 5·6 荀

戰國文字中"蜀"字作：

▲《皇門》10　▲《周易》40　▲《璽彙》3302　▲《老子甲》21

古文"蜀"旁作 ▲ ，基本與戰國文字相同，只是"虫"旁橫畫被拉直。但"裼"字古文何以從蜀？令人費解。其實是因"蜀"、"曷"兩旁形體相似，導致古文中經常訛混，如"歇"字下收古文作 ▲ ，是涉"歜"而誤（參上一節第 90 條）。① 作僞者可能是見到"歇"字古文作 ▲ ，以爲左部是"曷"字古文，故以"衣"字古文（實爲示旁）和"曷"字古文（實爲蜀旁）僞造了 ▲ 形。殊不知，無論是據該形左部的"示"還是右部的"蜀"，都可判斷出此形係僞造，並非六國古文。

又"脆"字古文作：

▲ 四 4·14 老　▲ 四 4·14 老

與此相關的"危"字古文作：

▲ 汗 4·51 尚　▲ 四 1·17 孝　▲ 四 1·17 尚

▲ 上部從肉，下部從"危"字古文；▲ 左部從"危"字古文，右部從肉（稍訛）。表面看來古文並無不妥，實則不然。《説文》："脆，小耎易斷也。從肉、從絶省。"（小徐本作："從肉、絶省聲。"）從《説文》分析可以看出"脆"本從色，並不從危。後世俗書中"色"、"危"二旁相近，故"脃"又寫作"脆"，後者是前者的俗字，《玉篇·肉部》"脆，同

---

① 還有相混的例子如"濁"下收古文作 ▲ ，是"渴"字（參上一章第 106 條）。

脆,俗",是其證。① "脆"出現時間很晚,並非先秦古文字,所以 ▨、▨ 二形明顯是後人把"肉"旁和"危"字古文誤拼合而成,惜其不知"脆"本從色、不從危,所以露出了馬腳。

"矜"字古文作:

▨ 汗 6·76 石　　▨ 四 2·28 石

《說文》:"矜,矛柄也。从矛、今聲。"分析"矜"從今得聲,上錄形體也從"今"字古文(第二形稍訛)。但是從早期文字資料看《說文》的分析是有問題的,段玉裁注"矜"字時據漢石經、漢碑中"矜"字寫法以及《詩經》中"矜"字用韻,指出"矜"字本當從"令"得聲。朱駿聲也認爲"矜"從令得聲,並謂"从今者,誤字",可信。不但漢代文字"矜"字從令,張富海已經指出郭店簡《老子甲》"矜"字作▨(7 號簡),從命得聲,"命"、"令"古爲一字(《研究》176 頁)。其説是,另外詛楚文中"矜"字亦從令作,可見從先秦到漢代,"矜"字都是從令(或命)得聲,從今的"矜"字出現很晚,《說文》對"矜"字分析有誤,與此相應,▨ 由古文"矛"和古文"今"兩部分組成,屬後人僞造古文,並非六國文字。

"赤"字古文作:

▨ 汗 4·56 義　　▨ 四 5·17 義　　▨ 四 5·17 黄

形體從焱從土,古文字中"赤"字未見此種寫法。討論該形前先看"赤"字另一類古文:

▨ 説　　▨ 汗 4·56 乂　　▨ 汗 6·73 尚　　▨ 四 5·17 乂　　▨ 四 5·17 尚

《説文》:"赤,南方色也。从大、从火。……▨,古文从炎、土。"其實古文所從的"炎"是訛形。古文字中"赤"或作▨(包山牘 1)等形,舊多認爲上部是"火"形,不確。該形又作▨(邾公華鐘《集成》245)、▨(包山簡 276)、▨(《老子甲》33 號),其上部明顯與下部的"火"形不同,似是"亦"旁。"赤"字上部原從大,"大"變作"亦"屬於變形音化,古文字中"亦"和"赤"讀音相近,②"亦"完全可作"赤"的聲符。▨ 看似從兩個"火"形,與秦代"炎"字構形相同,古文中▨形上部所謂"炎"字應是▨類"赤"字的轉寫,下部所從"土"形是無意義的羨符。③

---

① 按:後公布的北京大學藏漢簡《老子》中"脆"字作▨(74 號簡),從色作,可見出土文獻中也有相關例證。
② 如郭店簡《五行》38 號簡:"有大罪而大誅之,簡也;有小罪而亦之,匿也。"其中的"亦"用爲"赦","赦"從赤聲。
③ 戰國文字中"土"常可作爲飾符,參何琳儀:《戰國文字通論(訂補)》,第 216 頁。

明確了[圖]形，再看[圖]的來源。古文字中作爲意符時，構字部件單複有時無別，此規律在古文系統中仍然適用，[圖]上部被誤認爲從兩個"火"形，蓋不明其構形者，又造出從三個"火"形的[圖]，實爲不了解[圖]上部本是"赤"旁訛變所致。

"䨇"字古文作：

[圖]説籀　[圖]四4·18汗

《説文》："䨇，今䨇似鴟鵒而黃。从隹、兩省聲。[圖]，籀文不省。"上錄形體从兩不省，與《説文》分析一致。但是《説文》的解釋是有問題的，戰國文字中用作"藺"的字多作[圖]，①何琳儀曾指出其从火、門聲，相應地"䨇"也从門得聲，《説文》認爲"䨇"从兩省聲是對古文字形體的誤認，②其説可從。上錄古文从兩，可疑。

"獎"字古文作：

[圖]四3·23崔

古文从廾(収)从"醬"的古文"牆"得聲。《説文》："獎，嗾犬厲之也。从犬、將省聲。"可見"獎"本身从犬，並不从廾(収)。"獎"字有俗字从廾。如《玉篇·収部》："奬，子養切，助也。"另外《廣韻·養韻》、《類篇·廾部》均以"奬"爲"獎"字異體。上錄古文[圖]所从的廾(収)應是據俗字"奬"形回改成的篆體，出現時代很晚，非六國文字。

"盜"字古文作：

[圖]汗5·68李　[圖]四4·29籀　[圖]陰

從形體上看，古文从門从戈，爲"閱"字，《箋正》(929頁)指出"閱"是"閱"字之誤。該説可信，但仍需細加分析，"閱"本从鬥，隸楷階段"鬥"與"門"形體相近，所以"閱"經常訛成"閱"，如《説文》："庚，……从广、閱省聲。讀若環。"小徐本中"閱"作"閱"。"閱"與"庚"讀音相近，可知大徐本中"閱"是"閱"的誤字，訛誤情況與古文相同。上錄古文从門，不从鬥，可知該形是據"閱"字回改成的篆形，"鬥"與"門"在先秦古文字中寫法區別明顯，兩者在隸楷階段形體才變得相近，整理者見到的"閱"字已經訛成"閱"，該形出現時代很晚，恐非六國文字。與此相關，清華簡《繫年》101簡："以伐楚，[圖]方城。"其

---

① 更多形體參看湯志彪：《三晉文字編》，第1460—1466頁。
② 何琳儀：《戰國古文字典》，第1150頁。

中⚏形整理者認爲是動詞"門"的專字,學者或據上錄古文疑簡文中"門"旁是"鬥"旁之誤,則簡文爲"鬩"字。① 按:上文已論,"門"、"鬥"先秦時期區別明顯,二旁相混發生在隸楷階段,清華簡中形體當與"鬩"字無關。

"野"字古文或作:

⚏ 汗 6·73 尚　　⚏ 四 3·22 尚

王筠《説文句讀補正》謂"隸譌予爲矛,《汗簡》因隸造篆耳,矛聲不諧",其説是。秦漢文字中的"野"字作⚏(《爲吏之道 28》),中間从予。隸楷階段"予"、"矛"易譌,如"予"字古文作⚏(四 1·23 汗),此形爲"矛"字,是"矛"、"予"相混之證(可參看本章第一節第 40 條)。所以"埜"常譌作"埜",②古文⚏形是據譌變後的形體回改成的篆文,並不可信。

"筆"字古文作:

⚏ 四 5·8 義

該形下部形體怪異,與常見的"筆"字寫法不同,似未見合理解釋。筆者認爲此形係後人僞造而成。解決此形的關鍵是找到古文下部形體來源,該形从月、从三橫畫、从隹。值得注意的是,"津"字古文作:

⚏ 四 1·31 説　　⚏ 四 1·31 崔

該形从舟、从水、从隹,可隸定成"雔"。翏生盨中"津"字作⚏(《集成 4459.1》),⚏應是承此類寫法而來,形體可信。篆文"津"字作⚏,已經變成从水、聿聲的形聲字。以⚏下部和⚏相比,兩者無疑十分接近,前者所从的"月"應是"舟"旁所譌(兩旁在古文中常相混),前者的三個橫畫是"水"旁橫置,可見"筆"字古文下部从雔,但"筆"與"津"兩者讀音不近,爲何前者會以後者爲聲符呢?"筆"下部从聿,"聿"本是"筆"的象形初文。"津"字篆文作⚏,本从聿,但楷書階段"聿"被簡省作"聿",這使"津"字也變成从聿。古文整理者不知"津"字構形來源,誤以爲其和"筆"所从相同,便把"筆"字下部改

---

① 黄錫全:《清華簡〈繫年〉"从門从戈"字簡議》,簡帛網,http://www.bsm.org.cn/show_article.php?id=1604,2011 年 12 月 23 日。
② 關於典籍中"埜"譌作"埜"的例子參看宗福邦、陳世鐃、蕭海波主編:《故訓匯纂》,第 447 頁"埜"條。

成"津"字古文䢇，所以造出 [字形] 形，甚謬。

古文系統中類似的僞造形體還有一些，在研究或利用古文時應加以注意。這些"僞古文"很多無法確定是郭忠恕、夏竦所僞造，還是之前就已存在，他們僅是按形收錄。如果是前者，他們整理古文雖有學術貢獻，但造僞形體則給古文帶來了負面影響，致使人們長期忽略古文的價值。如果是後者，說明他們收集之功雖不可没，但辨僞工作仍有不足。

五、古文出處訛誤

《汗簡》、《古文四聲韻》所收古文出自數十部典籍，《汗簡》大部分古文標明了出處，[①]《古文四聲韻》所收古文均標有出處，有時這些出處有訛誤現象。

"侈"字古文作：

[字形] 汗3·35 史　　[字形] 四3·5 史

《汗簡》形體標注出自《史書》，《古文四聲韻》形體出處爲《古史記》。《箋正》（719頁）："《史記》、《漢書》皆無此形。"《注釋》（257頁）指出"侈"字見於《尚書》中《泰誓》、《畢命》等篇，此處《史書》是《尚書》之誤。其説可信，《古文四聲韻》同誤。古文出處中《古尚書》與古《史書》常互訛，有時古《史書》也訛作《古尚書》，如"晃"字古文作：

[字形] 汗4·55 史　　[字形] 四3·25 尚

《汗簡》中形體原誤釋作"冕"，今正。《汗簡》注古文出自古《史書》，《古文四聲韻》注古文出自《古尚書》，兩者不同。《箋正》（843頁）指出"爌"、"晃"相通見於《史記》，《古文四聲韻》中"古尚書"之"尚"爲"史"之誤。其説是。

又"吟"字古文作：

[字形] 汗1·6　　[字形] 四2·26 尚

古文注出《古尚書》，《注釋》（96頁）已經指出《尚書》中無"吟"字，當是《史書》之誤。《漢書·息夫躬傳》："秋風爲我唫。"顔師古注："唫，古文吟字。"其説是，相通例證亦見於《匈奴傳》："今歌唫之聲未絶。"顔師古注："唫，古吟字。"

有時出處是否訛誤也不易判斷，如"惰"字古文作：

[①] 無出處者，可能是傳抄過程中書名脱落。

〔古文形體〕汗5·66史　〔古文形體〕四3·21尚

關於形體出處，《汗簡》注爲《史書》，《古文四聲韻》注爲《古尚書》，兩者不同。古文可隸定成"媠"，見於古籍，《漢書·外戚傳》："妾不敢以燕媠見帝。"顏師古注："媠與惰同。"又《韋玄成傳》"媠彼車服"，顏師古注："媠，古惰字也。"可見《汗簡》謂古文出自《史書》有所本。但是《尚書》中也有"惰"字，見於《盤庚》篇，《訂正六書通》中收相關形體也注出自《尚書》。《汗簡》、《古文四聲韻》究竟哪一個準確（當然兩者也可能各有所本），尚不易判斷。

第四章
古文的形體特點及考釋方法

在談到古文字考釋方法時，于省吾一直堅持"以形爲主"的原則，他説："字形則爲確切不移的客觀存在，因而字形是我們實事求是地進行研究的唯一基礎。"①很多古文字學者都肯定這一方法。隨着古書性質的簡帛文獻相繼出土，很多文字的考釋可以通過辭例確定，如楚簡中"罷"字的考釋就是最好的證明，這似乎對傳統"以形爲主"的古文字考釋方法提出了挑戰，但也必須意識到，對字形的分析，仍是徹底解決問題的關鍵。即使可以通過辭例確定某一個字讀成哪個詞，但最後還要通過文字形體分析，來確定它是什麽字。换句話説，對於疑難字的考釋，有效的辭例往往能夠告訴我們該字"讀什麽"，却未必能解決其是"什麽字"。仍以"罷"字爲例，多數的辭例證明該形可讀爲"一"，也有少數可以讀作"能"，但"罷"究竟是什麽字却還要通過形體分析來完成。可見形體一直都是釋讀古文字的關鍵。

古文是保存於地上的古文字資料，與出土古文字相比，古文没有確定的辭例，只有通過形體分析來判斷古文爲何字，所以"以形爲主"的原則對於研究傳抄古文更爲重要。在考釋過程中，應了解古文的形體特點、構形規律，並在此基礎上總結出古文的考釋方法，以便能更好地研究和利用古文資料。

第一節　古文的形體特點及構形規律

一、形體的書寫形式

傳抄古文作爲地上古文字資料，屢經傳寫才得以保存，其自身具有一定特點，如

---

① 于省吾：《甲骨文字釋林·序》，《于省吾著作集·甲骨文字釋林》，第3—4頁。

古人謂其"頭粗尾細,狀腹團圓,似水蟲之科斗"。就古文系統而言,古文表現出很多複雜性。

1. 同一個字(或偏旁)寫法不同

在古文體系中,同一個字(或偏旁)可能有兩種或多種寫法。造成此類現象的原因有很多,有的來源本就不同,如"歹"旁有兩種寫法:

歹　朽:〇汗2·20林　〇汗2·23　〇四3·26林　〇四3·26义

歺　莊:〇説　〇汗2·22説　〇四2·15説

"歹"旁第一種寫法見於楚系與秦系文字中,①第二種寫法則更多見於三晉文字中,②兩者寫法不同,但各有來源。又如"目"旁可分爲兩類:

目　眠:〇四4·30籀　　晦:〇四4·23籀

臣　睒:〇〇並汗2·16義　〇〇並四5·13義

"目"旁兩種類型,第一種寫法古文字中習見,無需討論。第二種寫法,多見於齊系文字,如齊文字中的"目"字作〇(圖録2.463.3)、〇(陶彙3.701),與古文相近。③"目"旁兩種寫法各有所本。

有的形體差異是因訛變引起,如"攴"旁寫法可分成三種:

攴　敗:〇汗1·14　〇四4·16老　改:〇四3·13老　〇四3·13雲

攵　攺:〇四5·19老　　　　　　敲:〇四2·8籀

〇　樹:〇四4·10尚　〇四4·10雲　班:〇四1·39楊

"攴"的前兩種寫法,都見於戰國文字中。第三種寫法古文字中鮮見,"攴"旁正常不會寫成此形。此類寫法屬於訛體。

同一個字的古文有時也不相同。如"入"字古文作:

入:〇四5·22老　〇四5·22汗

入:〇四5·22林

---

① 參湯餘惠主編:《戰國文字編》,第253頁"朽"、"死"字所從的"歹"旁寫法。
② 參湯志彪:《三晉文字編》,第582—583頁所收"歹"字,"胯"、"死"所從之"歹"旁。
③ 同時,類似偏旁也見於郭店簡《唐虞之道》、上博簡《緇衣》中,馮勝君認爲這兩篇簡文的性質屬於"具有齊系文字特點的抄本"。參馮勝君:《郭店簡與上博簡對比研究》。

第一類形體屬於古文字中常見寫法；第二類是"內"字，"入"、"內"爲一字分化，戰國文字中二者用法尚無分別，如屢見於鄂君啓節舟節的"內"均讀爲"入"，上錄兩種寫法各自有據。

同一個字用不同形體表示，多是由於國別不同造成的，如"舜"和"服"（或備）二字的古文便屬此類現象。"舜"字古文分別作：

舜：[字形]說　[字形]汗2·28尚　[字形]四4·19汗

舜：[字形]四4·19籀　[字形]四4·19籀

"服"（或備）字古文"葡"作：

服：[字形]石　[字形]汗5·66義　[字形]四5·3孝

備：[字形]汗1·15論　[字形]四4·5論

"舜"、"葡"的第一類形體都是六國文字寫法；第二類形體都是秦系文字寫法，這是由於古文整理者既見到了六國文字中的"舜"、"葡"，又見到了秦系文字中的二字，並把它們都當成"古文"收入。

2. 相同的形體可能代表不同的字或偏旁

與上文第一種情況相反，古文體系中，相同形體也可能代表不同的字，在研究或使用古文時，不能因爲兩者形體相同就認爲它們是同一個字。如古文中有从天和从攴的兩類形體：

天旁：天：[字形]四2·2崔　忌：[字形]四4·8逸　竿：[字形]四1·28古

攴旁：敗：[字形]四4·16籀　侮：[字形]四3·10籀

以形體觀之，第一類古文都从天，但來源各不相同。第一個"天"字古文从宀天聲，其中的"宀"旁很可能是羨符。从宀从天之字見於古文字中，如行氣玉銘中作[字形]（《三代》20.49.1）、上博簡《恆先》中作[字形]（5號簡），古文可能本於此。"忌"字古文除了上錄形體外，《汗簡》中還有一形作：

[字形]汗1·12尚

與《汗簡》中形體相比便可發現，[字形]上部所從"天"形是"亓"旁的訛體，古文實爲"誋"（諅）字，此處借爲"忌"。"竿"字古文上部似从天，其實"天"是"开"的俗體，正所謂"俗書破體,以夰爲天"。可見上錄从天的三個古文形體,只有第一形真正从天,其餘兩形均是訛體,本身與"天"無關。

再說第二類所謂的"攴"旁,第一形"敗"从攴自無問題,關鍵是第二形,从人从攴爲何就是"侮"字古文呢?徐在國懷疑 **攸** 的右部是"女"旁之訛,《集韻·噳韻》:"侮,古作仪。"而"仪"可能是"侮"字之訛,古文字中"侮"是"侮"的異體(《疏證》174 頁)。其說是,則 **攸** 所从的"攴"形是由"女"旁變來,與"攴"只是偶然同形。

再如下錄"仚"、"宆"二形:

　　仚形:危: **仚** 汗 4·51 尚　**仚** 四 1·17 尚　飢: **飤** 四 1·17 籀

　　宆形:杳: **宆** 汗 3·39 李　**宆** 四 3·18 李　穆: **宆** 汗 2·16 林　**宆** 四 5·5 裴

"危"字古文从人从山會意,①見於古文字中。"飢"字古文从食从仚不易解釋,"飢"字還有古文作:

　　飤 四 1·17 尚

形體从食从乏,可隸作"飤"。《說文》謂"反正爲乏","正"、"乏"二字小篆下部都从止,只不過方向一正一反。按古文隸定規律,"止"形多被寫成"山"或"屮",所以 **飤** 是"飤"的隸定形體,右部所从與"仚"只是偶然相合。

"杳"、"穆"二字古文都作"宆"。古"宆"字與"杳"都是影母宵部字,兩者讀音相近,並可相通,如《莊子·逍遙遊》:"宆然喪其天下焉。"《太平御覽》卷六引"宆"作"杳",古文是借"宆"爲"杳"。但"穆"是明母覺部字,與"宆"讀音不近,後者作前者古文,較爲奇怪。鄭珍謂"此形釋'宆'字,云'穆'非"(《箋正》601 頁)。黃錫全從之(《注釋》160 頁)。他們都認爲"穆"的古文 **宆** 是"宆"字,其實此說並不正確。王丹認爲 **宆** 是"睦"字古文的訛體(《新證》57 頁),此說可信,"睦"字古文或作:

　　宆 四 5·5 孝

可以看出 **宆** 爲 **宆** 之訛變,即"宆"上部的"六"形類化成"穴"旁。"宆"既然可以與"睦"字相通,而"穆"、"睦"古音相同,常可通用,所以"宆"也可以作"穆"的古文。可見表面上看"杳"、"睦"古文都作"宆",實則不然,"睦"的古文作"宆"實爲"宆"形之訛。

---

① 詳參第八章國別問題研究部分。

3. 形體的特殊寫法

古文記録的雖然是古文字，但是兩者並非完全相合。同樣的形體在古文字和傳抄古文中有時可以代表不同的字。"龍"（旁）的古文寫法特殊，其形體如下：

龍：㝮 汗 6·63   㝮㔾 並四 1·12 汗   竜 萈 萈 並四 1·12 汗

籠：䇝 汗 2·22 朱   䇝 四 1·10 朱

聾：聲 汗 5·65 張   聲 四 1·10 張

壟：傘 汗 6·72 爾   傘 四 1·10 爾①

龖：䶴 汗 5·63   䶴 四 1·10 乂

龐：庞 汗 4·51 孫   庞 四 1·14 孫   䶴 四 1·14 乂

寵：寵 汗 5·64②   寵 四 3·3 義

以上"龍"（旁）有兩種寫法，一種作㝮，一種作㔾，前者上部所從類似"宀"形，後者則像兩個獸角形。在解釋古文形體之前，應先確定兩種寫法孰爲正體。《古文四聲韻》中㔾形出自《汗簡》，而《汗簡》中的"龍"字古文却並不作此形。另外，上録古文中從"龍"之字多見，絶大多數寫作㝮形，可見㝮是正體，㔾爲訛形。③ 明確了㝮爲正體，討論問題應該以此爲出發點。㝮形與下列古文字中形體接近：

㝮 郭《緇衣》46   㝮 《柬大王泊旱》1   㝮 鄂君啓車節《集成》12110

上例形體均見於楚文字，其與"黽"字篆文䵶同形。但據馮勝君研究，上列形體在楚文字中都用爲"黿"，④其説可從。"黿"、"黽"二字讀音並不相近，難以相通，可見該形在楚文字中代表"黿"字，在秦系文字中代表"黽"字，不屬於通假關係，應是不同國别引起的同形字。問題是該形無論代表"黿"還是代表"黽"，都與東部的"龍"字讀音較遠。傳世文獻以及目前所見的出土文獻中均不存在借"黽"或"黿"爲"龍"的用字現象。所

---

① 《古文四聲韻》中形體原收在"壟"字下，釋文"壟"是"壟"的誤字，今徑歸在"壟"字下一併討論。
② 《汗簡》中形體原釋作"龐"，今一併歸在"寵"字下。
③ 《六書統》認爲㔾爲正體，㝮爲訛形，與事實不符。舊或以此立論，認爲㔾形象有雙角和兩翼形，與"龍"的相貌相近，此説不可信。
④ 馮勝君：《郭店簡與上博簡對比研究》，第181—185頁；又馮勝君：《戰國楚文字"黽"字用作"黿"字補議》，《漢字研究》第一輯，學苑出版社，2005年，第477—479頁。

以爲何以 [字] 爲"龍"字古文,至今没有令人信服的解釋。此處提出一種可能,楚文字中有如下形體:

[字] 望山 M1-88 [字] 望山 91 [字] 望山 92 [字] 新蔡甲三 115

應隸定爲"黽",望山簡中的形體,朱德熙曾考釋説:

> 《集韻》"黽"字云:"黄黽,龜名。"《禮記·禮器》正義引《爾雅》郭注:"今江東所用卜龜黄靈、黑靈者……"簡文黄黽即黄靈。①

把"黽"釋成"靈",可信。後出的新蔡簡中也有該字(見上録最後一形),亦用爲"靈"字。秦系文字中用"靈"和"鼉"來表示"靈",前者用法見於詛楚文和秦簡,後者如秦公大墓石磬"以鼉神……"、"允龢有鼉磬",都以"鼉"爲"靈"。同時,"鼉"也見於《説文》中,《説文》:"鼉,龍也。从龍、需聲。"頗疑漢代的古文整理者見到了六國文字中从"黽"(龜)的"靈"字(黽),但不知"黽"旁實代表"龜",所以不解"靈"爲何从黽,便把六國文字中"黽"(靈)與秦系文字中"鼉"(靈)等同起來,認爲"鼉"下部的"黽"是"龍"的異體,從而以"黽"爲"龍"字古文,並把許多从龍的字都改成从黽。事實上,根本就不存在用爲"龍"的"黽"字。

二、形體的構形方式

古文的構形方式指構成古文形體的偏旁組合方式以及替换規律,劉釗謂:"古文字構形學是古文字研究的基礎理論,它不僅有古文字學上的理論意義,同時也具有指導分析考釋古文字的實踐意義。"②同樣道理,研究傳抄古文的構形方式,對使用或研究古文也有重要作用。

1. 形體結構的聚合與斷裂

古文在流傳過程中易發生結構變異。例如某一形體筆畫斷裂或誤接後會變成另外一形;原本上下結構的字,訛誤後會變成左右結構或包圍結構,導致訛變後的古文難以識别。

古文結構的變形有時表現爲部分筆畫非常規地聚合,進而形成另一個偏旁,如"卿"字古文作:

---

① 朱德熙:《長沙帛書考釋(五篇)》,《古文字研究》第十九輯,第 290—297 頁;又見《朱德熙文集》第 5 卷,商務印書館,1999 年,第 205 頁。
② 劉釗:《古文字構形學》,緒論部分第 1 頁。

[图] 汗3·40 李　[图] 四2·19 李

形體上部似从宀，鄭珍認爲古文原本上部是斷開的，从兩個人形，後誤成"宀"（《箋正》749 頁）。黃錫全又結合古文字形體進行了論證，指出"卿"字另一個古文作：

[图] 四2·19 孝

更接近古體（《注釋》285 頁），此説可從。類似情況又如"悶"字古文作：

[图] 四4·20 老

此形上部看似从貝，其實是"門"形上部逐漸聚合，最後相連，誤成"貝"形。《集篆古文韻海》中相關形體作：

[图] 4·27

上部並不誤，是其證。了解了此類現象有助於考釋一些特殊形體，如"響"字古文作：

[图][图][图][图][图][图] 並四3·24 籀　[图][图] 並四3·24 崔

以上形體上部从宀，中間或从山、或从心、或从必，較爲奇特。《疏證》（60 頁）以闕疑處理。按照上文的演變規律分析，不難相見，這些形體上部原來應是兩個人形，後誤聚合而成"宀"旁和"山"旁（或作心、必）。即古文是從"鄉"字訛變而來，此處借用爲"響"。古文字中"鄉"字作[图]、[图]（《金文編》647—648 頁），象兩人在簋前對食之形。一旦文字結構破壞，兩個人形聚合，那麼人的身體輪廓形就會變成"宀"旁，中間的兩個手形與簋形上部聚合變成"山"或是"心"旁。古文字中"卿"和"鄉"、"饗"爲一字分化，上錄[图]類形體的訛變規律與前文所論"卿"字作[图]正相同。

又"嚮"字古文作：

[图] 汗3·39 尚　[图] 四3·24 尚

形體出自《古尚書》，鄭珍謂（《箋正》736 頁）：

> 薛本《盤庚》作"寍"，《洪範》、《洛誥》作"宣"，此係采《盤庚》，而下作"旦"形不同。據《集韻》、《類篇》已作"宣"，知所本《汗簡》如此，不誤。今薛本誤也。此形爲"嚮"，偏旁不可説。其它篇"鄉"、"饗"字亦作"宣"，莫能究其原也。

鄭珍指出薛本《尚書》中"寍"是由"宣"字訛誤，可信。但是他並没有解釋古文的形體來源,謂"莫能究其原也"。黃錫全認爲古文是"㝉"字,"㝉"是泥母耕部字,"嚮"是曉母陽部字,此處借"㝉"爲"嚮"(《注釋》272頁)。按"㝉"、"嚮"二字聲母有一定距離,讀音並不密合,且"㝉"、"嚮"兩聲字在古籍中也沒有相通的證據(上引鄭珍已指出薛本《盤庚》的"寧"爲誤字),所以黃説可商。結合上文關於"卿"、"饗"古文的考證,筆者認爲 [字] 也是從"鄉"字訛變而來,上面所從之"宀"是人形輪廓,中間所從之"心",是人手形和簋形上部之訛,下面所謂的"且"是"簋"形的下部。對比 [字] 與"響"字古文 [字],兩形相近,後者應是依前者隸定而來,它們都是"鄉"字結構變異而產生的訛體,可見把 [字] 釋成"鄉"應無問題。

另外"鄉"字古文作:

[字] 四2·14 老

該形與 [字]、[字] 等形相似,也是"鄉"之訛體。

與聚合相反,古文中也有形體分裂現象,分裂後的形體有時也會形成新的偏旁。如"更"字古文作:

[字] 四4·35 汗

直觀看來該形從又從門,但是如此分析,該形便與"更"字風馬牛不相及。其實此形上部的"門"是"丙"旁之誤,如"更"字另有古文作:

[字] 四2·18 華

如果該形"丙"旁從中間斷裂,並且向兩側分離,就會變成"門"旁,與上面 [字] 形相同。隸定古文也存在同類情況,如"役"字古文作:

[字] 四5·17 崔

該形從人從閔,"閔"是明母文部字,"役"是喻母錫部字,兩者讀音不近,不能相通。《疏證》(71頁)"役"下漏收此字。其實該古文是由"役"字結構分裂訛變而來,"役"字另有古文作:

[字] 四5·17 説

如果該形右部的 [字] 從中間斷裂,下部的"又"再訛成"文"旁("又"、"攴"常可互換,

“攴”常被隸定成“文”)，則古文右部就變成了所謂的“閔”旁，其實該形與“閔”旁只是同形而已，並無直接關係。後世俗字中存在類似的訛變現象，《玉篇・豕部》：“豱，音閔，猪名。”“豱”字不見於《説文》、《廣韻》、《龍龕手鏡》等書，胡吉宣認爲與“猑”同，[①]實誤。張涌泉認爲“豱”是“豰”的俗字，《廣韻》：“豰，豬之别名。”[②]楊寶忠從之。[③] 此説可信。現爲其補充關鍵性證據，《説文》謂“豰”从役省聲，上文已論“役”可訛作“僩”，這與“豰”訛成“豱”正好類同。

“墮”字古文或作：

四 3・21 説

該形來源於《説文》“䲛”字籀文，形體下部似从“閔”，其實“閔”形是“魚”旁分裂所致，小徐本《説文》“䲛”字籀文作，較大徐本更爲準確，“墮”字另有隸定古文作：

四 3・21 崔

下部从魚，亦不誤。大徐本形下部結構分裂，《古文四聲韻》形又承之，兩者並誤。

2. 偏旁的位置錯位

文字的偏旁位置發生變化，也會導致文字變異，古文中存在類似情況。如“侍”字古文作：

四 4・8 雲

古文从先从攴，可隸定成“敍”，但是“敍”與“侍”音、義均遠隔，兩者不能相通。其實古文是“侍”字結構變異所致，“侍”本从人、从之、从又，古文體系中“又”旁常被改寫成“攴”旁，[④]形是把“人”旁寫在了“之”形下部，把“攴”旁擠到右面，演變過程如下：

四 4・8 孝——四 4・8 石——四 4・8 雲

上録第一形屬於正常寫法，第二形中的“人”旁已經誤置於“之”旁下部，且“又”旁已换作“攴”旁，再經訛變就成了第三形，其演變過程清晰可見。如果不明古文是由偏旁相

---

① (清)胡吉宣：《玉篇校釋》，上海古籍出版社，1989 年，第 4627 頁。

② 張涌泉：《漢語俗字叢考》，中華書局，2000 年，第 984 頁。

③ 楊寶忠：《疑難字考釋與研究》，第 592 頁。

④ 古文中“又”旁寫作“攴”，一部分是因爲“又”、“攴”二形作爲意符時可换用，還有一部分是受類化影響所致，並非所有换用都有古文字形體依據。

第四章 古文的形體特點及考釋方法 139

互位置發生訛變所致,而从"攴"字入手解釋形體來源,恐怕很難找到正確答案。此處還可解决一個後世俗字形體,《龍龕手鏡・止部》:"𣥂,直利切。"《篇海》卷十一止部、《字彙補・止部》所録相同。楊寶忠認爲"𣥂"讀"直利切",是"歮"的俗書,①此説不確。"歮"與"𣥂"形體不近,兩者訛混的可能性很小。"𣥂"與上文列出的"侍"字古文第二形 ![] 如出一轍,應是對該形的隸定,所以"𣥂"是"侍"字俗書,與"歮"無關。再以"侍"字古文形體驗諸古文字,上海博物館藏戰國楚竹書《子道餓》篇中的"侍"字作:

![] 2號簡

所从的"人"旁亦置於"之"旁的下部,與古文及俗字形體在構形上若合符節,②可證這些形體有更早且可靠的來源。

"芻"字古文作:

![] 四1·24 道

表面上看該形似从手从又,其實非是,王丹説(《新證》74頁):

![] 與《訂正六書通》P44 芻字下所收 ![]、等形相近,艸形移至手下且雙中連寫而訛,無法會以手割草之意。其訛變過程大致如:![]→![]→![]。

其説可從,可見 ![] 形也是偏旁位置發生變化後的形體。

"超"字古文作:

![] 四2·7 雲

"超"字本从走、召聲,爲左右結構,容易辨認。但是古文形體中偏旁位置發生變化,"召"旁中的"口"形和"走"旁中的"止"形連接到一起,重新組成了"足"旁,使古文發生變異。

又"韶"字古文作:

![] 四2·7 崔

如果按照常規的結構拆分,此形可以分析成从屮、从 ![],前者較好解釋,爲"艸"旁,但後者 ![] 从豆从右,與"韶"字難以聯繫。其實,該形應拆分成 ![] 和 ![] 兩部分。前者

---

① 楊寶忠:《疑難字考釋與研究》,第425頁。
② 郭店簡《六德》中"詩"字作 形,从口、寺聲,其中"寺"从攴,且"攴"旁寫在"之"旁下部,簡文與"侍"字古文寫法正可對比。

[鼓]形是从壴从攴爲"鼓"字,"鼓"字古文或作:

[鼓]四3·11演　[鼓]四3·11汗

可證。▽並非口旁,而是"召"旁的省體或訛脫,所以古文是"䚯"字,玄應《一切經音義》中收"韶"字古文作"䚯",與此古文可互證。

《汗簡》"潔"字及《古文四聲韻》"絜"字古文分別作:

[潔]汗5·70義　[絜]四5·12義

古文左部形體較爲特殊,其實該形是"契"字,只是形體結構發生變異,把"丯"、"刀"、"大"三個偏旁排成一列,將"大"形置於最上部,而"刀"形置於最下方。

3. 意符替換與聲符替換

表意相同或相近的偏旁互換在古文中是比較常見的現象,如:

日——月

期—朞: [朞]説　[朞]汗3·34尚　[朞]四1·19义　[朞]四1·20尚

朗—朖: [朖]汗3·34碧　[朖]四3·24碧

宵—㬌: [㬌]汗3·33尚　[㬌]四2·6尚

宵—䏌: [䏌]四2·6籀①

宀——穴

竄(窽)—窾: [窾]汗3·39尚　[窾]四4·21孫

邃—䆳: [䆳]汗3·39孫

宀——广

宇—序: [序]四3·10崔

寥—廫: [廫]四2·6老\义　[廫]四2·6碧　[廫]碧

廟—㡣: [㡣]四4·27古

手——攴

操—敤: [敤]四2·9籀　[敤]四4·30老

---

① 以上例子中,"期"、"朗"屬於古文形體與釋文之間的意符替換;"宵"字屬於古文形體之間的意符換用。

扶—攱：[字形] 説 [字形] 汗 4·58 裴 [字形] 四 1·25 裴 [字形] 四 1·25 崔

攜—歔：[字形] 四 1·28 乂

拙—敁：[字形] 汗 3·31 乂 [字形] 四 5·14 乂

以上僅列出個別例證，類似情況還很多。意符替代的前提條件是相互替代的意符之間需意義相同或相近，如"日"、"月"都和日期或明亮義有關；"宀"、"广"、"穴"三旁都與屋舍意義相關；"手"、"攴"都可表示動作。正是由於意義相近，偏旁在替換後，表意作用仍然沒有被削弱。

古文構形規律中，讀音相同或相近的偏旁可互換。古文系統中很多異體關係是因聲符替換引起的，如：

鹿——彔

麓—藂：[字形] 汗 2·22 林 [字形] 四 5·3 裴

麓—藂：[字形] 説 [字形] 四 5·3 崔

麓—藂：[字形] 汗 3·30 尚 [字形] 四 5·3 尚

某——母

謀—咟：[字形] 説 [字形] 四 2·24 貝 [字形] 四 2·24 道

謀—悬：[字形] 説

聲符替換要求相互替代的聲符之間讀音相同或相近。如"鹿"、"彔"都是來母屋部字，兩者雙聲疊韻；"某"、"母"都是明母之部字，二者雙聲疊韻。

"意符替換"、"聲符替換"都是古文構形中常見規律，了解這些規律，對識別古文有很大的幫助。如果形體中意符或聲符同時被替換，古文往往不易考釋。如"晦"字古文作：

[字形] 汗 3·35 庶 [字形] 四 4·17 老 [字形] 四 4·17 庶 [字形] 四 4·17 庶

前兩形左部從月，相互比較可以看出同出於《王庶子碑》的後兩形左部所從應是"月"形訛變，則此古文可隸定成"朣"，不見於《説文》。《箋正》(715頁)："从月墨會意，俗造也。《篇韻》諸書無。"《注釋》(255頁)："《篇海》有腣字，'濁垢也'，蓋與此同字。"按：《篇海》："腣，胡骨切，魂入聲。濁垢也。"從"腣"字反切來看，"腣"與"晦"讀音不近，"濁垢"義也與"晦"無關，且"腣"與"朣"二字形體也有一定區別，它們恐怕不是一個字。① 此處提出另一種可能，即"膟"是"晦"的異體，由"晦"字更換聲符和意符所致。"膟"字可分析成从月墨聲，"晦"本从日，上文已經指出"日"、"月"作爲意符可替換。再說聲符，"墨"、"晦"二字音近，如古"墨"、"晦"通用，《睡虎地秦墓竹簡·日書甲種》："墨日，利壞垣、徹屋，出寄者。"其中的"墨"整理者讀爲"晦"。從文義看，該說可信。另外，還可以從古文字中諧聲的角度來論證，如《窮達以時》："百里轉鬻五羊，爲伯牧牛。"其中的"牧"字作 ，从"墨"得聲。而古文系統中"牧"與"晦"音近可通，如"牧"字古文作：

　　　　　汗6·73尚　　　　　四5·5尚

爲"坶"字，从每得聲，可見"墨"、"晦"讀音相近。"膟"是把"晦"字的意符"日"換成"月"、聲符"每"換成"墨"後所致，該形來源可信。

4. 形近偏旁相混

古文形體中形近偏旁有混同情況，如：

弋——戈

　　戴： 四4·17籀　　 說籀　　 碧　　 四4·17郭

　　饎： 汗2·26林　　 四5·13林　　 四4·6林　　 四4·6崔

之——止

　　詩： 並汗3·31义　　 四1·20义　　 四1·20义

　　特： 汗1·8字　　 四5·29汗

人——尸

　　休— 石

"戴"本从𢦏聲，古文更換聲符从弋，第一形从弋爲正體，後三形"弋"旁訛成相似的"戈"。"饎"字古文所从的"弋"旁情況與"戴"字古文相似。"詩"本从寺聲，古文省作从之得聲，前三個形體尚不誤，但最後一形"之"訛成形體相近的"止"旁。"特"字古文中"之"旁訛誤情況與"詩"字古文相類。"休"本从人，石經古文中"人"旁發生訛變，與"尸"旁相同。

---

① 《正字通·月部》引《六書統》云："膟，同晦，月盡也。月盡而其魂如墨也。"也以爲"膟"是"晦"的俗寫，然而上文已論，早期字書中，"膟"、"晦"音義都不近，此"膟"字解釋可疑，該形不知是否爲"膟"字訛省。

5. 類化

古文字中存在類化現象，同樣，傳抄古文中亦存在。根據類化原因不同可以分爲形體内部引起的類化和形體外部引起的類化兩種。形體内部類化是指字形中構字部件受同一形體内部相似部件影響而趨於相近或相同。如"蒙"字古文作：

〔形〕汗6·72尚　〔形〕四1·10尚　〔形〕四1·10古

此形是"䖝"字之訛，"亡"旁的上部受下面兩個"虫"旁影響，寫得與"虫"相似，郭忠恕把上録《汗簡》中形體歸在了"蟲"部，就是把"亡"旁上部筆畫誤當成了"虫"形。上録最後一形爲隸定古文，在隸定時候直接把"亡"旁上部隸寫成"虫"旁，其誤認情況與郭忠恕一致。

《汗簡》中"砦"字古文作：

〔形〕汗1·7

古文上部不可説。《古文四聲韻》"砦"下收古文作〔形〕（四1·16汗），注出《汗簡》，遍查《汗簡》一書，無其他形體與此對應，可知〔形〕、〔形〕二形有共同來源。比對兩者，黄錫全認爲〔形〕上部是"此"旁的訛形（《注釋》100頁）。此説可信，推敲訛變原因，是因上部右側"匕"受左部"止"形類化影響，以致在傳抄過程中寫成與"止"相同。

"胯"字古文作：

〔形〕四4·33籀

古文形體右部怪異，疑爲"夸"旁訛變。在傳抄過程中"夸"的下部受左部"足"旁下部"止"形類化影響而訛變成从止，古文爲"跨"字。"跨"、"胯"可通，《史記·淮陰侯列傳》："令出胯下者，以爲楚中尉。"《漢書·韓信傳》"胯"作"跨"，古文用法與此相同。檢《集篆古文韻海》"胯"字下收古文作〔形〕（4·14），正是"跨"字，是其證。

《汗簡》中"糾"字古文作：

〔形〕汗1·11論

此形从二"糸"形，與"兹"相似，若釋成"兹"，其與"糾"的關係便無法解釋。《古文四聲韻》中"糾"字下收古文作〔形〕（四3·28論），因爲兩者都出自《古論語》，可知兩者本爲同一個字。《注釋》（131頁）認爲〔形〕更爲準確。其説是，由於〔形〕右部从丩，可知《汗簡》

中[字]的右部是"丩"旁之訛,是受到左部"糸"旁類化影響,才寫成與"糸"旁相同。

"遵"字古文作:

[字]四1·33 义

右下部作三個"又"形,不可強說。《汗簡》和《古文四聲韻》中"遵"字還有其他古文作:

[字]汗1·9 [字]四1·33 郭

此二形均从辵从尊,以此例之,[字]形可能本亦从辵,只是因爲受到"尊"旁下部兩個手形類化影響,才把"辵"所从的"止"旁也寫成手形,以致形體訛變。

形體外部類化是指古文形體或構形部件受其他相似形體影響,寫得與其相近或相同。如"食"字古文分別作:

[字]四5·26 孝 [字]四5·26 義 [字]四5·26 林

前兩形爲"飤"字,此處以"飤"爲"食"。"飤"字古文字中出現頻率較高(《戰國編》326—327頁),多用爲"食"。第三形从食、从勿,从"勿"較爲奇怪。古文體系中"刀"旁常寫成"勿"旁,如"利"字本从刀,但古文作:

[字]四4·6 天 [字]四4·6 崔

"刀"旁寫成"勿",王丹據此認爲[字]右部是因"刀"、"人"二旁訛混,才寫作"勿"(《新證》95頁),此説近是。其實[字]形右部就是受到"刀"(寫成勿)旁類化影響所致,該形還是"飤"字。

又"薄"字古文分別作:

[字]汗6·77 庶 [字]四5·25 老 [字]四5·25 庶

[字][字] 並四5·25 老

第一類形體从竹專聲,可隸定作"簙",是"簙"字的異體,此處借爲"薄"。但是第二類古文形體下部所从殊異,因爲"專"旁古文字中多見,下部多寫作一斜豎畫(即"又"形中豎畫),①而古文下部却没有這一筆。其實這兩個形體所从的"專"是受"叀"(更)字古文類化而誤,"叀"字古文作:

---

① 相關形體可以參看何琳儀《戰國古文字典》(第597—600頁)所錄从專之字。

[図] 說

與上面"薄"字第二類古文下部相似，因爲"專"、"叀"寫法相近，所以古文寫法也相互影響。當然，上錄第二類形體本爲"簿"字，因形近而誤植到"薄"字下的可能性也十分大，若此則屬於誤置現象。

類化是受其他形體影響所致，所以類化後的古文往往是訛形。如"論"字古文作：

[図] 汗2·26 義　　[図] 四1·36 義

兩形出處相同，應是同一個字，從第一形來看，其與"侖"字籀文 [図] 相近，應即"侖"字，此處借爲"論"。但上錄第二形中間從三個"口"形，與"龠"字寫法相近，應是受到"龠"字類化影響所致。

"築"字古文作：

[図] 說　[図] 汗2·21 演　[図] 四5·4 演　[図] 四5·4 崔

上錄形體從竹、從畐、從土，然從畐不可說，其實所謂的"畐"旁本應是"㐭"旁，因受"畐"的類化而誤，小徐本古文作 [図]，從㐭尚不誤。又上博二《容成氏》"築"字作 [図]（38號簡），與古文基本相同，中間亦從㐭，可證。與此相似的情況亦見於"毒"字古文：

[図] 說　[図] 汗2·21 演

段玉裁注此字時，改古文爲 [図] 形，並謂："從刀者，刀所以害人也。從䈞爲聲。"其說可信，學者多指出楚帛書用爲"築"的 [図]（[図]）與此古文互爲異體，古文形體所從的"㐭"亦類化成"畐"。

"蠁"字古文作：

[図] 四5·17 老

古文下部本應從虫，但此形所從與"甲"字小篆近似，是"虫"旁受"甲"字類化影響所致。《古文四聲韻》中"蠁"字另有古文作 [図]（四5·17 古），形體下部從虫尚不誤，則古文爲"蠚"字。《說文》："蠚，蠁也。從虫、若省聲。"此古文當即"蠚"的不省形體，見於郭店簡《老子甲》作 [図]（33號）。古文字中"若"與"赦"常可通用，如中山兆域圖銘文（《集成》10478）"死無若"之"若"用爲"赦"。"蠁"從赦聲，而"蠚"從若聲，故此處可借"蠚"爲"蠁"。

除此之外,形體重複、意符或聲符疊加都屬於古文的構形方式,由於後文在第七章第三部分"古文與俗字研究"一節會談到,此處不再舉例。

三、關於古文中存在合文現象的假設

古文字中存在大量的合文,有的標有合文符號,有的則不標合文符號。即使標有合文符號,有些合文現象仍不易辨識。如上博簡《緇衣》17 號簡中的 ▨ 形,舊說較多,後來李家浩釋爲"亞臣"合文,並讀作"緝熙";① 又上博三《仲弓》第 16 號簡中有"▨"形,舊皆不識,程鵬萬釋爲"小人"合文。② 兩說均可信。而那些不標合文符號的合文,只要該合文在表達詞義的作用上與其中的一個單字相同或相近,後人很可能不明其用字習慣而誤以一個字收入。頗疑傳抄古文中有些奇怪的形體,或許就是合文的誤收。下面舉例試論:

"守"字古文作:

▨ 汗 3·39 又　　▨ 四 3·26 孝　　▨ 四 3·26 老　　▨ 四 3·26 又

形體可隸定作"宧",鄭珍認爲此字因《説文》"守"訓"守官"遂增官旁(《箋正》738 頁)。按,鄭說可能性很大,除此之外,這裏試着提出另一種可能,疑"宧"是"守官"合文。"守官"一詞見於《左傳》、《國語》、《大戴禮記》以及《漢書》中,《説文》以"守官"訓"守",可見二者作爲名詞時,用法和意義相近。"守"、"官"二字均从宀,其合文形式完全有可能寫成 ▨ 形,一旦後人不注意合文符號(或根本就沒有合文符號),很容易將本是兩個字的"宧"(守官)當成"守"來處理,所以會把"宧"當成"守"字古文。

又"昆"字古文作:

▨ 汗 2·29 論　　▨ 四 1·36 爾　　▨ 四 1·36 論　　▨ 四 1·36 又

又"悌"字古文作:

▨ 四 3·12 爾　　▨ 四 3·12 論　　▨ 四 4·13 爾　　▨ 四 4·13 論

上録兩類古文形體相同,即"㬜"字。其作爲"昆"字古文容易理解,《説文》:"㬜,周

---

① 李家浩:《釋上博戰國竹簡〈緇衣〉中的"亞"合文——兼釋兆域圖"遷"和驫羌鐘"𪭗"等字》,《康樂集——曾憲通教授七十壽慶論文集》,第 21—26 頁。
② 程鵬萬:《釋〈仲弓〉第 16 簡的"小人"》,《古文字研究》第二十六輯,中華書局,2006 年,第 355 頁。

人謂兄曰罤。从弟、从眔。""罤"應爲"昆弟"之"昆"早期寫法,後以"昆"字代之。但"罤"何以又成爲"悌"字古文呢?"悌"是定母脂部字,"昆"是見母文部字,二者讀音不近,不能相通。"罤"作爲"悌"字古文令人費解。這裏提出兩種可能:一是因"罤"从弟作,古文整理者誤認"弟"作聲符,又以通假關係收在"悌"下;另一種可能是 ![] 形在原文中或許代表"罤弟"二字的合文, ![] 形本身含有"弟"旁,"昆弟"合文可以寫作此形。蓋省略或遺漏了合文符號,古文的整理者最初見到該形時不知其是合文,從語言環境中判斷其可讀爲"罤弟",所以,既將其收在"昆"字下,又收在"悌"字下,宋代郭忠恕、夏竦更不明其理,所以沿襲其誤。

又"久"字古文作:

![] 碧　![] 汗2·29碧　![] 汗4·52碧　![] 四3·26老　![] 四3·26説

此形可隸定成"㲃",《集韻·有韻》:"㲃,長也。通作久。"《正字通·長部》:"㲃,長也。按《六書統》久或作㲃,㲃與久同。"此字與以上"寜"、"罤"情況相似,"㲃"可能是"久"字追加"長"旁所致,也可能是"長久"或"久長"的合文。

以上從假設角度探討了幾個可能是合文的例子,其中"昆弟"一詞已經見於出土文獻,分別出現在郭店簡《六德》28、29號兩簡,其不作合文形式。但是簡文中"昆弟"之昆作![],並不寫成"罤",作![]形與"弟"字不易構成合文,所以才不以合文形式出現。"守官"一詞見於睡虎地秦簡,也不作合文形式,但現在見到的古文字資料畢竟有限,尚不能完全否定"守官"有作合文的可能。

傳抄古文保留的是語言碎片——字形,把一個字形想象成詞語已是一種推測,再把這個詞想象成合文,是在推測上進行假設,事實究竟如何,還需要更多的文字資料提供檢驗。

第二節　古文的考釋方法

于省吾曾指出:"要使文字考釋有較快的進展,方法問題很重要。"①古文字的考釋方法很多學者都曾予以總結,一般性的古文字學理論著作都有涉及,前輩時賢論述已多,但關於傳抄古文的考釋方法似鮮有提及。古文自身具有鮮明的特點,爲了更好地研究以及利用古文,從理論上總結古文的考釋方法是很必要的。下面結合筆者考釋

---

① 于省吾:《甲骨文字釋林·序》,《于省吾著作集·甲骨文字釋林》,第3頁。

古文的體會,談一下古文的考釋方法。

一、破解通假關係

　　古書常用通假字,所以"破通假"對文獻研究極其重要。王引之說:"至於經典古字,聲近而通,則有不限於無字之假借者。往往本字見存,而古本則不用本字而用同聲之字,學者改本字讀之,則怡然理順,依借字解之,則以文害辭。是以漢世經師作注,有讀爲之例,有當作之條,皆由聲同聲近者以意逆之,而得其本字。"① 傳抄古文不僅記録了文字形體,還保存了古書用字習慣,所以古書中的通假現象在古文系統中也有體現。如果能夠熟悉古音知識、了解通假規律,對考釋古文會有很大幫助。下面就以"邇"字及相關古文釋讀爲例,看一下破通假在古文考釋中的作用。

　　《古文四聲韻》中"熱"字古文作:

　　　　　　茶 四 5·14 籀

徐在國謂此形是"芮"字之訛(《疏證》213 頁)。從形體上說古文以及戰國文字中的"内"旁都與此形下部不近,所以將其看作是"芮"字比較勉强。筆者認爲此形下部應是"尔"旁,"尔"字無論單獨成字還是作爲偏旁,寫成"尒"狀都極爲常見,古文中也有類似寫法,如《古文四聲韻》中"爾"字古文作:

　　　　　　尒 四 3·5 孝

"爾"字古文作:

　　　　　　䉩 四 5·21 林

上録古文"尔"(旁)顯然與 茶 的下部是同一形體,只因 茶 爲隸定古文,故筆畫寫得較爲堅挺。那麽 茶 可分析成从艸、尔聲。"尔"與"熱"讀音相近。如金文數見"柔遠能邇",其中的"邇"字作:

　　　　　　𢆶(大克鼎《集成》2836)　　　𢆶(番生簋蓋《集成》4326)

以上金文形體是"埶"字異體,形體从埶省,加注夰聲,在金文中假借爲"邇";② 戰國文

---

① (清)王引之:《經義述聞》卷三十二《通説下》"經文假借"條,江蘇古籍出版社,2000 年,第 756 頁。
② 相關討論看裘錫圭:《釋殷墟甲骨文裏的"遠""𢆶"(邇)及有關諸字》,《古文字論集》,第 6 頁;又前人也有相關討論看此文注解 10,同書 9 頁。

字資料中也保存了類似用法，如郭店簡《緇衣》21 號簡："則大臣不治而埶臣託也。"其中的"埶"字今本《禮記·緇衣》作"邇"。"邇"从爾聲，"尔"是从"爾"截取簡化而來，兩者是一字異體。"熱"从"埶"聲，既然出土文獻中"埶"可通"邇"，那麼"熱"與"苶"讀音也自然相近，古文此處借"苶"爲"熱"。

又《古文四聲韻》中收"邇"字古文作：

[字形] 四 3·5 說

古文即見於《說文》的"遷"字。《說文》："遷，近也。"又"邇，近也。"兩者同訓。惠棟在《讀說文記》中說："遷訓近，邇亦訓近。古文邇亦作遷，文同誼同，疑重出。"王丹以此爲據，認爲兩者屬於同義換讀關係（《新證》79 頁）。按同義換讀是因意義相同而換用的現象，換讀的二字讀音並不相近，但事實上"遷"、"邇"二字讀音很近，它們未必屬於同義換讀。"遷"和"邇"應屬通假關係，"遷"从至得聲，是日母質部字；"邇"字是日母脂部字，兩者聲母相同，韻部具有嚴格的對轉關係。傳世文獻中似鮮見兩者相通的直接證據，可結合出土文獻試作論述。這先要從"遷"和"馹"的關係說起。"遷"、"馹"二字古通，傳世典籍以及傳抄古文都有相關例證。傳世典籍中，《爾雅·釋言》："馹，傳也。"《釋文》引郭璞音義云："馹，本或作遷。"古文體系中"日"字或作：

[字形] 汗 5·64 諸　[字形] 四 5·7 略　[字形] 汗 5·64 諸　[字形] 四 5·7 略

以"至"爲"日"古文，證明二者古音相近。"遷"从至聲，"馹"从日聲，說明"遷"和"馹"可通。"馹"字在南越王墓車馹虎節銘文中作"駐"，李家浩指出"駐"从埶省聲，[①]其說可信。可見"遷"與"埶"音近。上文考釋 [字形] 形時已有論述，出土文獻中"埶"可通"邇"。由此可以看出"遷"與"邇"讀音也相近，"邇"字古文作 [字形]，兩者屬於音近通假關係。至於《說文》訓"遷"爲"近也"，應是"遷"假借爲"邇"後才具有的義項。

此處還可糾正字書中一處錯誤。《龍龕手鏡·辵部》中"迋"字下收"遷"爲古文，從《集韻》、《廣韻》中"迋"的歸部來看，"迋"从午得聲，"午"字屬於魚部，與"遷"讀音不近，二者難通。筆者認爲"遷"之所以作"迋"字古文是涉"迹"字而誤。具體來說，"遷"原來是"迹"的古文，因爲"迋"與"迹"形體接近，[②]便錯把"迹"字古文"遷"收在"迋"字

[①] 李家浩：《南越王墓車馹虎節銘文考釋》，《容庚先生百年誕辰紀念文集》，廣東人民出版社，1998 年，第 662—671 頁。

[②] 如"邇"字古文"迹"在《古文四聲韻》中作 [字形]（四 3·5 義），"御"字古文"迋"作 [字形]（四 4·9 王），[字形]、[字形] 二形相近，此是"迋"與"迹"形體相近之證。

下,以致誤"遷"爲"进"字古文。

與上文相關的"進"字古文作:

[字形]汗1·8尚　　[字形]並四4·18尚　　[字形]四4·18汗

鄭珍認爲《汗簡》中[字形]形所從是"丙"字的訛變,《説文》謂"閵"從"丙"省聲、"進"從"閵"省聲,所以"進"可以寫成從"丙"(《箋正》548頁);黄錫全認爲以上形體所從是"隹"字戰國文字寫法的訛變(《注釋》110頁)。後世字書中也有類似的形體,《集韻·稕韻》:"進,《説文》:'登也。'亦姓,古作遹。"《類篇·辵部》也以"遹"爲"進"字異體。"遹"、"遹"二字顯然與上列古文爲同一形體,徐在國已經注意到兩者的聯繫,他同意黄錫全的意見,認爲"遹"、"遹"都是"進"字的訛變(《疏證》41頁)。按,"閵"本不從丙得聲,鄭珍誤信《説文》分析,其觀點不可信。[字形]與"隹"旁寫法並不相近,似無由相訛。以上説法從字形上都講不通,所以關於古文的釋讀還要另尋它解。疑這些古文都是"邇"字訛變,從形體上看"爾"與[字形]相近,後者在傳抄過程中稍訛。尤其是"遹"、"遹"二字與"邇"極其近似,把以上古文看作"邇"字更爲合理。

"進"以"邇"爲古文屬於通假關係。上文已論,"邇"以"遷"爲古文屬於假借用法。"遷"從䇂得聲,從古文字來看,"晉"字也以"䇂"爲聲符,①因此"邇"、"遷"均與"晉"讀音相近,而"晉"和"進"古音都是精母真部字,兩者讀音相同,《爾雅·釋詁》:"晉,進也。"以"進"訓"晉"屬於聲訓,是"進"讀與"晉"同。可見"邇"亦與"進"讀音相近,古文是假"邇"爲"進"。

下面再討論一個與"進"有關的形體。《集韻·稕韻》:"進,籀作孖。"《集篆古文韻海》卷四也以"孖"爲"進"的古文。爲何以"孖"爲"進"的異體,前人鮮見討論。《説文》:"孨,謹也。……讀若翦。""孖"是"孨"字異體。《説文》認爲它與"翦"讀音相近。"翦"從前得聲,古"前"聲字與"晉"讀音相近,孫詒讓、朱德熙、裘錫圭對此都有討論。② 而"晉"、"進"關係上文已論,所以"孖"與"進"關係亦很密切,③以"孖"爲"進"的古文也屬音近通假現象。

上文討論了與"邇"字相關的古文,爲了表述清晰,下面通過一個示意圖來理清字形相互之間的關係:

---

① 朱德熙、裘錫圭:《戰國文字研究(六種)》,《考古學報》1972年第1期;又見《朱德熙文集》第5卷,第49頁。

② (清)孫詒讓:《古籀拾遺·古籀餘論》,中華書局,2005年,《古籀餘論》部分第24頁;朱德熙、裘錫圭:《戰國文字研究(六種)》,《朱德熙文集》第5卷,第49頁。

③ 從其他角度也可得出同樣的結論。《集韻·止韻》:"舂,《説文》:'盛貌。'或作孖。"可見"孖"是"舂"的異體。《説文》:"舂,……晉,籀文舂从二子。一曰:晉即奇字晉。""晉"即"晉"字,則"孖"與"晉"亦可繫聯起來。

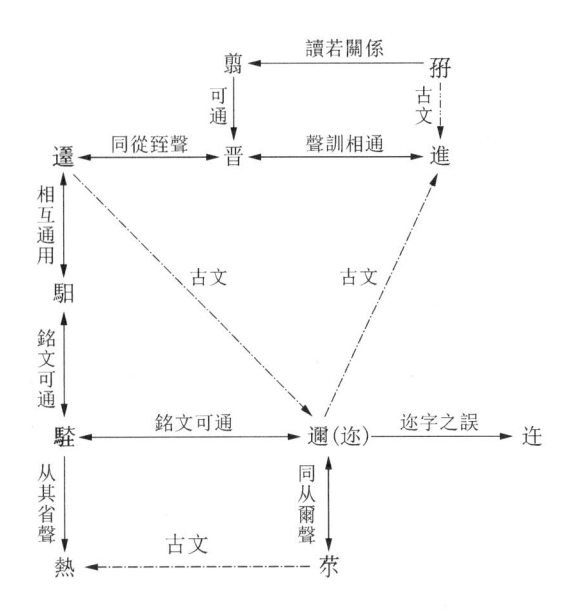

示意圖説明：
a. 實綫表示字形之間在出土古文字或傳世典籍中的關係
b. 虛綫表示兩者在傳抄古文中的關係
c. 單向箭頭表示單一的指向關係
d. 雙向箭頭表示兩者的相互關係

觀察上圖，可以清楚地看出以上古文之間均屬通假關係。首先，通過破通假考釋出了四組古文，指明了它們之間的關係，澄清了一些錯誤認識；其次，糾正了傳世字書中的一處訛誤；再次，利用出土文獻所反映的用字習慣印證了傳抄古文的用字情況，發現兩者極其密合。可見，通過破解通假關係來釋讀古文是一個行之有效的途徑。

二、考訂古文訛體

古文字形體有時會發生訛變，相比之下，傳抄古文的訛變更加嚴重。而且兩類訛變略有不同，因爲古文字的形體訛變，多數會體現出一種規律性，如音化、類化等現象。但古文的訛變隨意性較大，形體扭曲、筆畫遺失、形近訛混等現象均普遍存在。這也是由古文自身性質決定的，所以考釋古文時要充分注意形體訛變現象。

如《古文四聲韻》"先"字下收古文或作：

四 2·2 崔

此形奇特，以前鮮見討論者。該形顯然不是"先"字，從輪廓上看，其與《説文》中"燊"

字篆文[☒]相近。但是,古文字中"舜"字下部本從兩個腳趾形,①《說文》謂"舜"下部從舛,"舛"旁是從趾形演變而來。而古文[☒]下部從収,"収"即兩個手形。可見,無論是從腳趾形的"舜",還是趾形已訛成"舛"旁的"舜",與此古文下部都有很大的差異。所以古文[☒]與"舜"應非一字。

從形體、讀音等方面綜合考慮,頗疑此古文是由"夰"字篆文[☒]形訛變而來。"夰"是"朕"字聲符,《說文》失收。古文[☒]與[☒]相比,前者上部多了一個"火"形,②應是古文在傳抄過程中重疊了上部的火形。在古文體系中,這種構字偏旁重複的現象較多。如"遷"字古文"[☒]"作:

[☒]石　[☒]說　[☒]四2·4說\雲

又"庶"字古文作:

[☒]汗4·51石　[☒]四4·10孝　[☒]四4·10石

"遷"字古文即重複了上部形體;"庶"字古文又重複下部"火"形,說明在古文系統中,形體上部以及"火"旁都有重複現象。尤其需要注意的是,"庶"字下部重疊"火"旁與[☒]上部重疊"火"旁情況相同。因而把[☒]釋成"夰"字,從形體上符合古文訛變規律。③

典籍中未見"夰"與"先"字相通之例,下面試從古文字角度加以論證。古文字中"夰"與"孫"字關係密切,如《禮記·緇衣》:"恭以蒞之,則民有孫心。"其中的"孫"字上博簡本《緇衣》作[☒](13號簡),可隸定成"惢",爲"惢心"二字的合文。"惢"從夰得聲,④可證"夰"與"孫"字音近。而"孫"與"先"讀音相近,如《漢書·藝文志》兵形勢家有《孫軫》5篇,以往不清楚"孫軫"是什麼人,裘錫圭據銀雀山漢簡《孫臏兵法·陳忌問壘》篇殘簡屢次提到"先軫",指出"孫軫"即"先軫"。⑤ 此考釋極其精彩,已爲學界所接受,同時該文還指出典籍中的"公孫勇"或作"公先勇",這些都是"先"和"孫"相通的證據。上文已經指出,"孫"字在楚簡中能夠與"夰"聲字互爲異文,在典籍中又能與"先"

---

① 關於"舜"字討論參看于省吾主編:《甲骨文字詁林》,第236—237頁。
② "夰"字所從的"火"形是個訛體,是由[☒]形上部訛變而來,爲了便於稱呼,本文直接稱之爲"火"。
③ 出土文獻中也存在"炎"旁和"火"旁互作情況,例如,按照《說文》的分析"舜"上部應從"炎"(實爲訛形),但是馬王堆帛書中"鄰"字作[☒](《秦漢魏晉篆隸字形表》425頁),上部省成"火"旁。古文此處把"火"旁繁化成"炎"與此可相類比。
④ 沈培:《上博簡〈緇衣〉篇"惢"字解》,《華學》第六輯。
⑤ 裘錫圭:《考古發現的秦漢文字資料對於校讀古籍的重要性》,《古代文史研究新探》,第22—23頁。

相通假，則"先"與"竍"讀音自然也很近，此處古文借"竍"爲"先"，從音理上説毫無滯礙。

又"殷"字古文作：

[圖] 石　[圖] 四1·34 乂

石經古文中"殷"字皆作此形，商承祚《石刻篆文編》隸作"瘦"，① 張富海認爲該形爲"殷"字訛體。② 按上博簡《容成氏》中"殷"字作：

[圖]（並見《容成氏》53）

上部從户、從攴，下部從邑，可隸定作"瞪"。璽印文字中有下列形體：

[圖]《璽彙》2581　[圖]《璽彙》2582

舊多釋爲"啓"，徐在國據《容成氏》中形體，認爲該字應釋爲"殷"。③ 周波引施謝捷意見亦持相同觀點。④ 上博簡《曹沫之陳》以及清華簡《祭公之顧命》中"殷"字作：

[圖]（《曹沫之陳》44）⑤　[圖]（《祭公之顧命》10）

從攴從土，可爲以上釋"殷"説提供佐證。從楚簡中的"殷"字上部可以寫作"攴"來看，璽印文字中的"攴"很有可能爲"殷"字。以上學者指出"殷"字古文[圖]即從"攴"訛變而來，此説可信，《古文四聲韻》中[圖]形是進一步訛變。⑥ 疑[圖]形左部受"疒"旁類化影響，誤增了"[圖]"畫，古文字中也存在類似情況。庚壺銘文中的"鼞"（鼟）字作：

[圖]（庚壺 9733.1B）

"鼞"中間本作"厂"形，但"厂"形受"疒"旁類化影響，寫得和"疒"相近，⑦ 這與"殷"字

---

① 商承祚：《石刻篆文編》，中華書局，1996年，第368頁。
② 《研究》（121頁）。又周波也指出古文所從的"疒"爲訛形，看周波：《秦、西漢前期土文字資料中的六國古文遺迹》，《出土文獻與古文字研究》第二輯，復旦大學出版社，2008年，第253頁注90。
③ 徐在國：《上博竹書（二）文字雜考》，簡帛研究網，http://www.jianbo.org/Wssf/2003/xuzaiguo02.htm，2003年1月14日。
④ 周波：《秦、西漢前期土文字資料中的六國古文遺迹》，《出土文獻與古文字研究》第二輯，第253頁注90。
⑤ 《曹沫之陳》中的形體原整理者誤釋爲"啓"，現根據學者意見直接改釋爲"殷"。相關討論看張新俊：《據清華簡釋字一例》，復旦大學出土文獻與古文字研究中心網站，http://www.gwz.fudan.edu.cn/SrcShow.asp?Src_ID=1573，2011年6月29日。蘇建洲：《戰國文字"殷"字補釋》，復旦大學出土文獻與古文字研究中心網站，http://www.gwz.fudan.edu.cn/SrcShow.asp?Src_ID=1574，2011年6月30日。
⑥ 以上討論"殷"字的學者多漏引《古文四聲韻》中形體。
⑦ 張政烺釋壺銘爲"瘴"，李家浩釋壺銘爲"鼞"，兩相比較，當以後説爲是。分别參張政烺：《庚壺釋文》，《出土文獻研究》，文物出版社，1985年，第127頁；李家浩：《庚壺銘文及其年代》，《古文字研究》第十九輯，第89頁。

古文情況相同。則"殷"字古文本當作"攺",近出清華簡《繫年》中"殷"字作▨(13號),寫法與古文更爲接近,説明古文來源可信,只是因爲形體發生訛變才難以辨識。

需要補充説明的是,上録璽印中的"攺"形爲"殷"字的機率雖然很大,却仍不能排除釋"啓"的可能性。施謝捷指出璽印中"攺"字,有用爲"啓"的情況。① 又"啓"字古文作:

▨汗5·65義　▨▨並四3·12義

也是从户从攴。其實,戰國文字中的"攺"還有明確用爲"啓"的情況,如二十一年啓封令戈銘文:

戈内:廿一年▨(攺)封令癰工師金(?)冶者。

戈背:啓封。

由於該戈背面有秦刻"啓封"二字,所以正面"攺"釋爲"啓"應無問題。據黄盛璋研究,此戈屬於三晉魏國器物,②可見六國文字中"攺"形有明確用爲"啓"的例子,③那麽就不能因爲楚文字中"攺"用作"殷",便認爲古文字中所有的"攺"都應釋作"殷",應根據具體的用法而定。上録璽印文字中的"攺",屬於燕系文字,該形究竟應釋作"殷"還是"啓",仍需進一步研究。

下面討論幾個與"殷"、"啓"二字古文相關的形體:

姬:▨四1·20乂

取:▨四3·28孝

眼:▨四4·32籲

上録幾形相似,需分别解釋。"姬"字古文▨从户从又,古"又"、"攴"兩旁作爲意符常可互作,所以人們可能會把此形與"攺"字聯繫到一起。實則不然,▨只是一個訛體,該形左部的"户"旁是"臣"旁之訛,"姬"字古文作▨(見於《説文》),左部的"户"旁也由

---

① 看《戰國文字"殷"字補釋》一文後"llaogui"的留言,復旦大學出土文獻與古文字研究中心網站,http://www.gwz.fudan.edu.cn/SrcShow.asp? Src_ID=1574。

② 黄盛璋:《旅大市所出啓封戈銘的國别、地理及其相關問題》,《考古》1981年第4期。

③ 後來清華簡第三册公布,《周公之琴舞》等篇"攺"形多次出現(參《清華大學藏戰國竹簡(叁)》187頁字編中所收字形),均用爲"啓"。可見古文字中"攺"形既可表示"殷",也可表示"啓"。

"臣"旁訛變,是其證。▨所從的"又"旁可能是"女"形的脫訛,石經中"姬"字古文作▨,與▨形極其相似。

"取"字古文▨,表面看來從户、從攴,其實非是。"取"字另有古文作:

▨ 四 3·28 孝

該形從耳、從又,▨與▨相比,前者應拆分成▨和▨兩部分,▨是"耳"旁之訛變,原來應作▨,但其上部略向右下傾斜,且有斷裂趨勢,逐漸與"又"旁組合,所以易被誤認成"攴"旁。其實▨就是"取"的訛變。①

"暇"字古文作▨,該形是"叚"之訛體,此處借爲"暇",又"假"字古文作▨,與▨同形,也是"叚"字之訛。

可見以上"姬"、"取"、"暇"三字古文,雖然都與"启"、"殷"二字古文相近,但來源各不相同,是因訛變才導致形體相近,古文訛變的複雜程度於此處顯露無疑。

《汗簡》中有形體作:

▨ 汗 4·51 義

原脱去釋文,《箋正》(819 頁):"疑'廏'字,當作▨,夏不載,知宋時注已失,形又誤,故不識棄之。"《注釋》(340 頁)從之,並引古文字形體加以申論。按:鄭珍所云"夏不載"是指夏竦《古文四聲韻》不載此形,此説恐不確,《古文四聲韻》中"曲"字古文作:

▨(▨)四 5·6 義   ▨(▨)四 5·6 老②

從輪廓上看,此兩形與上録《汗簡》中形體基本相同,且《汗簡》中形體與《古文四聲韻》中第一形均出自《義雲章》,兩者出處相同,它們應是同一個字,當依《古文四聲韻》釋爲"曲"。

關於這類形體的來源及何以作爲"曲"字古文舊多不解,如徐在國、黄德寬在研究《老子》一書的古文時,所舉出形體待考的例子,就有"曲"字古文。③ 可能因爲這些形體發生了訛變,故不易辨識。仔細分析可知,此類形體右部從殳,左面可拆分成"丯"、

---

① 當然作爲意符,"又"、"攴"常可換用,古文從耳、從攴的可能性也存在。
② 由於宋刻配抄本中此二形不清晰,後面分别附上碧琳琅館叢書本中該形寫法。
③ 徐在國、黄德寬:《傳抄〈老子〉古文輯説》,《中研院史語所集刊》第七十三本第二分册,第 214 頁。

"厂"、"子"三形,三者均發生了不同程度的訛變。從"丰"、"厂"、"子"、"殳"等形及相互位置關係來看,筆者認爲古文是"穀"字。《說文》:"穀,乳也。从子、殼聲。一曰:穀瞀也。"古文字中的"穀"字作:

D1. ![img] 穀父甗《集成》929　　![img] 應侯視工簋《新收》78

D2. ![img] 虢叔瑚《集成》4498　　![img] 虢叔尊①《集成》5914

　　![img] 殷穀盤《集成》10127　　![img] 叔穀匜《集成》10219　　![img] 陳子匜《集成》10279

　　![img] 穀作父乙方尊《集成》5964　　![img] 虢叔鬲《集成》603

其中 D1 類形體从 ![img]、![img],D2 類形體从 ![img],前者上部从三斜筆,後者从兩個橫畫;前者下部空隙中無橫畫,後者標準的寫法中有橫畫。② 是兩者不同,說明"穀"字寫法可分爲兩類,D2 類屬於常規寫法,D1 類需要交代,與此相關的"屋"字古文作:

![img] 說　　![img] 汗 2·21 說　　![img] 四 5·2 說

所从與 ![img] 類形體相同,裘錫圭據此認爲 ![img] 形是"幄"或"屋"字的初文,其與"穀"字讀音相近,所以"穀"字可以寫作从 ![img] 得聲。③ 裘說可信,④爲行文方便,下文便稱該形爲"屋"旁。

相比之下"曲"字古文與 D1 類形體更爲接近,僅是古文發生了訛變,即 ![img] 形中左面一撇畫在古文中訛變得與最上一橫畫連接,且橫畫中的豎筆上端未穿出,這種變化在訛變嚴重的傳抄古文中是不足爲奇的。下面按照筆者的理解可將古文大致復原作:

![img] 汗 4·51 義　　![img] 四 5·6 義　　![img] 四 5·6 老

《古老子》中形體(上錄第三形)左上部作三個橫畫,與 ![img] 類寫法相同;《義雲章》中形體

---

① 《奇觚室吉金文述》(卷十七)等書著錄一件與此銘內容相同的尊銘,"穀"字寫法亦同,但容庚、趙平安指出該銘屬偽品,此說可信,故本文不收錄該形。容、趙觀點一併參趙平安:《跋〈虢叔尊〉》,《古文字研究》第二十五輯。

② D2 類中虢叔尊所从的 ![img] 旁,下部空隙中無橫畫,參照虢叔瑚、虢叔鬲銘文中該旁作 ![img] 來看,尊銘中 ![img] 旁可能是 ![img] 類形體的訛省。

③ 裘錫圭:《應侯視工簋補釋》,《文物》2002 年第 7 期。

④ 何琳儀、吳紅松結合傳抄古文中"屋"與"青"兩聲字所从相同,認爲 ![img] 本爲"青"字,前者是從後者分化而出,兩者爲同源關係(參何琳儀、吳紅松:《說屋》,《語言》第四卷,首都師範大學出版社,2003 年)。按,從早期形體看,![img] 與"青"寫法並不相同,此二者大概因形、音皆近後來逐漸混同,並非同源關係。故本文不取同源說。

(前兩形)左上部从兩個橫畫,"屋"旁的這種寫法也見於古文字中:

E. [圖] 儼匜《集成》10285①

F. [圖] 散氏車父壺《集成》9669　[圖]《集成》9697②

上録 E 類、F 類中的"屋"旁都與《義雲章》中形體所从相同,他們很可能具有承襲關係。凡此均可説明古文爲"殼"字,且屬於从"屋"旁得聲的特殊"殼"字。"殼"是見母屋部字,"曲"是溪母屋部字,兩者聲母都是牙音,韻部相同,讀音相近,所以可借"殼"爲"曲"。

因爲有"屮"、"子"、"殳"等形及相互位置關係限制,把[圖]類形體釋成"殼"應是可信的。[圖]形之所以不易釋讀,是因爲其所从的"子"、"殳"、"青"等旁都發生了不同程度的訛變。

三體石經中有古文形體作:

[圖]石

用爲《春秋經》地名"殼",當是"殼"字古文。此形較爲特殊,舊有多種釋法。章太炎認爲古文从口、華聲,爲"譁"字異體,而"譁"與"殼"屬一聲之轉。③ 貨幣文字中有[圖]形,裘錫圭據上録古文釋爲"殼"。④ 徐釐鼎銘文(《集成》2766)做器者名字作[圖]形,曹錦炎認爲該形右部與"殼"字古文接近。⑤ 周波認爲[圖]形从貝、从來,可讀爲"釐",並推測上録古文來源有兩種可能:一種是借"來"爲"殼";另一種可能是漢代學者誤把("來"或"来")釋成"孝",又借爲"殼"。⑥

以上諸説皆有未安之處,"華"字从木、于聲,木、于二旁多直接相連,再説"譁"、"殼"讀音亦不密合,所以釋"譁"説未被廣泛接受。貨幣文字中[圖]形,吳榮曾釋成"魏",⑦周波也有相關論述。⑧ 這是很正確的,那麽該形與"殼"字古文便無關了。周波將[圖]形讀爲"釐"很有啓發性,但"來"、⑨"殼"讀音遠隔,通用的可能性不大,其第二種

---

① 此字的分析參周忠兵:《從甲骨金文材料看商周時的墨刑》,《出土文獻與古文字研究》第四輯,上海古籍出版社,2011 年,第 26 頁。
② 此類形體分析參裘錫圭:《應侯視工簋補釋》,《文物》2002 年第 7 期。
③ 章太炎:《新出三體石經考》,《章太炎全集》(七),第 1098 頁。
④ 裘錫圭:《戰國貨幣考(十二篇)》,《北京大學學報》1978 年第 2 期。
⑤ 曹錦炎:《紹興坡塘出土徐器銘文及其相關問題》,《文物》1984 年第 1 期。
⑥ 周波:《試説徐器銘文中的官名"資尹"》,《出土文獻與古文字研究》第四輯。
⑦ 吳榮曾:《戰國布幣地名考釋三則》,《中國錢幣》1992 年第 2 期。
⑧ 周波:《中山器銘文補釋》,《出土文獻與古文字研究》第三輯,復旦大學出版社,2010 年。
⑨ 劉洪濤認爲[圖]形右部所从不是"來"旁,而是"斄"旁之省[劉洪濤:《論掌握形體特點對古文字考釋的重要性》,北京大學博士學位論文(指導教師:李家浩),2012 年,第 147 頁],此説可信,從這一點也可看出該形與"殼"字古文無關。

推測又過於輾轉，⿱形右部與古文形體應無關。

傳抄古文形體屢經轉寫而得以保存，所以形體發生很大訛誤，"殽"字古文很可能也是訛體。清華簡《繫年》中⿱形爲"殽"字古文釋讀提供了關鍵證據，關於該形整理者考釋到：

> 从山、虖聲。虖，《說文》"讀若虖"，與"殽"音近可通。《左傳》僖公三十二年杜注："殽在弘農澠池縣西。"當今河南省洛寧縣西北（原注：楊伯峻《春秋左傳注》，頁491）。

整理者的釋讀是合理的，至少認爲該形从虖得聲是準確的，將其與"殽"相聯繫也很合適。

筆者認爲古文⿱形與⿱形的用法可作類比。⿱的上部即虍旁訛變，戰國文字中"虍"旁出現頻率較高，個別形體易發生訛變，其在傳抄古文中訛成⿱形並不奇怪。① 至於古文下部可能爲"号"旁，清華簡中"号"字（旁）或作⿱（《金縢》簡9"鴞"字所从）、⿱（《祝辭》簡2），其寫法與⿱下部極其近似。② 則古文从虎、从号，爲"號"字異體。"號"、"殽"都是匣母宵部字，兩者雙聲疊韻，音近可通。上文談到清華簡⿱形，整理者認爲从"虖"得聲，讀爲"殽"。需要注意的是，楚文字中"虖"常可用爲"號"。例如郭店簡《老子甲》"終日虖而不嚘"，今本《老子》"虖"作"號"；上博簡《容成氏》20號簡"禹然後始爲之虖旗"，其中的"虖旗"整理者讀爲"號旗"，均可爲證。既然"虖"既可讀爲"號"，作聲符又能讀爲"殽"，則"號"、"殽"自然可通，是石經古文中借"號"爲"殽"與古文字所反映的情況相符。

古文形體中部分偏旁發生訛變，往往會把訛變形體改寫成相似的其他偏旁，如果按改寫後的偏旁分析，很難找到正確途徑，下面再舉一例。如《說文》、《古文四聲韻》中"銳"字都有重文作：

⿱說籀　⿱四4·14天

傳統上都把古文隸定成"剝"。關於"剝"的釋讀，主要有三種觀點：第一種意見以李家

---

① "虍"旁寫法參湯餘惠主編：《戰國文字編》，第312—316頁。

② 按：本書初稿聯繫清華簡《繫年》形體認爲⿱形即"號"字，假借爲"殽"，其形體上部是"虍"旁之訛，形體下部爲訛體。後來"補白"（鄔可晶）在此基礎上，聯繫簡文"号"的寫法認爲古文下是"号"旁（參補白《石經古文"殽"字來源續探》，復旦大學出土文獻與古文字研究中心網站，http://www.gwz.fudan.edu.cn/SrcShow.asp?Src_ID=2346），2014年10月15日，其說是，故此處對古文下部的分析從其說。

浩爲代表,他認爲"剡"从剡得聲,"剡"屬談部、"剡"屬月部,並以此來證明談、月二部關係密切。① 第二種意見以王丹爲代表,王丹謂:

> [字形] 爲《説文》"鋭"字重文,但後世字書中未出現過此字(桃按:此字見於後世字書,詳後文),《説文》將其收入"鋭"字重文值得懷疑,此字可能是"剡"字繁寫。"鋭"屬喻(四)紐月部,"剡"屬喻(四)紐談部,二者雖然聲紐相同,韻部却相差很遠,不能構成假借關係。《説文》"剡,鋭利也",所以,"鋭"和[字形]應屬於同義換讀。②

可見,王丹把"剡"當成"剡"的繁體,認爲其與"鋭"屬同義換讀關係。第三種意見以徐在國爲代表,他在解釋《説文》"鋭"字籀文以及《集韻》、《玉篇》中的"剡"字時説:

> 並《説文》鋭字籀文[字形]形之隸定,《四》2·侵·26下引古老子"金"字作[字形],與[字形]左旁同。疑[字形]从刀从金,會刀是金屬製成鋒芒、鋭利之義。

是徐在國認爲"剡"从金从刀。③ 按,其他學者也有一些釋讀意見,但多可歸入以上三種,故此不贅引。下面重點討論以上三説。李家浩認爲"剡"从"剡"得聲,但正如王丹所説,"鋭"和"剡"雖然聲母相同,但是韻部相差很遠,就算極個别的月部字與談部字有相通情況,這種現象也是相當少的,不具有普遍性,所以把"剡"看成从"剡"得聲,從音理上是講不通的。再看第二種觀點,王丹對"剡"形的理解是有問題的,她認爲"剡"是"剡"的繁構只是推測,並無證據。事實上,"剡"與"剡"在形體上相差一個"厂"旁,二者明顯是兩個字,就算"剡"與"鋭"勉强可以算作同義換讀關係,但並不能證明"剡"與"鋭"也屬於同樣關係。最主要的,李家浩、王丹對"剡"的形體分析是不正確的,把"剡"分析成从厂从剡,是沿用《説文》分析,《説文》:"鋭,芒也。从金、兑聲。[字形],籀文鋭从厂、剡。"這種分析並無根據,因爲無法解釋爲什麽"剡"要从厂作。相比之下,徐在國對"剡"的形體拆分顯然更有依據,他認爲"剡"的左面是"金"的古文,又舉出《古文四聲韻》中"金"字古文寫法作爲證據,都很合理,此外還有其他例證,《古文四聲韻》中收"錯"字古文作:

[字形] 四5·24 老

---
① 李家浩:《南越王墓車駔虎節銘文考釋》,《容庚先生百年誕辰紀念文集》,第665頁。
② 王丹:《〈古文四聲韻〉重文間的關係試析》,《漢字研究》第一輯,第243頁。
③ 《疏證》,第287頁。

此形左面是"金"字古文,右部從"昔"字古文"腊"。又《古文四聲韻》中"鑿"字古文作:

[字形] 四5·24 老

該形左面是"金"字古文,右部是"乍"旁,可隸定作"鈣","鑿"字寫成"鈣"屬於聲符替換。又"銘"字在金代墓誌中作:①

[字形]

所從金旁寫法亦同。上錄"錯"、"鑿"、"銘"古文所從"金"旁作[字形],同樣從金作的"銳"字古文作[字形]形,其左部應該也是"金"的古文。故對"剡"的形體分析中徐在國的觀點最可信。但徐在國把"剡"形右部看成是"刀"旁,認爲"會刀是金屬製成鋒芒、銳利之義"顯然很勉強。"刀"以金屬製成是非常普遍的現象,不能得出"銳利"的結論。且《龍龕手鏡·金部》:"釖,音刀。"《集韻》也以"釖"爲"刀"之異體。"刀"是金屬製器,累增意符"金"比較合理。既然"釖"是"刀"字異體,那麼它不大可能會是"銳"的表意字。

從以上"錯"、"鑿"、"銘"等字古文不難發現,其形體右部都是聲符,以此例之,"剡"右部是聲符的可能性最大。再看"剡"形右部,從形體上確與"刀"近,但它也可能是"人"旁,古文中的"人"字或"人"旁與"剡"形右部相同。所以把"剡"的右部看成是"人"旁並無不妥。② 頗疑此處的"人"旁是"入"旁的訛變。在秦漢文字中"人"和"入"形體非常接近,③兩者極易相混,古書中就有"人"、"入"相混之例,④所以[字形]形應隸定成"釰",爲"釴"之訛形,可分析成從金入聲。

"釴"字見於後世字書。《玉篇·金部》:"釴,銛也。""銛"即"銳利"之義。《說文》:"利,銛也。"《廣雅·釋詁二》:"銛,利也。"而"銳"字訓利屬於典籍常訓,如《廣雅·釋詁二》:"銳,利也。"《淮南子·時則》:"柔而不剛,銳而不挫。"高誘注:"銳,利也。"由此可知"釴"和"銳"意義相近。從讀音上看,"入"和"內"兩者爲一字分化,古文字中往往可以通用,《古文四聲韻》也以"內"爲"入"字古文,古音學家把"內"歸在物部,是可信

---

① 聊城地區博物館:《山東高唐金代虞寅墓誌發掘簡報》,《文物》1982年第1期。
② 上文在談到"食"字古文[字形]形時,曾指出該形是"人"、"刀"二形相混後類化所致。關於古文中"人"、"刀"二旁相混的現象《新證》(94頁)還舉出了其他例子。又劉釗也指出古文字中"人"、"刀"兩旁易混,參劉釗:《古文字構形學》,第338頁。
③ 分別參看《秦漢魏晉篆隸字形表》第340、545頁"人"、"入"二字的寫法。
④ 如《管子·小匡》有"墾草入邑"一句,也見於《史記·范雎蔡澤列傳》,在《韓非子·外儲說左下》中"人"字還有異文作"仞"。睡虎地秦簡《爲吏之道》有"根(墾)田人邑"一語,裘錫圭據此指出傳世文獻中"墾草入邑"之"入"是"人"字之誤,"人"當讀爲"仞",訓作實。參裘錫圭:《考古發現的秦漢文字資料對於校讀古籍的重要性》,《古代文史研究新探》,第33頁。

的。① "内"的聲母屬於泥母,"鋭"是喻母(四等)月部字。曾運乾曾提出"喻四歸定"一説,已爲學界普遍接受。上古音泥母和喻母四等字都讀如舌音,兩者相近。從韻部上説,物部和月部都是入聲韻,屬於旁轉關係,所以"鋭"與"内"讀音相近。《説文》:"薾,艸之小者。从艸,厕聲。厕,古文鋭字。讀若芮。"由《説文》分析可知,"鋭"、"芮"音近,而"芮"、"釢"兩者的聲符"内"、"入"爲一字分化,所以"鋭"和"釢"讀音相近。可見無論從訓詁還是從音理上講,"鋭"、"釢"二者的關係都極其密切,前者能以後者爲古文。

以往對"金"字古文作 [字形] 多不理解,此處順便討論。其實,[字形] 就是"金"字寫法的一種訛形,"金"字古文作:

    [字形] 汗6·75   [字形] 四2·26汗   [字形] 四2·26説

其下部的 [字形] 與"炎"形近似,且古文系統中存在 [字形] 形與"炎"形相混之例,如"庶"字古文作:

    [字形] 四4·10石\貝

又作:

    [字形] 四4·10孝

前者下部从 [字形],後者下部从炎。《篇海類編·地理類·厂部》:"厬,庶古文。""厬"即對 [字形] 形的隸定,把下部看成"金"旁,可資佐證。以上都是 [字形] 與"炎"相混之例,由 [字形] 到 [字形],下部的訛變情況與上録"庶"字古文相類。至於 [字形] 上部的"厂"旁,當是"金"上部"人"形向左傾斜而成,可見所謂的 [字形] 就是 [字形] 的一種訛形。

三、辨析誤置現象以考釋古文

前文第三章第一節曾討論過古文中存在很多誤植現象,即本來是 A 的古文,由於某種原因誤植成 B 的古文。有的誤植現象比較明顯,有的則不易被發現,假如按照誤植後的情況去考釋,便難以索解。因在第三章中已經談過這一問題,爲避免重複,此處僅舉一例説明問題。

---

① 因爲與"内"聲字相通的"退"、"聿"、"遂"等聲系字都在物部。

《古文四聲韻》中"説"字下收古文作:

　　[字形] 四5·14貝

同書"絶"字下收古文作:

　　[字形] 四5·14孝　[字形] 四5·14裴

又《汗簡》"悦"字下收古文作:

　　[字形] 汗1·4

以上古文顯然是由同一形體訛變,爲同一個字。"説"與"悦"二字古文相同比較容易解釋,因爲兩者都以"兑"爲聲符,讀音相近,文獻中常可通用。① 但是[字形]作爲"絶"字的古文令人費解,上古音中"悦"是喻母月部字,"絶"是從母月部字,兩者雖然韻部相同,但從用字習慣上看,兩者並無相通之例,且從形體上説,此古文與"絶"字不類。

黃錫全曾討論過上録古文,他在考釋《汗簡》中"悦"字古文[字形]形時,認爲其是"斷"字古文[字形]形寫訛:

　　夏韻薛韻録此古文作[字形],釋爲"絶"。《説文》:"斷,截也。从斤、从𢇍。𢇍,古文絶。""絶"下云:"斷絲也。"是"斷"、"絶"義同。《説文》"斷"字古文作[字形]、[字形],並云"𠧢",古"叀"字。"叀"字古文作[字形]、[字形]。此形應是[字形]形寫訛,夏韻近似,乃古"斷"字,義與"絶"同,當以夏釋"絶"爲是。本書刀部録石經斷作[字形],與此形同。②

此説恐不可從。首先,"斷"字古文或作:

　　[字形]汗2·21石　[字形]汗2·21説　[字形]四4·21説　[字形]四4·21石

　　[字形]汗6·82　[字形]四4·21尚　[字形]四4·21籀

同時以上兩類形體也見於古文字中,分別作:

　　[字形](《昭王毀室》2)　[字形](《曹沫之陳》62)

　　[字形]量侯簋(《集成》3908)

―――――――――
① 高亨、董治安:《古字通假會典》,第638—641頁。
② 參《注釋》,第77頁。

觀察上錄幾類形體可以發現，無論是古文字還是傳抄古文，"斷"字右部都从刀形，而此處討論的🔶形，却不从刀，把該形下部看成是刀形的訛變也很難成立。就字形而言，把🔶釋成"斷"字缺乏根據。況且，釋"斷"說雖然解决了🔶與"絕"的關係，却無法解釋🔶和"說"、"悦"的關係，因爲"斷"與"絕"意義相近，但是"斷"和"說"、"悦"音義俱遠。因此釋"斷"說並没有解决相關問題。

其實，🔶是"說"或"悦"的古文，作爲"絕"的古文屬於誤植。相關論述可參考第三章第一節第128條。那麽，關於🔶形的釋讀就不應該從"絕"字入手了。

🔶形共四見，分別作🔶、🔶、🔶、🔶，前三者更爲一致，最後一形🔶爲變體。從形體、讀音等方面考慮，筆者認爲🔶是帶有頭髮的倒子形，即"㐬"字。《說文》："㐭，不順忽出也。从到子。《易》曰：突如其來。如不孝子突出，不容於内也。……㐬，或从到古文子，即《易》突字。""㐬"的篆形作🔶，古文🔶、🔶、🔶與🔶相比，倒着的髮形、①頭形、手臂形均很清晰。古文🔶、🔶上部的手臂形作"一"或"⌣"狀，而🔶形上部作"⌢"形，弧的方向朝下，兩者略有差異。漢代文字中"育"字作🔶、🔶、🔶（參《漢印文字徵》卷十四·十七），所從倒子旁上部手形作"一"或"⌣"形，與古文寫法相同，古文中很多形體曾受漢代文字影響（詳參後文第七章第二節），此亦爲一例。可見從形體上說，將古文釋成"㐬"是有依據的。古文即"㐬"字，"㐬"作爲"說"的古文屬於假借用法，上古音"說"是舌音月部字，"㐬"是舌音物部字，兩者聲母同屬一系，韻部具有旁轉關係，讀音相近，且典籍中有相通現象。"㐬"與"突"字讀音相同，可以通用，如上引《說文》謂"㐬"即《易》中的"突"字，《易·離》："突如其來如。"《集解》中"突"作"㐬"。另外，古文體系内部也有相關證明。《古文四聲韻》中"突"字古文作：

🔶 四5·10籀　　🔶 四5·10籀

該形即"㐬"字（第二形上部稍訛），兩者屬於通假關係。"突"和"兑"聲字可通，如《詩·大雅·緜》："混駾矣。"《文選·魯靈光殿賦》張注引"駾"作"突"。可見"說"、"悦"與"㐬"字讀音相近，"㐬"字作它們的古文屬於通假關係。

---

① 古文形體中頭髮右側筆畫略向上延伸，應是傳寫之訛。

四、聯繫自身體系考釋古文

　　文字形體之間是存在某種聯繫的。例如，一個獨體字可以在另一個字中充當意符或聲符；兩個或多個字可以有相同的意符或聲符，很少有不與其他形體發生聯繫而獨立存在的字。古文形體也不例外，在研究或使用古文時，不應孤立地僅注意某一形體本身，還應關注其他與此形有聯繫的古文，着眼於全局。

　　前文曾有討論，古文在流傳過程中常會發生訛變，其實避免誤用訛變形體的途徑之一就是注意古文自身的聯繫性。因爲一些古文在此書中訛變，在其他書中可能不訛，可依據未訛之形進行釋讀。如"髻"字古文作：

　　　　[字形] 汗 4・49 莊

鄭珍在考證此形時説："夏作[字形]，二形並誤不可識。"（《箋正》802 頁）鄭珍所謂的"夏作[字形]"，是指夏竦《古文四聲韻》"髻"下古文作：

　　　　[字形] 四 4・14 莊

黃錫全也討論過[字形]、[字形]二形，他認爲此二形下部都是"吉"旁的訛變（《注釋》325 頁）。按，鄭珍説法過於絕對；黃錫全觀點也值得商榷，因爲[字形]與古文字中"吉"的寫法並不相近，尤其[字形]形下部作一長曳筆，"吉"字下部的口形未見有作此形者。所以關於該古文的釋讀，還應另尋它解。值得説明的是，黃錫全所謂"吉"旁訛變的説法不可信，但他認爲[字形]形是[字形]的訛體是可信的。那麽，釋讀時就應以[字形]爲正體進行考慮。雖然[字形]形在傳抄過程中筆畫有所訛漏，但[字形]形不誤，仍可識出。從形體看上看，[字形]下部是"世"旁，應無問題。

　　[字形]爲"髻"字，從髟世聲。"髻"字古文從世作，屬於聲符替換。就聲母來説，"世"屬書母，"吉"屬見母，兩者有相通之例，如"丩"是見母字，但是以"丩"爲聲符的"收"是書母字，是其證。就韻部來説，"世"屬於月部字，"髻"從吉得聲，屬於質部字，月、質二部具有旁轉關係，而且"髻"與月部字關係密切（詳下文）。所以"髻"字古文能以"世"爲聲符。

　　古音學家關於"吉"聲字的歸部存在爭議，或主張歸在脂部，或主張歸爲質部。現常用的古音工具書多歸在質部，更爲合理，因爲"吉"聲字與月部字關係密切，而月、質二部的關係比月、脂二部更爲緊密。就古文來説，除了上面討論的"髻"古文從世得聲外，還有"髻"與月部字直接相通的證據，如《古文四聲韻》中"髻"的另一古文作：

　　　　[字形] 四 4·14 崔

關於此形，徐在國曾有討論：

> 介、个古通，《書·泰誓》："如有一介臣。"陸德明《釋文》："介，字又作个，音工佐反。"則 [字形] 乃紒字或體，紒字見於《説文》，古音紒，見紐祭部；髻，見紐脂部。二字雙聲，此蓋假紒爲髻。①

徐在國把 [字形] 理解成"紒"字，可從，但這一論證過程還需補充。首先，從形體上講，從髟个聲之字不見於其他字書，不能看作獨立的字，典籍中也鮮見以"个"爲聲符的字。況且，把古文理解成從"个"得聲，這又與"髻"字讀音隔了一層。其次，從音理上看"紒"與"髻"不僅是雙聲關係，二者韻部亦相近，而且典籍中二字可通。

考慮到古文在傳抄過程中常有脱訛，筆者更傾向於把 [字形] 形理解成"紒"字遺失了筆畫，即"介"旁脱落了一撇畫。其他書籍有相關佐證，如《玉篇·髟部》以"紒"爲"髻"的異體，與此古文可互證。另外，《集篆古文韻海》、《訂正六書通》都以"紛"爲"髻"的古文，"紛"與"紒"同從介聲。此外，"髻"與"紒"讀音也很相近，《廣雅·釋詁四》："紒，髻也。"以"髻"訓"紒"屬於聲訓。《説文》："紒，簪髻也。從髟、介聲。"（此依小徐本）典籍中用爲"簪結"義時，"髻"與"紒"可通用。"紒"是月部字，可見把"髻"字歸在質部比歸在脂部更爲合理。是"紒"與"髻"不僅聲母相同，韻部也具有旁轉關係，此處借"紒"爲"髻"。

回顧上録關於 [字形] 形的考釋，主要是依據了《古文四聲韻》中 [字形] 形。有關 [字形] 形下部是"介"旁訛脱的推斷，《玉篇》中"髻"之異體作"紒"爲此提供了有力的證據，這些都是古文形體間相互聯繫的體現。

"虹"字古文作：

　　　　[字形] 四 1·10 义

該形與從虫、工聲的"虹"字不同，形體較爲奇特。聯繫"虹"字其他異體可以得到提示，如"虹"字籀文作：

---

① 《疏證》，第 192 頁。

[圖] 説 籀

籀文从虫从申,《説文》:"虹,……[圖],籀文虹从申。申,電也。"段玉裁注:"从申。會意。……電也。電者,陰陽激燿也。虹似之,取以會意。"段説可從。由"虹"籀文从申推測,[圖]右部應該是"申"形的訛變,該形可隸定成"坤",从申會意,从工得聲,不見於字書。"坤"字可能有準確的來源,也有可能是古文整理者注意到籀文[圖]形从虫、从申,形體中没有聲符,於是把"虫"旁換成"工"旁以表音。

關於該古文的考釋,如果不聯繫"虹"字籀文[圖]形,僅從[圖]形本身出發,很難做出正確釋讀。

古文自身系統的聯繫性不僅指形體上的聯繫,還包括一些共同的演變規律。了解這些規律,有利於古文的釋讀。

"扈"字古文作:

[圖]説 [圖]石 [圖]汗4·51説 [圖]四3·11説

古文左部从山,容易理解,應是"邑"旁的意符替換。但形體右部爭議很大,小徐本謂古文从辰巳之"巳",石經古文正从"巳"。所以商承祚贊同小徐本説法。① 段玉裁謂"當从户而轉寫失之"。王國維説"石經'所'字古文从[圖],此[圖]疑[圖]之訛",②是王氏觀點與段玉裁相同。按:小徐本謂古文从巳,在形體上有依據,却無法解釋"扈"爲何从巳,不能從構形上解釋古文。段説的弊端在於未能找出"户"訛爲"巳"的證據。所以《研究》(103—104頁)僅列出兩種觀點,未做取捨,很是謹慎。筆者認爲段説更爲合理,古文體系中便存在同類訛變,如"靈"字古文作:

[圖][圖][圖]並四2·22崔

以上形體是從"靈"字篆體古文[圖](四2·22尚)形訛變而來,③需要注意的是,上録第一形下部从三個"户",但到第二形時,下部已經訛成三個"巳",訛變情況與"扈"字古文情況相同。"靈"字古文第三形下部訛成"弓"形,恰巧《字彙》中收"扈"字異體作"岈",右部从弓。"靈"字幾個古文的演變規律,與"扈"字古文情況正相符。爲便於比

---

① 商承祚:《説文中之古文考》,第62頁。
② 王國維:《魏石經殘石考》,《王國維遺書》第九册,第31頁。
③ 參《注釋》,第397頁。

對兩者演變情況,可將其演變過程附列如下:

岸 —→ 岸 —→ 屽

霂 —→ 靁 —→ 霂

可見"扈"字古文上部本從"户",訛變後與"巳"相近。

《古文四聲韻》"疚"字下收古文作:

仄 四 4·37 籀

"疚"以"久"爲聲符,但上錄古文形體中並無"久"旁,筆者認爲此字是"昃"字的誤植(看第三章第一節第 76 條)。"昃"字在甲骨文中作 仄(《合集》20957)、呑(《合集》12809),以人和太陽的相對位置關係會意,是"昃"字的早期寫法。仄形與甲骨文中的"昃"字形體相近,只是人形部分略有訛變,中間的筆畫斷裂,其人形的兩臂部分向左端傾斜。相同的變化在"虞"(吳)字古文中也能看到,下面是相似的演變序列:

大《璽彙》1165 —→ 忖 (忖)① 《璽彙》1650 —→ 伏 四 1·24 雲

仄《合集》20957 —→ 禾 汗 4·57 义 —→ 仄 四 4·37 籀

從以上過程可以看出,"昃"、"吳"二字所從的"人"形都是由正立逐漸變得傾斜,最後"吳"字古文伏形中人形的筆畫斷裂並傾斜情況與仄完全平行,這便爲釋仄形爲"昃"字在演變規律上找到了證據,同時説明《古文四聲韻》把該形收在"疚"字下屬於誤植。

在考慮古文系統聯繫性的同時,也應注意古文自身系統提供的線索有時是有問題的,釋讀工作應突破此類束縛,客觀地進行判斷。下面就以"矢"字古文爲例進行相關討論。"矢"字古文作:

夆 汗 2·27 屁 汗 3·43 義   矣 四 3·6 義

上錄古文可隸定成"戾"。《説文》:"厎,未定也。从匕、吳聲。吳,古文矢字。"可見許慎認爲"矢"的古文"戾"與"吳"爲同一字。但"矢"是脂部字,"吳"是"厎"的聲符,爲之部字,兩者讀音不近,②"吳"不會是"矢"字古文。如按照《説文》提供的線索把"吳"、"戾"

---

① 關於此形的釋讀看吳振武:《戰國璽印中的"虞"和"衡鹿"》,《江漢考古》1991 年第 3 期,後附摹本形體亦取自該文。

② 《説文》:"疑,惑也。从子、止、匕,矢聲。"把"矢"看成"疑"的聲符,似可證明"矢"、"吳"讀音相近,其實非是,清代《説文》學家就已經指出《説文》云"疑"从矢聲是錯誤的。

當成一個字來看,恐怕很難找到正確的解釋。那麽《説文》中"吳,古文矢字"應該怎樣解釋呢?李家浩曾有討論,他先釋騎傳馬節中的 ▨(《集成》12091)形爲"吳"字,然後説:

  大概在《説文》所説的古文中,"吳"字的寫法像 ▨ 那樣,與"戻"字同形,而古文"戻"又有像上引《義雲切韻》等那樣與"矢"相通的情況,所以《説文》説"吳,古文矢字"。《説文》裏還有一些類似這種情況的字。例如《説文》於"丂"字下説"丂,古文以爲于";於"且"字下説古文"且""又以爲几"。這是因爲古文"丂"與"于"、"且"與"几"同形或形近的緣故。①

李家浩觀點可從,"吳"、"戻"本爲不同的兩個字,因兩者寫法偶有相同,故《説文》中才會相混淆,上文在第二章中提到"古或以汙爲没"的情況也屬於這方面例子。

  明確了"吳"的來源,下面再看關於"戻"的釋讀。舊討論此古文者較多,學者或認爲此字是"矢"字異體,上部的"尸"是加注的聲符。② 按,古文字中"矢"爲象形字,作箭矢形,比較常見,未見有从"尸"的。筆者認爲 ▨ 是"屎"字的異體。早期甲骨文中"屎"作 ▨,象人遺糞便之形,③爲會意字。後來人們可能對該形逐漸陌生,爲了明確其讀音,便把下面的小點換成"矢",屬於古文字中常見的變形音化。《説文》對"糞"字的訓讀爲此提供了證據,《説文》:"糞,棄除也。从廾推華,棄采也。官溥説:似米而非米者,矢字。"▨ 下部像"米"形,▨ 下部作"矢"形,官溥所謂"似米而非米者矢字",説明他可能見到了"米"和"矢"換用的情況,這恰好説明 ▨ 與 ▨ 爲同一個字。戰國璽印中有形體作 ▨(《璽彙》3081),吳振武將該字讀成"矢",並謂:

  我們有理由把璽文這個字看成是當糞便講的"矢"字的古寫或"屎"字的異體。其結構當分析爲"从屎象形,矢聲",或"从屎省,矢聲"。④

此説可信,印文把"屎"字的上部改成"矢"聲,這與 ▨ 形把下部變成"矢"聲作 ▨,在構形上極爲類似。

  《集韻•旨韻》"矢"下收有異體分別作"戻、屍、屎、屍"等形,古文字中"尸"旁和

---

① 李家浩:《傳遽鷹節銘文考釋》,《著名中年語言學家自選集•李家浩卷》,第87頁。
② 《研究》(92頁)提出,《新證》(54頁)從之。
③ 相關討論看裘錫圭:《讀逨器銘文札記三則》,《文物》2003年第6期。
④ 吳振武:《古璽姓氏考(複姓十五篇)》,《出土文獻研究》第三輯,中華書局,1998年。另外,上文引用的"似米而非米者矢字",該文中也有提及。

"尾"旁作爲意符常可換用,所以《集韻》中的"屍"字與"屎"是同一個字的不同寫法,"屍"从尾作,可分析爲从尾矢聲,這可説明"屎"(屍字異體)不能分析成在"矢"上加注聲符"尸"。所謂的"尾"旁可能是由 ⿱ 這類形體直接發展而來,這是把"屎"釋成"屎"的一個證據。再從用法上看,《玉篇·尸部》:"屎,糞也,與矢同,俗又作屎。"其訓"屎"爲"糞"。"屎"形也見於馬王堆帛書中,也用爲"屎",可見"屎"應是"屎"字異構。

由以上討論可知,"屎"爲"屎"字異體,其作爲"矢"的古文屬於假借用法。

五、結合古書用字考釋古文

在第二章曾提到古文對傳世典籍研究作用很大,相應地,古籍研究也能促進古文的釋讀。古文多采錄於典籍,那麽典籍中的一些用字現象、規律往往也適用於傳抄古文。釋讀古文時,典籍中的特殊用字情況往往能給我們以啓示。

"斯"字古文作:

　　[圖] 碧　　[圖] 汗1·3 義　　[圖] 四1·16 義　　[圖] 四1·16 又

《箋正》(508 頁):"从'其'古文'丌',是'祺'字。"《注釋》(69 頁)贊同其説,同時懷疑古文下部的 [圖] 是斤的訛形。《新證》(67 頁)認爲古文是"斯"字省體。另外,"斯"字還有古文作:

　　[圖] 汗1·3　　[圖] 四1·16 道　　[圖] 四1·16 又

關於這些形體,《箋正》(508 頁):"上作兩'丌'省形,下改'斤'形从'祈'。"《注釋》(69 頁)懷疑 [圖] 是"其"的訛變。按:關於以上兩類古文形體,鄭珍的觀點都是錯誤的,《新證》對第一類古文的分析較爲合理。其實這兩類形體中所謂的"示"旁都是"其"字古文"丌"的訛形。關於古文"丌"訛變成"示"字,傳世文獻中有相同現象,俞樾曾予以討論:

《周書·文政》篇:"基有危傾。""基"字叚"其"爲之,蓋古字通用。《詩·昊天有成命》篇:"夙夜基命宥密。"《禮記·孔子閒居》篇作:"夙夜其命宥密。"是其證也。因"其"字古文作"丌",學者不識,改作"示"字,"示有危傾",義不可通矣。①

可見文獻中有"丌"訛變成"示"的例證。同時古文自身也可提供相關證明,如"斯"字

---

① (清)俞樾等:《古書疑義舉例五種》,第 130 頁。

另一古文在《汗簡》中作：

[字形] 汗 6·76 尚

左面是古文"亓"，右面从斤。而同一字在《古文四聲韻》中作：

[字形] 四 1·16 尚

該形左面已經訛變成"示"字。有傳世文獻和傳抄古文兩方面證據，足可證明以上形體中所謂的"示"旁均爲"亓"字訛形。所以[字形]不是"祺"字，而是"其"的訛體；[字形]下部也不从祈，該形就是"斯"字。"斯"另有古文作：

[字形] 四 1·16 爾

如果單純從形體上講，該形可分析爲从祈、从言。但从祈从言之字不見於字書，不易解釋。按照上文分析，該形左上部"示"應爲"亓"的訛體，那麼古文上部就是[字形]形，是"斯"的古文，下部从言，則古文爲"誓"字，《說文》："誓，悲聲也。从言、斯省聲。"是"誓"、"斯"音近，此處借"誓"爲"斯"。

《汗簡》、《古文四聲韻》中"莫"字古文作：

[字形] 汗 1·5 裴　[字形] 四 5·24 孝　[字形] 四 5·24 裴

《箋正》(521 頁)："此蓋蒜字之省，以爲莫無義。"《注釋》(81 頁)謂："此形究竟如何解釋，存以待考。"《訂正六書通》(359 頁)收相關形體分別作[字形](古孝經)、[字形](光遠集綴)。《疏證》(27—28 頁)據[字形]形認爲古文下部所从爲"末"，"末"是明母月部字，"莫"是明母鐸部字，"茉"蓋是"莫"的或體。《新證》(74 頁)亦主此說。按"蒜"無由省作[字形]，《箋正》的說法不可信，後世也無信從者。《疏證》的觀點也存在問題，裴光遠《集綴》中的形體在較早的《汗簡》、《古文四聲韻》中都作[字形]，兩者一致，在《訂正六書通》中作[字形]形出現較晚，且該書中出自《古孝經》的形體作[字形]，也與[字形]一致。該形在《集篆古文韻海》中作[字形]、[字形]，三體陰符經中作[字形]，可見此古文多數都寫作[字形]形，下部从示。尤其是陰符經中的形體值得重視，陰符經爲郭忠恕所書，其一直流傳到現在，碑文不存在後世傳寫訛誤的問題，碑文中該形下部从示，完全可以說明[字形]形是正體。那麼[字形]形便是訛體，訛變過程可能是[字形]→[字形]→[字形]。另外，釋"茉"說還有一個很難解釋的問題，"末"

是月部字、"莫"是鐸部字，兩者韻部不近，它們讀音並不相近，文獻中也没有"末"、"莫"兩聲字相通之例，所以即便該形可釋作"茉"，也無法與"莫"字聯繫起來。所以釋"茉"的觀點也不可信。

着眼於形體，𥳑形下部从示，从示與"莫"字無直接關係。古文的釋讀還要從其他角度考慮，上文曾指出，古文體系中有"丌"旁訛作"示"的現象，頗疑𥳑所從的"示"旁也是"丌"旁之訛，那麽古文从艸、从丌，"丌"是"其"字古文，則𥳑形可釋爲"其"，"其"字見於《説文》。需要注意的是古文體系中"莫"、"其"兩聲字關係非常密切，如"謨"字古文作：

𥳑𥳑 並四1·25 史

該形从言、从其，是"䶖"字。① 此處以"䶖"爲"謨"字古文，與上面以"其"爲"莫"字古文正相一致，可見釋𥳑爲"其"在形體及用法上都有堅實的根據。

"媟"字古文作：

𥳑 汗3·34 碧　　𥳑 四5·13 籀②

該形从日从埶，可隸定成"暬"，《説文》："暬，日狎習相慢也。从日、埶聲。"可見，"暬"从埶得聲。上古音中"埶"屬緝部字，"媟"是月部字，兩聲系字讀音不近，不能相通，古文形體不易解釋。以前關於此形的考釋意見，也都難以令人信服。那麼"媟"爲何以"暬"爲古文呢？我們知道，古籍中"執"和"埶"二字常常訛混，學者多有討論，先把相關的例子轉引如下：

父母舅姑將坐，奉席請何鄉；將衽，長者奉席請何趾；少者執床與坐。
　　　　　　　　　　　　　　　　　　　　　　《禮記·内則》

執之以物而邃（速）决。　　　　　　　　　《大戴禮記·文王官人》

裘錫圭曾指出上兩句中的"執"是"埶"字之誤，在原文中用爲"設"。③ 其説甚是。出土

---

① 這裏還應交代"其"與"莫"的關係。"其"是見母之部字，"莫"是明母鐸部字。兩者聲、韻均不相近，也没有相通的例證，所以音近相通的可能性非常小。從形體上看，"其"、"莫"形體相似，推測古文系統"莫"、"其"兩聲字换用，是因兩者形體相近引起的訛混現象。典籍及古文字中有"其"、"莫"相訛之例，《逸周書·皇門》"維其開告於予嘉德之説"，清華簡《皇門》相應詞例作"惟莫開余嘉德之兑"。"莫"與"其"顯然是形近訛誤，另外漢簡中"其"、"莫"兩形寫法極其近似（限於篇幅，字形不贅舉），也容易致誤。而"其"从其得聲，兩者關係密切，蓋古文涉此而置於"莫"字中。

② 《古文四聲韻》中形體原誤收在卷五入聲屑韻"婕"字下，詳論看"第二章第一節"第129條，今直接歸在"媟"下。

③ 裘錫圭：《簡帛古籍的用字方法是校讀傳世先秦秦漢古籍的重要根據》，《中國出土古文獻十講》，第175頁。

文獻中也有“執”和“埶”相混的現象，如郭店簡《老子丙》4號簡中“埶大象，天下往”，此句在馬王堆帛書甲、乙本以及今本《老子》中皆作“執大象，天下往”。“執”是“埶”的誤字。[①] 受典籍及古文字中“執”和“埶”相混現象的啓示，筆者認爲古文“晢”所从的“執”也是“埶”字之誤。段玉裁在注《説文》中的“晢”字時，認爲該形从埶得聲，這無疑是正確的。所以，古文所从的“執”也是“埶”的形近誤字。

“媟”以“世”爲基本聲符，“埶”與“世”都是月部字，兩聲系字音近可通，如《詩・鄘風・君子偕老》：“是紲絆也。”其中“紲”字，《説文》“褻”字條引作“褻”，是其證。可見，“晢”、“媟”二字讀音相近，古文是借“晢”爲“媟”，唯獨“晢”形上部誤成了“執”，才難以釋讀。

《汗簡》中“敦”字下收古文作：

汗 3・42 義

《古文四聲韻》中“惇”字下收古文作：

四 1・36 義

上録兩形相同，都出自《義雲章》，應是同一個字。因爲“敦”、“惇”讀音相近，可通用，所以郭、夏二人的釋文才略有差異。《箋正》(759 頁)指出古文爲“低”字，《注釋》(293 頁)從之。從形體上説，此形从人、从氏(氐旁之訛)，確與“低”字相近，但文獻中没有“低”與“敦”或“惇”相通之證，所以古文的釋讀還有討論的餘地。

結合文獻用法，筆者懷疑古文應是“弤”字之訛。《説文》：“弴，畫弓也。从弓、𦎫聲。”朱駿聲定聲：“字亦作弤，《公羊注》：‘天子彫弓。……’《詩》：‘敦弓既堅。’《孟子》：‘弤朕。’‘敦’、‘彫’、‘弤’一聲之轉。”[②]其中“敦”是“弴”的借字。又段玉裁注“弴”字時也謂：“敦弓者，弴之叚借字。……《孟子》作弤。”《集韻・魂韻》也以“弤”爲“敦”字異體。這些都是“敦”、“弤”换用的證據。[③] 古文系統中从弓之字，往往容易訛變成从人，如“疆”字古文作：

汗 3・41 石　四 2・14 石

形體來源於石經，左面从人，現存《隸續》石經中古文作，左面从弓，是以“彊”爲

---

① 荆門市博物館：《郭店楚墓竹簡》，第 122 頁“注 7”裘錫圭按語。

② 朱駿聲：《説文通訓定聲》，第 803 頁。

③ “弤”从氏聲，是端母脂部字，“敦”是端母文部字，兩者聲母相同，但韻部關係並不十分密切，兩者除了屬於通假關係外，也有可能屬於義近替换。《孟子・萬章上》“弤朕”，焦循正義引《音義》云：“義與弴同。”可見焦循認爲“弤”、“敦”義近，所以兩者也可能屬於義近换用。若二者屬於義近换用，則更不能把古文釋成“低”，因爲“低”、“敦”(弴)意義並不相近。

"疆"。可知上録 ⿰亻畺、⿰亻畺 所從的"人"旁是"弓"旁之訛。與此相類，⿰亻氐 原本可能也從弓，後來"弓"旁訛成"人"旁，致使古文與"低"字相近。

可見，⿰亻氐 原來是"弛"字，因"敦"、"弛"文獻中可換用，所以《義雲章》以後者爲前者古文(《古文四聲韻》中收在音近的"惇"字下)。與此相關，還可解决另一組古文。《集篆古文韻海》"弴"字下收古文作：

　　　𩰫 2·4　𢎨 1·19

上録第一形好解釋，爲"敦"字，上文已論"敦"、"弴"古通，古文屬於假借用法。第二形從弓、從民，"弴"字何以從民需要討論。《龍龕手鏡·弓部》、《集韻·蕭韻》都以"弫"爲"弴"字異體。其實，"弫"應是"弛"的俗字，"氐"旁在俗寫體中常訛成"氏"旁，上録 ⿰亻氐 形所從的"氐"旁便訛作"氏"。① 而"氏"、"民"二旁又常常訛混，在漢代中兩者相混的例子下文第七章第二節中還會有集中討論，可參看。唐代以後兩者亦常混用，如唐人避太宗李世民諱把很多從民的字都改成從氏，②是其證。𢎨 本應從氏(或訛成氏)，後因形近訛混寫成從民，遂成俗體。從源頭來説，𢎨 應是"弛"字訛變，可見古文系統中"弴"字古文也作"弛"，這也從另一方面爲釋 ⿰亻氐 作"弛"提供了一個有力證據。

下面再舉一個聯繫文獻釋讀古文的例子，"詛"字古文作：

　　　𧥛 四 4·9 史

古文從言、從肉、從又，與"詁"字古文 𧥛 形體相近。但"詁"、"詛"音義不近，不可强説。筆者曾懷疑釋該形爲"詛"屬於誤植，③現在看來還存在另一種可能性。《儀禮·特牲饋食禮》："不諏日。"鄭玄注："今文諏皆爲詛。"據鄭注可知"諏"是"詛"的古文，上録古文 𧥛 很可能和"諏"有共同的來源。"諏"是侯部字，"詛"是魚部字，兩者韻部相距不遠，所以很多通假方面的工具書把這兩個字看作假借關係收録，但是侯部字和魚部字相通的現象很少，且除此之外"取"、"且"兩聲系别無相通之例，所以"諏"、"詛"二字是否爲通假關係是值得重新考慮的。有一種現象值得注意，古文字中從且之字經常寫

---

① 古文系統中還有類似的例子，如"泜"字古文作 𣲙 (汗5·68 爾)，所從"氐"旁亦訛作"氏"。
② 盧文弨曾在《鍾山札記》中舉出"民"、"氏"二旁相混的現象，可參看。但盧氏認爲這是因爲"民"、"氏"二字音近相通所致，則不可信，另外，其對所列舉一些文字的形體分析也是錯誤的。(清)盧文弨:《鍾山札記·龍城札記·讀史札記》，第13—14頁。
③ 李春桃:《〈汗簡〉、〈古文四聲韻〉所收古文誤置現象校勘(選録)》，簡帛網，http://www.bsm.org.cn/show_article.php? id=1449，2011年4月13日。

作从旻,如"祖"本从且,陳逆簋銘文中作▨(《集成》4096),變爲从旻。"組"字本从且,新蔡簡中作▨(甲三253),變爲从旻。疑"詛"字也有寫作从旻者,漢代人見後不識,由於"旻"與"取"字相似,遂誤認該形从取,以爲是"諏"字。

六、利用出土文獻考釋古文

傳抄古文保存的是古文字資料,因而可與古文直接對應的就是出土古文字資料。古文與古文字對應往往是簡明而直接的,只要發現兩者的對應關係即可作出判斷。這類的例子俯拾皆是,書後"《汗簡》、《古文四聲韻》古文與古文字對照表"中已把相關形體列出,此不多述。除了形體之外,古文字中一些特殊現象在傳抄古文中也有所體現,若能注意這些現象,對古文研究會有很大的幫助。如很多古文字形體會體現出語音規律,可利用這些規律解決古文中的問題。"赦"字古文作:

▨ 汗2·24 ▨ 四5·26 義

該形體爲"黢"字,關於"赦"字古文作"黢",鄭珍曾有論及:

"赦"从赤、色,係漢時"赫"字。《文選·甘泉賦》"翕赫",《琴賦》本之作"翕赦"。亦即"奭"字。《詩》"韎韐有奭",《白虎通·爵篇》引"奭"作"赦"。《說文》"赫"訓"大赤","奭"訓"盛",音同義近。而《詩》"赫如渥赭"、"韎韐有奭",毛傳"赫""奭"並訓"赤貌"。《文選》李注又屢引毛傳作"赦"。《爾雅釋文》云:"赫,舍人本作'奭'。"是三文爲古今字。"黢"亦係"赫"、"奭"別體,《方言》有之,云"黢,色也",郭璞注:"赤色貌,音奭。"蓋揚雄好奇字,"黢"乃六國時異文,故列之《別國方言》;然字形从黑,與"赫"从赤殊乖舛,許君是以不錄其字。《方言》又有"烍,赫也",郭注"音閱",亦即"赫"字,省赤旁作"火",亦是六國異文,《義雲切韻》以"黢"爲古文,尚屬有本。①

鄭珍是通過傳世文獻論述"赦"、"黢"二字可通,當可信。下面換另一角度,利用古文字形體體現的音理特徵來討論二者的關係。

《集韻·之韻》:"黢,黑也。"又《職韻》:"黢,青黑色曰黢。"《玉篇·黑部》:"黢,赤黑也。"傳世字書訓"黢"主要是"黑色"義,與其字本从"黑"正相合,那麼"黢"又爲何會有"赤色"義,並能與"赦"換用呢? 這應是假借用法,即假"黢"爲"赦"。

---

① 《箋正》,第649頁。

從《集韻》將"黷"歸入職韻或之韻來看,"黷"可分析爲從黑喜聲。《説文》分析"赨"爲"從赤、色,色亦聲"。傳世文獻似鮮見"喜"、"色"兩聲系字相通之例,但是出土古文字資料却有體現。

"喜"字以及從"喜"得聲的"歖"(喜之古文)在楚簡中可用爲"矣",①這已成爲共識,如郭店簡《唐虞之道》3號簡:"必正其身,然後正世,聖道備歖。"其中的"歖"字便讀爲"矣"。

郭店簡中"色"字或作:

《語叢一》110號簡   《語叢一》50號簡

古文中有與上録第一形相關的"色"字:

説   汗4·48義   並汗6·82義   四5·27老

並四5·27義

李守奎已經指出以上形體中""、""是表音部分,②很正確。""、""即楚簡中的"矣"("疑"字戰國文字寫法),而"矣"和"矣"讀音相近,兩者爲一字分化。③ 上博簡《周易》中有形體作:

《周易》14

該形可隸定成"頮",馮勝君指出其是上録的異體,④可信。所以,以上楚簡及古文中的"色"都與"矣"字讀音相近。上文已論,"喜"可讀爲"矣",那麼"喜"與"色"讀音也應相近。從音理上看也很通順,"喜"是曉母之部字,"色"是心母職部字,兩者聲母關係密切,韻部對轉,讀音相近。分別以二者爲聲符的"黷"和"赨"讀音也應相近,古文是借"黷"爲"赨"。

再順便討論一個可能與此有關的楚文字。包山簡中有形體作:

包山47

整理者將該形隸定成"顥",未作解釋。其隸定可從,"顥"在簡文中用爲地名,學者多

---

① 荊門市博物館:《郭店楚墓竹簡》,第183頁注36。又李守奎:《郭店楚簡"雚"字蠡測》,《古文字研究》第二十六輯,第297—302頁。
② 李守奎:《〈説文〉古文與楚文字互證三則》,《古文字研究》第二十四輯,第468—472頁。
③ "矣"和"疑"爲一字分化。"矣"爲匣母之部字,"疑"爲疑母之部字,兩者讀音相近。參張富海:《説"矣"》,《古文字研究》第二十六輯,第502—504頁;又上引李守奎《〈説文〉古文與楚文字互證三則》一文中亦有相同觀點。
④ 馮勝君:《郭店簡與上博簡對比研究》,第286頁。

指出其與包山 20 號簡和 90 號簡中的"鄋"字代表同一地點。此説可從,"頿"、"鄋"都以"喜"爲聲符,讀音相近,可以通用。但由形體觀之,"鄋"从邑、"頿"从頁,兩者又有區別。上文所論的 ▨、▨ 分别从"矣"和"䝿"得聲,而"喜"可讀爲"矣","矣"與"䝿"又屬於一字分化,那麽"頿"與 ▨、▨ 意符相同,聲符讀音相近,很可能屬於異體關係。至於"鄋"(或"頿")究竟指何地,目前學界意見不同,如劉信芳讀爲"鼇",①吴良寶據"鄋"地設置有"司敗"等職官,認爲"鄋"應是楚國的縣名,具體地望待考。②

出土古文字形體即使不能和傳抄古文完全相同,只要它們的構形規律相同,也能説明古文可信。如《古文四聲韻》中"橐"字古文作：

▨ 四 5·24 崔

此形可分析成从口石聲,相同的字形不見於古文字中,但古文字中有與此相關的形體。郭店簡《老子甲》23 號簡中的"橐"字作 ▨,外部从口,中間形體舊多認爲是"乇"旁,但其形體與"乇"旁略異,可能是"尺"旁。③ ▨ 从口與上録古文相同,至於兩者的聲符"尺"、"石"聲母同屬一系,韻部相同,讀音相近,所以《老子》中的 ▨ 在構形上與古文 ▨ 正有異曲同工之妙,▨ 形當來源有據。

據"橐"字古文作"囼"還可以解釋一則傳世文獻材料。《莊子·應帝王》："確乎能其事者而已矣。"《釋文》："確,苦學反。李云：堅貌,崔本作橐,音託。""確"、"橐"形體讀音均不近,不易訛誤。楊寶忠指出"確"字俗書作"圄",《應帝王》中的"確"字蓋本作"圄",與"囼"形近而致誤,"囼"是"橐"字古文(見於《玉篇·口部》),又轉寫作"橐"。④ 楊説可從,這便合理地解釋了"確"、"橐"互爲異文的現象。

七、根據後世俗字考釋古文

《汗簡》、《古文四聲韻》成書於宋代,兩書中不僅收録了先秦古文字,當時不易識别的字可能也會被誤當成古文,這些字可能就包含後世俗字,所以在釋讀古文時,也要注意古文與俗字之間的聯繫。

如"押"字古文可分爲三類：

---

① 劉信芳：《包山楚簡解詁》,藝文印書館,2003 年,第 33 頁。
② 吴良寶：《戰國楚簡地名輯證》,武漢大學出版社,2010 年,第 264 頁。
③ 此承吴振武面告。
④ 楊寶忠：《疑難字考釋與研究》,第 714 頁。

第四章　古文的形體特點及考釋方法　177

🅰 四 5·20 説

🅱 四 5·20 論

🅲 四 5·20 崔

前兩類形體容易解釋。先看第一類，古文字中"甲"字金文作 ⊕、⊕、⊕（《金文編》960 頁），楚簡中作 ⊕（包山 165），古文顯然與此一脈相承，只不過中間橫畫兩端向上彎曲，略有訛變而已。此處借"甲"爲"押"。第二類形體也見於《汗簡》中作：

🅳 汗 6·79 義

古文可隸作"虜"，《玉篇·虍部》："虜，今作狎。""虜"从虍甲聲，"甲冑"之"甲"古文字中或作"𠦪"，《曹沫之陳》中"甲"字多見，均寫成"𠦪"，①"虜"字很可能是"𠦪"的異體，把"𠦪"變形音化成"甲"，②《古文四聲韻》中用爲"押"屬於假借用法。

"押"的第三類古文 🅲 比較奇怪，該形不見於其他字書，从高、从大、从土，無論把哪一部分看作聲符都不能與"押"字聯繫起來，《疏證》一書似漏收該形。筆者懷疑該形是"壓"字變體俗字。

《説文》："壓，壞也。一曰：塞補。从土、厭聲。"可見"厭"是"壓"的聲符，"厭"俗體可以寫作"猒"形，所以相應地"壓"也可俗寫成"壓"、"壓"，如慧琳《一切經音義》卷六七《阿毗曇毗婆沙論》第七卷音義云："壓，於甲反，《倉頡解詁》云：壓，鎮也，笮也。論文作押……。"③可見"壓"爲"壓"的俗字，"壓"形寫法值得注意。俗書中"广"旁和"宀"旁容易相混，④所以"壓"形左面撇畫很容易脱落而變成"壓"，"壓"形左上部與"高"旁接近，再把"壓"所從的"土"旁移到"大"（犬旁之省）旁下面，就成了古文 🅲 形。訛變過程如下：

壓 ⟶ 壓 ⟶ 壓 ⟶ 🅲

另外，"壓"字俗體也可寫成"壓"，伯 2721 號《舜子至孝變文》："交伊舜子淘井，把取大石添壓死。""壓"即"壓"之俗寫。也不能排除 🅲 是由"壓"形直接訛變而來的可能。《廣碑別字》中"壓"字下收唐游擊將軍張淑子墓誌中形體作 𣪘，𣪘 與古文 🅲 如出

---

① 李守奎、曲冰、孫偉龍：《上海博物館藏戰國楚竹書（1—5）文字編》，作家出版社，2007 年，第 299 頁。
② 亦可參《新證》，第 129 頁。
③ 可參張涌泉：《敦煌俗字研究》，下編第 109—110 頁。
④ 如"裒"字俗體或作"廃"；"褻"字俗體作"廃"（分別參看《漢語俗字叢考》第 404、406 頁），都是"广"和"宀"相混之證。

一轍，這是釋古文爲"壓"的有力證據。

"押"和"壓"在古書中常可通用，如韓愈《遊太平公主山莊詩》："故將臺榭押城闉。"注云："押作壓。"慧琳《一切經音義》卷二十六"打擲塪押"，注："押，正體作壓。"① 又"押韻"、"押寶"等詞中的"押"字均可寫作"壓"。另外敦煌文獻中也有"押"、"壓"二字相通的現象。可見把古文釋爲"壓"讀作"押"在用法上也很通順。

"皃"字古文作：

[字形]汗4·46　[字形]四4·28籀

該形似"完"字，"完"是元部字，"皃"是宵部字，兩者讀音遠隔，無通假可能。"完"與"皃"字互爲異體殊爲怪異。其實隸變之後，"完"以及"完"旁多寫成"皃"字，如《干祿字書》："皃、完，上俗下正。"又《五經文字》卷上宀部："完，音丸，全也。俗作皃，皃音貌。"《龍龕手鏡·土部》："塃，或作；埦正，胡貫反，漆骨埦也。""塃"是"埦"的俗字。這些都說明"完"字可俗寫成"皃"，這便導致"完"、"皃"二字相混。所以"皃"字古文作"完"本應是俗書寫法中二者相混所致，後人不知其爲俗字，把"完"當成"皃"字古文並回改成篆書形式，該形並非六國文字。《汗簡》、《古文四聲韻》中還有从皃形體：

貌：[字形]汗4·46義　[字形]四4·28義

斀：[字形]汗2·19義　[字形]四5·23義

邈：[字形]汗1·9　[字形]四5·7義

貌：[字形]汗4·46義

上録形體中的"皃"旁都寫成"完"形，應是後人根據"皃"字作[字形]改寫而成。

由於後文第七章第三節中會專門討論古文與俗字的關係，此處不再多舉例子。

以上分別從幾個方面討論了古文釋讀的方法。需要注意的是，釋讀古文不是僅單獨使用某一種方法，通常是兩種或幾種方法共同使用，如關於[字形]形的釋讀，雖然歸在"重視古書中特殊用字現象"部分，但就形體來說，該形已經發生訛變，且最後還是要從音理上進行論證；有關[字形]的考釋，雖歸入誤植一類中，但該形也發生了一定程度的訛變，且也結合了古書用字習慣。下面以[字形]形的釋讀爲例，看一下幾種方法如何在釋讀過程中共同發揮作用。

---

① 宗福邦、陳世鐃、蕭海波主編：《故訓匯纂》，第872頁。

《汗簡》中"色"字古文作：

[字形] 汗 6·83 庶

鄭珍認爲《古文四聲韻》中無此形，別無深論（《箋正》1030 頁），黃錫全認爲此形左部是兩個"匹"形，右部是"色"旁之訛，"匹"、"弗"音近，並疑此形爲"艴"字別體（《注釋》510 頁）。按，以上兩説均可商，鄭珍失檢，《古文四聲韻》中有該形作：

[字形] 四 3·22 庶

但將其收在"也"字下，可見鄭珍未詳審該書；從形體上講，此古文右部和"色"旁不近，黃錫全的意見缺乏形體依據，況且就算勉强釋成"艴"，"艴"、"色"讀音也不相近。

王丹又提出新的看法，她注意到了《古文四聲韻》將同一形體釋爲"也"的現象，並認爲[字形]形左部是"也"旁訛變，分析該形爲從攴也聲，即"攺"字，古音"也"屬魚部，"色"屬職部，兩韻部旁對轉，古文是借"攺"爲"色"（《新證》60 頁）。此説也不可信。從形體上講，古文字以及傳抄古文中"也"旁多見，都與[字形]形左部不類，釋成"攺"於形體未安；從音理上説，職部和魚部不近，"也"和"色"兩聲系字也未見有相通之例。

其實，《汗簡》釋[字形]形爲"色"屬於誤認，當依《古文四聲韻》釋爲"也"。從版本校勘上説，《訂正六書通》（220 頁）、《集篆古文韻海》（788 頁）都收有該形，均在"也"字下，與《古文四聲韻》相同。同時，這些書中"色"字下不收此古文或與此古文相近的形體，可證。且把該形當成"色"字古文，從形體上是講不通的，而釋成"也"則尚有可説。因此《汗簡》將其釋作"色"屬於誤認。

下面討論[字形]形的釋讀，筆者認爲此形是"殹"字筆畫脱訛所致。從形體上講，此形右部可以肯定是"攴"旁，關鍵是形體左面。其實此形左部是"医"旁，只是左面豎畫中間部分脱落、遺失而已。《古文四聲韻》中"醫"字古文作：

[字形] 四 1·28 义

該形左部"医"旁筆畫訛脱，同一形體在《集篆古文韻海》中作：

[字形] 1·10

沒有發生訛變。[字形]所從的"医"旁訛誤情況與[字形]左部如出一轍，正可相比。從整體輪廓來看，仍可識出。現利用電腦程序將古文補全作[字形]，可發現其就是"殹"字。再着眼於整個傳抄古文體系，《集篆古文韻海》（788 頁）"也"下除了收[字]形外，還收有[字]形，[字]顯然是"殹"字。可見古文系統中能以"殹"爲"也"字古文。[字]與[字]相比，前者當是未訛變之形，這是釋[字]爲"殹"在校勘方面的確鑿證據。

出土文獻中"也"和"殹"可互用，如《睡虎地秦簡·語書》："凡法律令者，以教道民，去其淫避，除其惡俗，而使之於爲善殹。"其中的"殹"字整理者讀爲"也"；又詛楚文："禮使介老將之以自救殹。""殹"亦讀爲"也"；又馬王堆帛書中"殹"多見，整理者均讀爲"也"。① 另外，一些秦權上的銘文辭例極爲相似，如多件秦權上都有相同的一句銘文作："不稱皇帝，其于久遠也。"此句在平陽銅權中却作："不稱皇帝，其于久遠殹。""也"與"殹"語法位置相同，現存平陽銅權銘文爲摹本，學者或懷疑此銅權是僞器，王輝指出其不僞，如果該銘文可信，②則是"也"與"殹"相通之佳證。這些都是"也"、"殹"通用的證據。

縱覽[字]形的釋讀，從形體上講，該形筆畫脱落，屬於訛變範疇；從《汗簡》中把該形釋作"色"來看，屬於誤植；從古文自身系統考慮，《集篆古文韻海》（788 頁）"也"下收有[字]形，可證明[字]爲"殹"字；從通用角度來看，"殹"、"也"常可換用；從聯繫出土文獻角度來看，秦系文字中"殹"多可讀爲"也"，符合古籍用字習慣。可見，此字的釋讀，以上所有方法都運用其中，幾種方法之間相互支持，又相互檢驗，在它們的共同作用下釋讀方向是單一而明確的，在這種情況下，古文的釋讀才具有説服力。

---

① 陳松長主編：《馬王堆簡帛文字編》，文物出版社，2001 年，第 122 頁。
② 秦權相關銘文圖版看王輝：《秦銅器銘文編年集釋》，三秦出版社，1990 年，第 153—157 頁；又第 129、131、146 等頁多見。平陽銅權看同書第 183 頁。

第五章
《古文四聲韻》版本問題研究

第三章重點討論了文本問題,從中不難發現,目前大家常用的《古文四聲韻》"宋刻配抄本"存在一些問題,其實除此之外,《古文四聲韻》還有其他本子,本章便討論與此相關的問題。

第一節 不同版本之間的差異及相關問題研究

以前人們使用的《古文四聲韻》本子主要有三個:一是乾隆四十四年汪啓淑刻本,二是光緒八年《碧琳琅館叢書》本,三是羅振玉石印本。《碧琳琅館叢書》本是據汪啓淑本翻刻的,羅振玉石印本所據的也是汪啓淑本,所以這三個本子來源相同,均源自汪啓淑本(後文簡稱"汪本")。汪本是根據西陂宋氏藏汲古閣影宋鈔刻印,據説汲古閣本根據的是文淵閣宋刻原本。汲古閣本現在下落不明。[①] 可見前人所用的《古文四聲韻》本子主要是汪本。1983年中華書局出版了據北京圖書館所藏宋刻配抄本影印的《新集古文四聲韻》(後文中徑稱"宋刻配抄本"),此版本以前未曾公布,一經出版即爲人們廣泛使用,現在大多數學者使用的就是此本。據整理者李零、劉新光介紹,該版本中配抄部分占88.5頁,刻本部分占79.5頁。其配抄部分與汪本完全一樣,可能是據汪本影寫。刻本部分和汪本款式字樣也基本一致,或許就是汲古閣本據以影寫的宋刻原本,後來有殘缺。[②] 既然"宋刻配抄本"中"配抄"部分來源於汪本,那兩者自然相同。至於"宋刻"部分,雖然整理者説與汪本大體一致,但經過比對可發現,兩者所

[①] 李零、劉新光整理:《汗簡・古文四聲韻》,"出版後記"第7頁。
[②] 李零、劉新光整理:《汗簡・古文四聲韻》,"出版後記"第8頁。

録古文形體又有差別,這對考釋古文形體較爲重要,應予以重視。

此處將宋刻配抄本(由於差別體現在"宋刻"部分,所以後文徑直稱爲"宋本")與汪本、羅振玉石印本(後文簡稱"羅本")、碧琳瑯館叢書本(後文簡稱"碧本")進行比對,把具有差異的古文形體以表格形式列出來,①並參考《訂正六書通》、《集篆古文韻海》等書,對相關版本的優劣進行初步判斷,不能確定者暫時空出,複雜的問題在後文進行詳細討論。

序號	字頭	宋刻配抄本(宋刻部分)	汪啓淑刻本	羅氏石印本	碧琳瑯館藏本	《訂正六書通》	《集篆古文韻海》	相關説明
					形體差異			
01	邦	1·14 又						宋、羅皆訛,汪、碧本更爲準確。
02	囗	字頭 切于飛	切于飛	切于飛	切于飛			從釋文的反切"于飛切"來看,該形是"囗"字,汪、碧優。
03	天	2·2 崔						宋本優,汪、羅、碧本上部訛成"口"旁。
04	川	2·5 老				86頁同汪、羅、碧本(收在"沿"字下)。	2·3同汪、羅、碧本。	汪、碧、羅本更爲準確,宋本形訛。
05	㳄	2·5 汪				87頁同汪、羅、碧本。		汪、羅、碧本更爲準確。
06	寮	2·6 老\又				93頁同汪、羅、碧本。	2·4同汪、羅、碧本。	宋本形訛,汪、羅、碧本更爲準確。
07	寮	2·6 碧				93頁同汪、羅、碧本。	2·4同汪、羅、碧本。	宋本形訛,汪、羅、碧本更爲準確。
08	嚚	2·7 崔				98頁同汪、羅、碧本。	2·6同汪、羅、碧本。	疑是加注了号聲,汪、羅、碧本優。
09	蕉	2·7 汪				94頁同汪、羅、碧本(收在椒字下)。	2·5同汪、羅、碧本。	宋本寫訛,汪、羅、碧本優。
10	號	2·8 老				100頁同汪、羅、碧本,但注出《古文》。		汪、羅、碧本優,詳後文。
11	羊	2·13 祝				113頁同汪、羅、碧本。	2·12同宋本。	疑汪、碧、羅本優。

① 表内所收録的主要是差別較大的形體。考慮到篇幅以及實用性,不同版本間,有的形體雖然有細微差別,但不會引起誤解的,本文不予收録。表格分形體差異、體例差異、出處差異、形體有無四個方面。

續　表

序號	字頭	宋刻配抄本（宋刻部分）	汪啓淑刻本	羅氏石印本	碧琳琅館藏本	《訂正六書通》	《集篆古文韻海》	相關説明
12	生	2·19 孝						宋本優，汪、羅、碧本誤成"㞢"。
13	耕	2·19 崔				126 頁同宋本。		"耕"從井聲，宋本優。
14	猶	2·23 尚				142 頁同汪、羅、碧本，但收在"甹"字下。		汪、羅、碧本更爲準確，宋本形訛。
15	丘	2·24 崔						汪、羅、碧本更爲準確，爲"丘"字隸定古文。
16	偸	2·25 老				149 頁同宋本。	同汪、羅、碧本。	從形體上看，宋本"力"旁是"人"旁之訛，汪、羅、碧本優。
17	幽	2·25 古				144 頁與宋本近，从水作。		《玉篇》以"瀀"爲"幽"字古文，此與宋本同，宋本優。
18	吟	2·26 崔						汪、羅、碧本從令不可説，當以宋本爲是。
19	充	3·6 説				193 頁同宋本。		宋本優。
20	水	3·6 崔						
21	癸	3·6 崔						宋本優。
22	虫							當以宋本爲是，汪、羅、碧本訛成俗體。
23	與	3·9 崔						汪、碧、羅本優，參第六章。
24	乳	3·10 義				181 頁同汪、羅、碧本。	3·10 同汪、羅、碧本。	宋本訛，汪、羅、碧本優。
25	户	3·11 汗				184 頁，兩者皆不像。		
26	腎	3·14 崔						汪、碧、羅本優。
27	卯	3·19 崔						

續表

序號	字頭	宋刻配抄本（宋刻部分）	汪啓淑刻本	羅氏石印本	碧琳琅館藏本	《訂正六書通》	《集篆古文韻海》	相關説明
28	上	3·24 孝						汪、碧、羅本優。
29	糾	3·28						"斜"是"糾"的俗字，見於《字彙·系部》，宋本優。
30	弁	3·29 説				238頁同宋本。		宋本優。
31	去	4·9 老				261頁同宋本。	4·10同宋本。	宋本優。
32	瓠	4·11 汗				265頁同宋本。	4·13同宋本。	《汗簡》亦與宋本同。
33	妻	4·13 尚				27頁同宋本。	4·14同宋本。	宋本優，汪、羅、碧本寫訛。
34	髻	4·14 崔						當以宋本爲是。
35	卜	5·3 崔						
36	僕	5·5 箱						當以宋本爲是。
37	足	5·6 孝				332頁同汪、羅、碧本。	5·6同汪、羅、碧本。	汪、羅、碧本優。
38	足	5·6 汗				332頁同汪、羅、碧本。		雖然《訂正》與羅、碧本同，但從形體上看，當以宋本爲是。
39	角	5·6 崔						从瓜不可説，當以宋本从木是。
40	列	5·14 崔						汪、羅、碧本優。
41	轍	5·15 老				351頁同宋本（在撤字下）。	5·21同宋本。	宋本優。
42	錫	5·15 汗				367頁同宋本。		古文出自《汗簡》，今《汗簡》中形體與宋本同，汪、羅、碧本筆畫脱落，宋本優。
43	曆	5·15 義				376頁同宋本（但出處爲《古文》）。		宋本中間形體爲"曆"，而汪、羅、碧本中間爲"厤"，應從前者。

第五章 《古文四聲韻》版本問題研究　185

續　表

序號	字頭	宋刻配抄本（宋刻部分）	汪啓淑刻本	羅氏石印本	碧琳琅館藏本	《訂正六書通》	《集篆古文韻海》	相關說明
44	闋	[篆]5·17說	[篆]	[篆]	[篆]	374頁同汪、羅、碧本。		詳後文。
45	磔	[篆]5·18義	[篆]	[篆]	[篆]			宋本優。
46	格	[篆]5·19尚	[篆]	[篆]	[篆]	365頁同宋本。		古文當从各，汪、羅、碧本中"各"旁訛爲"谷"。
47	宅	[篆]5·19崔	[篆]	[篆]	[篆]			後者"乇"旁訛成"巳"，不可說，宋本優。
48	執	[篆]5·22崔	[篆]	[篆]	[篆]			宋本優，詳第七章第四節。
49	諾	[篆]5·25王	[篆]	[篆]	[篆]		5·24同宋本。	前者从"死"，後者訛變嚴重，難以辨析，宋本優。
50	穫	[篆]5·25義	[篆]	[篆]	[篆]			《汗簡》中收同一形體與宋本近，當以宋本爲是。
出　處　差　異									
51	汧	[篆]2·3	[篆]	[篆]	[篆]			
52	此	[篆]3·4孝	《古老子》。	《古老子》。	《古老子》。	166頁同宋本。		《集古文韻》亦同宋本，宋本更爲可信。
體　例　差　異									
53	仙	[篆]韻唐	[篆]韻唐	[篆]韻唐	[篆]韻唐			
54	宂	[篆]2·5韻唐	[篆]韻唐	[篆]韻唐	[篆]韻唐			宋本上部圈記符號脫落，汪、羅、碧本優。
55	毈	[篆]3·4	[篆]	[篆]	[篆]			均誤，《集古文韻》釋文作"毇"是，詳參本章第二節。

續　表

序號	字頭	宋刻配抄本（宋刻部分）	汪啓淑刻本	羅氏石印本	碧琳琅館藏本	《訂正六書通》	《集篆古文韻海》	相關説明
56	嵬	嵬 文説 3·8	嵬 文説	嵬 文説	嵬 文説			宋本奪圈記符號，汪、羅、碧本優。
57	短	㪳 3·16	㪳	㪳	㪳	199頁同宋本，但出處爲《六書統》。		宋本是，詳後文。
58	合	合 3·18	合	合	合			宋本奪圈記符號，羅、碧本優。
59	堯	上並同 堯 韻補 3·18	上並同 堯 韻補	上並同 堯 韻補	上並同 堯 韻補			《集古文韻》亦單獨爲字頭，與宋本同。
60	表	裵褵 篆古 崔希裕 3·19	裵褵 崔希裕 篆古	裵褵 崔希裕 篆古	裵褵 崔希裕 篆古			從出處崔希裕《篆古》上面無"並"字看，似宋本優。
61	畏	㬅 4·9	㬅	㬅	㬅	278頁無此形及圈記符號。	4·10亦無類似形體。	宋本上部衍圈記符號。
62	却	郤 5·23	郤	郤	郤			汪、碧、羅本優，作爲字頭的"郤"應在"陌"韻中，此處收在"却"字下，是作"却"的古文，非釋文。
63	稷	穆 5·27籀	穆	穆	穆			從該形前後都是"稷"字古文來看，此形恐非釋文，疑宋本優。
形　體　有　無①									
64	傷	傷 3·11	切以古	切以古	切以古			宋本優。
65	草	艸 3·20説	缺古文及出處。	缺古文及出處。	缺古文及出處。			《集古文韻》中無此形，但是從行款上看，汪、羅、碧本此處空白，原來當有古文，可據宋本補出。

---

① 另外，汪、羅、碧本避康熙、雍正、乾隆諱，如"玄"、"胤"、"弘"、"曆"等字以上本子中相關字頭都以"御名"代替，宋本則不避，但宋本中"胤"字字頭脱失。

續　表

序號	字頭	宋刻配抄本（宋刻部分）	汪啓淑刻本	羅氏石印本	碧琳琅館藏本	《訂正六書通》	《集篆古文韻海》	相關說明
66	早	3·20崔	缺古文形體。	缺古文形體。	缺古文形體。	214頁有類似形體，但出自《籀文》、《汗簡》。	3·25有類似形體。	《集古文韻》中亦有該形，宋本優。
67	罔	3·24崔	缺古文形體。	缺古文形體。	缺古文形體。	222頁無此形。	3·30無此形。	《集古文韻》中亦無該形，不易判斷。
68	榜	缺古文及出處。	3·25說	3·25說	3·25說	223頁有此形，但出自《書學》。	3·30有同類形體。	汪、羅、碧本優。
69	丑	3·26春	缺古文及出處。	缺古文及出處。	缺古文及出處。	229頁無此形。	3·34有同類形體。	《集古文韻》中有該形，宋本優。
70	點	缺古文及出處。	3·29說	3·29說	3·29說	239頁有"點"及古文形體。		汪、碧、羅本優。
71	減	缺古文及出處。	3·29說	3·29說	3·29說	無此形。		《集古文韻》中亦無此形，不易判斷。
72	最	4·12義	缺少出處。	缺少出處。	缺少出處。	280頁有此形，出處與宋本同。		汪、羅、碧本脫訛出處，宋本優。
73	厤	5·15崔	缺少形體及出處。	缺少形體及出處。	缺少形體及出處。	376頁無此形。	5·31無此形。	不易判斷。

通過對比可以看出，不同版本中的古文形體有差異者可相互校正，①使訛變的形體得以復原。首先，利用汪、羅、碧本可校正宋本，如第1條"邦"字古文宋本作 ，②左面不可説。汪、碧本作 ，可知 左部是"丰"旁訛誤。第16條，宋本"偷"字古文作 ，從力，從力從俞之字不見於字書，不知爲何字。汪、羅、碧本均作 ，左面從人，可

---

① 從總體上看，汪、羅、碧三本中形體更爲一致，故前人認爲羅、碧二本出自汪本應是可信的。
② 此條中羅本形體亦誤。

知宋本中 ▣ 所从的"力"旁爲"人"旁之訛。第 24 條,宋本"乳"字古文作 ▣,結構不易拆分,汪、羅、碧本作 ▣,更爲準確。此形左下部 ▣ 形外有兩個豎畫,與正常"乳"字寫法不同,而與"亂"字近似,古"乳"、"亂"二字形近易混,[①]此形可能是"亂"字,後誤爲"乳"字。第 37 條,"足"字古文作 ▣,形體難以辨識,汪、羅、碧本均作 ▣,可知宋本中 ▣ 形右下部有脱訛。其次,宋本中的古文形體也可校正汪、羅、碧本中的訛誤。如第 18 條中"吟"字,古文汪、羅、碧本均作 ▣,右部从令,不可説。宋本中該形作 ▣,可知 ▣ 形中的"令"旁是"今"的訛誤。第 34 條"訡"字,古文汪、羅、碧本作 ▣,下部从令,"訡"與"令"讀音不近,相應之字在宋本中作 ▣,下部从个("个"旁是"介"旁的脱訛,詳參第四章第二節),可以發現 ▣ 下部是"个"(或介)旁的訛誤。第 39 條"角"字,古文汪、羅、碧本作 ▣,从瓜从冓,似不見於字書。宋本作 ▣,爲"構"字。《説文》:"構,蓋也。从木,冓聲。杜林以爲椽桷字。""桷"从角得聲,是"角"、"構"音近,宋本更爲準確。"執"字古文汪、羅、碧本均作 ▣,左面从女。宋本作 ▣,由於 ▣ 左部的"㚔"與"女"旁相似,所以汪、羅、碧本中訛成"女"旁。另外,也可據宋本校正汪、羅、碧本中釋文的錯誤。如第 22 條,《古文四聲韻》收古文作 ▣(四 3·8 汗),宋本釋文作 ▣,爲"虫"字。汪、羅、碧本收同一形體釋文分別作 ▣,寫成从宀从土,實際上是把 ▣ 誤看成了"宀"和"土"("土"字俗書加點畫)兩部分。

上表共列出宋本與汪、羅、碧本 73 條有差異之處。其中宋本優於汪、羅、碧的條目有 3、12、13、17、18、19、22、29、30、31、32、33、34、36、38、39、41、42、43、44、45、46、47、48、49、50、52、57、59、60、63、64、65、66、69、72,共 36 條,占 49.3%。汪、碧、羅本優於宋本的條目有 1、2、[②]4、5、6、7、8、9、10、11、14、15、16、23、24、26、28、37、40、54、56、58、61、62、68、70,共 26 條,占 35.6%。無法確定孰優孰劣者有 20、21、25、27、35、51、53、55、67、71、73,共 11 條,占總數的 15.1%。對比幾者可以發現宋本的準確率更高一些。

對比不同版本中古文形體,最直接的作用就是可以據此考釋疑難古文。第 9 條宋本中"蕉"字古文作 ▣,下部與"未"字相似,不易解釋,《注釋》(513 頁)認爲古文是"苿"字,其説可從,汪、羅、碧本中正作 ▣,對比可知 ▣ 下部爲"朩"旁寫訛。

[①] 參趙平安:《釋戰國文字中的"乳"字》,《金文釋讀與文明探索》,上海古籍出版社,2011 年,第 116 頁。
[②] 其中 1、2 兩條羅本中形體亦誤。

古"焦"、"朮"兩聲字可通用,《馬王堆漢墓帛書·五十二病方》:"薑、蜀焦、茱萸四物而當一物。"其中"焦"字,整理者釋爲"椒","椒"以"朮"爲基本聲符,則從朮聲的"茱"與從焦聲的"蕉"讀音也應相近,古文借"茱"爲"蕉",符合音理。

再如第 10 條,"號"字古文作 ![字形], 下部與"尐"旁相似,形體怪異。汪、羅、碧本中該形作 ![字形],從虎、從人、從爪。疑其爲"虐"字異體,《説文》:",殘也。從虍,虎足反抓人也。"古文與小篆相比,"人"旁和"爪"旁相對位置不同,其餘均很相似。"虐"是疑母藥部字,"號"是匣母宵部字,兩者讀音相近。從古文字中看,楚文字中"虘"形既可用作"虐",也可用爲"號",説明"虐"、"號"可通,此處似借"虐"爲"號"。

再如上録第 4 條,宋本中"川"字古文作 ![字形],似不成字,不易辨識。該形在汪、羅、碧本中作 ![字形],《六書通摭遺》、《六書分類》、《廣金石韻府》中所收形體均同於汪、羅、碧本,古文《老子》碑中形體稍有訛變,但也與汪、羅、碧本相近的。① 由此可知,此形在宋本中發生訛誤,當以作 ![字形] 形爲是。該形從水公聲,爲"沿"字,"沿"是"沿"的俗體,所以古文可釋爲"沿"。"沿"字是喻母元部字,"川"是昌母文部字,兩者聲母都屬舌音,韻部具有旁轉關係,讀音相近,可以相通。古"巡"、"沿"通用,《禮記·祭義》:"終始相巡。"鄭玄注:"巡,讀如沿漢之沿。"朱駿聲《説文通訓定聲》:"巡,叚借爲沿。""巡"從川聲,"沿"作"川"的古文應屬於通假關係。需要説明的是,"川"字古文作"沿","沿"是晚出俗體,恐未必早到戰國時期,但是其本身所反映的"沿"、"川"通用現象,却體現了早期的用字習慣。②

第 5 條宋本中"次"字古文作 ![字形](四 2·5 汗),筆畫散亂,不易辨認。該形在汪、羅、碧本中作 ![字形],結構清晰,從兩個"水"形,中間爲"人"旁,該形出自《汗簡》,《汗簡》中該形作 ![字形],中間從"欠"旁,由此可知 ![字形] 形中間的"人"旁是"欠"旁的訛省,在傳抄過程中"欠"旁遺失了上部,遂成"人"旁。同類現象在古文系統中還有其他例子,如"咨"字古文作:

![字形] 汗 1·7 庶   ![字形] 四 1·17 乂

從人、從二、從口。相同形體也見於"剛"字古文:

---

① 徐在國、黃德寬:《古老子文字編》,第 322 頁。
② 此處可順帶討論一個古文字形體,兮公盨中"濬"字作 ![字形] 形,裘錫圭認爲其是從奴從川會意,從○得聲。按:該說可信,其實該形中"川"除了作爲意符外,也可能具有表音作用。我們已論"川"、"沿"讀音相近,"沿"字聲符"㕣"的古文在《説文》中作"睿","睿"與"叡"爲同一個字,《説文》又以"濬"爲"叡"的古文,可見"川"、"濬"讀音相近。

[信]説　[信]四2·17籀　[信]四2·17説

"咨"、"剛"古文相同。《慎子曰恭儉》中有形體作[𠕲](2號)、[𠕲](5號),多數學者據上錄"剛"字古文,或把簡文讀爲"剛",或釋爲"强"(古文是借"强"爲"剛")。何有祖曾提出不同意見,他根據上錄"咨"字古文[信]與[𠕲]相同,把簡文釋爲"咨"。① 姑且不論此釋於文意是否通順,其所利用的"咨"字古文便是有問題的。鄭珍曾討論過此形:

> 如此形,是古文"剛"。據夏亦以此爲"咨",則釋"咨"不誤。蓋本作[𠕲],从次。左右互易,傳寫誤之。此左旁猶不盡是"人"字,夏則直作[亻]。②

鄭珍認爲[信]形左面本爲"欠"旁,後訛成"人"旁。其説可信,上錄"次"字古文中"人"旁也是从"欠"旁訛來,與"咨"字古文變化相同,可證鄭説。所以[信]本爲訛形,不能據此把《慎子曰恭儉》中形體釋爲"咨"。

總結版本間形體訛變的規律,也有助於考釋古文。如"間"字古文作:

[閒]四4·22老

"門"旁内形體奇特。從上表第44條"鬭"字古文可以看出,汪、羅、碧本中作[閒]的形體,宋本中作[鬭],依此規律推測,上錄"間"字古文本亦可能作[鬭]。

"閒"(間)、"閑"二字的古文分别作:

閒:[閒]説 [鬭]四1·39老
閑:[閒]汗5·65 [閒]四1·39義 [鬭]四1·39義

相互對比,這些形體都與[鬭]形相似,所以"間"字古文[閒],是從[鬭]類形體訛變而來。這一釋讀依據的便是版本間形體訛變規律。

下面討論"閒"(間、閑)字古文[閒]形的來源。段玉裁注"閒"字時把[閒]内的[𠈌]形改成"外"字,這一改寫十分正確。從古文自身的演變規律來説,"夕"(或月)旁也常訛作"人"旁,如"夙"字本从夕从丮,可嚴格隸定成"𠈌",古文或作:

---

① 何有祖:《〈慎子曰恭儉〉札記》,簡帛網,http://www.bsm.org.cn/show_article.php?id=590,2007年7月5日。
② 《箋正》,第538頁。

[图] 四5·5尚

"夕"旁訛成"人"旁。又"侈"字古文作：

[图]汗3·35史　[图]四3·5史

"侈"的聲符"多"从兩個"夕"（實際上是肉旁），但上錄古文中變作兩個"人"旁。再如"柔"字古文作：

[图]汗4·47爾\説　[图]四2·24尚\説

上錄《汗簡》中形體（第一形）从"月"（實際上是"肉"旁），《古文四聲韻》（第二形）却訛作从"人"，"月"、"夕"古本同字，古文字中常常互作，這也是"夕"（或月）旁訛成"人"旁的例子。可見"閒"字古文[图]中間所从的確是"外"字，从門从外的"閒"字古文字中常見。①

又"宛"字古文作：

[图]汗6·83碧　[图]四3·15碧

形體怪異，該形可拆分成[图]和[图]兩部分，前者是"宀"旁之訛，後者[图]與上文討論的"閒"(間)古文中間所从相同。按照來源，"閒"中間[图]形是"外"的訛變，"夗"與"外"左面都寫作"夕"，右面相似，以此類推，[图]中間應是"夗"旁訛變，則[图]是"宛"的訛體。

還需補充説明，上表第44條《古文四聲韻》以[图]或[图]爲"闋"字古文有可能屬於誤植，從上文討論不難看出，這兩個形體都與"閒"（或間）字古文相似，而與"闋"字古文[图]形不近，②所以誤植的可能性非常大。

體例上的差異也很重要，如第57條，汪、羅、碧本[图]形上部有圈記符號，是把該形看成釋文（字頭）。宋本該形上部則無圈記符號，將其看成隸定古文。兩者不同，檢《集古文韻》（集11）該形作[图]，爲篆體古文，不大可能爲釋文（字頭），並且行款稍異（[图]在[图]形後面），其後再無古文形體，則可肯定[图]不是釋文，應是"短"字的古文，是汪、羅、碧本衍圈記符號，宋本準確。版本上的差異對於釋文的校訂也很

---

① 李守奎：《楚文字編》，華東師範大學出版社，2003年，第669頁，亦可參看後文第七章第二節。
② 但也不能完全排除[图]是[图]訛體的可能性。

重要,如《古文四聲韻》卷三"寢"韻下收 ☐、☐、☐、☐(3·29)幾個形體,宋本釋文作☐,汪、羅、碧本收相同形體釋爲"飲",以上幾形都是"飲"字古文,所以宋本中釋文是"飲"(或歙)的形近訛字。

總之,核對不同版本之間的異同,有助於更深入地了解古文形體,對研究和利用古文都有非常重要的意義。

第二節 《集古文韻》的價值與性質

中華書局在出版宋刻配抄本的同時,又在書後附錄了《集古文韻》上聲殘卷。卷後袁克文跋謂:

> 集古文韻,宋槧殘本,存上聲卷第三一卷,即夏竦所著《新集古文四聲韻》。夏爲宋慶曆時人,字子喬。書原五卷,汲古毛氏謂世無其書,曾從文淵閣原本鈔出。清乾隆時汪啓淑得毛氏影本,遂以重刊。又天一閣書目有紹興乙丑浮屠寶達重刊本,即吾衍所謂僧繙本,今已早佚。文淵原本,亦渺焉無聞。……此書刻畫蒼嶄,當是北宋原本,即補板亦必在南渡初年。①

可見袁克文認爲《集古文韻》是《古文四聲韻》的一個版本,並且是北宋原本。李零、劉新光稱《集古文韻》是齊安郡學本(即所謂的"僧繙本"),是他們也認爲該殘卷爲《古文四聲韻》的一種版本。②

後來周祖謨發表了《〈新集古文四聲韻〉與〈集古文韻〉辨異》一文(以下簡稱"周文"),③周文對《集古文韻》的性質提出了不同看法,共列舉出《集古文韻》和《新集古文四聲韻》中五點不同,最後總結說:

> 根據以上所舉,《集古文韻》與《新集古文四聲韻》名稱不同,上聲分韻多寡不同,韻次也不同,顯然與夏竦序所説"準唐《切韻》分爲四聲"的話不相符合。且書中的反切不同於《切韻》、《唐韻》、《廣韻》,而多同於《集韻》,則其非夏竦書更無疑義。其是否爲紹興乙丑僧寶達所刻也成疑問。案夏書成於仁宗慶曆四年(公元 1044 年),《集韻》成於英宗治平四年(公元 1067 年),推測《集古文韻》是因承夏書,而采取與《集韻》所本的一類的韻書改作而成的,兩者非一書不能

---

① 李零、劉新光整理:《汗簡·古文四聲韻》,正文部分第 95 頁。
② 同時他們也注意到《集古文韻》與《新集古文四聲韻》存在差異,並列舉六點,參《汗簡·古文四聲韻》,"出版後記"第 8—9 頁。
③ 周祖謨:《〈新集古文四聲韻〉與〈集古文韻〉辨異》,《古籍整理研究學刊》1991 年第 1 期。

混爲一談。古書在流傳中往往有變改原書，別爲一編的情況，惟有細加勘校，方能辨其異同。

可見周文認爲《集古文韻》和《古文四聲韻》"兩者非一書不能混爲一談"。近年王丹在其論文《〈汗簡〉、〈古文四聲韻〉新證》中贊同周文的看法（本書簡稱《新證》），並謂：

> 我們對兩部分字形作了大致的對比分析，認爲二者所收古文結構差異不大，但後者（桃按：此指《集古文韻》）所收的一些字形相對拙劣、訛變較甚，如前者（桃按：此指《新集古文四聲韻》）"禱"字下所收❉，而後者誤作❉，前者"禍"字下所收❉，而後者作❉，左半"歹"已訛成"止"，前者"理"字下所收❉而後者作❉等，甚至收入一些不見於前者的古文字形，如元字❉、腦字❉，簋字❉，等等。所以，"兩者非一書不能混爲一談"（桃按：此句引自上述"周文"）的結論應該是可信的。①

是《新證》贊同周文觀點，且認爲《集古文韻》所收形體"相對拙劣、訛變較甚"。

近年來隨着戰國文字研究的逐步深入，傳抄古文已爲學者所重視，《新集古文四聲韻》中的古文形體更是頻頻被引用。但奇怪的是，絶大多數學者都没有注意到《集古文韻》中的古文，甚至專門研究傳抄古文的著述也很少引用《集古文韻》。究其原因，可能是當今學界或像周文那樣把《集古文韻》與《古文四聲韻》當成兩部書，或像《新證》那樣認爲前者所收古文"相對拙劣"，無參考價值。

其實，《集古文韻》與《古文四聲韻》關係密切，無論是把兩者當成同一書的不同版本，還是認爲前者從後者改作而來，都不應否認兩者的聯繫，也不應忽視《集古文韻》的價值。下面先討論《集古文韻》的價值，然後再談其性質。

《集古文韻》的價值主要體現在該殘卷的内容本身——所收古文形體。② 下面擬對《新集古文四聲韻》③和《集古文韻》所收古文進行討論。在討論相關問題前，先說明要參照的一些書籍。傳抄古文具有獨立的體系，從《説文》、三體石經、《汗簡》、《古文四聲韻》到《集篆古文韻海》、《訂正六書通》，這些材料所收古文具有明顯的因

---

① 《新證》第10頁。所引原文中傳抄古文形體標有出處，因其標注體例與我們不同，古文徑直省略，但不影響其文意表達。

② 《新證》雖然也談到了字形，但該文一共只舉出了9個形體（詳上引該文），這是遠遠不夠的，而且該文所列出的個別形體，不但不能説明《集古文韻》所收形體"相對拙劣"，反倒可證《集古文韻》能彌補或校正《新集古文四聲韻》，詳下文。

③ 因現通行的《古文四聲韻》的幾個本子書名均爲《新集古文四聲韻》，而本節所作對比都是現在通行本與《集古文韻》之間的區别，爲明確比較對象，本節徑稱前者爲《新集古文四聲韻》。此處《新集古文四聲韻》所代表的只是《古文四聲韻》的一個版本，正文中兩個稱呼均會出現，但兩者概念不同。

襲關係,可以相互比勘。辨析《集古文韻》、《新集古文四聲韻》的優劣,不能僅依靠兩者自身,還需利用《説文》、《汗簡》、《集篆古文韻海》、《訂正六書通》等書進行印證。

一、《集古文韻》上聲殘卷所收古文價值

1.《集古文韻》所録古文可補《新集古文四聲韻》之缺漏

(1) 腦：[字形] 集14 易

此形不見於《新集古文四聲韻》,從其他收録古文書籍看,《集篆古文韻海》(3·26)、《訂正六書通》(215頁)"腦"下均收此形,與《集古文韻》一致,是《集古文韻》可信。再説古文形體,睡虎地秦簡中"腦"("𣬈")字作[字形](《封診式》57),①與古文左部相似,馬王堆帛書中"𣬈"字作[字形](《養生方》),上録古文可能來源於這種形體,是其反寫。②《新證》因[字形]形不見於《新集古文四聲韻》,就否認《集古文韻》與《古文四聲韻》的聯繫(參上引《新證》内容),實不可取。

《集古文韻》收該形注出《古周易》,《訂正六書通》收此形注出《古周禮》,上文已論,該形見於《周禮·考工記》。《集古文韻》中此形出處《古周易》是《古周禮》之誤。

(2) 犯：[字形] 集21 雜

"犯"字以及此形均不見於《新集古文四聲韻》,但是《集篆古文韻海》(3·39)有"犯"字,下收兩個古文,其中之一與此形相同;《集韻·范韻》:"犯,古作狜。"《玉篇·犬部》"犯"下收古文作"狜",凡此均可證"犯"有古文作"狜",説明《集古文韻》有所本。再説古文形體,《説文》:"犯,侵也。从犬、𢎘聲。"此形"狜"从犬乏聲,古"乏"、"犯"可通,如《馬王堆漢墓帛書·十六經·正亂》:"毋乏吾禁。"整理者讀"乏"爲"犯",可信。"犯"字古文从"乏"屬於聲符替换。

(3) 虞：[字形] 集6 説

"虞"字以及此古文均不見於《新集古文四聲韻》,《集篆古文韻海》、《訂正六書

---

① 李學勤:《秦簡的古文字學考察》,《雲夢秦簡研究》,中華書局,1981年,第339頁。
② 郭店簡《六德》31和32號簡有[字形]、[字形]形,陳劍認爲該形下部的[字形]从艸从刀會意,爲"薙"的本字,可讀爲"柔"(參陳劍《郭店簡〈六德〉用爲"柔"之字考釋》,《中國文字學報》第二輯,商務印書館,2008年)。按:以此古文[字形]形與[字形]相比,兩者極其相近,似可爲陳説提供補證,但關於《六德》中的形體還有不同釋讀意見,如李家浩認爲該形爲"蠹"字異體(參李家浩《關於郭店竹書〈六德〉"仁類薶而速"一段文字的釋讀》,《出土文獻研究》第十輯,中華書局,2011年),簡文究竟該如何分析還有爭議,但古文[字形]形古樸,又與秦漢文字相合,當有可靠的來源。

通》(177頁)都收有"麆"字,下並收古文"噳"形,與《集古文韻》相同。此形即"噳"字,左部的口形上部橫畫脱落。《説文》:"噳,麋鹿羣口相聚皃。从口、虞聲。《詩》曰:麀鹿噳噳。"段玉裁注:"《大雅》:'麀鹿噳噳'。毛曰:'噳噳然衆也。'《小雅》:'麀鹿麌麌。'毛曰:'麌麌,衆多也。'按毛意'麌麌'即'噳噳'之假借也。《説文》無麌。"此形注出《説文》,可信。

(4) 獮：[圖]集11 説

此形不見於《新集古文四聲韻》,注出《説文》。《説文》:"獮,秋田也。从犬、璽聲。[圖],或从豕。宗廟之田也,故从豕、示。"《集篆古文韻海》亦收該形,也作爲"獮"字古文,與《集古文韻》相同。從形體上看,《説文》謂[圖]从豕,實則"豕"應爲聲符,"獮"以爾爲基本聲符,"豕"、"爾"均爲脂部字,兩者音近。上博簡《季庚子問於孔子》19號簡:"勿欽遠,毋詣逐。"其中"逐"形楊澤生讀爲"邇",①可信。這是戰國文字中"豕"、"爾"音近的佳證,所以"獮"字古文从豕,屬於聲符替換,古文形體可信。

(5) 欯：[圖]集11 説

此形不見於《新集古文四聲韻》,古文注出《説文》。《説文》:"欯,意有所欲也。[圖],或从柰。"又《訂正六書通》(198頁)"欯"下收此形,與《集古文韻》相同。此形从"柰"得聲,"柰"即"祟"字,古文字中的"祟"字正从木作,林澐對此曾有集中討論,②可參看。此古文"祟"旁从示从木,與古文字相合。

(6) 珍：[圖]集11 説

《集古文韻》中釋文誤作"珍",前文第三章第一節已有論述。現《新集古文四聲韻》不見"珍"字以及[圖]形,《説文》、《汗簡》、《集篆古文韻海》(3·20)、《訂正六書通》(204頁)均收該形爲"珍"字古文,與《集古文韻》一致。

(7) 醢：[圖]集8 籀

"醢"字以及此形不見於《新集古文四聲韻》,《訂正六書通》(188頁)下收此形,《集篆古文韻海》(3·14)亦收"醢"字,唯獨所收古文作[圖],形體稍訛。《説文》:"醢,肉酱也。从酉、盍。[圖],籀文。"上録[圖]與《説文》籀文形體相合,可見《集古文韻》當有所本。

---

① 楊澤生:《〈上博五〉零釋十二則》,武漢大學簡帛網,2006年3月20日。又清華簡第三册《説命(下)》"柔遠能邇"一句,"邇"字寫作"逐",亦从豕聲。楚簡中兩個"逐"都是"邇"字異體,與"追逐"之"逐"只是同形關係。
② 林澐:《讀包山楚簡札記七則》,《林澐學術文集》,中國大百科全書出版社,1998年,第19—21頁。

再説形體，[字]以"有"爲聲符，所從的"艸"、"鹵"均爲附加意符。古文字中"醢"字作[字]（《窮達以時》9）、[字]（《語叢四》10），①也从有得聲，與此古文形體相合。

此類情況還有很多，如"罕"古文作[字]（集11籀）；"趧"古文作[字]（集5説）等等，限於篇幅，例不贅舉，全面比對參看書末所附附表二——"《集古文韻》與《新集古文四聲韻》形體有無對照表"。

此類見於《集古文韻》但不見於《新集古文四聲韻》的形體，多能與其他書籍所收古文相合，有的還有古書用字習慣或古文字形體提供支持，它們的來源應是可信的。此類形體雖有可能是《集古文韻》從其他古文書籍轉錄而來，但其直接從《古文四聲韻》一書承襲的可能性更大，若此，前者可補充《新集古文四聲韻》之遺漏。

2.《集古文韻》所録古文可校正《新集古文四聲韻》之訛誤

（1）從形體寫法進行校正

《新集古文四聲韻》"載"下收古文出自《華嶽碑》作：

G1. [字] 四 3·13 華

《集古文韻》"載"字下收同樣出自《華嶽碑》的形體作：

G2. [字] 集 8 華

G1 與 G2 無疑是同一個字，G1 上部所從與"戈"旁相似，②G2 上部从弋，同一形體寫法略異，其一當爲訛形。《新集古文四聲韻》自身便提供了答案，該書在第四卷中"載"下收古文形體作：

G3. [字] 四 4·17 老

G3 與 G2 相同，又《訂正六書通》（270 頁）、《集篆古文韻海》（3·14）所録相關形體均與 G2 相同。從形體上説，古"才"聲字與"弋"聲字讀音相近，古文从弋屬於聲符替換。可見《新集古文四聲韻》中 G1 不如《集古文韻》的 G2 準確，可據 G2 校正 G1。

《新集古文四聲韻》中"起"字下收古文作：

H1. [字] 四 3·7 籀

---

① 趙平安認爲"酭"是"醢"的本字，參趙平安：《〈窮達以時〉第9號簡考論——兼及先秦兩漢文獻中比干故事的衍變》，《古籍整理研究學刊》2002 年第 2 期。

② 實際上是"飢"字所从"人"旁筆畫上延所致。

I1. 〾 四3·7 崔

《集古文韻》中"起"字收錄相關形體與此稍異：

H2. 〾 集4 籀

I2. 〾 集4 崔

H1與H2是同一個字；I1與I2是同一個字，除了隸定體與篆體的差異外，它們的寫法也有不同，H1、I1中的兩個形體都从己；H2、I2兩個形體都从巳，檢《訂正六書通》（175頁）"起"字下收錄了H類形體，不收I類，其收H類形體與H2相同，从巳作。由此類推，I也應从巳。可見，就此二形來說，《集古文韻》比《新集古文四聲韻》更爲準確，前者可以校正後者。

《新集古文四聲韻》中"弇"下收古文作：

〾 四3·29 説

相應形體在《集古文韻》中作：

〾 集21 説

此形注出《説文》，今本《説文》中古文作：

〾 説

三者相比，《新集古文四聲韻》中形體上部筆畫斷裂，《説文》中形體上部訛成"冖"形，僅《集古文韻》中保存完好，戰國楚文字中"弇"或作〾（《六德》31），〾與〾基本相同，《集古文韻》所錄形體的準確性更高。

（2）從所收古文異同進行校正

《集古文韻》和《新集古文四聲韻》有時所收古文不同，如《新集古文四聲韻》"踊"字下收出自《古孝經》古文作：

J. 〾 四3·3 孝

《集古文韻》中"踊"下收古文也出自《古孝經》作：

K. 〾 集1 孝

兩者"踊"字下都只收一個古文形體，且都出自《古孝經》，可見它們原來應是同一個字。

現 J 爲"愚"字、K 爲"踊"字,兩者不同,其一應是訛體。筆者認爲 J 形錯誤,K 形正確。首先,從校勘角度看,《訂正六書通》(165 頁)"踄"字下收《古孝經》形體爲"踊"字,與 K 同,後世字書中"踄"也是"踊"的異體。其次,從形體上講,J 從心作,K 從走作,"走"旁和"足"旁作爲意符可換用,所以"踊"與"踄"的關係顯然比跟"愚"更爲緊密,"踊"字古文作 K 形屬於意符更替。再次,《説文》、《汗簡》、《新集古文四聲韻》都以"愚"爲"勇"字古文,此類用法也見於郭店簡,① 可見從用字習慣上講,"愚"常用作"勇",在《新集古文四聲韻》中作爲"踊"字古文似不妥。凡此均説明《集古文韻》中所收形體更爲合理。

下面推測《新集古文四聲韻》把古文寫作 J 形的原因。《新集古文四聲韻》中"勇"與"踊"字相鄰,"勇"在前、"踊"在後(參看節末附圖十八)。"勇"字古文有多例寫成"愚"形,可能是受到抄寫慣性影響,《新集古文四聲韻》的傳抄者把"踊"字古文也寫成"愚"。

(3) 從釋文或歸字上進行校正

《集古文韻》和《新集古文四聲韻》中一些古文的釋文不同,如兩者都收如下古文:

[字形] 四 3·4 汗　[字形] 四 3·4 義　[字形] 四 3·4 崔　[字形] 四 3·4 庶

《新集古文四聲韻》中釋作"簸",《集古文韻》中釋作"毃",兩者不同。同一類形體,釋文不同,當有一誤。以其他收錄古文的書籍進行比對,《汗簡》收前兩形釋作"毃",《集篆古文韻海》(3·4)、《訂正六書通》(192 頁)收相應形體(形體數量略有出入)均釋作"毃"。説明《集古文韻》比《新集古文四聲韻》更準確。

又《新集古文四聲韻》收古文作:

[字形] 四 3·15 老

釋文作"閭",《集古文韻》中收相關形體釋作"楗"。《集篆古文韻海》(3·16)、《六書通摭遺》(487 頁)均收此形釋作"楗",同《集古文韻》。又古文注出《古老子》,元代古老子碑中亦收該形,用爲"楗"。《老子》二十七章:"善閉無關楗而不可開。"古文即用作此句中的"楗"字。可見《新集古文四聲韻》釋文屬於直接隸寫,不如《集古文韻》準確。

又《新集古文四聲韻》收古文作:

[字形] 四 3·23 老

釋文作"惔",《集古文韻》中收錄相關形體釋作"憺"。②《集篆古文韻海》(3·38)以及

---

① 郭店簡《尊德義》33—34 號簡:"弗勇則亡復。"又《性自命出》63 號簡:"行欲勇而必至。"兩句中的"勇"字原簡均作"愚"。

② 但出處不同,《集古文韻》注出《雜古文》,因爲相關參照書籍沒有提供有力的證據,所以不能判斷兩者出處孰更準確。

《訂正六書通》(236 頁)均收該形,並釋爲"憯",與《集古文韻》同。此形體爲"悇"字,左部的"心"旁訛變嚴重。古文假"悇"爲"憯",兩者古可通用,如《莊子·刻意》:"悇而無爲。"朱駿聲《説文通訓定聲》:"悇,假借爲憯。"《新集古文四聲韻》屬於直接隸定,似以《集古文韻》爲優。

又《新集古文四聲韻》收古文作:

[字形] 四 1·23 䣙

釋文作"鈕",注出《説文》。《集古文韻》録同一形體釋爲"鈕"。從形體上看,古文 [字形] 是"丑"字,而《説文》"鈕"下無古文,"鈕"下正有古文作"丑"。《汗簡》等書收此形並釋成"鈕",同《集古文韻》。《新集古文四聲韻》中釋文"䣙"是涉"鈕"字楷書而誤。需要注意的是,"鈕"的中古音本應在上聲,《廣韻》等韻書都將其歸在上聲"有韻"下,《集古文韻》亦同。但《新集古文四聲韻》釋文"鈕"誤作"䣙"後,又因"䣙"中古音屬平聲,竟把此形收在了平聲卷一中,舛訛殊爲嚴重。

《新集古文四聲韻》收古文作(參節末圖十九):

[字形] 四 3·20 義

釋文作"橐"。《集古文韻》收同一形釋爲"槀"(參節末圖二十)。① 兩者應有一誤,檢《廣韻》、《集韻》等韻書,在同一位置(暠或杲小韻下)收字都作"槀",又《訂正六書通》(213 頁)收 [字形] 形亦在"槀"下,② 可見《集古文韻》釋"槀"正確,《新集古文四聲韻》誤。

至于 [字形] 形的釋讀,《箋正》(668 頁)在討論《汗簡》中的 [字形] 形時,疑該形下部从禿,《注釋》(215 頁)疑古文下部是"木"字訛變。按此形下部从 [字形],較爲怪異,鄭珍認爲是"禿",但整個形體無法解釋。至於釋"木"是建立在該形爲"橐"字古文基礎上,現在明確該形本是"槀"的古文,且 [字形] 與"木"旁也不相近,釋"木"説亦可疑。從形體上看,[字形] 與"亓"字篆文 [字形] 相似,或許是其訛變,"亓"是見母幽部字,"高"是見母宵部字,兩者聲母相同,韻部旁轉,且"高"聲字可與幽部字相通,字形中"亓"亦起表音作用。但从高、从亓之字不見於字書,此説尚需更多資料驗證。

下面討論字頭處理方面的差異。《新集古文四聲韻》收有"靜"和"彰"字古文作

---

① 《集古文韻》另有釋文"橐",下收古文作 [字形](注出《説文》)。
② 《汗簡》中收同類形體 [字形](汗 2·27 義)釋作"橐"亦誤,釋文應作"槀"。

（參節末圖二十一）：

L1. 靜：[古文形體]四3·25老

L2. 彭：[古文形體][古文形體][古文形體]並四3·25老　[古文形體]四3·25尚　[古文形體]四3·25裴

[古文形體]四3·25義　[古文形體]四3·25汗

《集古文韻》中情況與此不同，該書沒有釋文（字頭）"彭"，L1和L2兩類形體都收在"靜"字下（參節末圖二十二）。① 可見兩者對L1和L2形體處理不同。從校勘角度看，檢《汗簡》一書收L2中[古文形體]、[古文形體]兩形釋爲"靜"；《訂正六書通》（226—227頁）把L2類形體也都釋作"靜"，兩者均與《集古文韻》同。② 從用字習慣上看，古文前五個形體是"彭"字，前四個形體都出自《古老子》，《老子》："牝常以靜勝牡。""靜"字在敦煌本作"彭"，是《老子》中"彭"字確有讀爲"靜"的用例。再從常理推斷，L2中的前四個形體和L1都是"彭"字，且都注出《古老子》，把它們釋成兩個字與常情不合。因此《新集古文四聲韻》中字頭"彭"應是衍文，《集古文韻》更爲準確。

下面試説衍文"彭"的產生原因，疑《新集古文四聲韻》所據的底本原不誤，只是有人在古文第一形後標注"彭"字，作爲形體的隸定釋文，而抄寫者不審，把"彭"當成字頭收入，這種混注釋爲正文的情況在古書中較爲常見。

《新集古文四聲韻》"穽"字和所謂的"阱"字古文作（參節末圖二十三）：

穽：[古文形體]四3·26彤　[古文形體]四3·26説

阱：[古文形體]四3·26籀

《集古文韻》却不同（參節末圖二十四），該本中"阱"字不是釋文，"阱"、"泮"二形寫作篆體，都作爲"穽"字古文。《集古文韻》和《新集古文四聲韻》哪一個更準確呢？《新集古文四聲韻》自身給出了答案，該本卷四（4·36）又重複收有"穽"字古文（參節末圖二十五），該卷"阱"形上並無圈記分隔符號，不以其爲釋文，而是把它當成"穽"字古文，與《集古文韻》一致，可見此處應以《集古文韻》爲優。

另外，《新集古文四聲韻》中還有很多歸字錯誤、奪文、衍文情況，前文在第三章第一節中已經有所論述，其中可以和《集古文韻》殘卷中相對應的，後者多不誤。可見從

---

① 圖二十二原來收在兩頁中，一收在17頁最後一欄，一收在18頁第一欄，便於觀看，現利用電腦程序，將兩者合併到一起。圖二十三情況與此相同。

② 《集篆古文韻海》（3·32）收這些形體分別置於"靜"、"靖"、"彭"等不同的字頭下，和《集古文韻》以及《新集古文四聲韻》均不同，與二者不構成可比性。

文本内容的角度看，後者有時更勝前者。

3.《集古文韻》和《新集古文四聲韻》綜合比較

從內容上看，《集古文韻》與《新集古文四聲韻》的差異主要體現在兩者所收古文形體的多寡不同和同一形體的出處不同兩方面。① 爲了更好地説明問題，下面製作了"《集古文韻》與《新集古文四聲韻》形體有無對照表"和"《集古文韻》與《新集古文四聲韻》形體出處差異對照表"。由於兩表頁數較多不宜直接插入此章，特將其附在文末（參文末附表二、附表三）。爲了更直觀地説明問題，現把比對結果表附在此處。

辨析《集古文韻》、《新集古文四聲韻》的優劣，不能僅依靠兩者自身，還需利用《説文》、《汗簡》、《集篆古文韻海》、《訂正六書通》等書進行印證，故表格中會將兩者之間的差異與這些書籍進行比較。在討論相關問題前，還需要對所使用的書籍進行交代。這主要是就《訂正六書通》而言，該書完成於明末清初，時間較晚，利用該書可能會引起懷疑，如劉建民在本書初稿之後也曾撰文討論《新集古文四聲韻》和《集古文韻》的差異，②他認爲我們利用《説文》、《汗簡》是可行的，但對《訂正六書通》的使用却持否定態度，原因是《訂正六書通》成書較晚，它所標注爲來源的那些材料，在其成書時大多已經亡佚。該書所收的字形，不大可能直接采自這些"原始"材料，該書所收與《新集古文四聲韻》、《集古文韻》相合的材料，更可能是《訂正六書通》直接或是間接采自後兩者。③ 因這一問題涉及論證方法，故此處需略作交代。筆者認爲劉建民的理由不但不能成爲棄用《訂正六書通》的原因，反倒是使用該書的理論依據。現在常用的《古文四聲韻》碧琳瑯館叢書本、羅振玉石印本、宋刻配抄本的配抄部分，都源自清汪啓淑刻本，汪本成書於乾隆四十四年（1779 年），而《六書通》是閔齊伋於順治十八年（1661 年）完成，後經畢宏述訂正，於康熙五十九年（1720年）付梓，故名爲《訂正六書通》，其成書時間早於汪本，排比其内容可知其成書時參考了《古文四聲韻》，大量地收入後者中的形體。④ 從上文第三章第一節所論《新集古文四聲韻》中很多誤植現象在《訂正六書通》中尚不誤，且通過綜合比較可以發

---

① 另外，兩者還存在字體方面的差異，《新集古文四聲韻》中一些隸定古文在《集古文韻》中被改成篆體古文，此類情況不改變構字部件，不構成區別性差異，所以本書暫不予以統計。
② 本書是在筆者博士論文基礎上略加修訂而成，故本書初稿即指筆者博士論文：《傳抄古文綜合研究》，吉林大學博士學位論文（指導教師：吴振武教授），2012 年。
③ 劉建民：《〈新集古文四聲韻〉與〈集古文韻〉字形來源差異研究》，《勵耘語言學刊》2016 年第 1 期。另，該文最後結論認爲《集古文韻》的字形來源準確性遠不及《新集古文四聲韻》。這和本書初稿利用《汗簡》、《訂正六書通》等材料進行比對的結論是一致的。從此似乎也可看出《訂正六書通》一書是可以作爲參考對象的。
④ 至於《訂正六書通》是否參考了《集古文韻》還無法確定。顧廣圻《題鈔本集古文韻》："此乃南宋本，未經重刊，故見者絶少。"可見《集古文韻》流傳甚少，見者不多。從來源上看，《訂正六書通》所收僅見於《集古文韻》中的材料極少，也就在十例左右，這些形體也可能是閔齊伋或畢宏述從《古文四聲韻》其他本子中選取而來。

現,《訂正六書通》成書時所參照的與現在通行的汪本、宋刻本都不同,應該是另外其他版本。《訂正六書通》中很多形體①是直接或間接出自《古文四聲韻》中某個不同版本,那麼從校勘學上來看,是正好可以據此校訂、比對現今通行的《古文四聲韻》幾個本子。同時,大家都了解,傳抄古文具有一定的封閉性,即自身有相對獨立的傳承系統,晚期書籍往往摹寫、采自早期書籍中的形體,所以學者在研究古文時常常拿不同時代的書籍中形體進行對比,很多也是據晚期書籍中形體來比對早期的形體,以《訂正六書通》爲例,王丹《新證》便大量地利用該書研究《汗簡》、《古文四聲韻》,這當然是可行的。同樣,此處使用《訂正六書通》中那些與早期形體相關的材料應該也是可行的。

其實,判定《訂正六書通》價值高下,最爲關鍵的是該書材料的準確性,筆者通過整理後發現在正確甄別材料的基礎上,該書具有很大的參考價值,並且是古文研究的重要材料。下面從不同方面進行討論,限於篇幅每類僅舉數例。

從誤植方面來看,本書第三章曾討論《汗簡》、《古文四聲韻》中古文文本問題,校勘了古文中的訛誤現象,其中第3、4、9、10、11、34、36、37、42、43、45、54、55、60、65、70、81、84、91、102、106、111、118、121、124、128、131、133、139、147等30個訛誤條目,在《訂正六書通》中都保留了正確用法,而在現通行的《新集古文四聲韻》中均誤。此類現象顯示以上條目在《訂正六書通》成書時所參考的《古文四聲韻》本子中並不誤,說明該書所參照的版本很多內容更爲準確。

從保留古文形體準確性來看《新集古文四聲韻》和《訂正六書通》,"徑"字古文前者作⿰(四4·36老);後者古文作⿰(311頁),前者"坙"旁下部訛變,不如後者準確。"置"字古文前者作⿰(四4·8崔);後者作⿰(247頁),古文爲"罬"字,"罬"、"置"二字常可通用,前者中"多"旁寫訛,後者更爲準確。"斯"字古文前者作⿰(四1·16尚);後者作⿰(14頁),後者所從"丌"旁並未訛成"示"旁,形體優於前者。類似情況還有很多,如"害"字古文前者作⿰(四4·12老),後者作⿰(270頁);"順"字古文前者作⿰(四4·19孝),後者作⿰(284頁);②這些形體中前者都發生訛變,後者都極爲準確,釋讀時應根據後者(此二形考釋可參後文)。

從形體出處準確性來看,"腦"字有古文⿰形(考釋詳上文),《新集古文四聲韻》未

---

① 主要指與《古文四聲韻》相合部分,後文所討論的都是基於此點。至於《訂正六書通》中所收其他如銅器、璽印等材料,多數與《古文四聲韻》等早期傳抄古文書籍無關。

② 但《訂正六書通》中該形出自《六書統》,與前者不同。

收此形；《集古文韻》收該形注出《古周易》；《訂正六書通》注出《古周禮》。檢《周易》中並無此形，該形見於《周禮·考工記》，故當以《訂正六書通》爲是。需要注意的是，以上諸書中唯《訂正六書通》標注出處是正確的。① 此類出處差異書後附表三已經列出，此不贅述。

從釋文方面看，本章已討論的 ▨▨（四3·4 汗）、▨（四3·23 老）等形的釋文，均當以《訂正六書通》爲準。又《新集古文四聲韻》收 ▨（四4·16 徐）釋成"贖"，《訂正六書通》（276頁）釋作"贖"，《汗簡》同於後者。《新集古文四聲韻》收 ▨（四5·17 林）形釋爲"席"，《訂正六書通》（368頁）釋爲"蓆"，《汗簡》同於後者。還有"曆"、"潔"、"璠"、"燔"等字都屬於此類情況。

由以上所論可知《訂正六書通》成書時參考了《古文四聲韻》的另一版本，②此本內容與現在通行本互有異同。而《集古文韻》也是《古文四聲韻》的一個特殊版本，所以《訂正六書通》中古文形體與《新集古文四聲韻》、《集古文韻》存在異同是正常現象，那麼據前者判斷後兩者優劣當然是可行的，且本文在使用該書的同時，還參考了很多其他古文資料。③

相關說明：

下表所錄爲比對結果，完整表格參見書後所附表二、三。下表所列包括序號和字頭，序號即完整表格中的序號。

"形體有無統計結果表"（下表左側）所列古文都是某本多出的形體且與其他書籍相合者。《集古文韻》多出《新集古文四聲韻》67例，與其他書籍相合者48例（與其他書中一種相合即收錄，下同），現將48例附錄於下。《新集古文四聲韻》多出《集古文韻》殘卷197例，與其他書籍相合者30例，現把30例附列如下。

"形體出處差異統計結果表"（下表右側）是指《集古文韻》殘卷與《新集古文四聲韻》收同一古文形體但出處不同，共78例。④ 相互參照，與其他書籍相合者《集古文韻》有17例、《新集古文四聲韻》有50例、不能確定者11例。

---

① 《集鐘鼎古文韻選》也注出《古周易》，亦誤。
② 或是作者曾對照多個本子進行了校勘。
③ 此處順便交代筆者對《訂正六書通》一書的看法：該書中那些與早期古文書籍所收形體相合者，很多是淵源有自、可信的，有的古文寫法或出處存在訛誤，但只是少數現象。至於該書所收其他如銅器、璽印等材料，多數與《汗簡》、《古文四聲韻》等早期傳抄古文書籍關係不大。所以，從古文研究角度來說，對《訂正六書通》中形體進行分類、甄別是非常重要的，把那些淵源有自、承襲早期古文書籍的"真古文"挑選出來，並加以校勘，以備學界使用，這應該是很有意義的工作。
④ 需要注意的是《集古文韻》中有脫失出處現象，若脫失出處的形體後面還有其他古文，那麼此形會被誤認作與其相鄰一形出處相同，從而導致出處有誤，與《新集古文四聲韻》不同。此類現象本書直接當成出處差異現象收入附表三中（如保、厚、土、善等條皆屬此類），不另討論。

數量	形體有無統計結果				形體出處差異統計結果					
	集古文韻 48/67		新集古文四聲韻 30/197		集古文韻 17/78		新集古文四聲韻 50/78		不能確定者 11/78	
	序號	字頭	序號	字頭	序號	字頭	序號	字頭	序號	字頭
1	010	踊	004	瘟	01	聳	05	累	03	是
2	012	紙	017	此	02	只	06	蛾	11	旨
3	014	毀	055	鬼	04	是	07	豕	17	鬼
4	025	比	056	鬼	09	跂	08	豕	29	遠
5	036	薨	058	嵬	10	跂	12	祀	35	件
6	037	鵬	062	秬	14	起	13	理	36	免
7	041	似	064	禹	23	舞	15	士	50	且
8	042	祀	067	雨	27	謹	16	尾	52	悐
9	045	鉛	069	俯	33	短	18	節	60	久
10	051	齒	086	哂	37	肇	19	秬	66	垢
11	054	齷	087	敏	40	禱	20	所	71	廩
12	063	麋	096	近	49	下	21	聚		
13	077	酖	107	盌	54	黨	22	俯		
14	082	亥	109	滿	58	礦	24	亥		
15	099	扒	110	滿	59	友	25	敏		
16	105	罕(厂)	112	滿	75	審	26	允		
17	106	卵	129	辨	76	敢	28	堇		
18	108	款	148	道			30	鮫		
19	113	版	159	可			31	誕		
20	115	珍(珍)	167	者			32	卵		
21	116	繭	181	象			34	善		
22	123	獮	188	掌			38	昊		
23	124	獮	189	掌			39	道		
24	130	谷	209	廣			41	澡		
25	145	爪	224	守			42	寶		
26	158	腦	233	后			43	寶		
27	161	我	234	后			44	保		
28	164	馬	254	厭			45	禍		
29	168	野	255	厭			46	跛		

續　表

數量	形體有無統計結果				形體出處差異統計結果					
	集古文韻 48/67		新集古文四聲韻 30/197		集古文韻 17/78		新集古文四聲韻 50/78		不能確定者 11/78	
	序號	字頭	序號	字頭	序號	字頭	序號	字頭	序號	字頭
30	171	假	264	範			47	也		
31	179	養					48	下		
32	180	象					51	仰		
33	184	獎					53	嚮		
34	186	掌					55	上		
35	192	享					56	省		
36	197	髣					57	省		
37	198	髣					61	守		
38	200	罔					62	阜		
39	201	罔					63	受		
40	202	罔					64	厚		
41	205	往					65	厚		
42	215	幸					67	走		
43	216	黽					68	寢		
44	225	酉					69	寢		
45	238	叟					70	朕		
46	248	糗					72	廩		
47	249	糗					73	枕		
48	262	犯					74	沈		
49							77	敢		
50							78	閃		

經過對比,現存殘卷與《新集古文四聲韻》中形體多寡不同共 264 例。《集古文韻》收録了 67 例不見於《新集古文四聲韻》的形體,《新集古文四聲韻》收録了 197 例不見於《集古文韻》殘卷的形體。參照了《説文》、《汗簡》、《訂正六書通》、《集篆古文韻海》等書,《集古文韻》中多出的 67 例有 48 例可以和其他古文書籍相合,占多出總數的 71.6%。①《新集古文四聲韻》中多出的 197 例,有 30 例與其他古文書籍相合,占多出形體的 15.2%。可見前者的結果高出後者很多。當然,也應注意到,後者多出的大量不見於其他書的形體,主要是隸定古文,限於體例,很多古文書籍不收隸定古文,這是相應形體未被收録的主要原因。總之,《集古文韻》多出的形體很多能與其他書籍相合(尤其是《説文》),是可信的。

兩者形體出處差異共 78 處,其中《集古文韻》與其他書相合者 17 例,《新集古文四聲韻》與其他書相合者 50 例,不能確定者有 11 例。按準確率來看,《集古文韻》占 21.8%,《新集古文四聲韻》占 64.1%,不能確定的占 14.1%。《集古文韻》的準確性低於《新集古文四聲韻》。即便如此,《集古文韻》中準確部分還是可以校正《新集古文四聲韻》中的錯誤。

經上文討論、統計可以看出,《集古文韻》與《新集古文四聲韻》中存在一些差異,從體例、形體準確性等方面,前者也可校正後者,前者所收多出形體很多能與古文字相合,可補充後者之不足,所以《集古文韻》對於傳抄古文以及古文字研究都有很大作用,學者在研究或使用傳抄古文時,應充分注意其價值。

二、《集古文韻》上聲殘卷的性質

前文主要從《集古文韻》和《新集古文四聲韻》的不同之處着手,辨析了兩者的差異。但不可否認的是兩者中所録古文絶大多數都相同,《集古文韻》殘卷中大部分古文形體都見於《新集古文四聲韻》,個别的差異不足以否定兩者的一致性。且兩者中很多錯誤都相同,這足以説明兩者之間的聯繫。下面試舉幾例,《新集古文四聲韻》中"敢"下收古文作:

   M1. 四 3·23 石

《集古文韻》中"敢"下亦收古文作:

   M2. 集 20 石

---

① 這個結果是以與其他相合的 48 例比上《集古文韻》殘卷多出的 67 例所得。下文《新集古文四聲韻》中的情況與此相同,也是以 30 例比上多出的 197 例所得。

M1 和 M2 形體相同，兩者均出自石經。《隸續》中收石經形體作 ▨，與 M 相似，但用爲"穀"，《隸續》一書所反映的用法是正確的，釋"敢"誤，詳參上文第三章第一節第 41 條。《集古文韻》和《新集古文四聲韻》同誤。

又《新集古文四聲韻》卷三"被"下收古文作：

N. ▨ 四 3·4 臺

對於此形上文在第三章第二節已有討論，古文从"示"殊誤。是因"示"旁和"衣"旁隸楷階段相近，此形是據訛誤的楷書回改成的篆文，爲後人僞造之形。《集古文韻》"被"下收古文與 N 形相同，亦从示作。是《集古文韻》與《新集古文四聲韻》同誤，從這種"相同的錯誤"可以看出兩者的聯繫性。

又《新集古文四聲韻》"簾"字古文作：

▨ 四 3·9 樂

該形右部从反，不易解釋。《汗簡》中收同一形體作 ▨，右面爲"豕"旁，可知古文是"鑢"字，只是"金"旁寫在"虍"旁下部，擠占了"豕"旁的位置。《新集古文四聲韻》"豕"旁脱訛成"反"，不妥。《集古文韻》中收錄該形作：

▨ 集 5 樂①

右面也訛成"反"，與《新集古文四聲韻》同，兩者訛誤一致。

《新集古文四聲韻》中"萷"字古文作：

O1. ▨ 四 3·17 史

該形右部本應从晉，《汗簡》中收該形作 ▨，尚不誤。O1 中的"晉"旁訛成與"替"相近，《集古文韻》中收該形作：

O2. ▨ 集 12 史

O2 右部亦寫成"替"形，其訛誤情況與 O1 相同。值得注意的是，《集篆古文韻海》中收該形作 ▨，尚不誤。可見早期的《汗簡》中不誤，晚出的《集篆古文韻海》亦不誤，唯獨中間的《集古文韻》和《新集古文四聲韻》同誤，這說明兩者所收古文具有同源關係。

---

① 《集古文韻》中該形釋爲與"簾"讀音相近的"虞"。

關於《集古文韻》和《古文四聲韻》之間的關係，袁克文等認爲是同一書的不同版本，周祖謨認爲前者是從後者改作而來。參考兩者體例上不同，外加所收古文形體數量及出處均有差異，可以看出《集古文韻》對《古文四聲韻》做了一定的改動，筆者認爲《集古文韻》可視作《古文四聲韻》的一個特殊版本，其性質相當於一般意義上的修訂本。

結　　論

下面根據本章的討論，把目前筆者所見《古文四聲韻》的幾個本子情況及其與《集古文韻》的關係簡列如下：

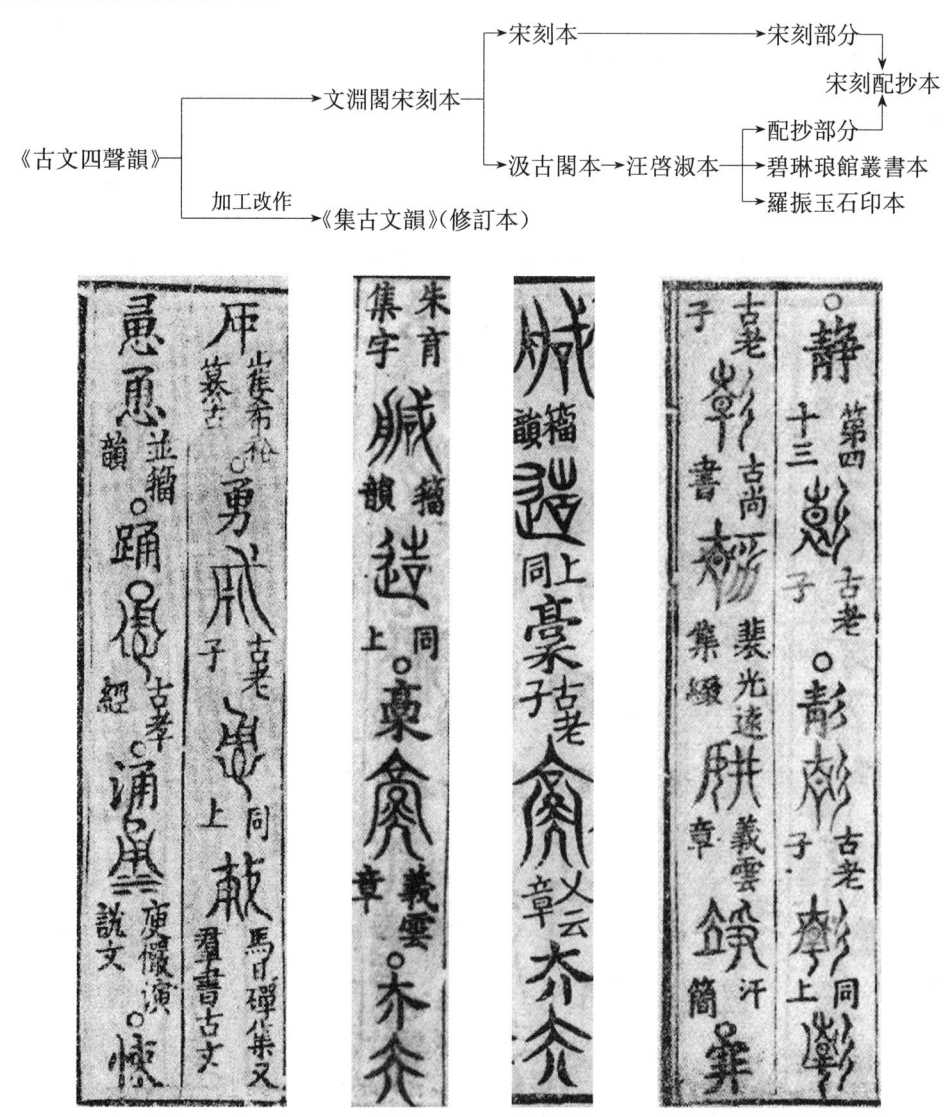

```
                                  ┌─→宋刻本──────────→宋刻部分─┐
                       ┌→文淵閣宋刻本┤                          ├→宋刻配抄本
《古文四聲韻》─┤             └─→汲古閣本→汪啓淑本─┬→配抄部分─┘
              │                                 ├→碧琳琅館叢書本
              └→加工改作                         └→羅振玉石印本
                 ↓
              《集古文韻》（修訂本）
```

圖十八　　　圖十九　　圖二十　　　圖二十一

第五章 《古文四聲韻》版本問題研究 209

圖二十二 　　　圖二十三 　　　圖二十四 　　　圖二十五

第六章
隸定古文研究

徐在國的《隸定古文疏證》一書是整理和研究隸定古文的重要著作，該書收集了十三種字書中的隸定古文，並對其進行了深入的分析與研究，取得了很好的成績。該書前言中對隸定古文有所定義（《疏證》1頁）：

> "隸定古文"是相對於篆體古文而言，指用隸書或楷書的筆法來寫"古文"的字形。大體包括隸定籀文、隸定古文等，涵義較爲寬泛。本文所研究的隸定"古文"，主要是指用楷書的筆法來寫"古文"的字形。

這一定義基本適用於本章所討論的範疇。

緒論已經交代，本書討論的範圍主要包括《説文》古文，石經古文，《汗簡》、《古文四聲韻》（包括《集古文韻》）等書所收古文，相關材料中只有《古文四聲韻》一書收有隸定古文，所以本章討論範圍重點放在《古文四聲韻》中，文中涉及其他書籍中隸定古文會交代相應形體的出處。

第一節　隸定古文的判定

關於《古文四聲韻》中隸定古文的研究，首要工作是正確判斷該書中的隸定古文。這一問題的提出可能會引起疑問，因爲隸定古文與篆體古文區別明顯，很容易作出判斷。其實不然，《古文四聲韻》一書除了收錄隸定古文、篆體古文外還有隸定字頭（形體釋文），如果不仔細辨別，易把楷書字頭當成隸定古文，或是把隸定古文當成楷書字頭，下面試舉一例。

郘王糧鼎（《集成》2675）銘文有形，以前釋讀意見較多，《金文編》以不識字放在

附錄中,①關於這種處理方式,陳漢平提出了不同意見,他說:

  1. 郘王鼎銘曰:"用鸎[圖]。"知此字爲烹飪、烹調之動詞。2. 據金文庶字作[圖](郘王子鐘)、[圖]、[圖]、[圖]、[圖]、[圖]、[圖](見正編1548號);《説文》也字作[圖];又也字古文信陽楚簡作[圖],楚帛書作[圖],秦郎邪刻石作[圖],臨沂漢簡《孫臏兵法》作[圖];金文匜字作:[圖]、[圖]、[圖]、[圖]、[圖]、[圖](正編2068號);鉈字作[圖](正編2068號匜字下);又它、也字古文通用,《説文》它字作[圖],金文作[圖]、[圖]、[圖]、[圖](正編2147號);又《説文》虫字作[圖],金文作[圖](魚顛匕)、[圖]、[圖](虫部諸字偏傍),知郘王鼎銘文之[圖]字字形係庶字與也、它或虫形之複合體,字當隸定作廬、廬,或隸定作廬。《説文》:"蜘,蟲也。从虫,庶聲。(之夜切)"《古文四聲韻》去聲禡韻下收有炙字古文,作[圖]、[圖]、[圖]三體。《顔氏家訓》炙字作燨,从火,庶聲。據郘王鼎銘文[圖]字與[圖]字相合,又據鼎銘文義,知[圖]字當釋爲炙。《説文》:"炙,炮肉也。从肉在火上。凡炙之屬皆从炙。[圖],籀文。(之石切)"②

先不論該觀點是否正確,單單從陳氏的論述來看,其將銘文中的形體釋作"廬",讀爲"炙",最主要的證據就是《古文四聲韻》"炙"下收古文作[圖]、[圖]。然而,很可惜的是這一證據本身就是有問題的。其實,他所舉出的三個形體中的後兩個都不是"炙"字古文,其中[圖]形原書在[圖]的上面(參圖二十六),[圖]本是楷書字頭(釋文),只是奪去圈記符號而已。《訂正六書通》(370頁)、《集篆古文韻海》(4·38)"炙"字條下都不收這兩個形體,其中《集篆古文韻海》(4·38)收與[圖]相似的形體,釋成"廬",可證。從另一方面説,如果[圖]形是"炙"的隸定古文,那麽按照該書的體例,會在[圖]形下面出處"籀韻"前加上一個"並"字,表示兩形並出此書。這從圖二十六中"敕"字古文後兩個形體的情況就可看出。而[圖]形下面"籀韻"二字前沒有"並"字,這也説明[圖]非

圖二十六

---
① 容庚著,張振林、馬國權摹補:《金文編》,第1238頁。
② 陳漢平:《金文編訂補》,第225頁。

"炙"字古文。可見《古文四聲韻》中"炙"字真正的古文只有 ![字] 一形而已。陳氏誤把"廬"的楷書字頭當成了"炙"字的隸定古文,判斷錯誤,他以此爲依據,得出的結論可信度自然不高。另外,陳氏將該銘文釋成"廬"也是靠不住的。其實 ![字] 形是"魚"字的反書,與後面的"腊"字構成"魚"、"腊"連舉結構,"魚"、"腊"連舉在古書中較爲常見。①

上文所提到的例子中, ![字] 形作爲釋文還是容易分清的,《古文四聲韻》中有很多形體不但奪去圈記符號,還在出處上有衍文,這樣的情況更難辨析,往往容易導致判斷錯誤。《傳抄古文字編》②專門收錄古文形體,並且按照《說文》的順序對古文進行歸字,較能體現出作者對古文的判斷。下面以該書中兩個例子進行相關討論。

《傳抄古文字編》(973 頁)"㸰"字下收古文作:

P. ![字] 四 2·21 古

Q. ![字] 四 2·21 籀 ![字] 四 2·21 籀 ![字] 四 2·21 說

"㸰"字古文作 P 很好理解,兩者屬於意符更替引起的異體關係,《玉篇·牛部》:"㸰,赤牛。亦作㸰。"是其證。但是以 Q 爲"㸰"字古文,令人費解。前文第三章第一節第 102 條中已經指出 ![字] 是獨立的釋文,並非"㸰"字隸定古文,上錄 Q 類後兩形是"毀"字古文。按照《傳抄古文字編》的體例,Q 中三個形體不應放在"㸰"條下,應該刪掉第一形而將後兩個形體放到該書(134 頁)"毀"字條下。

又《傳抄古文字編》(1297 頁)"縱"下收古文作:

R. ![字] 汗 3·42 林 ![字] 四 1·13 汗 ![字] 四 4·4 林

S. ![字] 四 1·13 义 ![字] 四 1·13 义

R 類古文借"纵"爲"縱",毋庸多言。S 中兩形似與"縱"字無關。細審《古文四聲韻》(參圖二十七),按照其體例,這兩個形體似應是"縱"字古文。其實,與上述情況相似, ![字] 應該是獨立的字頭,上部奪圈記符號,又在 ![字] 的出處上衍一"並"字。 ![字] 即見於《說文》的"収","収"與" ![字] "只是隸定方式不同而已。《訂正六書通》、《集篆古文韻海》等書反

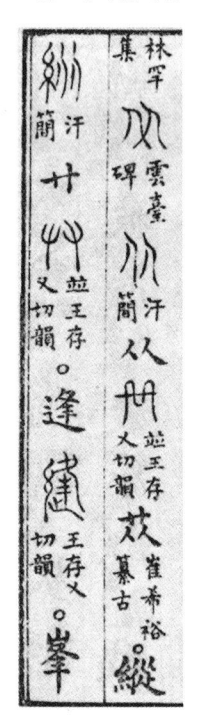

圖二十七

---

① 關於"腊"字的釋讀,以及典籍中"魚"、"腊"連用的例子參看吳振武:《說徐王糧鼎銘文中的"魚"字》,《古文字研究》第二十六輯,第 224—228 頁。
② 徐在國:《傳抄古文字編》,綫裝書局,2006 年。

映的情況與本文論證相合。S 類形體不應收在"縱"字下,其中第一形應刪除,第二形應放在《傳抄古文字編》(259 頁)"収"字條下。

由以上例子可以看出,判斷《古文四聲韻》一書中的隸定古文並非易事,這是由該書體例決定的。《古文四聲韻》中容易致誤的現象還有一些,研究或利用該書應多加注意。下面把應是獨立字頭而該書却在字頭上奪去圈記符號,致使容易引起誤判的現象羅列出來,①一些雖奪圈記符號,但不易導致誤判的情況,不予列出;一些没有明確版本(或相關書籍)支持的現象亦不列出。

卄 四 1·13 乂

詳上文。

囪 四 1·14

此爲"囟"字獨立字頭,上部奪去圈記符號。

乁 四 1·19

此爲"乁"字獨立字頭,上部奪圈記符號。

鱻 四 1·21 籀

此形上部奪圈記符號,下面誤衍"並籀韻"三個字。該形是"鱻"的隸定字頭,《汗簡》中不誤。詳參第三章第一節第 108 條。

丹 四 1·21

此爲"丹"字獨立字頭,上部奪圈記符號。

虍 四 1·26 汗

此形爲"虍"字字頭,與其古文 誤竄入"呼"字中,詳論參第三章第一節第 10 條。

辰 四 1·30

原在該形上部有圈記符號,似證明其是獨立釋文。但該形前後都是"辰"字古文,甚是怪異,該形爲"辰"的俗字。詳參第三章第一節第

---

① 其中部分内容在第三章第一節曾有討論,爲避免重複,已討論過内容文中會直接列出相關條目,可相互參看。

113 條。

芊 四 1·38

此形爲"華"之俗體（詳參後文第七章第三節），且爲獨立字頭，上部奪圈記符號。

汧 並四 2·3 唐

此形上部奪圈記符號，下面誤衍"並唐韻"三字（《唐韻》實則爲其上一形 𢀖 之出處，其中出處"唐韻"汪本作"崔希裕纂古"，參上一章）。該形是"汧"的隸定字頭，後面 玨 形爲其古文，《汗簡·古文四聲韻》"通檢"部分列"汧"爲單獨字頭，是已經注意到此點。

宀 四 2·5 唐

此形上部無圈記符號，下部又注出"籀韻"，易被誤認作是與其相鄰的"綿"字古文，碧琳琅館叢書本中該形上部有圈記符號，可見該形爲獨立字頭。

巠 四 2·21 籀

此形下部標有"並籀韻"三字，故可能與其上 剄、徑 二形一併爲"經"字古文，陰符經及後世字書中存在借"巠"爲"經"的現象。但考慮《汗簡》(3·43)、《訂正六書通》(130)等書都有單獨的"巠"字，並收有古文，故此形也可能是獨立字頭，下一形 巠 爲其古文。如此則該形上奪圈記符號，下衍出處。姑附於此。

霒 四 2·26 義

此形爲"霒"字的隸定字頭（釋文），上部奪去圈記符號，以致多被誤認作是相鄰的"陰"字古文，參前文第三章第一節第 140 條。

嵬 四 3·8 説

此形多被誤認作"鬼"字古文（鬼字在其上部），前文第三章第一節第 98 條中已經指出 嵬 實爲獨立的字頭（釋文），非隸定古文，只是上部奪去圈記符號，碧琳琅館叢書本中該形上部還存有圈記符號，可證。《疏證》(195

頁）"鬼"條收上錄形體，可商。

鹵 四3·11 汗

古文爲"鹵"字隸定字頭，上部奪圈記符號，下部衍"汗簡"二字，故學者或認爲其是"虜"字古文，非是。詳論見第三章第一節第 70 條。

琠 四3·17 崔

此形非"腆"字古文，疑是"琠"的隸定字頭，詳論參第三章第一節第 43 條。

仒 四3·18

該形爲"仒"字隸定字頭，但是上部奪去圈記符號，而且"仒"與其上面相鄰的"沇"字關係密切，易被誤認作"沇"字古文。

莑 四3·18 崔

此形是"莑"的隸定字頭（釋文），原書誤竄入"頓"字古文中，實誤。詳論參第三章第一節第 139 條。

壄 四3·22 籀

該形上部有圈記符號，易被當作獨立的字頭。實則非是，該形前後都是"社"字古文，從形體上看，此形是"社"字俗書，爲古文形體而非釋文，上部衍圈記符號。

鬆 四4·6 汗

該形應是"鬆"的隸定字頭，但是原文中該形上部沒有圈記符號，下部注出《汗簡》，易被誤認爲是"次"字古文。

屵 四5·11 古

此形爲"屵"的隸定字頭，上奪圈記符號。其下所收形體 注出《汗簡》，《汗簡》收該形釋爲"屵"，《訂正六書通》（342 頁）單設"屵"字，均可證。上錄形體出處"古文"二字爲衍文。

蓍 四5·20 崔

上録形體易被誤認作"帀"字古文(帀字在其上部),其實該形應是字頭(釋文),著上部奪去圈記符號,詳論參第三章第一節第 60 條。《疏證》(134 頁)"帀"下收此形,與本文的意見不同。

龟 四5·23 汗

此形實爲"龟"字的隸定字頭,由於該形上部奪圈記符號,易被誤認作相鄰的"虐"字古文。《疏證》(111 頁)"虐"字下收此形,疑其爲"龟"字,誤植於"虐"下。

《古文四聲韻》中之所以會有很多難以判定的隸定古文,主要是因爲現在常用的幾個版本問題比較多。所以在判斷隸定古文時,還應注意核查不同版本,並且參照其他古文書籍進行綜合比對,以免誤認或漏查隸定古文。

第二節 隸定古文的研究

關於隸定古文的研究,本節從隸定形體及隸定規律兩方面進行討論。由於筆畫的增減會引起古文失形進而導致難以釋讀,所以形體方面主要涉及筆畫的脱落與增添。隸定規律方面主要總結古文隸定時的一些共性,找出某種隸定原則,從共性和原則上入手,對古文進行研究。

一、從隸定形體研究古文

1. 筆畫脱落對隸定古文釋讀的影響

《吕氏春秋·察傳》記載:①

子夏之晋,過衛,有讀史記者曰:"晋師三豕涉河。"子夏曰:"非也,是己亥也。夫己與三相近,豕與亥相似。"至於晋而問之,則曰:"晋師己亥涉河也。"②

古文字中"己"字遺失兩個豎畫便訛成"三","亥"字脱去個别筆畫便與"豕"字接近,③可見"三豕涉河"的故事主要是由於文字形體筆畫脱落所致。在訛變劇烈的傳抄古文中

---

① 陳奇猷:《吕氏春秋新校釋》,上海古籍出版社,2002 年,第 1537 頁。
② 此事亦載於《孔子家語》第九卷"七十二弟子解":"卜商……嘗返衛。見讀史志者云:'晋師伐秦,三豕渡河。'子夏曰:'非也,己亥耳。'讀史志者問諸晋史,果己亥。於是衛以子夏爲聖。"與《吕氏春秋》稍異。詳參《諸子集成補編》第一册,四川人民出版社,1997 年,第 329 頁。
③ 其實戰國文字中"豕"、"亥"二字形近,容易訛混,如包山簡 265 號中"豕"字便被誤寫成"亥"。

也存在筆畫脱落的現象。

一般來説導致隸定古文筆畫脱落的原因有兩種：一種是在隸定時没有把握住原篆的特徵，漏摹了部分筆畫；還有另一種情況是隸定古文本身是正確的，但流傳過程中，筆畫在傳寫時被抄漏或刻漏。另外，文本載體受到磨損破壞等，都會致使古文缺少筆畫。下面針對一些過去未能釋讀或是考釋意見有待商榷的古文進行舉例討論。

按照一般規律，如果形體缺少某一筆畫是比較容易發現的，但形體脱掉筆畫後若與其他字形相近，則容易產生歧異，不易辨認。如"列"字古文作：

剌 四 5·14 崔

《疏證》(96 頁)疑該形是"列"字篆文"削"形的訛變。按，從形體上看古文與"削"字仍有差别，筆者認爲該形爲"剡"字，只是所從的"刂"旁遺失了左部的小豎畫，着眼於字形輪廓，仍可辨識出來。《玉篇·刀部》："剡，俗列字。""剡"、"列"讀音相近，兩聲系字有相通之例，如《周易·井》："井洌寒泉食。""洌"字馬王堆漢墓帛書《六十四卦》作"戾"。"洌"從列聲，"戾"是"剡"的聲符，可見"列"、"剡"音近可通。①

有些古文本身就是生僻字，不易引起注意，形體若再有筆畫脱落，無疑爲釋讀工作增加了難度。如"僕"下收古文作：

叜 四 5·5 籀

此形不常見，較難辨識。《疏證》(61 頁)以闕疑處理，非常謹慎。筆者懷疑此形是"夞"字，只是形體左部筆畫脱落，以致不易識别。"夞"在《廣韻·屋韻》中作 叜，與古文基本相同，可證。②《説文》："夞，行夞夞也。从夊，闕。讀若僕。"由此可知，"夞"、"僕"音近，古文是借"夞"爲"僕"。

又《古文四聲韻》中"與"字下收古文作：

爪爪 四 3·9 崔

該形看似從兩個"爪"字，《疏證》(62 頁)認爲此形從二爪，是"與"字俗體。筆者看法與此不同，頗疑古文是"瓜"字訛脱，爪爪 與"瓜"相比明顯脱去了兩個回折筆畫，致使形體怪異難識。

---

① 又此形在汪啓淑刻本、碧琳琅館叢書本、羅振玉石印本中均不脱訛作 剌（參第五章第一節表格 40 條），可見其是"剡"字無疑。

② 段玉裁曾據《廣韻》中 叜 形改寫《説文》小篆。

"瓜"字見於《說文》,也見於古文字中,"瓜"字上博六作󰀀(《平王與王子木》1號),陳偉認爲是"瓜"字,可讀爲"遇"。① 以"瓜"爲聲符的字見於包山簡簽牌 59-2,②李家浩以爲從"瓜"聲,讀爲"藕"。③ 以上諸説均可信。"遇"、"藕"都是疑母侯部字,"瓜"是喻母魚部字,它們聲母關係密切,韻部旁轉,讀音正相近,可見簡文確是"瓜"或從"瓜"得聲的字。傳抄古文記録的是戰國文字,󰀀可能就是據早期文字隸定而成,有可靠的來源。

古文借"瓜"爲"與"。"瓜"和"與"都是喻母魚部字,兩者雙聲疊韻,但傳世文獻中兩聲系字鮮見相通之例,幾種輯録通假字的工具書也未列出兩聲系字相通之例。下面試從出土文獻中找到相關綫索。楚國有"陽󰀀之遂"壐,此印文前兩個字爲地名無疑,舊無合理釋讀意見,後來吳振武認爲󰀀從"瓜"聲,應隸定爲"䣱",並從古音上論證了"陽䣱"應該讀爲"陽夏"。"陽夏"戰國時期屬於楚地,④該説可信。從用字習慣上看"夏"字與"雅"字可通,如郭店簡《緇衣》一文引用《詩經》裏《大雅》、《小雅》的"雅"字作"夏",可證。"雅"從牙聲,而從古文字中看"與"也從牙得聲(《說文》對"與"字分析不可信),⑤是"與"、"雅"和"夏"讀音相近。既然從"瓜"聲的"䣱"可以讀爲"夏",那麼應可讀成與"夏"音近的"與"。所以,把󰀀理解成"瓜"字的脱畫,從音理上講也是很合適的。

當然,還有一些隸定古文形體筆畫脱落情況是匪夷所思的,很難找到訛脱痕迹,如"塗"字古文作:

󰀀 四 1·26 籀

此形左部比較奇怪,很難將已知的偏旁與其聯繫起來,《疏證》(281 頁)以闕疑處理。筆者懷疑此形是"斁"字之訛,"斁"左上部的"四"形(實爲"目"旁)在傳抄過程中筆畫斷裂並脱落,訛成"叩"形,所以較難識別。現利用電腦程序將其復原作󰀀,便容易看出該形爲"斁"字了。

古籍中有"四"形筆畫斷裂成"叩"形的例子,如《戰國策·趙策三》:"兼有是兩者,無鈞咢鐔蒙須之便,操其刃而刺,則未入而手斷。"句中"咢"字在明刻鮑彪注本中作"罕",⑥"咢"與"罕"互爲異文顯然屬於形近訛字。且不論兩者孰爲正字,單從訛誤情況就能看出,它們所從的"叩"形和"四"形相互訛混。又如現在使用的簡化字"罵",本

---

① 陳偉:《讀〈上博六〉條記》,簡帛網,http://www.bsm.org.cn/show_article.php? id=597,2007 年 7 月 9 日。
② 此形還見於包山 258 號簡,看湖北省荆沙鐵路考古工作隊:《包山楚簡》,圖版 112,釋文 37 頁。
③ 李家浩:《信陽楚簡中的"柿枳"》,《簡帛研究》第二輯,法律出版社,1996 年,第 6—7 頁。
④ 關於此壐印的著録以及考釋情況看吳振武:《釋三方收藏在日本的中國古代官印》,《中國文字》新廿四期,藝文印書館,1998 年,第 90—93 頁。
⑤ 裘錫圭:《讀〈戰國縱橫家書釋文注釋〉札記》,《古代文史研究新探》,第 84—85 頁。
⑥ 孫詒讓:《札迻》,第 74 頁。

是从"罵"字簡化而來,前者所從的"叩"也是由後者上部"四"形(實際上是"网"旁)筆畫訛脱而來。① 在古文體系中也可找出相關例證,如"夏"字收篆體古文作:

[篆字] 四3·22 尚

又收有隸定古文作:

[隸字] 四3·22 籀

不難看出,後者是對前者的隸定。前者中間所從爲"四"形,後者中間爲"叩"形,其隸定時訛誤情況正與"斁"字訛成 [字形] 形相同,説明此類訛脱在古文系統中並非孤例。

"斁"是定母鐸部字,"塗"是定母魚部字,兩者聲母相同,韻部具有嚴格的對轉關係,讀音相近。出土文獻中有"余"聲字與"睪"聲字相通之例,如《戰國策·燕策》:"王欲醳臣剸任所善。"其中"醳"字馬王堆《戰國縱橫家書》作"舍";"塗"字以"余"爲基本聲符,《説文》謂"余"從舍省聲(實際兩者是一字分化)。"醳"與"斁"聲符相同,所以"塗"和"斁"讀音相近。更爲重要的是,傳世文獻中存在"塗"、"斁"直接相通的例子,如《尚書·梓材》"惟其塗塈茨",又"惟其塗丹雘",《正義》:"二文皆言斁即古塗字。"段玉裁《古文尚書撰異》以爲孔本"塗"原來應作"斁",②"塗"、"斁"互爲異文説明二者音近。可見從音理上把該古文釋成"斁"也非常合適。

又"鞠"下收古文作:

[字形] 四5·4 崔

"竅"字不見於其他字書,以往也没有合理的釋讀意見。頗疑它是"竅"字的脱筆。"竅"作爲或體見於《説文》,《説文》:"竅,窮也。从宀、簐聲。簐與鞠同。竅,竅或从穴。"古文是"竅"字在傳抄過程中脱訛了"竹"旁所致。

從形體上講,"竅"字雖然不見於字書,但是字書中有一個"竅"的變體,《類篇·穴部》:"窵,《説文》:'窮也。'"《漢語大字典》在這句話後有按語云:"按《説文·穴部》、《玉篇·穴部》均作'竅'。"③此説可從,可見"窵"是"竅"的異體。就字形而言,"窵"與"竅"無疑是一個字的不同寫法,只不過前者把下部寫成包圍結構,後者把下部寫成左右結構。那麼按照《類篇》所提供的綫索,"竅"即爲"竅"字異體。從音理上説,"竅"和"鞠"都是見母覺部字,聲韻全同。由《説文》中的分析可知"竅"的聲符"簐"與"鞠"音同,而

---

① "罵"訛成"骂"的例子由吴振武提示筆者。
② 高亨、董治安:《古字通假會典》,第838頁。
③ 漢語大字典編委會:《漢語大字典(縮印本)》,湖北辭書出版社、四川辭書出版社,1992年,第1144頁。

據趙平安研究,"籟"與"鞠"早期形體都以"䩹"爲聲符,①兩者讀音相近。所以,"窽"與"鞠"讀音也很相近。古文可借"窽"爲"鞠"。

這裏順便交代,《説文》中另有"窡"字與古文"窽"形體也很相似。《説文》:"窡,屋傾下也。从宀、執聲。""窡"字古音屬端母侵部,與"鞠"字讀音不近,所以它不會是"鞠"的古文。但是因爲"窡"與"窽"(窽)太過相似,字書中兩者有相混的情況,如《廣韻·栎韻》:"窡,窮也。"按"窡"多訓"屋傾"義,似無由訓作"窮也","窮也"却是"窽"字的常訓,②據此可以看出《廣韻·栎韻》中"窡"訓"窮也"是涉"窽"字而誤。

2. 筆畫誤增對隸定古文釋讀的影響

除了筆畫脱落以外,隸定古文中還存在筆畫誤增的現象。筆畫誤增絕大多數發生在對古文進行隸定的時候,其原因和整理者(或隸定者)個人的古文認識水平有關。當然,對古文進行隸定時刻意求奇也是導致此類現象的原因之一。

《古文四聲韻》中收"綱"字古文作:

囲 四 2 · 17 籀

從形體上看,該形从囗从四個又形,不見於傳世字書,頗爲怪異。《疏證》(269 頁)據《古文四聲韻》中"网"字古文與此形近,認爲此形是"网"字之訛,此處借爲"綱"。該書所提到的"网"字古文作:

囝 四 3 · 24 崔

兩者相比,它們無疑是同一個字,只是前者在後者的下部多增添了一横畫,致使古文變成从囗,難以釋讀,《疏證》這一釋讀意見是正確的。

有些隸定古文形體誤增筆畫後與本形差異較大,不易辨識。如"怒"字古文作:

T1. 汗 4 · 59 義　四 5 · 16 義

T2. 四 5 · 16 崔

關於 T1 類古文的釋讀意見存在分歧,鄭珍説此形上部是"毌"之訛誤(《箋正》566 頁);黃錫全不同意此説,認爲該形上部是"弔"旁的訛變(《注釋》380 頁)。按:從形體上説,明顯與"弔"寫法不近,這從傳抄古文中"弔"(旁)寫法就可看出,如古文中的"弔"聲字作:

---

① 趙平安:《釋"䩹"及相關諸字》,《新出簡帛與古文字古文獻研究》,商務印書館,2009 年,第 120 頁。
② 宗福邦、陳世鐃、蕭海波主編:《故訓匯纂》,第 595 頁。

叔：[字形]石

浟：[字形]汗3·38孝　[字形]四5·4孝

宋：[字形]汗3·38義　[字形]碧

寂：[字形]四5·16義　[字形]四5·16老

形體與[字形]明顯有別。其實，[字形]左部从血，就是"衄"字訛形，唯獨右部的"丑"訛成"刀"形，傳世字書如《集韻》、《正字通》中"恧"字有異體作"恖"、"憗"等形，其右部所從的"刃"和"刅"也是"丑"的訛誤，情況與此古文正可類比。這是把[字形]釋成"衄"的重要證據。從音理上講，"衄"與"恧"都是泥母覺部字，"恧"從"衄"作屬於聲符換用。

下面討論 T2 形。《廣韻·錫韻》也以"䗡"爲"恧"字古文，表面看來[字形]从血从思，若着眼於整個古文體系，T1 和 T2 顯然相關，它們應是同一形體。[字形]形右部所謂的"思"旁應該是由"丑"和"心"兩旁組成，只不過"丑"旁左側誤增了一個豎畫，使"丑"變成了"田"形，相應地整個古文也就變成从思了。究其本質，該形就是 T1 的增畫隸古定形體。徐在國已經注意到 T1 和 T2 之間的聯繫，認爲它們是同一個字（《疏證》221 頁），這很正確，但是他又贊同黃錫全的說法，把 T2 也分析成从"弔"，却不可從。

筆畫誤增現象不僅出現在隸定古文中，在篆體古文中也有發生，如不予以注意，往往會造成誤釋。如"順"字古文作：

[字形]四4·19孝

或認爲上録形體是"從"字，"從"有"順"義，此處與"順"同義換讀（《新證》112 頁）。由形體觀之，此說不可信。疑此形是"巡"字，其所從的"川"旁筆畫有增添現象，檢《訂正六書通》(284 頁)"順"字下收古文有"巡"字；《集篆古文韻海》"順"下收古文作[字形]，也是"巡"字，並且兩書"順"字下所收古文都再無作[字形]形者，可證[字形]是"巡"字變體無疑。"順"和"巡"古可通用，如《禮記·月令》："順彼遠方。"其中"順"字《呂氏春秋·孟秋紀》作"巡"。出土文獻中亦存在類似用法，如行氣玉銘（《三代》20.49.1）："巡則生，逆則死。"其中的"巡"與"逆"相對，學者將其讀爲"順"，可信，這是六國文字中"巡"、"順"相通之證，古文所反映的用字習慣正好與此相合。

二、從隸定規律研究古文

"隸變"是漢字由篆體發展到楷體過程中所經歷的關鍵環節。與隸變密切相關的概念就是隸定(或稱隸古定),是指用隸書或楷書的筆法去寫篆文。關於篆文的隸定規律很多學者都有探討,此處不擬多論,本節主要談一下《古文四聲韻》中隸定古文所體現的一些隸定現象。了解這些現象,有助於隸定古文的研究。

筆者發現《古文四聲韻》中隸定古文體現的特徵與常規隸定原則不同,可概括爲"趨同"和"求異"兩種。

所謂"趨同"現象,是指隸定者往往把所見的古文形體,按照與該形體相近的另外偏旁來隸寫。舉例來説,《古文四聲韻》中"億"字下收古文作:

U1. [字形]四5·27籀　[字形]四5·27籀

從形體上講,第一形似"慮"字,第二形上部所從與"虘"旁相近。"慮"和"虘"上古音都是魚部字,而"億"字在職部,前文第四章第二節已有討論,職、魚二部不近,而且也未見"意"聲字與"慮"字相通之例,所以古文較難解釋。《疏證》(173頁)疑第一形[字形]爲"慮"字,非"億"字古文,並將第二形[字形]以闕疑處理。這種考慮比較謹慎。其實,這兩個隸定古文都是變體,這要從"噫"字古文說起。《汗簡》、《古文四聲韻》中"噫"字下收古文作:

U2. [字形]汗4·59　[字形]四1·20尚

黄錫全指出古文上部從虍,第一形下部從悥,第二形下部從"意"的籀文"意"(《注釋》378頁),其説是。形體中的"意"或"意"應是聲符,此處作爲"噫"字異體。

筆者懷疑U1類形體就是對U2類形體的隸定,因爲從虍意聲(或"意")的形體不見於字書,所以隸定者把古文隸寫成形近的"慮"或"虘"字,遂不易辨識。古"億"、"噫"二字聲符相同,讀音相近,U類形體既然能作爲"噫"的古文,當然也可作"億"字古文。

再回看U1對U2形隸定時所體現的特點,就是把不熟悉的部分寫成與其相近的偏旁,這就是"趨同"現象。

再説"求異"。所謂的求異現象是指隸定古文時,刻意把隸定形體所從的偏旁寫得和篆體古文有所不同。如"退"字古文作:

V1. [字形]四4·17尚　[字形]四4·17石

V2. [字形]四4·17崔　[字形]四4·17崔

兩者相比，V2 是對 V1 的隸定。推敲其過程，"退"字一直是常用字，[字形]形正常應隸定成"復"（或退），這是常識，隸寫者應該知道。但仍把此二形隸定成從"戾"，應是刻意爲之，這就是所謂的"求異現象"。推測"求異"動機，應是爲了追求新奇，體現古文的與衆不同。"求異"又表現在有更準確的篆文形體不選擇，而挑取發生訛變的篆文作爲參照，如"遂"字古文作：

W1. [字形]石　[字形]石　[字形]説　[字形]碧　[字形]四 4·5 天
W2. [字形]汗 1·8 尚　[字形]四 4·5 尚
W3. [字形]四 4·5 崔

W 類古文都是"述"字，此處借用爲"遂"。W1 類形體明顯較 W2 類形體準確，W2 類中所從的"术"已經訛變得與"束"旁相近，"遂"字古文作[字形]（汗 3·39 孫），所從的"术"旁亦訛成"束"，是其比。W3 的隸寫者把"述"字隸定成[字形]，所從與"朿"旁近似，"朿"與"束"音、形皆近，不難看出隸寫者如此隸定參照的應是 W2 類。W1 類形體見於石經或《説文》，均早於 W2 類，W3 的隸定者當可見到，其仍采用已經訛變的 W2 類，應是刻意求奇。

"趨同"和"求異"是《古文四聲韻》中隸定古文體現出的與正常隸定規律不同的現象。兩者既有共同點，又有區別。兩者的區別表現在："趨同"所趨向的是別的形體，是因本身生僻，所以寫成與其他形體相同；"求異"指向的是所要隸定的篆體古文自身，是要把隸定形體寫成與本身不同。"趨同"與"求異"兩者又有共同點：都是要使隸定形體與原來篆體有所區別，①展現古文的特殊性。

爲了更好地説明《古文四聲韻》中隸定古文的特殊性，下面選出幾個例子，編製成下表，以作説明。

字頭	篆體古文	正常隸定形體	《古文四聲韻》中隸定形體	對 比 説 明
柸	[字形]四 1·29 汗	匹	[字形]四 1·29 崔	古文本應隸定作"匹"，但是爲了求異，把中間的"不"旁寫成了"豕"。
荆	[字形]四 2·19 尚	茍	[字形]四 2·19 崔	把左下部形體隸成相近的"又"旁。

---

① 這種區別不是指"篆體"和"隸定體"的書寫體不同，而是表現爲字形中的構字部件或筆畫有變化。

續　表

字頭	篆體古文	正常隸定形體	《古文四聲韻》中隸定形體	對　比　說　明
旨	四3·5汗	旨	四3·5崔	把上部的形體當成"尸"旁，屬於趨同現象。
使	四3·7老	事	四3·7崔	把形拆分成和"子"兩部分，詳後文。
與	四3·9說	舁\叀	四3·9崔	古文本應隸作"舁"或"叀"，但因"叀"所從的"収"旁與"牧"相近，便被隸成從牧。
雨	四3·10老	雨	四3·10崔	蓋涉"雨"和"水"意義相關，把形中間寫成形體相近的"水"形。
卯	說文小篆	卯\夘	四3·19崔	把看成正反兩個"戶"形，遂隸定作。
至	四4·5孝	至	四4·5崔	本象倒垂的箭形，此處拆分下部作"土"，隸定成與"圣"同形，屬於趨同原則。
珇	四4·16說	珇	四4·16崔	爲了求異，把形體右部隸定成相近的"囚"旁。
役	四5·17說	役	四5·17崔	因爲篆體所從的"殳"上部似"門"，所以把右部隸成了"閦"，實與"閦"字無關，詳參第四章第一節。
革	四5·18汗	革	四5·18崔	把形中的隸定成"艸"，當成"又"，當成"耳"，遂成"蕺"形。

了解《古文四聲韻》中隸定古文的規律，有利於古文的研究。下面先討論一對形近字的問題，《古文四聲韻》中"癸"字下收古文作：

　　　　四3·6崔

而"隘"下收古文作：

　　　　四4·15崔

兩形極其相近，且同出自崔希裕《略古》。由於古文體系中有很多誤植現象，僅從表面來看，易得出兩者之一屬於誤植的結論。若仔細分析二者隸定時所據的形體就會發現事實並非如此。《疏證》(300頁)懷疑　形是　的訛變。其說可信，同在《古文四聲韻》一書，"癸"下又收古文作：

[字形] 四3·6汗

對比可以看出[字形]是對上錄形體的隸定，因爲在已知的偏旁體系中找不到與[字形]形對應的隸定部件，所以隸寫者選擇了與其形體相近的"出"旁作爲隸定基礎，把古文寫成[字形]，屬於上文討論的趨同原則。

再看"隘"字古文作[字形]，《疏證》（296頁）懷疑此形是"嗌"字初文"莽"的訛變。此説極是，古"益"聲系字常可與"莽"聲字相通，如《古文四聲韻》中"益"字古文假"莽"字爲之作：

[字形] 四5·16老 [字形] 四5·16老

將其與"癸"字古文[字形]形相比，兩者在輪廓以及結構上都十分相近，所以隸寫者在隸定[字形]、[字形]字時，采用了與隸定"[字形]"時相同的原則，把它們寫成了"[字形]"形。可見"隘"字古文作"[字形]"代表"莽"字，是借"莽"爲"隘"；"癸"字古文[字形]代表的就是"癸"字本身，兩者所代表的字不同，只是在隸定時寫成形近而已。

《古文四聲韻》中隸定古文"之"、"止"二旁隸定方式相同，它們常常被隸寫成[字形]，如"之"字篆體古文作：

[字形] 四1·19汗 [字形] 並四1·19孝

又有隸定古文作：

[字形] 並四1·19籀

把"之"字上部隸寫得與"山"相似，下部與"人"形相似，此隸定方式與常規不同。"詩"字有隸定古文作：

[字形] 四1·20籀

其所從的"之"旁與上文"之"字隸定古文[字形]完全相同，古文從言從之，爲"詩"字異體。又"使"字古文作：

[字形] 四3·7老

此寫法可與戰國文字相對應，來源可信。同時"使"字還有隸定古文作：

[图] 四3·7崔

上部从[图]（之），下部从子，是把篆體[图]形誤拆分成[图]和[图]兩部分，並用隸定方法寫出。與此相關的"飢"字古文作：

[图] 四1·17籀

此形右部殊異，在[图]上部又加一撇畫，按照上文討論的隸定方式，[图]爲"之"旁。隸楷階段在"之"上加一撇畫應爲"乏"字，"飢"字另有篆體古文作：

[图] 四1·17尚

从食、从乏，可見[图]形右部雖然與常見的"乏"字隸定不同，但是按照"之"字的隸定方式，完全可以正確地分析出[图]的構形部件。

了解古文隸定原則，也有助於解決一些有爭議的問題，如"莊"字下收古文作：

[图]說 [图]汗2·22說 [图]四2·15說

形體可隸定成"牂"，其中"爿"旁來源，學者持有不同意見。如王國維、①黃錫全、②何琳儀認爲其來源於古文字中的"屮"旁，或舉出中山兆域圖中"葬"字作[图]（《集成》10478）形爲證。③《語叢三》中"莊"作[图]（9號），陳劍、馮勝君、④張富海⑤據此認爲"爿"是從"甾"旁演變而來。按：無論是從通假關係還是古文字中的相關形體來看，兩種觀點都各有依據，似難取捨。《古文四聲韻》"莊"下收隸定古文作：

[图] 四2·15崔

該形下部似从手、从其，所从的"手"形是"丮"的訛形，"其"形也應是訛體，學者或疑"其"旁是[图]所从的[图]形訛變，但[图]的上部與"其"字上部有別。上録郭店簡中"莊"作[图]，該形右部[图]與"其"字的寫法頗近，⑥古文隸定者容易把[图]寫成形體相近的"其"旁。

---

① 王國維：《魏石經殘石考》，《王國維遺書》第九冊，第36頁。
② 《注釋》，第192頁。
③ 何琳儀：《戰國古文字典》，第701頁。
④ 陳劍、馮勝君觀點看《郭店簡與上博簡對比研究》，第305頁。
⑤ 《研究》，第31頁。
⑥ 張光遠在考釋庚壺銘文中的[图]形（讀爲莊）所从的[图]旁時，指出它與"其"字構形相似（參張光遠：《春秋晚期齊莊公時庚壺考》，《金文文獻集成》第29冊，1981年，第475—476頁），是其比。

[字]上部是"甾"旁訛變，由此，古文[字]原來可能从艸、从[字]。如果此推測屬實的話，崔希裕隸定時所依據的形體是从"甾"的，那麼以上兩說中當以第二種意見更爲合理。

另外，很多隸定古文形體來源於後世俗字，下文將在第七章第三節中專門討論，故此處不再贅述。

第七章

古文的時代問題

——與不同時代文字對比研究

古文本身記錄的是戰國文字,關於此點學界意見基本一致。但整理和輯錄古文的人都是漢代及以後的人,《汗簡》、《古文四聲韻》成書於宋代,由於古文整理者會把一些當時不熟悉的文字誤當作古文收錄,致使古文中包含了許多秦漢文字和後世俗體,所以對古文的研究也應注意其時代特徵。

第一節 古文與先秦古文字研究

一、古文與古文字形體及構形規律相合

隨着古文字研究的不斷深入,學者已經發現傳抄古文來源於古文字,前者保留在地上,後者存於地下,兩者能夠互證,是王國維所提出"二重證據法"的最好體現。可以通過對比形體以及構形規律來説明兩者的關係。

1. 古文保留了古文字的細微特徵

最能直接説明傳抄古文與古文字關係的是將兩者形體進行直接比較。由於書後已經列出"古文形體與古文字對照表",此處便不再冗餘舉例。這裏僅從古文保留了古文字的細微特徵來看兩者關係。古文屢經抄寫,形體訛變嚴重,但古文字中的一些細微特徵在古文中仍有所體現。

《説文》:"安,靜也。从女在宀下。"分析"安"下部从女。"安"字古文作:

    汗5·67華   四2·6華   四2·6雲

以上形體爲"安"字。仔細觀察,形體除"宀"、"女"二旁外,在"女"旁下部還有一點畫。

"安"字此類寫法習見於古文字中,①很多學者都曾討論,②陳劍對此進行過專門研究,他認爲除去"宀"旁後的部分可能是表"安坐"之"安"的本字,並謂"安字中多出來的這一兩筆,恰是正確解釋其字形的關鍵"。③ 古文中"安"字亦保存了這一點畫,與《說文》分析不同,而與古文字反映的情況一致。④

《說文》:"擊,支也。从手,毄聲。"又:"毄,相擊中也。如車相擊,故从殳、从軎。"裘錫圭指出《說文》"从軎"的說法是有問題的,漢印中"毄"字左旁作"東"下加"凵"形,並不从軎。並把《容成氏》中的 🅰(22號簡)讀爲"擊"。⑤ 其說可從,《古文四聲韻》中"繫"字古文作:

🅰 四 4·14 黃

其左上部所从明顯不是"軎",而是橫置的"東"旁。古文字中的"繫"或"毄"字作:

🅰《周易》1　🅰《靈王遂申》04

🅰《周易》40　🅰《繫年》120

🅰 鄭與兵壺(《銘圖》12445)

《周易》簡中的兩個形體有今本對照,前者今本作"擊",後者今本作"繫",所以兩處簡文釋讀均無問題。鄭與兵壺中形體與《周易》簡1形體極其相似,舊或誤釋成"敕",或誤釋爲"陳",後張新俊、魏宜輝改釋成"塈",破讀方面,張說讀爲"嗇"、⑥魏說讀爲"懈"。⑦ 改釋可信,破讀當以魏說更爲合理。以上形體都是从東的,⑧古文與此一致,保留了較早的寫法,可糾正《說文》的錯誤分析。

"施"字古文作:

🅰 汗 4·48 尚　🅰🅰 並四 1·16 乂　🅰 四 1·16 乂

---

① 湯餘惠主編:《戰國文字編》,第 496—497 頁。
② 參郭沫若:《者汈鐘銘考釋》,《考古學報》1958 年第 1 期;裘錫圭、李家浩:《曾侯乙墓竹簡釋文與考釋》,《曾侯乙墓》下册,第 507 頁注 39;周鳳五:《包山楚簡文字初考》,《王叔岷先生八十壽慶論文集》,大安出版社,1993 年;吳振武:《新見古兵地名考釋兩則》,《九州》第三輯,2003 年。
③ 陳劍:《說"安"字》,《語言學論叢》第三十一輯,2005 年;又見氏著《甲骨金文考釋論集》,第 108 頁。
④ 古文系統中,借爲"焉"的"安"字保存了這一關鍵筆畫,但是"安"字下所收古文卻沒有這一筆。古文的複雜性可見一斑。
⑤ 裘錫圭:《讀上博簡〈容成氏〉札記二則》,《古文字研究》第二十五輯,第 316—317 頁。
⑥ 張新俊:《上博楚簡文字研究》,吉林大學博士學位論文(指導教師:吳振武教授),2005 年,第 14 頁。
⑦ 魏宜輝:《利用戰國竹簡文字釋讀春秋金文一例》,《史林》2009 年第 4 期。
⑧ 古文字中還有从東、从支之"毄"字,相關釋讀可參拙文《釋"紳"、"毄"——從楚帛書"紳"字考釋談起》,《簡帛研究二〇一五》春夏卷,廣西師範大學出版社,2015 年。

該形是"它"字。漢代隸書中"它"、"也"相混,但古文字中二者來源不同,區別明顯,①戰國文字中"它"常可用爲"施",如郭店簡《忠信之道》7—8號簡"君子其施也忠",句中"施"作⌘;《六德》14號簡"因而施禄焉",其中"施"作⌘,均假"它"爲"施"。"它"爲"蛇"字初文,甲骨、金文、戰國文字均有出現,一般作⌘(《金文編》876—878頁)、⌘等形,右下側不加任何撇畫飾筆,加有飾筆的⌘形多用爲"施"。再看此處討論的"施"字古文⌘形,與常見"它"字寫法不同,而與⌘相合,應不是巧合,古文⌘可能就是來源於⌘類形體,保留了細微的區別特徵。

《説文》:"守,守官也。从宀、从寸。寺府之事者。从寸,寸,法度也。"秦系文字中的"守"从宀从寸,與《説文》一致。六國文字中的"守"字或作:

⌘《競公瘧》8 ⌘上·《緇衣》19 ⌘侯馬1:6 ⌘守丘刻石

形體下部作⌘,可以嚴格隸定成"寽",與常見的"寸"旁不同。學者指出"寽"是"肘"的本字,在字形中起表音作用,②其説可信。"守"字古文或作:

⌘四3·26華

此形下部所从不是"寸",而是"寽"。僅是一個筆畫寫法的差異,却足以説明該古文來源於六國文字。

《説文》:"廷,朝中也。从廴、壬聲。"古文字中的"廷"字作:

金文:⌘⌘⌘⌘⌘(《金文編》118頁)

戰國文字:⌘包山7 ⌘包山40 ⌘《皇門》5 ⌘《周易》48

早期金文本从𠃊、从土、从人(或彡),③後來"土"旁與"人"旁結合變作"壬",亦表音。戰國文字中亦从𠃊、从土、从彡。以形體觀之,古文字中的"廷"都从𠃊不从廴,《説文》認爲"廷"字从廴,是就訛變後的形體而言。④ 相類的現象亦見於"建"字,《説文》謂

---

① 何琳儀:《戰國古文字典》,第863頁。
② 何琳儀:《戰國古文字典》,第190頁;又李天虹:《釋郭店楚簡〈成之聞之〉篇中的"肘"》,《古文字研究》第二十二輯,第262—265頁。
③ 或認爲其中的"彡"旁表音,參張世超、孫凌安、金國泰、馬如森:《金文形義通解》,中文出版社,1996年,第410頁引高鴻縉説。
④ 从廴的"廷"在秦簡中已經出現。

"建"字从廴,但實際上"建"本从𠃋。① 其訛變情况與"廷"字相同,"廷"字古文作:

[图] 汗1·9 [图] 四2·22 林\雲

从𠃋从土,"土"可能是"壬"的訛變,也可能本來就存在"从𠃋从土"的"廷"。古文从"𠃋",不从廴,與《説文》分析不同,與六國文字中的"廷"寫法一致。

2. 古文與古文字的構形、演變規律相合

古文與古文字之間的關係,不僅表現在兩者形體相同,也體現在兩者構形規律相似。如前文第四章第一節曾討論古文系統中的構形規律,這些規律都與古文字情况一致。

古文系統中存在聲符、意符替换現象,此類現象在古文字中更爲普遍,就第四章所舉的例子來説,它們在古文字中均存在。如彼處所舉的意符换用之例有"日"與"月"、"宀"與"穴"、"宀"與"广"、"手"與"攴",這幾組偏旁通用在古文字中比較常見,《戰國文字通論(訂補)》、《中國古文字學通論》二書中都有舉例,此不贅述。關於聲符替换的現象,第四章曾舉出"彔"與"鹿"、"某"與"母"、"牧"與"母"幾組例子,古文字中也存在它們相通的現象,例不贅舉。

古文系統中存在偏旁位置關係錯位的現象。第四章曾以"侍"字古文作 [图] (四4·8石)、[图] (四4·8雲)爲例,上博八《子道餓》中的"侍"字作:

[图] 《子道餓》2

所从的"人"旁亦置於"之"旁的下部,與上録"侍"字古文第一形相同。

古文系統中形近偏旁有時相混,第四章曾舉"戈"和"弋"、"之"和"止"、"人"和"尸"爲例,這幾組偏旁在古文字中也有訛混的情况。"戈"和"弋"相混,李家浩曾有討論,②可參看。古文字中"之"和"止"、"人"和"尸"相混之例,也較爲常見。

古文與古文字演變規律亦相合。古文字中常有變形音化現象,這在古文中也可找到,如"兩"字收古文作:

[图] 汗3·40 義

此形中間从"羊",可嚴格隸定成"𠔝",所从的"羊"形應是"兩"形中間形體加横畫飾筆

---

① 關於"建"字形體分析可參看裘錫圭:《釋"建"》,《古文字研究》第十七輯,中華書局,1989 年,第 207 頁。
② 李家浩:《戰國邙布考》,《古文字研究》第三輯,中華書局,1980 年,第 160—165 頁;又見氏著《著名中年語言學家自選集·李家浩卷》,第 161 頁。

演變而成，其與古文字中"鬲"字演變情況相同，其演變過程爲：

古文字：鬲—[圖] 伯姜鬲①→[圖] 邾友父鬲②→[圖] 鄭羌伯鬲③

古文字：兩—[圖] 大篮④→[圖] 包山111→[圖] 孔子詩論13

古　文：兩—[圖] 四3·23汗→[圖] 四3·23義→[圖] 汗3·40義

可見，"兩"中間所從"羊"與"鬲"字相似。"兩"是來母陽部字，"羊"是喻母陽部字，兩者聲母都是舌音，韻部相同，讀音相近，"兩"從羊作，屬於變形音化。

古文字中形聲字常常存在省聲情況，古文系統中亦然。如"時"字古文作：

[圖] 説　[圖] 石　[圖] 汗3·33尚　[圖] 四1·19尚

《説文》："時，四時也。從日、寺聲。""寺"本從之得聲，上録古文從日之聲，屬於聲符省略。古文字中的"時"字或作：

[圖] 《尊德義》32　[圖] 《程寤》8　[圖] 《璽彙》4343

亦從之得聲，與古文一致。

古文字中存在偏旁相互擠占的現象，如"膳"字作：

[圖] 《語叢三》38

"善"字多作[圖]（魯大司徒元鼎《集成》2592），下部從兩個"言"旁。在[圖]形中，由於"肉"旁擠占了"譱"左下部"言"旁位置，所以該旁被省略掉。此類現象也見於古文系統中，同樣以"膳"爲例，"膳"字古文或作：

[圖] 汗2·18義　[圖] 四4·23崔

與上録《語叢三》中形體構形基本相同。

古文字形體演變規律在傳抄古文中也有體現。如"獎"字古文作：

[圖] 汗3·37義　[圖][圖] 並四4·15老

---

① 《集成》605。
② 《集成》717。
③ 《集成》659。
④ 《集成》4299。

徐在國、黃德寬指出郭店簡《老子乙》(14號)"幣"字作【圖】,《語叢三》(55號)"繒"字作【圖】,簡文中"㕣"(旁)寫法當是古文所本,①此說正確。"幣"字也見於九店楚簡:

【圖】(㕣)九店 M56.44

其他材料中還有以該形爲聲符的形體:

【圖】包山213　【圖】包山260　【圖】包山233

上録九店簡中形體李家浩最早釋爲"㕣",認爲其餘形體以"㕣"爲聲符,並指出形體上部或從米或從采,下部或從巾或從市,其中"采"兼有表音作用。② 白於藍也曾談及【圖】形,他贊同李家浩觀點,並認爲【圖】形下部"市"旁也是聲符,③此觀點亦可信。

常見的"㕣"字下部多作【圖】,與古文下部的【圖】和"繒"下部【圖】小異,其實古文字中有一種演變規律,就是在【圖】形上附加飾筆再加羨符"口"最終變成【圖】。此類現象學者多有討論,其中魏宜輝作過論述,現把他舉過的例子附在下面:④

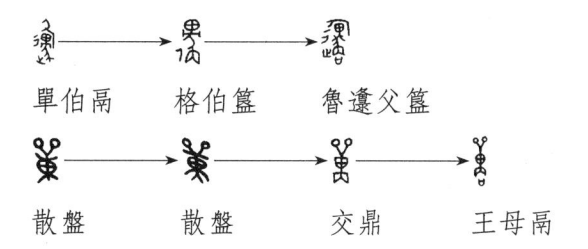

【圖表】
單伯鬲　格伯簋　魯遼父簋
散盤　散盤　交鼎　王母鬲

可見,古文【圖】是從【圖】類形體演變而來,與古文字演變規律相符。

在此順便討論一個可能與"市"旁相關的字。包山簡中有形體作:

【圖】(包山125)【圖】(包山132)

該形也寫作:

【圖】(包山197)【圖】(包山199)【圖】(包山201)

---

① 徐在國、黃德寬:《傳抄〈老子〉古文輯説》,《中研院歷史語言研究所集刊》第73本第2分册;又《古老子文字編·附録一》,安徽大學出版社,2007年,第436頁。本書據後者。
② 李家浩:《包山楚簡"䇲"字及其相關之字》,《第三届國際中國古文字學研討會論文集》;又見氏著《著名中年語言學家自選集·李家浩卷》,第272—277頁。
③ 白於藍:《上海博物館藏竹簡〈容成氏〉"凡民俾㚔者考"》,《文物》2005年第11期。
④ 魏宜輝:《説"裔"》,《古文字研究》第二十七輯,第261—264頁。

學者多將此字隸定爲"䢃",認爲右面是"邊"字聲符"𥃳",此説合理。第一類中"𥃳"旁是正常寫法,但是第二類形體中"𥃳"旁與常見寫法不同,從形體上看其下部爲"市"旁,在形體中作爲聲符。"邊"是幫母元部字,"市"是幫母月部字,兩者聲母相同,韻部對轉,讀音相近。上文討論的 ![]形,學者認爲其中"市"和"釆"都是聲符,説明兩者讀音相近,而"釆"是元部字,這是"市"與元部字在同一形體中都作聲符的例子。又《周易》豐卦:"九三,豐其沛,日中見沬。"其中"沛"字,上博三《周易》作"茇",馬王堆帛書《周易》作"薠",①"沛"與"茇"均從市聲,"薠"從煩聲是元部字,這是"市"聲字與元部字互爲異文的例子。可見,"市"與元部字關係緊密,讀音相近,"市"作"邊"的聲符是合理的,"䢃"字第二類形體是古文字中常見的變形音化現象。

以上從形體寫法及構形規律討論了傳抄古文與古文字(尤其是戰國文字)之間的關係,説明兩者的確是"一家之屬"。

二、古文與甲骨金文研究

古文字學真正成爲一門獨立的學科是從甲骨文發現開始的。雖然早在宋代就開始了金石學研究,但那時的文字研究還只是處於附庸地位。學者最初考釋文字除了"看圖識字"外,主要便是依據《説文》所收小篆。其實《説文》、三體石經以及《汗簡》、《古文四聲韻》古文很多能與甲骨金文相合。古文可以作爲釋讀甲骨文、金文的重要資料。下面列舉學者利用古文考釋甲骨文、金文的實例。

甲骨文中有形體作:

![]《合集》22　　![]《合集》1309　　![]《合集》5476

此形舊或釋"睪",或釋"曼"。② 釋"曼"於形體不合,釋"睪"亦缺乏根據。③ 朱德熙指出《汗簡》中的"宣"字古文作:

![] 汗4·47 碧

---

① 馬承源主編:《上海博物館藏戰國楚竹書(三)》,上海古籍出版社,2003年,第245頁。
② 釋"睪"的觀點參《甲骨文字詁林》(第948—949頁)引葉玉森、孫海波、饒宗頤觀點;釋"曼"的觀點參《甲骨文字詁林》(第948—949頁)引郭沫若、李孝定説法。
③ 甲骨文中有形,近年陳劍據柞伯簋中"賢"字寫法認爲![]是"睪"的表意初文。此説可從,則![]形應非"睪"字。陳劍觀點參《柞伯簋銘補釋》,《甲骨金文考釋論集》,第5頁。

爲"顎"字。文獻中"擐"字有異體作"捋",讀音亦與"宣"相近。甲骨文中的形體即"顎"、"捋"所從的"寽"旁。① 朱德熙將甲骨文形體釋成"寽",在形體上有古文作依據,較舊説更爲合理。"捋"又見於《古文四聲韻》中:

捋 四 2 · 5 崔

《古文四聲韻》以此形爲"揎"字古文,"揎"字作"捋"屬於聲符替換。

又甲骨文中有如下形體:

英 2525　《合集》41754

孫海波《甲骨文編》釋爲"孝",相關形體亦見於金文:

散氏盤《集成》10176　大司馬瑚《集成》4505

鄔仲孝簋(孝當釋爲字)《集成》3918

《金文編》亦釋爲"孝"。② 張亞初曾指出釋"孝"不可信,他説:

> 此字從偏旁分析看,上部從 即丰,下部從子,這是从子丰聲之字。《説文》字字作 ,字形與之相近而稍訛。《古孝經》中較好地保存了此字古形。其字作 (《古文四聲韻》四·一六悖,爲字之本字),顯然,甲骨文金文之 、 ,和上述之字,字形完全一致,應爲字字無疑。③

張亞初把字形中"丰"旁看成聲符是否可信暫且不論,他指出甲骨金文中的形體與"字"字古文寫法相同,並釋相關形體爲"字"是極具卓識的。1998年郭店楚墓竹簡公布,其中《老子乙》9號簡:"是以建言有之:明道如 ,遲道若退。"其中 字帛書乙本作"費",帛書整理者讀爲"曹"。郭店簡整理者也據《古文四聲韻》中"悖"字古文釋 爲"字",並據帛書乙本讀作"曹",④其説正確可從。郭店簡 形的出現證明張亞初把甲骨金文中相關形體釋爲"字"是可信的。回顧甲骨金文中"字"的釋讀,當時郭店簡

---

① 朱德熙:《古文字考釋四篇》,《古文字研究》第八輯,中華書局,1983年,第15—16頁;又見《朱德熙文集》第5卷,第151—152頁。
② 容庚著,張振林、馬國權摹補:《金文編》,第601頁。
③ 張亞初:《甲骨金文零釋》,《古文字研究》第六輯,中華書局,1981年,第165—166頁。關於此字的考釋也可參看趙平安:《釋"字"及相關諸字》,《金文釋讀與文明探索》,第75頁。
④ 荊門市博物館:《郭店楚墓竹簡》,第119頁注11。

尚未公布，《説文》中"孛"字的篆文又是訛體，張氏的主要依據就是《古文四聲韻》中"悖"字古文。可以説，古文在這一考釋中起到了關鍵性作用。

伯寬父盨出土於陝西省岐山縣賀家村，銘文中用爲作器者名字的形體作：

[圖]（《集成》4438－1）　　[圖]（《集成》4438－2）

原發掘簡報隸定該形爲"寬"。① 何琳儀提出異議，《古文四聲韻》中"窺"、"覓"字古文分別作：

窺：[圖]四1·15乂　　覓：[圖]四5·16崔

他認爲伯寬父盨銘與古文是同一個字，並聯繫兩者，分析[圖]從見從穴會意，爲"窺"字的早期形體，而《古文四聲韻》中用爲"覓"屬於假借用法。② 按何琳儀將銘文釋爲"窺"很有見地，但是分析字形，還有可補充之處。爲何從見從穴就可得出"窺"義呢？並不好解釋，其實，從形體上講，[圖]形下部所從並非"見"字，而是"視"字，裘錫圭曾指出古文字中"見"與"視"的區别在於前者所從人旁爲跪踞形作[圖]，後者所從人旁爲直立形作[圖]。③ 這一結論已被大量新出考古材料所證明。上面討論的[圖]下部所從明顯是直立形狀，應即"視"字。"視"在甲骨文中就有用爲"窺探"義的例子，下面把裘錫圭文章中部分例子轉引如下：

貞：𢼎人五千，乎（呼）[圖]舌方。　　《合》6167

貞：乎[圖]吾，𢼎。　　《合》6193

丁未卜，貞：令立[圖]。一月。　　《合》6742

□[圖]方於采（?）。　　《合》6743

貞：乎登[圖]戎。　　《合》7745

勿乎[圖]戎。　　《合》7745

《左傳·僖公十五年》："晉侯逆秦師，使韓簡視師，復曰：'師少於我，鬥士倍我'。"此句

---

① 陝西周原考古隊：《陝西岐山鳳雛村西周青銅器窖藏簡報》，《文物》1979年第11期。
② 何琳儀：《釋"寬"》，《古文字論集（一）》，《考古與文物》叢刊第二號，1983年，第145頁。
③ 裘錫圭：《甲骨文中的見與視》，中研院歷史語言研究所、臺灣師範大學國文系編：《甲骨文發現一百周年學術研討會論文集》，1998年，第3—4頁。

中"視"是觀察敵情之意,裘錫圭把該用法與卜辭中"視"相聯繫,認爲卜辭中"視"也具有觀察敵情之義,其說甚是。其實,所謂"觀察敵情",很大程度就是"窺探敵情"。則 ▨ 形从視从穴,意即在穴下窺視,很自然便可理解出"窺"義。因此該形可隸定成"窺",是"窺"的早期形體。

把 ▨ 形分析爲从穴、从視,在字形上還可找到其他根據。上博簡《容成氏》中"窺"字作 ▨(10 號簡),左面所从爲"視"而非"見"。裘錫圭曾指出,很多形聲字都是在表意字上加注聲符而成,①"窺"字初文不大可能一開始就寫成从視、圭聲,疑簡文 ▨ 可能就是在 ▨ 形上加注"圭"聲,爲使字形簡潔又省去了穴旁。總之簡文从視,與古文相同。又《干祿字書》:"窺、窺,上俗下正。"②可見,該書以"窺"爲"窺"字異體,"窺"下部正从視;又《隸釋》卷九載漢《故民吳仲山碑》云:"府縣請召,未曾闚城。"洪适跋:"闚即窺字。"③"闚"亦从視作,只是把意符"穴"換成了"門"而已,這都是把 ▨ 形分析成从視的有力證據,尤其是《干祿字書》中的"窺"字,應是早期"窺"字作 ▨ 形的一個孑遺。

《韓非子·喻老》:"不闚于牖,可以知天道。"王先慎集解引畢沅《考異》云:"《方言》凡相竊視南楚謂之闚。蓋穴中竊視曰窺,門中竊視曰闚。"④此說甚是。"門中竊視曰闚"所說正是《故民吳仲山碑》中的"闚",而"穴中竊視曰窺"所說正是从穴从視的"窺",這是將 ▨ 分析成从穴从視在訓詁學上的證據。

那麼"覓"字古文作 ▨,下部从"見"又如何解釋呢? 其實,由於古文字中的"視"與"見"二形太過相似,兩者無論在典籍還是在古文字中都有相混之例,如王弼本《老子》第十九章:"見素抱樸,少私寡欲。"郭店簡《老子甲》2 號簡"見"作"視",是其例。更多的例子陳劍曾作專門討論,⑤可參看。古文 ▨ 形所从的"見"旁也是由 ▨ 類寫法的"視"字訛變而成。由此可見, ▨ 也是"窺"字,上古音中"窺"、"覓"讀音關係非常密切,上引何琳儀文章已有討論,此不贅述,古文是借"窺"爲"覓"。⑥

---

① 裘錫圭:《文字學概要》,第 151 頁。
② 施安昌編:《顏真卿書干祿字書》,紫禁城出版社,1990 年,第 16 頁。
③ 洪适:《隸釋·隸續》,中華書局,1985 年,第 100 頁。
④ 王先慎:《韓非子集解》,《諸子集成》,中華書局,2006 年,第 122 頁。
⑤ 陳劍:《據戰國竹簡文字校讀古書兩則》,《第四屆國際中國古文字學研討會論文集》,第 371—372 頁。
⑥ 當然,古文是"覓"字俗寫訛體的可能性也存在,因爲兩者形體也頗爲近似。

下面順便討論"規"字的形體分析。《說文》:"規,有法度也。从夫、从見。"小徐本作"从夫,見聲"。依照大徐本的分析,"規"爲會意字,但"夫"、"見"二字何以會出"有法度"之義? 令人不解,所以小徐本認爲从見得聲。"見"是見母元部字,"規"是見母支部字,兩者雖然聲母相同,但是韻部稍隔,"見"不大可能作"規"的聲符。筆者懷疑"規"字可分析成从夫、▨(窺)省聲,《容成氏》中▨形左面可能也是▨之省體。如上文所說,▨所从之▨(視),與"見"字相近,所以《說文》誤認作从見。

富奠劍銘文現著錄於《集成》11589號,其銘文曰:

富奠之▨劍

其中僅▨字較爲特別,也是本文要討論的重點。該形从畫从斤,可嚴格隸定成"斳"。第三版《金文編》把該形收在"劃"下而無説;①第四版《金文編》改收在"剺"下,並注明:"《説文》剺或从畫从丮。"② 可見四版《金文編》依據主要是《説文》中"剺"的或體作"劃"。針對兩版《金文編》的處理,董蓮池曾有不同的看法,他說:

> 此文第三版《金文編》釋爲"劃"固不可信,但釋爲"剺"也證據不足。《説文》所收"剺"之或體从"畫"从"丮",與此形體並不相同,而且就銘中所用來看,確證不了用爲"剺"。故宜暫隸作"斳"(原括注:不見字書),附于斤部待考。③

從董蓮池的論證不難看出,他既反對三版《金文編》釋爲"劃",也反對四版《金文編》釋爲"剺"。其反對四版《金文編》的依據——是因爲"剺"之或體从畫从丮與"斳"从斤不同。董蓮池提出了釋"剺"説不可信,這一點可從,但他的依據卻不具有説服力。即使"劃"从丮、"斳"从斤,兩者不同,但兩者都从畫,聲符相同,看成通用關係是可以的。況且,"斳"字也並非"不見字書",慧琳《一切經音義》中以"斳"爲"剺"字古文,《集韻·覺韻》中有"斳"字,也以之爲"剺"字異體。從用法上看,施謝捷指出劍銘"斳(剺)劍"與典籍中的"刺劍"和燕王職劍銘中的"鍺劍"用例相類。④ 這些可能便是第四版《金文編》將"斳"收在"剺"字下的依據。後來提到該劍銘的著作大多沿用了四版《金文編》的釋讀,如《殷周金文集成引得》、⑤《集成(增補本)》釋文⑥等書都在"斳"字後括

---

① 容庚:《金文編》,科學出版社,1959年,第229頁。相應地《金文詁林》亦收在"劃"字下無説,周法高主編,張日昇、徐芷儀、林潔明編纂:《金文詁林》,第2696頁。
② 容庚著,張振林、馬國權摹:《金文編》,第926頁。
③ 董蓮池:《金文編校補》,東北師範大學出版社,1995年,第363—364頁。
④ 施謝捷:《燕王職劍跋》,《文博》1989年第2期。
⑤ 張亞初:《殷周金文集成引得》,中華書局,2001年,第174頁。
⑥ 中國社會科學院考古研究所編:《殷周金文集成(修訂增補本)》,第6345頁。

注"斲",《戰國古文字典》、《古文字譜系疏證》①都把該形當成"斲"字。據筆者所見到的資料,張世超等人的《金文形義通解》和湯志彪的《三晋文字編》兩部著作從第三版《金文編》的處理,把"斲"釋爲"劃"。《三晋文字編》限於體例,未就該字進行解釋。《金文形義通解》對第四版金文編的處理提出了質疑:

> 《說文》:"斲,斫也。从斤、㔷。[字形],斲或从畫、从丮。"案:"斲"乃形聲字。段注、朱氏《通訓定聲》均據小徐本校爲"从斤㔷聲",是也。"畫"未可爲"甄"之聲,段、朱俱以爲即"甄"之訛,謂"从丮畫聲",亦是。《玉篇》"斲"異體作"斲"可證。然則金文不得釋爲"斲"。②

張世超等引段玉裁、朱駿聲的觀點認爲"甄"所從之"畫"爲"晝"旁之訛,其説可信。傳世文獻以及古文體系中都有"畫"、"晝"二字相混的例子。③ 關於"甄"形爲訛體,還可以找到更爲直接的證據,《古文四聲韻》中收形體作:

[字形]四5・7崔　　[字形]四5・7崔

原收在"卓"字下,前文在第三章第一節第84條曾指出此二形原來應是"斲"字古文,因爲"斲"、"卓"二字相鄰,才竄入"卓"字下,《訂正六書通》(361頁)等書尚不誤。這兩個古文雖然右部稍異,但顯然都是"丮"旁的訛變。從整個古文體系來看,它們與《說文》中"斲"字或體"甄"應是同一個字。更重要的是[字形]、[字形]左面所從都是"晝"旁。正好可以證明《説文》中"斲"字或體"甄"本來从晝,"畫"旁是訛體。

現在明確了《説文》中"斲"字或體"甄"是"甄"的訛形,相應地《集韻》、慧琳《一切經音義》中的"斲"也都應依《玉篇》作"斲",④可見根本不存在从"畫"的"斲"字,而富奠劍中的[字形]左面毫無疑問是从"畫"的,與"晝"有別,所以把該形釋成"斲"是不正確的。

弭仲簠銘文著録於《集成》4627號,内容非常重要,一些文字的釋讀直到現在還難

---

① 黃德寬主編:《古文字譜系疏證》,商務印書館,2007年,第2000—2001頁。按:該書按韻排列,其把"斲"歸在"畫"字系,分析字形時説:"从斤,畫聲。或以爲即《説文》'斲'字或體。……義爲斲、擊、刺。"可見該書對"斲"的處理較爲模糊。
② 張世超、孫淩安、金國泰、馬如森:《金文形義通解》,第3298頁。
③ 傳世文獻中二者相混的例子看繆文遠:《戰國制度通考》,巴蜀書社,1998年,第118頁;古文體系中二者相混的例子如《古文四聲韻》中"晝"字古文作[字形](四4・37汗),該形是"畫"字,因爲"畫"、"晝"二字形體相近,誤收到"晝"字下。説明"畫"、"晝"二字形近易混。
④ 胡吉宣反倒依已經訛誤的"甄"字,把《玉篇》中的"斲"改成从畫,不可從。參胡吉宣:《玉篇校釋》,上海古籍出版社,1989年,第3216—3217頁。

以確定。其中用爲器銘的形體作▨（下文徑稱 X），由於銘文爲摹本，所以《金文編》未收該形。此器在宋代就被定名爲"簠"，①所以 X 形以前也被釋爲"簠"。這類舊被釋爲"簠"的器物，多呈長方形，形狀如斗，侈口兩耳，器與蓋同形，並可相互扣合。典籍中關於"簠"的記載存在差異。《說文》："簠，黍稷圓器也。▨，古文簠。"鄭玄的說法與此不同，鄭玄注《周禮·舍人》時謂"方曰簠，圓曰簋"。宋代學者傾向於鄭說，把下文所列形體（參下文所列 1—6 類）與"簠"字古文聯繫到一起，釋爲"簠"。後來人們便對宋人的說法提出質疑，如強運開謂：

> 若彝器所傳範銅之匥，侈口而長方，既與許說不合，當別爲一器，其篆文變體作 ▨、▨、▨、▨、▨ 等形，要均从古、从故、从吾得聲，可即形以定其聲，當讀公户切，而未可認匥即簠之古文。竊謂匥之爲器實即胡槤之胡，匥爲正字，而胡、瑚則借字也。又按《說文》有盬無匥，……盬與匥形、音、義三者俱屬相近，故敢審定爲盬之古文，而辯正之如此。②

強氏釋相關形體爲"盬"，頗具卓識。唐蘭、③高明等也有類似說法。高明進一步指出"簠"是一種圓形器，和豆相近，與"匥"這種方形器不同。1977 年陝西省扶風縣出土的伯公父匥，其中的"匥"寫作"盬"，"盬"是"盬"的異寫，可證明這種方形器就是文獻中的"瑚"而非"簠"，④其說近是。⑤ 近年出土的彭子射瑚相應字就寫作"盬"⑥，可說明釋瑚說正確無疑。

"瑚"在金文中自名還作如下形體（此處粗略按所從基本聲符分類）：

1. ▨ 虢叔瑚《集成》4515　▨ 商丘叔瑚《集成》4557　▨ 伯其父瑚《集成》4581　▨ 蟜公誠瑚《集成》4600　▨ 伯公父瑚《集成》4628　▨ 西替瑚《集成》4503

2. ▨ ▨（甚？）▨ 瑚《集成》4516

---

① 從《考古圖》(3.42)等書所附器物形制來看，該器與舊釋爲"簠"的器物形制相同。另外，關於該器的器形圖片以及發現流傳情況可參看劉雨瑞：《宋代著錄商周青銅器銘文箋證》，中山大學出版社，2000 年，第 195 頁。
② 強運開：《說文古籀三補》，中華書局，1986 年，第 24 頁。
③ 唐蘭：《周王獸鐘考》，《唐蘭先生金文論集》，第 41 頁；又《略論西周微史家族窖藏銅器群的重要意義》，《文物》1978 年第 3 期；又見氏著《唐蘭先生金文論集》。
④ 高明：《盬、簠考辨》，《文物》1982 年第 6 期，第 70—73 頁，又轉第 85 頁。下文引用高明關於此器的釋讀意見均出此文，不另出注。
⑤ 其實，現在學界關於這類方形器的定名仍存在爭議，筆者贊成定爲"瑚"的觀點。相關討論參看麥里筱：《簠字構形分析與簠形狀之爭議》，《古文字研究》第二十八輯。
⑥ 南陽市文物考古研究所：《河南南陽春秋楚彭射墓發掘簡報》，《文物》2011 年第 3 期。

3. ▣ 獸叔瑚《集成》4552　▣ 尹氏賈良瑚《集成》4553

4. ▣ 季宮父瑚《集成》4572

5. ▣ 叔邦父瑚《集成》4580　▣ 陳逆簠《集成》4630

6. ▣ 旅虎瑚《集成》4541.1　▣ 魯士厚父瑚《集成》4517.2①

以上形體均爲形聲字，②形體中的"皿"、"金"爲意符。高明曾談到這類器銘用字和X形：

> 其中除偶然所見之从▣（桃按：即▣所从）音者難以考訂音讀之外，其他从獸得聲之匴，从生得聲之匪，从黃得聲之匯，从古得聲之㞢，皆可同胡字音讀相互對應。

高明不識X形，所以謂其音讀"難以考訂"，對其餘形體分析以及音讀關係的論證都是正確的。③ 至於X形，宋代便有考釋該形的學者，尤以呂大臨所論最詳："此器匚中有大字，乃古夫字，蓋古文夫、大止用一字，秦嶧山碑御史大夫字止於大字下加〓而已。惟大字左右比字未詳，蓋古文筆畫多寡不同爾。此器既方，其文又如是，則爲簠無疑。"④此說有兩點可疑，首先，上文已論此類方形器不是"簠"而是"瑚"，呂氏以"簠"字古文"医"與X比附，不妥。其次，此形中間雖含"大"（或夫）字，但"大"形上部兩旁明顯還有偏旁，而且此類偏旁不似飾畫可有可無，呂氏以"筆畫多寡不同"來解釋，較爲牽強。當然，這與當時古文字整體認識水平有關，現代學者便不再認爲該形是"医"字。可見呂氏關於X形的釋讀不可信。現代涉及X形的研究著作多把X隸定成"匬"，如《殷周金文集成釋文》直接隸定作"匬"。⑤《殷周金文集成引得》、⑥《集成(增補本)》釋文，將X隸定作"匬"，後又括注"璉"字。⑦ 按：學者已指出文獻中"璉"指"簠"

---

① 劉伯瑚中"瑚"作▣（《集成》4484），陳秉新認爲此形右部所从即"害"字，只是省去了中間的聲符"五"，暫附於此。參看陳秉新：《害即胡簠之胡本字說》，《考古與文物》1990年第1期。
② "瑚"字在仲其父瑚中作▣（《集成》4482、4483），該形从匚从金，可能是▣形的省體，也可能就是从匚从金的會意字，由於該形中無聲符，所以不在本書討論範圍内。"瑚"字又作▣（内公瑚《集成》4531）▣（都于子斯瑚《集成》4542），似从缶作，从缶不可説，而且此兩銘爲摹本，疑它們所从的"缶"是"古"的訛形。
③ 其中第5類形體高明文章中未錄，該形从夫得聲，"夫"是並母魚部字，並母與匣母看似遠隔，其實亦有相通情況，如郭店簡《窮達以時》："舜耕於歷山，陶拍於河匣。"其中的"匣"字李家浩讀爲"浦"，"浦"的聲母是滂母，與並母均屬唇音，且"浦"爲聲符的"蒲"就是並母字，可見"匣"(瑚)能以"夫"爲聲符。李家浩觀點參《讀〈郭店楚墓竹簡〉瑣議》，《中國哲學》第二十輯，遼寧教育出版社，1999年。
④ 吕大臨、趙九成：《考古圖·續考古圖·考古圖釋文》，中華書局，1987年，第280頁。
⑤ 中國社會科學院考古研究所編：《殷周金文集成釋文》第三卷，第584頁。
⑥ 張亞初：《殷周金文集成引得》，第99頁。
⑦ 中國社會科學院考古研究所編：《殷周金文集成(修訂增補本)》，第3003頁。

而言,①把 X 等同於"珇"有欠妥當,且"匣"形爲何能讀爲"珇",也存有疑問。把🀫隸定作"匣"並非毫無根據,"奭"象直立人形誇大兩耳,也見於金文中:

🀫 伯侯父盤《集成》10129   🀫 雅子🀫壺《集成》9558

在銘文中用爲人名,不易確定其音讀。幸運的是楚簡中也出現了同類形體:

🀫(奭)包山 186   奭 郭·《緇衣》45

該形从大、耳聲。李家浩曾指出:"'耳'、'聶'二字音近古通。"②所以"奭"與"聶"讀音相近,尤其是郭店簡《緇衣》有今本對照,今本與"奭"相應之字作"攝",說明"奭"與"攝"字可通,"攝"是葉部字,則"奭"古音應屬葉部,或與葉部相近。如此一來,"奭"與魚部的"珇"讀音遠隔,故以往認爲 X 从奭就不合理了,這一問題還需重新考慮。

考慮到珥仲珇屬於摹本,而且摹寫水平不高,銘文中形體常有遺失筆畫現象,疑🀫形上部所从是兩個"臣"(目)形,則🀫是"䢅"字。③《説文》:"䢅,驚走也。一曰:往來也。从夰、䀠。《周書》曰:伯䢅。古文䀠,古文囧字。"又《汗簡》、《古文四聲韻》中"囧"字古文作:

🀫 汗 4·58 尚   🀫 四 3·25 尚

形體爲"䢅"字,假借爲"囧"。上錄古文形體與🀫近似。因此 X 形可隸定作"匣",分析成从匚䢅聲,"䢅"是見母陽部字,"珇"的聲符"古"亦是見母字,魚、陽二部陰陽對轉,所以"䢅"與"珇"讀音相近,"䢅"能作"珇"的聲符和前文討論"珇"字異體中第 2 類从"黃"、第 3 類从"坒"的情況是平行的。可見,從讀音來講認爲 X 从"䢅"得聲也很通順。

甲骨文中有形體作:

🀫《合集》18084   🀫《合集》20281

此形上从二目,下部爲跪踞人形,或釋此形爲"䢅",④或釋此字爲"䀠"。⑤"䢅"、"䀠"上

---

① 高明:《盉、簠考辨》,《文物》1982 年第 6 期,第 70—73 頁,又轉 85 頁。
② 湖北省文物考古研究所、北京大學中文系編:《九店楚簡》,第 106—107 頁。
③ 近代學者林義光把🀫和上引伯侯父盤中的🀫聯繫到一起,認爲兩者都是"䢅"字。按:把🀫和"䢅"聯繫到一起極具啓發性,但是認爲🀫與🀫是同一個字卻不正確。上文已論,🀫上部从"耳",與"䢅"形體和讀音都不近,它們不是同一個字。可能因爲林義光沒有專門討論這一問題,只是在討論"䢅"形時附🀫形一句,不易引起人們注意,所以後來學者討論相關問題時,很少注意到林義光觀點。林説轉引自丁福保編纂:《説文解字詁林》,第 10206 頁。
④ 參松丸道雄、高嶋謙一:《甲骨文字字釋綜覽》,東京大學出版會,1994 年,第 112 頁。
⑤ 汪寧生:《釋臣》,《考古》1979 年第 3 期。

部都从兩個"目",下部從人形。兩者關係當十分密切。[圖]與[圖]可能是同一個字,如果此說屬實,"㮣"字起源甚早。當然,把[圖]釋成"粿"亦未嘗不可,"粿"是見母魚部字,與"瑚"讀音也很近,前者也可作後者的聲符。

"匱"形在古文字中目前僅此一見,相信隨着資料的不斷增多,與之相關的形體會再次出現。

文字體系中經常存在同形字現象,①在研究古文時,也應注意這種現象。《古文四聲韻》中"創"字下收古文作:

[圖] 四4·34崔

與此形相近的"荆"字金文作:

[圖]《金文編》35頁

與上録古文同形,所以徐在國認爲此古文爲"荆"字,《古文四聲韻》誤釋成"創"(《疏證》99頁)。王丹不同意《疏證》的觀點,她指出古文是"㓞"字,《説文》:"㓞,造法㓞業也。从井、刅聲。讀若創。"是"創"、"㓞"音近。同時她又認爲"㓞"與"荆"字確有淵源,"荆"、"創"本爲一字分化,"㓞"可用作"荆"也可用作"創"(《新證》52頁)。

王丹將古文釋成"㓞"字可信,但他把"荆"、"㓞"二字混爲一談恐不可從。其實聯繫金文中的形體,可以發現"㓞"字應有獨立的來源。

叔家父匜銘文中(《集成》4615)"用盛稻粱"之"粱"作[圖],該形左部是"井"旁,由於"井"旁的右部筆畫寫得與"刅"粘連在一起,顯得橫畫略向上端翹起。[圖]形和本文所論的[圖]形相同,銘文中借用爲"粱"。這是"㓞"單獨成字的例子。伯公父瑚中"粱"字作[圖]、[圖](《集成》4628),兩形對照,後一形所從之"刀"旁是前一形中"刅"旁省體。此二形可分析成从米、㓞聲,這是"㓞"作爲"粱"字聲符的例子。筆者認爲"㓞"就來源於[圖]類形體,《説文》訓"㓞"字作"造法㓞業也",恐怕不是"㓞"的本義。考慮到"㓞"單獨成字時可以用爲"粱",作偏旁時又可當成"粱"的聲符,其與"粱"字關係一定非常密切。"粱"字早期形體作[圖]、[圖](《金文編》732頁),②可隸定作"㳄",分析成从水刅聲,形體在銘文中也都用爲"粱",與[圖]用法相同。從形體上看,"㓞"可能就是"㳄"字

---

① 關於同形字的定義參看裘錫圭:《文字學概要》,第208頁。
② 參周法高主編:《金文詁林》,第6313頁朱芳圃説。

異體。因爲作爲會意偏旁時，"井"和"水"表義功能相近，可以互換。因此"㓰"可能也是"梁"字早期異體，其在金文中是假借用法，《說文》中的"㓰"字就是來源於 ▨ 形。

明確了"㓰"的本義，那麼它在古文中用爲"創"也屬於假借用法。《說文》謂"㓰"讀若"創"，所以借"㓰"爲"創"從音理上毫無問題。

再看"㓰"與"荆"的關係。"荆"字初文本作 ▨（《金文編》35 頁），作 ▨ 者是在其表意初文上加注"井"聲（爲了區分再談到這個形體時用"㓰（荆）"表示）。學者認爲"㓰"與"㓰（荆）"是同一個字是錯誤的，因爲"㓰（荆）"字所從的"井"是後加聲符，而"㓰"所從的"井"是會意偏旁，兩者構字本義不同，不是同一個字，它們只是偶然的同形關係。"創"字古文"㓰"與"㓰（荆）"字無關。①

有時，古文字形體在傳抄古文中會被借作讀音相近的字，如"趨"字古文作：

▨ 四 1·25 X

除去辶旁後剩餘形體象擺動兩臂行走的人形，爲"走"字初文。古文與以下金文中"走"字寫法一致：

▨ 戠簋《集成》4255　　▨ 走馬休盤《集成》10170　　▨ 右走馬嘉壺《集成》9588　　▨ 吴買鼎《集成》2452

此類形體在"走"字初文上加注意符"辶"，可隸定作"徙"。"徙"主要見於西周和春秋時期金文，爲"走"字異體，上錄"趨"字古文與金文中"徙"相同。《新證》（159 頁）認爲古文中以"走"爲"趨"屬於同義換讀關係。筆者意見與此不同。以上"徙"字在銘文中的辭例多爲官職名"走馬"，學者認爲銘文中的"走馬"即文獻中"趣馬"一職，②此說可信。"走"是精母侯部字，"趣"是清母侯部字，兩者聲母同屬齒音，韻部相同，音近可通，《詩·大雅·綿》："來朝走馬。"《玉篇·走部》引"走"作"趣"，是其證。而"趣"、"趨"在文獻中可換用，③所以王力認爲"走"、"趣"、"趨"三者爲同源詞，④可從。古文是借"徙"（走）爲"趨"。

---

① 還有一種觀點值得注意。"創"字初文"刅"作 ▨、▨（《金文編》291 頁），與"荆"字早期作 ▨ 形相似，唐蘭懷疑"刅"與"荆"早期爲一字分化（參唐蘭：《論周昭王時代的青銅器銘刻》，《古文字研究》第二輯；又《唐蘭先生金文論集》，第 281 頁）。上引王丹意見便據此認爲"㓰"與"荆"字相關。按，"創"、"荆"兩聲系字未見相通之例，所以唐蘭觀點是否可信，尚不能判斷。退一步說，即使此說可信，"刅"、"荆"同源是早期文字現象，到後期已經完全分化成用法不同的兩個字，不能據此認爲古文"㓰"與"荆"有直接關係。

② 相關討論參看郭沫若：《金文叢考》，第 70—72 頁；張亞初、劉雨：《西周金文官制研究》，中華書局，1986 年，第 20—21 頁。

③ 高亨、董治安：《古字通假會典》，齊魯書社，1997 年，第 360 頁。

④ 王力：《同源字典》，中華書局，1991 年，第 196 頁。傳世文獻中亦有"走"、"趨"二字相通之例，參《古字通假會典》，第 360 頁。

有時一篇銘文中幾個字的考釋都會涉及傳抄古文，庚壺銘文便是其例。此銘最早著錄於《西清續鑒甲編》，①但該書對銘文摹寫不精，釋文亦多謬誤。後容庚爲壺銘作了摹本（後文徑稱容氏摹本），②所摹較以前準確。1981年張光遠在其文《春秋晚期齊莊公時庚壺考》中刊出一份全新摹本（後文徑稱張氏摹本），③是經其目驗並利用了X光技術拍攝後臨摹而成。此本不但較以前摹字增多，且準確度高，堪稱精良。

壺銘中"殺"、"牡"、"捷"等字寫法均與古文相近（形體見下表）：

庚壺銘文 （所用爲張氏摹本）	殺	牡	捷
	〔字形〕	〔字形〕	〔字形〕
傳抄古文	殺	牡	捷
	〔字形〕 石	〔字形〕 四 3·27 老	〔字形〕 石

這些字也正是憑藉古文形體才得以釋出，④可見古文與此篇銘文關係密切。除此之外，壺銘中另一個字也與古文有關（下文徑稱 Y 字），其原拓、照片、容、張兩家摹本分別作：

《集成》 9733.2	《通鑒》⑤ 12227.2	照片一（采自 張文圖版玖 B）	照片二（采自 張文圖版肆）	容氏摹本（采自 《銘文選》849）	張氏摹本

《集成》與《通鑒》的拓本來源應相同，但兩者清晰度略有差異，故均收錄於此。"照片一"采自張文中的圖版玖，該照片是張文討論壺的兩耳是否爲後加時所拍攝，其拍攝重點在壺耳不在 Y 字上，所以照片中 Y 字只有左部形體，右部未能拍上，但此照片對 Y 字的考釋非常重要。"照片二"采自張文中的圖版肆，該照片以壺的右耳爲正面拍攝，所以圖片中 Y 形上部向左面傾斜嚴重。

因爲殘損嚴重，在張氏摹本出現之前，人們對於 Y 字往往缺釋。張光遠據其摹本，把 Y 隸定作"鐍"、李家浩隸定作"鷸"、《殷周金文集成釋文》隸定作"繡"，⑥張亞初、⑦《集

---

① 《西清續鑒甲編》卷十六，商務印書館，宣統庚戌年影寧壽宮寫本，第 9 頁。
② 摹本見《銘文選》849 號。
③ 張光遠：《春秋晚期齊莊公時庚壺考》，堪培拉澳洲國立大學中國銅器討論會論文，1981 年，又《故宫季刊》第 3 期，1982 年第 16 卷；又《金文文獻集成》第 29 册，第 470—484 頁。本書據《金文文獻集成》。
④ 其中"殺"字的釋讀參張政烺：《庚壺釋文》，《出土文獻研究》，第 130 頁；"牡"字的釋讀參李家浩：《庚壺銘文及其年代》，《古文字研究》第十九輯，第 92、95 頁，後文引李家浩關於此銘觀點不出注者，均據此文。
⑤ 參《商周金文資料通鑒》（電子版）。
⑥ 中國社會科學院考古研究所編：《殷周金文集成釋文》第五册，第 473 頁。
⑦ 張亞初：《殷周金文集成引得》，第 146 頁。

成(增補本)》《通鑒》均釋爲"鯀",孫剛、①董蓮池②均以闕疑處理,非常謹慎。按:從形體上講,Y左面與"魚"旁不同,也和同銘中出現的"商"(賞)字有差異,故以上諸家觀點均有難通之處。

　　Y形究竟爲何字還應從其形體構成來分析。從構字部件多少來看,張氏摹本較容氏摹本多一"止"形,細審拓本,"糸"旁下部確有筆畫痕迹,張氏曾目驗原器,又利用X光技術進行了拍攝,其摹作"止"旁當可信。從銘文拓本上看,Y形左下部"口"旁左側有一斜筆,這在照片一、二兩個形體上也都可清晰地看到,其是筆畫的可能性非常大,但是這在容、張兩家的摹本中均未能體現出來。從構字部件的相對位置關係來看,容氏摹本中Y所從的"糸"旁上部向左端傾斜,張氏摹本中該旁作豎直狀,兩者略異。審視原拓,整個壺銘拓本呈梯形,Y的書寫位置在壺的肩部,所以Y處於整個拓本的左下側,這便使得拓本中Y的上部向右端傾斜,這從Y形中橫畫及"口"旁的朝向也可看出。如果按照橫畫與水平平行、"口"形方向朝上的規律把Y形進行旋轉,就可得到Y的豎直時形態,下面把旋轉後的拓本以及據放大圖像所做的摹本附列如下(筆畫不清晰者未進行摹寫):

　　　　[圖] (圖)

這便可清楚地看出,Y所從的"糸"旁的確向左部傾斜,僅從這一點來看,容、張兩家的摹本中,前者更勝一籌。那麽在考釋Y時,當以Y作豎直形體時爲依據。以此出發,筆者認爲Y應釋成"遜"字。

　　《説文》:"遜,行遜徑也。从辵、繇聲。""遜"字見於郭店簡《語叢一》、《語叢二》、《語叢三》諸篇,寫法可以粗略分成兩類:

　　　　从辵:[圖]語叢二53　[圖]語叢三42

　　　　从止:[圖]語叢一104

上録兩類"遜"字,第一類从辵,第二類从止,古文字中作爲意符時"止"旁和"辵"旁往往可以互換,所以學者把他們都釋成"遜",應無問題。"繇"字所從的"口"旁爲後來所加羡符。以上録从口的"遜"字與Y形相比,"冏"、"止"、"糸"(其中簡文"糸"旁下部有所省略)都是兩者共有的部件,所以Y應是"遜"字。

　　釋Y爲"遜"需要解決一個問題。古文字中的"繇"字都含有所謂的"肉"旁(實爲

---

① 孫剛:《齊文字編》,福建人民出版社,2010年,第418頁。
② 董蓮池:《新金文編》,作家出版社,2011年,附録二第105頁(0589號)。

"繇"字早期象形部分的訛變），郭永秉指出"'繇'（繇）从'肉'的特徵一直到秦漢文字中還保留着"。① 其説可信，但 Y 形却没有"肉"旁。其實這是由於壺銘刻寫較淺，且銹蝕嚴重，"肉"旁已經被銹蝕或掩蓋，以致於摹寫者漏摹。從形體寫法來看，"冏"形實際上是從"繇"字象形寫法中尾巴部分演變而來，關於這一點很多學者都有討論，②古文字中含有"冏"形的字並不多，再有糸、止等旁以及位置關係限定，是可以判斷 Y 爲"繇"字的。

還有一點可以證明本文的釋讀，就是"糸"旁的書寫角度。上文已論，Y 形中的"糸"旁向左傾斜，而常規的"糸"旁不會寫成這樣，相反，這恰恰是一些"繇"字所从糸旁的書寫特點。"繇"字中所謂的"肉"和"糸"都是早期象形部件的訛變，這兩個偏旁一直都由一横筆連在一起，這也使得"糸"旁有時要向左端傾斜。"遙"字還見於傳抄古文：

繇：[古文] 石

遙：[古文] 汗 1·9　[古文] 四 2·7 義

其中三體石經古文中的"糸"旁（省去了下部絲穗形）亦保留了這種寫法。③ 所以從 Y 形中"糸"旁寫法亦可説明該形爲"遙"字。

上録郭店簡中"遙"字有从止和从辵兩類寫法，Y 形下部已經明確从止，從拓本及照片上看 Y 形左下部還有一筆，如果這一筆不是勒痕，而屬於筆畫，它很可能是"彳"旁的殘筆。古文字中从辵的字，如果聲符體積較大，"辵"旁中的"彳"形有時便寫在形體的左下角，試看如下形體：

遵	御	迴	逌
[圖]	[圖]	[圖]	[圖]
洹子孟姜壺《集成》9730	酈大史申鼎《集成》2732	叔夷鐘《集成》273.2	洹子孟姜壺《集成》9730

以上形體均出自齊系文字，與 Y 的國別相同，所以 Y 左下角的一筆若是筆畫，可能就是

---

① 郭永秉：《釋上博楚簡〈平王問鄭壽〉的"訊"字》，《古文字研究》第二十七輯，第 490 頁。
② 可分别參看何琳儀：《戰國古文字典》，第 221 頁，又第 736 頁；程少軒：《試説"䚻"字及相關問題》，《出土文獻與古文字研究》第二輯，復旦大學出版社，2008 年，第 137 頁；魏宜輝：《説"䚻"》，《古文字研究》第二十七輯，第 261—264 頁。
③ 至於上録郭店簡中形體不作此種寫法，是因爲簡文中"糸"都寫在"冏"形上部，其距離"肉"旁很近，故無此必要。

"彳"旁的殘訛,其整體輪廓便與石經中的[字形]形近似。若此則Y應是从辵的"遴"字。

銘文中"遴"前一字作[字形],李家浩認爲"其義當是翦伐的意思"。此説可從,則壺銘中翦"遴丘"之"遴丘"爲地名。傳世文獻中似不見以"遴丘"爲地名的記載,"遴"字需破讀。"遴丘"可能讀爲"祝丘"或"陶丘",相關問題筆者曾有專門討論,①此不詳述。

三、古文與戰國文字研究

王國維很早就指出古文爲東方六國文字。隨着戰國文字資料的不斷出土,這一觀點被反復驗證。如20世紀50年代戰國楚地竹簡出土後,很多簡文與古文相合,學者開始意識到古文的重要性,羅福頤謂:

> 近六十年古文字學的發展,清代學者對商周的文字已有進一步的認識,但他們對魏正始石經上的古文,和對宋代郭忠恕的《汗簡》及夏竦的《古文四聲韻》二書多抱輕視態度,認爲它與金文不同。現在由於長沙竹簡的發現,看這簡上的文字,與正始石經的古文和郭、夏二書的記録類似,就印證了前人著作的真實性,更提高了仰天湖古竹簡的歷史價值。②

這是傳抄古文與戰國文字關係的最好總結。利用古文研究戰國文字也是對古文自身的證明,可以説戰國文字與傳抄古文研究是互爲表裏、互相促進的。下面就古文與戰國文字研究展開討論。

侯馬盟書與温縣盟書中常見一位監督參盟人的"[字形]公",其中[字形]字有如下寫法(均選自侯馬盟書):

[字形] 67∶4　　[字形] 67∶32　　[字形] 67∶49　　[字形] 67∶54

此字釋法較多,如學者分别隸定作"羔"、③"吾"、④"出"、⑤"茁"、⑥"舌"。⑦ 後來在盟書

---

① 李春桃:《庚壺銘文拾遺》,《中國文字研究》第十九輯,上海書店出版社,2014年。
② 羅福頤:《談長沙發現的戰國竹簡》,《文物參考資料》1954年第9期。
③ 陳夢家:《東周盟誓與出土載書》,《考古》1966年第5期。
④ 唐蘭:《侯馬出土晉國趙嘉之盟載書新釋》,《文物》1972年第8期。張頷:《"侯馬盟書"叢考續》,《古文字研究》第一輯,第78—102頁;又收入《張頷學術文集》,中華書局,1995年,第91—109頁。
⑤ 高明:《侯馬載書盟主考》,《古文字研究》第一輯,第108—111頁。
⑥ 吴振武:《釋侯馬盟書和温縣盟書中的"茁公"》,中國古文字研究會第九届學術討論會,1992年,後刊於《追尋中華古代文明的蹤跡——李學勤先生學術活動五十年紀念文集》,復旦大學出版社,2002年;又吴振武:《關於温縣盟書中的"茁公"》,《新出簡帛研究·第二届新出簡帛國際學術研討會文集》,文物出版社,2004年,第206頁。
⑦ 李家浩:《鄬鐘銘文考釋》,《著名中年語言學家自選集·李家浩卷》,第68頁和注1。

整理過程中,整理者發現與【圖】位置相當的字,有三片盟書用了"獄"字,魏克彬據此釋【圖】爲"岳":

> 到目前爲止,古文字資料裏沒有可以被確認是"岳"字的例子①(此爲原注)。不過傳世的古文有幾例:
>
> 《汗簡》:
>
> 【圖】4·51尚　【圖】4·51華
>
> 《古文四聲韻》:
>
> 【圖】5·7尚　【圖】5·7華　【圖】5·7籀　【圖】5·7崔
>
> 這些例子下旁沒有什麼變體,都可確認爲"山"。而上旁寫法不穩定,很難決定是哪個偏旁。不過其中有和△(桃按:此指【圖】)字相似的寫法:△字E形(桃按:此指【圖】),例(1-1-34),與《汗簡》收的《華嶽碑》的【圖】字非常接近。另外《古文四聲韻》的【圖】字和△字D形(桃按:此指【圖】),例(1-14-2298),比較接近。這些例子與溫縣盟書以[獄]字代替△字的例子一起,足以確定△字是"岳"字。"岳"字的上旁最早大概是一個比較罕見的偏旁,因後來的書手對原來的偏旁不很清楚,所以易出現變體。這就是侯馬與溫縣盟書和傳世古文"岳"字多種寫法的原因。②

因爲有"獄"(獄)字作爲異文,所以把【圖】釋爲"岳"是很合理的。可正如魏克彬所言"古文字資料裏沒有可以被確認是'岳'字的例子",如果沒有傳抄古文中"岳"字寫法作爲參照,即使知道【圖】可讀爲"獄"(獄),也依然沒有釋【圖】爲"岳"的直接證據,甚至沒有將【圖】與"岳"聯繫起來的綫索,正因有了古文形體,才使得【圖】的釋讀有明確依據,可見關於"岳"字考釋,古文起到了舉足輕重的作用。

古文字中有如下形體:

【圖】王子午鼎《集成》2811　　【圖】令狐君壺《集成》9720

---

① 郭店《六德》第2簡的【圖】字有的釋文還作"岳",但是馮勝君已經指出這個字上邊的偏旁是"卯"作音符、下邊是"屮"(即艸)作意符,字相當於字書的"茆"字,即"茅"的異體字。見馮勝君:《讀〈郭店楚墓竹簡〉札記(四則)》,《古文字研究》第二十二輯,中華書局,2007年,第210—213頁。陶文的【圖】字和甲骨文的【圖】等字見下文。

② 魏克彬:《侯馬與溫縣盟書中的"岳公"》,《紀念中國古文字研究會成立三十周年國際學術研討會會議論文集》,2008年,第47—66頁,該文後來又發表在《文物》2010年第10期。原文引用古文格式與本書不同,此處徑直改成與本書一致,不影響原文表達。

舊多釋爲"獸"(嘼),此説至今仍有不少學者信從。① 《説文》:"嘼,㹻也。象耳頭足厹地之形。古文嘼下從厹。"釋"獸"説主要依據即《説文》對此字的分析。事實上,釋"獸"是有問題的,據筆者所見,較早提出異議的是李零,他在《論東周時期的楚國典型銅器群》中説:

    [字形],一般無夕旁,字同單(非畜字),讀爲嘽嘽,《詩·大雅·崧高》:"徒御嘽嘽。"鄭玄箋:"嘽嘽,喜樂也。"和"簡簡"意思相近,"嘼"釋"單"有以下數證:(1)甲骨文"獸"字皆從單作;(2)正始石經、《古文四聲韻》和楚王酓忎鼎"戰"字皆從嘼;(3)《古文四聲韻》"嘼"(桃按:"嘼"應係"單"的誤字)字古文作"嘼"。②

此説不但文意通順,在形體上也有可靠的依據,尤其是《古文四聲韻》中以"嘼"爲"單"字古文,更是直接證據。可是李零的觀點當時並未引起足夠重視,很多學者依然信從釋"獸"説。後來郭店簡公布,《成之聞之》篇中亦出現該形:

    [字形]《成之聞之》22

所在辭例爲"唯[字]③丕嘼稱德",此句見於今本《尚書·君奭》作"惟冒丕單稱德"。裘錫圭按語:"'嘼'在古文字中即'單'字繁文,《説文》説此字不可信。"由於郭店簡中形體有今本對照,説明把"嘼"釋爲"單"是合理的。西周金文中亦出現"嘼"及從嘼之字,除去人名和姓氏用字外,還有其他用法,邵黛鐘銘文(《集成》226):"余頡岡(頏)事君。余嘼娭武。"交鼎銘文(《集成》2459):"交從嘼,仇次王。"大盂鼎銘文(《集成》2837):"賜乃祖南公旂,用遣。"師袁簋銘文(《集成》4313):"即賀厥邦嘼,曰冉曰𡍮曰鈴曰達。"小盂鼎銘文(《集成》2839):"執嘼一人。"陳劍讀邵黛鐘銘文中的"嘼"爲"戰";又引裘錫圭的意見讀交鼎及大盂鼎中"嘼"和"遣"爲"戰"。④ 從文意上均優於舊説,雖然師袁簋、小盂鼎銘文中"嘼"字如何破讀意見不明,但從現有的材料看,把"嘼"釋爲"戰"明顯好於釋"獸"。至於《説文》中"嘼"字,大徐本音讀標爲"許救切",與"獸"讀音相同,恐不可信,從古文字中的用法來看,"嘼"就是"單"字。誠如裘錫圭所言,"《説文》説此字不可

---

    ① 關於王子午鼎銘文中形體,持釋"獸"觀點的學者參郭國權《河南淅川縣下寺春秋楚墓青銅器銘文集釋》[吉林大學碩士學位論文(指導教師:李守奎教授),2008年]第50—51頁引各家觀點,該文亦贊同釋"獸"説。關於令狐君壺銘文中形體,持釋"獸"觀點的學者參看張豔輝《洛陽金村古墓出土器銘集釋》[吉林大學碩士論文(指導教師:吴良寶教授),2011年,第92—93頁]引各家觀點。
    ② 李零:《論東周時期的楚國典型銅器群》,《古文字研究》第十九輯,第173—174頁。
    ③ 此形或釋"髟"讀作"冒",參湯餘惠、吴良寶:《郭店楚簡文字拾零(四篇)》,《簡帛研究二〇〇一》,廣西師範大學出版社,2001年,第199—202頁。
    ④ 陳劍:《據郭店簡釋讀西周金文一例》,《北京大學古文獻研究中心集刊》第二輯,2001年;又《甲骨文金文考釋論集》,第28—29頁。

信"，《古文四聲韻》以"嘼"爲"單"字古文才符合事實。

楚帛書甲篇云：

> 以司土壤，咎而歪 [圖]。乃上騰登，山陵不越，乃命山川四海，寒氣熱氣，以爲其越。

[圖]形早期存在多種考釋意見，①皆不可信。齊陶文中也有相關形體作：

[圖] 陶録 3.353.1　[圖] 陶録 3.353.3

舊或隸定作"逢"，②陶文右部不從"舍"，此隸定方式不可信。類似形體又見於包山簡中：

[圖] 包山 111　[圖] 包山 112　[圖] 包山 113　[圖] 包山 119

均用爲人名，學者早先曾釋爲"造"，③或釋爲"遝"，④黃錫全最早懷疑包山簡 111 號此字爲"達"字，但簡 119 之字，他却釋爲"造"。⑤ 真正解決此字釋讀是在九店簡公布後，九店簡 M56 簡 30：

> 未、申、酉、戌、亥、子、丑、寅、卯、辰、巳、午，是謂[圖]日。利以行師徒，出征，得。以祭，小大吉。生子，男吉。女必出其邦。

簡文[圖]與上文討論之字相近。在睡虎地秦簡中，與[圖]相應的簡文作"達"字。九店簡整理者李家浩指出：

> 《古文四聲韻》卷五曷韻"達"字引《古老子》作[圖]，[圖]與之十分相似，可見上引包山竹簡文字都應當是古文"達"。……本簡日名之字，秦簡《日書》甲、乙種楚除皆作'達'，也可以證明把[圖]釋爲'達'是可信的。⑥

---

① 分別有釋"趨"、"造"、"逞"、"數"等説，可參饒宗頤：《楚繒書疏證》，《中研院歷史語言研究所集刊》第 40 本上册，第 5 頁。高明：《楚繒書研究》，《古文字研究》第十二輯，中華書局，1985 年，第 377 頁。何琳儀：《長沙帛書通釋》，《江漢考古》1986 年第 1 期。馮時：《楚帛書研究三題》，《于省吾教授百年誕辰紀念文集》，吉林大學出版社，1996 年，第 190—191 頁。也可參劉波《〈楚帛書·甲篇〉集釋》[吉林大學碩士學位論文（指導教師：李守奎教授），2009 年，第 74—79 頁]引各家觀點；又單育辰《楚地戰國簡帛與傳世文獻對讀之研究》（中華書局，2014 年，第 72—73 頁）引各家觀點。
② 高明、葛英會編：《古陶文字徵》，中華書局，1991 年，第 237 頁。
③ 滕壬生：《楚系簡帛文字編》，湖北教育出版社，1995 年，第 134—138 頁。
④ 湯餘惠：《包山楚簡讀後記》，《考古與文物》1993 年第 2 期。
⑤ 黃錫全：《〈包山楚簡〉釋文校釋》，中國古文字研究會第九屆學術研討會論文，1992 年；又名爲《〈包山楚簡〉部分釋文校釋》，《湖北出土商周文字輯證》，武漢大學出版社，1992 年，第 187—196 頁。
⑥ 湖北省文物考古研究所、北京大學中文系編：《九店楚簡》，第 87 頁。

同時李家浩也把齊陶文中的形體一併釋爲"達"。後來公布的郭店簡中該形出現多次,《老子甲》簡 8"必微妙玄 ![字], 深不可識", 帛書《老子乙》本相應之字作"達";《五行》簡 43"䁗膚膚, ![字]諸君子道, 謂之賢", 帛書本《五行》相應之字作"達"。可見把此類形體釋爲"達"確不可移。試想, 如果學者早期能給予傳抄古文足夠重視, 相信《古文四聲韻》中"達"字古文寫法, 那麼楚帛書等材料中形體很早以前便可被正確地破譯。

"樹"字古文可分爲兩類:

Z1. ![字] 汗 3·30 尚　![字] 四 4·10 尚

Z2. ![字] 汗 3·30 尚　![字] 四 4·10 尚　![字] 四 4·10 雲

《説文》:"樹, 生植之總名。从木、尌聲。, 籀文。"又:"尌, 立也。从壴, 从寸持之也。讀若駐。"可見《説文》以爲"樹"、"尌"均从壴。殷墟甲骨文中有形體作:

![字]《合集》27781　![字]《合集》862

王獻唐據上録"樹"字籀文, 認爲甲骨文形體是"尌"字初文, 籀文形體中"豆"爲後來追加聲符。① 羅振玉《殷虛書契考釋》謂"尌"、"樹"本一字, 二者所从的"壴"是由"查"(按:此指 ![字] 的左部)省變而來。② 裘錫圭贊同以上兩種觀點, 並在此基礎上論證了"尌"、"樹"所从"壴"(查)與"鼓"字初文"壴"來源不同, 兩者是在文字演變過程中逐漸混同,③以上觀點均可從。可見 Z1 類古文應分析成从"尌"的表意初文 ![字]、豆聲, 保留了早期形體。又《古文四聲韻》中"駐"字古文作:

Z3. ![字] 四 4·11 牧(此形采自羅振玉石印本)

Z3 右部从又,"又"、"寸"二旁在古文字中常可換用, 再加上甲骨文中的"樹"就是从又的, 所以 Z3 與 Z1 是同一字。上引《説文》謂"尌""讀若駐", 可見"樹"、"尌"與"駐"讀音相近。除此之外, 古文字材料中"尌"字與"主"聲之字也可通假, 如郭店簡《語叢三》46 號簡:"强之尌也, 强取之也。"相關辭例在《荀子·勸學》中作"强自取柱"。此處

---

① 轉引自于省吾主編:《甲骨文字詁林》, 第 1369—1470 頁。
② 轉引自于省吾主編:《甲骨文字詁林》, 第 2783 頁。
③ 裘錫圭:《釋"尌"》, 原文發表於《龍宇純先生七秩晋五壽慶論文集》(臺北學生書局, 2002 年) 第 189—194 頁。本文據復旦大學出土文獻與古文字研究中心網站, http://www.gwz.fudan.edu.cn/SrcShow.asp? Src_ID=292, 2008 年 1 月 3 日。

"尌"、"柱"二字究竟如何訓讀,學術界尚有爭議(或讀作"祝"、或讀作動詞"樹"),①但無論如何,郭店簡中的"尌"與《荀子》中的"柱"都表示同一個詞是無疑的,說明二者可以相通,古文假"尌"爲"駐",完全符合音理。

再看"樹"字 Z2 類古文形體。與 Z1 相比,Z2 把"木"旁放在"豆"的下部,屬於"尌"的變體,右部所從應是"支"旁之訛,古文字中"又"、"支"常可互換,所以 Z2 應是"樹"字的一種變體。戰國文字中出現了從支的"樹",除了上引《語叢三》46 號簡外,《季庚子問於孔子》有形體作:

　　[字形] 18

整理者濮茅左誤釋爲"鼓",後季旭昇將其釋爲"樹",②正確可從。該形從木、從豆、從支,其構字部件與 Z2 相同,只是 Z2 中的"豆"、"木"二旁位置顛倒而已,可見"樹"字這一組古文也是可信的。

"尌"字有古文作:

　　[字形] 四 4·11 古

該形爲"偤"字。前文已論,《説文》分析"尌"字結構從壴不可信,"尌"是在"尌"的表意字上加注"豆"聲而來。但上録古文"偤"從壴,該形出現的時間似不會太早。其來源有兩種可能:一種是前人不明"尌"的構字本意,以爲"尌"從"壴"聲,③故誤造從"壴"得聲之"偤"以爲古文。還有一種可能就是"偤"爲"侸"的訛形(俗體)。徐在國指出:"《玉篇·人部》:'侸,《説文》作侸,立也,今作樹。'"④由此來看,該古文原來很可能從"豆",在傳寫過程中"侸"訛變成"偤"。"豆"字聲系與"尌"字聲系可通,除了前面學者指出的"樹"字從豆聲外,其他古文字材料也可證明,如出土楚器銘文常見的"集腏",朱德熙、裘錫圭讀"腏"爲"廚",⑤"腏"從"豆"聲,而"廚"從"尌"聲,所以古文可借"偤"〈侸〉爲"樹"。

下面試對"會"及從會之字的古文進行分析。"會"字古文作:

　　[字形] 汗 2·26　[字形] 四 4·12 汗　[字形] 汗 4·51 尚　[字形] 四 4·12 尚
　　[字形][字形] 並四 4·12 石　[字形] 四 4·12 崔

---

① 相關討論意見可參看馮勝君:《郭店簡與上博簡對比研究》,第 208 頁注釋 1 引各家觀點。
② 季旭昇:《上博五芻議(上)》,簡帛網,http://www.bsm.org.cn/show_article.php?id=195,2006 年 2 月 18 日。
③ 朱駿聲《説文通訓定聲》、段玉裁《説文解字注》都認爲"樹"字中"壴"旁亦表音。
④ 參《疏證》,第 109 頁。
⑤ 朱德熙、裘錫圭:《戰國文字研究(六種)》,《考古學報》1972 年第 1 期;又見《朱德熙文集》第 5 卷,第 41 頁。

相比不難看出後五形爲前兩形的訛變，它們都是同一個字。爲便於行文，下文在討論該形時用 a 代替。古文中還有很多从 a 的形體：

膾： [字形] 汗 3·34 石　　[字形] 四 4·12 石①

檜： [字形] 汗 1·3 指

繪： [字形] 汗 5·71 孫　　[字形] 四 4·12 孫

澮： [字形] 汗 2·26 尚　　[字形] 四 4·12 尚　　[字形] 四 4·12 籀

鄶： [字形] 汗 2·26　　[字形] 四 4·12 義

黵： [字形] 汗 4·56 張　　[字形] 四 4·13 張

以上从會得聲之字寫作从 a。a 有兩種形體，《汗簡》中"黵"、"繪"字所從的 a 作 [字形]，其餘形體所從的 a 作 [字形]。從《汗簡》中"會"、"檜"、"澮"、"鄶"等字中的 a 都寫作 [字形] 來看，[字形] 應是 [字形] 的訛形。另外，與《古文四聲韻》中 [字形] 相比，《汗簡》中"膾"字 [字形]，右邊所從的"木"也是 [字形] 的訛形。

很多學者曾討論過 a 形。由於行文需要，下面簡單介紹諸家觀點。鄭珍認爲該形是"魯"字古文 [字形] 之訛形（《箋正》662—663 頁）。按 [字形] 與 a 下部形體不合，故此説不可信，無需多論。甲骨文中有形體作：

[字形]《合集》14617　　[字形]《合集》11032

何琳儀據 a 釋上録甲骨文中形體爲"會"，甲骨文中另有形體作：

[字形]《合集》34478　　[字形]《合集》22543

[字形]《合集》25901

何琳儀把它們釋成"擔"或"檜"。② 黃錫全贊同此説。③ 此觀點亦可商。

裘錫圭認爲 [字形] 从臼、从巾、从之（或止）得聲，"巾"象器物的架坐，字形象以手置物

---

① 上録《古文四聲韻》中形體原誤隸爲"斾"字，今直接歸在"膾"字下。
② 何琳儀：《〈汗簡〉、〈古文四聲韻〉與古文字的關係》，吉林大學碩士學位論文，1981 年（原文未見，轉引自《注釋》第 70 頁）；又何琳儀：《戰國文字與傳抄古文》，《古文字研究》第十五輯，第 121 頁。
③ 《注釋》，第 70 頁。

於架座上,爲"置"的本字。① 釋"置"於辭例甚通,優於釋"會"的觀點。🕱與🕴爲同一個字,《新甲骨文編》把它們收在"置"下,②可從。那麼以前把a與甲骨文中的🕱形聯繫到一起就不可信了。

古文字中有形體作:

  🔣《璽彙》3505 🔣、🔣、🔣(信陽簡2墓8、9、14)

  🔣魚顛匕(《集成》980)

李家浩把上録第一形隸作"宋"(與"宋代"之"宋"只是同形字),認爲第二形從水從宋,第三形從艸、從宋、從骨。並把《汗簡》中的"牆"字古文🔣與上録"宋"形聯繫到一起,認爲🔣可以分析成從爿、從宋,且"爿"和"宋"兩旁有借筆關係。"會"字古文和"宋"是同一個字,上録古文字中相應之字均從"會"得聲。信陽簡中的🔣應釋作"澮",讀爲"礦",③趙立偉從之,④張富海亦贊同此説(《研究》107頁)。按:李家浩僅據《汗簡》中🔣形立論,没有注意到其他從會之字,上文已經指出《汗簡》中🔣右邊所從的"木"是a的訛形。白於藍也指出《訂正六書通》、《六書通摭遺》"牆"字引石經古文都從爿從a,《汗簡》中形體是訛形。⑤ 既然🔣右面是a的訛形,就不存在從宋的"牆"了,所以古文字中從"宋"之字與"牆"字古文没有任何聯繫。

白於藍不贊成李家浩觀點,並提出自己的看法:

  關於"🔣"字,其原形實可上溯到甲骨文之"🔣",其與《説文》"困"字古文"🔣"實爲一字,並即《説文》"宋"。這一點,筆者將另有專文詳論,兹不贅述。⑥

王丹贊同此説(《新證》45頁)。在上述引文中,白於藍未進行詳細論證,他認爲a與"困"字古文🔣爲一字的觀點似乎仍有討論的餘地。《汗簡》、《古文四聲韻》中"困"字古文作:

---

① 裘錫圭:《甲骨文中的幾種樂器名稱——釋"庸""豐""鞀"》,《古文字論集》,第197—198頁。
② 劉釗主編:《新甲骨文編》(增訂本),福建人民出版社,2014年,第464頁。
③ 李家浩:《信陽楚簡"澮"字及從"关"之字》,《中國語言學報》第一期;又見《著名中年語言學家自選集·李家浩卷》,第195頁。
④ 趙立偉:《魏三體石經古文輯證》,社會科學文獻出版社,2007年,第120頁。
⑤ 白於藍:《釋褰——兼談秀、采一字分化》,《中國古文字研究》第一輯,第349頁。
⑥ 白於藍:《釋褰——兼談秀、采一字分化》,《中國古文字研究》第一輯,第349頁。

[图] 汗 3·30 尚　[图] 四 4·20 尚　[图][图] 並四 4·20 籀

該形均从木从止（最後一形稍訛），而 a 形中[图]是正體，[图]下部並不从木，與[图]區別明顯，兩者不是同一個字。

　　由以上討論可以看出關於 a 的形體來源並未解決。以前人們對 a 的釋讀存在分歧，主要是對 a 的認識存在差異。要想識別 a，就應先確定 a 的形體。首先應明確，a 的兩種寫法中[图]才是正體，[图]是訛形。相關研究應以[图]爲出發點，不應與"困"字古文牽連到一起。既然[图]是正體，分析字形就應从此着手。

　　學者多認爲 a 从止从巾，在戰國文字中却始終找不到與 a 對應的形體，所以應從其他角度對古文進行分析。其實傳抄古文體系中"止"形還有一個來源，古文字中的"㐺"旁在古文中也寫作"止"，如"旅"字古文作：

[图]石　[图]說　[图]汗 1·7　[图]四 3·9 石

"旅"本从㐺，在上錄古文中寫作从"止"，是其證。戰國文字中的"㐺"旁經常寫得與"止"相似，如下面"族"、"旌"、"旗"等形分別作：

族：[图]《語叢三》14　　旌：[图]曾侯乙 65　　旗：[图]邾公釛鐘《集成》102

它們所从的"㐺"均寫得與"止"接近。"㐺"在古文系統中寫作"止"正與戰國文字相合。鄭珍關於 a 是"魯"字古文[图]訛形的觀點雖不正確，但是他看到了 a 所从的"止"與[图]上部相同，還是值得肯定的。[图]形本即"旅"字，用爲"魯"屬於假借用法。那麽 a 也可以分析成从㐺、从巾。則 a 的釋讀有兩種可能，一是該形可能是"斾"字訛變，古文字中"斾"字或作：

[图]曾侯乙 37

从㐺、从市，[图]从㐺从巾，古"市"、"巾"二旁有時可以換用，如"布"字本从巾作，但有時也寫作从市：

[图]曾侯乙簡 130　　[图]《六德》27

[图]下部的"巾"旁可能是"市"的替換，也可能是"市"旁的形近訛體。"斾"是並母月部字，"會"是匣母月部字，兩者韻部相同，聲母稍隔，但前文考釋"匯"形時指出並母與匣

母有相通情況,如"瑚"可從夫得聲,前者是匣母字,後者是並母字,是其證。古文可能是借"旃"爲"會"。

還有另一種可能,中山王器銘文及侯馬盟書中有 b 形作:

b. 〔字形〕《銘文選》2.880　〔字形〕侯馬一八五:九

盟書中的辭例已殘,對判斷 b 的讀法沒有太積極的作用。銘文中 b 出現次數很多,而且辭例明確:

蒦(與)其溺於人 b,寧溺於淵。

寡人聞之,事少如長,事愚如智。此易言而難行 b。

謀慮皆從,克有功智(續)b。

辭死罪之有赦,知爲人臣之義 b。

——以上見於鼎銘

余知其忠信 b 而譐(屬)任之邦。

則上逆於天,下不順於人 b。

將與吾君并立於世,齒長於會同。則臣不忍見 b。

——以上見於方壺銘

絕大多數學者認爲 b 相當於"也",李學勤和李零曾指出上録第一句銘文也見於《大戴禮記·武王踐阼》,相關語句作"盥盤之銘曰:與其溺於人也,寧其溺於淵",與 b 相對應的字作"也"。① 這是讀 b 爲"也"的異文證據。b 形如何分析,却一直存在爭議,朱德熙、裘錫圭、②張政烺、③于豪亮④等學者釋爲"施",讀爲"也";張克忠釋爲"斾",讀爲"丹";⑤趙誠贊同釋"旃"說,認爲此字當讀爲"漪"。⑥ 不過這些說法在形體上都講不通,難以令人信從。後來吴振武將該形隸定作"旃",分析成從㫃、從甲,認爲"甲"是彤沙之"沙"的象形初文,在形體中表音。"旃"爲當旗纓或旌旗講的"綏"(緌)之本字,並從音理上論證了"沙"可讀爲"也"。⑦ 從形體上看,這一說法較舊說爲優。

將上文討論的古文 a 與 b 相比不難看出,兩者上部都從㫃,至於下部,a 從巾,b 從甲,亦十分相似,可能是古文整理者不知"甲"的本義,而把它寫成形體相近的"巾"。a

---

① 李學勤、李零:《平山三器與中山國史的若干問題》,《考古學報》1979 年第 2 期。
② 朱德熙、裘錫圭:《平山中山王墓銅器銘文的初步研究》,《文物》1979 年第 1 期;又見《朱德熙文集》第 5 卷。
③ 張政烺:《中山王𧊒壺及鼎銘考釋》,《古文字研究》第一輯,第 208—232 頁。
④ 于豪亮:《中山三器銘文考釋》,《考古學報》1979 年第 2 期。
⑤ 張克忠:《中山王墓青銅器銘文簡釋—附論墓主人問題》,《故宫博物院院刊》1979 年第 1 期。
⑥ 趙誠:《〈中山壺〉、〈中山鼎〉銘文試釋》,《古文字研究》第一輯,第 247—272 頁。
⑦ 吴振武:《試説平山戰國中山王墓銅器銘文中的"旃"字》,《中國文字學報》第一輯,第 76 頁。

形可能是從 b 演變而來。

"會"和"綏"字讀音關係也很密切。上引李家浩觀點曾論證了"會"與"貴"的語音關係：

> 古代"貴"、"會"音近可通。《周禮·天官·女祝》："凡以神仕者，以禬國之凶荒。"鄭玄注："禬，除也，讀如潰癰之潰。"《禮記·玉藻》："緇布冠，繢緌，諸侯之冠也。"鄭玄注："繢，或作繪。"《論語·八佾》："子曰：繪事後素。"陸德明《釋文》："本又作繢。"《尉繚子·戰威》"潰衆奪地"，《孫子兵法·謀攻》張頴注引"潰"作"會"。此皆是"會"、"貴"音近相通之證。①

所舉有音近之例、有異文之例，足可説明"會"與"貴"可通。需要指出的是典籍中"妥"、"貴"亦可通，如《易·繫辭下》："夫坤隤然示人簡矣。"陸德明《釋文》："隤，孟作退，陸、董、姚作妥。"又《周禮·夏采》："以乘車建綏復于四郊。"鄭玄注："故書綏爲禮。"既然"會"、"綏"都能和"貴"聲字相通，那麼"會"、"綏"讀音也應相近，存在相通的可能。

上文討論了"會"字古文 ，認爲該形可能來源於古文字中的 或 ，在形體上它們都很相近。事實究竟如何還希望日後出土資料能夠提供相關綫索。

關於古文的考釋，也是隨着新資料的不斷面世而不斷發展。如"步"字古文作：

 汗1·8   汗1·8碧   四4·12碧   四4·12汗

形體可隸定作"歨"。鄭珍認爲"歨"來源可信，並懷疑《説文》"步"字下本應有此古文，在《説文逸字》中補出該形。② 中山王方壺有形體作 ，學者或釋爲"步"，《注釋》（106頁）引用此説，以之與古文合證。類似形體還見於包山簡作：

 包山25   包山105   包山167

以上形體原整理者釋爲"步"，得到了一些學者的贊同。③ 也有持不同意見者，如劉釗釋爲"陟"，④李零釋作"寯"。⑤ 後來上博簡陸續公布，相關形體再次出現：

 《周易》4   《鬼神之明·融師有成氏》5   《申公臣靈王》9   《慎子

---

① 李家浩：《信陽楚簡"澮"字及从"关"之字》，《著名中年語言學家自選集·李家浩卷》，第195頁。
② 《箋正》，第544頁。又（清）鄭珍：《説文逸字》，《鄭珍集·小學》，貴州人民出版社，2001年，第36頁。
③ 何琳儀：《戰國古文字典》，第595頁。劉信芳：《包山楚簡解詁》，第40頁。
④ 劉釗：《包山楚簡文字考釋》，中國古文字研究會第九屆學術討論會論文，1992年。原文未見，轉引自朱曉雪：《包山楚墓文書簡、卜筮祭禱簡集釋及相關問題研究》，吉林大學博士學位論文（指導教師：吳振武教授），2011年，第161頁。
⑤ 李零：《讀〈楚系簡帛文字編〉》，《出土文獻研究》第五輯，科學出版社，1999年，第141頁。

曰恭儉》1

上博簡中的"𡰥"字(旁),《鬼神之明‧融師有成氏》、《申公臣靈王》、《慎子曰恭儉》的整理者也釋爲"步",除此外也有釋"陟"、①"寘"兩種意見。筆者贊同釋"𡰥"爲"寘"的觀點。上博簡《周易》形體今本作"窒",整理者參照今本釋簡文爲"憶",讀爲"窒";②《鬼神之明‧融師有成氏》中的"𡰥"陳斯鵬釋爲"寘"讀作"實",③《慎子曰恭儉》中的"𡰥"也被釋爲"寘",何有祖讀爲"實"、④陳偉讀作"質"。⑤ 上博簡《申公臣靈王》中形體陳偉讀爲"鑕",原文辭例爲"斧鑕";⑥中山王方壺中的 形,去掉"厂"旁後的部分與"𡰥"形體相同,趙誠很早以前便釋 爲"寘";⑦後來楊澤生、陳斯鵬讀爲"恤",⑧陳斯鵬又從形體上排比了古文字中"寘"的來源：

以上釋讀意見從形體及文意上均很通順,應可信從。與此相關的"陟"字古文可分兩類：

c. 說 汗3·41尚   四5·26尚   四5·26籀
   四5·26崔

d. 石   汗6·77義   四5·26義

c、d兩類形體均從𡰥。齊陶文中有 、 、 (《齊文字編》373頁)形,與c形體相同,丁佛言聯繫兩者,將陶文釋爲"陟",⑨説明上録c形來源可信。

至於d形,古文字中未見到與此完全一致的形體。d右面從𡰥,"𡰥"是"寘"字,

---

① 釋"陟"觀點參胡瓊:《釋〈慎子曰恭儉〉中的"陟"》,簡帛網,http://www.bsm.org.cn/show_article.php?id=691,2007年8月8日。
② 馬承源主編:《上海博物館藏戰國楚竹書(三)》,圖版16,釋文考釋141頁。
③ 陳斯鵬:《讀〈上博竹書(五)〉小記》,簡帛網,http://www.bsm.org.cn/show_article.php?id=310,2006年4月1日。
④ 何有祖:《〈慎子曰恭儉〉劄記》,簡帛網,http://www.bsm.org.cn/show_article.php?id=590,2007年7月5日。
⑤ 陳偉:《上博竹書〈慎子曰恭儉〉初讀》,簡帛網,http://www.bsm.org.cn/show_article.php?id=589,2007年7月5日。
⑥ 陳偉:《讀〈上博六〉條記》,簡帛網,http://www.bsm.org.cn/show_article.php?id=597,2007年07月09日。
⑦ 趙誠:《〈中山壺〉、〈中山鼎〉銘文試釋》,《古文字研究》第一輯,第253頁。
⑧ 楊澤生:《竹書〈周易〉劄記(四則)》,簡帛研究網站,http://www.jianbo.org/admin3/html/yangzesheng03.htm,2004年5月8日。又陳斯鵬:《讀〈上博竹書(五)〉小記》,簡帛網,http://www.bsm.org.cn/show_article.php?id=310,2006年4月1日。
⑨ 丁佛言:《説文古籀補補》,中華書局,1988年,第60頁上欄。

"叀"是端母質部字,"陟"是端母職部字,劉洪濤認爲"陟"、"叀"聲母相同,上古音職部和質部關係又很密切,c、d都應分析成从叀得聲,用爲"陟"屬於假借用法。①

既然"㞷"應釋作"叀",那麼"步"字古文㞷形就失去了着落。如果"叀"作爲"陟"的聲符,從音理上勉强可通的話,但"步"是並母鐸部字,與"叀"聲母、韻部都不近,似不能相通,所以"步"字的古文來源需重新考慮。疑"步"的古文是截取"陟"字古文右部而來。《說文》:"陟,登也。从𨸏,从步。"既然"陟"本从步,其古文䧜(或䧙)右部从㞷,那麼按照常理㞷就應是"步"字古文,這種推理本是合理的,再加上㞷與"步"字形體又有幾分相似,所以古文整理者很容易錯誤地認爲㞷就是"步"字古文。殊不知戰國文字本身具有極大的複雜性,並非偏旁拆分後即可相互等同那樣簡單。關於㞷是截取"陟"字古文而來,還可從"涉"字古文中看出端倪,"涉"字古文作:

　　㴋 汗1·8孫　　㴋 四5·21孫

該形从水从㞷,古文字中"涉"字常見:

　　𣥯《合集》28339　　𣥯格伯簋《集成》4264.1　　𣥯《周易》54　　𣥯《老子甲》8

均與上錄古文㴋形寫法不同,古文並無可靠來源。"涉"字右部亦从步,上錄㴋从㞷。㞷本是"叀"字,"叀"與"涉"讀音不近,前者不大可能作後者聲符。所以不難想見,"涉"字古文亦是古文整理者以"水"旁和所謂的"步"字㞷組合而成,這與從"陟"字中截取㞷形當作"步"字古文性質是相同的。

"播"字古文有如下幾形:

　　𢿥 四4·31籀　　𢿥𢿥 並四4·31籀

與此相關的"番"字古文作:

　　𤰔 說　　𤰔 汗1·6　　𤰔 汗6·18說　　𢽳 四1·35說　　𤰔 四2·10籀

---

① 劉洪濤:《〈說文〉"陟"字古文考》,簡帛網,http://www.bsm.org.cn/show_article.php?id=719,2007年9月22日。但夔一指出"陟"从叀得聲的觀點不確,"陟"屬於職部字,"叀"爲質部字,兩者讀音不近,胡瓊、劉洪濤所舉的大徐本《說文》謂"騺""讀若郅"("郅"爲質部字)的證據並不可靠,因爲小徐本"騺"字下並無"讀若郅"三字,段玉裁指出大徐本中此三字爲後人竄入。相關討論看夔一:《"陟"疑》,簡帛網,http://www.bsm.org.cn/show_article.php?id=737,2007年10月23日。

兩類形體相近，應該是同一類字，可隸定作"쮝"。"播"從番得聲，兩者音近可通，故兩者古文相關。此類形體在古文字已有出現，如上博簡、郭店簡《緇衣》中有形體分別作：

〔圖〕上·《緇衣》15　　〔圖〕郭·《緇衣》29

與二形相對的字今本《禮記·緇衣》作"播"。相互對比不難看出，簡文寫法與古文關係密切，①尤其是〔圖〕與〔圖〕二形寫法極爲近似。② 且簡文用爲"播"，與古文亦相合。除此之外，筆者認爲還有形體與"播"字古文有關。

《顧氏集古印譜》中著録如下一方三晉璽印：

〔圖〕

《璽彙》未見著録，施謝捷《古璽彙考》收録此璽，並釋作"公孫朏(沖)"。③ 湯志彪《三晉文字編》亦收此印文，將其人名用字放在"水月"合文之中。④ 按，印文中姓氏用字"公孫"二字的釋讀自無問題，但人名用字釋"沖"、或釋"水月"合文都不能坐實，還存在其他可能性。該形左面所從並非"水"旁，《三晉文字編》中收録的其他所謂"水月"合文的形體作：⑤

〔圖〕《璽彙》2061　　〔圖〕《璽彙》0464　　〔圖〕《璽彙》0465　　〔圖〕《珍秦戰》103

這些形體所從的"水"旁都與〔圖〕形左部不同，該形左部有一橫畫，這與典型的三晉文字"水"旁寫法存在區別，所以釋該形爲"沖"或當成"水月"合文皆可疑。着眼於整體，〔圖〕形與郭店簡《緇衣》中〔圖〕形上部極爲相近，所以筆者認爲〔圖〕形可能也是"쮝"字。

學者在考釋戰國文字時習慣於借助古文資料。對於同一個字的考釋，人們的理解不同，利用的古文形體也不同，得出的結論自然存在差異。如包山楚簡有形體分別作：

e.〔圖〕包山 179　　f.〔圖〕包山 139

---

① 徐在國、黃德寬：《上海博物館藏戰國楚竹書(一)〈緇衣〉〈性情論〉釋文補正》，《古籍整理研究學刊》2002 年第 2 期。馮勝君：《郭店簡與上博簡對比研究》，第 153—154 頁。
② 李零：《上博楚簡三篇校讀記》，第 56—57 頁。
③ 施謝捷：《古璽彙考》，第 308 頁。
④ 湯志彪：《三晉文字編》，第 2094—2095 頁。
⑤ 其實該形能否看作合文都成疑問，相關璽印文字中該形下都沒有合文符號。從寫法上看，印文中所謂"水"形都寫在"月"形裏面，即前者被後者所包圍，這與〔圖〕和〔圖〕上部的特徵相似，所以將這些形體釋爲"沖"或"水月"均可疑。

此二形釋讀意見紛繁,很多觀點都利用了傳抄古文,得出的結論却存在差異。第一種觀點把簡文與"尞"字聯繫到一起。如整理者把 e 形隸作"鄝",並考釋說:"鄝,簡文作[圖],《汗簡》遼字作[圖],尞字作[圖]、[圖]。長沙子彈庫帛書尞字作[圖],均與簡文相似。"何琳儀亦認爲該形是"鄝"字。① 整理者將 f 形隸定作"戡",未釋。後來學者有幾種觀點,黃錫全隸作"戡"、②湯餘惠隸作"戡"讀爲"敹"、③何琳儀隸作"敹",讀爲"轑"。④ 第二種觀點把簡文 f 釋作"熾"。《說文》"熾"字古文作[圖],與上錄 f 相同,李天虹較早據此認爲 f 是"熾"字,⑤劉信芳也持相同觀點。⑥ 第三種觀點認爲簡文與"眞"字相關,"眞"是"慎"字古文。如劉信芳認爲 e 應讀爲"涅"。⑦ 吴良寶亦認爲 e、f 都从眞得聲。⑧ 蘇建洲、⑨蕭毅⑩也持相同觀點。

以上三種觀點都是依據傳抄古文釋讀簡文,但結論各不相同。造成這種現象的原因是大家對簡文及古文形體的認識存在差異。下面對諸説試做分析。

"尞"聲字在傳抄古文中多見,分别爲:

　　遼:[圖]汗 4·55 義　　尞:[圖]汗 4·55 説　　燎:[圖]四 3·19 説

　　潦:[圖]四 4·30 籀　　獠:[圖]四 3·19 籀

《說文》:"尞,柴祭天也。从火、从眘。眘,古文慎字。祭天所以慎也。""尞"字小篆作[圖],上錄古文與小篆寫法相近,個别形體上部稍訛。甲骨文"尞"字作[圖](《合集》14771),象附有點畫的木形,下部或加"火"旁作[圖](《合集》28180)。金文中"尞"字多見作[圖](趙孟《集成》10321),或追加聲符"呂"作[圖](番生簋蓋《集成》4326)、[圖](毛公鼎《集成》2841),睡虎地秦簡中的"潦"字作[圖](秦律十八種·田律 2),其中的"尞"旁中間从日,與小篆及古文寫法相同,上部从木却依然清晰。杜忠誥指出"尞"旁中間的

---

① 何琳儀:《戰國古文字典》。
② 黃錫全:《〈包山楚簡〉部分釋文校釋》,《湖北出土商周文字輯證》,第 187—196 頁;又見《古文字與古貨幣文集》,文物出版社,2009 年,第 398—405 頁。
③ 湯餘惠:《包山楚簡讀後記》,《考古與文物》1993 年第 2 期。
④ 何琳儀:《包山楚簡選釋》,《江漢考古》1993 年第 4 期。
⑤ 李天虹:《〈包山楚簡〉釋文補正》,《江漢考古》1993 年第 3 期。
⑥ 劉信芳:《楚帛書解詁》,《中國文字》新廿一期,藝文印書館,1996 年;又《包山楚簡解詁試筆十七則》,《中國文字》新廿五期,1999 年,第 149—160 頁。
⑦ 劉信芳:《包山楚簡解詁》。
⑧ 吴良寶:《包山楚簡"慎"地考》,《中國文字》新三十三期,藝文印書館,2007 年,第 97—106 頁。
⑨ 蘇建洲:《楚文字"眞"字及从"眞"之字再議——兼論傳鈔古文一個值得注意的現象》,《上博楚竹書文字及相關問題研究》,萬卷樓圖書公司,2008 年,第 158—174 頁。
⑩ 蕭毅:《楚簡文字研究》,武漢大學出版社,2010 年。

"日"是由[字形]形中間的"吕"旁粘合訛變而成,①此説可信。從秦漢文字中的"尞"(旁)寫法來看,古文中的"尞"(旁)可能是因襲秦系文字或小篆而來,並發生了不同程度的訛變。而楚簡中的[字形]形由中、日、火三個部件組成,表面上看與《汗簡》中的[字形]相近,實則不然,[字形]上部都从中,但[字形]形上部非"中",而是"火"(實从帶點畫的"木"形變來)的訛形,這從上録其他"尞"(旁)古文的寫法便可看出。所以不能拿訛變了的古文[字形]與簡文[字形]相比。況且,古文中的"尞"很可能屬於秦系文字,將其直接與楚系文字相比,也有欠妥當。另外,整理者據舊説認爲子彈庫帛書中的[字形]爲"尞"字,也不足據,李零釋該字爲"熱",②可信。所以把簡文與"尞"聯繫起來的兩條證據都是不可信的。

《説文》"熾"字古文作[字形],與簡文 f 同形。③ 但是[字形]與常見的"熾"字不同,何以爲"熾"字古文需要討論。李零認爲[字形]形發生訛變,並據簡文把[字形]形改作"戠",分析成从"熱"字的古文"臬"从戈。④ 陳劍提出了另一種看法:

> 包山簡 139 从"臬"从"戈"之[字形]字雖與《説文》古文"熾"作[字形]形同,但[字形]形何以是"熾",本無多少理據可説,恐不能據以釋古文字。我們反而應當反過來考慮,根據六國文字中"臬"聲字可用爲"熱"的情況,古文"熾"作[字形]形很有可能是用爲"熱"的[字形]類形"因義近而誤置";同時可能也有[字形]跟"熾"字形上也多少有點聯繫的因素——其實説白了就是,漢人看到古文寫本資料中从上下文看意義當爲"熾熱"一類的[字形]字,對其字形已不能確識,就認作偏旁裏也有"火"、有"戈"的"熾熱"之"熾"了。⑤

蘇建洲贊同陳劍觀點,並認爲"熾"、"臬"讀音也很相近。⑥ 按:李零、陳劍、蘇建洲均據簡文 f 來考慮古文的來源,雖是一種途徑,但仍需推敲。"熾"是職部字,"日"是質部字,雖然職、質兩部個別字關係密切,但不能據此認爲兩韻部中所有字的讀音都相近,f

---

① 杜忠誥:《説文篆文訛形釋例》,文史哲出版社,2002年,第97—99頁。
② 李零:《古文字雜識(五則)》,《國學研究》第三卷,北京大學出版社,1995年,第267—269頁。
③ 實則小徐本古作[字形],與簡文並不完全相同。
④ 李零:《讀〈楚系簡帛文字編〉》,《出土文獻研究》第五輯,第149頁。
⑤ 轉引自蘇建洲:《楚文字"臬"字及从"臬"之字再議——兼論傳鈔古文一個值得注意的現象》,《上博楚竹書文字及相關問題研究》,第158—174頁。
⑥ 蘇建洲:《楚文字"臬"字及从"臬"之字再議——兼論傳鈔古文一個值得注意的現象》,《上博楚竹書文字及相關問題研究》,第160頁。

左邊形體似不能看作从炅得聲。陳劍認爲🔲从炅,屬於"因義近而誤置",這種可能性雖不能完全排除,但推測成份較大,並無實際證據。

在利用古文資料時,應該從古文自身體系來梳理相關形體的發展脈絡,充分瞭解形體演變過程以便能對形體做出合理分析。以"熾"字古文爲例,該形也見於《汗簡》、《古文四聲韻》,且具體出處均爲《說文》：

🔲汗5·68說　🔲四4·8說

兩形都寫作从火戠聲,"火"形位於"音"形的下部,有此二形作爲比照,不難看出《說文》中的🔲形可能就是🔲形訛誤。黃錫全便認爲🔲是訛體,不如🔲形完備。① 徐在國認爲🔲所从的"🔲"似由"戠"字訛變。② 其實,清代已有學者看出《說文》中🔲形是有問題的,如王筠《說文繫傳校錄》："《說文韻譜》作🔲,《五音韻譜》作🔲,案🔲是也。乃迻火於音下耳。"③其在另一部著作《說文釋例》中也有類似看法。姚文田、嚴可均《說文校議》也據《汗簡》中的形體,認爲《說文》古文有所訛誤。④ 可見《說文》古文🔲形在傳抄過程中發生了訛變,此形屬於訛體,古文🔲與簡文🔲實無關聯,既不能據前者考釋後者,也不能據後者探討前者的來源。

此處順便討論一下與"熾"相關的"殖"字古文：

🔲汗4·55說　🔲四5·26說

此形从火、从戠,並且"戠"所从的"戈"旁上有類似"屮"的形體,鄭珍認爲《說文》中"熾"字古文🔲形"音旁不完,當以此(🔲)正之"。⑤ 按：包山簡中"戠"字或作：

🔲包山243　🔲包山248

整理者隸定作"戠",認爲是"戠"字異體,無具體解釋。舊或認爲左上部是"止"旁,爲疊加聲符。⑥ 以形體觀之,該形更像是"之"字,"之"和"止"二形雖近,但亦有區別,此宜看作"之"旁。且文獻中"戠"、"止"相通之例甚少,而"之"和"戠"兩者相通例子極多,

---

① 黃錫全:《利用〈汗簡〉考釋古文字》,《古文字研究》第十五輯,第516頁。
② 《疏證》,第213頁。
③ 轉引自丁福保編纂:《說文解字詁林》,第9980頁。
④ 轉引自丁福保編纂:《說文解字詁林》,第9980頁。
⑤ 《箋正》,第844頁。
⑥ 何琳儀:《戰國古文字典》,第54頁。蘇建洲:《上博楚竹書文字及相關問題研究》,第141頁。

此二形在簡文中都用作"特","特"便以"之"爲基本聲符,可證。

"殖"字古文■與簡文■上部形近,前者可能是因襲後者而來,爲"熾"字異體,用法上借爲"殖"。前文討論的"熾"字古文■形在訛變過程中可能便受到了■形的類化影響,以致於上部變成與"中"形相近。

下面再看釋"炅"説。"炅"即"慎"字古文■,兩者構形部件一致,僅位置關係不同,"慎"字古文也有"火"旁寫在"日"下之例,如秦公簋(《集成》4315)中"鎮"字作■,右部所從即如此。是"炅"、■二形爲同一個字。"炅"從日得聲,與"熱"、① "慎"等字讀音相近,作爲"慎"字古文屬於假借用法。② 楚簡中還有與"炅"相關的如下形體:

Ⅰ：■《六德》33

Ⅱ：■楚帛書　■新蔡簡零213·212

Ⅲ：■新蔡甲三342-2

Ⅳ：■包山82　■包山85　■包山103　■包山115　■包山124
　　■包125　■包山194　■新蔡甲三3　■新蔡甲三33
　　■新蔡乙四118　■新蔡零122

Ⅴ：■包山176　■包山56　■包山97　■包山47

Ⅵ：■《恒先》11

Ⅰ類形體見於郭店簡《六德》篇,整理者釋爲"尞",並括注"?"表示不確定。李零認爲該字從炅得聲,讀爲"折"。③ 此説於字形的分析可信,故後來討論者多從之,但破讀又不盡相同,④諸説中尤以顏世鉉的意見最值得注意,他認爲簡文應讀爲"軫",訓作多。⑤ 陳劍、⑥蘇建洲⑦等從之。筆者也贊同此説,簡文所在辭例爲:

---

① 裘錫圭:《考古發現的秦漢文字資料對於校讀古籍的重要性》,《古代文史研究新探》,第34—35頁。
② 關於"慎"字古文討論可參看劉樂賢:《釋〈説文〉古文慎字》,《考古與文物》1993年第4期。
③ 李零:《郭店楚簡校讀記》(增訂本),北京大學出版社,2002年,第133頁。
④ 觀點衆多,此不贅引,具體討論參劉傳賓:《郭店竹簡研究綜論(文本研究篇)》,吉林大學博士學位論文(指導教師:馮勝君教授),2010年,附錄第146—147頁。
⑤ 顏世鉉:《郭店楚簡〈六德〉箋釋》,《中研院歷史語言研究所集刊》第72本第2分冊,第480—482頁,2001年。
⑥ 陳劍:《郭店簡〈六德〉用爲"柔"之字考釋》,《中國文字學報》第二輯,商務印書館,2008年。
⑦ 蘇建洲:《上博楚竹書文字及相關問題研究》,第162—163頁。

　　　　[圖](暱)之爲言也,猶[圖圖](暱暱)也,①少而贔多(者)②也。

馬王堆帛書《五行》與此相應之句作:

　　匿者,言人行小而軫者也。小而實大,大之者也。

學者指出《六德》簡文"少而贔者也"與帛書"言人行小而軫者也"正好相對,是"贔"與"軫"互爲異文,這是"贔"讀爲"軫"的重要證據。

　　Ⅱ類中楚帛書形體李零認爲該形從贔得聲,讀爲"熱",③辭例"熱氣"、"寒氣"正相對應,此說可信。

　　Ⅲ類新蔡簡中形體用爲人名,整理者釋爲"萴",蘇建洲指出此說不可信,他把簡文隸成"戬",並認爲與Ⅳ類新蔡簡中形體指同一個人。④ 此說可信。

　　Ⅳ、Ⅴ、Ⅵ三類形體究竟讀成何字頗有爭議,但是它們都以"贔"爲基本聲符,這一點學者意見頗爲一致。

　　由《六德》、楚帛書中"贔"(旁)的釋讀可知,學者認爲"贔"從贔得聲是可信的。這就在古文字中爲[圖]、[圖]的釋讀找到了一個定點。下面再從古文系統中考慮此類形體的釋讀。"震"字在石經中有古文作:

　　[圖]石

關於石經中的形體,人們多以闕疑處理。此形上部從雨比較明顯,下面[圖]形較爲奇特,左下部從火,右部從戈,上部似從[圖],但此形不見於古文字中,難以與已知形體繫聯。考慮到傳抄古文多有訛變,筆者認爲"[圖]"是"日"形訛誤,《集篆古文韻海》中"震"字古文作:

　　[圖] 4·23

該形中間正從日,尚不誤,又《篆隸萬象名義·雨部》"震"字下收古文作"霙",該形下部所從也寫作"日",均可作爲此推測的證據。則[圖]可隸定作"戬",與新蔡簡中的[圖]

---

　　① 學者認爲其中的[圖]形以"内"爲基本聲符,讀爲"暱",與《五行》簡 40"匿之爲言也,猶匿匿也"相對照。此釋讀意見可參看范麗梅:《郭店楚簡〈六德〉"仁類蔑而束"相關段落釋讀》,《楚地簡帛思想研究(三)——新出楚簡國際學術研討會》論文集,第 450—459 頁。劉信芳:《郭店楚簡〈六德〉解詁一則》,《古文字研究》第二十二輯,第 215—216 頁。
　　② "多"字讀爲"者"參看顧史考:《郭店楚簡〈成之〉等篇雜志》,《清華大學學報(哲學社會科學版)》2006 年第 1 期。陳劍:《郭店簡〈六德〉用爲"柔"之字考釋》,《中國文字學報》第二輯。
　　③ 李零:《古文字雜識(五則)》,《國學研究》第三卷,第 267—269 頁。
　　④ 蘇建洲:《上博楚竹書文字及相關問題研究》,第 141 頁。

形和包山簡 [圖](去掉巾旁後的部分)相同,應分析成从戈从昚。"震"从雨辰聲,按照這一規律分析,[圖]應分析成从雨戬聲,戬从昚聲,"昚"是"慎"字古文。古"慎"和"辰"字可通,《詩·秦風·駟驖》:"奉時辰牡。"王引之《經義述聞》:"辰當讀爲慎。"①由此可見"震"从戬作屬於聲符替換。

"震"字古文"霽"的釋出明確了傳抄古文系統中"戬"亦从昚得聲,這是另一定點。可見 [圖]、[圖] 應分別隸定作"郮"、"戬",以"昚"爲基本聲符。"郮"在簡文中用爲地名,劉信芳讀爲"涅",吳良寶讀爲"慎"。②"戬"的辭例爲"大胆(廚)尹公夢(宿)必與戬三十",其具體所指待考。

關於楚簡中與"屯"有關形體的釋讀,三種主要的意見都依據了古文形體,釋"尞"說沒有注意古文的國別性,釋"熾"說忽略了古文自身的系統性,釋"昚"說更爲合理。

四、古文與古文字比對需要注意的問題

把古文與古文字進行比對並互相印證,是考釋古文與古文字的有效途徑。在過去的研究中,很多"互證"却是不成功的。從形體上説,所選的古文或古文字形體如果不可靠,在此基礎上的立論也會出現問題。合理而可信的"互證"應做到兩個"確定":一是確定古文字形體;一是確定古文形體。

1. 用以比較的古文字形體應爲正體

古文字形體具有一定複雜性。由於類化、訛變、簡省、繁化等原因,一個字常常有幾種寫法,會存在多個訛體。將古文字與傳抄古文比對前,應注意所選古文字形體須是正體,若所選形體不具典型性或是變體,會直接影響結論的正確性。如古文字中有如下幾類形體(按照形體寫法分類):

g. [圖]蔡子[圖]匜《集成》10196

h. [圖]王子遝匜《集成》10190   [圖]蔡侯《新收》472

   [圖]工盧季生匜《集成》10212   [圖]庳[圖]丘匜《集成》10194③

i. [圖]以鄧匜《新收》405   [圖]東姬匜《新收》398

---

① 更多"真"、"辰"兩聲系字相通的例子參看高亨、董治安:《古字通假會典》,第91頁。
② 吳良寶:《包山楚簡"慎"地考》,《中國文字》新三十三期。
③ 此形較h類其他形體多一"金"旁,屬於意符累增,現仍將其歸在h類之中。

j. ▨唐子仲瀕兒匜《新收》1209　　▨王子申匜《新收》1675

以上四類形體均用爲器名，學界一般認爲它們即"匜"之別名，究竟爲何字却一直存在爭議。很多學者試圖通過古文來解釋它們，如李家浩認爲上録 g 類形體从 ▨，▨ 即《説文》"㱒"字的古文，h 類中的 ▨ 上部从申，古代"㱒"、"申"二字與"薦"音近，所以此類形體可讀爲"薦"。① 黄旭初、黄鳳春從 j 類的 ▨ 形入手，將其與《古文四聲韻》中的"貴"字古文聯繫起來：

"黄"（桃按："黄"是"貴"的誤字）字的古文作：

▨四4·8孝▨四4·8裴▨四4·8孝▨四4·8老▨汗1·5▨四4·8義

通過比較，這些字形都有象匜的"臾"形。尤其是所引裴光遠《集綴》的"貴"字與本銘所釋的"貴"大體相同。

據此認爲上録 g、h、i、j 類中部分形體从"貴"。② 張亞初隸定 h 類第一形爲"盡"，釋爲"浣"；隸定 h 類最後一形爲"鑑"，亦釋爲"浣"，③限於體例並未解釋原因，從其隸定可看出他也是把此類形體與"貴"字古文聯繫起來，認爲它們是同一個字。

首先看釋"薦"説，單看 g 類形體，將其分析成从収、▨（㱒）聲，尚有合理之處，若考慮到四類形體的整體性，如此分析就站不住脚了。仔細觀察可以發現，h 類形體去掉"皿"旁（最後一形去掉"皿"和"金"旁）後，剩餘的部分均从臼、从倒寫人形，並且"臼"的兩個手形都置於人形的兩邊，可嚴格隸定成"䏿"。h 類第一形 ▨ 上部似从"申"，但趙平安已經指出該形"上部中筆的左下方有一短畫"，④其説甚是，可見此形上部亦作"䏿"。i 類形體在"䏿"下部追加一手形，j 類形體在"䏿"下部追加兩個手形，都屬於意符累增。那麽此類形體的基本聲符爲"䏿"，g 類从収屬於變體，並不具有典型性，分析字形時應以"䏿"爲出發點。從構形規律上考慮，很難將"䏿"看成形聲字，再加上 ▨ 亦不从申，所以釋"薦"説並無可靠證據。

再看釋"貴"説，黄旭初、黄鳳春的立論基礎是 ▨ 與"貴"字古文 ▨ 相同，實際上，他們對這兩個形體的理解都是有問題的。先説古文，學者多認爲"貴"的古文是"遺"字

---

① 李家浩：《信陽楚簡"澮"字及从"关"之字》，《中國語言學報》第一期；又見《著名中年語言學家自選集·李家浩卷》，第 201—202 頁。
② 黄旭初、黄鳳春：《湖北鄖縣新出唐國銅器銘文考釋》，《江漢考古》2003 年第 1 期。
③ 張亞初：《殷周金文集成引得》，第 155 頁。
④ 趙平安：《金文考釋五篇》，《容庚先生百年誕辰紀念文集》，第 449 頁。

初文,古文字中"遺"字作:

[字形]包山18　　[字形]《皇門》12　　[字形]中山王方壺《集成》9735

除去"辶"旁後即"貴"字古文,从臼、从少,會雙手持小物遺棄之意,①中間不从人,"貴"字古文[字形]屬於訛變形體。再說[字形]形,上文已論,該形是在"甶"基礎上贅加兩個手旁,該形並非典型形體,不應以該形爲代表討論此類形體。因此,[字形]與"貴"字古文不具有可比性,釋"貴"說不可信。

關於"甶"類形體的考釋,舊說較多,較有代表性的意見屬釋"曳"說。近期《文物》2011年第3期公布《河南南陽春秋楚彭射墓發掘簡報》,該簡報披露一件彭射匜,其中"匜"自名形體作:[字形],原簡報釋爲"曳",②學者在此基礎上認爲以上h類形體亦从曳,讀爲"匜"。③[字形]應是[字形]的異體,前者把後者所从的"臼"換成意義相近的"又"。從目前材料看,把"甶"釋成"曳"字勝於其他說法。

回顧以上釋"蕢"和釋"貴"兩說的錯誤原因,主要是所選的古文字形非典型形體,以此與古文相比,便得出了錯誤的結論。

古文字中還有與"貴"字古文有關的形體:

[字形]《璽彙》0410　　[字形]《璽彙》1078　　[字形]六年格氏令戈《集成》11327　　[字形]陶文《考古》1990年8期

以上形體屬於三晉文字。其中璽印文字原書釋爲"蕢",《研究》(33頁)從之。施謝捷改釋爲"寅",④兵器銘文《殷周金文集成釋文》釋爲"貴"、⑤《集成(修訂增補本)》亦同。現在仍有不少學者堅持釋"貴"說。

上文已論"貴"字古文[字形]是[字形]形訛體,即中間的"人"是由[字形]形訛變而成,那麼[字形]與"貴"字古文不存在可比性,釋"貴"(或蕢)不可信。釋"寅"的依據可能是中山王器銘文"惠"字作[字形],⑥該形特殊,"寅"作爲偏旁出現,且下部有"心"旁限制,三晉文字

---

① 何琳儀:《戰國古文字典》,第1192頁。亦可參看《研究》,第32頁。
② 南陽市文物考古研究所:《河南南陽春秋楚彭射墓發掘簡報》,《文物》2011年第3期;又復旦大學出土文獻與古文字研究中心網站討論區也有關於此類形體的討論,參《彭射銅器銘文中兩個奇怪的器物自名》,http://www.gwz.fudan.edu.cn/ShowPost.asp? ThreadID=4491,2011年4月16日至2011年9月3日。
③ 曹錦炎:《彭射銅器銘文補釋》,簡帛網,http://www.bsm.org.cn/show_article.php?id=1466,2011年4月25日。
④ 施謝捷:《〈古璽彙編〉釋文校訂》,《容庚先生百年誕辰紀念文集》,第645頁。
⑤ 中國社會科學院考古研究所編:《殷周金文集成釋文》第六卷,第514頁。
⑥ 關於該形的考釋參朱德熙、裘錫圭:《平山中山王墓銅器銘文的初步研究》,《文物》1979年第1期;又見《朱德熙文集》第5卷,第105—106頁。

中獨體"寅"字似鮮有寫成☐形者。故釋"寅"説存在疑問。將☐與上文討論的"☐"形聯繫到一起,它們極其相似,《戰國古文字典》、《三晉文字編》把這幾個字釋爲"曳"更爲合理。①

有時古文字形體是正體,未發生訛變,但若對形體分析不正確,並在此基礎上與古文進行比較,得出的結論亦不可信。甲骨文中一類形體作:

☐《合集》30537

于省吾曾有考釋:

> 按☐字應隸定作㝢,从示杲聲,"杲"即古"拔"字,象兩手拔木之形,《古文四聲韻》入點引《古老子》"拔"字作☐,是其證。㝢即"祓"之初文,"祓"與"拔"並諧友聲,"祓"从示,从友與从杲聲一也。②

于省吾分析"拔"字古文"象兩手拔木之形"很正確,郭店簡《老子乙》15號簡"善建者不拔"的"拔"作☐,與古文正合。他對甲骨文的分析却不可從,☐有異體作☐,如果説☐上部可看成兩手拔木,☐字手形向下,却不能看作拔木形。且把☐分析成形聲字也没有可靠的依據,事實上☐、☐與甲骨文中☐都是一字異體,爲表意字,應釋爲"叔"。③ 由於于省吾對古文字形體分析不正確,在此基礎上進行比對,得出的結論難以令人信服。

2. 用以比較的古文形體應爲正體

傳抄古文經反復傳寫所以訛形很多,若不了解古文自身體系,很難判斷古文形體的正謬,在研究過程中易使用訛變的形體去考證古文字。如曾侯乙墓竹簡有如下形體:

☐(肇)曾侯乙172　☐(璺)曾侯乙26

可分别隸定作"肇"、"璺"。原整理者考證説:

---

① 何琳儀:《戰國古文字典》,第932頁;湯志彪:《三晉文字編》,第2037—2038頁;又《戰國文字編》(第974頁)把這幾個字歸在"曳"字下,清代學者就已指出"曳"與"曳"爲一字分化,所以釋"曳"亦可。
② 于省吾:《于省吾著作集·甲骨文字釋林》,第48頁。
③ 參《甲骨文字詁林》(1071頁)引温少鋒説,又同頁姚孝遂按語。或説☐是"㭬"(祟)字異體。"叔"本從"㭬"(祟)得聲,此説亦可信。"㭬"字討論參林澐:《讀包山楚簡札記七則》,《江漢考古》1992年第4期,又見《林澐學術文集》,第21頁。

《汗簡》卷上之二肉部引《尚書》"類"字作[字],與簡文"肇"所從阶相似,當是一字。26 號簡"肇"作"邕",从邑。"①

單從形體看,[字]與"肇"、"邕"上部形體相同。其實,古文[字]爲訛形,古文出自《古尚書》,《尚書·舜典》:"肆類於上帝。""類"它本或有異文作"臂",②《箋正》(625 頁)、《注釋》(179 頁)都已指出古文[字]爲"臂"之訛體。《古文四聲韻》"類"下收古文除[字]形外,還有隸定古文作"臂"(四 4·5 崔),其爲"臂"字尚不誤。以訛變後的[字]與簡文"肇"、"邕"相比,顯然不具有説服力。曾侯乙墓簡 62 又有"[字]"合文,原注釋説:"阶,應即阶的異體。"③以上釋讀意見把"阶"與"類"聯繫起來不合理,但認爲[字]與"肇"爲一字異體是可信的。近來陳偉撰文認爲"肇"、[字]應讀爲"輚"或"棧","棧車"見於《周禮》等典籍。④

上博二《子羔》10 號簡:"……畫於背而生,生而能言,是禹也。"《香港中文大學文物館藏簡牘》"戰國楚簡"3 號簡:"……而畫於膺,生乃呼曰……"此段分別介紹禹、契出生之事,⑤其中兩個"畫"字作:

[字]《子羔》10　[字]《香港…簡牘》3

整理者釋爲"畫",讀作"劃",大多數學者從之。白於藍提出不同意見,他把簡文隸定作"書",釋作"文",《春秋繁露·三代改制質文》中記載相關事件作"至禹生發於背"、"契先〈生〉發於胸"。他認爲簡文中的"文"(書)字可讀爲"發",又在注釋中説:

《古文四聲韻》卷一引《貝丘長碑》和《古史記》"蚊"字作[字]、[字],从蚰母聲。上古音"母"、"剖"均是唇音之部字,故也不排除"書"讀"剖"的可能。

是又據此古文材料疑"文"(書)讀爲"剖"。⑥ 筆者意見與此不同,此文對所引的古文形體理解可能有誤。這需要先從"民"字説起,金文中的"民"字作[字](大盂鼎《集成》2837),戰國文字延續了此寫法,有一類特殊的形體作:

---

① 裘錫圭、李家浩:《曾侯乙墓竹簡釋文與考釋》注釋 43,《曾侯乙墓》上册,第 508 頁。
② 顧頡剛、劉起釪:《尚書校釋譯論》,第 121 頁。
③ 裘錫圭、李家浩:《曾侯乙墓竹簡釋文與考釋》注釋 133,《曾侯乙墓》上册,第 518 頁。
④ 陳偉:《車輿名試説(二則)》,《古文字研究》第二十八輯,第 384—385 頁。
⑤ 陳劍:《上博簡〈子羔〉、〈從政〉篇的竹簡拼合與編連問題小議》,《文物》2003 年第 5 期。
⑥ 白於藍:《釋妻》,《古文字研究》第二十八輯,第 518 頁,又第 520 頁注 4。

可能是爲了對稱美觀，在形體上部加了飾筆，與"薦"字寫法相似。"民"字古文便承襲了此寫法作：

[圖] 四 1·32 孝　　[圖] 四 1·32 汗　　[圖] 四 1·32 老

形體又發生訛變，寫得與"母"字相似，尤其是作爲偏旁時，如以下形體：

閔：[圖] 説　　[圖] 隸石　　[圖] 汗 4·48 石　　[圖] 汗 5·67 史　　[圖] 四 3·14 石
　　[圖] 四 3·14 史

閩：[圖] 汗 4·59 史　　[圖] 四 3·14 史

蚊：[圖] 汗 6·72 史　　[圖] 四 1·33 貝\史　　[圖] 四 1·33 貝\史

珉：[圖] 汗 1·4 李　　[圖] 四 1·32 李

以上"閔"、"蚊"、"珉"的古文本都从民，且"民"旁都已訛成"母"旁，應是類化所致。也就是說"蚊"字古文[圖]、[圖]二形上部的"母"是"民"旁之訛，古文反映的是"民"、"文"相通現象，並不是"母"和"文"，上引白於藍觀點據此認爲"文"（書）讀爲"剖"恐不可信。

其實整理者把簡文釋作"畫"讀爲"劃"是可信的。可能由於整理者僅引《玉篇》訓"劃"作裂爲證，再加上《玉篇》成書較晚，所以才會引起懷疑。下面爲此說進行補充論證。《說文》："劃，錐刀曰劃。"段玉裁在"錐刀"後加上"畫"字，並謂："畫字各本無，今補，謂錐刀之末所畫謂之劃也。上文云'刉，劃傷也'，'剺，劃也'，皆是也。"按，慧琳《一切經音義》卷一百引《說文》謂"劃，以錐刀劃也"，可證段說，也說明"劃"可作動詞。"劃"本指以刀破物，詞義常可以擴大到泛指"破"、"開"等義，《文選·鮑照〈蕪城賦〉》："劃崇墉，刳濬洫。"李善引《字林》曰"佳①刀曰劃"，劉良注："劃，開。"②從"劃"與"刳"相對爲文來看，"劃"顯然是動詞，劉良將其訓作"開"、"破"義正合，李善注文拘泥舊說，不可信。傳世典籍中記載"禹"、"契"出生的事很多，如《太平御覽》卷三七一引《帝王世紀》記載契出生之事曰："簡翟浴丘之水，燕遺卵吞之，剖背生契。"簡文中的"畫"（劃）與"剖"的意思相當，應訓爲"破"、"開"、"裂"。

文字考釋過程中也存在同時誤解古文字和傳抄古文形體的情況。如上引黃旭

---

① 按：從《說文》訓"劃"作"錐刀曰劃"來看，此"佳"有可能是"隹"字之誤，蓋原來是"錐"字，因音近寫作"隹"，後又訛成"佳"。

② 宗福邦、陳世鐃、蕭海波主編：《故訓匯纂》，第239頁。

初、黃鳳春釋"貴"的觀點就屬於這種現象，下面再舉一例。古璽印文有如下形體：

[圖] 《璽彙》0335

類似形體又見於《璽彙》0310 號作 [圖]，鄭超《楚國官璽考述》引裘錫圭意見把《璽彙》0310 號形體釋爲"戠"，①李家浩贊同此説，並加以申論，所舉主要證據之一是《汗簡》中"植"字古文"戠"作：

[圖] 汗 5·68 尚

與上錄璽印文字結構相似，並指出古文左部作 [圖]（章），印文左部作 [圖]（堇），二者形體不同，是因印文本應作"章"，後類化成形體相近的"堇"。所以他認爲上錄《璽彙》0335 號形體也應釋成"戠"，讀爲"職"。同樣形體又見於包山簡：

[圖] 包山 135 反　[圖] 包山 138

[圖] 包山 133　[圖] 包山 134（此二形从支，"支"、"戈"可换用）

第二類形體从支，李家浩指出"支"、"戈"可换用，並把它們一併釋爲"職"。② 此文完成於 1992 年，後來上博簡公布，从支的形體亦見於上博簡《緇衣》4 號簡，郭店簡本《緇衣》相應之字作"懂"，似證明相關形體應釋爲"戠"（或數），李家浩在 2004 年該文後所寫附記認爲這類形體既能讀作"職"又可讀爲"謹"，屬於一字異讀現象。③按，從古文字角度來看，李家浩認爲印文所从的"堇"爲"章"的訛誤，恐有問題，[圖]類形體楚文字中已多見，若左面是"章"的訛誤，必然有未曾訛變的"正體"从"章"，實際上却一例也未見，説明把該形左面看成"章"是有問題的。着眼於整體，[圖] 或更换意符从支，而"職"字並無从支寫法。從古文角度來説，把 [圖] 按左右結構拆分成"戈"和 [圖] 也存在誤解，[圖] 本是"戠"字，爲上下結構，《古文四聲韻》中該形作 [圖]（四 5·26 尚）結構更爲準確，應拆分成"土"和"哉"兩部分；[圖] 形或可从支，爲左右結構甚明，應分析成 [圖] 和"戈"兩部分，兩類形體並不存在對應關係，所以將印文和古文比對恐不可從。現在學者多認爲包山簡中形體應釋爲"戠"或"數"，應是正確的。李家浩認

---

① 鄭超：《楚國官璽考述》，《文物研究》第二輯，1986 年，第 91 頁。
② 李家浩：《戰國官考釋（六篇）》，中國古文字研究會第九屆年會論文，1992 年。後以《戰國官印考釋三篇》發表在《出土文獻研究》第六輯，2004 年，本書據後者。
③ 李家浩：《戰國官印考釋三篇》，《出土文獻研究》第六輯，第 20 頁附記（二）。

爲這些形體屬於異讀現象,既可讀爲"謹"又可讀成"職",恐亦需斟酌。誠然,古文字中存在異讀現象,①這種情況畢竟少見,不能據此判定簡文爲"戠"字。

印文以及相關簡文應釋爲"戠"或"歚"。《璽彙》(0335號)印文共四字,作"郢戠[圖] 敷",[圖]形原釋爲"迵",李家浩改釋作"過",並把整面印文讀作"郢職過傳"。從形體上看,[圖]形當以原釋"迵"合理。施謝捷將印文釋讀作"郢戠(歚-職)迵(通)敷(捕)",②其釋"戠"爲"職"同於李家浩,但是對"迵"、"敷"二字的破讀是可信的。包山簡中"戠"、"歚"後面多與"客"相連,從包山133號、135號正反兩面簡文記錄來看,"戠(或歚)客"可奉命抓捕疑犯,陳偉據此認爲"戠客"應是與司法有關的官吏。③ 從用法上看,印文"郢戠通捕"之"戠"和包山簡文中的"戠"字意義有聯繫,應與司法職捕之事相關。又上文提到的《璽彙》0310號"東鄙戠交"印,"戠"字用法亦同。

第二節　古文與漢代文字研究

古文是漢代人從古文經整理出來的,由於認識的局限性,人們很可能把當時通行的文字一併混入古文中,所以古文會受到漢代文字影響。漢代文字主要承秦代文字而來,兩者因襲關係明顯,因此,與漢代文字關係密切的秦文字此節也一併討論。

一、古文所含漢代文字揭示

1. 承襲漢代文字而來的古文

漢代文字與六國文字存在區別,很多時候從形體寫法上就能直接判斷出古文的來源,下面舉幾個例子進行具體討論。爲便於觀察形體對比情況,古文字中的形體以表格形式列出。

(1) "髟"及从髟之字

髟：[圖]汗4·49　[圖]四2·25 汗

髻：[圖]汗4·49 莊　[圖]四4·14 莊

髣：[圖]汗4·49　[圖]四4·9 义

---

① 李家浩:《從戰國"忠信"印談古文字中的異讀現象》,《北京大學學報》1987年第2期;後收入中國人民大學複印報刊資料《語言文字學》1987年第5期,第137—147頁。
② 施謝捷:《古璽彙考》,安徽大學博士學位論文(指導教師:黃德寬教授),2006年,第175頁。
③ 陳偉:《包山楚簡初探》,武漢大學出版社,1996年。

髳：[字形] 汗 4·49

髯：[字形] 四 4·37 籀

以上爲"髟"及从髟之字的古文。《說文》："髟，長髮猋猋也。从長、从彡。"甲骨、金文中的"髟"字象帶有飄起長髮的直立人形，爲林澐所釋。① 湯餘惠、吴良寶認爲楚簡中的[字形]亦是"髟"字。② 從下表所録秦代、西漢時期的"髟"旁形體來看，它們都保留了早期寫法，其顯著的特徵是根本不从彡，與《說文》"从長、从彡"不同，从彡的"髟"普遍出現在東漢時期的隸書中，林澐説："髟之篆體作[字形]，實乃漢代人由隸變後的字體'復原'出來的，非秦代小篆所實有。"③ 此説甚是，上録古文[字形]从彡，與篆文接近，均是根據東漢隸書回改的篆體，並非六國時期文字。

甲骨文	金 文	楚 系	秦 系			西 漢
髟	髟	髟	髮	髡	鬘	髮
[字形]	[字形]	[字形]	[字形]	[字形]	[字形]	[字形]
《合集》36777	太保罍蓋《銘圖》13831	成之聞之 22	睡·日乙 194	睡·法律答問 103	秦印編 84	老子乙前 104 下
東 漢		小 篆				
髵	髮	髟				
[字形]	[字形]	[字形]				
史晨碑	婁壽碑	説文篆文				

(2) 从黑之字和从燊之字

黑：[字形] 汗 4·56　[字形] 四 5·29 老　[字形] 四 5·29 汗

晦：[字形] 汗 3·35 庶　[字形] 四 4·17 庶　[字形] 四 4·17 庶　[字形] 四 4·17 老

黜：[字形] 汗 2·24　[字形] 四 5·26 義

黯：[字形] 汗 4·56 張　[字形] 四 4·13 張

---

① 林澐：《釋史牆盤銘中的"逖虘髟"》，《林澐學術文集》，第 174—183 頁；又《説飄風》，《林澐學術文集》，第 30—34 頁。
② 湯餘惠、吴良寶：《郭店楚簡文字拾零（四篇）》，《簡帛研究二〇〇一》，第 199—202 頁。
③ 林澐：《説飄風》，《林澐學術文集》，第 30—34 頁。

黛：[字形] 汗 4·56 説　[字形] 四 4·17 説

黜：[字形] 四 4·40 崔

墨：[字形] 四 5·29 劍

緘：[字形] 汗 4·56 裴

贓：[字形] 四 5·27 汗

以上爲"黑"及从黑之字的古文。甲骨金文中"黑"字下部爲張開雙臂的直立人形，春秋、戰國文字在人的臂形上下累增兩個或四個點畫，遂使形體下部與"火"旁相似，但所謂的"火"形並未斷開（見下表）。西漢時期個別的"黑"旁寫法值得注意，如下表所錄"黨"、"黔"二字中"黑"旁下部的"火"已經割裂分離出來，顯得[字形]與"炎"旁相似。《説文》："黑，火所熏之色也。从炎，上出囧。……"《説文》誤認爲"黑"从炎，所據的就是已經訛變的形體，上錄傳抄古文中的"黑"（旁）下部都寫成从炎，與甲骨、金文及戰國文字寫法不同，却與《説文》中的"黑"以及西漢時期的"黨"、"黔"所从之"黑"旁相似，應是因襲《説文》或漢代文字而來。

甲骨文	金 文		齊系	三晉	楚系	燕系	秦系	
黑	黑	黑	黑	黑	黑	黑	黑	黑
[字形]	[字形]	[字形]	[字形]	[字形]	[字形]	[字形]	[字形]	[字形]
合集 10184	庸伯取簋《集成》4169	鑄子叔黑臣瑚《集成》4570.1	璽彙 2842	曾侯乙簡 174	陶録 4.16.1	睡·日乙 187	睡·日甲 71 背	
西　漢			東　漢	小　篆				
黑	黨	黔	黑	黑				
[字形]	[字形]	[字形]	[字形]	[字形]				
縱橫家書 191	漢印徵十·十一	漢印徵十·十一	流沙簡補遺 2·8	説文篆文				

"黑"字下部所謂的"炎"是由[字形]（附有點畫的人形）旁演變而來，同樣情況"粦"字也有體現。"鄰"字古文在《汗簡》和《古文四聲韻》中作：

[字形] 汗 5·62 説　[字形] 四 1·31 説

此二形出自《說文》，兩者來源相同，應是同一個字。與第一形相比可知 ▨ 形左邊"炎"旁爲 ▨ 形殘訛。

《說文》："㶣，水生厓石間㶣㶣也。从巜、㷠聲。"又："㷠，兵死及牛馬之血爲㷠。㷠，鬼火也。从炎、舛。""㷠"字小篆作 ▨，《說文》謂其从炎、从舛。金文中"㷠"字作 ▨（九年衛鼎 2831），上部爲附有小點的人形，下部贅有兩個趾形。秦系文字承襲了這種寫法，如石鼓文中"憐"字作 ▨（吳人），上部與金文相同。秦簡以及漢代文字中，"㷠"（旁）上部的 ▨ 形中間斷裂，變成兩個火形，與"炎"旁相同，如下表中"㶣"、"鄰"等字寫法，"㷠"旁上部已經變成从炎。《說文》"㷠"（旁）小篆作 ▨，杜忠誥指出"㷠"字篆文上部爲訛變之形，可信。①

秦 系					漢	小 篆
㶣	鄰	鄰	鄰	鄰	鄰	㷠
▨	▨	▨	▨	▨	▨	▨
睡・秦律雜抄 10	睡・秦律雜抄 98	睡・日乙 21	縱橫家書 158	漢印徵六・二十		説文篆文

"黑"字下部與"㷠"字上部本都作 ▨ 形，兩者分裂後都變成"炎"旁，訛變情況正相同。上録"㶣"字古文作 ▨，"㷠"旁上部从炎，不从 ▨，是訛變後的形體，也是承襲秦漢文字寫法而來。

（3）"竟"及从竟之字

竟： ▨ 汗 1・12　▨ 四 4・35 義

竸： ▨ 四 4・35 華

上録爲"竟"及从"竟"之字的古文。《說文》："竟，樂曲盡爲竟。从音、从人。"甲骨金文以及戰國文字中"竟"（旁）上部所从與"言"相近（可參下表），所謂的"口"旁中都没有一横畫，不从音。直到西漢時期才出現从音的"竟"（旁），東漢時期的隸書寫法中多數已从音。上録古文中，"竟"（旁）从音，與戰國文字不同，當是因襲漢代

---

① 參杜忠誥：《說文篆文訛形釋例》，第 67—72 頁。

文字而成。

甲骨文	金 文	楚 系	秦 系		西 漢		
競	競	競	競	競	竟	競	竟
(字形)	(字形)	(字形)	(字形)	(字形)	(字形)	(字形)	(字形)
合集 22596	戣簋《集成》4322.1	容成氏 25	關沮 21-3	關沮 26-3	中宮雁足鐙	孫臏 2	縱橫家書 260

東 漢			小 篆				
竟	竟	竟					
(字形)	(字形)	(字形)					
熹平三年鏡	孔彪碑	説文篆文					

(4)"皇"字

皇：(字形)汗2·16尚　(字形)四2·17尚

上錄"皇"字古文从王从自。《説文》："皇,大也。从自,自,始也。"其小篆作"皇"。金文及六國文字中"皇"字上部寫成(字形)或(字形)形,中間寫成一個橫畫。秦系文字中則既有从(字形)的寫法,也有从自的寫法,後者如下表所錄(字形)、(字形)二形,漢代文字中則出現了大量从自的"皇",杜忠誥排比相關形體後總結道："至少在西漢時期的成帝晚期在位時,以迄東漢明、章之際大約一百年前後,'皇'字寫作'从自从王'的訛體,必爲當時官方的部定標準寫法。"① 可見从自的"皇"非六國文字,這種寫法盛行於漢代。上錄皇字古文(字形)从自,應源於秦漢文字。

金文	齊	三晉	楚	秦	秦	秦	漢	漢
皇	皇	皇	皇	皇	皇	皇	皇	皇
(字形)	(字形)	(字形)	(字形)	(字形)	(字形)	(字形)	(字形)	(字形)
追簋《集成》4220	邾公華鐘《集成》245	侯馬 156：24	孔子見季桓子 22	陶彙 5.387	睡·日甲 101 正	陶典 5	漢印徵 1·5	漢印徵 1·5

---

① 杜忠誥：《説文篆文訛形釋例》,第136—137頁。

(5) "恖"及从恖之字

恖:　汗4・59孫　　四1・10乂　　四1・10乂

聰:　　四1・10南

《説文》:"恖,多遽恖恖也。从心、囟,囟亦聲。"上録古文中"恖"及"恖"旁均作从心囟聲,與《説文》分析相合。金文中的"恖"字作 (克鼎《集成》2836),在"心"旁上加一指示符號,以表聰義。春秋戰國文字中的"恖"字因襲了這一寫法,直到西漢時期亦作此形。容庚指出小篆中"恖"字所從的"囟"旁是由指示性符號變來,① 裘錫圭推測了演變過程,② 可以將其演變序列概況如下:

● → ○ → ⊗ → ⊠

從東漢武威漢簡中"蒽"作 來看,這種演變在東漢時期已經完成,趙平安認爲《説文》小篆形體就是從 類寫法的漢代文字回改而成。③ 上録"恖"(旁)古文寫法與《説文》小篆及 (所從的恖)相同,可見古文並不是戰國文字,當是從漢代文字或《説文》小篆演變而來。

三晉	楚	秦	西漢	東漢	東漢	小篆
恖	恖	恖	恖	蒽	聰	恖
璽彙 1108	蔡侯鐘《集成》211.2	睡・日甲 158背	老子甲後 183	武威醫簡 64	譙敏碑	《説文》篆文

(6) "喪"字古文

喪:　汗5・69林　　四2・17林

上録"喪"字古文从哭从亡。《説文》:"喪,亡也。从哭、从亡,會意,亡亦聲。""喪"字甲骨文作 、 (《新甲骨文編》[增訂本]73頁),西周金文中將形體下部變成"亡"形以表音,六國及秦漢文字均承襲這一寫法,只是形體略有省簡,但上部均不从"哭"。下録熹平石經

---

① 容庚著,張振林、馬國權摹補:《金文編》,第692頁。
② 裘錫圭:《説字小記・説"恖""聰"》,《古文字論集》,第643頁。
③ 趙平安:《〈説文〉小篆研究》,第40頁。

中"喪"字上部已从哭，可見从哭的"喪"出現在東漢時期，上録古文中的"喪"字上部从哭，與戰國文字迥異，同於《説文》小篆和熹平石經的寫法，來源於漢代文字。

齊系	楚系	秦系		西漢	東漢	小篆
喪	喪	喪	喪	喪	喪	喪
(圖)	(圖)	(圖)	(圖)	(圖)	(圖)	(圖)
洹子孟姜壺《集成》9729	新蔡乙四 122	睡·日乙 191	睡·日乙 57	老子甲 157	石經《多士》	《説文》篆文

(7) 从亞之字

乾：(圖)四5·18義　(圖)四5·18裵

椓：(圖)汗3·30裵

以上兩個古文形體，分別爲"乾"和"椓"字，均从亞得聲。《説文》："亞，陜也。从户、乙聲。"金文中的"亞"爲象形字，楚文字有所繁化，相比之下秦漢文字繼承了金文寫法（詳參下表）。秦時尚且保留了這種古體，但在西漢時期個别形體就發生了訛變，如下録流沙簡及漢印中的形體都變作从户从乙，《説文》小篆也繼承了這種寫法，趙平安認爲《説文》小篆來自漢篆，①其説可信。上録古文二形所从的"亞"均寫作从户从乙，從源頭上説，都來源於漢篆。

金文	楚	秦	西漢	西漢	西漢	小篆
亞	亞	亞	亞	亞	亞	亞
(圖)	(圖)	(圖)	(圖)	(圖)	(圖)	(圖)
彔伯戈簋蓋《集成》4302	曾侯乙簡 115	睡·答 179	孫臏 103	流沙簡·小學·2.4	漢印徵 12·2	《説文》篆文

從上文的討論可以看出，傳抄古文尤其是《古文四聲韻》中有些形體與小篆相同，兩者都來源於漢代文字，所以很難判斷古文是承襲小篆還是承襲漢代文字。類似的現象在古文中還有很多，此不贅舉。另外，《説文》小篆中有很多訛形，古文有時也一仍承襲，上文在第三章曾有討論，可以確定此類現象的古文是受《説文》影響訛誤。

---

① 趙平安：《〈説文〉小篆研究》，第40頁。

2. 一些特殊寫法的古文與漢代文字相合

傳抄古文中有一些特殊形體,表面上看這些形體構成似無理據可循,有的却與漢代文字相合,此類特殊寫法對判斷古文的時代更具有説服力。如"罰"字古文作 ▨ (碧)。《説文》:"罰,辠之小者。从刀、从詈。"又:"詈,罵也。从网、从言,网辠人。"可見"罰"中的"网"旁是重要意符,"罰"字在戰國文字中較爲常見:

齊: ▨ 叔夷鐘《集成》279
中山: ▨ 妌鈱壺《銘文選》2.882
楚: ▨《曹沫之陳》21　▨《成之聞之》5
秦: ▨ 睡·秦律十八種14　▨ 睡·語書13

所从的"网"旁均不省。上録"罰"字古文从言从刀,不从网,與戰國文字不同,不是常見的"罰"字寫法。銀雀山漢簡《孫子兵法·計》"賞罰孰明",其中的"罰"作:

▨ (《銀雀山漢簡文字編》155頁)

簡文"罰"亦省去网旁,與古文相合。兩者很可能具有淵源關係。

"與"字古文作:

Ⅰ類: ▨ 説　▨ 四3·9説　▨ 四3·9籀　▨ 四3·9崔
Ⅱ類: ▨ 四3·9老　▨ 四3·9老

《説文》:"與,黨與也。从舁、从与。"Ⅰ類形體从収(廾)从与,是"與"字簡體,在戰國、漢代文字中均有出現:

戰國: ▨ 信陽1.3　▨《競建内之》5　▨《老子甲》20
漢代文字: ▨ 銀雀山681　▨ 居延簡乙214·17A

Ⅰ類形體可能本於戰國文字,也可能來源於漢代文字。Ⅱ類古文从与从又(一個手形),同樣的寫法也見於"舉"字古文:

▨ 四3·9孝　▨ 四3·9老　▨ 四3·9李　▨ 四3·9論

"與"、"舉"二字相通之例甚多,所以兩者古文相同。从又的"與"或"舉"不見於戰國文字,漢代文字中却有出現:

⿰(《銀雀山漢簡文字編》378頁)

簡文有所簡省，上部从与，下部从一個手形。从又的"與"或"舉"字古文很有可能就是從⿰進一步演變而來。若此，則⿰類形體是繼承了漢代文字寫法。同時，《說文》謂"與"从与並不可信，古文字中的"與"从牙得聲，①秦以及西漢文字尚且从牙，"与"是"牙"的訛變，杜忠誥謂：

> 與今本《說文》篆文同形者，最早的字例，見於漢代《安國侯虎符》。而時代較《說文》爲晚的《曹全碑》、《桐柏廟碑》及《禮器碑》等漢代隸書碑文，字形皆與《說文》篆文同。所从之"牙"，多訛成"与"。……由此可知今本《說文》"与"、"與"兩字的篆文（古文⿰同），都是根據已訛之漢隸篆化而成，不合先秦古文之真，其所从之"与"，都是从"牙"訛變而來。②

此說甚是，上錄"與"字Ⅰ、Ⅱ類古文、"舉"字古文都从与不从牙，是受到了漢代晚期"與"字寫法的影響。

有時從用字習慣上也可看出古文的來源。"朝"字古文作：

⿰ 汗3·34尚

古文即"鼂"字，《古文四聲韻》收相關形體作：

⿰ 四2·7尚　　⿰ ⿰ 並四2·7籀

釋文作"鼂"，可證。《說文》："鼂，匽鼂也。讀若朝。揚雄說：'匽鼂，蟲名。'杜林以爲朝旦，非是。从黽、从旦。"《說文》認爲"鼂"字从旦，上錄古文均从日，與《說文》分析不同。秦漢文字中"鼂"作：

⿰ 爲吏之道20　　⿰ 倉頡篇40

上部从日，與古文相同。可見《說文》分析不可信，古文保留了準確的形體。上錄《爲吏之道》以及《倉頡篇》中的"鼂"字均用爲朝，與古文用法相合。六國文字中"朝"字多直接寫作"朝"，齊系文字或寫作"淖"，目前只有秦系文字中"朝"、"鼂"並用。張世超認爲"鼂"是"秦系文字所特有之'朝'字異體"，③其說可信，說明"朝"字古文作"鼂"，反

---

① 裘錫圭：《讀〈戰國縱橫家書釋文注釋〉札記》，《古代文史研究新探》，第84—85頁。
② 杜忠誥：《說文篆文訛形釋例》，第94—95頁。
③ 張世超：《戰國秦漢時期用字現象舉隅》，《中國文字研究》第一輯，第184頁。

映的是秦漢時期用字習慣。

3. 從形體訛混現象看古文中含有漢代文字

關於古文中含有漢代文字，還可從字形訛混的角度加以説明。如"玉"字古文或作：

[古文字形] 説　[古文字形] 汗1·4説　[古文字形] 四5·5老　[古文字形] 四5·5汗　[古文字形] 並四5·5崔

楚簡中的"玉"作[字形]，《注釋》(71頁)、《研究》(29頁)都指出古文由此訛變而來。此説可信。又"王"字古文作：

[古文字形] 汗1·3華　[古文字形] 四2·16汗　[古文字形] 四2·16雲

與上録"玉"字古文相同，戰國文字中"王"字習見，多寫成三橫一豎，上録古文在第二、三橫畫之間有一"八"形筆畫，與戰國文字不同，秦簡中的"王"字也沒有與古文寫法相同的。東漢時期的"王"字或作：

[字形]《漢印徵》一·四　[字形] 劉寬碑　[字形] 夏承碑①

商承祚謂"訛王爲玉"，②此説甚是，古文"王"字作[字形]，與上録形體訛變情況相似。

又"閔"字古文作：

[古文字形] 汗4·59史　[古文字形] 四3·14史

從形體上看，古文由"心"、"民"、③"日"三個偏旁構成，應是"惛(憫)"④字。從古文的出處看，古文出自《史書》，⑤鄭珍曾指出：

> 《前漢·吴王濞傳》："臣甚惛焉！"注："一曰：惛，古閔字。"此"民"改從古文[字形]而小誤。⑥

鄭珍找出史書中"惛"、"閔"互爲異文的例子，可見古文是"惛"字無疑。"惛"從昏得聲。《說文》："昏，日冥也。從日、氐省。氐者，下也。一曰：民聲。""昏"(旁)見於古文字中：

---

① 劉寬碑、夏承碑形體采自(宋)劉球《隸韻》，(清)阮元輯宛委别藏本，江蘇古籍出版社，1988年，第248—249頁。
② 商承祚：《石刻篆文編》，中華書局，1996年，第27頁。
③ 其中《古文四聲韻》中的形體"民"旁寫成與"母"旁相似，屬於訛體，相關討論參上一節。
④ "惛"、"憫"互爲異體字，後文直接用"惛"來表示。
⑤ 《古文四聲韻》中形體出處爲《古史記》，《古史記》和《汗簡》中的《史書》所指相同。
⑥ 《箋正》，865頁。

甲骨文：[图]《合集》29794　[图]《合集》29795

楚系文字：[图]《老子甲》30　[图]新蔡甲三109

中山：[图]中山王鼎《集成》2840.A1

甲骨文中"昏"字从氐从日，六國文字承此而來，均从氐。可見"昏"本从氐，《説文》何以謂其"一曰民聲"呢？這是由於秦漢時期"民"、"氐"二字寫法相當接近，兩者無論單獨成字還是作爲偏旁都容易混淆。吴振武曾集中討論過"氐"、"民"二字相混的情況：

> 正因爲減省的"民"字跟"氐"字十分相似甚至相同，所以古人也往往把這兩個字弄混。如：秦陶文和漢印中的"氐"字既作[图]、[图]形，又作[图]、[图]形，後者跟上舉減省的"民"字（桃按：此指[图]類形體）幾乎完全相同，以至今人常誤釋爲"民"。漢代銅鏡中的"氐"字一般多作[图]、[图]形，但有一面杜氏鏡"氐"字作[图]跟漢代銅鏡中的"人民"之"民"毫無二致。王念孫《讀書雜誌》曾指出《史記·趙世家》"趙氏壯者皆死長平"之"氏"應是"民"之誤。而馬王堆帛書《戰國縱橫家書》中的"氏"字多作[图][图]形，和同書"士民"之"民"作[图]、[图]者基本相同。又秦漢文字中从"氏"的"昏"字或"昏"旁往往从民作"昬"，段玉裁認爲"蓋隸書淆亂"……①

按：此説甚是，關於"氏"、"民"相混淆的情況黃文傑、②劉樂賢③也有論述。又馬王堆帛書《春秋事語·魯莊公有疾章》："旅（舉）其族以犯尚[图]之衆。"郭永秉指出從形體上看[图]應是"民"字，在帛書中代表"氏"字，"尚氏"讀爲"党氏"，帛書中"民"、"氏"二字相混。④ 這些都是"氏"與"民"混淆的證據。二者不僅單獨成字時易混，作爲偏旁時亦如此。秦漢文字中"昏"（旁）：

k. [图]詛楚文　[图]關沮170

l. [图]睡·日書乙156　[图]老子甲41　[图]春秋事語56　[图]居延簡甲541

m. [图]睡·秦律十八種110　[图]老子乙前54　[图]孔宙碑　[图]劉熊碑

---

① 吴振武：《釋戰國"可以正民"成語璽》，《湖南博物館文集》，嶽麓書社，1991年。
② 黃文傑：《秦至漢初簡帛文字研究》，商務印書館，2008年，第137—141頁；黃文傑：《氏民辨》，《容庚先生百年誕辰紀念文集》，第696—708頁。
③ 劉樂賢：《簡帛文獻數術探論》，湖北教育出版社，2003年，第237—240頁。
④ 郭永秉：《馬王堆漢墓帛書〈春秋事語〉補釋三則》，《出土文獻與古文字研究》第二輯。帛書此句中的"舉"、"族"二字的釋讀亦參看此文。

[昏]孫叔敖碑

以上"昏"(旁)的三類寫法，k類尚从氏，l類所从介於"民"和"氏"之間，可以看成从"氏"到"民"的過渡形態，m類形體已經變得完全从民。从民的"昏"字是漢代才大量出現並被定型的，所以許慎說"昏"字从氏省，又謂"一說民聲"，是因爲他既見到了从氏的"昏"，也見到了从民的"昏"。當然"昏"字由从氏變成从民，除了"民"、"氏"形體相近以外，"民"、"昏"兩字音近也促進了這種演變，屬於變形音化。

上録"惛"字古文[惛]从民，不从氏，可見該形不是六國古文，應源於秦漢文字。

再如"盜"字古文或作：

[盗] 四4·29籀

古文可隸定成"盉"，上部是"㳄"旁。"盜"與"㳄"讀音相隔較遠，"盜"本不應从㳄。古文"盉"形該如何解釋呢？筆者懷疑該形中"㳄"旁是涉"次"形而誤。"盜"字在秦漢文字中所从的"次"形經常訛成"次"形：

[盗]睡·封診式簡17 [盗]龍崗秦簡200

簡文上部都訛成从次。單獨成字時，"次"和"次"也有相混的情況。上博簡《周易·旅》六二"旅既次，懷其[次]"，簡文从水，从欠，陳劍釋成"次"，並讀爲"羡"。① 與[次]形相對應的字今本作"資"，帛書本作"茨"，阜陽漢簡作"次"，陳劍同時認爲這些"次"以及从"次"之字都是秦漢時期"次"字之誤。此說可信，這是"次"(旁)和"次"(旁)互訛的例子。從音理及通假規律看，"次"、"㳄"讀音相近，兩聲系字常可通用，例子極多，如"次"以"㳄"爲古文，从次聲的"資"可以換从㳄聲。所以猜想此古文的整理者所見的"盜"寫作从次，但其不明緣由(次旁是次旁之訛)，誤以爲"盜"字从次聲，又把"次"換成了讀音相近的"㳄"，於是誤造出"盉"形。

"次"、"次"二字在六國文字中寫法區别明顯，本不易相混，秦漢文字中二形相近，容易混淆，古文形體"盉"在古文字中本不存在，該形却反映了傳抄古文中含有秦漢文字的因素。

"家"字古文作：

[家]說 [家]汗3·39說 [家]四2·11說 [家]四2·11說

---

① 陳劍：《上博竹書〈周易〉異文選釋(六則)》，見於《出土簡帛文獻與古代學術國際研討會會議論文集》，臺灣政治大學，2005年；後經修訂刊於《文史》2006年第4期，本書據後者。

朱駿聲謂《說文》古文從希得聲。按，"希"是質部字，"家"是魚部字，兩者讀音並不相近，朱說恐不可從。由形體觀之，古文下部所從與"豕"旁近，漢代文字中"豕"旁常與"彖"、"豙"二形相混，陳劍指出"家"字在孔謙碑中作 𫝈，下部從彖，並疑上錄古文來自隸書，同時也列舉了漢代文字中"豕"、"彖"二旁相混的現象。① 其說可信，除孔謙碑文字外，《研究》(111頁)指出漢簡中"家"字或作 𫝈(《字形表》497頁)，下部亦發生訛變。其說是，以此觀之，上錄"家"字古文所從的"彖"也應是"豕"旁之訛，這種訛變發生在漢代，故以上古文反映了漢代文字特徵。

又"毒"字古文作：②

n1. 𣬆 説　𣬇 汗 2·21 演　𣬈 四 5·5 説

n2. 𣬉 四 5·5 老

上錄 n1 形右部從刀，n2 形右部從力，兩者不同，上文第二章曾論及"刀"、"力"二旁在甲骨金文以及六國文字中寫法不近，不易訛混。劉釗指出秦漢文字中"刀"、"力"二旁易混淆，後世字書中也有類似現象，③可信。n2 形所從的"刀"訛為"力"反映的可能也是秦漢文字現象。

《說文》："迹，步處也。從辵、亦聲。"很多學者都指出所謂的"亦"旁實際上是"朿"旁的訛變，秦漢時期"朿"與"亦"二旁寫法相近，所以許慎誤以為"迹"從亦作。由秦漢文字中"朿"、"亦"二旁寫法相近還可解釋一些古文形體，如"策"字古文作：

𣬊 汗 4·46 庶　𣬋 四 5·18 庶

該形體是"朿"字，此借"朿"為"策"。六國文字中的"朿"字作：

齊：𣬌《陶錄》3.139.1

三晉：𣬍 四年雍令矛《集成》11564

楚：𣬎《老子甲》14　𣬏 包山 167

顯然與古文寫法不近，秦漢時期的"朿"旁寫法值得注意，一般寫成與"亦"、"夾"形相仿，如秦漢簡帛中的"迹"、"刺"字分別作：

---

① 陳劍：《金文"彖"字考釋》，《甲骨文金文論集》，第 268 頁，又第 271 頁。
② 第四章已經論述，n 形所從的"畐"為"言"旁之訛。
③ 劉釗：《古文字構形學》，第 143 頁。

迹：[字形] 睡·封診氏 76　[字形] 睡·封診氏 1　[字形] 春秋事語 80

刺：[字形] 睡·封診氏 53　[字形] 睡·日書甲 35 背-2　[字形] 五十二病方 252

與以上形體所從的"朿"旁相比，古文[字形]只是上邊兩個下垂筆畫受類化影響，訛變得與其下部作突起尖狀相似，說明古文來源於秦漢文字。馬王堆帛書中的"策"作[字形]，①所從朿旁與古文形體相近，可見該古文來源於秦漢文字。又"跡"字古文作：

[字形] 四 5·16 崔

形體爲"脊"字，"脊"、"迹"聲符相同（詳後文），兩者讀音相近，古可通用，《詩經·小雅·正月》："有倫有脊。"《春秋繁露·深查名號》引"脊"作"迹"，而"迹"與"跡"互爲異體，所以古文借"脊"爲"跡"。

《說文》："脊，背呂也。从仌、从肉。"從古文字來看，學者指出"脊"字本从朿得聲，不从仌。此古文[字形]所从的"朿"與[字形]相近，也應來源於秦漢文字。

二、古文所含漢代文字現象分析

1. 與漢代文字相合的古文性質討論

漢代通行的隸書多數來源於秦文字。裘錫圭指出"隸書顯然是在戰國時代秦國文字俗體的基礎上逐漸形成的"，②學界對此鮮有爭議。漢代文字來源却並不單一，其中也包括少量戰國時代的六國文字，黃文傑認爲漢代文字"有與六國古文相合而與戰國秦篆不合者，則可看作篆隸受六國古文的影響"。趙平安也舉例說明了隸書階段的文字中含有六國文字。③ 這些都說明漢代文字中確實含有一些六國文字。相應地，與漢代文字相合的傳抄古文也可分成兩種情況：一種情況是古文與漢代文字相合，古文來源於秦漢文字；另一種情況是，古文與漢代文字相合，兩者都來源於六國文字。

第一種情況容易理解，上文所舉出的"恩"、"喪"、"髟"、"朿"、"皇"、"舜"、"尻"等字的寫法皆至漢代才出現，所以這些古文真正來源於漢代文字。還可舉出其他例子，如"天"字古文作：

[字形] 汗 1·3 尚　[字形] 四 2·2 老　[字形] 四 2·2 尚　[字形] 四 2·2 崔

---

① 陳松長：《馬王堆簡帛文字編》，第 188 頁。該書收在"筴"字下，但在釋文中已括注用爲"策"。
② 裘錫圭：《文字學概要》，第 69 頁。
③ 相關例子看趙平安：《隸變研究》，河北大學出版社，2009 年，第 13—15 頁。

漢代文字中"天"字或作 、，《注釋》(64 頁)指出古文與其相近，可信。戰國文字中"天"字常見，皆與此不類，可見古文直接來自漢代文字。

另外，從用字習慣上也可看出一些古文的來源。如"一"字古文：

![字形] 四5·7老　![字形] 四5·7汗

古文即"壹"字，此處借爲"一"。戰國各系文字中表示"一"這個詞時，多用"一"字，齊、楚、秦或用"弋"字，楚國有時也用"罷"、中山王方壺銘文用"鼠"表"一"。可見表示"一"這個詞時，用字靈活性很大，但用"壹"表示"一"，從出土文獻來看，還是多見於秦系及漢代文字中，秦早期文字如商鞅方升銘文(《集成》10372)、詛楚文中都有類似用法。漢代文字如《戰國策·燕策》："齊趙之交一合一離。""一"字在《戰國縱橫家書》作"壹"。所以就目前的材料來說，借"壹"爲"一"屬於秦漢文字用法，上錄古文反映的用字習慣應是秦漢文字，而非六國用法。

下面主要討論第二種情況。秦統一六國後曾進行過文字規範，即所謂的"書同文"，《説文·序》："秦始皇帝初兼天下，丞相李斯乃奏同之，罷其不與秦文合者，……古文由此而絕矣。"一種文字的影響與傳播不可能在短時間內完全被消滅，所以在秦、漢時期的文字系統中還可找到古文的遺迹，很多學者對這一現象有過討論。比較集中的研究如趙平安在談六國文字對隸變影響時舉出兩者相合的一些例子，並簡要探討了秦、漢文字中存在古文的原因。① 黃文傑認爲六國文字是秦漢文字來源之一，並分別舉出秦漢文字與傳抄古文和六國文字相合者 36 例。② 陳昭容把秦漢文字資料與《説文》古文進行了比對，用以考察秦漢文字中所含古文情況。③ 范常喜對馬王堆帛書文字中六國文字進行了細緻的考查，該文注意到單字的寫法，也對形體偏旁寫法以及通假習慣進行了研究。④ 還有一些研究亦涉及這一問題，如張頷、李學勤、羅福頤、吳九龍、陳偉武、劉樂賢、陳松長等都對此現象進行過討論。⑤ 近來周波對秦、西漢前期文字中所含六國文字現象進行了系統地研究，從文字形體、用字方法、產生原因等多

---

① 趙平安：《隸變研究》，第 13—16 頁。
② 黃文傑：《秦至漢初簡帛文字研究》，第 34—41 頁。
③ 陳昭容：《秦"書同文字"新探》，《中研院歷史語言研究所集刊》第 68 本第 3 分冊，1997 年，第 612—634 頁。
④ 范常喜：《馬王堆簡帛古文遺迹述議》，簡帛網，http://www.bsm.org.cn/show_article.php?id=720，2007 年 9 月 22 日。但周波指出該文所舉部分文字寫法亦見於秦系文字，不宜都看成古文。詳參周波：《秦、西漢前期出土文字資料中的六國古文遺迹》，《出土文獻與古文字研究》第二輯，第 243—244 頁。
⑤ 張頷：《"安國君"印跋》，《中國歷史博物館館刊》1980 年第 2 期；李學勤：《秦簡的古文字學考察》，《雲夢秦簡研究》；羅福頤：《臨沂漢簡通假字表》，《古文字研究》第十一輯，中華書局，1985 年；吳九龍：《銀雀山漢簡中的古文、假借、俗省字》，《出土文獻研究續集》，文物出版社，1989 年；陳偉武：《銀雀山漢簡通假字辨議》，《古漢語研究》1997 年第 3 期；劉樂賢：《〈説文〉"法"字古文補釋》，《古文字研究》第二十四輯，中華書局，2002 年；陳松長：《帛書〈陰陽五行〉甲篇的文字識讀與相關問題》，《簡帛語言文字研究》第一輯，巴蜀書社，2002 年。相關論述亦可參周波：《秦、西漢前期出土文字資料中的六國古文遺迹》，《出土文獻與古文字研究》第二輯，第 240—244 頁。

個角度進行了論證。①

以上研究充分説明,秦漢時期的文字裏的確含有一定量的六國文字。爲了便於行文,可把這部分來源於六國文字的漢代文字稱爲"漢代文字 B"。對傳抄古文進行整理時,筆者注意到很多古文與"漢代文字 B"相合,下面選取了部分例子以表格形式列出:

表格説明:見於多部書的古文,此處選取《古文四聲韻》中形體爲代表。形體較多者,僅列一形。

字頭	隸定	傳抄古文	漢代文字 B	六國文字	漢代文字(常規)
一	弋	四 5·7 老	代夫人家壺	彭祖 7	帛書老子甲 5
春	旾	四 1·33 义	守法守令 863	六德 25	縱橫家書 248
道	術	四 3·20 尚	篆書陰陽五行	老甲 6	春秋事語 47
退	退	四 4·17 尚	孫臏 423	曹沫之陳 58	孫子 78
與	异	四 3·9 説	六韜 681	競建内之 5	孫子 95
友	𠦎	四 3·26 汗	帛書老子甲 167	陶録 3.273.6	縱橫家書 176
教	效	四 4·28 説	雜療方 69	唐虞之道 21	孫子 83
其	亓	四 1·19 道	帛書老子甲 4	璽彙 0253	帛書老子甲 38
憂	㥑	四 2·22 孝	老子甲後 197	㚖蚤壺·銘文選 2.882	孫臏 329

---

① 周波:《秦、西漢前期出土文字資料中的六國古文遺迹》,《出土文獻與古文字研究》第二輯,第 240—265 頁。

續 表

字頭	隸定	傳抄古文	漢代文字 B	六國文字	漢代文字(常規)
盤	鑿	四1·38説	尚浴府行燭盤	伯侯父盤 10129（此器屬於西周時期）	元始四年漆盤
時	旹	四1·19尚	六韜 692	璽彙 4343	帛書老子甲 106
視	眂	四4·5汗	張休涯涘銘	上·緇衣 1	縱橫家書 11
懼	愳	四4·10尚	帛書老子甲 80	從政乙 3	縱橫家書 38
法	佺	四5·29石	篆書陰陽五行	上·緇衣 14	帛書老子甲 142
聖	耴	四4·36老	易之義 20	唐虞之道 6	孫臏 350
孫	孨	四1·36老	易之義 5	璽彙 1554	縱橫家書 8
基	坖	四1·20汗	帛書老子甲 7	圖録 3.326.1	武威漢簡服傳 23
勇	恿	四3·3老	孫子 36	尊德義 33	帛書老子甲 69
丁		石	篆書陰陽五行	璽彙 3167	武威漢簡少牢 1

以上表格中的古文與"漢代文字 B"相合，"漢代文字 B"與當時常規的漢代文字寫法不同。探其根本，"漢代文字 B"來源於六國文字，所以這部分古文雖與漢代文字相同，但從源頭上説依然來自六國文字。

另外，還有一種現象值得注意。由於學界把古文的性質定爲六國文字，所以一些學者一旦發現漢代文字與傳抄古文相合,便認爲這類漢代文字都源於六國文字。其實這是不嚴謹的,上文已經論述,傳抄古文來源非常複雜,本身就有少部分形體來自漢代,兩者相合很自然,要判斷漢代文字是否來源於戰國文字,還要參照其他因素。一般情況下,只有滿足以下兩點才可以斷定這樣的漢代文字來源於六國文字:首先是該形體應與漢代當時的常規寫法不同;其次,六國文字中應出現該形。例如上面所列表格,"漢代文字 B"一欄中形體都與常規寫法不同,而與傳抄古文相合,同時這些形體又見於六國文字,所以可以肯定"漢代文字 B"來源於六國文字。

還有一些情況比較複雜,古文是否來源於漢代文字不易判定。如"三"字古文作:

  弎說 弎碧 弎汗1·3尚\說 弎四2·13貝\說

古文从弋,可隸定作"弎"。探討"弎"的來源,要從"一"和"二"的古文説起,其形體分別作:

  一:弌説 弌汗1·3尚 弌四5·7老 弌四5·7尚 弌四5·7老

  二:弐汗6·73尚 弐四4·6貝\說 弐四4·6天 弐四4·6崔

古文字中的"一"、"二"字,除作一橫或兩橫外,還有从"戈"旁者,分別作:

  弌庚壺《集成》9733 弌新蔡乙四82 弌關沮367

  弐少司馬耳杯《新收》1080 弐襄安君鈚《集成》9606.1 弐程寤6

上録"一"字古文弌正从戈,保留了較古的寫法,與戰國文字相同。由於"戈"旁和"弋"旁常常相混,所以其他古文中"弋"是"戈"的省訛。據研究,"一"、"二"兩字古文所从的"戈"旁是由"戌"減省而成。① 可見"一"、"二"古文都有可靠的來源。古文字中"三"字却寫作"三"、"參"(或省體),張富海説:"从三从戈的'弎'並未見到,《説文》'三'的古文'弎'應該是更晚起的。"誠如張説,先秦古文字中未見到"弎"形,漢代文字中却出現了這一形體:

  弎 光和斛(二)

古文與斛銘相同,可見"三"字古文"弎"與漢代文字相合。但情況却並不如此簡單,光

---

① 董珊:《"弋日"解》,《文物》2007年第3期。

和斛的製作年代是東漢光和二年(179年),晚於許慎所在年代,也就是說,光和斛中的"弎"也可能是受《說文》中"三"字古文影響而成。目前有關"弎"字的資料太少,尚無法判斷作 ![弎] 形的"三"在秦代、西漢時期是否存在,抑或戰國文字中也存在該形,所以古文的性質還不能判定。①

2. 受漢代文字寫法影響的古文性質討論

此處所說的"受漢代文字寫法影響的古文"是指漢代人在抄寫六國文字時,把古文中的部分筆畫或偏旁寫得具有漢代文字特點。從形體上說,這類古文雖然具有漢代文字特徵,但從源頭上講,其本質還是六國文字。

漢代學者把當時能見到的六國文字進行摹寫並輾轉傳至後世,這便是現今所說的傳抄古文。經歷秦代"書同文字"後,六國文字對於漢代人來說是陌生的,再加上個人的書寫習慣很難改變,可以想見,漢代學者在摹寫六國文字時一定會受到當時文字寫法的影響,所以部分真正的六國古文也會含有漢代文字特徵。

《說文》"愛"字古文作 ![字形],形體从心既聲,可隸定作"懇"。《說文》:"既,小食也。从皀、旡聲。"又:"旡,……从反欠。"上錄古文中的"既"旁从"反欠",與《說文》所說相同。若着眼於古文字情況來看則不然,"既"字象人食畢後口向後轉,表不再食用之意,其並不从"反欠"形,而且《說文》對"旡"的分析也是錯的,②可見古文中"旡"旁有誤。

"懇"也見於古文字中,作:

![字形]《陶錄》3.648.3　![字形]《用曰》11　![字形]《語叢一》92　![字形]《語叢二》8

以上簡文有明確的辭例,都用作"愛",可見古文用法與戰國文字相同,來源可靠。至於古文形體中"懇"从"反欠"與戰國文字稍異,應是受《說文》影響所致。從其來源看,"懇"仍來源於戰國文字。

"逐"字古文作:

![字形] 汗4·55 義

該形从辶从犬會意,可隸定作"达",也見於戰國文字:

![字形] 齊陳曼簠《集成》4595　![字形]《璽彙》263

---

① 按,後來公布的清華簡第四冊《算表》中"三"字作 ![字形] 形(10號簡),正與"三"字古文相合。據此可以確定此古文源於戰國文字,並非晚起,來源可信。
② 參看裘錫圭:《文字學概要》,第140頁。

高田忠周認爲金文中形體爲"逐"字,①後吳振武進行詳細論證,並將上錄楚系印文釋爲"逐",②此説可信,古文與戰國文字相同,來源可靠。③ 古文"达"所從的"犬"旁與戰國文字中"犬"旁寫法不同,而與《説文》小篆相合。可見古文"达"的寫法受到了漢代文字影響。

"厭"字古文作:

[字形] 四 3·29 籀

形體爲"猒"字,《説文》:"猒,飽也。从甘、从肰。"上録古文从甘,與《説文》分析相同,"猒"字亦見於戰國文字:

[字形] 叔夷鎛《集成》285.1　　[字形]《孔子詩論》23　　[字形] 温縣 WT4 K6：212

上録形體也用爲"厭",與古文用法相同,但均不从甘,而从口。可見《説文》認爲"猒"从甘是誤認形體所致,不可信。古文寫法承襲《説文》本不可從,但反映出借"猒"爲"厭"的用字習慣,却與戰國文字相同,是可信的。

"鄰"字古文可分爲兩類:

[字形] 碧　　[字形] 汗 6·83 碧　　[字形] 四 1·31 老

[字形] 汗 6·82　　[字形] 四 1·31 尚

第一類形體象兩個城邑相連,爲"鄰"字象形初文,見於古文字中。第二類形體可隸定作"厸",是第一類古文的變體,其訛變情況與"厶"、"星"古文相同。六國文字中"厶"字作[字形](《璽彙》4130)、[字形](《包山》196),在小篆中訛作"[字形]";又《説文》中"星"古文作[字形],而《古文四聲韻》中作[字形]、[字形]形,可見漢代文字中常把"○"形寫成"厶"形。上録古文"厸"應在漢代出現,但它們是從〇〇形訛來,代表的仍是六國文字。

上文所舉的"愛"、"逐"、"厭"、"鄰"等古文,在寫法上都受到了漢代文字影響,形體上具有漢代文字因素,但從來源上講,還應該歸爲六國文字。

古文中存在"以隸作古"現象。"以隸作古"是指人們把隸書回改成篆體再當作古文。很多學者認爲這樣形成的古文並非六國文字,其實,與上述情況相同,如果人們改寫時所依據的隸書來源於六國文字,那麼從源頭上講這部分古文也屬六國文字,不能輕易否定其性質或價值。

---

① 周法高主編:《金文詁林》,第 5934—5935 頁。
② 吳振武:《陳曼瑚"逐"字新證》,《吉林大學古籍整理研究所建所十五周年紀念文集》,第 46—47 頁。
③ 又新公布的清華簡《繫年》中"逐"字正寫作从犬从辵(6 號簡),可證釋"逐"之説甚確。

三、古文與漢代文字研究可相互促進

1. 利用漢代文字研究古文

由於傳抄古文中含有漢代文字因素，所以在利用六國文字研究古文遇到障礙時，可以考慮利用漢代文字。如"訶"字古文作：

    [圖] 汗 2·23 郭 [圖] 四 2·10 郭 [圖] 四 2·10 郭

《説文·序》："廷尉説律，至以字斷法。苛人受錢，'苛之字，止句也'。"《箋正》（646頁）據此認爲上録古文形體即"苛"字，漢代"苛"的俗字寫法與上録古文相同。《注釋》（197頁）認爲"苛"更換意符从"中"，而"中"訛變成"止"，遂作[圖]形。二説均可從，古文是借"苛"字異體爲"訶"。[圖]形的來源，正是依靠漢代"苛"字俗體才得以釋出。

又如"流"的古文或作：

    [圖] 四 2·23 黃

戰國文字中"流"字作：

    [圖] 奸蠻壺·銘文選 2.882 [圖] 璽彙 0212 [圖] 從政甲 19 [圖] 用曰 6

古文[圖]與上録形體不同。漢代文字中"流"字作：

    [圖]《相馬經》15 下 [圖]《孫臏兵法》28 [圖] 鄭令景君闕

隸書中"㐬"旁寫得趨於扁平，如果上部筆畫拉平，形體再逐漸方折化，就會演變成上録第二、三兩形，便與上録古文寫法一致，可見[圖]形來源於漢代文字。

古文系統中還有一個與"㐬"有關的形體。"憂"字古文作：

    [圖] 四 2·23 崔

此形與今天"還"的簡化字"还"同形，而"憂"字又有異體从㐬作"遚"，所以徐在國討論上録古文形體時，認爲它是"遚"字先訛誤成"還"，後"還"又俗寫成[圖]形。① 按"遚"、"還"二形有一定差別，且此説是建立在"還"要俗化成"还"的基礎上，這畢竟又隔了一層，可能性不大。

---

① 《疏證》，第 122 頁。

筆者認爲古文 [字] 形所從非"不"字，其當是對"[字]"（㐬）形的隸定。這種隸定方式在傳抄古文中還有其他例證，如"流"字古文在《古文四聲韻》中作：

[字] 四 2·23 古

《疏證》（233 頁）認爲此形當由 [字] 類形體變來。此説可信，[字]、[字] 二形所從如出一轍，毫無疑問"流"字从[字]（㐬），可見[字]（㐬）在古文中可隸定成"不"，這是將[字] 分析成从㐬的重要證據。

漢代文字材料也可提供相關證明，漢代碑刻中"流"字作：

[字] 史晨後碑　[字] 韓勒碑　[字] 堯廟碑①

以上形體正好組成一個演變序列，可以清晰地看到"㐬"向"不"演變的過程，堯廟碑中形體寫法已經與"不"完全一致，並與上録"流"字古文 [字] 相同，可見"㐬"旁作"不"是漢代隸書寫法，以上"憂"、"流"古文都來源於漢代。

古文 [字] 可釋成"逌"，② 分析成从辵㐬聲（或"流"省聲）。"憂"是疑母幽部字，"流"是來母幽部字。兩者韻部相同，聲母也有一定聯繫，如以"憂"爲聲符的"櫌"字，在典籍中可以和"牢"字相通，③"牢"的聲母屬於來母。可見"憂"和"逌"讀音相近，前者能以後者爲古文。

2. 利用古文研究漢代文字

傳抄古文對漢代文字的研究也有幫助。如《晏子春秋·外篇不合經術者》"仲尼見景公景公欲封之晏子以爲不可第一"："不可以示其教也，不可以導民。"銀雀山簡本作"其道不可以視世，其教不可以導衆。"《墨子·非儒下》有語句與此相關："其道不可以期世，其學不可以導衆。"可將三者比較如下：

　　不可以示其教也，不可以導民——《晏子春秋》
　　其道不可以視世，其教不可以導衆。——銀雀山漢簡
　　其道不可以期世，其學不可以導衆——《墨子·非儒下》

三個版本互有異文，互校可以看出今本《晏子春秋》句前脱去"其道"二字，"示"後脱去"世"字。④ 其中作"示"的字，《墨子》作"期"，兩者差異較大，俞樾在解釋《墨子》中的

---

① （清）顧藹吉：《隸辨》，中華書局，1982 年，第 286 頁。
② 此與《改併四聲篇海·辵部》所收音"逮"的"逌"不是同一個字。
③ 高亨、董治安：《古字通假會典》，第 713 頁。
④ 關於這兩處脱文清代學者就已經指出，詳參吳則虞《晏子春秋集釋》（中華書局，1962 年）第 496 頁注 27 引孫星衍和黃以周觀點。

"期"時説:"此文'期'字亦'示'字之誤,古文'其'字作'亓',見《集韻》,'示'誤爲'亓',因誤爲'期'矣。"①其説正確,"其"字古文作"亓"還見於《古文四聲韻》等書,"亓"、"示"二者相混,在古文中也有很多的例子,上文在第四章第二節已有專論。今簡本作"視",與"示"可通,證明此處原來確實爲"示"字,俞樾利用古文對《墨子》的校正可信。另外,今本和簡本作"教"的字《墨子》作"學",用字也不相同。吳則虞云:"'教',《墨子》作學,作'學'者是,蓋'敩'、'教'形近而訛混。"②駢宇騫指出吳説未當,當作"教"義長。③筆者認爲駢宇騫的觀點更爲合理,簡本和《晏子春秋》都作"教",更趨於一致。另外,"敩"、"教"關係除了屬於形近訛混外,也可能是通假現象,《墨子》的"學"可以直接讀作"教","教"、"學"關係十分密切,古文系統中就有相通之例,《古文四聲韻》中"學"字古文或作:

爻 四5·7老

該形在目前所見的楚簡中用爲"教",如《容成氏》48 號簡:"文王持故時而㪉民。"其中"㪉"讀爲"教","㪉"可以看作"教"的異體。古文中用爲"學"屬於假借用法。金文中也存在"教"、"學"相通的例子,如靜簋(《集成》4273):"靜學無愁。"其中"學"便借用爲"教"。所以從音理上説,有傳抄古文及金文作爲佐證,把《墨子》中的"學"直接讀爲"教"亦可。

《墨子》與漢簡本、今本《晏子春秋》的兩處異文,一是通過古文得以校訂,一是可以利用古文進行破讀,傳抄古文的作用於此可見。

第三節　古文與後世俗字研究

《汗簡》、《古文四聲韻》二書成書於宋代,相對《説文》古文、石經古文來説已經很晚,以致二書中含有很多後世俗字。尤其是《古文四聲韻》一書兼收隸定古文,所含後世文字情況更爲突出。

"俗字"一語較早見於《顔氏家訓·雜藝》:

> 晋、宋以來,多能書者。故其時俗,遞相染尚,所有部帙,楷正可觀,不無俗字,非爲大損。至梁天監之間,斯風未變;大同之末,訛替滋生。蕭子雲改易字體,邵陵王頗行僞字;朝野翕然,以爲楷式,畫虎不成,多所傷敗。至爲"一"字,唯

---

① 俞樾:《諸子平議》,中華書局,1956年,第198頁。
② 吳則虞:《晏子春秋集釋》,第496頁注28。
③ 駢宇騫:《〈晏子春秋〉校釋》,書目文獻出版社,1988年,第88頁。

見數點,或妄斟酌,逐便轉移。爾後墳籍,略不可看。北朝喪亂之餘,書迹鄙陋,加以專輒造字,猥拙甚於江南。乃以百念爲憂,言反爲變,不用爲罷,追來爲歸,更生爲蘇,先人爲老,如此非一,遍滿經傳。①

可見大同(535—545年)之後,俗字驟增,並遍及經傳。此處顏之推所舉的例子,多是後人所造之俗字,如"更生爲蘇,先人爲老"。在《書證》篇中他又列舉了因形體訛變而產生的俗字:

張揖云:"宓,今伏羲氏也。"……皇甫謐云:"伏羲或謂之宓羲。"按諸經史緯候,遂無宓羲之號。虙字从虍,宓字从宀,下俱爲必,末世傳寫,遂誤以虙爲宓,而《帝王世紀》因誤更立名耳。何以驗之?孔子弟子虙子賤爲單父宰,即虙羲之後,俗字亦爲宓……②

"虙"寫作"宓"是因"虍"訛成"宀"所致,《古文四聲韻》中"伏"字古文作:

憲 四5·3尚

形體與"宓"相近,③它們都是由"虙"字訛變而成,此古文也是俗體,這是古文中含有俗字的最好說明。

顏之推指出"宓"爲俗字,可見當時人們對"俗字"已經具有明確的認識。俗字是一個相對的概念,是對正體而言,如"宓"、憲 都是相對正體"虙"才被稱之爲俗字。那麼,可以想見,自人們使用文字起就會產生正字、俗字之別。被公認最早的成體系的漢字是商代甲骨文,學者認爲甲骨文就是當時一種特殊的俗體字,④可見古文字範疇中亦有俗體、正體之分,只因現今見到的古文字資料不多,很難像處理後世文字那樣,把古文字也劃分出正體和俗體。

既然各個時代都有俗字,那麼在討論相關問題前,就應該對本書所指的"俗字"進行說明。本書所謂的俗字是指從魏晉到宋代這一時期內,非鄭重場合使用的、已經發生明顯訛變的、流通性不強的文字。時間下限爲宋代,是《汗簡》、《古文四聲韻》成書時期,上限選定在魏晉,是因前文已經有專門章節討論傳抄古文與戰國、漢代文字的關係,本節正好與之銜接。而且,從魏晉時期開始,俗字日益增多,研究這段時期的俗字,可謂"對癥下藥"。當然時間的上下限不是絕對的,如有的俗字是從漢代文字繼承

---

① 王利器:《顏氏家訓集解》,中華書局,2007年,第574—575頁。
② 王利器:《顏氏家訓集解》,第447頁。
③ 古文上部所从的"宀"形與"宓"字所从的"宀"旁都是"虍"旁之訛變。
④ 裘錫圭:《文字學概要》,第42頁。

發展而來，這就涉及漢代的俗體，此處也一併討論。

一、古文中的俗字現象揭示

1. 古文直接來源於當時的俗體

傳抄古文主要是戰國文字，經人們不斷傳抄才得以保存，它與後世文字區別明顯，對於當時大多數人來說都是陌生的。所以收集和摹錄古文的人往往會有一種錯誤的認識，即把當時生僻的字也當成古文。很多俗字形體怪異，流通性不強，很容易被錯認作古文。如"形"字古文作：

丌丌 四 2·21 崔

形體从一、从州，古文字中未見。其實該形就是"刑"字的訛體，也見於《四聲篇海》，楊寶忠曾有論述：

> "刑"字本作刑，从开得聲，上兩短橫連書而延長之，下兩短橫變作兩點，則成爲丌丌字。《篇海》卷十二石部引《川篇》："砯，口庚切，石聲也。""砯"當即"砯"字……其所从之州，亦爲"刑"字之變。《篇海》卷九艸部引《類篇》："蒴音荆。"同部又引《搜真玉鏡》"蒴"音"荆"，"蒴""蒴"當是一字之變。《篇海》"丌丌"字音"形"，"形"、"刑"《集韻》平聲青韻並"乎經切"，讀音相同。《古文四聲韻·青韻》引崔希裕《纂古》古文"形"字作"丌丌"，"丌丌"乃"刑"字俗書，非"形"字古文也。①

楊氏舉例論證"丌丌"乃"刑"字俗書，其説正確。敦煌文獻中有"丌丌"字，用爲"刑"，是其證。② 古文字中"刑"字从井得聲，《説文》謂"刑"从开得聲不可信，"开"是"井"旁的訛變。可"丌丌"是由从"开"的"刑"字訛變而來，顯然不屬於先秦古文字。因"丌丌"字流通不廣泛，古文整理者對其並不熟悉，所以會把它當成古文。

又"後"字古文作：

右 四 3·27 崔

該古文是"后"字訛變，六國文字中"后"字多數寫成反"司"形：

三晉：后《璽彙》3989

燕：后《璽彙》4091

---

① 楊寶忠：《疑難字考釋與研究》，第 2 頁。
② 《疏證》，第 113 頁。

楚：⿴上·《緇衣》12

這些形體與上錄古文不類，尤其是古文形體中第二橫畫穿過撇畫，古文字中的"后"不見此種寫法，該形非六國古文。後世碑刻俗字中的"后"字或作：

后 魏敬史君碑　　后 隋蔡夫人張貴男墓誌（《碑別字新編》22 頁）

古文與上錄兩形如出一轍，爲後世俗字明矣。"𢪻"字下收有隸定古文作：

𢪻 四 2·24 崔

右部所從與上錄"后"字古文相同，"𢪻"字从后作，屬於聲符替換。該形从"后"字俗體，亦晚出。"后"字俗體作后形，與"舌"字相似，文獻中"后"有涉此訛爲"舌"的現象，如《逸周書·武稱篇》："美男破老，美女破舌。""破舌"不詞，王念孫據隸書中"后"、"舌"相混的現象指出"破舌"是"破后"之訛，《武稱篇》中語句相當於《左傳》"内寵並后，外寵二政"，①其説甚確。

又"卯"字古文作：

𢒎 四 3·19 崔

《説文》謂"卯"象開門之形。又謂"門"从二户。所以俗字中"卯"字便可寫作从二户，《龍龕手鏡·户部》："𢒎，音户，《玉篇》又莫飽反，又力酉反。""𢒎"音"户"是涉該形从二"户"而誤，不可信。又云該形讀音"莫飽反"却正是"卯"字的反切，《集韻》、《廣韻》等韻書中"卯"的反切均爲"莫飽反"，與之相同，則可判定"𢒎"爲"卯"之後世俗字，此古文形體屬於俗字。

"矢"字古文作：

夨 四 3·6 崔　　夫 四 3·6 崔

此形先秦古文字中未見，魏晉碑刻俗字中曾有出現（《碑別字新編》17 頁），又慧琳《一切經音義》卷二一《大方廣佛華嚴經》第十五卷慧苑音義："矢，字又作夨……""夨"爲"矢"之後世俗字，出現時間似不會早於漢代。

又"𢱧"字古文作：

𢱧 四 2·24 崔

---

① （清）王念孫：《讀書雜誌》，第 2 頁。

古文从出叟聲,若按通常的構字規律分析,"搜"字从出非常奇怪。《疏證》(252頁)認爲"出"爲"手"旁之訛。此説可信,了解俗字演變規律的人都知道,俗寫中"手"旁有時可訛變成"出"旁,如《四聲篇海·目部》:"䀏,同看。""看"本从手,俗書作"䀏","手"形訛變成"出"。又《龍龕手鏡·出部》:"㞕,居月反。"該形應即"掘"字俗書,"出"旁亦是"手"旁之俗寫,則"搜"字所从的"出"旁訛變也相同,該形來源於後世俗字。

又"伯"字古文作:

☒ 四5·19崔

《龍龕手鏡》第三卷二部:"亽、户,音伯,二同。""亽"形與古文☒相近,應從同一個字訛變而來,則☒爲"伯"之後世俗字,非先秦古文字。

"聚"字古文作:

☒ 四3·10老

《説文》:"聚,會也。从㐺、取聲。邑落云聚。""㐺"即三個人形,是"聚"字下部本从三個人旁,上録古文从取从兩個人形,屬於後世俗書。如齊董洪達造像"聚"字作☒(《碑别字新編》298頁),《元宥墓誌》裏"驟"字作☒(《碑别字新編》467頁),所从"聚"旁下部也从兩個人形,與古文相同。又"聚"字另一古文作:

☒ 四3·10老

該形在☒的基礎上又省去了"又"旁,可能是進一步的減省,也是"聚"字俗書。

"旳"字古文作:

☒ 四5·15崔

《説文》:"旳,明也。""旳"又有"矢的"、"箭靶"義,此時可更换意符从"弓"作"䪌"。《玉篇·弓部》:"䪌,又作的。"《集韻·錫韻》:"䪌,射質也,通作的。""的"即"旳"字,文獻中表"矢的"義時,用"的"字爲之。"䪌"是"旳"(的)的後起分化字,兩者屬於古今字。"䪌"字晚出,爲後世文字。

《汗簡》中收"漆"古文作:

☒ 汗4·48尚

鄭珍指出該形左部所从是"坐"旁(《箋正》787—798頁),可信。"漆"字又有隸定古文作:

[彩]四5·8尚　[彩]四5·8汙

可證[彩]左部形體確是"坐"旁,《干禄字書》:"坐、坐、䃰,上俗下正。"隸變時"坐"所從的"人"形常寫成"口"旁,在俗字中極爲常見,所以[彩]、[彩]二形均爲後世俗體,並非先秦古文字。至於"漆"字古文何以作[彩],尚有不同解釋,如鄭珍認爲[彩]是由"[來]"字訛變而來,林志强以爲該形从坐得聲。① 按:"漆"是清母質部字,"坐"是從母歌部字,兩者韻部不近,認爲"坐"是"漆"的聲符恐不正確。至於由"[來]"演變成[彩]的觀點,亦缺乏演變依據,《玉篇·彡部》:"彩,七臥切。"《四聲篇海》:"彩,芟也。"從《玉篇》爲"彩"注音"七臥切"來看,該形似从坐得聲,何以作爲"漆"之古文待考。

　　唐武則天所造之字是俗字研究的重要内容。武則天登基後曾幾次頒令創字,《宣和書譜·歷代諸帝》:

　　　　考其出新意持臆説,增減前人筆劃,自我作古,爲十九字。曰:[而](天)、埊(地)、[乙](日)、[子](月)、○(星)、[鳳](君)、[秊](年)、[舌](正)、[恵](臣)、曌(照)、𠎡(戴)、[叀](載)、囻(國)、𡔈(初)、[證](證)、[稅](授)、[至](人)、[壁](聖)、[匠](生)。當時臣下奏章與天下書契,咸用其字,然能獨行於一世而止。唐之石刻載其字者,知其在則天時也。

文中謂武后造十九字非是,武后並未新造"戴"字,"𠎡"實爲"載"之後造字。② 武則天所造之字,形體古奥奇異,中宗李顯登基後(704年)便予以廢除。這些字僅行於一時,但對後世影響極大,《古文四聲韻》成書於宋代,夏竦能見到武氏所造之字,並收入書中。如"月"字古文作:

　　　　[㔾]四5·9崔

古文字中"月"字從不見此種寫法,武則天造"月"字作"[㔾]"。③ 上録古文[㔾]來源於"[㔾]",爲唐代俗體,非六國文字。又"星"字古文作:

　　　　○ [C] 並四2·22崔

---

①　林志强:《古本〈尚書〉文字研究》,第58頁。
②　施安昌:《關於武則天造字的誤識與結構》,《故宮博物院院刊》1984年第4期。又陸錫興:《論武則天製字的幾個問題》,華東師範大學中國文字研究與應用中心網站,http://www.wenzi.cn/ShowArticle.aspx?id=4&article_id=87,2011年03月16日。
③　吴鋼輯、吴大敏編:《唐碑俗字録·序》,三秦出版社,2004年,第30頁。

與武則天造"星"字異體"○"同，兩者繼承關係明顯。

"人"字古文作：

厈 四1·31籀

武則天造"人"字爲"玊"，《疏證》(169頁)認爲古文厈即由"玊"字變來。其説可信，《古文四聲韻》中收武則天所造的其他字也有訛誤現象，如"日"字古文作：

⊞ 四5·7崔

此形中間从正，武則天造"日"字或作"⊠"，中間从乙，疑古文中的"正"旁是由"乙"形訛來，古文亦屬武氏造字。

"載"字有隸定古文作：

橐 四3·13崔

該形下部从東，"東"、"車"形近，俗書中二者往往互作。形體去掉"東"旁後剩下的部分應是"戈"旁之訛。《龍龕手鏡·里部》："𢑱、𢑲，二，音載。"據研究"𢑱"是"戴"字俗體，①可信。"戴"字从戈，訛成"𢑱"，與古文橐的訛變情況相似。追根溯源，武則天造字時爲"載"造新字作"𢑳"、"𢑴"、"𢑱"、橐可能都是受此影響類化而來。

"地"字古文作：

坒 四4·7崔

《玉篇·土部》："坒，古地字。"《集韻·至韻》："地，或作坒。""坒"字見於《戰國策》、《鶡冠子》等書，用爲"地"。或據此認爲"坒"字早出，不是武后造字。其實這一論證並不嚴謹，因爲《戰國策》、《鶡冠子》也都經唐代流傳至今，二書中的"坒"字完全有可能是武后時期人們改寫"地"字而成，並被保留，不能據此否定"坒"字爲武后所造。"地"字又有古文作：

坔 四4·7崔

《集韻·至韻》以"坔"爲"地"的異體，推測"坔"字是以水、土會意，爲"坒"的省體，也是後世俗字。

"君"字古文作：

---

① 張涌泉：《漢語俗字叢考》，第186、190頁。

商商 並四1·34籀

此二形與武則天所造"君"字異體"𠺞"相近，前者由後者變來。

"正"字古文作：

击 四2·21崔

該形與武則天所造"正"的俗體"击"完全相同，前者來源於後者，击爲後世俗體。

傳抄古文中出現了武后造字，是古文體系中含有後世俗字的最好說明。

2. 形體類化引起俗字

古文字中有類化現象，傳抄古文中也有，上文在第四章第一節已經有所論述，並根據其類化原因不同將其分爲形體內部類化和形體外部類化兩種。

形體內部類化的例子如"稽"字古文作：

䭫 四1·27乂

形體從兩個"首"形，"稽"字另有古文作：

䭭 汗2·23尚　䭭 四1·27尚　䭭 四1·27乂　䭭 四3·12尚

形體從首、旨聲，爲"䭭"字，金文中常用爲"稽"，此處古文用法與之相同。對比以上兩類形體可知，䭫形左面的"首"本應是"旨"旁，《疏證》(4頁)指出"旨"旁受"首"旁類化也寫成了"首"，遂成俗體。

又"羹"字古文作：

䍩 四2·18唐

古文是"䰗"的變體，《說文》以"䰗"爲"鬺"(羹)的或體，"䰗"下部本從美形，但古文形體中的"美"受上部的"羔"旁類化影響，也變成了"羔"旁，從而寫成䍩形。

"顛"字古文作：

䫱 四2·3崔

古文從二真(眞)，可隸定作"䫱"，是"顛"字俗體。《集韻·先韻》："顛，俗作䫱，非是。""䫱"字或異寫作"顚"，唐圭峰禪師碑"顛"字作：

顚（《碑別字新編》439頁）

可見古文爲俗字。"顛"本從真從頁,受形體内部類化影響,"頁"旁趨同於"真"(眞)形,最後俗寫作"顚"。

"讒"字古文作:

[字形] 四2·29崔

《疏證》(58頁):"疑[字形]乃《說文》毚字篆文[字形]形之訛變,此假毚爲讒。"此說可從,[字形]從兩個兔字,"毚"下部從兔,與"兔"相近,上部所從的"㲋"旁不常見,又受下部的"兔"(或免)旁類化影響,也寫成"兔"形,遂成古文形體。漢簡文字中"毚"字不從㲋,而從兩個"兔"形,①情況與古文[字形]相似。

形體外部類化的例子如"膿"字古文作:

[字形] 四1·12崔

《說文》:"䘌,腫血也。從血、農省聲。膿,俗䘌,從肉、農聲。"對比可知,[字形]當是"膿"字篆文"䘌"的訛形,按照《說文》分析,"䘌"本從囟,[字形]中間所從類似"同"形,這是受"興"、"爨"、"釁"等形上部類化影響所致。

"教"字古文作:

[字形] 四4·28老 [字形] 碧

該形上從竹,江梅把古文隸定成"簎",②此隸定方式可從,但"簎"不見於字書,無法進行形體分析,問題還没有解决。着眼於形體輪廓,疑其是"筊"字訛變,[字形]形上部從竹,右下部從交均與"筊"形相同,左下部[字形]從子,與"骨"並不一致,是受"教"字其他古文類化影響所致,"教"字另有古文作:

[字形] 汗1·15說 [字形] 汗2·19 [字形] 四4·28郭 [字形] 四4·28貝 [字形] 四4·28籀

此類形體左下部都從"子"旁,同爲"教"字古文,蓋"簎"的左下部亦受其影響,把"肉"旁也寫成了"子"旁。《集韻·巧韻》:"筊,筲也。"又《效韻》:"筊,竹萌也。"又《爻韻》:"筊……筊,或從骹。"從"筊"的歸部和用法來看,其以"交"爲基本聲符,古"交"、"教"音近可通,如《周禮·秋官·大行人》:"歸脈以交諸侯之福。"《大戴禮記·朝事》中"交"

---

① 相關形體可參《秦漢魏晉篆隸字形表》,第693頁。
② 江梅:《碧落碑研究》,東北師範大學碩士學位論文(指導教師:張世超教授),2004年,第28頁。

作"教",是其證。古文可能是借"箞"爲"教"。

"子"字古文作：

【字形】四 3·8 崔

形體奇異,《龍龕手鏡·艸部》："蓋,古文,音子。""蓋"、蓋"顯是一字。與此相關的"子"字籀文作：

【字形】說 籀

張涌泉認爲"蓋"是上録籀文隸變訛體,①《疏證》(301 頁)亦有此説,均可信。另外"季"字古文作：

【字形】四 4·7 崔

《疏證》(301 頁)疑此形上部"天"旁,是"禾"之訛,下部是"子"字之訛。此説可能性很大,《龍龕手鏡·禾部》："蠹,古文,音季。"疑"蠹"訛寫成【字形】,應是受"奎"②字上部類化影響所致。

"子"字還有隸定古文作：

【字形】四 3·8 崔

形體上部从艸,與晉太安塼"子"字作【字形】(《字形表》1057)上部相同。下部从矢,殊異。"子"字另有篆體古文作：

【字形】四 3·7 孝　【字形】四 3·8 尚

其下部與"矢"旁近似,蓋受其類化影響,所以【字形】便把下部隸作"矢"。

"菭"字古文作：

【字形】四 5·20 崔

此形或誤收在"帀"下,今正,詳參第三章第一節第 60 條。《玉篇·艸部》："菭,菜生水中也。藻,古文。"上録【字形】形即"藻"字訛變,"藻"下部的"眔"旁,可能是受"眾"旁類化

---

① 張涌泉：《漢語俗字叢考》,第 236 頁。
② "奎"形見於《廣韻》、《玉篇》等字書。

影響而寫訛。俗書中"罒"旁易發生訛變,如《龍龕手鏡》:"噩,他币切。歡也。"《篆隸萬象名義・口部》:"噩,他币切。歡也。"楊寶忠指出"噩"即"噩"字之訛,①可信。"罒"旁在《龍龕手鏡》中訛爲"袅",與在《古文四聲韻》中訛爲"袲"相類。另,《説文》:"㒼,衆詞與也。从氽、自聲。《虞書》曰:㒼咎繇。⿱罒氽,古文㒼。"《説文》:"罒,目相及也。从目、从隶省。"據研究"㒼"與"罒"爲一字異體,《説文》誤分爲二,②前者下部从氽,從此亦可看出"罒"形下部易訛作"氽"。可見古文 ⿱卉⿱罒氽 是"菲"字無疑。"沓"與"罒"都是定母緝部字,兩者讀音相近,所以會以"菲"爲"沓"的古文。

"披"字古文作:

⿰糹皮 汗2·17史　⿰彳皮 四1·15史

鄭珍説此形右部是"皮"字訛誤,《漢書・揚雄傳》:"掔杜椒而鬱栘揚。"顏師古注:"掔,古披字。"(《箋正》607頁)此説可信,上録第一形右部从攴,但第二形已經訛成从"支",這一訛變可能是受"彼"字類化影響所致。

3. 增添偏旁引起俗字

增加偏旁一直都是俗字産生的一個重要途徑,可以大致分成意符累增、聲符累增、形體重複等幾種情況。

意符累增是指爲字形所追加的偏旁與此字意義相關,這在增加偏旁引起的俗字中占絶大多數。

"綏"字古文作:

⿰⺼爪 汗5·66尚　⿰女爪 四1·18古　⿰⺼爪 四1·18尚\石

"綏"字甲骨文作 ⿰爪女、⿰爪女(《新甲骨文編》[增訂本]701頁),金文作 ⿰爪女、⿰爪女(《金文編》807頁),象以手抑女之形,爲"妥"字(《説文》失收)。目前古文字中"綏"字無作"婑"形者,《玉篇》《集韻》以"婑"爲"綏"字異體,"婑"應是晚出形體,大概是受 ⿰爪女 所從之"女"形影響,又累增女旁。

"泥"字有篆體古文作:

⿸尼水 四1·28尚　⿸尼水 四4·14尚

---

① 楊寶忠:《疑難字考釋與研究》,第160頁。
② 郭沫若:《金文叢考》,第326—327頁。另,《説文》"㒼"字有古文 ⿱罒氽 形,因"㒼"、"泉"二形近似,《古文四聲韻》(2·5)誤收在"泉"下,是因釋文形體相近而誤植。

該形从土尼聲(第一形脫訛),"泥"本从水,从土屬於意符替换。"泥"另有隸定古文作:

堁 四1·28 籀

此形从兩個土形从尼,與 相比,該形又多一"土"旁,應是累增的意符,不僅如此,形體中"尼"旁下部"匕"形亦類化成"土",以致古文似从三個"土"旁。

聲符累增是指字形所增加的偏旁與此字的讀音相近,往往能夠起到表音作用,所以累增聲符後的形體多是雙聲符字。古文字中有雙聲字現象,陳偉武曾有專文論及。① 同時,俗書中也存在這種現象,張涌泉曾以"鹹"字俗體作"鹻"爲例進行論證。② 相應地,古文系統中也存在雙聲字,如"輔"字古文作:

 四3·10 老

此形略有訛變,疑該形从父从呂,可隸定作"含","父"、"呂"兩字音近可通,"父"是"甫"的聲符,而"甫"字古文作:

 四3·10 老

是"呂"字,此處借"呂"爲"甫"。又如《尚書》中有《呂刑》篇,其中的"呂"字《禮記·緇衣》作"甫",郭店簡以及上博簡《緇衣》中多次出現,均作"呂",是其證。所以"含"形中的"父"、"呂"二旁都是聲符,兩者之一應爲後來追加。

"淳"字古文作:

 汗6·83 庶   四1·33 庶

古文可隸定成"㹀","㹀"是雙聲字,"臺"與"屯"兩形皆表音,古"臺"與"屯"音近可通,如"淳"字古文又作:

 四1·33 老

該形係"沌"字,此借"沌"爲"淳",相似用法如《老子》五十八章:"其民淳淳。"帛書乙本"淳淳"作"屯屯",是其例。所以把"㹀"看成雙聲字應無問題,③"㹀"形中的"臺"或"屯"應有一形爲後來所加。

"螭"字古文作:

---

① 陳偉武:《雙聲符字綜論》,《中國古文字研究》第一輯,第 328—338 頁。
② 張涌泉:《漢語俗字研究(增訂本)》,商務印書館,2010 年,第 57 頁。
③ 關於此形爲雙聲字亦可參看陳偉武:《雙聲符字綜論》,《中國古文字研究》第一輯,第 331 頁。

[图] 汗 6·73 义　[图] 四 1·16 义

形體爲"訑"字。《廣雅·釋魚》："無角者曰訑龍。"王念孫疏證："螭與訑同。"可見此古文有所本。黄錫全認爲"訑"以"它"爲意符，"它"是"蛇"的初文，而蟠螭紋皆像小蛇形，故以"訑"爲"螭"的異體（《注釋》451 頁）。按：筆者懷疑"訑"是一個雙聲字，形體中的"它"、"多"均爲聲符，古"它"、"多"二字都是舌音歌部字，讀音相近，而且典籍中"它"、"多"二聲系字可以相通，①所以"訑"形應是雙聲符字。"螭"从离聲，"离"也是舌音歌部字，與"訑"讀音相近，古文蓋借"訑"爲"螭"。

有的古文形體可能本來就是個雙聲字，不是後來追加聲符所致。"啎"字古文作：

[图] 四 4·11 林

該形爲"啎"字，《説文》："啎，逆也。从午、吾聲。""吾"、"午"都是疑母魚部字，兩者音近可通。② 所以"啎"中"吾"、"午"均爲聲符，前人指出其爲雙聲字是可信的。

"郁"字古文作：

[图] 四 5·5 論

古文爲"誠"字，"誠"爲"諴"的異體。段玉裁注"諴"字曰："今本《論語》：'郁郁乎文哉。'古多作或或。"經籍也多假"或"爲"諴"。可見《論語》中"郁"確曾以"誠"爲古文，此古文注出《古論語》，應有所本。從讀音上説，古"有"聲字和"或"聲字可通，如《周易·比》"終來有它"，其中"有"字，馬王堆帛書本作"或"。所以不難看出，"誠"應是雙聲字，此處借爲"郁"。

形體重複指重複 A 字組成一個新字 B，然後再以 B 作爲 A 或與 A 音近之字的古文。其實傳抄古文中這種情況，B 形出現較晚，多數不是戰國文字，而是後世俗體。下面分别舉例來説，重複後形體仍代表原字的如：

毋：[图] 四 1·24 汗
之：[图] 汗 3·31 义　[图] 四 1·19 义
人：[图] 四 1·31 老　[图] 四 1·31 華　[图] 四 1·31 雲
元：[图] 並四 1·35 雲　[图] 四 1·35 义③

---

① 參高亨、董治安《古字通假會典》（第 678 頁）"蛇與移"條。
② 《古字通假會典》（第 850 頁）輯録了很多兩聲字相通之例。
③ 另，《古文四聲韻》"元"字下還收古文作 [图]（四 1·35 汗），形體注出《汗簡》，《汗簡》中無"元"字，而該書"兀"字古文與此形相近。蓋"元"、"兀"形近，故將"兀"字古文誤置於"元"字下。

堯：[字形]四2·6崔

宣：[字形]四2·5崔

古文分别重複"毋"、"之"、"人"、"元"、"堯"、"宣"字,形成新的形體仍代表原字。

重複後代表與原來字讀音相近的字如:

獠：[字形]四3·19崔

塭：[字形]四5·28崔　[字形]四5·28崔

使：[字形]四3·7華　[字形]四4·8華

第一形重複"尞",用作與"尞"音近的"獠";第二形重複"畐",用作與"畐"音近的"塭"字;第三形重複"事",用作與"事"音近的"使"。

"戟"字古文作:

[字形]四5·19崔

《疏證》(258頁)認爲上録古文是"棘"字繁體,《説文》謂"戟"讀若"棘",兩者音近。其説可從,俗書中"朿"旁常訛變成"來"旁,《干禄字書》以"棶"、"棶"爲"棗"、"棘"字俗體,是其證。古文[字形]形則是重複了俗體"棘"字而成,《龍龕手鏡·來部》:"棶、棶:二俗。紀力反。今作棘。"可見古文"棶"爲俗字。

"僉"字古文作:

[字形]四2·27崔

古文重複"僉"形,見於後世字書。《龍龕手鏡》僉部:"䤈,俗;鹼,正。七廉反,水和鹽。"可見俗書以"䤈"爲"鹼"字俗體,"鹼"本從僉得聲,兩者音近,此處以"䤈"爲"僉"字古文。

"亭"字古文作:

[字形]四2·22崔

此形爲"平"字繁構,即重複"平"字而來。"平"與"亭"兩者韻部相同,但是聲母一爲並母、一爲定母,並不相近。值得注意的是,古"亭"、"平"義近,如典籍中"亭"常可訓作"平",①以"平"字繁構爲"亭"字古文應緣於此。②

---

① 宗福邦、陳世鐃、蕭海波主編:《故訓匯纂》,第75頁。
② 此承吳振武面告。

"晃"字古文作：

㿩 四 3·25 崔

古文重複"光"形，此形古文字中似未出現，《疏證》(145 頁)指出其是後世俗體。"晃"本從光聲，兩者讀音相近，此處借"㿩"爲"晃"。

形體重複不僅體現在形體重疊兩次，有時也重疊三次。"話"字古文作：

舚 四 4·16 籀

《龍龕手鏡·舌部》："譶，俗；舚，古文。"《疏證》(57 頁)據此認爲"舚"是"話"的俗體，從三舌，是會意字。按：謂"舚"是"話"的俗體可信，但此形未必從三個舌形會意。《集篆古文韻海》(4·21)、《訂正六書通》(307 頁)"話"字下收該形篆文作 䎱，都是從三個"昏"。隸變後"昏"字寫成"舌"形，所以《古文四聲韻》把 䎱 寫成 舚，實際上 舚 並非從三個"舌"旁，而是從三個"昏"旁。按照上文所述的古文重複規律，舚 應是"昏"旁重複三遍而成，很可能就是"昏"的異體。"話"本從昏聲，兩者讀音自然相近，所以俗書中以"譶"、"舚"爲"話"字異體。

有時候古文增添偏旁並不一定與意義或讀音有聯繫，可能與個人使用習慣有關。"羌"字有古文作：

𢎺 四 2·14 崔

該形從羌從弘，似不見於其他字書，不可強解。"羌"字在俗體中經常加上"厶"旁作"羗"，如慧琳《一切經音義》卷八〇《開元釋教録》："羌，録文作羗，俗字也。"頗疑 𢎺 是在"羗"形基礎上又類增了"弓"旁而成，是"羌"的後起俗字。

"只"字古文作：

䚷 四 3·4 汗

古文從只從弱，"只"是支部字，"弱"是葉部字，兩者讀音不近。"弱"、"只"二者意義也無關聯，所以古文很難分析，《疏證》(52 頁)以闕疑處理，較爲謹慎。此處疑古文是"䚷"之訛變，古文 䚷 與"䚷"相比，除了左右結構不同外，前者較後者多一"曰"旁。前文已論，古文形體結構往往有變異的現象，偏旁左右互易不足爲奇。至於"曰"旁，可能是受左面"只"旁上部的口形影響，也可能是受"弱"形類化影響而誤增。"䚷"是"咫"的異體，《集韻·講韻》："咫，或作䚷。""咫"與"只"都在同一小韻下,《廣韻》《集韻》爲兩者標注的反切完全相同,讀音相近,以"䭱"爲"只"的異體於音理亦可通。

傳抄古文中含有俗字不僅表現在古文形體上,在釋文上也有所體現。《古文四聲韻》上平聲二十七桓韻中有釋文(隸定字頭)"茾",從井從干,似不見於字書。"茾"下收古文作:

茾 四1·38 汗

不難看出古文形體是"芈"字,《說文》:"芈,箕屬,所以推棄之器也。""芈"有俗字寫作"茾",見於《四聲篇海》《字彙補》。① "茾"與"芈"形體相近,只爭中間一橫畫之有無,明顯是同一個字,不難看出"茾"也是"芈"的俗字。

《古文四聲韻》去聲四十禡韻"褅"字下收古文作:

褅 四4·32 籀

古文可隸定作"褅",此字位置原在"下"與"夜"之間,李家浩指出《廣韻》去聲禡韻在"下"和"夜"之間有"褅"字,《古文四聲韻》中古文"褅"形是"褅"的俗字。② 其說可從,"褅"從帶得聲,韻書中"帶"聲字多收在"泰"韻下,此處放在"禡"韻下不妥,所以該字釋文"褅"也是"褅"的俗字。

《古文四聲韻》下平聲紙韻中收古文作:

藥 四3·4 崔

釋文作"藥",該形見於《集韻》《廣韻》等書,也見於隋董美人墓誌銘中,是"蕊"的俗字,此處以俗字爲釋文。

《古文四聲韻》上平聲支韻下有釋文"箎",下收古文作:

箎 四1·17 孫

該形即"龥"字,《說文》以"龥"爲正篆,以"篪"爲或體。可見釋文"箎"是"篪"的俗體。"虒"本從虎,兩者形近,俗書中經常訛混,從虒之字往往省訛成從虎。《龍龕手鏡·竹部》:"篪、箎、龥:三,或作。篪:正,音池。"又"褅"字在《龍龕手鏡·衣部》中或作"䘯",從虎;又"遞"本從虒作,《龍龕手鏡·辵部》中作"遞",從虎,皆是其證。可見"箎"是

---

① 楊寶忠:《疑難字考釋與研究》,第15頁。
② 李家浩:《秦漢簡帛文字詞語雜釋》,《第二屆國際暨第四屆全國訓詁學學術研討會論文集》,第31—44頁;又見氏著《著名中年語言學家自選集·李家浩卷》,第161頁。

"篋"(篋)之俗書。與此相關,"虡"字有古文作:

虏 四1·16又　　虎 四1·16又

第一形爲"虜"字訛體。第二形虎寫法怪異,應是"虎"字俗體。"虎"字俗書中常寫作"席",上引"篋"(篋)字異體作"篖",又《干禄字書》:"席、虎,上通下正。"虎形應是在"席"的基礎上省去中間的"匕"形,又在右面加上一豎彎鉤筆畫而成。殷阮碑陰中"虎"字作兩,①形體下部與古文相似。則上錄兩個形體一是"虜"字、一是"虎"字,都與"虡"字讀音不近,它們原來應是"虎"字古文,因爲"虎"、"虡"在俗書中經常訛混,所以誤收在"虡"字下,這種情況在《古文四聲韻》中時有出現。

《古文四聲韻》上聲旨韻有釋文作"軝",下收古文作:

衍 四3·6崔

古文即"衍"字,《玉篇·行部》以"衍"爲"軝"字古文,可證。釋文"軝"應是"軌"的訛體,《干禄字書》:"軝、軌,上通下正。"《干禄字書》中"通、俗"都是當時的俗體,可見"軝"爲俗字。

《古文四聲韻》上平聲臻韻中有釋文作"閔",下收古文作:

閔 四1·34説

古文形體爲"閔"字,見於《説文》。釋文"閔"是"閔"的俗字,《廣韻·文韻》:"閔,俗作閔。"《玉篇·門部》也以"閔"爲"閔"的俗體,可證。

下面討論釋文寫訛情況。有時由於書寫不慎,常把釋文寫錯以致不成字。如《汗簡》中之一(3·44)"舟旁"收形體及釋文作勝,釋文"蚨",應是"蚨"之誤寫,"蚨"係"蠟"的俗字,該古文形體爲"賸","賸"、"蠟"古通。不但生僻字如此,常見字有時也寫訛。《集古文韻》"阮韻"收古文及釋文作於,古文爲"払"字,而釋文却誤成了"於"。

《古文四聲韻》卷一"脂韻"中(1·18)收古文及釋文作蚳,釋文作"蚳",注出《説文》。然《説文》中"蚳"字下並無此古文。反倒"蚳"下收古文與上錄房相似,可知釋文"蚳"

---

① (清)顧藹吉:《隸辨》,第377頁。

是"蚔"的誤字。該字的位置也可證明，中古音"蚔"字多歸在"支韻"、"蚳"字多歸在"脂韻"，《古文四聲韻》收該古文在"脂韻"下，可知該釋文本是"蚔"字無疑。

有的釋文在此版本中爲訛體，在其他版本中爲正體，這應是版本傳刻時發生的訛誤。如《古文四聲韻》（宋刻配抄本）卷二"侵韻"（2·26）中收古文及釋文作 [圖]，釋文"衿"應是"衿"的形近訛字，碧琳琅館叢書本中釋文作"衿"，並不誤。

有時釋文和古文一起發生舛訛。如《古文四聲韻》卷四"真韻"收古文及釋文作 [圖]，該形从弔从攴，釋文从豆从攴作"敳"。該形出處爲《汗簡》，《汗簡》中古文作：

[圖] 汗 3·38 林

釋文爲"敳"，對比可知《古文四聲韻》[圖] 形中的"攴"旁爲"支"所訛，該形釋文"敳"中的"攴"旁也是"支"旁訛誤，正確的釋文應同《汗簡》作"敳"。

二、古文中的俗字考釋

1. 利用俗字直接與古文對應考釋古文

古文中很多俗字是直接從俗字系統中繼承而來，只要了解俗字形體或者善於運用俗字書籍，把俗字和古文直接進行對比，則古文中俗字便可立判。如"象"字古文作：

[圖] 四 3·23 籀

上錄古文應是對下列篆文的隸定：

[圖] 並四 3·23 老　　[圖] 四 3·23 孝

然而此類寫法的"象"字却不見於古文字中，戰國時期的"象"字或"象"旁分別作：

楚：[圖]《鬼神之明》6

三晉：[圖]（《璽彙 1455》）　[圖]（《璽彙》3273）

齊：[圖]（"豫"所从，陳豫車戈《集成》11037）　[圖]（"豫"所从，章于公戈《集成》11124）

秦：[圖] 睡·爲吏之道 17-3

古文與上錄形體都不相近，並非六國文字。"象"(旁)在碑刻俗字中作：

[象] 魏公孫略墓誌　　[象] 齊高肱墓誌①

[象] 齊平等寺碑　　[象] 隋李景嵩造象②

"象"(旁)這些俗體寫法與上錄"象"字古文基本相同，可見"象"字古文從俗體因襲而來，並非戰國文字。

"鼎"字古文作：

[鼎鼎] 四3·26 籀

形體右部从斤，古文字中"鼎"字作爲器銘用字常見，未見與此相近者。《疏證》(286頁)引下列碑別字指出古文爲俗字，其説可信。俗書中"鼎"的右下部"目"形常訛作"斤"旁，如：

[鼎] 唐潘卿墓誌　　[鼎] 唐王邽墓誌③

墓誌銘文中"鼎"旁右下部已訛成"斤"形，與古文相同。只要[鼎]形左部稍訛就與[鼎]形一致。而[鼎]和[鼎]二形近似，可見古文出自俗書。俗字中"鼎"字還有其他寫法，如《龍龕手鏡·斤部》："鼎、鼎、鼎，三俗。鼎，正。"《四聲篇海·臼部》引《搜真玉鏡》："鼎，音鼎。""鼎"與前幾形相同，也是"鼎"字俗書。④

"長"字古文多見，多作如下形：

[長] 四2·14 孝　[長] 四2·14 汗　[長] 四2·14 老　[長] 四2·14 貝

[長] 四2·14 崔

以上幾形雖然訛變嚴重，但尚能看出是從"長"字發展而來。同時，"長"字古文有一特殊寫法作：

[孕] 四2·14 崔

形體下部从子，與古文字中"長"字寫法迥異，所以該形不是從"長"的戰國文字寫法演變而來。檢《龍龕手鏡·乙部》："孕，音長。"[孕]與"孕"明顯是同一個字，《龍龕手鏡》一

---

① 秦公輯：《碑別字新編》，文物出版社，1985年，第225頁。
② 秦公輯：《碑別字新編》，第275頁。
③ 秦公輯：《碑別字新編》，第275頁。
④ 張涌泉：《漢語俗字叢考》，第630頁。《疏證》(第154頁)亦有論述。

書爲字注音或采用反切方法，或采用直音法，直音法的注音字和被注字之間可能是同一個字，也可能是讀音相近的字，如"畋"字古文作 堍（四2·3崔），該形實爲"殿"字訛體俗字，二字讀音相近。《龍龕手鏡·田部》："畋，……又音殿平也。""畋"與"殿"之間只是音近關係，並非一字，下文將要討論的"冰"字古文作"㕡"（兵）也與此相同，這種注音關係的字，《古文四聲韻》中有時却當成古文收録，所以"孕"除了是"長"字訛形外，也可能是一個後世俗字，與"長"音近，而《古文四聲韻》中誤收爲古文。

《古文四聲韻》中"龍"字古文或作：

䶢 四1·12义

古文爲"龓"字，《集韻》、《類篇》等書以"龓"爲"龍"字異體。筆者認爲"龓"是"龍"字俗書，《隸辨》中收"龍"字有如下兩種寫法：①

龕 唐扶頌②
龍 白石神君碑　龍 魏受禪表

第一種寫法左部所從已與"帝"相似，第二種寫法右部從龙，"龙"與"龍"的右部形體接近，容易發生訛混，而且"龙"與"龍"讀音相近，如《説文》："壠，涂也。從水、從土，尨聲。讀若隴。""隴"從龍得聲。所以"龍"字右部從龙屬於變形音化。古文 䶢 正好融合了上録隸書中"龍"字第一種寫法的左部和第二種寫法的右部而成，該形應是晚出的俗體，不屬於先秦時期古文字。

以俗字和古文比對，有時也可找到俗字的源頭。如"居"字有古文作：

屈 汗3·43説　屈 四1·22説　屈 四1·22崔

此形從"立"作，可隸定成"屈"。《玉篇·尸部》以"屈"爲"居"之古文，《敦煌變文集·八相押座文》："六年苦行在山中，鳥獸同屈爲伴侣。"也以"屈"爲"居"字異體，可見古有"屈"字，但從立的"居"字却不見於古文字中。古文字中"居"字作 居，下部從古，筆者懷疑古文當是從 居 訛變而來，其過程如下：

居 睡·效律簡21 ⟶ 居 古地圖 ⟶ 居 流沙簡·屯戌17 ⟶ 屈 魏比丘道瓊記

---

① （清）顧靄吉：《隸辨》，第16頁。
② 漢印中也存在類似寫法，參羅福頤編：《漢印文字徵》（卷十一·十八），文物出版社，1983年。

由上圖不難發現，"居"下部的"古"字中間的豎畫先與"口"左部豎筆寫在一條綫上，然後"口"形訛變，流沙簡中的"古"旁已經與"立"旁極其相似，最後變成了"立"旁。對後來的使用者來說，恐怕"屈"只是一個符號，人們或許已經不知"屈"是由"居"字訛變而來了。

"冥"字古文作：

〔形〕四 2·22 老

該形从宀从日，古文系統中"冖"、"宀"二旁換用較爲常見，按照《說文》分析"冥"字本从冖从日从六，秦漢文字中"冥"作〔形〕、〔形〕（《字形表》457 頁），沒有省作从宀从日者。其實〔形〕應是後世俗字，俗體中"冥"可以省略"六"旁，《龍龕手鏡·宀部》收"冝"字，以之爲"冥"字異體，可證。古文〔形〕應是據"冝"回改而成的篆體。

"寧"字古文作：

〔形〕汗 1·4 裴　〔形〕四 2·22 裴　〔形〕四 2·22 黃

《注釋》（77 頁）釋此古文爲"磬"。筆者懷疑還有另一種可能，即釋該形爲"聲"字。首先，從形體上看，上錄古文下部不从石，而从日。此字所从的"日"形可能是由"耳"旁變來，古文體系中"耳"有時寫得與"日"形相近，如"餌"字古文或作：

〔形〕四 4·8 樊

其上部的"日"形即"耳"旁所訛。"聞"字古文作：

〔形〕四 1·34 老　〔形〕四 1·34 尚　〔形〕四 1·34 义

前兩形从耳，第三形从日，後者中"日"形應爲"耳"旁之訛，郭店簡《五行》中"聞"字多作〔形〕形，下部从耳，可證。又漢代碑刻"聲"字中"耳"旁有訛成"日"形者，如漢熹平殘碑"聲"字作〔形〕（《碑別字新編》389 頁），此可看作將古文釋爲"聲"字的一個有力證據。從音理上講，"磬"、"聲"、"寧"三者均爲耕部字，但聲母不同，"磬"爲溪母字，"聲"爲書母字，"寧"爲泥母字，溪母與泥母距離較遠，而書母與端系的泥母上古音都屬於舌音，兩者相近，可見把該古文釋成"聲"從音理上也更爲合理。古文是借"聲"字俗體爲"寧"。

"功"字古文作：

古文可隸作"叵",《六書精藴》:"匠本字。聖人刱物,愚者與能……从工从匚,出於規矩準繩,象方正之意。叵訛爲工之重文,別作匠。工之致用,所重不在斤也。"可知"叵"本是"匠"字,以"叵"爲"功"之異體,應是後世晚出,是誤認爲"叵"从工得聲而致,並非六國文字用法。

"疇"字隸定古文可粗略分爲四類:

第一類:㠯 四2·24 籀

第二類:㠯㠯 並四2·24 籀

第三類:畼畼畼 並四2·24 崔

第四類:𦘔 四2·24 崔

前兩類分別是對"㠯"、"㠯"二字篆文的隸定,第三類可分析成从田㠯聲,第四類形體較爲特殊,應是變體。《四聲篇海·刀部》引《龍龕手鏡》:"𦘔,音疇,古文。"或疑"𦘔"是"㠯"的訛俗字,①可從。"𦘔"與𦘔顯然是同一個字,兩者都是"㠯"的俗體,並非六國文字。

"繭"字下收古文作:

㩟 四3·17崔 㩟 四3·17崔 㩟 四3·17崔

古文从手,右部是"繭"旁訛變,其中最後一形"繭"旁省訛。古文可正確隸定作"㩟"。《龍龕手鏡·手部》:"㩟,古;捫,或作;㩟正。"上錄古文㩟與"㩟"都是"㩟"字之訛,㩟與"㩟"相同,㩟形應是在㩟基礎上進一步訛省,此三形都是後世俗體,並非六國文字。

2. 了解古文和俗字的構形規律有利於考釋古文俗字

掌握俗字的演變規律,將其與古文的自身特點結合起來,有利於識別古文中的俗字。如"筓"字古文作:

𥾸 四1·28古

古文从糸从天,"糸"旁與"竹"旁作爲意符時,二者意義相近,可以互作。"天"應是"开"

---

① 張涌泉:《漢語俗字叢考》,第146頁。

的俗書,《字彙·大部》:"枀,俗棄字。楊用修曰'俗書破體,以开爲天'。"可見"开"訛爲"天"是漢字俗化的一條規律,[字形]實可判定爲"竮"的俗字。

上文第四章第一節曾談到古文的構形規律,利用這些規律也能考釋古文中的一些特殊俗體。如可以利用古文形體結構斷裂規律來釋讀古文俗字。"謀"字古文作:

[字形] 四2·24 道

形體奇特。該形應屬結構脫離,原形上部應是"母"旁,只是由於形體結構斷裂分離而形成右邊像手形的部分。"謀"字另有古文作:

[字形] 說 [字形] 四2·24 貝

上部从母不誤,可資對比。以上古文都可分析成从口母聲,借用爲"謀"。古音"母"和"謀"都是明母之部字,兩者讀音相近。古文字中多用以"母"爲聲旁的"毋"字來表示"謀"(《楚文字編》142 頁),"昬"亦从母聲,情況相類。

"謨"字古文作:

[字形] 四1·25 説

此形下部从"言"字古文,上部形體亦爲"母"旁訛變(也可能是"每"的訛變),可隸定成"譬","莫"从母作屬於聲符替換。受"母"旁結構易於分裂現象的啓示,還可以解決"離"字的一個古文:

[字形] 四1·15 道

該形筆畫散亂,不易判斷爲何字,同時"離"字還有古文作:

[字形] 四1·15 孝 [字形] 四1·15 義

均爲"麗"字訛形,古文是借"麗"爲"離"。比較形體可以看出[字形]是上錄兩形的訛體,[字形]形中間訛成類似"母"旁,而"母"旁斷裂成兩個手形遂成[字形],其斷裂情況與上文"謀"、"謨"二字古文相似。

有時相同的隸定方式也有助於判斷古文俗字。如"底"字古文作:

[字形] 四3·12 崔

下部从弓从一,即"弖"字,《龍龕手鏡·弓部》:"弖,互、户二音。"該書謂"弖"字音"户"不確,張涌泉認爲"弖"是"氐"的俗書。① 楊寶忠進一步指出《龍龕手鏡·土部》:"圱,俗;圻,正。直尼反。""圱"、"圻"都是"坻"字俗體。② 張、楊二氏觀點正確,可見"氐"旁可寫作"弖"。 厎下部所從與"弖"基本相同,所以古文 厎 形應是"底"的俗書,並非六國古文。

"嫂"字有隸定古文作:

o1. 叜叜叓 並四2·25崔
o2. 叜叜 並四2·25崔③

相應地篆體古文亦分爲兩類:

p1. 𡔥 汗5·66尚\説 𡔥 四2·25尚
p2. 𡔥 石 𡔥 汗5·66義 𡔥 四2·25義

容易看出,o1類形體由 p1類形體訛變而來。但 o2類形體的來源較難解釋,o2下部與 p2下部都从女,上部一作"䀠"形,一作"囧",兩者稍異。其實俗字演變規律中"囧"旁常常變成"䀠"形。如《干禄字書》:"曡,疊,上俗下正。"前者中間从䀠,後者中間从囧。又"爨"字或作"爨",《干禄字書》:"爨,爨。上俗下正。"是以"爨"爲"爨"(爨)的俗體,前者中間从䀠,後者中間从囧。這都是"囧"訛變成"䀠"的例子。由此可知上錄 o2 形體所从的"䀠",也是由"囧"訛變而成,則 o2類形體應是从 p2類形體變來。同一規律在"幽"字古文中也可看到,"幽"字有隸定古文作:

瀀 四2·25古

類似形體還見於其他字書,《玉篇·水部》:"瀀,古文幽字。""瀀"與 瀀 應爲一字。楊寶忠指出 瀀 形右部从要, 瀀 爲"㴫"字訛變,此處借爲"幽"。④ 楊説甚是。這從上文所討論之"囧"變成"䀠"的規律也可看出。"要"字古文或作:⑤

---

① 張涌泉:《漢語俗字叢考》,第501頁。
② 楊寶忠:《疑難字考釋與研究》,第714頁。
③ "嫂"字另有古文作 囡(四2·25崔),此形見於《正字通·口部》:"囡,古文嫂字,見《六書統》。……囡亦爲訛文。""囡"實爲"嫂"的後世訛體俗字,應非六國文字。
④ 楊寶忠:《疑難字考釋與研究》,第254頁。
⑤ 事實上這一類形體是"要"字篆文,《説文》把"要"的古文和篆文置反,石經古文中尚不誤,詳參後文第八章國别問題研究。

[古文字] 説　[古文字] 汗5·66尚\説　[古文字] 四2·7尚

形體上部从㘡,而 [古文字] 右上部从㐭,"㐭"當是从"㘡"演變而來。上文所論"囊"字俗體作"[古文字]",正好可以與之類比。再求之於音理,"要"是影母宵部字,"幽"是影母幽部字,二者聲母相同,韻部旁轉。典籍中"要"、"幽"有相通之例,《易·困》:"入于幽谷。"馬王堆帛書本"幽"作"要"。《詩·豳風·七月》:"四月秀葽。"《大戴禮記·夏小正》"葽"字作"幽"。此古文"[古文字]"也从要聲,所以也可以用爲"幽"。"幽"字古文作 [古文字] 屬於俗書訛體。

根據一些偏旁的書寫形式同樣可以判斷俗字。"土"與"士"形體相近,爲了區别二者,俗書便在"土"上加點作"圡",顧藹吉《隸辨》:"土本無點,諸碑士或作土,故加點以别之。"① 依據這一規律,便可判斷一些後世形體。"封"字下收篆體古文作:

[古文字] 汗6·73尚　[古文字] 四1·13尚　[古文字] 四1·13説\汗

形體从土丰聲,同時該字又收隸定古文作:

[古文字] 釷 四1·13崔

[古文字] 形左面的"王"爲"丰"旁之訛,上録《汗簡》中的 [古文字] 形所从的"丰"便脱去了下部筆畫,如其上部再遺失,便成爲"王"形。[古文字] 右部的"土"旁值得注意,上文已論,加有一點的"土"旁晚出,如"在"字在碑刻俗字中作:②

[古文字] 魏劉洛真造像　[古文字] 魏元周安墓誌(並見《碑别字新編》22)

其中所謂的"土"形上加有點畫,是其證。古文字中"土"旁常見,正常寫法均不加點畫,還以"封"字爲例:

齊系:[古文字] 魯少司寇盤《集成》10154

楚系:[古文字] 《容成氏》18

三晉:[古文字] 《璽彙》2496

戰國時期各系文字中的"封"字寫法"土"旁都不見帶點畫者。則 [古文字] 爲後世俗字無疑,

---

① (清)顧藹吉:《隸辨》,第373頁。
② "在"字本从土,《説文》:"在,存也。从土、才聲。"《説文》誤認"在"从土,後世亦多以爲"在"字从"圡",實則非是。

第七章 古文的時代問題 321

㘹則是玨形的進一步訛變，兩者皆非戰國文字。相應地，"泥"字古文作：

  㘹 四1·28籀

下部所從土旁亦加有點畫，爲後世俗字。

  "旨"字有隸定古文作：

  亖 四3·5籀

該形奇特，古文字中"旨"字不見此種寫法。俗書中"旨"字作"亩"，如《四聲篇海·水部》引《搜真玉鏡》："䜭，音稽。"張涌泉認爲"䜭"是"䛍"的俗字，"䛍"是"稽"的本字。[①] 其説可從，"䜭"所從的"旨"旁作"亩"，是其證。筆者認爲亖就是"亩"的訛形，傳抄過程中訛脱點畫。又"旨"字另一隸定古文作：

  屒 四3·5崔

該形下部爲"亩"，上部是"尸"旁，"旨"字古文或作𠂤，上部似人形，也與"尸"旁相近，古文整理者很可能誤把𠂤形上部寫成"尸"旁，遂成屒形。又"指"字古文作：

  指 四3·5崔

該形從手、從亩，是"指"的俗書。以上所述"旨"的古文亖、屒，"指"的古文指，都是後世俗字。

  "春"字古文作：

  甫冒青 四1·33籀

上部似"中"形，應是對"屯"旁的隸定，按照正常隸變規律"屯"旁不應隸寫成"中"，在俗書中却有相似的現象。《四聲篇海》引《搜真玉鏡》："𡴭，音焚。"學者指出"𡴭"是"芬"的俗字，此説可信。"芬"字上部從中，與"屯"形相似，"屮"隸定成"中"，與"屯"旁可作類比。

  "翦"字古文或作：

  歬 四3·17崔

此形應是"前"（歬）字俗書，如"翦"字另一個隸定古文作：

---

① 張涌泉：《漢語俗字叢考》，第104頁。

該形爲"前"(歬)字,可證。[字形]字上部是"止"形的寫脱,下部是"舟"旁的俗書。《龍龕手鏡·卜部》:"歬,音前。""歬"與[字形]形體相近,可證。"萠"本從前得聲,兩者音近,所以後者可作前者古文。另外,寫作"冊"形的"舟"旁與"冉"旁相近,所以從冉的"那"字或寫作"舩",《龍龕手鏡·寸部》:"尃,音郍。"《字彙補·寸部》:"尃,乃多切,音那。見《篇海》。""尃"是"那"的俗書,"舩"即"那"的訛形。典籍中也有"舩"、"那"相訛的情況,如《水經注·灢水注》:"陽原縣故城……北俗謂之北舩州城。"王國維眉批引明抄本"舩"作"那"。①

"危"字篆體古文作:

[字形]四1·17孝 [字形]四1·17尚

古文可隸作"仚"從人從山。戰國文字有[字形](《六德》17號)形,整理者釋爲"危",陳偉認爲簡文借"危"爲"委",②可從。上録古文與[字形]是同一個字,只不過後者所從的人形上面加有飾筆而已,都以人在山上會意。"危"字下收有隸定形體作:

[字形]並四1·17乂

上部或從力或從几,"几"和"力"都是"人"的訛體,這兩個形體是"仚"的俗書。"仚"還有俗書作"刕",《龍龕手鏡·山部》:"刕,古;峗,今。音危。""刕"無疑也是從"仚"訛變而來,其上部"人"旁訛成"刀",而"刀"、"力"二旁在俗書中常有訛混,例不贅舉。"刕"上部訛成"刀"旁與[字形]、[字形]上部訛成"力"、"几"正可類比。

"難"字古文作:

[字形]四1·37庶

《玉篇·皿部》:"𧯘,乃多切,除疫也。與儺同。"《原本玉篇殘卷》:"𧯘,乃多反,《倉頡篇》:除去疫人也。野王案:《周禮》遠令始難是也。《説文》爲魌③字,在鬼部。"是顧野王認爲"𧯘"即《周禮》中之"難"字,古文用法與此相同,也屬於後世俗字。然"𧯘"字構

---
① 王國維:《水經注校》,上海人民出版社,1984年,第432頁。
② 陳偉:《郭店竹書别釋》,第117—120頁。
③ "魌"字原誤成"魅"字,今正。

形奇特,具體來源待考。①

"姬"字古文作:

姬 四1·20 世

古文从女、从巨,"巨"、"臣"二形隸楷時期形體相近,如《集韻·梗韻》:"奭,古作奲。""奲"字還有訛成从配者,如人名"伯奲",《漢書·古今人表》作"伯奭"。"奭"、"奲"二字相比,後者所从的"巨"顯是"臣"旁之訛。古文系統中也有其例,"囧"字下有隸定古文作:

奭 奲 奲 並四3·25 崔

古文是"奲"字變體,"奲"、"囧"都是見母陽部字,兩者讀音相近,屬於通假關係。這些形體上部所从的"巨"旁都是"臣"旁之訛。所以古文形體**姬**應是"姬"的誤訛,唐王仲建墓誌銘中"姬"作:

姬(《碑別字新編》85頁)

該形即訛成"姬",與古文相同。值得注意的是典籍中也有"姬"、"姬"混訛的例子,如《山海經·大荒西經》:"大荒之中,有山名日月山,天樞也。吳姬天門,日月所入。"郝懿行云:"姬字《説文》、《玉篇》所無,藏經本作姬。"②此與古文正可互證。

"臣"旁不但與"巨"旁形近,其與"户"旁也有訛混者,如"熙"字下有隸定古文作:

熙 四1·21 籀

形體上部从"戌",是"配"字俗訛,下列篆體古文值得注意:

熙:**熙** 四1·20 道

上録**熙**形似从虫从叕,③不見於字書,上文在第四章第二節曾指出古文中有的"户"旁是"臣"旁之訛,則**熙**形訛誤的情況與**熙**形相似。

"户"字古文作:

户 汗5·65 演 **户** 四3·11 演

---

① 或説"里"是"單"字之訛,"單"、"難"音近可通。可備一説。
② 袁珂校注:《山海經校注》(增訂本),巴蜀書社,1992年,第459—460頁。
③ 該形所从"虫"旁可能是"火"之訛形。

形體與"户"字不近,《注釋》(407頁)認爲該形可能是"户"字之訛,也可能是"巨"字假爲"户"。按,從上文討論的"臣"旁常訛作"户"旁來看,⊥與"臣"、"巨"二字的輪廓有相似之處,有可能是"户"旁之訛。還有另一種可能,"亙"字有俗體或作"㸚",《龍龕手鏡·雜部》:"夘,俗。㸚,正。音護。更㸚也。""夘"、"㸚"都是"亙"字俗體。"亙"字篆文作"亙"上下左右均對稱,"亙"形既可隸定成"㸚",也可隸定作"王","王"與古文⊥形體相近,是"亙"的俗體。"亙"與"户"上古音都是匣母魚部字,兩者讀音相同。中古時期兩者讀音亦近。⊥可能是"亙"字俗體,由於音近收在"户"字下。

"帀"字古文作:

迊 四5·20唐

此形爲"帀"的俗字,如《干祿字書》:"迊、帀,上通下正。"又隋元英墓誌作迊、唐大泉寺三門記作迊,① 均與古文相似,是其證。"帀"字異體作"匝"。左下部的"⌐"畫脫落,並訛成"辶"形,便形成了古文形體,此形非六國文字。同類演變情況還見於"匹"字,《干祿字書》:"迊、匹。上俗下正。""迊"所從之"辶"旁也是來源於脫落的"⌐"形。由此還可解決另一個疑難古文形體,"壽"字古文作:

遱 四4·38籀

此形從辶,不可説。《疏證》(181頁)以闕疑處理。《古文四聲韻》中"壽"字還有古文作耇(四4·38籀),此形應是"壽"字隸定訛體。以遱形與耇相比,前者從辶,後者從⌐,疑前者的"辶"旁即從後者的"⌐"訛變而來,其情況與上錄"匝"、"匹"二字相類,則遱形也是"壽"的訛變俗體。

3. 認識舛訛現象有利於考釋古文俗字

前文曾論述古文存在舛訛現象,這種現象在古文俗體中依然存在。因爲古文自身訛變就已相當嚴重,若再將俗字混入其中,複雜性可想而知。古文俗字中的舛訛現象可以分爲兩種情況:一種是古文形體舛訛,是指古文形發生訛變,誤成另一個形體;另一種是收字舛訛,是因形體或讀音相近等原因把古文錯收,即本應是A字的古文,却收在了B字下。

先看形體舛訛的例子。如"習"字古文作:

歙 汗5·68義 歙 四5·22義

---

① 秦公輯:《碑别字新編》,第11頁。

古文爲"戠"字，从戈習聲，自然可以用爲"習"。該形又被當成"襲"字古文：

[字形] 四5·22 老

《玉篇·戈部》："戠，古襲字。輕師不備也。"典籍中"襲"與"習"字可通，如《周禮·胥師》："襲其不正者。"鄭玄注："故書襲爲習。杜子春云：'當爲襲。'"《老子》："是謂習常。"馬王堆漢墓帛書《老子》甲本"習"作"襲"。所以从習聲的"戠"與"襲"讀音亦相近，古文屬於通假關係。同時"武"字下收古文作：

[字形] 四3·10 老

該形與上錄"襲"字古文[字形]十分相近，"襲"和"習"都是邪母緝部字，而"武"是明母魚部字，兩者讀音不近，似難相通，二者古文爲何相同，令人費解。其實"武"字的古文是一個訛誤俗體，《訂正六書通》(186頁)"武"字下也收了這個形體，並附有按語謂："从習①疑是翌誤。翌，古舞字。"徐在國、黃德寬據此疑古文左部是"翌"之訛變。② 按該説極具啓發性，"翌"在後世俗字中或作"翌"，下部的"巨"是"亡"旁之訛，同樣"巨"與"日"旁亦近似，所以"翌"易訛成與[字形]左面相近。《龍龕手鏡·彐部》："翌，音武。"可見"翌"(翌)與"武"音近，且俗字中經常存在以注音字爲正字、以被注字爲俗體的現象，"翌，音武"正好符合這一規律，至於[字形]形从戈，也許是糅合了"翌"和"武"二字而成。則該形爲後世俗字，且形體舛訛。

"叫"字古文作：

[字形] 四4·26 籀

古文从口从桌，可嚴格隸定成"㗒"，見於《玉篇》、《集韻》等字書，从桌得聲。"桌"在月部，與宵部的"叫"讀音不近，無由相通。胡吉宣認爲"㗒"應是"喝"字之訛，③所説極是，俗書中"桌"與"県"(県)形體相近，《説文》："県(県)，到首也。賈侍中説：此斷首到縣県字。""県"與"叫"都是宵部字，兩者讀音相近，《玉篇·口部》："喝，古弔切，聲也。亦作叫。"足可證[字形]是"喝"字之訛。

"㿽"字古文作：

---

① 原書作"戠"，應是"習"的誤字，今直接校正。
② 徐在國、黃德寬：《傳抄〈老子〉古文輯説》，《中研院歷史語言研究所集刊》第73本第2分冊，第214頁，注18；又《古老子文字編·附錄一》，安徽大學出版社，2007年。
③ （清）胡吉宣：《玉篇校釋》，第1056頁。

○𝕏 四3·18 老

從形體上看該形从日从臬，①是"暭"字。《玉篇·日部》："暭，同皦。""暭"从臬得聲，與"皦"字讀音不近，前者何以作後者古文，不易理解。胡吉宣認爲《玉篇》之"暭"字右部是"県"之訛。② 按，从目从県之字不見於其他字書，況且"県"與"皦"字義不相關，此説恐不確。國一姝認爲古文○𝕏从日、杲聲，與"皦"屬音近通假關係。③ 按，國説可從，那麼不難想見，《玉篇》中"暭"應是"暭"之訛字。"暭"見於玄應《一切經音義》，謂之同於"皎"。"暭"从日、杲聲。"杲"和"皦"都是見母宵部字，兩者讀音相近。《説文》："杲，明也。"《廣雅·釋詁》"杲，明也。"王念孫疏證："杲之言皎皎也。"王氏以"皎"訓"杲"屬於聲訓。《一切經音義》又認爲"暭"同於"皎"，而"皎"與"皦"二者爲同源關係，④實際代表同一個詞，典籍經常可換用。《詩·王風·大車》："有如皦日。"釋文："皦，本又作皎。"可見"暭"和"皦"音近義通。"杲"本訓明，與"日"意義相關，"暭"應是"杲"的增旁俗字。

《玉篇·日部》："暭，明。"《集韻·果韻》："暭，明。""暭"从果，與明義不近，楊寶忠謂"以形義考之，此字當即'皦'字之變"。⑤ 按，將"暭"與"皦"字聯繫到一起注意到了兩者義近，但"暭"、"皦"兩者形體不近，訛誤的可能性較小。其實"暭"也是"暭"字俗訛，兩者形義皆近，極易訛混。丁度等不知"暭"右部爲"杲"旁之訛，認爲其从果得聲並收在"果韻"下，實謬。

下面看收字舛訛的現象。"水"字古文作：

𢎤 𢎨 四3·6 崔

兩形上部所从都與"弓"相近，前者"𢎤"下部从土（土旁俗寫），後者"𢎨"下部从大。"水"字自甲骨文起就是一個常見字，幾乎不借其他字爲之，寫成"𢎤"、"𢎨"十分怪異。此二形應是同一個字的訛體，屬後世俗字，"𢎨"也見於後世字書，《四聲篇海·弓部》："𢎨，音冰。"楊寶忠據此認爲"𢎨"是由"兵"字篆文"𠦪"訛變而來，"兵"、"冰"音近，而"冰"字有異體作"氷"，與"水"字相近，故"𢎨"又訛爲"水"字古文。⑥ 其説可從，"兵"字

---

① "臬"旁上部的"自"訛成"白"。
② （清）胡吉宣：《玉篇校釋》，第3972頁。
③ 國一姝：《〈古文四聲韻〉異體字處理訛誤的考析》，北京語言文化大學碩士學位論文（指導教師：石定果教授），2002年，第44頁。
④ 王力：《同源字典》，第205頁。
⑤ 楊寶忠：《疑難字考釋與研究》，第435頁。
⑥ 楊寶忠：《疑難字考釋與研究》，第315頁。

古文或作：

⿸ 四 2·19 崔

該形也是對⿸的隸定，屬於後世俗體。又"冰"寫作"冰"，《古文四聲韻》本身就有所體現，如該書下平聲添韻中收如下古文形體：

⿸ 四 2·28 孝　　⿸ 四 2·28 汗　　⿸ 四 2·28 老　　⿸ 四 2·28 籀

這些形體都是"冰"字古文，宋刻配抄本將它們釋成"水"，"水"是"冰"之俗體。前文已論，《古文四聲韻》一書的釋文（隸定字頭）有寫成俗字的現象，此亦屬一例。"氷"與"水"接近，訛誤可能性極大。則⿸、⿸兩形實爲"兵"字所訛，均是後世俗字，《古文四聲韻》收在"水"字下屬於誤收，楊說可信。

"六"字古文作：

⿸ 四 5·4 崔

此形从多、从干、从又，不見於其他字書。無法按照一般的構字規律推斷其聲符和意符，無論把"多"、"干"、"又"三個部件中的哪一個看作聲符，在讀音上都不能與"六"聯繫到一起，該形應是一個訛體。《疏證》(297 頁)以闕疑處理，非常謹慎。

着眼於該形的整體輪廓，筆者認爲它是"䄇"字的訛形。《說文》："䄇，大也。从多、圣聲。"⿸與"䄇"相比，只是前者的"又"旁寫到了右面，且"土"形訛成了"干"形。後世文字中"䄇"有訛變俗體，《龍龕手鏡·多部》："䥓，或作；䥓，大石；䄇，音恀，大皃也。""䥓"、"䥓"都是"䄇"的俗寫異體。其中"䥓"右下部的"工"形就是由"土"形訛變而成，⿸形从干，又是進一步訛變，訛變過程爲：

土⟶工⟶干

這種演化在訛變嚴重的俗字中並不稀奇。

"䄇"从圣得聲，"圣"是溪母物部字，"六"是來母覺部字，兩者聲韻都不近，不能相通。還要從其他方面考慮兩者關係。有一種現象值得重視，俗書和古文中"六"、"大"二形往往相訛。"睦"字有篆體古文作：

⿸ 四 5·5 孝

又有隸定古文作：

⿸ 四 5·5 崔

後者是對前者的隸定，隸定後發生訛變，⿰下部的"目"形訛成了"血"旁，上部的"六"旁寫成了"大"形。又《龍龕手鏡·山部》："㞋，音陸。""㞋"即《説文》中的"岦"字，①"㞋"下部的"大"旁是"六"的訛體。這些是作爲偏旁時"六"、"大"相混的例子。《汗簡》中"六"字古文作：

    汗4·58庶

《古文四聲韻》中也收有該形：

    四4·12庶

但是作爲"大"字古文，前文第三章第一節第144條曾指出，《汗簡》中釋文"六"是"大"字之誤。這是單獨成字時"六"和"大"相混的例子。另外，漢代簡帛中的"大"、"六"二字形體也十分近似，後人常常將兩者混淆，相關現象黄文傑曾有討論。② 可見"六"、"大"二字形體相近、易混。

《説文》："𢇕，大也。"《玉篇·多部》："𢇕，大也。"《集韻·怪韻》："𢇕，大也。"筆者認爲，因爲"𢇕"常訓爲"大"，便可用爲"大"字，而"大"和"六"相混，所以《古文四聲韻》中⿰（𢇕）就訛混成了"六"字古文，這是古文俗體中典型的誤收現象。

"兔"字古文作：

    （夔）四4·11崔

形體可以拆分成⿰和夾兩部分，不見於其他字書。從整體輪廓分析，古文應是"夔"字之訛。"夔"所從的⿰旁較爲生僻，經常發生訛變，如"夔"字有俗書作"𡕙"（見於《字彙補·大部》），"⿰"旁訛變成了"兔"旁，③⿰亦是"⿰"形所訛。夾是"夬"旁所訛，前文第三章第二節討論過的"𢴦"字古文⿰，下部所從的"央"也是"夬"旁之訛，此處"夬"訛成夾情況與其相似。由此，⿰是"夔"之俗體。《説文》："夔，獸也，似牲牲。从⿰、夬聲。""夔"字常訓成獸，但是由於"夔"上部訛成"兔"旁，所以"𡕙"（夔）或訓成兔，如《字彙補·大部》："𡕙，與夔同，兔子。"《四聲篇海·兔部》引《餘文》"𡕙，音決，兔也"。④ 由於"𡕙"（夔）可訓作兔，所以夏竦把"夔"當成"兔"字古文收録，殊不知"夔"之所以有"兔"義，乃是後人據俗體而望文生義，實誤，夏竦又以"夔"爲"兔"字古文可謂

---

① 張涌泉：《漢語俗字叢考》，第336頁。
② 黄文傑：《秦至漢初簡帛文字研究》，第130—131頁。
③ 從古文字來看，"⿰"就是從"兔"字分化而來。
④ 關於"𡕙"（夔）字訓"兔"屬於後人誤認，張涌泉也曾論及，參看張涌泉：《漢語俗字叢考》，第146頁。

一誤再誤。

"果"下收隸定古文作：

膔 四3·21崔

古文形體殊異，《疏證》(128頁)以闕疑處理，現未見其他學者討論此形。膔可分析成從火從皓，《説文》："皓，日出兒。從日，告聲。"段玉裁注："謂光明之兒也。天下惟絜白者最光明，故引伸爲凡白之偁，又改其字從白作皓矣。"可見"皓"與"皓"爲一字異體。疑古文膔是"皓"(皓)的增符俗字，俗字中有很多累增意符之例，①由於"皓"可訓作明，故可累增意符"火"。但"果"是見母歌部字、"皓"是匣母幽部字，兩者讀音不近，且意義也遠隔，《古文四聲韻》以"皓"的俗體爲"果"之古文甚是奇怪。

筆者認爲這是涉"杲"字而誤收。"皓"、"杲"二字關係密切，"皓"字有異體作"暠"，②"暠"、"杲"古通，如《廣雅·釋訓》："杲杲，白也。"王念孫疏證："《漢書·司馬相如傳》：'暠然白首。'暠與杲同。字又作暭，重言之則曰暭暭。"③所以"皓"、"杲"古亦可通。又《詩經·衛風·伯兮》："杲杲日出。"馬瑞辰認爲此處"杲"的意義與"杳"相對，形容日出之貌。④程俊英、蔣見元認爲"杲杲"的意思是"光明貌"。⑤將"杲杲"理解成"光明"是可信的，其實，表示"光明、潔白"義的連綿詞有很多，如朱起鳳《辭通》收有"皓皓"、"顥顥"、"皞皞"、"滈滈"、"皎皎"、"曒曒"、"晈晈"，⑥它們讀音相近，都代表同一個詞，"杲杲"無疑也與它們相同，但朱起鳳漏收。這也可證明"杲"與"皓"音近。又《集韻》中"皓"的反切是"下老切"，"杲"的反切是"古老切"，兩者反切上字不同，但是《康熙字典》載："《唐韻》、《韻會》、《正韻》：'皓，古老切，音杲。'"可見"杲"、"皓"讀音很近，後者可以作爲前者的古文出現。

還有一種現象值得注意，"杲"與"果"二字形體相近，俗字中常常發生訛誤。《玉篇·日部》："睎，明。"《集韻·果韻》："睎，明。""睎"從果，前文曾指出"睎"是"㬎"字俗訛，這是"杲"旁訛成"果"旁的例子。又《詩經·召南·鵲巢》裏的"鵲巢"之"巢"，在敦煌伯2529中都寫作"巢"，⑦下部的"果"訛成"杲"。這是"果"訛成"杲"的例子。

由"果"、"杲"二字相訛的現象，筆者猜想膔(皓)本應是"杲"字的異體，但由於

---

① 張涌泉：《漢語俗字研究(增訂本)》，第45—48頁。
② 見《漢語大字典》(縮印本)第643頁所引《漢書》、《文選》、《集韻》等文獻用例。
③ (清)王念孫：《廣雅疏證》，第179頁，又第112頁。
④ (清)馬瑞辰：《毛詩傳箋通釋》，中華書局，2008年，第221頁。
⑤ 程俊英、蔣見元：《詩經注析》，中華書局，2009年，第187頁。
⑥ 朱起鳳：《辭通》，上海古籍出版社，1982年，第1429、1439頁。
⑦ 程燕：《詩經異文輯考》，安徽大學出版社，2010年，第22頁。

"杲"、"果"形近易混,所以涉此誤收在"果"下,使後人難明。

三、研究古文中俗字的意義

1. 有利於古文字研究

俗字出現較晚,不屬於六國文字,但俗字所反映的用字習慣却未必晚出,即古文中隸定俗體所依據的篆體古文也許是早期便存在的。如"視"字有隸定古文作:

[字形] 四4·5崔

該形左面从目,右邊形體奇怪。在俗字中"氏"聲字有一種特殊的隸定形式,寫得與"玄"字近似。如《龍龕手鏡·人部》"低"字俗書作"伭",同書卷四邑部"邸"字俗書作"邟"、石部"砥"字俗書作"砼",皆是其例,由此不難判斷[字形]形即"眡"的俗字。

以"眡"爲"視"字古文屬於通假關係,傳世、出土文獻都有反映。傳世典籍如《周禮》一書好用古文,該書中的"視"寫作"眡",與此古文相合。"眡"也見於戰國文字,上博簡《緇衣》1號簡:"有國者章好章惡,以眡民厚。"其中的"眡"字郭店簡本作[字形],爲"視"字,是兩者可通,説明此古文來源有據。可見[字形]是後世俗字,就形體來説不屬於六國古文寫法,但從用字習慣上講,古文保留的仍然是戰國時期用法,所以不能因形體而否定其用字習慣。又如前文第五章討論過的"氵公"字,該形出現時間雖晚,但所反映出的"沿"、"川"二字通用現象很早就已出現,其價值仍然值得重視。

又如"堂"字古文作:

[字形] 四2·16籀

所从土旁爲俗體,説明該形出現的時期較晚。"堂"字還有篆體古文作:

[字形] 汗6·73尚　[字形] 四2·16孝　[字形] 四2·16尚

从土从尚省聲,[字形]上部的"宀"旁當是"尚"字省體的訛變。[字形]形出現較晚,但所代表的[字形]類形體很早就出現了。中山兆域圖版中"堂"字作:

[字形]（《集成》10478）

與上録古文形體相近。中山兆域圖屬戰國時期器物,説明此類形體至少在戰國時期就已存在。所以不能因爲古文形體本身是俗體,就忽略其與古文字之間的聯繫。

2. 有利於俗字研究

學者對俗字的研究主要集中在後世字書所收的俗體及敦煌文獻中，傳抄古文中俗體很少有人重視，這可能由於古文多是篆體形式。《古文四聲韻》一書收有很多隸定古文，其中包括很多俗體，但一直没有得到足够的重視。傳抄古文中的俗字本身就爲俗字研究提供了材料，如能充分認識這些材料的價值，無疑對俗字研究有很大幫助。如前文在第四章第一節討論過的"柊"字，就是依據古文的演變規律釋讀出來。下面再以幾個具體的例子説明古文對俗字研究的意義。

《龍龕手鏡·二部》："𥝋，音斯。""𥝋"形奇特，張涌泉認爲此字從"斯"字或體"𣂰"形變來。① 此説可信，可"𥝋"與"𣂰"形體仍存在差異，張涌泉並未説明演變過程，今爲其補充。前文第四章第二節曾指出"其"字古文"亓"與"示"旁有相混情況，如"斯"字古文分別作：

〖圖〗四 1·16 義　〖圖〗四 1·16 道　〖圖〗四 1·16 尚

所從的"亓"旁都訛成了"示"，是其例。"𥝋"除去"斤"旁後所剩的形體就是"示"（"亓"旁訛形），上録"斯"字古文〖圖〗形與"𥝋"相近，只是"𥝋"將"斤"旁置於"示"旁右下部而已，其訛誤情況與上文討論的"侍"字俗體作"柊"如出一轍。

《龍龕手鏡·厶部》："鑫，音冷。"《四聲篇海·厶部》引《搜真玉鏡》："鑫，音冷。""鑫"形奇特，爲何與"冷"字音近，需要説明。"經"字下收古文作：

〖圖〗四 2·21 籀

《疏證》（264 頁）認爲此形從手，從𢆶，令聲，所從𢆶旁待考。按，此形右部特别，應是後世俗體，〖圖〗右部與"鑫"、"鑫"二形相近，頗疑它們是由同一形體演變而來。參照〖圖〗右下部從令，疑"鑫"、"鑫"二形所從之"金"旁可能也是"令"旁之訛，"冷"從令得聲，兩者讀音相近。

"摘"字古文作：

〖圖〗四 5·18 義

古文爲"聑"字，"聑"字上古音是端母葉部字，"摘"從啇聲，是端母錫部字，兩者雖然聲母相同，但韻部相隔較遠。中古音"聑"與"啇"聲字可互爲異文，如《集韻·麥韻》："聴，耳豎兒，聑，或從二耳。"《新證》（128 頁）據此云："䐑，摘同從啇聲，故可通假。"其説是，

---

① 張涌泉：《漢語俗字叢考》，第 438 頁。

所以《古文四聲韻》能以"聑"爲"摘"字古文。

明確了"聑"和"摘"字的關係,可以憑此考證一個形體怪異的俗字。《直音篇》卷二足部:"𣥔,音摘,謹行。"楊寶忠認爲"𣥔"是"跥"字之訛。① 按,楊氏此説似不可信,"跥"字《龍龕手鏡》訓作"開張",義與"𣥔"迥異。況且"𣥔"、"跥"二形相隔甚遠,儘管他對形體演變有所推測,但證據亦不足。筆者認爲"𣥔"所從的三個"牙"形是"耳"旁之誤,隸楷階段"牙"、"耳"二形相近,如段玉裁在注"邪"字時説:"近人隸書從耳作耶,由牙、耳相似,臧三牙或作臧三耳。"碑刻文字中也有所反映,如本從牙的"雅"字或作:

雅漢張遷碑　雅漢史晨後碑②

均變成從"耳",是"耳"、"牙"二旁相混之證。按照上面的分析"𣥔"實爲"躡"的變體,"躡"從聶得聲,"聶"、"聑"上古音都是舌音葉部字,讀音相近,古文字中有通用現象,如《禮記·緇衣》引《詩》:"朋友攸攝,攝以威儀。"其中的"攝"字,郭店簡本《緇衣》作:

𢹎郭·《緇衣》45

該形從聑聲,"攝"從聶聲,是"聶"、"聑"相通之證。既然"聑"讀音與"摘"接近,可以作其古文,那麼"躡"字讀音也與"摘"相近。《直音篇》中"𣥔"字音"摘"當可信。從詞義上説,"𣥔"訓"謹行","躡"字可訓行,③兩者意義相因。可見從形、音、義等角度來看,把"𣥔"釋成"躡"的俗字都是可信的。

玄應《一切經音義》中"涎"字有異體作"沮",于省吾認爲"涎"是邪母字,"沮"爲定母字,古邪母歸定,所以"沮"、"涎"音近。④ 從他把"沮"歸在定母可以看出于省吾認爲"沮"從但得聲(但是定母字)。"但"、"涎"讀音雖相近,但是兩者並無相通之證,于説可疑。綜合"涎"字多種異體來看,筆者認爲"沮"是"汜"的訛字。

"次"字古文作:

𣶒四2·5説

從水、㳄聲,可隸定作"汜"(或㳄)。《説文》以"㳄"爲"次"的或體,此處以之爲古文。"次"是"涎"的表意初文,是"涎"與"汜"可通。其實,"沮"形右部的"但"應是"㳄"的訛

---

① 楊寶忠:《疑難字考釋與研究》,第410頁。
② 秦公輯:《碑別字新編》,第231頁。
③ 宗福邦、陳世鐃、蕭海波主編:《故訓匯纂》,第2237頁。
④ 于省吾:《于省吾著作集·甲骨文字釋林》,第405頁。

體。蔡侯鐘(《集成》210.2)銘文用爲"愆"的字从侃聲作▨(僴),去掉"心"旁後與"但"相似。"愆"的古文"訑"作:

僖 四2·6籀　僖 四2·6崔

去掉下部的"言"旁,上部亦與"但"旁相似,存在訛誤可能。字書中更有直接證據,《集韻·德韻》:"次,或作㳄,涎。"《玉篇·水部》:"涎,口液也。㳄,同上。"《集韻》、《玉篇》都以"㳄"爲"涎"的異體,可見《一切經音義》中"㳆"是"㳄"的訛體。

古文也可促進與俗字有關的文獻研究。如《淳于儉暨妻子孟氏墓誌銘》中有"瓚"字。張涌泉曾予以考證:

> 北魏《淳于儉暨妻孟氏墓誌》:"瓚根與九泉爭遠,蘭條共四方競振。"吳士鑑《九鐘精舍金石跋甲編》云:"瓚字唐以前字書所無,蓋任意加以偏旁。"按,"寶"《說文》作"寳",本已有"玉"("玉"字古本無點)在其中,但由於這表義的偏旁是在字的中間,於義不顯,俗書因增一"玉"旁作"瓚",使表義偏旁突出出來(原注:《龍龕手鏡·玉部》别有瓚字,田、佃二音,當别是一字)。①

可見張涌泉認爲該形是"寶"字的增旁俗字。除此之外,"瓚"字亦見於《古文四聲韻》中"瓊"字下:

瓚 四2·21崔

該形與上引墓誌文字完全相同,爲隸定古文。徐在國在討論該形時引用上面張涌泉的意見,認爲該形"乃是寶字繁體,非瓊字古文"(《疏證》20頁)。

關於"瓚"的考釋,筆者與上述意見不同。墓誌銘文原辭例爲"瓚根與九泉爭遠,蘭條共四方競振",若以"瓚"爲"寶"字,"寶根"意義難通,不詞。檢"寶根"一詞,僅在佛經文獻中出現幾次,用法與此銘文不同。其他典籍中此語再未出現。此文上下兩句顯是對偶關係,與"瓚根"相對的詞下句爲"蘭條",若釋"瓚"爲"寶",與"蘭"字不能構成對應關係。

筆者認爲此字應依據《古文四聲韻》釋爲"瓊","瓊"古多訓美玉,也可指美玉製成的物品,又往往可以引申出嘉美義,且古有"瓊根"一詞。張衡《七辯》:"然後擢雲舫,觀中流,搴芙蓉,集芳洲,縱文身,搏潛鱗,探水玉,拔瓊根。""瓊根"與"水玉"等詞相對。較晚的文獻中也有保留,如蘇軾《菜羹賦》:"汲幽泉以揉濯,搏露葉與瓊根。""瓊根"也

---

① 張涌泉:《漢語俗字研究(增訂本)》,第48頁。

見於其他墓誌銘文中,如北朝《崔氏墓誌銘》:"瓊根玉干,鳳羽龍鱗。"①"瓊根"指像美玉一樣的根,屬於誇張的修飾寫法。同樣用法的"瓊"也可用來修飾"枝"、"芳"等詞,如《楚辭·離騷》:"折瓊枝以繼佩。"又《九歌·東皇太一》:"盍將把兮瓊芳。"王逸注:"瓊,玉枝也。"

《淳于儉暨妻子孟氏墓誌銘》中"瓊根"與"蘭條"相對爲文,對仗工整嚴謹,可見把"瓗"釋成"瓊"從文義上看極其允當。

既然"瓗"不是"寶"字異體,該形左面的"玉"旁就不能看成累增意符,應當重新分析。"瓊"在典籍中多訓爲美玉,②"瓗"字應是以"寶玉"兩字組合會義,突出"瓊"的珍美、貴重之義。後世俗字中常有此類造字方法,這也是俗字產生的途徑之一,張涌泉曾有討論,如其所舉例子,"聖"字異體作"壐",以"明王"二字會意;③"公"字作"叠",以"天道"二字會意;"窮"字異體作"軀",以"身貧"二字會意。④ 所以"瓊"字以"寶玉"二字組合不足爲奇。

第四節　研究古文應充分注意古文的時代差異性

上文從時代上討論了古文的來源。可見古文的主體爲六國文字,但仍有部分源於漢代文字,且《汗簡》、《古文四聲韻》等書更是包含一定量的後世俗字。所以研究古文時,不可一味地將古文與六國文字相比,應該充分注意古文的時代特徵。

一、應分辨後世俗字與古文字

多數古文形體是六國文字,但屢經傳抄,又竄入一些後世俗字,所以不能把所有的古文都看成六國文字。如古璽印文字有如下形體:

　　𦥑《璽彙》3488

《璽彙》以不識字闕疑處理,何琳儀指出"臧"字古文作:

　　𦥑 汗1·4衛　　𦥑 四2·18衛

---

① 山東省文物考古研究所:《臨淄北朝崔氏墓》,《考古學報》1984年第2期,第235頁圖十六。
② 宗福邦、陳世鐃、蕭海波主編:《故訓匯纂》,第1464頁。
③ 張涌泉:《漢語俗字研究(增訂本)》,第114頁。
④ 張涌泉:《漢語俗字研究(增訂本)》,第116頁。

第七章 古文的時代問題　335

並將上錄古文形體與璽印文字相比附,釋印文爲"臧"。①《注釋》(75頁):

　　此形似前[圖]字(桃按:此爲"壯"字古文),多上下各一畫,孫叔敖碑"莊"作[圖]、郭究碑作[圖]、嚴訢碑作[圖],"莊"、"臧"同屬古韻陽部,此蓋假"壯"(莊)爲"臧"。古璽作[圖](《璽彙》3488),或釋臧。

"士"字古文作[圖],爲"士"字一種俗體,可見[圖]形中間所從爲"士"字俗寫,而上錄璽印文字去掉"疒"旁後的形體,顯然不是"士"旁,古文與印文不具可比性。《注釋》引漢代文字寫法,把[圖]釋作"壯"(莊)是正確的,又引璽印文字爲説,却不可從。李家浩認爲印文所從的"[圖]",與包山簡中"達"字[圖]所從的"[圖]"相同。② 總之,印文肯定不應釋成"臧"字,將印文與"臧"字古文對照,是拿後期俗體與戰國文字相比,没有注意到古文的時代特徵。

"害"字古文可分爲兩類作:

　　[圖] 四4·12 害
　　[圖][圖] 四4·12 害

第一類古文象帶有蓋的器皿,"害"字金文作:

　　[圖]員伯盨　[圖]師克盨　[圖]毛公鼎(《金文編》531頁)

古文與之相比應是簡體。璽印文字有形體作[圖](《璽彙》3809),李家浩據上錄古文[圖]形,把璽印文字隸定成"瘩",疑讀爲"瘍"。③ 如果該説可信,是古文[圖]與戰國文字相合。至於第二類形體,左部從女,右部怪異。《新證》(105頁)謂:

　　聲符與戰國文字害字[圖](《孔子詩論》10)、[圖](《五行》35)類形體上半相近。《玉篇·女部》:"嬅,與妎同。"《説文》:"妎,妒也。从女,介聲。"《訂正六書通》(270頁)害字下正有"妎"字古文[圖](古老子),介(月見)與害(月匣)音近,如金文

---

① 何琳儀:《戰國文字與傳抄古文》,《古文字研究》第十五輯,第123、132頁注99。又何琳儀:《戰國文字通論(訂補)》,第73、82頁注27。
② 湖北省文物考古研究所、北京大學中文系編:《九店楚簡釋文與考釋》,《九店楚簡》,第87頁。
③ 李家浩:《燕國"洀谷山金鼎瑞"補釋》,《著名中年語言學家自選集·李家浩卷》,第151頁。

[图]弔多父盤"受害福",孫詒讓讀"害"爲"介"。此處蓋借"妎"字或體"嬒"爲"害"。《新證》認爲[图]右部是"害"旁,古文是借"嬒"爲"害"。按,從古文字中"害"旁到傳抄古文中的[图]缺乏可靠的演變環節,不能據此認爲古文右部是"害"的省體。其實[图]就是"妎"字,所從的"介"旁稍訛。"介"旁在後世文字中變異較大,如"扴"字有俗體作"抶",①"抶"形右部即從介旁訛來,又"芥"字在《古文四聲韻》中作:

[图]四4·16義

下部所從的"介"旁,也發生訛變。相比之下,可以發現[图]所從的"介"旁與"抶"右部相近,把[图]釋成"妎"更爲合適。而且[图]形出自《古老子》,上引《新證》中已經提到《訂正六書通》中[图]形也出自《古老子》,[图]與[图]實爲同一個字,前者形體發生訛變,出現較晚,不應將它與"害"字的戰國文字寫法聯繫到一起。

這裏順便指出,孫詒讓讀[图]弔多父盤銘"受害福"之"害"爲"介"恐不確。"害"與月部字雖關係密切,但從古文字中用法來看,"害"爲魚部字,而且常可以與"古"聲系字相通(參本章第一節)。蘇建洲認爲銘文中"害"應讀爲"祜",金文中"祜"、"福"二字義近連用,②此觀點較舊説更爲可信。

又《古文四聲韻》"在"字下收古文形體可分爲兩類作:

q. [图]四3·13孝　[图]四3·13老

r. [图]四3·13籀

q類形體情況比較簡單,其爲"才"字,"在"本從才聲,古文字中"在"多借"才"字爲之,古文此處亦同。r類情況比較複雜,需要解釋。

《集成》(1801)著録一件楚鼎銘文,其中有形體作[图],已經見到多位學者把[图]形與上録"在"字古文[图]聯繫到一起,釋銘文爲"在"。從表面上看,兩者形體相近,此意見並無不妥,但若仔細推敲就會發現這種看法是站不住腳的。古文字中的"在"從才得聲,而"才"無論是單獨成字還是作爲偏旁,没有寫作與[图]形上部相同者,同樣道理[图]形上部也不從才,這只要查閱一下字編中"才"旁寫法便可明瞭。所以把

---

① 張涌泉:《漢語俗字叢考》,第262頁。
② 蘇建洲:《金文考釋二篇》,《中國文字研究》第十三輯,2010年,第49—50頁。

釋成"在"是不正確的。

李零、劉雨討論鼎銘時曾指出：

> "圣"字，各書所無，惟《古文四聲韻》卷三收為"在"字。我們分析夏氏並非別有所見，他所謂"在"字的這個字，應即《說文》"圣"字。"圣"字在《說文》中的解釋是"汝潁之間謂致力於地曰圣，从土从又，讀若兔窟"，是個方言字。《說文》所收"怪"字从之。"怪"，後世俗體作"恠"，夏氏取半邊為讀，遂以為"圣"與"在"可以相等。"圣"與"圣"字形相近，但不一定是一個字。①

此說值得注意，惜後來信從者不多，筆者覺得將古文 圣 與"圣"字聯繫到一起是可信的，古文應是"圣"字誤收，誤收的原因除了該文所提出的取"恠"（怪）字半邊為讀之外，還有其他可能。

後世字書中有"圣"字。《龍龕手鏡·土部》："圣、圣，哭没反，汝南人云致力於地中曰圣。"又《康熙字典·土部》："圣，亦作圣。"可見"圣"是"圣"的俗體。② 再看"在"字，《說文》："在，存也。从土、才聲。"古文字中的"在"字从才、从土雙聲，不从土，《說文》對"在"的分析並不正確。"在"字在戰國、秦漢文字以及傳抄古文中分別作：

戰國文字：![字] 中山王方壺《集成》9735　　![字] 公孫班鎛《集成》140

　　　　　　![字]《璽彙》1856

秦漢文字：![字] 新嘉量二　　![字] 春秋事語50　　![字] 趙寬碑

傳抄古文：![字]《集篆古文韻海》3·15

對比"圣"字異體"圣"與"在"字上錄寫法，兩者基本相同，此處頗疑夏竦以為"圣"是"在"字古寫，而"圣"又是"圣"字異體，所以又把"圣"字連帶收入，誤以為"在"字古文。《集篆古文韻海》"在"字下收古文作：

![字] 4·22

該形與正常从才的"在"字不同，檢《六書通摭遺》"在"下收古文作 ![字]。前文已論，古文具有系統性，不同書籍所收形體有承襲關係。相互聯繫不難看出，![字] 與《集篆古文韻

---

① 李零、劉雨：《楚郊陵君三器》，《文物》1980年第8期，第34頁注8。
② 關於"圣"是"圣"的異體，張涌泉說："圣字从土从又，又字篆文作 ![字]，楷定作又，亦作ナ（右、友、有、灰等字从之），故圣字又寫作圣。"按，張說可从，"圣"是"圣"字的另一種隸定方式。看張涌泉：《漢語俗字研究（增訂本）》，第112頁。

海》中 ▨ 形方向相反,兩者實爲一字異體。① 從形體上看,當爲"圣"字篆文。是其他材料中有以"圣"爲"在"字古文的實例,這是把 ▨ 形釋成"圣"的有力證據。

如果以上推測不誤, ▨ 形本是"圣"字,只是涉"左"而誤收在"在"下。那麽,把銘文中 ▨ 形與 ▨ 聯繫起來,認爲它們爲"在"字恐不可信,這是由於没有注意傳抄古文的時代性所致。

二、同是古文字應分清時代早晚

古文中含有部分甲骨文,但主體仍是戰國文字。由於時代差異,戰國文字與甲骨文存在很多同形關係,在利用古文考釋甲骨文時也應該注意形體的時代性。

甲骨文中有形體作:

▨《合集》18006　▨《合集》17173　▨《合集》22027

羅振玉曾利用古文考釋以上形體:

《說文》:"野,郊外也。从里、予聲。▨,古文野从里省、从林。"則許書古文亦當作"埜",不从予聲。許於古文下並不言从予聲也。今从予聲,蓋後人轉寫之失。許書字本不誤,而爲後人寫失者多矣。《玉篇》"埜"(林部)、"壄"(土部)並注古文野。殆"埜"爲顧氏原文所見許書尚不誤。②

羅氏論證了《説文》中"野"字古文原應作"埜",並將上録甲骨文中形體釋爲"野",學者多從之,只是在字形分析上略有差異,如王襄、李孝定分析成从林、从土,陳晋分析成从林、土聲。③

羅氏認爲《說文》"野"字古文本作"埜",這是可信的,如"野"字在《汗簡》、《古文四聲韻》中作:

▨ 汗 3·30 尚　▨ 四 3·22 尚

且類似形體在六國文字中也有出現,可證羅氏之説。但是他把上録甲骨文與古文系統中的"埜"聯繫到一起,却未必可信。周忠兵曾對羅氏的釋讀提出異議,他指出甲骨

---

① 後者所从"土"旁上部訛脱。
② 參于省吾主編:《甲骨文字詁林》,第 1384 頁。
③ 參于省吾主編:《甲骨文字詁林》,第 1384—1385 頁。

文中的"土"字作⟨图⟩、⟨图⟩，"士"字作⟨图⟩、⟨图⟩（與"王"字同形），都與⟨图⟩所從的⟨图⟩不同，進而認爲⟨图⟩應是"牡"字象形初文，甲骨文中表示公牛公羊的"牡"、"牡"都從⟨图⟩。而且金文中的"戀"字有兩類寫法，一種從矛得聲作⟨图⟩（小臣謎簋器銘《集成》4239.1），另一種作從⟨图⟩作⟨图⟩（小臣謎簋蓋銘《集成》4239.2），張亞初認爲⟨图⟩這種寫法的"戀"字從"牡"得聲，①周忠兵贊同此說，並認爲此可證明⟨图⟩是"牡"字初文，甲骨文中的⟨图⟩均從"牡"字，並不是"野"字。② 因爲同時代的"土"、"士"寫法都與⟨图⟩不同，且有"戀"字異體作爲佐證，所以周忠兵對⟨图⟩的分析更爲可信。

　　郭店簡《老子甲》34號簡："未知牝牡之合⟨图⟩怒，精之至也。"其中與⟨图⟩相對應的字，帛書乙本作"朘"、王弼本作"全"，其他傳世本多作"峻"。郭店簡整理者據《古文四聲韻》引《古老子》"然"字作⟨图⟩、⟨图⟩，《說文》"肰"字古文作⟨图⟩，認爲⟨图⟩與這些形體相近，只是省去"月"旁，應釋爲"然"。③ 裘按已經指出釋"然"說不可信，此字應與"朘"字相當。④ 裘說可信，上録"然"字古文作⟨图⟩形者，上部爲"虍"旁訛變，與⟨图⟩形來源不同。整理者不明"然"字古文來源，便將簡文與之比附，不可信。關於⟨图⟩的釋讀，學界觀點衆多，此處不細討論，僅列幾家具有代表性的意見，或把該字看成合體字，認爲上部從士，下部從勿、⑤或從尋省聲。⑥ 也有的學者把⟨图⟩看作獨體字，李零認爲是"豸"字，借爲"朘"，後又疑該字表示公豬的生殖器。⑦ 郭永秉認爲該形爲"鳶"字變體，可讀爲"朘"。⑧ 以上說法或於形體難通或於音理不合，似不可信。廖名春的觀點值得注意，他認爲⟨图⟩形上部從⟨图⟩，象牡器之形，下部從易，讀爲"陽"。⑨ 其把簡文讀爲"陽"不可信，但認爲上部象牡器之形很有啓發性，⟨图⟩上部與上文所討論甲骨、金文中的⟨图⟩應是

---

① 張亞初：《古文字分類考釋論稿》，《古文字研究》第十七輯，中華書局，1989年，第256—257頁。
② 周忠兵：《甲骨文中幾個從⟨图⟩（牡）字的考辨》，《中國文字研究》第七輯，廣西教育出版社，2006年，第139—140頁。
③ 荆門市博物館：《郭店楚墓竹簡》，第116頁注71。
④ 荆門市博物館：《郭店楚墓竹簡》，第116頁注71引裘按。
⑤ 黃德寬、徐在國：《郭店楚簡文字考釋》，《吉林大學古籍整理研究所建所十五周年紀念文集》，第100頁。
⑥ 范常喜：《〈郭店楚墓竹簡〉中兩個省聲字小考》，簡帛網，http://www.bsm.org.cn/show_article.php?id=390，2006年8月1日。
⑦ 李零：《郭店楚簡校讀記（增訂本）》，第14頁。
⑧ 郭永秉：《由〈凡物流形〉"鳶"字寫法推測郭店〈老子〉甲組與"朘"相當之字應爲"鳶"字變體》，復旦大學出土文獻與古文字研究中心網站，http://www.gwz.fudan.edu.cn/SrcShow.asp?Src_ID=583，2008年12月31日。
⑨ 廖名春：《郭店楚簡老子校釋》，清華大學出版社，2003年，第330頁。

同一個字,在字形中作意符,⊥本爲"牡"字初文,[图]、"朘"在簡文中表示男孩的生殖器,兩者意義相關。至於該形下部應是聲符,究竟爲何字仍需進一步研究。

可見"牡"字初文⊥,在甲骨文、金文、戰國文字均有出現,具有獨立的演變體系,不能因其與後世的"土"相近,就將兩者混淆。[图]所从應是"牡",誠然"野"字古文作"埜",見於戰國文字,來源可信,但它與甲骨文中的[图]並不是同一個字,羅振玉將兩者相比,忽略了古文的時代特徵。

第八章

古文國別問題研究

　　王國維於民國初年把戰國文字分爲東土六國文字和西土秦國文字兩大部分，①是最早使用分域意識研究戰國文字的學者。後來唐蘭又把春秋戰國的秦國文字和秦代小篆合稱爲秦系文字，把戰國時代的東方各國的文字稱爲六國文字。②1959年李學勤發表《戰國題銘概述》一文，③對於戰國文字研究具有開創意義。該文根據地域書寫特徵將戰國題銘分爲齊國題銘、燕國題銘、三晋題銘、兩周題銘、楚國題銘、秦國題銘六部分。這一劃分更爲細緻，現今學界對戰國文字國别的認識大體上仍依照這一劃分。近半個世紀，戰國文字資料大量出土，學者逐漸認識到不同地域的文字特徵存在差異，用分域的方法研究戰國文字不但是切實可行的，而且是行之有效的。同一形體在不同的地區可代表不同的字，例如，《說文》："箸，飯攲也。從竹、者聲。"在楚國文字中，"箸"字多用爲"書"或與"書"義近的詞，至今還未見用爲"飯攲"之例，所以楚國文字中的"箸"與秦文字中的"箸"只是同形字。如果把秦、楚兩地的"箸"當成同一個字，就没有注意到文字的國别差異。

　　古文的主體是戰國文字，同樣也具有地域性特點。較早意識到古文地域性特徵的是王國維，1916年王國維先後完成《史籀篇疏證》、《漢代古文考》兩篇力作，④不但把戰國文字分爲東土六國文字和西土秦國文字兩大部分，並且提出戰國時秦用籀文六國用古文的説法。1926年王氏又在《桐鄉徐氏印譜序》中舉例論證了這一觀點，並認爲古文來源於孔壁竹書，孔壁竹書出於孔子宅，屬於齊魯文字。⑤ 王國維所處的時代，

---

① 王國維：《戰國時秦用籀文六國用古文説》，《觀堂集林》，第305、306頁。1916年11月王國維撰《漢代古文考》，刊於《學術叢編》第八、九、十三册中，《漢代古文考》後來又經改定分篇，此文是其中之一。
② 唐蘭：《古文字學導論》，第33、315頁。
③ 李學勤：《戰國題銘概述》，本文分上中下連載於《文物》1959年7、8、9期。
④ 王國維：《〈史籀篇〉疏證序》，《王國維遺書》第六册，第3頁。
⑤ 王國維：《桐鄉徐氏印譜序》，《觀堂集林》，第298—304頁。

戰國文字研究尚未起步，王氏從文字寫法、文獻源流論證古文屬於齊魯系文字，堪稱卓識。後來戰國文字資料大量出現，如郭店楚墓出土大量有字竹簡，因爲很多簡文能與傳抄古文形體相合，所以學者對古文的國別提出異説。李學勤認爲孔壁竹書是魯國被楚國占領後楚人所寫，把古文看成是楚文字。① 何琳儀在 1989 年的《戰國文字通論》中談到《説文》古文國別問題時，直接認爲孔壁竹書屬"齊魯系竹簡"。② 但 2003 年的《戰國文字通論（訂補）》中同一段話裏又在"齊魯系竹簡"後面括注"或以爲屬楚系竹簡"。③ 可見態度已有微妙變化。目前大部分學者還是相信古文屬於齊魯系文字，如楊澤生在看到上引李學勤文章後，撰文力主古文屬於齊魯系文字的説法。④ 馮勝君將《説文》及石經古文與戰國各系文字相比較，最後總結出兩者具有更多的齊系文字因素。⑤ 周波在《戰國時代各系文字間的用字差異現象研究》中，把大部分古文都直接歸在齊系文字中。⑥

以上討論主要集中在《説文》、三體石經古文，關於《汗簡》、《古文四聲韻》古文的國別性質還没有專門研究，學者提及此問題時，多一筆帶過，認爲它們與《説文》、石經古文性質相同。

上一章討論古文時代問題時，曾提及成書時間不同的古文書籍，所收古文特點也有很大差異。《説文》、三體石經古文體現的特點相近，而《汗簡》、《古文四聲韻》中古文更趨於一致，《汗簡》、《古文四聲韻》中古文一方面承襲了《説文》、三體石經，另一方面又具有自己的特點，在研究相關問題時應該加以區分，討論古文國別問題時也應如此。

第一節 《汗簡》、《古文四聲韻》古文的國別判斷

上文第七章第二、三兩節已經論述，《汗簡》、《古文四聲韻》所收古文中，有很多漢代文字和後世俗體，這些形體並不是戰國文字，嚴格來説它們屬於"僞古文"，在判斷古文國別時，應把這些形體排除在外。後文所談的古文國別，主要是指來自戰國文字的"真古文"。

---

① 李學勤：《郭店楚簡與儒家經籍》，《中國哲學》第二十輯，1999 年。
② 何琳儀：《戰國文字通論》，中華書局，1989 年，第 45 頁。
③ 何琳儀：《戰國文字通論（訂補）》，第 45 頁。
④ 楊澤生：《孔壁竹書的文字國別》，《中國典籍與文化》2004 年第 1 期。
⑤ 馮勝君：《郭店簡與上博簡對比研究》。
⑥ 周波：《戰國時代各系文字間的用字差異現象研究》。

判斷古文的國別性質應該依靠文字形體自身。王國維認爲古文屬於齊魯系文字，主要的依據是古文出自孔壁竹書(孔子宅地屬魯國)，即使這樣，王氏還是將璽印、封泥文字與古文進行了比對。但當時戰國文字資料較少，王氏的比對片面性很大，現在戰國文字資料已經相當豐富，具備了利用文字形體比對來研究古文國別的前提條件。

研究《汗簡》、《古文四聲韻》古文的國別，應該根據二書所收古文形體進行判斷。古文形體具有兩方面特徵：形體風格和形體構成。

古文形體具有獨特風格，如書寫筆畫頭粗尾細，圓潤的筆畫多，方折的筆畫少(隸定古文除外)等。這種書寫風格能否作爲判斷國別性質的主要依據呢？在此之前先看出土文獻中的類似現象。戰國竹簡文字同樣具有書法風格特徵，如周鳳五曾對郭店簡進行分類，其中分類依據之一就是"書法體勢"。[①] 對此馮勝君指出"由於書手的不同，其'書法體勢'呈現出非常豐富多樣的面貌，很難從中歸納出具有規律性的現象"。即使上博簡中《緇衣》和《彭祖》兩篇簡文由同一書手書寫，仍存在"其形體結構和用字特點迥然有別的現象"，"這説明如果過分依靠'書法體勢'來判斷簡文的地域和國別特徵，有時是非常危險的"。[②] 其説甚是，可見地下出土戰國人書寫的"一手材料"尚不適合用"書法體勢"來進行文字的國別判斷，那麼屢經後人轉寫的傳抄古文更不適合使用形體風格作爲主要的判斷依據。古文書寫風格雖趨於一致，但這是由於流傳過程中人們集中整理摹寫所致，古文的原始書法風格與現在應有很大差別。

古文形體屢經傳抄，形體風格會發生變化。相對於形體風格而言，形體的構成則更具有穩定性，因爲風格的變化，不會對形體的構成產生太大的影響。如戰國時期各系文字中"犬"旁寫法有很大差異，可以據其寫法判斷形體的國別。而古文體系中"犬"旁多數都寫作 形，是經過後人整理所致，寫法已不具備國別特徵。形體構成則不同，如從犬的"逐"、"然"二字古文分別作：

逐： 汗4·55 義

然： 汗4·55 華　　 四2·4 雲

從辵、犬、肉等旁的形體風格看不出古文的國別，而從形體構成看，"逐"字古文從犬從

[①] 周鳳五對"體勢"的定義是："體"指體類，即一般所説的篆書、隸書、楷書、行書、草書等書體的分類；"勢"指用筆形成的書法風格，即用力的輕重、速度的快慢所造成的筆畫的長短、方圓、肥瘦等。詳參周鳳五：《楚簡文字的書法史意義》，《古文字與商周文明——"中央研究院"第三屆國際漢學會議論文集文字學組》，中研院歷史語言研究所，2002年，第195—221頁。

[②] 馮勝君：《郭店簡與上博簡對比研究》，第257—258頁。

辵,同樣形體在齊系、楚系文字中曾有出現;"然"字古文从犬、从肉,爲"肰"字,見於楚系文字中,也用爲"然"。再以隸定古文爲例,如按照形體風格進行劃分,《古文四聲韻》一書中的隸定古文恐怕均要晚到魏晉以後才能出現,不屬於戰國文字。若從形體結構和用字習慣來看,很多隸定古文的源頭是戰國文字,只不過是用楷書的筆法書寫而已。如"漁"字有古文作❏(四1·22古),从攴从魚,爲隸定形體,《容成氏》3號簡中有形體作❏,从攴从魚,其在簡文中亦用爲"漁",與古文構形、用法均相同,可見此古文有所本。以上諸例説明,對於古文國别的判斷,形體構成起着决定性作用。所以此處研究《汗簡》、《古文四聲韻》古文的國别性質時,本書使用形體結構作爲判斷依據。

爲了説明《汗簡》、《古文四聲韻》古文與戰國文字的對應情況,筆者製作了"《汗簡》、《古文四聲韻》與古文字對照表"(附表一)。對照表中所録古文以形體構成爲標準,不考慮書寫風格,只要古文形體與古文字相合,即便是隸定古文,亦予以收録。古文形體分爲典型古文和非典型古文,典型古文是指與《説文》篆文不同,具有六國文字特點的形體,相反則屬於非典型古文。例如,"一"字古文作❏(四5·7老),寫法與《説文》小篆不同,與六國文字相合,説明古文是承襲六國文字而來,此處稱之爲典型古文。"一"字古文又作一(四5·7孝),該形雖見於六國文字,但與《説文》小篆相同,有可能是從《説文》等漢代文字發展而來,所以這類古文不具有典型性,此處稱之爲非典型古文。

表格中戰國文字按地域劃分,其中依次分爲齊、楚、燕、三晉、①秦五欄,某系文字與古文形體相合,即予以收録。最後按照每一系文字與古文相合的數量來衡量古文與某一系文字的相關程度,進而判斷古文的國别特徵。

一、《汗簡》、《古文四聲韻》古文與各系文字相合程度統計結果

附表中傳抄古文與古文字相合者共 940 例,其中齊系文字與古文相合者共 460 例,占 48.9%;楚系文字與古文相合者 678 例,占 72.1%;燕文字與古文相合者 166 例,占 17.7%;三晉文字與古文相合者 469 例,占 49.9%;秦系文字與古文相合者 282 例,占 30%。

附表收録的典型古文共 647 例,齊系文字與典型古文相合者 278 例,占 43%;楚系文字與典型古文相合者 442 例,占 68.3%;燕國文字與典型古文相合者 77 例,占

---

① 表格將中山文字歸入三晉文字中,但應注意,中山文字具有自己獨立的特點,本宜單獨放置一欄,但考慮到表格的大小以及三晉與中山的密切關係,此處暫按通行意見收在三晉文字中。

11.9%；三晉文字與典型古文相合者 250 例，占 38.6%；秦系文字與典型古文相合者 82 例，占 12.7%。

需要注意的是，以上的統計没有考慮到戰國時期各系文字單字總量的差異性。就目前的戰國文字資料來説，楚國因爲有大批有字竹簡發現，所以無論單字數量還是字數總量，都是最多的，那麽楚系文字與古文相合的數量高於其他系當在情理之中，這不能充分説明楚系文字與古文關係較其他系别更緊密。所以進行比較的前提是各系文字總量相同，這顯然與現實情况不符，難以實現。這裏試着通過另一種統計方式來儘量解决這一矛盾。以某一系中與典型古文相合的字數除以該系相合總數便是該系文字的典型古文相合程度。由於比較雙方都屬同一系别，所以不難看出，典型古文相合程度可更好地説明古文與某系文字的關係。相合程度用公式可表示爲：

$$典型古文相合程度 = \frac{典型古文相合數}{該系相合總數} \times 100\%$$

如齊系文字與古文相合者共 460 例，其中典型古文 278 例，那麽齊系文字中典型古文的相合程度是以 278 比上 460，爲 60.4%；以同樣方式處理，楚系文字中典型古文的相合程度爲 442 比上 680，爲 65%；燕系文字中典型古文的相合程度爲 77 比上 166，爲 46.4%；三晉文字中典型古文的相合程度爲 250 比上 469，爲 53.3%；秦系文字中典型古文的相合程度 82 比上 282，爲 29%。

下面依據數值將各種比較結果按照從高到低排列：

相合總數：楚(72.1%)＞三晉(49.9%)＞齊(48.9%)＞秦(30%)＞燕(17.7%)
典型古文：楚(68.3%)＞齊(43%)＞三晉(38.6%)＞秦(12.7%)＞燕(11.9%)
典型古文相合程度：楚(65%)＞齊(60.4%)＞三晉(53.3%)＞燕(46.4%)＞秦(29%)

前兩項數值在一定程度上雖具有參考價值，但真正能説明問題的顯然還是第三類——典型古文相合程度。這一方面是由於該類使用的是典型古文，其形體自身的典型特徵更具説服力；另一方面，用來比較的對象都屬於同一系别，可在一定程度上减少不同系别單字總量差異所產生的影響。①

從該類統計結果看，秦系文字的典型古文相合程度低於其他六國文字，可見古文與六國文字爲"一家之屬"的觀點是非常正確的。在六國文字中，燕系文字數值最低。三晉文字的相合程度不如齊、楚兩系，其典型古文相合的數值却也能達到五成以上，相合程度是很高的。探究其中原因，也許與汲冢竹書有關。晉代汲冢竹書出土，竹書

---

① 前文已論，戰國時期不同國别文字的單字總量差異很大，如楚系文字單字總量最多，燕系文字單字總量最少，這一差異會極大地影響前兩類數值，而對第三類的影響會少很多，但仍無法排除。

是用三晉文字書寫，其中應有一些文字保存下來，被後來的《汗簡》、《古文四聲韻》收錄。所以《汗簡》、《古文四聲韻》中三晉文字的數量會更高一些。

與《汗簡》、《古文四聲韻》中典型古文相合程度最高的是楚、齊兩系文字，且楚系的數值略高於齊系。同時也應注意到，"附表一"選用傳抄古文的標準是其能否與古文字相同或相近，這一標準會導致古文與單字總量多的某系文字相合數量更高，所以對比數值更有利於單字數量更多的那系文字。儘管"典型古文的相合程度"可在一定程度上減少這種影響，但仍不能完全排除。目前楚系文字單字總數最多，所以相應數值會更有利於楚系文字。如果排除這種影響，現實中楚、齊兩系文字與《汗簡》、《古文四聲韻》二書中典型古文相合程度應該很接近。

學界多認爲《說文》、三體石經古文屬於齊系文字，經上文統計，《汗簡》、《古文四聲韻》中古文與齊、楚兩系文字相合程度最高，由此可以對傳抄古文的國別性質進行初步判斷：傳抄古文屬於戰國時期東方六國文字，其中齊魯文字應是主體，但也受到其他國家文字影響，尤其是楚系文字，《汗簡》、《古文四聲韻》二書中所收古文體現出大量的楚系文字特徵。

二、古文與楚系文字關係

從"附表一"的統計結果看，《汗簡》、《古文四聲韻》二書中所收古文與楚系文字相合者很多，不但如此，古文中很多形體的寫法也與楚系文字相合，而與其他系別文字不同。這裏試舉幾例，如戰國文字中的"智"字作：

齊： 莒叔之仲子平鐘《集成》177

燕： 璽彙 3497

三晉： 魚顛匕《集成》980　　中山王鼎《銘文選》880

　　　梁十九年亡智鼎《集成》2746　　璽彙 3315

秦： 睡·效律 35

楚： 包山 137　　金縢 12　　老子甲 6

　　　老子甲 27　　包山 137

　　　性情論 35

同時"智"字古文作:

[字形] 汗 2・25 天　　[字形] 四 4・4 天　　[字形] 四 4・4 崔

上博簡《緇衣》中"智"字作[字形]（19號），與古文寫法基本相同。上博簡《緇衣》在戰國時期的楚地發現，但該篇簡文除了楚文字外，還具有齊系文字特點，簡文[字形]究竟屬於哪一系的寫法還需討論。古文上部从矢（實爲人形之訛）、从于，與晉系第二類寫法和楚系第二類寫法相同，古文下部从皿，與楚系第三類寫法相同，可見簡文、古文都與楚文字關係密切。另外，從同類的演變情況也可得出相同的結論，張富海指出"智"字下部本从"口"或"甘"，後訛作"皿"形，類似的情況與"者"字相同，"者"字下部本从"口"或"甘"，郭店簡《尊德義》8號簡變成了[字形]，①其説甚是。又《老子甲》中"者"字作[字形]，下部與[字形]形下部近似。"者"字戰國文字常見，其下部訛成類似"皿"的寫法多發生在楚系文字中，可見上録古文反映了楚文字的特點。

"則"字古文或作:

[字形] 汗 4・52 義　　[字形] 四 5・28 孝　　[字形] 四 5・28 老　　[字形] 四 5・28 義

[字形] 四 5・28 雲

該形左部下面已類化成"火"形，右部的"刀"形訛成"勿"旁。戰國時期各系文字中"則"分別作:

齊：[字形] 洹子孟姜壺 9730

三晉：[字形] 侯馬 194：12　　[字形] 侯馬 156：19

秦：[字形] 石鼓文・吾水

　　[字形] 睡・語書 6

楚：[字形] 鄂君啓舟節 12113B　　[字形]《用曰》4

　　[字形]《孔子詩論》8　　[字形]《老子丙》6

以上齊、三晉、秦系第一類、楚系第一類中的"則"字从鼎、从刀（或刃），秦系第二類形體"鼎"旁訛成"貝"旁，這幾類形體都與古文不同，僅楚系文字第二類寫法與古文一

---
① 《研究》，第 73 頁。

致,"刀"旁類化成"勿"旁的現象在楚文字中最爲常見,另外,楚文字中還有一類"則"字作 ▦(《六德》25)、▦(《性自命出》27),與古文 ▦ 左部相近,可見古文寫法具有明顯的楚文字特徵。

"與"字古文作:

　　　　▦ 説　　▦ 四3·9説　　▦ 四3·9籀

戰國文字中齊、三晋、秦、楚幾系中都出現了"與"字:

　　齊:▦ 黏鎛271　　▦ 陶彙3.816　　▦ 辟大夫虎符12107

　　三晋:▦ 侯馬198:10　　▦ 司馬成公權10385

　　秦:▦ 睡答172　　▦ 睡·日乙122

　　楚:▦ 包山246　　▦ 競公盨1　　▦ 包山248
　　　　▦ 信陽1.3　　▦《競建内之》5　　▦《老子甲》20

以上幾系"與"字寫法,只有楚系第二類寫法與古文相同,其餘包括齊系在内,都與古文寫法存在差異。

"簋"字古文作:

　　　　▦ 説　　▦ 汗5·69尚　　▦ 四3·6尚

上録第一形中間从食、从几,後兩形从飤,清代學者已指出,應以从飤爲準,《説文》中从几屬於訛形。① 此説可信,則古文可隸定成"䣇"。楚系文字中有形體作:

　　　　▦《璽彙》5590　　▦ 包山154號

其中璽印文字,李家浩釋爲"廄",②同時認爲 ▦ 以及"簋"字古文"䣇"所從的"飤"都是"殹"旁之訛,③後來包山簡中的形體證明此説是正確的。從目前的資料看,齊系中的"殹"字作:

---

① 詳參《説文解字詁林》(4866—4867頁)引王筠《説文句讀》、《説文釋例》、朱孔彰《説文粹》中觀點。
② 李家浩觀點最初由朱德熙在《戰國文字中所見有關廄的資料》一文中引用,該文最初發表在《古文字學論集(初編)》,香港中文大學中國文化研究所、吳多泰中國語文研究中心,1983年,第409—423頁;後收入《朱德熙文集》第5卷,第157—165頁,本書據後者。
③ 詳參李家浩:《戰國官印考釋兩篇》,《于省吾教授百年誕辰紀念文集》,第166—169頁;又見氏著《著名中年語言學家自選集·李家浩卷》,第146頁。

[圖] 陳逆簠《集成》4096　　[圖] 滕侯蘇簠《集成》4428

[圖] 魯伯大父作季姬簠《集成》3974

右部都從攴，"毁"沒有訛成"飲"的例子。戰國文字中其他系文字也鮮見類似現象，所以從目前的資料看，古文"區"從飲應是受到了楚文字的影響。

"築"字古文作：

[圖] 說　[圖] 汗2·21 演　[圖] 四5·4 演　[圖] 四5·4 崔

前文已論，該形所從的"畐"旁是"言"旁之訛，則古文可隸定作"簹"。齊、秦兩系文字中"築"字分別作：

[圖] 子禾子釜 10374　　[圖] 睡·封診式 97

與上錄形體不同，上博二《容成氏》"築"字作[圖]（38 號簡），形體和用法均與古文一致。

"厚"字古文作：

[圖] 說　[圖] 汗4·49 尚\說　[圖][圖] 並四3·27 老　[圖] 四3·27 尚\說

與此相關的楚文字中的"厚"字或作：

[圖]《老子甲》4　[圖]《用曰》10

很多學者指出，以上古文應是從[圖]形變來，古文所從的"土"爲訛形。此說可信，齊系文字中的厚字作[圖]（魯伯厚父盤《集成》10086），與古文不近。目前作[圖]形的"厚"字只見於楚系文字中，古文可能承襲楚文字而來。

前文討論過"毁"字古文作[圖]（四1·34 又），可隸定成"攺"，楚文字中該形用作"毁"，而齊系文字中"毁"字作[圖]（上曾大子鼎《集成》2750），與此不類。類似的例子還有很多，由於《汗簡》、《古文四聲韻》中古文與古文字形體對照表"已經把相對應的形體列出，此處不贅述。

不僅形體寫法如此，從用字習慣上來看，古文與楚文字的關係也很密切，如"伯"字古文作：

[圖] 汗3·41 義

形體左側是"白"旁之訛,古文即"敀"字。古文字中多借"白"爲"伯",戰國齊系文字中如邾伯鼎(《集成》10007)、魯伯俞父鬲(《集成》690)銘文中的"伯"字均寫作"白",①其他系文字中也沒有借"敀"爲"伯"的現象。郭店簡《窮達以時》7號簡中"爲伯牧牛"中的"伯"字作䣱,是借"敀"爲"伯",與古文用法相合。

"謹"字古文作:

䜠 四3·15孝

該形从心、从堇,爲"懂"字。齊、燕、三晉、秦系文字中"謹"字均有出現:

齊: 謹 司馬楙編鎛《山東金文集成》104—108頁　謹 陶彙3.953

三晉: 謹《璽彙》0983　謹《璽彙》2667

燕: 謹《璽彙》1280　謹《璽彙》4112

秦: 謹 睡·秦律十八種68

尤其是齊系司馬楙編鎛中的形體辭例明確:"用克肇謹先王盟祀。"是齊系文字中表示"謹"這個詞時,就用"謹"字本身。楚文字中的"謹"多用"懂"字表示,郭店簡《緇衣》33號簡"民慎於言而懂於行。"又6號簡:"懂惡以澡民淫。"兩句中的"懂"字都讀爲"謹",與古文用法相合。

"道"字古文作:

衒 汗1·10尚　衒 四3·20尚　衒 四3·20老　衒 碧　衒 陰

形體从行从人,可隸定作"衒"。郭店簡中"道"字或作:

衒《老子甲》6　衒《老子甲》10　衒《六德》7　衒《性自命出》12

與上錄古文完全相同,是古文來源可信。石鼓文《霝雨》中也出現了該形體,分別與"湯"、"陽"、"方"協韻,所以學者將其釋爲"行"。另外甲骨文、《篆書陰陽五行》中也有"衒"字,李學勤認爲都應讀爲"行"。② 石鼓文屬於秦系文字,是"衒"在秦系文字中讀爲"行",在楚系文字用爲"道",上錄古文與楚文字用法相合。上錄古文第一、二形出自《古尚書》,第三形衒形出自《古老子》,郭店簡中《老子》也出現了同一形體,應不是

---

① 還有很多例子,詳參《齊文字編》,第217—218頁。
② 李學勤:《說郭店簡"道"字》,《簡帛研究》第三輯,廣西教育出版社,1998年,第41—42頁。

巧合。李學勤據此認爲《古尚書》就是孔壁發現的《古尚書》,是用楚文字書寫,《古老子》是北齊武平五年(574年)彭城人開項羽妾冢所得《老子》,項羽是楚人,所以妾墓中的《老子》也可能是用楚文字書寫的。① 項羽妾墓所出《老子》及"孔壁竹書"是否以楚文字書寫尚不易判斷,但從目前的材料看,"衍"與楚系文字關係最爲密切。

"法"字古文作:

㑴 說　㑴 汗1·8石　㑴 汗1·8　㑴 汗2·26　㑴 四5·29石

㑴 四5·29樊

可嚴格隸定成"㑴"。"法"在戰國文字中較爲常見,分別作:

齊: [字形] 叔夷鎛《集成》285.5

三晉: [字形]《璽彙》0500　[字形]《璽彙》2738　[字形]《璽彙》1301

秦: [字形] 秦印編195　[字形] 睡·語書2

楚: [字形] 郭·《緇衣》27　[字形] 天甲4　[字形] 包山18

各系文字中"法"字的常規寫法都與上錄古文"㑴"不類。上博簡《緇衣》中"法"字作[字形](14號),與上錄古文相似,古文應來自這種形體。該形在漢代文字中也有出現,如馬王堆帛書《篆書陰陽五行》(後改稱《式法》)裏有"㑴"字,②在帛書中讀成"廢",此件帛書中"廢"這個詞常見,多數都用"發"字來表示,僅此一例用"㑴",比較特别。整理者已經指出,《篆書陰陽五行》中的字體在篆隸之間,兼有大量的戰國時期楚文字特徵,周波據此認爲"㑴"這種形體在楚文字中應當也是被普遍認同的,③其說可信。從目前所見資料看,齊系文字中不見"㑴"字,而楚文字中有與"㑴"相關的資料,說明古文與楚文字關係密切。

以上所舉的例子是某個字在楚、齊兩系中都有出現,古文形體用法與楚系文字相合。還有一些字的古文與楚文字相合,但是齊文字中並未出現該字,如"禁"字古文作[字形](四2·26老),是借"坒"爲"禁",屬於特殊用法,但齊系文字中並未出現"禁"這個詞,無法判斷齊系用什麼字來表示"禁",類似的情況還有很多,此處不予詳論。另外,有

---

① 李學勤:《郭店楚簡與儒家經籍》,《中國哲學》第二十輯,第20—21頁。
② 馬王堆漢墓帛書整理小組:《馬王堆帛書〈式法〉釋文摘要》,《文物》2000年第7期。
③ 周波:《秦、西漢前期出土文字資料中的六國古文遺迹》,《出土文獻與古文字研究》第二輯,第258頁。

的古文雖然與齊系文字不同，與楚文字相合，但是除了楚系之外，還與其他系文字相合，如"御"字古文作㣫（四4·9王），該形从辵、从午，齊系文字中"御"字作㚒（《璽彙》3127），與古文不同。古文寫法見於楚系文字中㚒（《姑成家父》4），同時三晉文字中也有與古文相合者作㚒（《璽彙》2040），類似現象不易判斷古文是承襲三晉文字而來，還是承襲楚文字而來，所以這裏也不討論。如果把這些情況也算在内（至少部分應算在内），古文中的楚系文字因素就更多了。

齊系文字與古文相合比較容易理解，因爲漢代古文經多數出自齊魯地區，戰國時期這一地區正使用齊魯文字，所以兩者關係密切是合情合理的。至於楚系文字與古文相合程度爲何如此之高則需要討論。

其實在郭店簡發現以後，學者就看出很多古文能與郭店簡相合，所以認爲古文與楚系文字有關。如李學勤認爲孔壁竹書是魯國被楚國占領後楚人所寫：

> 所謂古《尚書》，即漢代前期孔壁發現的古文竹簡《尚書》，傳説是孔子後裔在秦代下令焚書時壁藏起來的。孔壁在曲阜，曲阜原爲魯都。魯國在公元前二五六年已被楚國吞併，因而魯國屢有戰國晚年的楚國文物出土。孔家壁藏的竹簡書籍，很可能是用楚文字書寫的，從孔壁流傳的古文和郭店簡類似是自然的。①

李學勤認爲古文經是用楚文字書寫的，抄寫年代在魯國被楚國吞併的公元前256年之後。楊澤生對以上觀點提出了異議，認爲軍事政治上的"吞併"與文化上的"吞併"並不同步，從公元前256年到秦始皇統一中國的公元前221年只有30多年，很難判定壁中書是在這段時間内書寫，且魯國的抄手在如此短暫的時間内就接受了楚國文字的書寫習慣也比較困難。至於郭店簡與古文相合，是由於郭店簡中很多篇章都是儒家典籍，儒家經典在齊魯地區最爲盛行，所以郭店簡中才會含有較多的齊魯系文字，且能與古文相合，並最後總結道："種種迹象表明，孔壁竹書爲戰國時代齊系魯國文字。這一點還會隨着郭店簡研究的不斷深入和新材料的不斷發現，進一步得到證明。"②楊氏的質疑有一定道理。稍後不久，李學勤又撰文討論這一問題：

> 李家浩先生曾指出，《説文》若干古文和齊系文字相同或相似（原注：楊澤生

---

① 李學勤：《郭店楚簡與儒家經籍》，《中國哲學》第二十輯，第20頁。
② 楊澤生：《戰國竹書研究》，中山大學博士學位論文（指導教師：曾憲通教授），2002年，此文經修改後由中山大學出版社於2009年出版；又關於古文國別問題，楊氏又有專文《孔壁竹書的文字國別》，刊於《中國典籍與文化》2004年第1期，本書引用時據後者。

《戰國竹書研究》,中山大學博士學位論文,2002年,第123頁)。可能壁中書有的是較早的屬齊魯文字,有的是較晚的屬楚文字,或者壁中書的文字就是在齊魯文字基礎上受楚文字强烈影響,我過去僅説可能是用楚文字書寫,或許有些過分,好在這只是猜測,有待更多的發現來證明其間是非。①

李學勤指出《説文》古文含有齊魯文字,也含有楚系文字,這與上文討論的《汗簡》、《古文四聲韻》古文情況是相同的。關於壁中書書寫在楚滅魯以後的意見,楊澤生的質疑也很有道理,問題的關鍵在於孔壁竹書早已消亡,無法找到最直接的證據確定竹書文字性質。至於古文經的書寫時間,是否爲魯被楚滅後魯人所書,也已無法判斷。但楚滅魯之前楚文化很可能已經滲透到魯國,魯國文字也許會受到楚文字影響。另外,古書抄手的文化背景也是影響因素之一,如果古文經的抄手曾受楚文化的熏陶,在書寫經文過程中就會受到個人的書寫習慣影響,導致古文經中含有楚系文字。

在第一章討論古文經來源時,曾提到所謂的"孔壁竹書"是古文經的主體,除此之外,古文經還有其他來源,如當時民間所獻之書以及河間獻王所得之書等等,這些書的確切出現地點很多已無法考證,這批書中也可能是楚文字或其他系文字的抄本,那麽這些楚系抄本與孔壁竹書混合到一起後,也會使古文中既含有齊魯文字,又含有楚系文字。

三、古文與郭店簡《唐虞之道》等篇的關係

郭店簡《唐虞之道》、《忠信之道》、《語叢一》、《語叢二》、《語叢三》以及上博簡《緇衣》篇文字性質極其特別,這些竹簡的出土地戰國時期屬於楚國,但是簡文除了楚文字外還體現出其他系别的文字特點。值得注意的是,古文往往能與這幾篇簡文相合。下面把典型古文②與這幾篇簡文相合者列於下表,然後進行相關討論。

序號	釋文	古文	《唐虞之道》等篇寫法	常規楚系文字寫法	常規齊系文字寫法	相關説明
1	備	四4·5庶	語叢三54	新蔡乙一13	子備璋戈 集録1140	形體右下部類化成"女"旁,與齊系文字相合。

---

① 李學勤:《論孔子壁中書的文字類型》,《齊魯文化研究》第一輯,2002年;又收入《當代名家學術思想文庫·李學勤卷》,萬卷出版公司,2010年,第269頁,此處據後者引用。
② 關於典型古文的界定參"附表一"凡例。

序號	釋文	古 文	《唐虞之道》等篇寫法	常規楚系文字寫法	常規齊系文字寫法	相 關 說 明
2	親	四1·32孝	上·緇衣10	曹沫之陳33	璽彙3521	形體從目，與齊系文字相合。
3	聖	四4·36華	上·緇衣11	包山168	莒叔之仲子平鐘《集成》177	形體右部從兩個"口"形，與齊系文字相合。
4	專	四1·25乂	忠信之道8	尊德義35	叔夷鎛《集成》285.1	雖然齊、楚兩系"專"字寫法與古文都不近，但齊系文字中 (璽彙0290)所從專旁與古文接近。①
5	軍	四1·34華	語叢三2	老子丙9	偏將軍信節歷博館刊93.2	形體從"光"字古文，從勻得聲，與齊系文字相合。
6	廟	四4·27古	唐虞之道5	周易42	"朝"字陳侯因咨敦《集成》4649	從齊系文字中的"朝"字寫法看，古文與齊系文字相合。
7	莊	四2·15説	語叢三9	窮達以時8	璽彙0176	與齊系文字寫法相近。
8	目	四5·5老	唐虞之道26	鬼神之明5	陶彙3.701	與齊系文字寫法相合。
9	好	四3·20尚	上·緇衣9	孔子見季趄子26	齊鮑氏鐘《集成》142.2	古文從子、丑聲，與楚系文字相合。
10	尊	四1·36孝	唐虞之道7	曾姬無卹壺《銘文選》700	鑄叔皮父簋《集成》4127	與楚系文字相合。

---

① 馮勝君：《郭店簡與上博簡對比研究》，第281—282頁。

續 表

序號	釋文	古　文	《唐虞之道》等篇寫法	常規楚系文字寫法		常規齊系文字寫法	相 關 説 明
11	莊	四2·15義	上·緇衣12	郭·緇衣23	窮達以時8	庚壺《集成》9733.2B	楚系文字中，類寫法更爲常見，但包山簡有形體作（224），從爿，從安，與《緇衣》中形體近似，似説明古文與楚系文字寫法相合。
12	智	四4·4天	上·緇衣19	性情論35		莒叔之仲子平鐘《集成》177	與楚系文字相合，詳參上文。
13	喜	四3·6説	唐虞之道3	弟子問11		陶録3.45.1	形體從欠，與楚系文字相合。
14	樹	四4·10尚	語叢三46	季庚子問於孔子18		陶録3.280.1	類似寫法，楚系文字中已出現多次，説明古文與楚系文字相合。
15	甚	四3·28林	唐虞之道25	語叢四25			齊系文字中的"匙"字所從"甚"旁作（陶彙3.263），與古文不同。
16	視	四4·5汗	上·緇衣1	容成氏9			齊系文字中未見"視"字，三晋文字中已經出現該形，古文與三晋文字相合。
17	怨	四4·19籀	上·緇衣6				類似形體見於三晋文字作（侯馬105：3），説明古文與三晋文字相近。
18	愛	四4·17孝	語叢一92	用曰11		陶録3.648.3	古文與齊、楚兩系文字用法均相合。
19	関	四3·14石	語叢三41	曹沫之陳11		綬字所從陶録3.388.1	古文與齊、楚兩系文字寫法均相合。

續 表

序號	釋文	古 文	《唐虞之道》等篇寫法	常規楚系文字寫法	常規齊系文字寫法	相 關 説 明
20	寡	四 3·22 孝	語叢三 31	尊德義 15	司馬棶編鎛《山東金文集成》104—108 頁	古文與齊、楚兩系文字常規寫法均不同。
21	法	四 5·29 石	上·緇衣 14	老子甲 31	叔夷鎛《集成》285.5	古文雖然與齊、楚兩系常規寫法均不同,從該形還見於《篆書陰陽五行》篇來看,古文有可能反映的是楚系文字,詳上文。
22	異	四 4·8 天	語叢三 53	包山 114	陶錄 2.751.3	古文與齊、楚兩系文字常規寫法均不同。
23	癹	四 5·10 老	忠信之道 2	老子丙 3	璽彙 3709	古文與齊、楚兩系文字常規寫法均不同,其"殳"旁演變過程與下面"及"字古文相似。
24	及	四 5·22 雲	唐虞之道 15	程寤 3	邾公鈺鐘《集成》102	古文與齊、楚兩系文字常規寫法均不同。
25	及	四 5·22 説	語叢二 19	公典盤·近出 1009	老子乙 7	古文與齊、楚兩系文字常規寫法均不同。
26	難	四 1·37 乂	語叢三 45	從政甲 17	公典盤《集錄》1009	古文與齊、楚兩系文字常規寫法均不同。
27	殺	四 4·16 説	唐虞之道 7	柬大王泊旱 7	庚壺《集成》9733.1B	古文與齊、楚兩系文字常規寫法均不同。
28	膳	四 4·23 崔	語叢三 38		齊侯作孟姜敦《集成》4645	楚系文字雖未出現"膳"字,但是表示"膳"這個詞用"善"(見信陽簡),從目前來看,古文形體與齊、楚兩系常規用法不同。

第八章　古文國別問題研究　357

續　表

序號	釋文	古　文	《唐虞之道》等篇寫法	常規楚系文字寫法	常規齊系文字寫法	相關説明
29	圖	四1·26义	上·緇衣12	姑成家父7		齊系文字似中未見"圖"字,古文與楚系文字用法相合。
30	然	四2·4孝	語叢一30	季庚子問於孔子21		從形體上看,學者將《季庚子問於孔子》中的形體釋成"然"字可信,則古文與楚系文字寫法相合。
31	道	四3·20老	語叢一36	老子甲6		古文與楚系文字相合,詳參上文。
32	禮	四3·12孝	上·緇衣13	郭·緇衣24 / 老子丙9		楚系文字中"豊"字常規寫法作豊,郭店簡《緇衣》與古文及《上博》簡字形體相同,但是否受到《緇衣》篇底本影響還不易判斷,姑附於此。
33	移	四1·14义	語叢二48	柬大王泊旱12		齊系文字中目前未見該形,古文與楚系文字相合。
34	億	四5·27汗	語叢三64	鬼神之明4		齊系文字中目前未見該形,古文與楚系文字相合。
35	衕	四1·10貝	語叢三41	老子甲27		齊系文字中目前未見該形,古文與楚系文字相合。
36	免	四3·18汗	上·緇衣13	包山53		齊系文字中目前未見該形,古文與楚系文字相合。
37	弱	四5·23老	語叢二36			楚系文字中"溺"字或作（老子甲37),所從與古文相似。
38	壞	四4·16説	唐虞之道28	郭·緇衣41		雖然郭店《緇衣》中的形體爲訛變,但仍可看出其作"壞",與古文"𡉻"不同,齊系文字中未見該形。

續　表

序號	釋文	古文	《唐虞之道》等篇寫法	常規楚系文字寫法	常規齊系文字寫法	相關説明
39	舜	四4·19汗	唐虞之道22	窮達以時2		古文與楚文字上部寫法稍異,或説是從楚文字訛變而來,姑附於此。
40	邇	四3·5義	上·緇衣22	郭·緇衣43		郭店簡中的"邇"從"藝"字初文得聲,與古文不同。
41	道	四3·20碧	語叢二38	老子甲24		古文從行,楚文字從辵,兩者不同。
42	皆	四1·28孝	忠信之道7	子羔9	競公瘧10	古文下部從君,與楚系文字不同。
43	教	四4·28孝	唐虞之道5	老子甲12	尊德義4	古文與楚系文字常規寫法不同。
44	教	四4·28籀	唐虞之道21	同上		古文與楚系文字常規寫法不同。
45	改	四3·13雲	香港中文大學文物館藏簡1	六德19		古文與楚系文字常規寫法不同。
46	色	四5·27老	語叢一110	成之聞之24		古文雖然與楚系文字常規寫法不同,但是上博簡《周易》中"疑"字作(14),與古文構形相似。

　　上表所録諸字,第1到第8條古文與齊系文字相合;第9到第15條古文與楚系文字相合;第16、17兩條古文與晉系文字相合;第18、19兩條古文與齊、楚兩系文字均相合。第20到28條古文與齊、楚以及其他系别文字都不相合。第29到第46條,齊系文字中未出現該字,但楚系文字中已出現相應之字,其中第29到第37條楚文字常規寫法與古文相合,第38到第46條楚系文字常規寫法與古文不合。

　　通過比較可知,典型古文與《唐虞之道》諸篇相合者較多,這些相合的例子與齊、楚兩系文字關係最爲密切。學者認爲《唐虞之道》諸篇簡文是具有"齊系文字特點的抄本"，①其説可信，可見這幾篇簡文受到了齊、楚兩系文字的共同作用。很多典型古文與這幾篇簡文相合，説明這些古文也受到了齊、楚兩系文字的共同影響。

第二節　研究或利用古文應該注意其國別特徵

古文的主體雖是六國文字，但其中仍含有一些秦漢文字，如第四章提到的"也"字古文🅰，此形是"殹"字。語氣詞"也"，楚系文字就用"也"字本身表示，秦系文字中"也"和"殹"二字並用，張世超認爲這是秦方言中"也"、"殹"音同的緣故，②是借"殹"爲"也"屬於秦漢文字的用法。目前來看，六國文字中未見"殹"用爲"也"的例子，説明"也"字古文作"殹"反映的是秦文字用法。正因古文的國別具有這種複雜性，所以在使用或研究古文過程中應該注意古文的國別性質。

"仙"字古文作：

　　　　🅰 汗3·42華　　🅰 四2·4華\雲

又"危"字古文作：

　　　　🅰 汗4·51尚　　🅰 四1·17孝　　🅰 四1·17尚

兩類古文形體相同，可隸定作"仚"。"仚"形也見於戰國璽印文字中：

　　　　🅰　🅰　🅰　🅰　《古璽文編》59頁

關於印文，以前較爲流行的意見是釋"丞"説，然釋"丞"説於形體不符，前人已經辨之甚詳。印文與上録古文形體相同，究竟應釋作"仙"，還是釋作"危"呢？學者意見不同，丁佛言，③于省吾④將其與"危"字古文聯繫到一起釋作"厃"（危）。《廣韻》中"厃"有"職廉切"和"魚毁切"兩種讀音，吳振武取"職廉切"一音，將印文讀爲"監"。⑤ 何琳儀早期贊同釋"危"的意見，⑥後來觀點又有改變，把印文與"仙"字古文聯繫到一起，釋作"仙"字異體：

---

① 詳論參馮勝君：《郭店簡與上博簡對比研究》。
② 張世超：《戰國秦漢時期用字現象舉隅》，《中國文字研究》第一輯，第183頁。
③ 丁佛言：《説文古籀補補》，第69頁。
④ 于省吾：《于省吾著作集·甲骨文字釋林》，第39—40頁。
⑤ 吳振武：《戰國璽印中所見的監官》，《中國古文字研究》第一輯，第117—121頁。
⑥ 何琳儀：《秦文字辨析舉例》，《人文雜誌》1987年第4期。

仚，从人，从山，會人在山上之意，山亦聲，仙之異文，《汗簡》中一·四二仙作 [字形]，《說文》:"仙，人在山上。从人、从山。"……燕璽仚，疑讀……

可見他認爲印文中的"仚"等同於"仙"字古文。① 近年公布的郭店簡和上博簡中也有與此相關的形體。《六德》篇 17 號簡:"[字形]其死弗敢愛也。"整理者將[字形]釋作"危"，陳偉根據《國語》"委質而策死"的說法，將其讀成"委"，②其說可信。[字形]與上錄古文和印文"仚"應是同一個字，兩者下部都从山，上部都从人，只是[字形]上部的"人"旁加有飾筆。又上博簡《緇衣》16 號簡有形體作[字形]，今本《緇衣》對應之字作"危"，"山"和"石"作爲意符可互換，所以[字形]與"仚"也屬於異體關係。楚文字中與"仚"有關的資料，或可讀作"危"，或可讀作與"危"音近之字，那麼璽印中的"仚"字，也不應例外，所以大西克也把璽印中的形體釋成"危"，讀作"尉"，③此較舊說爲勝。

再說古文中的"仚"字。按照六國文字的用法，把"仚"理解成"危"字古文是正確的。那麼如何解釋"仚"又是"仙"字古文呢？秦漢文字中的"仙"字寫法值得注意，如漢唐公房碑和尚方鏡中的"仙"分別作：

仙 仚 《字形表》575 頁

其實，"仙"字古文"仚"是把上錄形體中的人旁挪到"山"旁上部後形成的，也就是說"仚"在不同的地域代表不同的字，其在秦系文字中用作"仙"，在六國文字中用作"危"。如果不了解古文的地域性特徵，很容易將兩者混在一起，如上引觀點釋印文爲"仙"，就是犯了利用秦系文字來證明六國古文的錯誤。

"仁"字古文作：

[字形]說 [字形]四 1·31 义

"夷"字古文作：

[字形]石 [字形]汗 3·43 尚 [字形]四 1·17 尚 [字形]四 1·17 道 [字形]碧

上錄[字形]應是[字形]的訛形，可將它們隸定作"尼"。是"尼"既能作爲"仁"字古文，又可作爲

---

① 何琳儀:《戰國古文字典》，第 1048 頁。
② 陳偉:《郭店竹書別釋》，第 117—120 頁。
③ 大西克也:《試論上博楚簡〈緇衣〉中的"[字形]"字及相關諸字》，《第四屆國際中國古文字學研討會論文集》，第 331—345 頁。

"夷"的古文。戰國文字中也有"𡰥"字,學者在考釋這類形體時,或據古文釋爲"仁",或釋爲"夷",意見莫衷一是。其實現在所能見到的六國文字中,"𡰥"多用爲"夷"或與"夷"音近的字,沒有可以確定讀爲"仁"的例子,現介紹如下。

楚文字中該形出現頻率很高。上博三《周易·豐》:"豐其蔀,日中見斗,遇其𡰥主,吉。"其中的"𡰥"字,今本及帛書本均作"夷"。上博五《鬼神之明》:"及伍子胥者,天下之聖人也,鴟𡰥而死。"其中"𡰥"傳世文獻相應之字作"夷"。"𡰥"字還見於上博簡《孔子詩論》中,用爲《詩經》篇名,今本作"鳲","鳲"從尸得聲,"尸"與"夷"爲一字分化。上博二《民之父母》中"𡰥"字凡四見,均有傳世典籍《禮記》、《孔子家語》、《詩經》中的相關辭例與其對應,分別作"遲"、"逮"、"棣"、"遲"與"夷"字文獻中有很多相通的用例,①"夷"和"逮"的關係也很密切,如"夷"可與"肆"相通,②沈培曾指出"逮"也可讀爲"肆",③"逮"、"棣"聲符相同,是"夷"與二者讀音亦近。上博二《容成氏》39號簡中有"黜三十𡰥而能之"一句,其中的"𡰥"字爭議較大,何琳儀讀爲"夷",④陳劍讀爲"仁",⑤單育辰贊同陳說;⑥蘇建洲讀爲"年";⑦陳偉武認爲此字是"仁"的古文,據"仁"的讀音可讀爲"年"。⑧按,從上面所舉的"𡰥"均讀爲"夷"或與"夷"音近的字來看,把該形讀爲"仁"似不確。何琳儀將簡文讀爲"夷",但他並未解釋"夷"在簡文中的用法。由於這段話中"黜"、"能"的用法都不能確定,"𡰥"究竟該如何解釋,還有待進一步研究。

"𡰥"字在三晉文字中也有出現。中山王鼎銘中的"𡰥",舊或釋爲"仁",不可信,其當讀作"夷"訓爲"常"。⑨又"𡰥"字在侯馬盟書中出現兩次,《璽彙》(3292)中也有出現,湯志彪據舊說釋爲"仁",⑩恐亦不可信。盟書中"𡰥"一次用爲人名,不可説。另一次用爲姓氏,《璽彙》(3292)中的"𡰥"也用作姓氏,用作姓氏的"𡰥"字讀法有兩種可能:一是讀爲"夷",古有"夷"姓,《通志·氏族略二》:"春秋夷詭之裔……子孫以國爲氏。又逸民夷逸、齊大夫夷仲平之後,邾大夫夷射姑,皆以字爲氏。"二是讀爲"遲",上文已論"夷"、"遲"可通,古有"遲"姓,《尚書·盤庚上》有"遲任",孔穎達疏引鄭玄説:"遲任,

---

① 高亨、董治安:《古字通假會典》(531頁)"夷"與"遲"條。
② 高亨、董治安:《古字通假會典》(531頁)"夷"與"肆"條。
③ 沈培:《説郭店楚簡中的"肆"》,《語言》第二卷,第315頁。
④ 何琳儀:《第二批滬簡選釋》,《上博館藏戰國楚書研究續編》,上海書店出版社,2004年,第454頁。
⑤ 陳劍:《上博簡〈容成氏〉的竹簡拼合與編連問題小議》,《上博館藏戰國楚竹書研究續編》,第331頁。
⑥ 單育辰:《新出楚簡〈容成氏〉研究》,中華書局,2016年,第216頁。
⑦ 季旭昇主編,陳美蘭、蘇建洲、陳嘉凌合撰:《〈上海博物館藏戰國楚竹書(二)〉讀本》,萬卷樓圖書公司,2003年,第169頁。此部分由蘇建洲撰寫。
⑧ 陳偉武:《戰國竹簡與傳世子書字詞合證》,《第四屆國際中國古文字學研討會論文集》,第205頁。
⑨ 朱德熙、裘錫圭:《平山中山王墓銅器銘文的初步研究》,《文物》1979年第1期;又見《朱德熙文集》第5卷,第103頁。
⑩ 湯志彪:《三晉文字編》,第1211—1212頁。

古之賢史也。"漢代有人名作"遲昭平"(見於《漢書·王莽傳下》)。

齊系文字中有以"尼"爲偏旁的字。叔夷鎛銘文中的"犀"字作[圖](《集成》285.8)。《説文》:"犀,犀遲也。从尸、辛聲。"清代學者苗夔在《説文聲訂》中指出"犀"、"辛"讀音不近,"犀"當从尸得聲,①此説甚確。"犀"作[圖]形,是把聲符"尸"換成音近的"尼"旁,"尸"和"夷"是一字分化,可見"尼"與"夷"讀音相近。

又《璽彙》4507、4508、4879等號均有"尼"字,從印文辭例來看,這些"尼"字都應讀作"仁",但是施謝捷已經指出這幾方璽都屬於秦印,②其説可信。説明秦系文字中"尼"讀爲"仁"。

由以上論述可知,六國文字中的"尼"形没有一例可以確定讀爲"仁"。那麽,《説文》等書爲什麽會以"尼"爲"仁"字古文呢?古文字中"人"形和"尸"形作爲構字部件時雖有一定區别,③但是兩者形體相近,極易相混,秦文字中的"仁"字容易寫訛作"尼"形,即使正確書寫的"仁"也極易被誤認作"尼"字,這就造成了"尼"既可表示"夷"也可表示"仁"的局面,這種現象爲古文整理者所見,所以將它們混爲一談。而實際情況却是"尼"形在秦文字中用爲"仁",在六國古文中用爲"夷",兩者並不相混。過去把六國文字中的"尼"形與"仁"字古文聯繫到一起,没有注意到古文的地域性差異。

明確了"尼"字的國别性差異,還可糾正過去古文字中的一些釋讀錯誤,如包山180號簡有[圖]字,《包山楚簡》釋文隸定作"尼"無説,《包山楚簡文字編》、④《楚文字編》、⑤《戰國文字編》、⑥《楚系簡帛文字編(增訂本)》⑦等書均收在"仁"字條下,按照上文分析,這種釋讀顯然是錯誤的。《楚地出土戰國簡册[十四種]》將其釋爲"夷"字,⑧可信。

注意古文的國别性可以解决古文中的一些疑難問題。如關於"婁"和"要"二字的古文一直存在很多疑問。"婁"字古文或作:

[圖]石 [圖]汗5·66義 [圖]四2·25義

---

① 轉引自丁福保編纂:《説文解字詁林》,第8548頁。
② 參施謝捷:《古璽彙考》,第13—14頁。
③ 學者多指出楚文字中"人"旁和"尸"旁雖然相近,但仍可從運筆先後來加以分辨,"人"旁一般先寫上部短撇畫,然後在短撇中間寫豎長撇畫;而"尸"旁則是先寫豎長撇畫,然後在其上部寫出短畫。
④ 張守中:《包山楚簡文字編》,文物出版社,1996年,第133頁。
⑤ 李守奎:《楚文字編》,第488頁。
⑥ 湯餘惠主編:《戰國文字編》,第550頁。
⑦ 滕壬生:《楚系簡帛文字編(增訂本)》,湖北教育出版社,2008年,第740頁。
⑧ 陳偉主編:《楚地出土戰國簡册[十四種]》,經濟科學出版社,2009年,第86頁。

"要"字古文或作：

[字形] 説　[字形] 汗 5·66 尚\説　[字形] 四 2·7 尚①

上列"婁"字古文與"要"字古文形體極近，可隸定作"嬰"。古文字中出現了這類形體：

金文：[字形] 散氏盤《集成》10176　　[字形] 洹子孟姜壺《集成》9730

戰國文字：[字形]《成之聞之》5　[字形]《容成氏》2　[字形]《采風曲目》2②

散氏盤中的形體舊釋爲"緌"，③洹子孟姜壺舊釋爲"宴"。仰天湖簡中有[字形]（15號）形，从糸从嬰，朱德熙、裘錫圭曾引用上録"婁"字古文把[字形]形釋爲"縷"。④ 隨後曾侯乙墓被發現，其中漆箱上二十八宿名"婁女"合文作[字形]，去掉合文符號後與"嬰"形體相同；又中山王鼎銘（《集成》2840）中的"數"字作"[字形]"，上部所从與"嬰"上部相同，這些都説明朱德熙、裘錫圭的觀點可信。吴振武據此認爲上録金文中形體从婁，又把戰國璽印文字中从嬰之字改釋爲从"婁"（舊認爲从要），⑤其説可信。近年來楚簡中新出現的"嬰"也多讀爲"婁"聲字，如上引《成之聞之》形體讀爲"屢"，《容成氏》中的形體讀爲"瘦"，《采風曲目》中的形體學者亦多釋爲"婁"。可見古文字中的"嬰"應釋成"婁"字，如此一來"要"字古文便無法得到落實。關於"要"、"婁"的關係，張世超等認爲兩者古文相同，是借"婁"爲"要"。⑥ 季旭昇認爲"婁"、"要"爲一字分化。⑦ 但從戰國文字用法來看，這種意見似缺乏根據。

《説文》"要"字篆文作[字形]，古文作[字形]（嬰）。需要注意的是三體石經中篆文和古文正好與《説文》相反。張富海指出秦簡"要"字作[字形]、[字形]（《睡虎地秦簡文字編》39頁），當以石經爲是。⑧ 此説可從，漢代文字中"要"字多作[字形]（《字形表》184—185

---

① 事實上這一類形體是篆文，《説文》把"要"的古文和篆文弄反，石經古文中尚不誤。
② 這類形體在楚文字中多見，本文僅舉數例，其餘參看滕壬生：《楚系簡帛文字編（增訂本）》，第 1015—1016 頁。
③ 看《金文編》，第 167 頁。
④ 朱德熙、裘錫圭：《戰國文字研究（六種）》，《考古學報》1972 年第 1 期；又見《朱德熙文集》第 5 卷，第 37—38 頁。
⑤ 吴振武：《〈古璽文編〉校訂》，吉林大學博士學位論文（指導教師：于省吾教授），1984 年，第 59—62 頁；又見《〈古璽文編〉校訂》，人民美術出版社，2011 年，第 36—37 頁。又戴家祥、陳秉新也贊同金文中的形體从婁得聲，詳參戴家祥：《金文大字典》，學林出版社，1995 年，第 3720 頁；陳秉新：《釋嬰、嫛、般及从睭諸字》，《吉林大學古籍整理研究所建所十五周年紀念文集》，第 15—19 頁。
⑥ 張世超、孫凌安、金國泰、馬如森：《金文形義通解》，第 573 頁。
⑦ 季旭昇：《説"婁"、"要"》，《古文字研究》第二十六輯，第 485—487 頁。
⑧ 《研究》，第 60 頁。

頁),與秦簡寫法相似,《說文》小篆反映的是秦系文字寫法,所以"要"字篆文應作󰀀,古文應作󰀀,《說文》誤將二者顛倒。既然已經明確󰀀是"要"字篆文寫法,便可解釋"婁"、"要"同形的原因了,事實上"婁"字古文作󰀀與"要"字篆文作󰀀兩者是由國別不同引起的同形字(或形近字),"奥"在六國文字中代表"婁",其寫法可以追溯到甲骨金文,而在秦系文字中代表"要",其構字本意現在還不明了。

"要"字古文或作:

󰀀 四 2·8 籀　　󰀀 四 2·8 籀

上録第二形應來源於《說文》中的󰀀形,段玉裁曾指出《說文》中󰀀爲訛變形體,並把該形改成󰀀。段氏改寫後的󰀀與上録第一形󰀀近似。《說文》:"要,身中也。象人要自臼之形。"是説"要"字形體象人雙手叉腰之狀,󰀀形與此説頗近。六國文字中有如下形體:

󰀀《忠信之道》5　　󰀀 包山 182　　󰀀《采風曲目》2　　󰀀《昭王與龔之脾》7

《忠信之道》中的形體裘錫圭疑爲"要"字變體。① 郭永秉據此將上録其他形體釋爲"要"或从"要"之字。② 近出清華簡《繫年》中"要"字作󰀀(77 號),與上録形體相近,説明釋"要"説正確。那麼在六國文字中,"要"作󰀀與"婁"作󰀀並不相混,尤其是上博簡《采風曲目》2 號簡中󰀀、󰀀同見,更説明兩者代表不同的字。因爲《説文》混淆了"要"字小篆與古文,再加上過去人們對古文研究缺乏國別認識,所以才使"要"、"婁"二字的古文問題混亂不清。

上博簡《性情論》14 號簡"聞歌󰀀",與此相應的郭店簡《性自命出》24 號簡作"聞歌謠(謠)"。《性情論》整理者濮茅左把󰀀釋爲"要",讀爲"謠"。③ 因有郭店簡比照,證明這一考釋意見是可信的。從形體上看,󰀀與上文討論的"奥"字近似,説明六國文字中有寫成"奥"形的"要"字,但從楚文字中大量的"奥"都用爲"婁"來看,僅此一處用爲"要",比

---

① 荆門市博物館:《郭店楚墓竹簡》,第 164 頁注 10。
② 郭永秉:《談古文字中的"要"和从要之字》,《古文字研究》第二十八輯,第 108—115 頁。
③ 馬承源主編:《上海博物館藏戰國楚竹書(一)》,第 240 頁。

較特殊,不能因此混淆"妻"與"要"的界限,至於《性情論》中的"要"作"嬰",可能是秦楚文化交流的結果,也可能與書手個人書寫習慣有關,其具體原因還有待於進一步研究。

"梓"字古文作:

〖梓〗汗3·30尚　〖梓〗四3·8尚　〖杍〗四3·8崔　〖梓〗四3·8汗

上録前三個形體《汗簡》、《古文四聲韻》在釋"梓"的同時又釋爲"李"。《說文》:"李,果也。从木、子聲。〖梓〗,古文。"可見上録〖梓〗、〖梓〗、〖杍〗三形用法與《說文》中的〖梓〗形相同。以上古文形體可隸定作"杍","杍"既作爲"梓"的古文,又作爲"李"的古文,較爲奇怪。桂馥認爲"杍"本應是"梓"字古文,誤收在"李"字下。① 商承祚也持相同觀點。② 是他們認爲古文屬於誤植現象。舒連景認爲"蓋壁中書假'李'爲'梓匠'字也"。③ 又張學城認爲草率寫法的"辛"旁與"子"相近,"梓"也可能譌作"杍"。"梓"是精母之部字;"李"是來母之部字,是"梓"、"李"二字形音皆近,故《說文》可能是假"梓"爲"李"。④ 舒氏與張氏認爲古文屬於通假現象。

《尚書·梓材》"梓材",《釋文》:"梓,本亦作杍。馬云:'古作杍字。'"《廣韻·止韻》:"杍,工木匠,或作梓。"出土文獻中亦有相關用法。"杍"見於楚簡中:

〖杍〗《逸詩·多薪》2　〖杍〗《程寤》7

《逸詩》及《程寤》中的形體即"杍"字,在簡文中有明確的辭例都用爲"梓"。可見楚文字中的"杍"應讀爲"梓"。

楚文中的"李"字作:

〖李〗包山40　〖李〗包山94　〖李〗祭公16　〖李〗容成氏29

簡文中的"李"字最早由鄭剛所釋。⑤ 形體可分析成从子、來聲。可見楚系文字中用〖李〗表示"李"字,用"杍"表示"梓"字。

在秦漢文字中"李"字作:

---

① (清)桂馥:《說文義證》,第467頁。
② 商承祚:《說文中之古文考》,第56頁。
③ 舒連景:《說文古文疏證》,第42頁。
④ 張學成:《〈說文〉古文研究》,第170頁。
⑤ 鄭剛:《戰國文字中的"陵"和"李"》,中國古文字研究會第七次年會論文,1988年;收入氏著《楚簡道家文獻辨證》,汕頭大學出版社,2004年,第61—75頁。

[圖] 珍秦·展120　[圖] 睡·日書乙67　[圖] 睡·日書甲145背
[圖]《縱橫家書》272　[圖]《春秋事語》93　[圖]《老子》甲後366

秦漢文字中"李"字从木从子，與《説文》對"李"字的分析一致，與楚文字中的"李"字不同。"杍"與上録"李"字只是偏旁的位置關係不同，古文字中偏旁位置關係有時並不十分固定，所以"李"字的古文"杍"很可能是上録"李"字偏旁錯位所致。另外，漢代文字中也出現了"梓"字，寫作从木从辛，①與楚文字中的寫法不同。

通過國别的分析可以看出，"李"、"梓"二字在秦、楚兩系文字中各成體系、涇渭分明，並不相混。"杍"（李）在秦系文字中用爲"李"，在楚系文字中用爲"梓"，兩者本是國别不同引起的同形字，認爲兩者屬於通假關係是不正確的。筆者認爲桂馥和商承祚的意見可能性最大，大概"杍"本是"梓"字古文，但是漢代學者見"杍"與"李"字相近，就把"杍"當成了"李"字古文。這是誤認造成的，究其原因，還是因爲古文整理者缺乏分域意識，没有分清古文的國别，把六國文字與秦系文字混在了一起。

---

① 漢語大字典字形組編：《秦漢魏晉篆隸字形表》，第365頁。

附錄

附表一

《汗簡》、《古文四聲韻》中古文與古文字形體對照表

凡　例

1. 本表所收古文字形體以是否與古文形體相同或相近爲標準，個別形體偏旁相同亦予以收録。排列按《説文》順序。

2. 所收古文情況：先列出原書釋文，然後列出古文的嚴格隸定體，再列出《汗簡》、《古文四聲韻》中古文形體。形體均注明出處，其中一形多見者，以"凡×見"注明。如"一"字有古文作弌（四5·7老），表格會在第二欄列出釋文"一"，在第三欄列出隸定形體"弌"，在第四、五欄列出《汗簡》、《古文四聲韻》中古文形體及出處，其中該形在《古文四聲韻》中共出現三次，便在形體下部標注"凡三見"，出處標注"四5·7老"，説明該形出自《古老子》，另外兩形及出處則省略。

3. 某一字有多個不同古文形體時，分行列出，行與行之間用虚綫隔開，原書釋文僅列一次，每類古文形體都作嚴格隸定列在第三欄。

4. 古文分爲典型古文和非典型古文。典型古文是指與《説文》篆文不同，具有六國文字特點的形體，相反則屬於非典型古文。例如，"一"字古文作弌（四5·7老），寫法與《説文》小篆不同，與六國文字相合，説明古文是承襲六國文字而來，此處稱之爲典型古文。"一"字古文又作一（四5·7孝），該形雖見於六國文字，但與《説文》小篆相同，有可能是從《説文》等漢代文字發展而來，所以這類古文不具有典型性，此處稱之爲非典型古文。表格中典型古文以"※"號標於隸定形體右上角。以"一"字古文爲例，表格中會在弌的隸定形體"弌"字右上角加"※"，最終作"弌※"。其餘不標者屬於非典型古文。

5. 所收古文情況。整體上分爲甲骨及西周金文、戰國文字兩類。其中戰國文字中含有部分春秋文字。爲了説明古文國别問題，戰國文字中按齊、楚、燕、三晉、秦不同地域

分欄。郭店簡《唐虞之道》、《忠信之道》、《語叢一》、《語叢二》、《語叢三》以及上博簡《緇衣》篇文字性質較爲特別,學者多認爲簡文是具有"齊系文字特點的抄本",所以這幾篇簡文受到了齊、楚兩國文字共同影響,此處將這幾篇簡文中的形體放在齊、楚兩欄之間,作爲兩者共有。原則上齊、楚兩國文字中有其他文字與古文相合者,便不采用這幾篇簡文。

6. 本書第八章國別問題研究中所列統計數據,即基於此表格,兩部分内容可相互參看。

7. 所引銘文材料器名後僅有數字而無其他出處者,則該數字爲《殷周金文集成》一書的編號。所引石鼓文、詛楚文形體皆出自《郭沫若全集(考古編)》第九册,表格中不另標明出處。

8. 由於涉及形體衆多,表内所收傳抄古文或古文字形體難免會有遺漏,容日後修改補充。

序號	釋文	隸定	汗簡	四聲韻	甲骨及西周金文	戰國文字				
						齊	楚	燕	三晉	秦
001	一	一	汗1·3	四5·7孝	大盂鼎 2837B	洹子孟姜壺 9730	包山 149	重金方壺 9617	坪安君鼎 2793	睡·法律答問 150
002		弌※	汗1·3尚	凡三見 四5·7老		庚壺 9733	彭祖 7			關沮 367
003		壹※		四5·7老						商鞅方升 10372
004	元	元	凡兩見 四1·35又		番生簋 4326	邾公華鐘 245	王孫遺者鐘 261		子孔戈 11290	睡·編年記 8
005	天	天		凡三見 四2·2孝	頌簋 4236.1	洹子孟姜壺 9730	子羔 9		中山王鼎銘文選 2.880	關沮 345
006		天※	汗3·34碧	凡兩見 四2·2碧	毛公鼎 2841					

附表一 《汗簡》、《古文四聲韻》中古文與古文字形體對照表　369

續　表

序號	釋文	隸定	汗簡	四聲韻	甲骨及西周金文	戰國文字				
						齊	楚	燕	三晉	秦
007		突※	凡兩見 汗3·40 華	凡四見 四2·2 華		陶錄 3.548.6	亙先5		行氣玉銘 三代 20.49.1	
008	丕	丕※		凡兩見 四1·19 义					溫縣T1坎 1∶1845 文物 1983.3	
009	上	二※	汗1·3 庶	凡三見 四3·24 老	鄦鐘 260	洹子孟 姜壺 9729				
010	帝	帝	汗1·3 尚	凡兩見 四4·13 尚	庚姬尊 5997					商鞅方升 10372
011		帝※		四4·13 孝			楚帛書甲		中山王 方壺 銘文選 2.881	
012	下	下	汗1·3 石	凡兩見 四3·22 石		陶錄 3.275.3	容成氏1	燕明刀 貨系 3446	魚顛匕 980	睡·法律 答問 152
013		一※	汗1·3 華	凡三見 四4·32 籀	番生簋蓋 4326					

續表

序號	釋文	隸定	汗簡	四聲韻	甲骨及西周金文	戰國文字				
						齊	楚	燕	三晉	秦
014	示	示	汗1·3	凡四見 四4·7孝					平肩空首布 貨系349	
015	禮	豊※		凡兩見 四3·12孝			郭·緇衣24			
016		礼※	汗1·3尚	凡三見 四3·12尚			九里墩鼓座429.3			
017	祿	彔※	汗5·66義	四5·3義	諫簋4285		孔子詩論11		十一年令少曲慎彔戈雪齋學術論文二集116頁	
018	祇	甹※		四1·17义	六年琱生簋4293	陶錄2.700.3	老子乙12	蟲生不戈11383	中山王方壺銘文選2·881	石鼓文作原
019	神	神	汗1·3尚	四1·31尚					行氣玉銘三代20.49.1	秦玉版國學研究6.540頁
020	祀	祀※		四3·7孝		邾公釛鐘102		燕王職壺上博集刊8		

附表一 《汗簡》、《古文四聲韻》中古文與古文字形體對照表　371

續　表

序號	釋文	隸定	汗簡	四聲韻	甲骨及西周金文	戰國文字				
						齊	楚	燕	三晉	秦
021	祖	祖	汗1·3 石	凡三見 四3·11 石		鑄鎛 271	書也缶 10008.2			秦玉版 國學研究 6.540頁
022	禱	禋※	汗1·3 石	凡兩見 四3·20 石			新乙四 140			
023		禍※		四3·20 崔			新甲三 376			
024		禱		四4·29 石			望山一 90			
025	社	袿※	凡兩見 汗1·3	凡五見 四3·22 孝		璽彙 3547	新甲三 250		中山王鼎 銘文選 2.880	
026	禁	埊※		四4·39 孝			孔子見季 趄子17			
027	三	三		四2·13 孝	大盂鼎 2837B	璽彙 0290	包山 116	陶錄 4.112.4	兆域圖 10478	睡·日書 乙種247
028		參※		四2·13 雲	衛盉 9456	少司馬耳 杯新收 1080	三德5		中山王鼎 銘文選 2.880	睡·秦律 十八種55

續表

序號	釋文	隸定	汗簡	四聲韻	甲骨及西周金文	戰國文字				
						齊	楚	燕	三晉	秦
029	弍	弍※	弍 汗1·3 說	弍 四2·13 說			算表10			
030	王	王	王 汗1·3 石	王 凡兩見 四2·16 孝	頌簋 4234	郊公華鐘 245	子羔9	璽彙 0395	鄢孝子鼎 2574	睡·法律答問203
031	玊	玊※	玊 汗1·3 說	玊 凡兩見 四2·16 華	齲簋 4215.1		王子午鼎 2811.2			
032	閏	閏	閏 汗1·3 楊	閏 四4·19 楊			楚帛書甲		元年閏矛 文物87.11	睡·爲吏之道22
033	皇	皇※	皇 汗2·16 尚	皇 四2·17 尚						考古與文物2000.1
034	璧	璧※	璧 汗1·4 李	璧 四5·18 李	六年琱生簋4293	洹子孟姜壺9730				詛楚文
035	珇	珇※	珇 汗1·4 說	珇 凡三見 四4·16 說		古陶文字徵155頁				
036	珠	絑※	絑 汗2·19 碧	絑 四1·25 雲			包山177			

附表一 《汗簡》、《古文四聲韻》中古文與古文字形體對照表   373

續 表

序號	釋文	隸定	汗簡	四聲韻	甲骨及西周金文	戰國文字 齊	楚	燕	三晉	秦
037	靈	霝※	汗5·63	四2·22 尚	追簋 4220	邾公鈺鐘 102	包山 230		璽彙 2638	石鼓文 霝雨
038		需※		凡兩見 四2·22 崔	鄭井叔鐘 21					
039		竈※	汗5·63	四2·22 尚		叔夷鎛 285.6	望山一 88			
040	气	气	汗1·4 說	四4·9 汗	天亡簋 4261	洹子孟姜壺 9730				
041	壯	壯	汗1·4 張	四4·34 劍		弟子問 5			中山王鼎銘文選 2.880	睡·秦律十八種 190
042		牕※		四4·34 老		璽彙 0176			璽彙 1529	
043	中	屮※		四1·11 孝		陶錄 2.653.4	語叢三 33		中私官鼎 2102	
044		屮※		四1·11 雲	何尊 6014	子禾子釜 10374	包山 138		侯馬 156:20	石鼓文 吳人
045	屮	屮		四5·15 汗	合集 27218	齊大刀 先秦貨幣文字編 13 頁	六德 12	貨系 2843	貨系 3964	

續表

序號	釋文	隸定	汗簡	四聲韻	甲骨及西周金文	戰國文字			
						齊	楚	燕	三晋	秦
046	毒	箮※	汗2·21 演	凡兩見 四5·5 説			从攴楚帛書丙			
047	莊	妝※	汗5·66 義	四2·15 義			郭·緇衣 23			
048		羰※	汗2·22 説	四2·15 説		語叢三 9				
049	苔	會※	凡兩見 汗2·28 石	凡三見 四5·20 崔			老子甲 26		二十四年合陽鼎 2693	
050	荊	荝※	汗1·5	凡兩見 四2·19 尚	貞簋 3732.2					
051	萋	薺※		四1·27 义			孔子詩論 28			
052	蕪	芒※		四1·24 道			新蔡甲三 364		璽彙 0089	戰國編 32頁
053	蒼	荃※	汗1·5 林	四2·17 林			老子乙 15		鄭東蒼鼎 三晋文字編 75	

續 表

序號	釋文	隸定	汗簡	四聲韻	甲骨及西周金文	戰國文字				
						齊	楚	燕	三晉	秦
054	荒	宆※	汗5·62 尚	凡兩見 四2·17 尚	宆伯簋 3530		包山174			
055	蔡	柰※	汗6·83 林	凡兩見 四4·13 林	虘鐘88		蔡侯簠 4491		璽彙 2869	
056	蓆	茵※		四5·17 林			从竹 君子爲禮4			
057	蓋	盇※		四4·12 老			包山254		侯馬 67:52	
058	芻	芻		四1·24 道 左部兩中旁訛成手形	散氏盤 10176	璽彙 0570	包山95		公芻權 10380	睡·效律 33
059	折	折※	汗6·76	四5·14 義		洹子孟姜壺 9729	語叢四 16			
060	艸	艸		凡三見 四3·20 老		陶錄 2.330.1	信陽二 13			
061	春	旾※	汗3·34 石	凡五見 四1·33 蔡	合集 30851	璽彙 2415	六德25		璽彙 0005	睡·日書 乙種202

續表

序號	釋文	隸定	汗簡	四聲韻	甲骨及西周金文	戰國文字				
						齊	楚	燕	三晉	秦
062	葬	葬※	凡兩見 汗1・5 庶	凡兩見 四4・35 石		鄒縣磚銘背文/于省吾教授百年誕辰紀念文集 207頁				
063	小	少	汗1・5	凡兩見 四3・18 孝			包山 265		貨系 59	
064	少	少		凡三見 四4・27 孝		陳逆簠 4630	周易 30	小器 10432	少府銀圜器 10458	睡・日書乙種 157
065	八	八	汗1・5	四5・12 汗	禹鼎 2833	鄝侯少子簠 4152	新蔡甲三 221	陶錄 4.6.1	邵黛鐘 226	睡・日書乙種 25
066	分	分		四1・34 雲	□分父甲觶 6372	邾公牼鐘 149	窮達以時 1		梁上官鼎 2451	睡・效律 7
067	尚	尚		四4・34 老		陶彙 3.673		璽彙 0121	陶錄 5.108.5	睡・秦律雜抄 35
068	詹	詹	汗1・6 石	四2・27 石						十三年少府矛 11550

附表一 《汗簡》、《古文四聲韻》中古文與古文字形體對照表

續表

序號	釋文	隸定	汗簡	四聲韻	甲骨及西周金文	戰國文字 齊	戰國文字 楚	戰國文字 燕	戰國文字 三晉	戰國文字 秦
069	公	台※	汗1·6	凡五見 四1·10 石	虢文公子叚鼎 2635	邾公華鐘 245			璽彙 3845	
070	必	必		四5·8 孝	南宮乎鐘 181.2		包山 127		璽彙 5221	睡·為吏之道 32
071	余	舍※		四1·22 乂	衛盉 9456	邾公鎛銘圖 15815	彭祖 5		中山王鼎銘文選 2.880	睡·法律答問 180
072	番	乎※	凡兩見 汗1·6	凡兩見 四1·35 說			上·緇衣 15			
073	審	審	汗3·40 義	四3·28 義	五祀衛鼎 2832		楚王酓審盂 江漢考古 1992.2			睡·效律 50
074	半	半	汗1·15	四4·21 汗		璽彙 1276			璽彙 1270	秦公簋 4315.3
075	牛	牛	汗1·6		叔簋 4132.1	璽彙 1219	包山 200	陶錄 4.65.1	璽彙 1205	睡·日書乙種 70
076	牡	駐※		四3·27 老		庚壺 9733	曾侯乙簡 197		奸蚉壺銘文選 2.882	

續表

序號	釋文	隸定	汗簡	四聲韻	甲骨及西周金文	戰國文字 齊	戰國文字 楚	戰國文字 燕	戰國文字 三晉	戰國文字 秦
077	特	牺※	汗1·6 義	四5·29 義			牺(特)牛 合文 包山222			
078	牼	牼	汗1·6 牧	四2·20 牧	郘公牼鐘 150					
079	告	告	汗1·6	凡兩見 四4·29 汗	班簋 4341	陶錄 3.521.2	包山15		中山王方壺 銘文選 2.881	詛楚文
080	口	口	汗1·6	四3·28 孝	長子口卣 考古 2000.9	陶錄 3.275.4	語叢四4	璽彙 0118	璽彙 3467	睡·日書 甲種158 背
081	味	味		凡兩見 四4·8 老		陶錄 3.521.1	老子丙5			睡·日書 甲種33 背
082	吾	遻※		四1·26 义						石鼓文 車工
083	君	君※	汗1·6 尚	四1·34 义					侯馬 16：3	
084	命	命	汗2·26 石	四4·35 石	豆閉簋 4276	黻鎛 271	保訓9		侯馬 1.66	

附表一 《汗簡》、《古文四聲韻》中古文與古文字形體對照表　379

續　表

序號	釋文	隸定	汗簡	四聲韻	甲骨及西周金文	戰國文字				
						齊	楚	燕	三晉	秦
085	皲※			四4·35 老			鄂君啟車節 12110B			
086	問	聞※	汗3·37 義	凡兩見 四4·19 孝		陳侯因資敦 4649	五行 23		璽彙 1073	
087	和	和	汗1·6 尚	凡三見 四2·10 尚		郳公鎛銘圖 15815	容成氏 8		舒盦壺銘文選 2.882	
088	嚆	唬※		四4·32 籥			老子甲 6		璽彙 1376	
089	吉	吉		四5·8 老	靜簋 4273	郳公華鐘 245	包山 13		侯馬 303：1	睡·日書甲種 136 背
090	周	周	汗1·15 郭	凡兩見 四2·23 郭		璽彙 3028	曹沫之陳 41	左周弩牙 11928	璽彙 3027	陶彙 5.384
091	唐	喝※	汗1·7	四2·16 林		璽彙 0147				
092		鍚※	汗2·27 碧	四2·16 碧		璽彙 3921				

續　表

序號	釋文	隸定	汗簡	四聲韻	甲骨及西周金文	戰國文字				
						齊	楚	燕	三晉	秦
093	吁	吁※	汗1·6 尚	四1·24 尚			楚居14			
094	吟	唫※	汗1·6	四2·26 尚			容成氏2			
095	哀	哀	汗3·44 石	凡三見 四1·29 孝		司馬楙編鎛 山東104—108頁	語叢三59		哀成叔鼎 2782	睡·日書甲種 63背
096	嚴	嚴※	汗1·10 尚	凡兩見 四2·29 尚	多友鼎 2835	司馬楙編鎛 山東104—108頁	王孫誥鐘 淅川墓 151頁		中山王方壺 銘文選 2.881	
097	單	嘼※		凡三見 四1·37 乂	選字所從 大盂鼎 2837B		成之聞之 22		令狐君壺 9720	
098	哭	哭	汗1·7 石	凡四見 四5·2 石			性自命出 30			
099	喪	喪※		凡五見 四2·17 張	毛公鼎 2841		洹子孟姜壺 9730	新蔡乙四 122		

續表

序號	釋文	隸定	汗簡	四聲韻	甲骨及西周金文	戰國文字				
						齊	楚	燕	三晉	秦
100	走	走	汗1·7	凡三見 四3·28 汗	大盂鼎 2837B		周易 54		中山王鼎 2.880	放馬灘志怪故事 5
101	趣	徙※		四1·25 义	载簋 4255	魯司徒仲齊盨 4441				
102	越	戉※	汗5·68 碧	四5·9 碧	牆盤 10175		者汈鐘 122.1			
103	起	记※	汗1·8 尚	四3·7 尚		陶錄 3.485.5	包山 164			
104		记※		凡兩見 四3·7 老			繫年 19			
105	止	止	汗1·7	四3·6 汗	五年琱生簋 4292	陶錄 3.456.1	六德 26	陶錄 4.180.1	貨系 520	關沮 330
106	前	岪	汗3·44 石	凡兩見 四2·2 石			老子甲 3			
107	歸	遍※		凡兩見 四1·22 道	不其簋 4329	歸父敦 4640	新蔡甲一 4			

續表

序號	釋文	隸定	汗簡	四聲韻	甲骨及西周金文	戰國文字				
						齊	楚	燕	三晉	秦
108	登	癶※	凡兩見 汗1·8 裴	凡四見 四2·28 裴	五年師旋簋 4217.1	陳侯因㗱敦 4649	包山15		侯馬 3:25	
109	歲	歲※	凡兩見 汗5·68 尚	凡三見 四4·14 尚	毛公鼎 2841	陳璋圓壺 9975			集粹11	
110	此	此	汗1·8	凡三見 四3·4 孝	此鼎 2821	莒叔之仲子平鐘 173	六德25		安邑下官鍾 9707	睡·日書乙種111
111	正	正※	汗1·8	凡四見 四4·36 汗		郑公華鐘 245	容成氏7		璽彙 5128	
112	徒	徒	汗1·9 碧	凡兩見 四1·26 义	揚簋 4294	魯大司徒厚氏元鋪 4690	曹沫之陳 32	璽彙 0016	侯馬 98:20	睡·日書乙種19
113	征	延※	凡三見 汗1·8 尚	凡三見 四2·21 尚	簋孟延盨 4421	虢伯子㝬父盨 4444.2				
114	徂	遷	汗1·8 尚	四1·26 尚			包山188			

續表

序號	釋文	隸定	汗簡	四聲韻	甲骨及西周金文	戰國文字				
						齊	楚	燕	三晉	秦
115	過	過		凡六見 四2·10 孝		語叢三 52			侯馬 67:54	睡·效律 13
116	造	造		四3·20 鎬		陳侯因咨戈 11260				高奴權 10384
117		舺※	汗3·44 爾	凡兩見 四3·20 爾	寇字所從 頌簋 4334	羊角戈 11210				
118	速	遫※	汗1·8 史	四5·3 史						睡·編年記
119	逆	遡※	汗1·9	四5·19 義		陶錄 3.227.1				
120	遇	禺※		四4·10 道			三德 4		侯馬 79:1	睡·日書乙種181
121	通	通		凡兩見 四1·10 道			性自命出 35		壓彙 1713	
122	徙	屎※		四3·5 說	師獸簋 4311	陳侯因咨敦 4649	繫年 14			

續表

序號	釋文	隸定	汗簡	四聲韻	甲骨及西周金文	戰國文字				
						齊	楚	燕	三晉	秦
123		遟※	汗1·9 碧	四1·26 碧		璽彙 0198	新蔡乙四 47			
124		遟※	汗1·9	四3·5 義			與古文聲符相同 周易2			
125		歇※	凡兩見 汗4·52	凡兩見 四4·20 尚			新蔡甲三 183—2			
126	返	彶※		凡兩見 四3·15 老					奼蚉壺 銘文選 2.882	
127	遲	疋※	汗1·8 尚	凡兩見 四1·18 尚			老子乙10			
128	達	逘※		四5·11 老		陶錄 3.353.3	老子甲8			
129	迷	迷		四1·28 華			皇門11		侯馬 1：53	
130		麋※		凡三見 四1·28 道		璽彙 0360				石鼓文 田車

附表一　《汗簡》、《古文四聲韻》中古文與古文字形體對照表　385

續　表

序號	釋文	隸定	汗簡	四聲韻	甲骨及西周金文	戰國文字 齊	楚	燕	三晉	秦
131	遺	遺※	汗1·9	凡兩見 四1·18 孝	旂鼎 2555		采風曲目 3		中山王方壺 銘文選 2.881	
132	遂	述※		四4·5 天		子禾子釜 10374	老子甲 39		中山王方壺 銘文選 2.881	詛楚文
133	逐	述※	汗4·55 義		塱盨 4469	齊陳曼簠 4595	璽彙 263			
134	近	㫃※	凡兩見 汗6·76 馬	凡兩見 四3·15 馬		郘公典盤 集錄1009	新蔡甲三 111		璽彙 2386	
135	邇	迩※	汗1·9	四3·5 義			上·緇衣22			
136	遠	德※	汗1·8 石	凡三見 四3·15 老			六德48		匡字所從 璽彙 1655	
137	逖	邎※	汗1·8 尚	凡兩見 四5·15 尚		从止 陶錄 3.460.3				
138	道	衍※	汗1·10 尚	凡兩見 四3·20 尚			老子甲6			

續表

序號	釋文	隸定	汗簡	四聲韻	甲骨及西周金文	戰國文字 齊	戰國文字 楚	戰國文字 燕	戰國文字 三晉	戰國文字 秦
139	衛	衛※	汗1·10 義	凡兩見 四3·20 碧		語叢二 38				
140	衛	衛※	汗1·10 尚	四3·20 雲	貉子卣 5409					
141	遁	遁※	汗1·9	凡三見 四3·20 孝			性情論 7			
142	遙	邎※	汗1·9	四2·7 義			語叢三 42			
143	德	惪※	凡兩見 汗4·59	凡六見 四5·28 孝		陳侯因資敦 4649	五行 5		令狐君壺 9720	
144	復	匐※	汗1·9 郭	凡四見 四4·38 華	多友鼎 2835					
145	往	逞※	汗1·8 尚	凡三見 四3·24 尚		陶錄 3.459.2	周易 30		侯馬 67:21	
146	徐	郤※	汗3·33 义	凡兩見 四1·23 义		璽彙 1954	包山 172		璽彙 1941	

續 表

序號	釋文	隸定	汗簡	四聲韻	甲骨及西周金文	戰國文字				
						齊	楚	燕	三晋	秦
147	退	退	凡兩見 汗1·8 尚	凡兩見 四4·17 尚		子禾子釜 10374	曹沫之陳 58		中山王方壺 銘文選 2.881	
148	後	逡※	汗1·8 尚	凡六見 四3·27 孝	寧鼎 2740	陶錄 3.338.4	中弓4		侯馬 3:20	
149	得	㝵※	凡兩見 汗4·46 華	凡四見 四5·28 老		璽彙 0291	包山6		中山王方壺 銘文選 2.881	里耶 J1⑧133 正-1
150	御	馭※	汗4·54 碧	四4·9 碧	禹鼎 2833		弟子問 20		珍秦齋古印展22	
151		迋※	汗1·9 王	四4·9 王			姑成家父 4		璽彙 2040	
152	延	延※	汗1·10	四2·4 石		鵬公劍 11651	新蔡甲三 261			睡·法律答問160
153	行	行	汗1·10	凡三見 四2·19 孝	虢季子白盤 10173	齊侯子行匜 10233	包山15	行議鋑矛 11491	璽彙 2635	睡·法律答問42
154	術	迥※	汗1·9貝	四1·10 貝			老子甲27			

續表

序號	釋文	隸定	汗簡	四聲韻	甲骨及西周金文	戰國文字 齊	戰國文字 楚	戰國文字 燕	戰國文字 三晉	戰國文字 秦
155	牙	牙		四2·12 汗	師克盨 4467.1	辟大夫虎符 12107		小器 10422		
156		㙑※		四2·12 汗			周易23		陶彙 6·103	
157	跬	赶※	汗1·7						侯馬 92:1	
158	路	洛※		四4·11 裴		璽彙 0328				
159	龠	冊※	汗1·10 裴	四5·23 裴	散盤 10176				吉林出土古代官印 202	
160	囂	貿※		四2·7 籀			屬字所從 包山143	璽彙 3484		
161	舌	舌	汗1·10	四5·14 義			陶彙 4.65			睡·日書乙種102
162	干	干	汗1·11	四1·37 义	師克盨 4467.2	陶錄 3.2.1	璽彙 3593	陶錄 4.53.2	合陽鼎 2693	睡·封診氏39
163	商	矞※	汗1·11 尚	凡三見 四2·14 尚		庚壺 9733.1B	雨臺山律管 楚系簡帛文字編200			

附表一 《汗簡》、《古文四聲韻》中古文與古文字形體對照表　389

續　表

序號	釋文	隸定	汗簡	四聲韻	甲骨及西周金文	戰國文字				
						齊	楚	燕	三晉	秦
164	需	需※	汗1·11 說	凡三見 四2·14 說			民之父母 8			
165	句	句	汗1·11	凡四見 四4·10 碧	殷句壺 9676	陶錄 3.18.1	容成氏 28	璽彙 4130	陶錄 5.3.1	
166	丩	丩	汗1·11	四2·24 汗	合集 11018 正	陶錄 2.112.1	包山 260	貨系 3385	貨系 46	
167	古	古	汗1·11	四3·11 汗	牆盤 10175	司馬楙編鎛 山東104—108頁	老子甲 12	陶錄 4.141.1	貨系 435	陶彙 5.463
168	十	十	汗1·11	四5·22 老		黏鎛 271	周易 24	陶錄 4.2.1	十四年帳橛 10475	睡·日書乙種 99
169	千	千		四2·2 孝	散氏盤 10176	彙考 66頁	容成氏 51			
170	謂	喟※		凡三見 四4·8 孝					璽彙 1844	
171	謁	謁※	汗1·12	四5·10 煙					守丘刻石銘圖 19831	

續表

序號	釋文	隸定	汗簡	四聲韻	甲骨及西周金文	戰國文字 齊	楚	燕	三晉	秦
172	讎	讎	汗2·18郭	四2·24郭		陶錄2.178.1				睡·日書乙種87
173	詩	峕※	凡兩見 汗3·31义	凡三見 四1·20义			孔子詩論4			
174	誨	悔※	汗1·6尚	凡兩見 四4·17尚	甲骨文編49頁					
175	謀	惎※	汗4·59	四2·24尚			容成氏3			
176	訊	諰※		四4·18史			相邦之道4			
177	謹	懂※		四3·15孝			郭·緇衣33			
178	信	仞※	凡兩見 四4·18老	敔叔鼎2767	璽彙3698					
179	誥	畀※	汗1·12庶	凡兩見 四4·29庶	史話簋4030		郭·緇衣28			

續 表

序號	釋文	隸定	汗 簡	四聲韻	甲骨及西周金文	戰 國 文 字				
						齊	楚	燕	三晉	秦
180	謝	䣝※	汗5·67 義	凡四見 四4·32 乂					璽彙 2882	
181	諺	詹※	汗1·12 尚	凡兩見 四4·21 尚		君子爲禮 1				
182	詛	禠※	汗1·3 尚				包山241			
183	誅	栽※	凡兩見 汗5·68 義	凡四見 四1·24 義					中山王方壺銘文選 2.881	
184	善	譱※	汗1·12	凡兩見 四3·17 碧	善鼎 2820	郜伯祀鼎 2602				
185	音	音	汗1·12	凡兩見 四2·26 老		鄦叔之仲子平鐘 174	瓦先6	陶錄 4.39.4		秦公鐘 266
186	章	章		四2·14 老			尹至3		璽彙 0902	睡·爲吏之道25
187	妾	妾	汗5·67 義	凡兩見 四5·21 義	伊簋 4287		周易30		侯馬 198：10	睡·封診氏86

續表

序號	釋文	隸定	汗簡	四聲韻	甲骨及西周金文	戰國文字				
						齊	楚	燕	三晉	秦
188	業	㭲※	汗4·55 書	凡兩見 四5·29 雲	昶伯業鼎 2622		孔子詩論 5			
189	僕	㒒※	汗1·13 説	凡兩見 四5·5 説			語叢四 18			
190	奉	丞	凡三見 汗1·13	凡四見 四3·3 老	散氏盤 10176	彙考 290頁	容成氏7		璽彙 0898	
191	弄	弄※		四4·3 義					璽彙 3144	
192	戒	戒	汗5·68 尚	四4·16 尚	戒鬲 566	叔夷鎛 285.2	周易10		少府盉 9452	睡·爲吏之道40
193	共	共※		凡兩見 四4·4 老		叔夷鎛 285.2	楚帛書甲		璽彙 5136	
194	異	㚄※		凡兩見 四4·8 天			語叢三 53			

續　表

序號	釋文	隸定	汗簡	四聲韻	甲骨及西周金文	戰國文字				
						齊	楚	燕	三晉	秦
195	與	异※		凡三見 四3·9 説			信陽一3			
196	農	辳※	凡兩見 汗3·31 樊	凡兩見 四1·12 樊	牆盤 10175	陶錄 3.538.3	三德15			
197		辳※		四1·12 崔	沇其鐘 189.1					
198		莀※		四1·12 崔	田農鼎 2174					
199	革	革※		四5·18 汗		鞄字所从 陶錄 2.285.4	周易30		璽彙 3103	
200	鞭	夋※	汗1·14	凡五見 四2·5 箱	散氏盤 10176	陶錄 3.521.5		陶錄 4.35.1	璽彙 399	
201	鬲	鬲※		四5·18 汗		邾姒鬲 0596			梁十九年 鼎2746	
202	煮	䰞※	汗1·13	四3·9 孫	四祀邲其 卣5413					

續表

序號	釋文	隸定	汗簡	四聲韻	甲骨及西周金文	戰國文字				
						齊	楚	燕	三晉	秦
203	餌	餌		四4·8 天			曹沫之陳 55		侯馬 152∶4	
204	孚	孚		四1·25 崔		庚壺 9733	郭·緇衣 13		璽彙 0922	
205	爲	爲※	凡兩見 汗1·13 石	凡兩見 四1·14 道		陳喜壺 9700A	曹沫之陳 36		合陽鼎 2693	
206	藝	埶※	汗5·67 庶	四4·15 庶	毛公鼎 2841.B.1	叔夷鎛 285.8	尊德義 7			石鼓文·吴人
207	又	又	汗1·13 石	凡兩見 四4·37 汗	虢季子白盤 10173	十四年陳侯午敦 4646	子羔 11		璽彙 3135	
208	右	右		四4·37 雲	即簋 4250	亡鹽戈 10975	唐虞之道 15	右宮矛 11455	右使車嗇夫鼎 2707	睡·秦律雜抄 23
209	父	父		凡三見 四3·10 孝	虢季子白盤 10173	郳友父鬲 717	弟子問 8		哀成叔鼎 2782	關沮 347
210	及	秉※	汗1·13 石	凡四見 四5·22 雲		唐虞之道 15				

續表

序號	釋文	隸定	汗簡	四聲韻	甲骨及西周金文	戰國文字				
						齊	楚	燕	三晉	秦
211	遱	遱※		四5·22 説			語叢二 19			
212	秉	秉	汗1·13 義	四3·25 義	班簋 4341	國差罎 10361	孔子詩論 6		晉公盆 10342	睡·日書甲種 36背
213	彗	箮※	汗2·21 林	四4·5 裴			曾侯乙簡 9			
214	友	𠬃※		凡三見 四3·26 石	多友鼎 2835	邾友父鬲 717	郭·緇衣 45		侯馬 58:9	
215	史	史	汗1·14	四3·7 汗	番生簋蓋 4326					睡·秦律雜抄 10
216	事	事※	汗1·14 説	凡四見 四4·8 孝	伯矩鼎 2456	國差罎 10361	孔子見季趄子 5	郾侯載豆 西清 29.42	侯馬 3:6	
217	肆	䋣※		四4·7 石	獣簋 4317					璽彙 5572
218	聿	聿		凡兩見 四5·8 孝			周易 7			

續表

序號	釋文	隸定	汗簡	四聲韻	甲骨及西周金文	戰國文字				
						齊	楚	燕	三晉	秦
219	畫	書※		四4·37籀	獣簋 4317		楚帛書甲			
220	臣	臣		凡兩見 四1·31孝	靜簋 4273	陶錄 3.286.3	新蔡乙四 70	璽彙 4119	中山王鼎銘文選 2.880	
221	臧	戕※	汗5·68義	凡兩見 四2·18義		璽彙 1464	曹沫之陳 10			
222	殿	屍※	汗3·43華	四4·22雲	師袁簋 4313	鷹展節 12088	曾侯乙簡 13			
223		屍※	凡兩見 汗3·42華	凡三見 四4·22華		ㄙ之十杯集錄 1047			先秦貨幣文字編 140頁	
224	毅	忍※	汗4·59	凡兩見 四4·9尚		陶錄 3.264.1				
225	殺	希※	凡兩見 汗3·41尚	凡四見 四4·16說		唐虞之道 7				
226		殺※		凡兩見 四4·16說	䤈从簋蓋 4278	庚壺 9733				

附表一　《汗簡》、《古文四聲韻》中古文與古文字形體對照表　397

續　表

序號	釋文	隸定	汗簡	四聲韻	甲骨及西周金文	戰國文字				
						齊	楚	燕	三晉	秦
227	鼎	鼎※	汗1·14	四1·25 義	𠭯𠬶 3913					
228	專	專※		四1·25 又			語叢一 28			
229	皮	皮※	凡兩見 汗1·14	凡兩見 四1·15 汗		陳子皮戈 11126	周易 56		趄蚉壺銘文選 2.882	
230	啓	戌※	汗5·65 義	凡兩見 四3·12 義	合集 20957				二十一年啓封令戈 11306	
231		启※	凡三見 汗1·7 孫	凡三見 四3·12 庶	合集 9339					
232	徹	徹※	汗1·9	四5·15 老	何尊 6014				鳳羌鐘 157	
233	敏	勄※		四3·14 孝	叔夷鎛 285.3					
234		勄※		四3·14 庶			彭祖 8			
235	效	效		四4·28 籀					璽彙 5293	睡·效律 21

續 表

序號	釋文	隸定	汗簡	四聲韻	甲骨及西周金文	戰國文字				
						齊	楚	燕	三晉	秦
236	政	政※		四4·36 孝		叔夷鎛 285.1	包山 81		侯馬 156:23	
237	改	改※		四3·13 雲			香港藏簡 1			
238	變	敽※		四4·24 籀					侯馬 1:64	
239	更	更	汗6·79 又	凡五見 四2·18 庶			新蔡零 390		璽彙 0371	
240	攸	卥※	凡三見 汗1·9 尚	凡四見 四2·23 尚			郭·緇衣 45			
241	敗	歂※	汗1·14	凡兩見 四4·16 老	五年師旋簋 4216.2		包山 23			
242	教	季※	汗1·15 指	四4·28 郭			老子甲 17			
243		教※		四4·28 孝			唐虞之道 5			
244		效※	汗1·15 説	凡兩見 四4·28 説			唐虞之道 21			

續　表

序號	釋文	隸定	汗簡	四聲韻	甲骨及西周金文	戰國文字				
						齊	楚	燕	三晉	秦
245	學	斆※		四5·7 雲	它簋 4330				中山王鼎銘文選 2.880	
246	卜	卜		凡兩見 四5·3 孝	卜孟簋 3577.2	璽彙 1265		燕明刀 先秦貨幣文字編 44頁	璽彙 1262	睡·秦律十八種 182
247	兆	兆※	汗1·8 庶	四3·19 庶	姚字所從 鑪叔樊鼎 2679		姚字所從 新蔡甲三 365		逃字所從 兆域圖 10478	
248	庸	㐭※	凡三見 汗2·16 尚	凡七見 四1·13 尚	臣諫簋 4237	陶錄 2.370.1				石鼓文 吳人
249		稟※		四1·13 又		曹沫之陳 18	郭大夫釜甑/考古 94.4.6		韝字所從 哀成叔鼎 2782	
250	目	目※		凡兩見 四5·5 老		唐虞之道 26				
251	睦	瞴※	凡兩見 汗2·16 碧	凡兩見 四5·5 郭	儠匜 10285					
252		敍※		四5·5 孝	邾公釛鐘 102					

續表

序號	釋文	隸定	汗簡	四聲韻	甲骨及西周金文	戰國文字				
						齊	楚	燕	三晋	秦
253	瞽	兆※		四3·11 汗			唐虞之道 24			
254	眱	眲※	汗2·16 張	四1·17 張			从視 君子爲禮 6			
255	省	眚※	汗1·5 庶	四3·25 庶			性情論 2		中山王鼎銘文選 2.880	睡·秦律雜抄 17
256	自	自	汗2·16	凡兩見 四4·7 孝	右走馬嘉壺 9588	邾君鐘 50	包山 209	臸生不戈 11383	璽彙 4656	睡·效律 18
257		自※	凡兩見 汗2·16 説	四4·7 説			敬事天王鐘 73			
258	皆	虐※		凡三見 四1·28 孝			忠信之道 7		中山王鼎銘文選 2.880	
259	魯	炊※	汗4·48 石	四3·11 石		薛子仲安簠 4547	遽字所從曾侯乙簡 119		閖字所從元年塚令戈 11360	
260	者	炊※		凡四見 四3·21 孝		都字所從中都戈 10906	性情論 38		璽彙 3248	

附表一 《汗簡》、《古文四聲韻》中古文與古文字形體對照表　401

續　表

序號	釋文	隸定	汗簡	四聲韻	甲骨及西周金文	戰國文字				
						齊	楚	燕	三晉	秦
261	智	智※	汗 2・25 天	凡兩見 / 四 4・4 天			上・緇衣 19			
262	百	百※		四 5・19 石			彭祖 7	重金方壺 09617	中山王鼎銘文選 2.880	
263	鼻	自※	汗 2・17 攎					攻敔王光戈 11029		
264	奭	奭	汗 2・17 尚	凡兩見 / 四 5・26 尚		陶錄 3.295.5	郭・緇衣 36		璽彙 2680	
265	習	習	汗 2・17				性自命出 12		璽彙 2181	睡・爲吏之道 40
266	翟	衺※	汗 6・82 義	凡兩見 / 四 5・19 義			剗字所從 璽彙 3488		侯馬 3：18	
267	隹	隹	汗 2・17	凡兩見 / 四 1・18 汗	虢季子白盤 10173	陳侯因咨敦 4649	弟子問 15		中山王鼎銘文選 2.880	石鼓文 汧沔
268	舊	舊	汗 3・37 華	凡兩見 / 四 4・37 箛	兮甲盤 10174	郰公華鐘 245	周易 44			

續表

序號	釋文	隸定	汗簡	四聲韻	甲骨及西周金文	戰國文字 齊	楚	燕	三晉	秦
269	羊	羊	汗2·18	四2·13 汗	叔德簋 3942	羊角戈 11210	周易 38	璽彙 3514	璽彙 4465	
270	群	羣※		四1·34 又			容成氏 41		侯馬 156:21	
271	瞿	䀠※	汗2·16 易	四1·24 易					璽彙 3261	
272	集	集		四5·22 南	毛公鼎 2841.B.1		包山 164		玉飾銘圖 19732	
273	難	雗※	汗2·17 說	凡五見 四1·37 說			包山 236			放日甲 15
274		雖※		四1·37 又			語叢三 45			
275	焉	安※	汗5·67 華	凡兩見 四2·6 雲	公貪鼎 2719	魯宰虢簠遺珍 46頁	老子甲 25		哀成叔鼎 2782	石鼓文 田車
276	烏	於※	汗2·18 碧				成之聞之 4			睡·效律 58
277	棄	弃※	汗6·81 說	四4·6 說			容成氏 3		璽彙 0872	璽彙 1428

續 表

序號	釋文	隸定	汗簡	四聲韻	甲骨及西周金文	戰國文字 齊	楚	燕	三晉	秦
278	再	再※	汗3·40 義			陳璋方壺 9703	昔者君老 1		驫羌鐘 158	
279	幾	巤※	汗2·24 碧	凡三見 四3·8 老			逸詩·交交鳴鶩 1			
280	惠	惠※	汗4·59 裴	四4·14 裴			郭·緇衣 41		中山王方壺 銘文選 2.881	
281	玄	玄※	凡兩見 汗2·19 華	凡五見 四2·3 汗		郊公牼鐘 151	老子甲 28			
282	兹	兹※		四1·21 义	何尊 6014	冑甫人匜 10261	成之聞之 39		侯馬 16：3	
283	予	舍※	汗1·6 石	四1·23 汗		彙考 69頁	包山 133		侯馬 156：21	
284	受	受	汗2·19 尚	凡兩見 四3·27 孝		國差𦉢 10361	子羔 1		中山王方壺 銘文選 2.881	
285	敢	叙※		凡九見 四3·23 孝			容成氏 18	陶錄 4.7.1	妏盍壺 銘文選 2.882	

續表

序號	釋文	隸定	汗簡	四聲韻	甲骨及西周金文	戰國文字 齊	楚	燕	三晉	秦
286	殂	𣦵※	汗2·20				九店 56.51			
287	朽	歹※	凡兩見 汗2·20 林	凡兩見 四3·26 林						睡·效律 22
288	殆	怠※	汗4·59 裴				曹沫之陳 52			
289	殖	熾※	汗4·55 演	四5·26 說			包山 248			
290	死	㱿※	汗2·20	凡四見 四3·6 孝			望山一 176		兆域圖 10478	
291	膚	膚		四1·25 孝	九年衛鼎 2831	邾公牼鐘 151	容成氏 1		貨系 991	睡·秦律雜抄 29
292	腊	痠※	凡兩見 汗3·36 義				包山 168			
293	膳	蘆※	汗2·18 義	四4·23 崔			語叢三 38			
294	散	㪔※	汗3·38 石	凡兩見 四3·16 石	散車父壺 9697					

續 表

序號	釋文	隸定	汗簡	四聲韻	甲骨及西周金文	戰國文字				
						齊	楚	燕	三晉	秦
295	肯	肯	汗2·20 尚	凡三見 四3·29 尚		璽彙 1473	用曰17		璽彙 3963	
296	刀	刀	汗2·20	四2·9 汗		齊明刀 貨系3793	包山144	燕明刀 貨系2932	貨系 3995	
297	利	利*	汗3·37 說	凡四見 四4·6 天	師遽方彝 9897.1	上曾大子鼎 2750	性情論 38	鄴王喜矛 11529	侯馬 105∶1	
298	初	初	汗3·44	凡兩見 四1·22 義		郳公牼鐘 152	周易 12		長子臣簠 4625	睡·日書乙種 130
299	則	𠛧*	汗2·21 尚	四5·28 雲	兮甲盤 10174	洹子孟姜壺 9730	曾侯乙鐘 287.4B		中山王方壺 銘文選 2.881	石鼓文 吾水
300		則*	凡兩見 汗2·21 尚	凡三見 四5·28 義	段簠 4208					
301		則*	汗4·52 義	凡五見 四5·28 雲			老子丙 10		溫縣 T1K1∶2279 文物 1983.3	

續表

序號	釋文	隸定	汗簡	四聲韻	甲骨及西周金文	戰國文字 齊	戰國文字 楚	戰國文字 燕	戰國文字 三晉	戰國文字 秦
302	剛	㺄※	汗3·41尚	凡兩見 四2·17尚		璽彙 0336	天子建州甲13	璽彙 2749	侯馬 16:9	
303		㝏※		凡兩見 四2·17説		陶錄 3.400.4	慎子曰恭儉5			
304	劋	劋※	汗2·17			叔夷鎛 285.8	周易43			睡·法律答問120
305	刑	型※	凡兩見 汗2·21尚	凡四見 四2·21尚			老子甲16		夆盍壺銘文選 2.882	
306	刃	刃	汗2·21	四4·18汗			成之聞之35		三十三年大梁戈 11330	睡·法律答問90
307	創	刲※		凡三見 四4·34崔		陶錄 3.346.1				
308	韌	韌	汗2·21	四5·12汗	師同鼎 2779				八年首垣令戈 復旦網 2009.5.12	
309	觸	㸽※		四5·6崔		陶錄 3.559.5			璽彙 664	

附表一 《汗簡》、《古文四聲韻》中古文與古文字形體對照表　407

續　表

序號	釋文	隸定	汗簡	四聲韻	甲骨及西周金文	戰國文字 齊	楚	燕	三晉	秦
310	衡	奐※	汗4·58尚	凡五見 四2·19尚			凡物流形甲4			
311	竹	竹	汗2·21	四5·4汗					平肩空首布貨系316	睡·日書甲種5背
312	箭	箭		四4·24汗			鄂君啓車節12110B			
313	簡	柬※	汗3·30	凡兩見 四3·17義		鮑子鼎中國歷史文物2009.2	容成氏19		令狐君壺9720	關沮315
314	笭	箁※	汗2·22林	四4·15裴			郭·緇衣46			
315	筥	籥※	汗2·21演	四3·9石		酈大史申鼎2732	容成氏25			
316	篋	匜※	汗5·69尚	四3·6尚			所从殷旁與古文近似包山154			
317	杭※	杭※	汗3·30郭	四3·6郭						秦印編81

續表

序號	釋文	隸定	汗簡	四聲韻	甲骨及西周金文	戰國文字			
						齊	楚	燕	三晉	秦
318	策	策		四5·18老			包山260		璽彙2409	
319	蕭	筲※		四2·6南		黛鎛271				
320	其	亓※		四1·19道		璽彙0253	老子甲3	廿年距末11915	侯馬1:46	睡·日書乙種213
321		丌※		四1·19乂		子禾子釜10374	周易13	六年五大夫弩機11931	璽彙4718	
322		囚※	凡兩見 汗6·83庶	四1·19林	卯簋4327	魯伯愈父鬲0694	郭·緇衣40		侯馬198:16	
323	箕	笄※	汗2·21尚	四1·20尚			信陽二21		方足小布貨系1604	
324	典	箕※	汗2·21尚	四3·17尚		叔夷鎛285.5	包山3			
325	巽	巽	汗2·22說	四4·20說			中弓23		陶彙6·145	
326	左	ナ※	汗1·14	四3·21汗	善鼎2820				平肩空首布貨系57	

附表一 《汗簡》、《古文四聲韻》中古文與古文字形體對照表　409

續　表

序號	釋文	隸定	汗簡	四聲韻	甲骨及西周金文	戰國文字				
						齊	楚	燕	三晉	秦
327	工	工	汗 2·22	四 1·10 汗	揚簋 4294	陶錄 3.18.1	容成氏 18	璽彙 0082	陶錄 5.82.4	睡·效律 46
328	巨	巨	汗 2·22	凡兩見 四 3·9 說		彙考 70 頁	曾侯乙簡 172	鄲王罍矛 11540		
329	甘	甘	汗 2·23				曹沫之陳 53	璽彙 5570	璽彙 3089	睡·日書乙種 146
330	甚	㽙※	汗 1·7	凡兩見 四 3·28 林	甚諆臧鼎 2410		語叢四 25		甚字所從 私官鼎 1508	
331	曰	曰	汗 2·23	四 5·9 孝	農卣 5424	陳純釜 10371	曹沫之陳 10		哀成叔鼎 2782	
332	曶	曶※		四 5·11 崔					侯馬 85:15	
333	曹	曹	汗 2·16 石		趙曹鼎 2754	陶錄 3.414.2	弟子問 4			睡·語書 13
334	乃	乃	凡兩見 汗 2·23 張	凡七見 四 3·13 張	它簋 4330	叔夷鎛 285.1	容成氏 27			睡·秦律十八種 177

續　表

序號	釋文	隸定	汗簡	四聲韻	甲骨及西周金文	戰國文字 齊	楚	燕	三晉	秦
335		迺※	汗1·9 林	凡十見 四3·13 華	永盂 10322		子羔 10			睡·封診氏 81
336	寧	宲※	凡兩見 汗3·39	凡三見 四2·22 庶					姧蚉壺銘文選 2.882	
337	可	可	汗2·23	凡五見 四3·21 汗	羮爵 9087		陶錄 2.135.4	中弓 5	燕明刀貨系 3678	璽彙 2631	睡·效律 24
338	兮	兮	汗2·29	凡兩見 四1·27 道	兮甲盤 10174		陶錄 3.6.1			
339	乎	虖※		凡兩見 四1·25 孝	㝨方鼎 2824		陶彙 3.816	唐虞之道 23	侯馬 3:10	
340	号	虍※		四4·29 籀			容成氏 20			
341	于	于		凡兩見 四1·24 孝	追簋 4219		邾公華鐘 245	容成氏 53	燕明刀貨系 2919	趙孟庎壺 9679

續　表

序號	釋文	隸定	汗簡	四聲韻	甲骨及西周金文	戰國文字 齊	戰國文字 楚	戰國文字 燕	戰國文字 三晉	戰國文字 秦
342	平	平※	凡兩見 汗6·82	凡四見 四2·18 孝		平阿左戈 11041	臧孫鐘 98			
343	旨	旨※	凡兩見 汗1·7 庶	凡兩見 四3·5 义		國差𦉢 10361	從政甲9			
344	喜	歖※	汗2·24 義	凡四見 四3·6 說			唐虞之道3			戰國編 599頁
345	嘉	勸※		四2·11 義					中山王鼎銘文選 880	
346	豆	豆	汗2·24	凡兩見 四4·39 崔		陶錄 2.470.2	信陽二 20		陶錄 5.32.1	
347	虞	吳※		凡兩見 四1·24 义		璽彙 1185	容成氏5	璽彙 1650	璽彙 1170	
348	虐	㡭※	凡兩見 汗1·7	四5·23 林			容成氏36		璽彙 1524	詛楚文
349	益	益	汗2·25 林	四5·16 林						珍秦齋古印展133

續表

序號	釋文	隸定	汗簡	四聲韻	甲骨及西周金文	戰國文字 齊	楚	燕	三晉	秦
350		棥※	汗4·52 尚	凡五見 四5·16 尚		贎字所從 齊圜錢 貨系4111	老子乙3		侯馬 194:2	
351	屮	屮	凡兩見 汗2·25	四5·8 春	追簋 4219	叔夷鏄 285.2	三德16		侯馬 105:2	
352	盡	畵※	汗2·17 義	四5·26 義			上·緇 衣12			
353	主	丶※		四3·10 說	丶庚爵 8047					睡·日書 甲種91背
354		宝※	汗2·27	凡三見 四3·10 老			柬大王泊 旱6		溫縣WT1 K17:131 新出	
355	井	丼※	汗2·25	四3·26 汗					陶錄 4.116.3	睡·日書 乙種16
356	窂	粜※	汗2·26 說	凡五見 四3·26 說			周易44			
357	即	即		四5·27 雲	伊簋 4287	子禾子釜 10374	性自命出 21		中山王方 壺 銘文選 2.881	石鼓文 車工

附表一 《汗簡》、《古文四聲韻》中古文與古文字形體對照表　413

續　表

序號	釋文	隸定	汗簡	四聲韻	甲骨及西周金文	戰國文字				
						齊	楚	燕	三晉	秦
358	既	既		四4·9 天	遹簋 4207	洹子孟姜壺 9730			哀成叔鼎 2782	石鼓文 車工
359	秬	𩰲※	汗2·26 爾	四3·9 尚	毛公鼎 2841.4B					
360	食	飤※		四5·26 義	𩰬作寶飤簋 3374	魯士厚父 4519	容成氏 28		哀成叔鼎 2782	陶彙 5.193
361	養	敩※	汗1·14	四3·23 尚			六德 33			
362	饌	𩚬※	汗2·26 林	四4·21 林	牆盤 10175					
363	餷	𩚬※	汗2·26 林	凡三見 四4·6 林					璽彙 2019	
364	今	今	汗6·82 石	凡兩見 四2·26 石	虎簋 4316		曹沫之陳 2		侯馬 67∶1	
365	舍	豫※		凡三見 四4·33 籀		陳豫車戈 11037	曹沫之陳 23		璽彙 1831	
366	倉	仺※	汗2·26	凡三見 四2·17 老					䤨鐘淅川墓 261 頁	平肩空首布 貨系 262

續 表

序號	釋文	隸定	汗簡	四聲韻	甲骨及西周金文	戰國文字 齊	楚	燕	三晉	秦
367	人	人	汗2·26	四5·22 汗	卯簋 4327				侯馬 156：20	睡·效律 41
368	內	內	汗3·40 義	凡三見 四4·17 雲		子禾子釜 10374	鄂君啓舟節 12113B	璽彙 0697	侯馬 194：12	
369	矢	矢	汗2·27	四3·6 汗	伯晨鼎 2816	陶錄 2.648.1	侯字所从 包山 243	侯字所从 鄔侯載矛 11513	侯字所从 中山侯鉞 11758	石鼓文 鑾車
370	射	射		四4·33 籀						石鼓文 田車
371	侯	侯	汗2·27 石	凡四見 四2·25 孝	伯侯父盤 10129	國差罈 10361	包山 243	蚤生不戈 11383	璽彙 1082	
372	矣	矣		四3·8 孝			老子甲 6			睡·封診 氏 84
373		矣※		四3·8 孝					中山王鼎銘文選 2.880	
374	高	高	汗2·27	凡四見 四2·8 汗	駒父盨蓋 4464	高密造戈 11023	曾侯乙簡 147	璽彙 1133	方足小布 貨系 1910	高奴權 10384

續 表

序號	釋文	隸定	汗簡	四聲韻	甲骨及西周金文	戰國文字 齊	楚	燕	三晉	秦
375	亯	亯※	汗 2・27	凡八見 / 四 3・24 汗		郳公華鐘 245	三德 4			
376	厚	至※	汗 4・49 尚	凡四見 / 四 3・27 尚			老子甲 4			
377	良	良※	汗 2・17 義	凡兩見 / 四 2・13 説			新蔡甲一 22		侯馬 92:10	
378	糜	糜※	汗 3・37 石	凡兩見 / 四 3・28 説		璽彙 0319				
379	嗇	嗇※	凡兩見 汗 2・28 説	凡三見 四 5・27 説					安邑下官鐘 9707	睡・效律 28
380	牆	牆※		凡兩見 / 四 2・16	牆盤 10176					
381	來	逨※	汗 2・28 義	凡兩見 / 四 1・30 孝		陶錄 2.2.1	周易 9			

續　表

序號	釋文	隸定	汗簡	四聲韻	甲骨及西周金文	戰國文字				
						齊	楚	燕	三晉	秦
382	憂	悥※		凡四見 四2·22孝			昭王毀室 10		舒盉壺銘文選 2.882	睡·日書甲種 81背
383	愛	忢※	汗4·59	凡兩見 四4·17尚			郭·緇衣 25	郾侯載簋 10583	舒盉壺銘文選 2.882	
384		悥※裴	汗4·59	凡五見 四4·17孝		陶錄 3.648.3	用曰 11			
385	夏	夏	汗4·47尚	凡兩見 四3·22尚						睡·日書乙種 110
386		頤※	汗4·47義	四3·22義		叔夷鎛 285.6	郭·緇衣 7	璽彙 0015	璽彙 3988	
387		是※		凡兩見 四4·32籀			平王問鄭壽 7	疋鄱(?)戈 10899	六年襄城令戈 新收 1900	
388	舜	夋※	汗2·28尚	四4·19汗			唐虞之道 22			
389	弟	弟		凡三見 四3·12孝			唐虞之道 5			

附表一　《汗簡》、《古文四聲韻》中古文與古文字形體對照表　417

續　表

序號	釋文	隸定	汗簡	四聲韻	甲骨及西周金文	戰國文字				
						齊	楚	燕	三晉	秦
390	乘	乘※	汗6·76尚	凡五見　四2·28老		璽彙0636	新蔡甲三167	廿年距末11915	溫縣WT1 K14：867 新出	
391	木	木	汗3·30	四5·3汗	曶鼎2838B	璽彙0298	容成氏44	陶錄4.197.3	侯馬156-19	睡·日書乙種192
392	李	李		四3·7雲						睡·日書乙種67
393	梓	杍※	汗3·30尚	凡三見　四3·8尚			逸詩·多薪2			
394	楊	楊		四2·13雲	多友鼎2835	陶錄2.260.1	包山192		璽彙2392	
395	樹	尌※	汗3·30尚	四4·10尚					陶彙6.80	石鼓文作原
396		敷※	汗3·30尚	凡兩見　四4·10尚			季庚子問於孔子18			
397	朱	朱	汗3·30義	四1·25義	王臣簋4268.1	陶錄3.563.2	曾侯乙簡160	璽彙3313	侯馬195：8	
398	果	果		四3·21老			曹沫之陳33		璽彙0936	睡·日書甲種3背

續表

序號	釋文	隸定	汗簡	四聲韻	甲骨及西周金文	戰國文字				
						齊	楚	燕	三晉	秦
399	格	狱※	汗5·68 尚	凡兩見 四5·19 尚			上·緇衣10			
400	築	管※	汗2·21 演	凡兩見 四5·4 演			容成氏38			
401	極	亟※		凡兩見 四5·26 老			唐虞之道19		侯馬156:21	睡·法律答問102
402	槃	盤※		四1·38 雲	虢季子白盤10176	璽彙0640	包山167			
403		盤※	汗6·75	四1·38 說	伯侯父盤10129					
404	樂	樂		凡兩見 四5·7 孝	癲鐘247	邾公華鐘245	性情論12		璽彙1376	睡·為吏之道40
405	析	所※	汗6·76 尚				析君戟11214			
406	東	東	汗3·30	凡兩見 四1·10 孝	宴簋4118.1	璽彙1145	包山140	璽彙3957	璽彙0169	睡·封診式75

附表一 《汗簡》、《古文四聲韻》中古文與古文字形體對照表　419

續　表

序號	釋文	隸定	汗簡	四聲韻	甲骨及西周金文	戰國文字				
						齊	楚	燕	三晉	秦
407	林	林	汗3・30				新蔡甲三 402		侯馬 156：21	秦印編 112
408	楚	楚	汗3・30 石	四3・9 石		陶錄 3.25.1	新蔡零 314	楚高罍 09989.3	晉公盆 10342	睡・日書 乙種 243
409	麓	禁※		四5・3 崔	小臣夌鼎 2775		新蔡甲三 150		彙考 137 頁	
410	才	才	汗3・31 華	四1・30 華		邾公牼鐘 150	曾姬無卹 壺 9711		晉公盆 10342	
411	若	若※		凡三見 四5・23 老	彔伯戎簋 蓋 4302	上曾大子 鼎 2750	老子甲 38		中山王鼎 銘文選 2.880	
412	之	之	汗3・31	凡三見 四1・19 孝		邾大司馬 戈 11206	保訓 3	燕王職壺 上博集刊 8	侯馬 1：1	新鄭虎符 12108A
413	生	生※	汗3・31 石			陶錄 3.460.1	容成氏 5		元年鈹 11660	
414	索	索※	汗1・6	凡兩見 四5・27 義			曾侯乙簡 129			
415	南	南※		凡五見 四2・12 籀			包山 90		璽彙 2563	

續表

序號	釋文	隸定	汗簡	四聲韻	甲骨及西周金文	戰國文字 齊	楚	燕	三晋	秦
416	生	生	汗3·31	凡三見 四2·19 孝	頌簋 4232	陶錄 3.312.4	容成氏 33	䢊生不戈 11383	璽彙 3291	睡·秦律十八種 84
417	産	産		四3·17 華			包山 106		侯馬 92：1	睡·法律答問 177
418	稽	𥡴※	汗2·23 尚	凡三見 四3·12 尚	公臣簋 4186		新蔡乙四 70			
419	束	束	汗3·32	四5·6 汗						睡·秦律十八種 8
420	圖	煮※	汗4·59 裴	四1·26 又			姑成家父 7			
421		圖※	汗3·33 尚	凡兩見 四1·26 尚			魯邦大旱 1			
422	囿	圛※		四4·37 籀	合集 9488					石鼓文 吳人
423	固	囷※		四4·11 老		璽彙 3685				
424	貝	貝	汗3·33	四4·12 汗		賜字所从 庚壺 9733	包山 274	賵字所从 璽彙 3959	貨系 463	睡·爲吏之道 18

續表

序號	釋文	隸定	汗簡	四聲韻	甲骨及西周金文	戰國文字				
						齊	楚	燕	三晉	秦
425	員	鼎※	汗3·33	凡兩見 四1·34 義		陶錄 3.489.3				石鼓文 車工
426	賢	臤※		凡兩見 四2·2 老			語叢三 52			
427	賓	宮※		凡五見 四1·32 老		虘鐘 88	郘友父匜 10236	周易 40		
428	貧	貧		四1·32 老			成之聞之 17			睡·爲吏 之道 1
429	邦	邦		四1·14 古		郘公華鐘 245	語叢四 8	郭字所從 夾迤刻石	晉公盆 10342	二十一年 相邦冉戈 11342.1
430	都	都※	汗3·33 石	四1·27 石		中都戈 10906		璽彙 0051	侯馬 3:20	
431	郊	蒿※		四2·8 孝			容成氏 53		璽彙 1374	
432	鄭	奠※	汗6·82 石	四4·36 石		陶錄 2.58.1	包山 160		王三年鄭 令戈 11357	鄭字所從 日書甲種 81 背

續表

序號	釋文	隸定	汗簡	四聲韻	甲骨及西周金文	戰國文字 齊	楚	燕	三晉	秦
433	邵	邵		凡兩見 四4·27 籀					侯馬 156：22	
434	邢	邢	汗3·33 石	四2·22 石			璽彙 1901			秦印編 122
435	日	日	汗3·33	凡三見 四5·7 老	虎簋 4316	節墨大刀貨系 2569	新蔡乙四 43	郾王職壺上博集刊 8.147	令狐君壺 9720	睡·秦律十八種60
436	時	旹※	汗3·33 尚	四1·19 尚			三德15		璽彙 4343	
437	晉	晉※	汗3·34 碧	凡三見 四4·18 雲	晉人簋 3771	陶錄 3.41.3	上·緇衣6		鳳羌鐘 158	關沮 367
438	昏	顰※		凡兩見 四1·37 老	毛公鼎 2841B.2					
439	昌	昌	汗3·34 說	凡兩見 四2·14 說				燕明刀貨系 3227	璽彙 4568	睡·日書甲種120
440	昔	昔	汗3·33 尚	四5·16 孝	卯簋 4237		曹沫之陳 6		舒蚉壺銘文選 2.882	詛楚文

附表一 《汗簡》、《古文四聲韻》中古文與古文字形體對照表　423

續　表

序號	釋文	隸定	汗簡	四聲韻	甲骨及西周金文	戰國文字				
						齊	楚	燕	三晉	秦
441	臘	腊※		四5·16老		陶錄 2.394.3	鄒王糧鼎 2675			
442	昆	暈※	汗3·34碧	四1·36碧			六德29			
443	朝	淖※		四2·7石		陳侯因資敦 4649				
444		鞠	汗3·34貝	凡兩見 四2·7貝						石鼓文 吳人
445	旗	斿※	汗3·34李	四1·20李		陶錄 3.456.2	曾侯乙簡 80		璽彙 2377	
446	施	㫃※	汗4·48尚	凡三見 四1·16乂			六德14			
447		攸※		凡兩見 四1·16汗			从攴與古文同 尊德義37			
448		迻※		四1·16乂		陶錄 3.507.1				

續表

序號	釋文	隸定	汗簡	四聲韻	甲骨及西周金文	戰國文字 齊	楚	燕	三晉	秦
449	游	迀※		凡兩見 四2·23 雲			包山277			
450	族	矣※	汗1·7 尚	凡四見 四5·3 尚		陳喜壺 9700	姑成家父 1		彙考 306頁	
451	星	曑※	汗3·31 說	四2·22 黃			九店 56.79		璽彙 2745	
452	月	月	凡兩見 汗3·35 說	凡兩見 四5·9 說	大盂鼎 2837B	陳逆簠 4096	采風曲目 1	陶錄 4.5.1	哀成叔鼎 2782	
453	期	㫑※	汗3·34 尚	凡三見 四1·20 尚		璽彙 0655	包山36	璽彙 1247	陶錄 5.77.2	
454		朋※	凡兩見 汗3·35 尚	凡四見 四1·19 尚					璽彙 2766	
455	有	有	凡兩見 汗3·35 季	凡兩見 四3·26 季	衛盉 9456	叔夷鎛 285·6	成之聞之 37		侯馬 16:3	睡·效律 35

附表一 《汗簡》、《古文四聲韻》中古文與古文字形體對照表　425

續　表

序號	釋文	隸定	汗簡	四聲韻	甲骨及西周金文	戰國文字				
						齊	楚	燕	三晋	秦
456	明	明※	汗3·33尚 凡兩見	凡五見 四2·19尚	合集 2223		民之父母 6	璽彙 4392	璽彙 1767	
457		朙		四2·19崔	戒作莽宮 鬲 566	司馬楙編鎛 山東104—108頁	三德1		侯馬 156：17	商鞅方升 10372
458	盟	盟	汗3·35說	凡三見 四2·19說		邾公釛鐘 102	競建内之 7		侯馬 185：3	睡·爲吏之道 48
459		盟※		四2·19崔	剌觶鼎 2485	叔夷鎛 285.4	子羔 7		璽彙 0408	
460	夜	夜	汗3·35義	凡三見 四4·32孝	師酉簋 4288.1	叔夷鎛 285.1	昔者君老 4		七年宅陽令 11546A	睡·爲吏之道 33
461	外	外	汗3·35義	凡三見 四4·13崔	陶錄 2.13.1	容成氏 20	燕明刀貨系 3033	中山王方壺銘文選 2.881	睡·法律答問 129
462		列※		四4·13崔		老子甲 23			
463	夙	夙	汗3·35義	凡四見 四5·5尚	五祀衛鼎 2832	夙戈 10822			中山王鼎銘文選 880.2	

續表

序號	釋文	隸定	汗簡	四聲韻	甲骨及西周金文	戰國文字				
						齊	楚	燕	三晉	秦
464		佰※	汗3·41尚	四5·5尚			周易37			
465	栗	㮚※	汗3·30尚	凡三見 四5·8尚	合集36902	璽彙0233	新蔡甲三355			石鼓文作原
466	粟	粟	凡兩見 汗3·37尚	四5·6尚		璽彙5550	璽彙5549			
467	齊	齊※	凡三見 汗3·36史	凡四見 四1·27史		十年陳侯午敦4648	竸公瘧1		□年邦府戟11390	六年漢中守戈11367A1
468		齊※	汗3·36	凡四見 四1·27汗	五年師旋簋4216.2	洹子孟姜壺9729		璽彙2511	濟源玉簡文物1959.8	
469	禾	禾	汗3·36	四2·11汗	戲禾作旅鼎1976	子禾子釜10374	民之父母13	陶錄4.188.2	三年馬師鈹11675	高奴權10384
470	秀	秀		四4·38老			包山53			
471	穆	穆	汗3·36尚	凡三見 四5·5尚	邾公華鐘245		包山49		梁十九年鼎2746	

續表

序號	釋文	隸定	汗簡	四聲韻	甲骨及西周金文	戰國文字 齊	戰國文字 楚	戰國文字 燕	戰國文字 三晉	戰國文字 秦
472	稷	稷※	汗3·37 義	凡兩見 四5·27 義			子羔13		璽彙 4442	
473	移	迻※		凡兩見 四1·14 又			朿大王泊旱12			
474	穫	秋※	汗3·37 義	四5·25 義			郾王職壺 上博集刊 8.147			
475	康	康	汗6·80 石	四2·17 石		叔夷鎛 285.3	楚居11		璽彙 0887	石鼓文 吾水
476	年	秊※	汗3·37	凡三見 四2·3 老		夆叔盤 10163		陶錄 4.5.1	十二年 趙令戈 11355	
477	秦	秦※	汗3·37 尚	四1·32 尚		倪慶鬲/遺珍41頁			驫羌鐘 159	秦公鎛 269
478		秝※	汗3·37 尚	四1·32 尚		包山189		璽彙 3423	璽彙 2977	
479	兼	兼		凡四見 四2·27 尚			陶彙 4.42		睡·秦律十八種137	

續表

序號	釋文	隸定	汗簡	四聲韻	甲骨及西周金文	戰國文字				
						齊	楚	燕	三晉	秦
480	氣	燹※	汗4·55 碧	四4·9 碧			從政甲9			
481	毇	皇※		四3·4 崔			窮達以時 14			
482	白	白	汗3·37	凡兩見 四3·27 雲		陶録 3.495.2	包山 276	璽彙 3354	守丘刻石	
483	林	林※	汗3·38	四4·16 汗		陶彙 3.828	郭·緇衣26		璽彙 2412	
484	宅	庀※	汗4·51 尚	凡兩見 四5·19 孝		璽彙 0211	三德11	燕王職壺 上博集刊8	中山王鼎 銘文選 2.880	
485	室	室		四5·8 老	免簋 5418	公典盤 集録1009	曾姬無卹 壺9711	王后鼎 2097	侯馬 67:7	
486	宇	寓※		凡兩見 四3·10 説	五祀衛鼎 2832					
487	定	定※		四4·37 汗			老子乙 15		中山王方壺 銘文選 2.881	
488	完	埊※	汗6·74 义	四1·38 义					封泥集成 19	

續表

序號	釋文	隸定	汗簡	四聲韻	甲骨及西周金文	戰國文字				
						齊	楚	燕	三晉	秦
489	富	富	汗6·74 義	四4·38 汗					璽彙 1434	
490	容	公※	汗3·39 尚	凡六見 四1·13 道		陶彙 3.443	曹沫之陳 24		陶錄 5.2.1	
491	寶	窑※	凡兩見 汗3·39 尚	凡兩見 四3·21 碧	叔作父丁簋 3605	魯伯愈父鬲 694	皇門12			
492		俫※	汗3·41 石	凡三見 四3·21 老	矢方彝 9901.1	夆叔盤 10163				
493		珎※		凡兩見 四3·21 尚			昭王與龔之脾6			
494		償※	汗3·33 華	四3·33 華		邾叔之伯鐘087	望山一15			
495	守	宰※		四3·26 華			競公瘧8		璽彙 0341	
496	宜	室※	汗3·39 説	四1·15 説			曹沫之陳 28		侯馬 200∶30	

續表

序號	釋文	隸定	汗簡	四聲韻	甲骨及西周金文	戰國文字				
						齊	楚	燕	三晉	秦
497	寑	寏※	汗3·39 說	凡三見 四3·28 說	師遽彝 9897.2					
498	寡	賈※	汗5·63	凡六見 四3·22 孝		語叢三 31				
499		叞※		四3·22 老		司馬楙編鎛 山東104—108頁	尊德義 15		中山王鼎銘文選 2.880	
500	寓	厲※	汗4·51 義	凡兩見 四4·10 義					璽彙 3236	
501	害	害※		四4·12 孝		邾公子害簠 遺珍67頁			瘖字所從 璽彙 3809	
502	宨	変※	汗6·78 尚	四3·6 說	変字所從 兮甲盤 10174					
503	宋	宋		四4·3 南	永盂 10322	陶彙 3.803	包山109		璽彙 1393	珍秦齋古印展48
504	宗	宗	汗1·3 豫	凡三見 四1·12孝	大盂鼎 2837B	陳逆簠 4630	容成氏 46		璽彙 0092	

續表

序號	釋文	隸定	汗簡	四聲韻	甲骨及西周金文	戰國文字				
						齊	楚	燕	三晉	秦
505	宮	宮	汗3·39	四1·11 汗	矢方彝 9901.1	拍敦 4644	三德 8	陶錄 4.24.3	璽彙 3236	睡·法律答問 188
506	營	營※	汗4·55 華	四2·20 華		璽彙 3687				
507	吕	吕	汗3·39	凡兩見 四3·8 汗	班簋 4341	郑公牼鐘 151	郭·緇衣 29		璽彙 1637	睡·爲吏之道 19
508	窺	窺※		四1·15 乂	伯窺父盨 4438.2					
509	窮	窮※		四1·11 道			包山 227			秦玉版 國學研究 6.540頁
510	病	疠※		凡兩見 四4·35 孝			包山 243	璽彙 3958		
511	冃	㝍※		四4·37 崔			曾侯乙簡 1			
512	兩	兩※	汗3·40 義	四3·23 義			孔子詩論 13		兆域圖 10478	
513	罪	辠※	汗6·80 尚	凡三見 四3·13 古		璽彙 3667	容成氏 48		中山王鼎 銘文選 2.880	睡·效律 35

續表

序號	釋文	隸定	汗簡	四聲韻	甲骨及西周金文	戰國文字 齊	楚	燕	三晉	秦
514	羅	罘※	凡三見 汗3·40 華	凡五見 四2·10 華		集錄 1088				
515	帛	帛	汗3·41	四5·19 汗	大篡蓋 4298.1	陶錄 2.84.3	魯邦大旱 4	璽彙 3495	魚顛匕 980	睡·封診氏 22
516	市	市	汗3·41	四5·9 汗		兔簋 4240	曾侯乙簡 130			
517	白	白		四5·19 汗		邾伯疊 10007	曾侯乙簡 46		直刀 貨系 3881	上白壺 9517
518	人	人	汗3·41	凡四見 1·31 孝	善鼎 2820	洹子孟姜壺 9730	上·緇衣 23	郾王戎人戈 11275	璽彙 5266	新郪虎符 12108
519	保	保※		四3·21 崔	司寇良父壺 9641	陳侯因育敦 4649	孔子詩論 10		保晉戈 文物 1992·5	睡·封診氏 86
520		俘※		凡兩見 四3·21 老					中山王鼎銘文選 2.880	
521		保※		四3·21 老	猒簋 4317	陳逆簋 4096	王孫誥鐘 淅川墓 151頁			

續　表

序號	釋文	隸定	汗簡	四聲韻	甲骨及西周金文	戰國文字 齊	楚	燕	三晉	秦
522	仁	仁		四1·31又						睡·法律答問63
523		忎※	汗4·59說	凡兩見 四1·31孝			性情論33			
524	伯	敀※	汗3·41義				窮達以時7			
525	傲	奡※	汗4·47尚	四4·30尚			三德11			
526	何	何		四2·10孝		陶錄2.362.1	璽彙2985		璽彙2547	里耶里簡J1⑨1正
527	備	備※	汗3·42庶	凡四見 四4·5庶		子備璋戈集錄1140				
528	什	什		四5·22老					四年咎奴令戈11341	睡·秦律雜抄36
529	任	任		四2·26老			性情論31		璽彙3944	睡·語書6
530	俗	俗		四5·6孝					璽彙5664	睡·語書5

續表

序號	釋文	隸定	汗簡	四聲韻	甲骨及西周金文	戰國文字				
						齊	楚	燕	三晉	秦
531	億	音※	汗2·16 義	四5·27 汗			鬼神之明 4		令狐君壺 9720	
532	侮	侮※	汗3·41 尚	凡三見 四3·10 尚					中山王鼎銘文選 2.880	
533		㸚※		凡兩見 四3·10 孝			老子丙1			
534	傷	傷	汗4·53 史	四3·11 史						睡·爲吏之道29
535	伐	伐	汗5·68 義	凡兩見 四5·10 義	多友鼎 2835		三德14		侯馬一85:7	睡·秦律十八種5
536	弔	弔	凡兩見 汗3·41 義	凡四見 四4·25 華	廣簋蓋 3890	庚壺 9733	鮑叔牙與隰朋之諫 9	壐彙 3370	哀成叔豆 4663	
537	免	免※	汗6·83 義	四3·18 汗	免簋 4240		包山53			
538	匕	匕	汗3·42				鄦鐘淅川墓 262頁			關沮 314

續表

序號	釋文	隸定	汗簡	四聲韻	甲骨及西周金文	戰國文字				
						齊	楚	燕	三晉	秦
539	从	从	汗3·42		任氏从簋 3455	陶錄 3.476.3				
540	從	從	汗3·42 林	四1·13 林	班簋 4341	鱻鎛 271	容成氏 39		上官豆 4688	放日甲 23
541	并	并	汗3·42 林	凡三見 四4·36 汗			容成氏 26	璽彙 1924	中山王鼎銘文選 2.880	睡·法律答問 49
542	比	比	汗3·42	四3·6 汗	班簋 4341	陶錄 4.204.1	周易 9	陶錄 4.204.1		睡·爲吏之道 31
543	扗※		汗3·42 裴	四3·6 裴					璽彙 3068	
544	北	北	汗3·42	凡兩見 四5·29 汗	同簋 4270	陶錄 2.302.4	容成氏 28	大夫北鎩 11991	璽彙 3096	關沮 151
545	丘	丘	汗3·42	凡兩見 四2·24 汗		璽彙 4010	孔子詩論 21	陶錄 4.131.4	商丘鎩 11942	睡·封診氏 47
546	塱※		汗3·43 石	四2·24 石		陶錄 3.37.1	鄂君啓車節 12110B	小器 10422	守丘刻石銘圖 19831	

續表

序號	釋文	隸定	汗簡	四聲韻	甲骨及西周金文	戰國文字				
						齊	楚	燕	三晉	秦
547	虚	塵※	汗3·43 乂	凡兩見 四1·23 乂			璽彙 5559			
548	衆	衆	汗3·43 說	凡兩見 四4·3 孝	師旂鼎 2809	陶錄 2.49.3	容成氏 42	璽彙 4115	璽彙 4342	睡·法律答問52
549	聚	聚※		四3·10 老					璽彙 2844	
550	望	望※	汗3·43 尚	凡兩見 四2·15 老	保卣 5415.1					
551	重	重	汗3·43						侯馬 3:19	商鞅方升 10372
552	量	量※		凡兩見 四2·13 碧			程瘑7			
553	監	監※	汗3·44 牧	四2·29 牧		監戈 10893	三德12			
554	臨	臨※	凡兩見 汗3·44 義	凡四見 四2·25 義	叔臨父簋 3760		耆夜8			

續表

序號	釋文	隸定	汗簡	四聲韻	甲骨及西周金文	戰國文字 齊	楚	燕	三晉	秦
555	殷	㱃※		四1·34 又			繫年13		坴字所从 璽彙 2577	
556	衣	衣	汗3·44	凡三見 四1·22 道	此鼎 2821	陶錄 2.304.2	三德9	郾王職矛 11518	二十七年安陽戈 考古 1988.7	睡·日書乙種189
557	表	表	汗3·44 尚	四3·19 尚			容成氏22		璽彙5610	睡·爲吏之道3
558	齊	齊※		四4·15 崔	多一羨符口 陳逆簠 4096				古代璽印輯存206	
559	雜	雜		四5·20 雲						睡·效律28
560	衰	㐮※	汗4·52 説	四1·17 説		陶錄3.29.1	孔子詩論3			
561	卒	卒※	汗3·44 石	凡三見 四5·8 石		公典盤集錄1009			外卒鐸420.1	睡·日書乙種242
562	壽	壽		凡五見 四4·38 南		邾公華鐘245	包山108		長子臣簠4625	

續表

序號	釋文	隸定	汗簡	四聲韻	甲骨及西周金文	戰國文字 齊	楚	燕	三晉	秦
563	壽	壽※	汗3·43石	凡兩見 四3·27老		陳逆簠 4096				
564	考	攷※		四3·21汗			周易 18			
565		丂※		四3·21汗	司土司簠 3696	䣄鎛 271	金縢 4			
566	孝	孝	汗6·80石	凡三見 四4·28石	頌簋 4334	陳貯簠蓋 4190	孔子詩論 26		中山王方壺 銘文選 2.881	
567		孝※	汗3·43孝	凡三見 四4·28石	十四年陳侯午敦 4646					
568	毳	毳	汗3·43	四4·14汗	毳簋 3934.2		容成氏 49			
569	居	居		四1·22义		陶錄 2.35.1	容成氏 28	陶錄 4.22.4	上官豆 4688	睡·秦律十八種 12
570		尻※	汗6·76石	凡三見 四1·22孝			周易 55			

附表一 《汗簡》、《古文四聲韻》中古文與古文字形體對照表　439

續表

序號	釋文	隸定	汗簡	四聲韻	甲骨及西周金文	戰國文字					
						齊	楚	燕	三晉	秦
571	尼	尼		凡兩見 四1·18 孝						放日甲 72
572	屋	臺※	汗2·21 説	四5·2 説			望山二 15		璽彙 3143	
573	尺	尺	3·44	凡兩見 四5·17 汗						睡·秦律十八種 61
574	屈	屈※		凡兩見 四5·9 老			老子甲 23		方足小布貨系 1603	
575	履	顯※	汗3·44 説	凡三見 四3·6 汗	□仲盤 10134		子羔 12	璽彙 2516		
576	舟	舟	汗3·44	四2·24 汗	楚簋 4246.1		庚壺 9733	包山 180		石鼓文·霝雨
577	般	般		四1·38 义	兮甲盤 10174		夆叔盤 10163	楚系簡帛文字編 783		
578	方	方	汗4·46	四2·15 汗	兮甲盤 10174	陶錄 2.169.4	老子乙 12		璽彙 3957	兆域圖 10478	石鼓文 霝雨

續表

序號	釋文	隸定	汗簡	四聲韻	甲骨及西周金文	戰國文字 齊	戰國文字 楚	戰國文字 燕	戰國文字 三晉	戰國文字 秦
579	兒	兒		凡兩見 四1·15 道	合集 7893	者兒戈 古文字研究二十三 98頁	語叢四 27			
580	兄	兄	汗4·46	凡兩見 四2·19 汗	屯尊 5932	陶錄 3.659.5	六德 13			睡·日書乙種 170
581	競	望※		四2·28 老			語叢二 3			
582	弁	弁※		凡三見 四4·24 義			性自命出 43		玉瓚 于省吾教授百年誕辰紀念文集 159頁	
583	先	先	汗4·46	凡三見 四2·2 孝	它簋 4330	叔夷鎛 285.1	容成氏 42		璽彙 3569	睡·秦律十八種 167
584	視	眂※	凡兩見 汗2·16 説	凡三見 四4·5 汗			上·緇衣 1		溫縣WT1 K1∶3105 新出	
585		眠※		四4·5 崔	員方鼎 2695				兆域圖 10478	

附表一 《汗簡》、《古文四聲韻》中古文與古文字形體對照表　441

續　表

序號	釋文	隸定	汗簡	四聲韻	甲骨及西周金文	戰國文字				
						齊	楚	燕	三晉	秦
586	親	晜※	汗6・80	凡四見 四1・32 孝		璽彙 3521			羅字所從 中山王鼎 銘文選 2.880	
587	款	欸※		集11說						戰國編 598頁
588	欲	欲		凡兩見 四5・6 老			老子丙 13		璽彙 3098	睡・日書 乙種181
589	頁	頁	汗4・47	四5・13 汗		頗字所從 陶錄 3.188.3	新蔡乙四 98	璽彙 0308	邵黛鐘 226	頬字所從 睡・日 書甲種 79背
590	頂	顛※	汗4・47 朱	四3・26 朱					魚顛匕 980	秦印編 172
591	順	巡※		四4・19 孝					璽彙 0806	
592	顯	㬎※	汗5・71 尚	凡四見 四3・17 老			孔子詩論 6		侯馬 67：3	
593	面	面	汗4・48	凡三見 四4・24 汗		祈室銅柱 周金文存 6.132				睡・法律 答問204

續表

序號	釋文	隸定	汗簡	四聲韻	甲骨及西周金文	戰國文字 齊	楚	燕	三晉	秦
594	首	首	汗4·48	凡五見 四3·26 老	頌簋蓋 4333.1	叔夷鎛 285.3	新蔡甲三 203	夾逰刻石		睡·日書乙種248
595	修	攸※		四2·23 李		璽彙 1946	容成氏 36		璽彙 4496	
596	弱	休※	汗3·41 義	凡三見 四5·23 老			語叢二 36			
597	文	文	汗4·48	四1·33 孝		璽彙 0282	容成氏 47	璽彙 3852	璽彙 0557	睡·編年記4
598		彣※	汗4·48 別	四1·33 汗			包山 203			
599	髮	𩠖※	汗4·48 林	凡三見 四5·10 林	牆盤 10175					
600	后	后	汗4·49	凡四見 四3·27 孝		上·緇衣12		璽彙 4091	璽彙 3989	
601	司	司	汗4·49		牆盤 10175	璽彙 0025	曹沫之陳 25	璽彙 0011	璽彙 0068	睡·秦律雜抄10

續表

序號	釋文	隸定	汗簡	四聲韻	甲骨及西周金文	戰國文字				
						齊	楚	燕	三晉	秦
602	詞	訶*	凡兩見 汗1·12裴	凡四見 四1·20庶			成之聞之 23			
603		訇*	汗1·6石	凡兩見 四1·20石			性自命出 27			
604		嗣*	汗4·49義	四1·20義	大盂鼎 2837B	中山王方壺銘文選 2.881	鮑叔牙與隰朋之諫 1			
605	色	㲋*	凡三見 汗6·82義	凡三見 四5·27老			語叢一 110			
606	卿	卿		凡兩見 四2·19孝	伯康簋 4160	璽彙 0874	成之聞之 12		中山王方壺銘文選 2.881	商鞅方升 10372
607	辟	辟*	凡三見 汗6·80義	凡三見 四5·18孝		子禾子釜 10374	五行 47			
608	旬	旬*	汗3·34石	凡兩見 四1·33又		庚壺 9733	容成氏 14			
609	敬	敬*	汗4·50碧	四4·35孝		叔夷鎛 285.2	三德 15		郘侯載簋集成 10583	

續表

序號	釋文	隸定	汗簡	四聲韻	甲骨及西周金文	戰國文字 齊	楚	燕	三晉	秦
610	鬼	鬼	汗4·50	四3·8 汗						睡·法律答問129
611		䰠※	汗4·50 說	凡兩見 四3·8 說		陳貯簋蓋 4190	民之父母 11			
612	畏	畏	汗4·50 義	凡三見 四4·9 孝		璽彙 4030	五行 36			
613	魏	禾※	汗3·37 略	凡三見 四4·8 雲	與古文同 从禾得聲 合集 20192		與古文同 从禾得聲 容成氏 7		與古文同 从禾得聲 中山王鼎銘文選 2.880	
614	山	山		四1·39 雲	善夫山鼎 2825	陳子山徒戟 11084	魯邦大旱 2	璽彙 3284	平肩空首布 貨系 273	
615		山	汗4·50	四1·39 汗					三十三年業令戈 11312	陶彙 5.193
616	岳	芐※	汗4·51 華	四5·6 華					侯馬 67：54	
617		峀※		凡兩見 四4·37 崔					平肩空首布 貨系 359	

續　表

| 序號 | 釋文 | 隸定 | 汗簡 | 四聲韻 | 甲骨及西周金文 | 戰國文字 |||||
						齊	楚	燕	三晉	秦
618	廞	訇※	汗6·78論	四4·37論		尊德義26				
619	庶	庶※	凡兩見 汗4·51孝	凡三見 四4·10貝	叔夷鎛 285.2					
620	廢	瀘※		四4·18老	大克鼎 2836	叔夷鎛 285.5	老子甲 31		廬字所從 中山王方壺 銘文選 2.881	睡·爲吏 之道46
621	廟	庿※		四4·27雲			周易42		中山王方壺 銘文選 2.881	
622		寣※		四4·27古	盉方彝 9900		語叢一89			
623	仄	昊※	汗4·57又	四5·28又	合集 13442正	陶錄 3.295.1			陶錄 5.40	
624	厭	猒※	凡兩見 四3·29籀	它簋 4330	叔夷鎛 285.1	孔子詩論 23		溫縣WT4 K6：212	
625	危	仚※	汗4·51尚	凡四見 四1·17孝		六德17		璽彙 0117	璽彙 0123	

續表

序號	釋文	隸定	汗簡	四聲韻	甲骨及西周金文	戰國文字 齊	楚	燕	三晉	秦
626	石	石※	汗4·52	四5·17 汗		璽彙 0266	魯邦大旱 4	礚字所從 璽彙 2319		
627	礦	丱※		四3·25 說			望山二 53	燕小器 10434		睡·日書乙種 185
628	長	長※	凡四見 汗4·52 華	凡八見 四2·15 說		璽彙 0874	彭祖 6	璽彙 0724	璽彙 4628	
629	勿	勿	汗4·52	凡兩見 四5·9 老		公典盤集錄 1009	周易 45		哀成叔鼎 2782	睡·日書乙種 120
630	冉	冉	汗4·52	四3·29 汗			冉鉦鍼 428			相邦冉戈 11342
631	而	而	汗4·53	凡兩見 四1·20 汗		子禾子釜 10374	太一生水 10		中山王方壺 銘文選 2.881	石鼓文 而師
632	希	希※		四4·8 爾			語叢二 24			
633	豹	豹※	汗1·10 義	凡兩見 四4·28 石			包山 277			

附表一　《汗簡》、《古文四聲韻》中古文與古文字形體對照表　447

續　表

序號	釋文	隸定	汗簡	四聲韻	甲骨及西周金文	戰國文字 齊	楚	燕	三晉	秦
634	易	易	汗4·53	凡兩見		陶錄3.460.3				睡·語書10
635		勿※		四5·17汗			信陽一1	陽字所從璽彙0010		
636	馬	馬※	汗4·54	四3·21汗		豆閉簋4276	郊大司馬戈11206	新蔡甲三33	侯馬185：9	
637	鶩	鶩		凡兩見 四4·30尚						石鼓文鑾車
638	篤	管※	汗2·28乂	四5·5乂			新蔡乙四136			
639		竺※	汗6·73論				容成氏9		侯馬1：7	
640	驅	毆※		四1·25説	多友鼎2835	璽彙1466		璽彙3226	侯馬1：40	石鼓文車工
641	駐	駐		四4·11老 疑"又"旁是"主"旁之訛			曾侯163			

續表

序號	釋文	隸定	汗簡	四聲韻	甲骨及西周金文	戰國文字				
						齊	楚	燕	三晋	秦
642	尌	尌※		四4·11 牧					譆所從中山王方壺銘文選 2.881	
643	繄	㬎※	汗4·54 尚	四5·22 尚					侯馬 185∶9	
644	法	佱※	凡三見 汗1·8 石	凡兩見 四5·29 石			上·緇衣 13			
645	麗	丽※	凡四見 汗6·82 說	凡六見 四4·14 說		陳麗子戈 11082			宜陽戈 考古與文物 2002.2	
646	狀	狀※		四4·34 老						陶彙 5.394
647	庆	鰲※	汗5·70 又	凡兩見 四5·13 史	遹盤 考古與文物 2003.3					石鼓文 作原
648	獨	蜀※		四5·2 雲			皇門 10	璽考 88	璽彙 3302	石鼓文 車工
649	樊	㦳※	汗3·37 義	凡兩見 四4·15 老			所從"㦳"旁與古文相同 語叢三 55			

續表

序號	釋文	隸定	汗簡	四聲韻	甲骨及西周金文	戰國文字				
						齊	楚	燕	三晉	秦
650	狂	悻※		凡四見 四2·16 老			包山22			
651	猶	猶		凡兩見 四2·23 老		陳純釜 10371	老子甲8		侯馬 3：17	石鼓文 作原
652		猶※		四2·23 雲			成之聞之 27			睡·語書 12
653	獄	獄		四5·6 郭			包山131			關沮 229
654	能	能	汗4·55	凡四見 四2·29 孝	番生簋蓋 4326	叔夷鎛 285.3	曹沫之陳 36		哀成叔鼎 2782	
655	火	火	汗4·55	四3·21 汗	焚字所從 多友 鼎2835	陶錄 3.396.3		燕明刀 貨系 3393	璽彙 3364	睡·為吏 之道25
656	然	狀※		凡八見 四2·4 孝			語叢一30			
657		難※	汗4·55 史	凡兩見 四2·4 尚			者減鐘 202			

續表

序號	釋文	隸定	汗簡	四聲韻	甲骨及西周金文	戰國文字				
						齊	楚	燕	三晉	秦
658		肰	汗4·55華	四2·4雲			容成氏18			
659	栽	秋※	汗4·55書	四1·30尚			周易56			
660		从※		四1·30乂	合集37513					
661	煙	𤉷※		凡兩見 四2·3崔					哀成叔鼎2782	
662	光	黃※	汗1·7	四2·17老		陳侯因咨敦4649		郾王職矛11517	哀成叔鼎2782	
663	炎	炎	汗4·56	四2·27汗						睡·法律答問179
664	爕	燇※	汗4·55演						璽彙3286	
665	黑	黑	汗4·56	凡兩見 四5·29汗		鑄子叔黑臣簠4570			侯馬98：23	睡·日書甲種71背
666	炙	炙	汗4·56	四4·33汗					璽彙1516	關沮317

續　表

序號	釋文	隸定	汗簡	四聲韻	甲骨及西周金文	戰國文字				
						齊	楚	燕	三晉	秦
667	赤	赤	汗4·56	四5·17 汗	此鼎 2822	陶彙 3.822	包山 168	璽彙 3226	璽彙 1098	睡·日書 乙種 176
668	大	大		凡六見 ---- 四4·12 汗	大鼎 2807	陳逆簋 4096	容成氏 30	璽彙 4874	璽彙 3426	睡·效律 60
669	夾	夾	汗4·56 尚	四5·20 尚		陶錄 3.391.3	容成氏 25			睡·日書 甲種 151
670	奄	弇※	汗3·39 尚	四3·29 尚			六德 31		中山王鼎 銘文選 2.880	
671	夸	夸		凡兩見 ---- 四4·33 老					三晉文 字編 1481 頁	睡·爲吏 之道 14
672	契	离※	凡兩見 ---- 汗6·78 尚				子羔 10			
673	夷	㠯※	汗3·43 尚	凡兩見 ---- 四1·17 道		"犀"字所 從 叔夷鎛 285.8	周易 51		中山王鼎 銘文選 2.880	
674	亦	亦	汗4·56	凡三見 ---- 四5·17 汗	卯簋蓋 4327	司馬楙編 鎛 山東 104— 108 頁	從政甲 4		璽彙 4328	睡·秦律 十八種 1

續 表

序號	釋文	隸定	汗簡	四聲韻	甲骨及西周金文	戰國文字				
						齊	楚	燕	三晉	秦
675		赤※	汗4·56 華	凡兩見 四5·17 雲		邾公華鐘 245	老子甲 33			
676	夲	夲	汗4·57	四5·21 汗					鄎王戎人矛 11543	集粹 150
677	執	執※	汗5·66 庶	凡三見 四5·22 庶	不其簋蓋 4329	叔夷鐘 272.1	競公瘧 10		兆域圖 10478	
678	奓	夈※		凡兩見 四2·11 說						詛楚文
679	奏	奏※	汗1·13	四4·39 尚	合集 26012	邾慶簠 遺珍115頁				
680		奉※		四4·39 籀			鄎鐘 淅川墓 272頁			
681	皋	咎※		四2·8 唐		容成氏29			璽彙 0049	睡·日書甲種6
682	夫	夫	汗4·58	凡五見 四1·25 孝	大盂鼎 2837B	璽彙 3733	子羔8	夾迄刻石	侯馬 194：4	睡·效律 13

附表一 《汗簡》、《古文四聲韻》中古文與古文字形體對照表　453

續　表

序號	釋文	隸定	汗簡	四聲韻	甲骨及西周金文	戰國文字				
						齊	楚	燕	三晋	秦
683	立	立	汗 4·58	凡兩見 四 5·22 汗	同簋蓋 4270	陳喜壺 9700	容成氏 7	燕明刀貨系 3689	璽彙 1438	陶彙 5.391
684	端	耑※	凡兩見 汗 3·30 華	凡三見 四 1·38 楊			曾侯乙簡 73			睡·日書甲種 25 背
685	竝	竝	汗 4·58	四 3·26 汗			周易 45		中山王方壺銘文選 2.881	
686	思	思		凡四見 四 1·19 孝	鮑子鼎中國歷史文物 2009.2	孔子詩論 2	璽彙 3770	璽彙 2422	睡·日書甲種 63 背
687	慮	慮※	汗 4·58 石	四 4·9 石			性自命出 62			睡·爲吏之道 21
688	心	心	汗 4·59	凡三見 四 2·26 老	懌字所從陶錄 3.14.3	王孫遺者鐘 261.2		侯馬 3∶6	睡·爲吏之道 4
689	慎	省※	汗 3·34 尚	凡四見 四 4·18 尚	郘公華鐘 245	崀字所從六德 33		璽彙 1978	鋘字所從秦公簋 270.2
690	恭	觀※		四 1·12 孝		王孫遺者鐘 261.2				

續表

| 序號 | 釋文 | 隸定 | 汗簡 | 四聲韻 | 甲骨及西周金文 | 戰國文字 |||||
						齊	楚	燕	三晉	秦
691	恕	态※	汗5·67孫	四4·10孫			競建内之6		舒蚉壺銘文選2.882	
692	慈	惢※	汗4·59	四1·21碧	陶錄2.241.3					
693	慶	廌※	汗4·59尚	凡兩見 / 四4·35孝	五祀衛鼎2832	璽彙0236	包山136		元年鄭令矛11552B	
694	懷	褱※	汗3·44尚	四1·29尚			褱鼎2551		璽彙1528	
695		褱※		凡三見 / 四1·28道			周易53		珍秦齋藏印(戰國篇)113	
696	懼	愳※	汗4·59	四4·10尚			從政乙3			
697	恃	恃	汗3·31石	凡兩見 / 四3·6天			語叢一38		侯馬156：4	
698	戀	悉※	汗4·59裴	四4·39裴			彭祖7			
699	急	急		四5·22黃			弟子問5			睡·封診氏71

附表一 《汗簡》、《古文四聲韻》中古文與古文字形體對照表　455

續　表

序號	釋文	隸定	汗簡	四聲韻	甲骨及西周金文	戰國文字				
						齊	楚	燕	三晉	秦
700	忽	智※	汗2·23 碧	凡兩見 / 四5·11 碧	智鼎 2838		匿字所從 曾箱木刻 曾侯乙墓 354頁			
701	忘	忘		四2·15 孝		十年陳侯午敦 4648	孔子詩論 6		中山王方壺 銘文選 2.881	睡·爲吏之道 23
702	愆	訇※	汗1·12 尚	凡四見 / 四2·6 尚			同從侃聲 包山85		侯馬 185：7	
703	忌	忌	汗6·79 茅			璽彙 5587	用曰15		璽彙 2596	睡·日書乙種142
704		忎※	汗2·22 逸	凡三見 / 四4·8 天		陶錄 2.145.2	語叢四 13			
705	怨	惌※	汗3·40 尚	凡四見 / 四4·19 老					侯馬 105：3	
706		宛※		四4·19 箱			上·緇衣6			
707	惡	亞※		凡四見 / 四4·11 孝	牆盤 10175	陶錄 3.496.3	包山162		集粹96	詛楚文

續　表

序號	釋文	隸定	汗簡	四聲韻	甲骨及西周金文	戰國文字				
						齊	楚	燕	三晉	秦
708	悔	悔	汗4·59庶	凡兩見 四4·17庶			用曰12		侯馬35∶3	
709	悲	悲		四1·18道			包山179		璽彙5451	睡·日書甲種67背
710	惻	惻*	汗4·59義	凡兩見 四5·26義			包山207			
711	惜	薏*	汗4·59義	四5·16義			祭公8			
712	恐	忎*	凡兩見 汗2·22説	凡四見 四3·4史			中弓26		中山王鼎銘文選2.880	
713	惕	愁*	汗4·59義	四5·16義						睡·爲吏之道37
714	悖	孛*		凡兩見 四4·16孝	散氏盤10176		老子乙10			
715	懃	懂*		四1·34老			郭·緇衣6			

續　表

序號	釋文	隸定	汗　簡	四聲韻	甲骨及西周金文	戰　國　文　字				
						齊	楚	燕	三晉	秦
716	水	水	汗 5·61	四 3·6 汗			太一生水 1	璽彙 1598		
717	漾	羕※		凡兩見 四 4·34 義	羕史尊 5811	陳逆簋 4096	周易 48			
718	流	沇※		四 3·18 尚			沇兒鐘 203			
719	深	突※	汗 3·39 義	四 2·26 義	合集 4185		芮良夫毖 11		深字所從中山王方壺銘文選 2.881	深字所從石鼓文靈雨
720	漢	漢※	汗 1·13	四 5·3 樂					璽彙 3982	
721	濁	濁※	汗 5·61	凡兩見 四 5·7 老			隨縣石磬曾侯乙墓 581 頁			
722	治	紒※	汗 5·71 義	凡兩見 四 4·6 義			唐虞之道 10			
723		絢※	汗 5·70 義	凡兩見 四 4·6 義			六德 31			

續表

序號	釋文	隸定	汗簡	四聲韻	甲骨及西周金文	戰國文字			
						齊	楚	燕	三晉	秦
724	沼	沼※	汗5·61						貨系 551	
725	濟	濟※	汗5·61 尚	四3·12 尚					中山王方壺銘文選 881.1	石鼓文霝雨
726	波	波※	汗1·14 玄	四2·10 玄	陶錄 3.273.1		容成氏 24		璽彙 2485	
727	淵	困※	汗5·61 尚	凡四見 四2·3 老			彭祖 4			
728	淫	㝕※		四2·26 老			尊德義 16			
729	津	䏌※	汗3·44 說	凡三見 四1·31 說	麥生盨 4459.1					
730	没	叟※		凡兩見 四5·10 老			三德 3		頻字所從 侯馬 156:25	
731	涿	叿※	汗3·34 說	四5·7 說	仲叿父鼎 2533					
732	渴	渴※	汗5·61 華	四5·11 朱					璽彙 1303	

附表一 《汗簡》、《古文四聲韻》中古文與古文字形體對照表　459

續　表

序號	釋文	隸定	汗簡	四聲韻	甲骨及西周金文	戰國文字			
						齊	楚	燕	三晉	秦
733	涕	涕	汗5·61	四4·13 朱			五行17			
734	滅	滅※	凡兩見 汗6·79 義	凡兩見 四5·14 義				郾王職壺 上博集刊 8.147		
735		泧※		凡兩見 四5·14 崔			尹誥2			
736	涉	涉	汗5·61 義	四5·21 義	合集 28339		楚帛書甲			石鼓文 靈雨
737	畎	圳※	汗6·74 說	凡兩見 四3·17 說			子羔8			
738	川	川	汗5·62	四2·5 汗	啟卣 5470		周易12		斜肩空首布 貨系570	戰國編 762頁
739	州	州	凡兩見 汗1·11 尚	四2·24 尚		叔夷鎛 285.6	容成氏 25	右洀州矛 11503	璽彙 1722	
740	原	邍※	汗1·8 尚	四1·35 尚	魯原鐘 18	魯大宰原父簋 3987				石鼓文 鑾車

續　表

序號	釋文	隸定	汗簡	四聲韻	甲骨及西周金文	戰國文字			
						齊	楚	燕	三晉	秦
741	谷	谷	汗5·62	凡三見 四5·2老			曹沫之陳 46		璽彙 3316	睡·日書乙種 189
742	冬	夅※	汗3·34石	四1·12石		陳璋圓壺 9975	新蔡乙四 63			
743		夅※		凡三見 四1·12道		璽彙 2207				
744	雨	雨	5·63	凡兩見 四3·10老			中間似水旁與古文一致郭·緇衣 9		姧蚉壺銘文選 2.882	
745	雷	畾※	凡兩見 汗6·74尚	凡四見 四1·29义	師旅鼎 2809	洹子孟姜壺 9729				
746		䨓※		四1·29說	盠駒尊蓋 6012		包山 174			
747		壘※		四1·29义			䨓字所從容成氏 13		十三年陽令戈 11347	
748	露	零※	汗5·63	凡兩見 四4·11石			孔子詩論 21		璽彙 2640	

續表

序號	釋文	隸定	汗簡	四聲韻	甲骨及西周金文	戰國文字 齊	戰國文字 楚	戰國文字 燕	戰國文字 三晉	戰國文字 秦
749	雲	云※	汗5·63	凡兩見 四1·34 汗	合集 13403					睡·法律答問20
750		云※	汗5·63	凡兩見 四1·34 說			亙先4		陰字所從 集粹73	
751	魚	魚※	凡兩見 汗5·63	凡四見 四1·22 汗		陶錄 2.470.3	容成氏5	魴字所從 璽彙 2728	璽彙 2727	
752	鮮	鱻※	汗5·63 尚	凡六見 四3·17 尚		陶錄 3.513.4				
753	漁	鮌※		四1·22 古			容成氏3			
754		斂※		四1·22 義			沇兒鐘 203			
755	非	非	汗5·64	凡兩見 四1·21 道		璽彙 3080	亙先6	貨系 2741	平肩空首布 貨系498	睡·秦律十八種 195
756	不	不	汗5·64 石	凡三見 四3·27 孝	虢季子白盤 10173	邾公華鐘 245	周易9	不降矛 11470	侯馬 1:6	睡·秦律十八種 196

續表

序號	釋文	隸定	汗簡	四聲韻	甲骨及西周金文	戰國文字				
						齊	楚	燕	三晉	秦
757	至	至	汗5·64	凡三見 四4·5 孝		鎛217	敬事天王鐘74		中山王鼎銘文選 2.880	
758	西	卤※	汗5·64	凡六見 四1·28 汗	多友鼎 2835	國差罈 10361	周易37	璽彙 3966	侯馬 85：3	石鼓文吾水
759	户	㦰※	汗5·65 說	凡兩見 四3·11 老		陳胎戈 11127	周易52			
760	門	門	汗5·65	四1·36 孝		璽彙 0325	孔子詩論 4		璽彙 2656	
761		閅※	汗5·65 義	凡兩見 四1·36 義		璽彙 0170				
762	闢	闢※	凡兩見 汗5·65 說	凡兩見 四5·17 夏	大盂鼎 2837B	陶錄 3.134.2	闢字所從 新蔡甲三134	璽彙 4091	彙考 129頁	
763	閑	開※	汗5·65	四1·39 義			容成氏9			
764	閔	曼※	凡兩見 汗4·48 石	凡三見 四3·14 石		紋字所從 陶錄 3.388.4	性自命出 17			

附表一 《汗簡》、《古文四聲韻》中古文與古文字形體對照表　463

續　表

序號	釋文	隸定	汗簡	四聲韻	甲骨及西周金文	戰國文字 齊	楚	燕	三晉	秦
765	聖	聀※	汗5·65華	凡兩見 四4·36華		鄰叔之仲子平鐘177				
766	聽	耴※	汗5·65義	四2·22義			唐虞之道6		璽彙4511	
767		耵※		四2·22老				陶錄4.14.2	陶錄5.110.5	
768	手	手※		四3·26説			五行45			陶彙5.384
769	拜	拜※	凡兩見 汗5·66説	凡四見 四4·16説		洹子孟姜壺9729	性自命出21	不降戈11286		
770	扶	犮※	汗4·58裴	凡兩見 四1·25裴	犮鼎1979					
771	抱	俀※		四3·20老	大万方鼎2162		繫年34			
772	撫	迀※	汗1·8説	四3·10説			性自命出34			
773	拔	杲※		四5·12老			老子乙15			

續　表

序號	釋文	隸定	汗簡	四聲韻	甲骨及西周金文	戰國文字			
						齊	楚	燕	三晉	秦
774	播	敿※	汗1·14	凡兩見 四4·31 碧			信陽一24			
775	捍	攼※	汗1·15	凡兩見 四4·20 尚	大鼎 2808		子羔 12			
776	掬	匊※	汗3·37 樊	四5·4 樊	番匊生壺 9705					
777	女	女	汗5·66	四3·9 汗	大盂鼎 2837B	陶彙 3.317	曹沫之陳 24	璽彙 3580	溫縣T1坎 1:2182 文物1983.3	
778	妘	媥※	汗5·67 孫	四1·34 孫	翏生盨 4460					
779	妻	㚳※		凡兩見 四4·13 孝	農卣 5424	鑄叔皮父簋 4127	姑成家父 9			
780	母	母	凡兩見 汗5·66 石	凡五見 四3·27 石	兮甲盤 10174	禾簋 3939	老子甲 21		魚顛匕 980	新鄭虎符 12108A
781	姪	嬟※	汗5·66 義	四5·7 義	齊縈姬盤 10147					

續 表

| 序號 | 釋文 | 隸定 | 汗簡 | 四聲韻 | 甲骨及西周金文 | 戰國文字 |||||
						齊	楚	燕	三晉	秦
782	奴	伮※	汗5·66 尚	凡兩見 四1·26 尚			包山122		陶錄 5.8	
783	始	㚙※	汗5·64 尚	四3·7 孝			五行18			
784	好	好	凡兩見 汗6·81 尚	凡五見 四3·20 孝	杜伯盨 4448	齊鮑氏鐘 142	老子甲8		杕氏壺 9715	石鼓文 車工
785		毌※	凡兩見 汗6·81 尚	凡十一見 四3·20 尚			孔子見季 趄子26			
786		敃※		四3·20 尚	合集 37485				璽彙 2840	
787	婁	婁※	汗5·66 義	四2·25 義		璽彙 3662	成之聞 之5		少府盉 9452	
788	民	民※	汗5·67	凡三見 四1·32 老		洹子孟姜 壺9730	季庚子問 於孔子1		舒盉壺 銘文選 2.882	
789	弗	弗		四5·9 孝	旂鼎 2555		昭王毀 室2		侯馬 67：2	睡·法律 答問16

續表

序號	釋文	隸定	汗簡	四聲韻	甲骨及西周金文	戰國文字				
						齊	楚	燕	三晉	秦
790	弗	弗※	汗6·83 義	四5·9 義		陶彙 3.524 偏旁	從政甲14		璽彙 3126	
791	也	也※	凡兩見 汗5·67 說	凡兩見 四3·22 孝		庚壺集成 9733	性情論7	丙辰方壺 文物 84.10	坪安君鼎 2793	睡·秦律十八種 103
792		殴※	汗6·83 庶	四3·22 庶						睡·效律 18
793	氏	氏	汗5·67 石	四3·4 汗		齊鮑氏鐘 142	包山13		朽氏鼎 1509	睡·編年記2
794	氏	氏	汗5·68	四1·27 汗	金氏孫盤 10098		容成氏 53背	陶錄 4.187.1	璽考 118	石鼓文汧殹
795	戈	戈	汗5·68	四2·10 汗	虞簋 4167	曹右戈 11070	包山261	左行議率戈 11111A	郱戈 10902	睡·日書甲種58
796	賊	賊※		四5·29 老					侯馬 156∶25	
797	戩	戩※		凡四見 四4·23 籀			老子丙 10			

附表一　《汗簡》、《古文四聲韻》中古文與古文字形體對照表　467

續　表

序號	釋文	隸定	汗　簡	四聲韻	甲骨及西周金文	戰　國　文　字			
						齊	楚	燕	三晉	秦
798		旂※		凡兩見 四4·23 老			語叢三 2			
799	或	或※	汗5·68 義	四5·27 義	翮鎛 217				侯馬 92∶2	
800	戚	邊※	凡兩見 汗1·9	凡四見 四5·16 孝		六德 48				
801	我	烖※	汗5·68	凡三見 四3·21 汗	邿公釛鐘 102	周易 24		二年戟 11364	石鼓文 而師	
802	義	義	汗5·68 石		虢季子白盤 10173	翮鎛 27	君子爲禮 2		璽彙 2119	
803	直	直	汗5·69 演	四5·26 演			性情論 32		侯馬 3∶12	
804		植※	汗3·30 説	凡兩見 四5·26 老			郭·緇衣 3			
805	無	亡※		凡三見 四1·24 孝	猷簋 4317	亡鹽戈 10975	老子甲 1		侯馬 67∶14	睡·日書 乙種 250

續表

序號	釋文	隸定	汗簡	四聲韻	甲骨及西周金文	戰國文字 齊	戰國文字 楚	戰國文字 燕	戰國文字 三晉	戰國文字 秦
806	區	區	汗5·69庶	四1·25庶			包山3		侯馬1:46	關沮55
807	曲	乚*	汗5·69裴	凡四見 / 四5·6籀			六德43		皋落戈新收1782	
808	弓	弓	汗5·70	四1·11汗		弜字所从 鄥叔之仲子平鐘174	曾侯乙簡70		璽彙3139	石鼓文而師
809	引	抈*	汗5·66裴	凡兩見 / 四3·14南					璽彙3314	
810	張	緄*	凡兩見 / 汗4·52義	凡三見 / 四2·15義					中山王方壺 銘文選2.881	
811	彈	弓*	汗5·70說	四1·37說	合集13523正					
812	發	癹*	汗1·8石	凡四見 / 四5·10老			忠信之道2			
813	弜	弜	汗5·70	四3·23汗					珍秦齋藏印(戰國篇)91	

續 表

序號	釋文	隸定	汗簡	四聲韻	甲骨及西周金文	戰國文字			
						齊	楚	燕	三晉	秦
814	彌	獼※	汗5·70 尚	凡四見 四5·8 尚			曾侯乙簡 13			
815		敉※	汗5·70 尚	凡三見 四5·8 唐	燓戒鼎銘圖 2279					
816	孫	孫※	汗6·80 石	凡四見 四1·36 老		陳侯因𢦏敦 4649	包山 43	璽彙 1554	侯馬 156:2	
817	糸	糸	汗5·70	四5·16 汗				貨系 3687		
818	繭	緄※	汗5·70 說	凡兩見 四3·17 說			包山 268			
819	純	純	汗5·70 尚	四1·33 石			包山 262			秦印編 252
820	經	經※	汗5·70 义	凡三見 四2·21 孝		叔夷鎛 285.1	用曰 1			
821	織	絰	汗5·71 义	凡兩見 四5·26 义					璽彙 0768	

續表

序號	釋文	隸定	汗簡	四聲韻	甲骨及西周金文	戰國文字				
						齊	楚	燕	三晉	秦
822	絾	絾※	汗5·71又	四5·26崔		陶文从弋 陶錄 2.750.1	簡文从弋 九店 M56.36			
823	紡	紡	汗5·71又	四3·24義			曾侯乙簡 7			睡·日書甲種112
824	絶	蠿※	汗2·19林	凡八見 四5·14説			曾侯乙簡 13		中山王方壺銘文選 2.881	
825	㡭※			四5·14林			三德16			
826	繼	鑑※	汗6·83庶	四4·13庶	叔卣 新出金文與西周歷史.15					
827	續	賡※	汗6·80尚	凡兩見 四5·6説		陶彙 3.931	從政甲 16			
828	紹	絮※	汗5·70説			陶錄 3.502.1	楚王酓忑盤 10158			
829	結	結	汗5·71又	凡兩見 四5·12老		陶錄 3.249.1	郭·緇衣 25		侯馬 156:19	睡·日書乙種106

續表

序號	釋文	隸定	汗簡	四聲韻	甲骨及西周金文	戰國文字				
						齊	楚	燕	三晉	秦
830	終	奔※	汗6·82	凡五見 四1·12 又		公典盤 集録1009	新蔡甲三 224		平肩空首布 貨系474	商鞅方升 10372
831	毂	殻※	汗1·15 石	凡兩見 四5·2 春	噩侯鼎 2810					
832	組	纑※	汗5·71 又	四3·11 義			戰國編 864頁			
833	繫	繫※		四4·14 黃			周易40			
834	綏	綏	汗5·70 尚	四1·18 尚			曾侯乙簡 88		璽彙 1414	
835	彝	縊※	汗2·19 說	四1·17 說		拍敦 4644	楚王酓章鎛85		中山王方壺 銘文選881	
836	綽	韢※	汗5·71 論		蔡姞簋 4198					
837	率	衛※	凡兩見 汗1·10 石	凡兩見 四5·8 義	多友鼎 2835	庚壺 9733	尊德義 28	左行議率戈 11111A	十三年上官鼎 2590	

續表

序號	釋文	隸定	汗簡	四聲韻	甲骨及西周金文	戰國文字 齊	楚	燕	三晋	秦
838		衛※	凡兩見 汗1·10尚	凡五見 四5·8尚						詛楚文
839	螫	蠚※		凡兩見 四5·17老		老子甲33			从蚰 溫縣WT4 K6:315	
840	蠢	螽※	汗6·72演	四4·11演			語叢一49			
841	二	二	汗6·73	四4·6汗	番生簋蓋4326	洹子孟姜壺9730	周易26	陶錄4.112.1	侯馬1:4	睡·秦律雜抄21
842		弍※	汗6·73尚	凡三見 四4·6天		少司馬耳杯新收1080	彭祖8	襄安君鈚9606		
843	恆	亙※	凡兩見 汗6·73說	凡兩見 四2·29說			周易15		六年格氏令戈11327	
844	土	土	汗6·73	四3·11汗		齊大刀貨系2609	三德6	陶錄4.63.3	璽彙1662	睡·日書乙種40
845	地	墜※	汗6·73尚	四4·7尚	猷簋4317				璽彙2737	

附表一 《汗簡》、《古文四聲韻》中古文與古文字形體對照表　473

續表

序號	釋文	隸定	汗簡	四聲韻	甲骨及西周金文	戰國文字 齊	楚	燕	三晉	秦
846	基	亞※	汗6·73 尚	四1·20 汗		陶錄 3.326.1	三德5			
847	垣	垣※	汗6·74 義	凡兩見 四1·35 義					璽考 113	
848	堂	坐※	汗6·73 尚	凡三見 四2·16 尚					兆域圖 10478	
849	封	牡※	汗6·73 尚	凡四見 四1·13 尚		魯少司寇盤 10154	容成氏 18		璽彙 2496	
850		壬※	汗6·73 尚	四1·13 說		陶錄 3.478.6		鄭侯載豆 西清29.42		
851	城	鹹※		凡兩見 四2·20 說	元年師兌簋 4274.1	陶錄 2.568.3	包山2		比城戟 三晉文字編1823頁	
852		威※	汗6·79 庶	四2·20 庶		璽彙 0150	老子甲 16	陶錄 4.211.1	璽彙 4043	
853	毀	毀※		四3·4 孝			從政甲 18			睡·日書乙種 196

續　表

序號	釋文	隸定	汗簡	四聲韻	甲骨及西周金文	戰國文字 齊	楚	燕	三晉	秦
854	壞	鈱※	鈱 汗6·73 説	鈱 四4·16 説		㻌 唐虞之道28				
855	垢	坸※	坸 汗6·74 義	坸 四3·28 義		坸 璽彙3239				
856	堯	竞※	竞 汗6·73 尚	竞 四2·6 汗		竞 璽彙0262	竞 六德7			
857		垚※	垚 汗6·74	垚 四2·6 汗					垚 丙辰方壺 文物1984.10	
858	堇	堇※	堇 凡兩見 汗6·74 説	堇 凡三見 四3·15 説		堇 陳曼瑚4596	堇 金縢11			
859	艱	囏※	囏 凡兩見 汗2·24 石	囏 凡兩見 四1·39 石	囏 不其簋4328	囏 叔夷鎛285.4				
860	里	里		里 四3·7 汗	里 史頌簋4232.1	里 成陽辛城里戈11155	里 包山22	里 彙考83頁	里 璽彙0066	里 睡·封診氏46
861	釐	釐※	釐 汗2·28 郭	釐 四1·20 郭	釐 釐鼎2067.2	釐 下部類化成从广 庚壺9733			釐 釐戈 中原文物1999.3	

續　表

序號	釋文	隸定	汗簡	四聲韻	甲骨及西周金文	戰國文字				
						齊	楚	燕	三晉	秦
862	野	埜※	汗3·30尚	四3·22尚	大克鼎 2836	璽彙 3992	容成氏 28			
863	田	田	汗6·74	四2·3汗	大克鼎 2836	璽彙 0307	子羔 2	陶錄 4.27.3	直刀貨系 3943	睡·日書乙種 251
864	畮	晦※	汗6·74義				容成氏 52			
865	男	男	汗6·75	凡兩見 四2·12汗		齊侯作孟姜敦 4645	三德 3			睡·日書乙種 83
866	勳	勛※	汗3·33尚	四1·34尚					中山王方壺銘文選 2.881	
867	務	敄※		四4·10黃			中弓 20			
868	動	逳※	汗1·8尚	四3·3尚			老子甲 23			
869	勇	悳※	汗4·59	凡三見 四3·3老			六德 33			睡·爲吏之道 34
870	戲	戲※	汗5·68馬	四3·3馬			成之聞之 9			

續表

序號	釋文	隸定	汗簡	四聲韻	甲骨及西周金文	戰國文字 齊	楚	燕	三晉	秦
871	戚	戚※		四3·3 老	伯勇父簠 4554		曾侯乙戟 11173			
872	金	金	汗6·75	凡兩見 四2·26 汗	師袁簋 4313	陳侯因齊敦 4649	容成氏 45		璽彙 4491	
873	鐘	銿※	汗6·75	四1·12 裴			曾侯乙簡 54			
874	鍛	銻※	汗6·75 李	四5·12 李			曾侯乙簡 43			
875	鈕	玨※	汗1·4 說	四1·23 說 原誤釋作鉏			包山 214			
876	鈞	鈞※	汗6·75 孫	四1·33 孫			子羔 2			
877		鋀※	凡兩見 汗6·75 庶	凡兩見 四1·33 孫		子禾子釜 10374				
878	鏑	鍉※	汗6·75 義	四5·15 義			望山二 6			
879	且	日※		四3·22 崔	合集 2061					

續　表

序號	釋文	隸定	汗簡	四聲韻	甲骨及西周金文	戰國文字				
						齊	楚	燕	三晉	秦
880	斷	創※	汗2·21 石	凡兩見 四4·21 說			六德44			
881		韶※	汗6·82	凡兩見 四4·21 尚	量侯簋 3908					
882	新	亲※	汗6·80	四1·30 裴		羊角戈 11210			八年新城大令戈 11345	
883	載	飘※		凡六見 四4·17 雲	卯簋蓋 4327					
884		瓻※		凡兩見 四4·17 老					璽彙 2019	
885	軍	匀※	凡三見 汗3·42 義	凡四見 四1·34 華		貴將軍虎節 中國歷史博物館館刊1993.2				
886	輔	補※	汗3·30 庶	四3·10 庶		叔夷鎛 285.6	包山175			璽彙 2194

續表

序號	釋文	隸定	汗簡	四聲韻	甲骨及西周金文	戰國文字				
						齊	楚	燕	三晋	秦
887	轍	撤※		凡兩見 四5·15 義			郭·緇衣 40			
888	宦	官※	汗3·39	四1·38 庶					三十二年坪安君鼎 2764.2	
889		宦※		四1·38 老		宣字所从石磬文物 2008.1	曾侯乙簡 67		璽彙 4344	
890	陰	侌※	凡四見 汗5·63	凡四見 四2·26 説			容成氏 29		璽彙 3138	
891	陽	昜※		四2·13 老			包山 187			
892	阿	쬐※		四2·10 義		平阿左戈 11041			璽彙 0313	
893	陟	僮※	汗3·41 尚	凡四見 四5·26 尚		陶錄 3.196.1				
894	陳	陞※	凡兩見 汗6·77 義	凡四見 四1·31 孝		璽彙 0290	璽彙 1471		璽彙 1456	

續 表

序號	釋文	隸定	汗簡	四聲韻	甲骨及西周金文	戰國文字 齊	楚	燕	三晉	秦
895		赦※	汗6·77 義	四1·31 義	陳侯簋 3815					
896	陴	韠※		四1·16 籀	合集 36775					
897	四	四	汗6·77	凡三見 四4·6 孝		四十年左工耳杯銘圖 19607	容成氏 7	陶錄 4.104.3	銀鎏金盒書道全集 1	
898	三	三※	汗6·73 尚	四4·7 天	師遽簋蓋 4214	黏鎛 271	包山 111		土勻錍 9977	
899	五	乂※	汗6·78	凡三見 四3·11 汗		陶錄 2.723.2		陶錄 4.200.4	平肩空首布 貨系 75	
900	六	六	汗6·78	四5·4 汗	番匊生壺 9705	郘叔之伯鐘 87	容成氏 30	陶錄 4.2.1	六年令戈 11337	睡·秦律十八種 90
901	七	十※	汗6·78		此鼎 2821	節墨大刀 貨系 2556	容成氏 5	陶錄 4.200.3	陶錄 5.88.6	睡·秦律十八種 86
902	九	九	汗6·78	四3·26 汗		節墨大刀 貨系 2557	周易 18	九年將軍張戈 11325	合陽鼎 2693	睡·日書乙種 24

續表

序號	釋文	隸定	汗簡	四聲韻	甲骨及西周金文	戰國文字				
						齊	楚	燕	三晉	秦
903	禹	禹※		凡五見 四3·10 尚	形體反書 陶錄 2.576.3				璽彙 5124	
904	甲	田※		凡兩見 四5·20 老	兮甲盤 10174		包山 143	陶錄 4.119.4	象牙干支籌 文物 1990.6	
905	乙	乙	汗6·79		師酉簋 4288.1	陶錄 2.137.3	包山 241	陶錄 4.139.4	侯馬 194:12	睡·日書 乙種 68
906	乾	乾		四2·5 石						睡·日書 乙種 166
907	亂	𤔔※	汗1·13 尚	凡三見 四4·21 說	𤔔簋 文物 2009.2					
908		𤕩※	汗1·13 尚	凡五見 四4·21 尚			包山 192			
909	丙	㓁※	汗6·79	四3·25 汗		子禾子釜 10374			璽彙 0747	
910	戊	戊	汗6·79		豆閉簋 4276				璽考 337	璽彙 0703	陶彙 5.223

續　表

序號	釋文	隸定	汗簡	四聲韻	甲骨及西周金文	戰國文字				
						齊	楚	燕	三晉	秦
911	成	戚※	汗6·74 庶	四2·20 庶			包山 202 反			
912		成※		四2·20 唐	合集 1245					
913	己	己※	汗6·79	四3·7 汗		璽彙 1475				
914	巽	邑※	汗6·79 乂	四3·7 乂			從政甲 1			
915	庚	庚	汗6·79 汗	四2·18 汗	師虎簋 4316	鄭叔之仲子平鐘 173	敬事天王鐘 78	璽彙 0059	哀成叔鼎 2782	睡·日書甲種 101 背
916	辜	㱟※	汗1·11 尚	凡兩見 四1·26 尚			包山 248		奵盗壺 銘文選 2.882	
917	辭	訶※		凡兩見 四1·20 道			郭·緇衣 7			
918		嗣※	汗4·49 尚		師虎簋 4316	魯司徒仲齊盨 4441				

續　表

序號	釋文	隸定	汗簡	四聲韻	甲骨及西周金文	戰國文字 齊	楚	燕	三晉	秦
919	壬	壬	汗 6·80						平肩空首布 貨系 121	
920	癸	癸	汗 6·80	四 3·6 汗	五祀衛鼎 2832	陳侯因資敦 4649	新蔡甲三 8、18		侯馬 303：1	陶彙 5.384
921	子	子	汗 6·80	凡兩見 四 3·7 孝	它簋 4330	子禾子釜 10374	子羔 7	武平鐘古文字研究十五 97 頁	璽彙 1303	睡·秦律雜抄 40
922	巢	巢※	汗 3·42	凡六見 四 3·8 尚	六年琱生簋 4293					
923	字	孳※	汗 6·80 尚	四 4·8 尚			老子丙 3			
924	孴	孴	汗 6·80	四 4·25 汗		陶錄 2.182.1			三晉文字編 2026 頁	
925	丑	丑	汗 6·81	四 3·26 汗						睡·日書乙種 50
926	卯	卯※		四 3·19 汗		陳卯造戈 11034	新蔡乙四 98			

附表一 《汗簡》、《古文四聲韻》中古文與古文字形體對照表

續 表

序號	釋文	隸定	汗簡	四聲韻	甲骨及西周金文	戰國文字 齊	楚	燕	三晉	秦
927	辰	唇※		四1·30 乂		陳璋圓壺 9975	容成氏 52			
928	以	㠯		凡兩見 四3·7 孝		邾公釛鐘 102	老子乙 18		璽彙 4856	石鼓文 吾車
929	午	午	汗6·81	四3·11 汗		子禾子釜 10374	包山 162	陶錄 4.107.4	平肩空首布 貨系 134	睡·日書乙種簡 31
930	未	未	汗6·81	凡兩見 四4·8 汗		陳侯因𬷶敦 4649	包山 41		中山王鼎銘文選 2.880	睡·效律 20
931	申	㫃※	汗6·81	凡兩見 四1·31 說		忠信之道 6	璽彙 0876			
932		申	汗6·81 說	凡兩見 四1·31 乂		陶錄 3.536.4			璽彙 1294	睡·日書乙種 75
933	酉	酉	汗6·82	四3·27 汗		鄦叔之仲子平鐘 172	弟子問 8	璽彙 3447	璽彙 1168	睡·日書乙種 239
934	酓	酓		凡四見 四4·40 尚	伯作姬䚤 6456.1	陶錄 3.3.4	弟子問 8			

續表

序號	釋文	隸定	汗簡	四聲韻	甲骨及西周金文	戰國文字					
						齊	楚	燕	三晉	秦
935	配	配※		四4·16 孝		陳逆簠 4630	新蔡零 92			
936	醬	牆※	汗6·82 說	凡兩見 四4·34 說		璽彙 0307	曹沫之陳 23	九年將軍張戈 11325	璽彙 0048	
937		牆※		四4·34 籀			許子鐘 154			
938	尊	奠※	汗6·82 碧	凡兩見 四1·36 孝	三年瘨壺 9726	曾姬無卹壺 9711		令狐君壺 9720	戰國編 978頁	
939		奠※	汗6·82 華	凡三見 四1·36 老	鳥壬俑鼎 2176	隓字所從 璽彙 1956		璽彙 1486		
940	戌	戌	汗6·82	四5·8 汗	休盤 10170		包山 162		璽彙 2897	

附表二

《集古文韻》與《新集古文四聲韻》
形體有無對照表

(第五章第二節附表)

序號	字頭	集古文韻		新集古文四聲韻		汗簡	訂正六書通	集篆古文韻海	其 他
		形體	出處	形體	出處				
001	動			歱 3·3	籀				
002	東			遼 3·3	崔				
003	腫	癰 1	汗						
004	瘇			癰 3·3	説		√(164頁)		
005	氄			獣 3·3	籀				
006	氄			獻 3·3	籀				
007	奉			𢆉 3·3	老				
008	勇			愿 3·3	籀				
009	踊			𩢲 3·3	孝				
010	踊	𩢲 1	孝				√(165頁)		
011	恐			志 3·4	崔				
012	紙	紙 1	群				√(165頁)		
013	彼	𢖯 2	老						

續　表

序號	字頭	集古文韻		新集古文四聲韻		汗簡	訂正六書通	集篆古文韻海	其他
		形體	出處	形體	出處				
014	毀	毀2	說				√(192頁)		見於《說文》。
015	絫	絫2	天						
016	絫			众3·4	說				《說文》亦無。
017	此			忳3·4	汗	√(1·8)	√(166頁)		
018	此			忳3·4	孝				
019	此			䇂3·4	汗				
020	指			指3·5	崔				
021	美			孍3·5	籀				
022	兕			㫗3·5	崔				
023	兕			光3·5	崔				
024	兕			光3·6	崔				
025	比	林3	說				√(250頁)		見於《說文》。
026	比			林3·6	裴				
027	髀			踝3·6	崔				
028	矢			矢3·6	崔				
029	矢			夫3·6	崔				
030	死			荒3·6	籀				
031	雉			餱3·6	崔				
032	癸			燚3·6	籀				
033	癸			𣥮3·6	崔				
034	喜			敳3·6	籀				

附表二 《集古文韻》與《新集古文四聲韻》形體有無對照表　487

續　表

序號	字頭	集古文韻		新集古文四聲韻		汗簡	訂正六書通	集篆古文韻海	其　他
		形體	出處	形體	出處				
035	喜			歖 3·6	籀				
036	蘽	蘽 4	籀					√(3·5)	見於《説文》。
037	鶪	鶪 4	籀					√(1·12)	見於《説文》。
038	以	㠯 4	漢						
039	以			乙 3·7	雲				
040	以			㠯 3·7	漢				
041	似	㠯 4	朱	缺古文形體	朱	√(3·42)（出自《林》）	√(171頁)	√(3·6)	
042	祀	禩 4	孝	缺古文形體	孝		√(172頁)	√(3·6)	
043	祀	禩 4	尚						
044	始			乿 3·7	崔				
045	鉛	䤹 4	籀						見於《説文》。
046	枲			枲 3·7	籀				
047	士			士 3·7	孝				
048	子	㜽 4	老						
049	子	㜽 4	籀						
050	李			杍 3·8	崔				
051	齒	㘡 4	説				√(166頁)		見於《説文》。
052	齒			齒 3·8	崔				
053	尾			尾 3·8	崔				
054	踶	踶 5	説				√(190頁出於《古文》)	√(3·7)	見於《説文》籀文。

續 表

序號	字頭	集古文韻		新集古文四聲韻		汗簡	訂正六書通	集篆古文韻海	其 他
		形體	出處	形體	出處				
055	鬼			[形]3·8	汗	√(4·50)			
056	鬼			[形]3·8	說	√(4·50)			見於《說文》。
057	鬼			[形]3·8	崔				
058	嵬			[形]3·8	汗	√(4·50)			
059	旅			[形]3·9	雜				
060	與			[形]3·9	籀				
061	與			[形]3·9	崔				
062	袓			[形]3·9	郭	√(2·26)	√(179頁)	√(3·8)	
063	虞	[形]	說				√(177頁)		
064	禹			[形]3·9	雲		√(178頁)	√(3·10)	
065	禹			[形]3·9	崔				
066	禹			[形]3·9	崔				
067	雨			[形]3·9	老		√(178頁)	√(4·12)	
068	雨			[形]3·9	崔				
069	俯			[形]3·10	漢		√(185頁)		
070	侮			[形]3·10	崔				
071	廡			[形]3·10	籀				
072	廡			[形]3·10	籀				
073	拊			[形]3·10	籀				
074	主			[形]3·10	老				

续　表

序號	字頭	集古文韻		新集古文四聲韻		汗簡	訂正六書通	集篆古文韻海	其　他
		形體	出處	形體	出處				
075	賄			賄	3·13	箱			
076	海			𡷤	3·13	尚			
077	醢	𤓰	8	箱			√(188頁)	√(3·14)	亦見於《說文》。
078	殆	𣦼	7	老					
079	乃			迺	3·13	崔			
080	乃			𠄎	3·13	裴			
081	乃			𠃉	3·13	張			
082	亥	𠀀	9	説		√(3·14)	√(188頁)		見於《說文》。
083	腎			𦜙	3·14	崔			
084	剡			欯	3·14	古			
085	剡	𠣒	9	雜					
086	哂			旎	3·14	崔	√(194頁)	√(3·15)	
087	敏			𠁁	3·14	庶	√(194頁)		
088	尹			𠏹	3·14	崔			
089	尹			𡩜	3·14	崔			
090	笥			簹	3·14	崔			
091	蠢			𠢥	3·14	崔			
092	蠢			𢧵	3·14	崔			
093	隱	㐱	10	義					
094	隱			几	3·15	崔			

續　表

序號	字頭	集古文韻		新集古文四聲韻		汗簡	訂正六書通	集篆古文韻海	其　他
		形體	出處	形體	出處				
095	隱			夏 3·15	崔				
096	近			芹 3·15	古		√(284頁)		
097	遠			德 3·15	崔				
098	遠			德 3·15	崔				
099	扒	爪 10	説				√(208頁)		見於《説文》。
100	反			反 3·15	崔				
101	本			本 3·15	崔				
102	損			覺 3·16	老				
103	懣			蕙 3·16	崔				
104	侃			启 3·16	崔				
105	罕	罕 11	籀				√(198頁)收在"厂"字下。	√(4·28)收在"厂"字下。	《説文》籀文，亦收在"厂"字下，《集》恐有寃訛。
106	卵	非 11	説				√(199頁)	√(3·19)	
107	盌			𤾿 3·16	演	√(5·70)	√(198頁)	√(3·19)	
108	款	叔 11	説				√(198頁)		見於《説文》或體。
109	滿			影 3·16	孝		√(199頁)	√(3·19)	
110	滿			象 3·16	老		√(199頁)	√(3·19)	
111	滿			象 3·16	老				
112	滿			影 3·16	義	√(3·33)	√(199頁)	√(3·19)	無此字。
113	版	粄 11	雲					√(3·19)	

續　表

序號	字頭	集古文韻		新集古文四聲韻		汗簡	訂正六書通	集篆古文韻海	其他
		形體	出處	形體	出處				
114	腆			𤱳	3·17				
115	珍〈殄〉	𠂉	11			√(6·28)	√(204頁)	√(3·20)	見於《說文》，"珍"爲"殄"之誤字。
116	繭	覞	11				√(204頁)		見於《說文》。
117	繭			撑	3·17				
118	繭			覞	3·17				
119	顯			𩕳	3·17	老			
120	顯			㬎	3·17	唐			
121	㽸			田巛	3·17	唐			
122	㽸			𠃋	3·17	汗			
123	獮	㳘	11				√(203頁)	√(3·21)	
124	獮	㒳	11				√(203頁)	√(3·21)	見於《說文》。
125	鮮			𩵋	3·17	崔			
126	善			譱	3·17	崔			
127	翦			歬	3·17	籀			
128	輦			𠓗	3·17	崔			
129	辨			𣂁	3·18	老		√(203頁)	
130	仚	仌	12				√(207頁)		
131	菴			𦭘	3·18	崔			
132	篠			筱	3·18	古			
133	皎			㷊	3·18	崔			無此字頭。

續表

序號	字頭	集古文韻		新集古文四聲韻		汗簡	訂正六書通	集篆古文韻海	其他
		形體	出處	形體	出處				
134	小			⺌	3·18	孝			
135	眇			妙	3·19	崔			
136	渺			淼	3·19	崔			
137	矯			禱	3·19	崔			
138	矯			喬	3·19	崔			
139	矯			喬	3·19	崔			
140	表			摭	3·19	崔			
141	飽			餯	3·19	崔			
142	飽			餐	3·19	崔			
143	卯			丣	3·19	崔			
144	狡			犮	3·19	崔			
145	爪	ᛉ	13 說				√(212頁)	√(3·24)	
146	爪			叉	3·19	崔			
147	道			悤	3·20	郭			
148	道			徵	3·20	碧			見於今本碧落文。
149	道			總	3·20	雲			
150	草			艸	3·20	汗			
151	草			艸	3·20	說			
152	好			玗	3·20	崔			
153	寶			寶	3·21	崔			

續表

序號	字頭	集古文韻		新集古文四聲韻		汗簡	訂正六書通	集篆古文韻海	其他
		形體	出處	形體	出處				
154	保			〔形〕	3·21	崔			
155	保			〔形〕	3·21	崔			
156	保			〔形〕	3·21	崔			
157	槀	〔形〕	14	説					
158	腦	〔形〕	14	易			√(215頁) 出自《禮》。	√(3·26)	見於《周禮》一書。
159	可			〔形〕	3·21	汗	√(2·23)	√(215頁)	
160	舜			〔形〕	3·21	崔			
161	我	〔形〕	14	説			√(215頁)		見於《説文》。
162	墮			〔形〕	3·21	崔			
163	禍			〔形〕	3·21	崔			
164	馬	〔形〕	15	説			√(217頁)		見於《説文》。
165	者			〔形〕	3·22	老			
166	者			〔形〕	3·22	老			
167	者			〔形〕	3·22	雲	√(219頁)		
168	野	〔形〕	15	説			√(219頁)	√(3·28)	見於《説文》。
169	疋			〔形〕	3·22	汗			
170	假			〔形〕	3·22	古			
171	假	〔形〕	15	説			√(218頁)		
172	夏			〔形〕	3·22	籀			
173	夏			〔形〕	3·22	籀			

續 表

序號	字頭	集古文韻		新集古文四聲韻		汗簡	訂正六書通	集篆古文韻海	其他
		形體	出處	形體	出處				
174	且			🔲 3·22	老				
175	社			🔲 3·22	籀				
176	社			🔲 3·22	説				
177	寡			🔲 3·22	孝				
178	寡			🔲 3·22	老				
179	養	🔲 15	説				√（220頁）		見於《説文》。
180	象	🔲 16	老						
181	象			🔲 3·23	孝		√（220頁）		
182	象			🔲 3·23	碧				
183	象			🔲 3·23	崔				
184	獎	🔲 16	説				√（220頁）		
185	掌	🔲 16	説						
186	掌	🔲 16	説				√（221頁）		
187	掌			🔲 3·23	庶				
188	掌			🔲 3·23	唐		√（221頁）		
189	掌			🔲 3·23	唐		√（221頁）		
190	響			🔲 3·24	籀				
191	響	🔲 16	雜						
192	享	🔲 16	説				√（221頁）		
193	享			🔲 3·24	崔				

續　表

序號	字頭	集古文韻		新集古文四聲韻		汗簡	訂正六書通	集篆古文韻海	其　他
		形體	出處	形體	出處				
194	亯			會 3·24	崔				
195	亯			舍 3·24	崔				
196	亯			官 3·24	崔				
197	髟	柄 16	説				√(222頁)		
198	髟	㐱 16	説				√(222頁)	√(3·30)	
199	做			爪 3·24	崔				
200	罔	网 16	説			√(3·40)	√(222頁)		見於《説文》。
201	罔	網 16	説				√(222頁)		見於《説文》。
202	罔	罔 16	説				√(222頁)		見於《説文》。
203	罔			宔 3·24	崔				
204	罔			囚 3·24	崔				
205	往	徃 16	説				√(222頁)	√(3·30)	見於《説文》。
206	往			遥 3·24	崔				
207	往			徨 3·24					
208	長	长 16	古						
209	廣			廄 3·24	義	√(4·51)	√(223頁)		
210	景			景 3·25	碧				
211	省			省 3·25	崔				
212	省	昆 17	雜						
213	囧			桼 3·25	崔				
214	猛			压 3·25	老				

續表

序號	字頭	集古文韻		新集古文四聲韻		汗簡	訂正六書通	集篆古文韻海	其他
		形體	出處	形體	出處				
215	幸	〔形〕17	説				√(226頁)		
216	黽	〔形〕17	説				√(226頁)	√(3·32)	見於《説文》。
217	静	〔形〕18	古						
218	静			〔形〕	3·25	老			
219	鼎	〔形〕18	雜						
220	友			〔形〕	3·26	崔			
221	首			〔形〕	3·26	籀			
222	首			〔形〕	3·26	籀			
223	首			〔形〕	3·26	籀			
224	守			〔形〕	3·26	華	√(229頁)	√(3·34)	
225	酉	〔形〕19	説				√(228頁)	√(3·33)	見於《説文》。
226	酉			〔形〕	3·27	崔			
227	厚	〔形〕19	崔						
228	厚			〔形〕	3·27	老			
229	厚			〔形〕	3·27	崔			
230	後			〔形〕	3·27	老			
231	後			〔形〕	3·27	尚			
232	後			〔形〕	3·27	崔			
233	后			〔形〕	3·27	孝	√(232頁)		
234	后			〔形〕	3·27	汗	√(4·49)		

附表二 《集古文韻》與《新集古文四聲韻》形體有無對照表　497

續　表

序號	字頭	集古文韻		新集古文四聲韻		汗簡	訂正六書通	集篆古文韻海	其　他
		形體	出處	形體	出處				
235	走			灻	3·28	崔			
236	走			夵	3·28	崔			
237	走			耒	3·28	崔			
238	叟	𤕫	20		説		√(233頁)	√(2·24)	見於《説文》。
239	寢	𠖄	20		古				
240	寢			宴	3·28	崔			
241	朕			艅	3·28	崔			
242	懍			盾	3·28	籀			
243	懍			唐	3·28	籀			
244	審			宋	3·28	古			
245	甚			𧆑	3·28	老			
246	飲			歈	3·29	籀			
247	染			𣲷	3·29	籀			
248	糂	𥹥	説				√(236頁)		
249	糂	糁	説				√(236頁)		
250	敢			敢	3·23	説			
251	敢			敦	3·23	説			
252	敢			敢	3·23	説			
253	冄	𠕁	21		古				《説文》"痳"字下收該形。
254	厭①			𤲬	3·29	又	√(2·23)	√(3·39)	

---

① 《集古文韻》未收"厭"之字頭及此五形，推測其原因，"厭"字在韻書中或被歸在上聲，或被歸在去聲或入聲，蓋《集古文韻》中"厭"及其古文歸在他處，並未收在"上聲"一卷。

續表

序號	字頭	集古文韻		新集古文四聲韻		汗簡	訂正六書通	集篆古文韻海	其他
		形體	出處	形體	出處				
255	厭			3·29	籀			√(3·39)	
256	厭			3·29	籀				
257	厭			3·29	籀				
258	厭			3·29	籀				
259	肯			3·29	籀				
260	儼	21	古						
261	湛			3·29	崔				
262	犯	21	雜					√(3·39)	
263	范			3·30	演				
264	範			3·30	説		√(237頁)		

附表三

《集古文韻》與《新集古文四聲韻》
形體出處差異對照表

(第五章第二節附表)

序號	字頭	集古文韻 形體	集古文韻 出處	新集古文四聲韻 形體	新集古文四聲韻 出處	汗 簡	訂正六書通	其 他
01	聳	[形]1	雜	[形]3·4	南		注出《古文》，似與《集》相近(164頁)。	
02	只	[形]1	崔	[形]3·4	汗	《汗簡》未收該形，《集》優。	同《集》(165頁)。	
03	是	[形]1	天	[形]3·4	雲			
04	是	[形]1	汗	[形]3·4	孝、汗		未見《孝》中形體。	
05	累	[形]2	天	[形]3·4	石	同《新》(6·77)。		
06	蛾/蟻	[形]2	禮	[形]3·4	記		同《新》(169頁)，字頭作"蟻"。	"蛾"、"蟻"見於《記》，不見於《禮》，《新》優。
07	豕	[形]2	說	[形]四3·5	汗	同《新》(4·53)。	同《新》(168頁)。	
08	豕	[形]2	汗	[形]四3·5	說		同《新》(168頁)。	《說文》同《新》。
09	跂	[形]2	古	[形]3·5	說		同《集》(257頁)。	《說文》無此形，《集》優。

續 表

序號	字頭	集古文韻		新集古文四聲韻		汗簡	訂正六書通	其他
		形體	出處	形體	出處			
10	跂	[字形]2	古	[字形]3·5	説		同《集》(257頁)。	《説文》無此形,《集》優。
11	旨	[字形]3	崔	[字形]3·5	籀			無法判斷。
12	祀	[字形]4	老	[字形]3·7	孝		同《新》(172頁)。	其他古文《老子》①資料中不見此形,《新》優。
13	理	[字形]4	老	[字形]3·7	孝			其他古文《老子》資料未見此形,《新》優。
14	起	[字形]4	説	[字形]3·7	籀		同《集》(175頁)。	見於《説文》。
15	士	[字形]4	裴	[字形]3·7	老		同《新》(169頁)。	見於古老子碑,《新》優。
16	尾	[字形]5	雜	[字形]3·8	汗	見於《汗簡》(3·44)。	同《新》(172頁)。	
17	鬼	[字形]5	老	[字形]3·8	孝			
18	斷	[字形]5	古	[字形]3·9	説	同《新》(6·78)。		
19	柜	[字形]5	郭	[字形]3·9	尚	(2·26)注出《古爾雅》,無法判斷。	同《新》(179頁)。	
20	所	[字形]5	孝	[字形]3·9	孝、華	(6·76)收《華》中形體,當以《新》爲是。		
21	聚	[字形]6	群	[字形]3·10	老			古老子碑中有此形,當以《新》爲是。
22	俯	[字形]6	漢	[字形]3·10	史	同《新》(3·41)。	同《新》(185頁)。	
23	舞	[字形]6	説	[字形]3·10	群		同《集》(186頁)。	亦見於《説文》。

---

① 本表所用古文《老子》資料可參徐在國、黃德寬:《傳抄〈老子〉古文輯説》,《古老子文字編·附録一》,安徽大學出版社,2007年。

附表三 《集古文韻》與《新集古文四聲韻》形體出處差異對照表

續 表

序號	字頭	集古文韻 形體	集古文韻 出處	新集古文四聲韻 形體	新集古文四聲韻 出處	汗簡	訂正六書通	其他
24	亥	[字形]9	貝	[字形]3·13	丘		同《新》(188頁)。	
25	敏	[字形]9	庶	[字形]四3·14	孝		同《新》(195頁)。	《新》優。
26	允	[字形]9	禮	[字形]3·14	易	同《新》(4·58)。		
27	謹	[字形]10	義	[字形]3·15	雲		同《集》(195頁)。	
28	堇	[字形]10	雜	[字形]3·15	説	同《新》(6·74)。	同《新》(63頁)。	此形稍訛,《説文》有類似形體。
29	遠	[字形]10	老	[字形]3·15	老、尚			
30	鉉	[字形]10	雜	[字形]3·16	古		同《新》(197頁)。	
31	誕	[字形]11	雜	[字形]3·16	古		同《新》(201頁)。	
32	卵	[字形]11	義	[字形]3·16	汗	見於《汗簡》(6·73)	同《新》(199頁)。	
33	短	[字形]11	籀	[字形]3·16	義			以隸定體判斷,當出自籀韻更爲合理,《集》優。
34	善	[字形]12	義	[字形]3·17	籀		同《新》(206頁)。	《集》此形脱失出處,被誤認作出自《義》、《新》優。
35	件	[字形]12	説	[字形]3·18	崔			
36	兔	[字形]13	孝	[字形]3·18	雲			
37	肈	[字形]13	郭	[字形]3·20	郭、説	(5·65)出自《字指》,同《集》。		不見於《説文》。
38	昊	[字形]13	毛	[字形]3·20	裴	(4·52)同《新》,但釋文誤作"昃"。	同《新》(212頁)。	
39	道	[字形]13	老	[字形]3·20	孝		同《新》(215頁)。	

續　表

序號	字頭	集古文韻		新集古文四聲韻		汗　簡	訂正六書通	其　他
		形體	出處	形體	出處			
40	禱	[形]14	古	[形]3·20	崔		同《集》（214頁）。	
41	澡	[形]14	群	[形]3·20	義	同《新》（3·32）。	同《新》（214頁）。	
42	寶	[形]14	老	[形]3·21	尚	同《新》（3·41）。	同《新》（213頁）。	
43	寶	[形]14	老	[形]3·21	尚	同《新》（1·4）。	同《集》（213頁）。	《汗簡》出現更早，《新》優。
44	保	[形]14	老	[形]3·21	説	同《新》（6·80）。	同《新》（213頁）。	《説文》"保"字下有此形。
45	禍	[形]15	老	[形]3·21	孝		同《新》（216頁）。	
46	跛	[形]15	禮	[形]3·21	易	同《新》（4·57）。		今本《周易》有"跛"字，《周禮》無，《新》優。
47	也	[形]15	老	[形]3·22	孝		同《新》（220頁）。	其他古文《老子》資料中不見此形，《新》優。
48	下	[形]15	老	[形]3·22	老、華		該形見於《華》（225頁），《新》是。	
49	下	[形]15	籀	[形]3·22	石		同《集》（218頁）。	《集》優，參正文第五章第二節。
50	且	[形]15	乂	[形]3·22	老			
51	仰	[形]16	華	[形]3·23	庶			《集》此形脱失出處，被誤認作出自《華》，《新》優。
52	惔/憺	[形]21	雜	[形]3·23	老			
53	嚮	[形]16	雜	[形]3·24	尚	同《新》（3·39）。		
54	黨	[形]17	論	[形]3·24	籀		同《集》（223頁）。	

附表三 《集古文韻》與《新集古文四聲韻》形體出處差異對照表　503

續　表

序號	字頭	集古文韻 形體	集古文韻 出處	新集古文四聲韻 形體	新集古文四聲韻 出處	汗　簡	訂正六書通	其　他
55	上	〔形〕16	孝	〔形〕	老		同《新》(222頁)。	
56	省	〔形〕17	衛	〔形〕3·25	庶	同《新》(1·5)。	同《新》(225頁)。	
57	省	〔形〕17	衛	〔形〕3·25	說	同《新》(2·16)。	同《集》(225頁)。	《汗簡》出現早，《新》優。
58	鑛/礦	〔形〕17	雜	〔形〕3·25	唐		同《集》(224頁)。	
59	友	〔形〕18	說	〔形〕3·26	汗		同《集》(228頁)。	該形見於《說文》。
60	久	〔形〕18	老	〔形〕3·26	說			
61	守	〔形〕19	義	〔形〕3·26	老		同《新》(229頁)。	古文老子碑中正有此形，《新》優。
62	阜	〔形〕19	尚	〔形〕3·27	尚、說			亦見與《說文》，《新》優。
63	受	〔形〕19	義	〔形〕3·27	孝		同《新》(229頁)。	
64	厚	〔形〕19	老	〔形〕3·27	孝		同《新》(232頁)。	其他古文老子中無此類形體，《新》優。
65	厚	〔形〕19	尚	〔形〕3·27	尚、說			亦見於《說文》，《新》優。
66	垢	〔形〕19	義	〔形〕3·28	老			
67	走	〔形〕20	古	〔形〕3·28	汗	見於《汗簡》(1·7)。	同《新》(234頁)。	
68	寢	〔形〕20	古	〔形〕3·28	說		同《新》(3·39)。	
69	寢	〔形〕20	古	〔形〕3·28	說		同《新》(3·39)。	
70	朕	〔形〕20	古	〔形〕3·28	籀		同《新》(320頁)。	
71	廩	〔形〕20	古	〔形〕3·28	說			

續　表

序號	字頭	集古文韻 形體	集古文韻 出處	新集古文四聲韻 形體	新集古文四聲韻 出處	汗　簡	訂正六書通	其　他
72	廩	[形]20	古	[形] 3·28	汗	見於《汗簡》(2·28)。	同《新》(235頁)。	
73	枕	[形]20	又云文	[形] 3·28	雲		同《新》(234頁)。	
74	沈	[形]20	又云文	[形] 3·28	雲		同《新》(234頁)。	
75	審	[形]20	古	[形] 3·28	說		同《集》(234頁)。	《說文》未見該形，《集》優。
76	敢	[形]	古	[形] 3·23	說		同《集》(236頁)。	
77	敢	[形]	古	[形] 3·23	說		同《新》(236頁)。	
78	閃	[形]21	古	[形] 3·29	籀		同《新》(238)。	

引書簡稱表

古文著録類：

  説——《説文》古文
  石——三體石經古文
  隸——《隸續》
  汗——《汗簡》
  四——《古文四聲韻》
  集——《集古文韻》
  碧——碧落碑
  陽——陽華岩銘
  陰——陰符經

古文研究類：

  箋 正——鄭 珍：《汗簡箋正》，《鄭珍集·小學》，貴州人民出版社，2002 年（以"貴州大學圖書館所藏的廣雅書局本"爲底本）。
  注 釋——黃錫全：《汗簡注釋》，武漢大學出版社，1990 年。
  疏 證——徐在國：《隸定古文疏證》，安徽大學出版社，2002 年。
  研 究——張富海：《漢人所謂古文之研究》，綫裝書局，2008 年。
  新 證——王 丹：《〈汗簡〉、〈古文四聲韻〉新證》，上海古籍出版社，2015 年。

古文字材料來源類：

  合 集——中國社會科學院歷史研究所編：《甲骨文合集》1—13 册，中華書局，1978—1982 年。
  集 成——中國社會科學院考古研究所編：《殷周金文集成》1—18 册，中華書局，1984—1994 年。
  銘 圖——吳鎮烽編：《商周青銅器銘文暨圖像集成》1—35 册，上海古籍出版社，2012 年。

集　　録——劉　雨、盧　岩:《近出殷周金文集録》,中華書局,2002年。

新　　收——鍾柏生、陳昭容、黄銘崇、袁國華:《新收殷周青銅器銘文暨器影彙編》,藝文印書館,2006年。

銘文選——馬承源:《商周青銅器銘文選》,文物出版社,1986年。

山　　東——山東省博物館:《山東金文集成》,齊魯書社,2007年。

包　　山——湖北省荆沙鐵路考古隊:《包山楚簡》,文物出版社,1991年。

璽　　彙——羅福頤:《古璽彙編》,文物出版社,1981年。

彙　　考——施謝捷:《古璽彙考》,安徽大學博士學位論文(指導教師:黄德寬教授),2006年。

集　　粹——[日]菅原石盧:《中國璽印集粹》,二玄社,1996年。

陶　　彙——高　明:《古陶文彙編》,中華書局,1990年。

陶　　録——王恩田:《陶文圖録》,齊魯書社,2006年。

貨　　系——汪慶正主編:《中國歷代貨幣大系1·先秦貨幣》,上海人民出版社,1988年。

關　　沮——湖北省荆州市周梁玉橋遺址博物館:《關沮秦漢墓簡牘》,中華書局,2001年。

里　　耶——湖南省文物考古研究所:《里耶發掘報告》,嶽麓書社,2007年。

放日甲——甘肅文物考古研究所:《天水放馬灘秦簡·日書甲種》,中華書局,2009年。

遺　　珍——棗莊市政協臺港澳僑民族宗教委員會、棗莊市博物館:《小邾國遺珍》,中國文史出版社,2006年。

上博集刊——《上海博物館集刊》第8期,上海書畫出版社,2000年。

字典、字編類:

説　　文——(東漢)許慎撰,(宋)徐鉉校訂:《説文解字》,中華書局影印陳昌治刻本,1963年。

小徐本——(宋)徐鍇:《説文解字繫傳》,中華書局,1998年。

秦印編——許雄志:《秦印文字彙編》,河南美術出版社,2001年。

戰國編——湯餘惠主編:《戰國文字編》,福建人民出版社,2001年。

字形表——漢語大字典字形組編:《秦漢魏晉篆隸字形表》,四川辭書出版社,1985年。

《汗簡》、《古文四聲韻》古文出處簡稱表

乂——王存乂切韻
才——周才字錄
大——楊大夫碑\楊大夫集
山——山海經
王——王先生誄\王先生碑\王氏碑
天——天臺碑\天臺經幢
毛——古毛詩
月——古月令
方——三方碑
玉——玉篇
古——古文
世——古世本
史——史書\古史記
玄——玄德觀碑
老——古老子
朱——朱育集字\朱育集奇字\朱育字略
守——李守言釋字
字——集字
李——李商隱字略\李尚隱集略
孝——古孝經
貝——貝丘長碑
彤——李彤集字\李彤集\李彤字略
茅——茅君別傳文\茅君傳
林——林罕集字\林罕集\林罕集綴
奇——奇字
易——古周易

尚——古尚書
知——郭知玄字略\郭知玄朱箋
牧——牧子文
季——孔子題季札墓文\季札墓銘
周——周書大傳
春——古春秋
荊——荊山文
南——南岳碑
荀——荀邕集字\荀邕集
指——字指
祝——祝尚丘碑
馬——馬日磾集群書古文\群書古文\馬日集\馬田碑
華——華嶽碑\太華嶽頌文
莊——古莊子
秦——秦刻石文
徐——徐邈集古文
記——古禮記
唐——唐韻
凌——凌歊臺銘\凌壇臺文
書——書經
孫——孫強集字\孫彊集
略——字略
崔——崔希裕纂古\崔希裕略古
逸——陳逸人碑
郭——郭顯卿字指

淮——淮南子上升記\淮南王上升記　　樊——樊先生碑
庶——王庶子碑　　　　　　　　　墨——墨翟書
張——張揖集\張揖集古文\張揖古文　衛——衛宏字說
橝——石橝文　　　　　　　　　　滕——滕公墓銘
黃——王惟公黃庭經　　　　　　　劍——張庭珪劍銘
雲——雲臺碑　　　　　　　　　　諸——諸家碑
開——開元文字\開元文　　　　　　論——古論語
道——道德經　　　　　　　　　　豫——豫讓文
楊——楊氏阡銘　　　　　　　　　樂——古樂章
義——義雲章\義雲切韻　　　　　　顏——顏黃門說\顏黃門說字
詩——古詩　　　　　　　　　　　禮——古周禮
爾——爾雅　　　　　　　　　　　濟——濟南碑文\濟南集
趙——趙琬璋古字略　　　　　　　彌——彌勒像碑\彌勒篆碑
摭——摭古文　　　　　　　　　　雜——雜古文
裴——裴光遠集綴\裴光遠集字　　　蘇——蘇文昌奇字集
銀——銀床頌　　　　　　　　　　籀——籀韻\籀文
漢——古漢書　　　　　　　　　　證——證俗古文
演——演說文　　　　　　　　　　類——集類文字
維——王維畫記　　　　　　　　　鬱——鬱林序文

參考文獻

古代部分

（西漢）司馬遷：《史記》第十册，中華書局，1975年。

（東漢）班　固，（唐）顏師古注：《漢書》第七册，中華書局，2009年。

（東漢）王　充：《論衡》，《諸子集成》第七册，上海書店，1986年。

（東漢）荀　悦：《前漢紀》（欽定四庫全書薈要本），吉林出版集團有限公司，2005年。

（北齊）魏　收：《魏書》，中華書局，1984年。

（唐）房玄齡等撰：《晋書》第四册，中華書局，1982年。

（宋）歐陽修：《新唐書》，中華書局，1975年。

（宋）吕大臨、趙九成：《考古圖·續考古圖·考古圖釋文》，中華書局，1987年。

（宋）郭忠恕、夏竦輯，李　零、劉新光整理：《汗簡·古文四聲韻》，中華書局，1983年。

（宋）杜從古：《集篆古文韻海》，《北京圖書館古籍珍本叢刊》第5册，書目文獻出版社，2000年。

（宋）洪　适：《隸釋·隸續》，中華書局，1985年。

（宋）劉　球：《隸韻》（阮元輯宛委别藏本），江蘇古籍出版社，1988年。

（元）楊　鉤：《增廣鐘鼎篆韻》，《北京圖書館古籍珍本叢刊》第5册，書目文獻出版社，2000年。

（明）釋道泰：《集鐘鼎古文韻選》，《北京圖書館古籍珍本叢刊》第5册，書目文獻出版社，2000年。

（明）閔齊伋輯，（清）畢弘述訂：《訂正六書通》，上海書店，1981年。

（清）陸增祥：《八瓊室金石補正》，文物出版社，1985年。

（清）莊述祖：《説文古籀疏證》，叢書集成初編本，中華書局，1985年。

（清）錢大昕：《潛研堂文集》，陳文和主編：《嘉定錢大昕全集》第九册，江蘇古籍出版社，1997年。

（清）王念孫：《讀書雜誌》，江蘇古籍出版社，2000年。

（清）王念孫：《廣雅疏證》，江蘇古籍出版社，1984年。

（清）王引之：《經義述聞》，江蘇古籍出版社，2000年。

(清)段玉裁:《説文解字注》,江蘇廣陵古籍刻印社,1998年。
(清)朱駿聲:《説文通訓定聲》,中華書局,1998年。
(清)馬瑞辰:《毛詩傳箋通釋》,中華書局,2008年。
(清)孫星衍:《尚書今古文注疏》,中華書局,1986年。
(清)阮　元:《十三經注疏》,中華書局,2003年。
(清)吳大澂:《説文古籀補》,商務印書館,1936。
(清)吳大澂:《字説》,思賢講舍重刻本,1893年。
(清)桂　馥:《説文義證》,中華書局,1998年。
(清)鄭　珍:《汗簡箋正》,《鄭珍集·小學》,貴州人民出版社,2002年。
(清)鄭　珍:《説文逸字》,《鄭珍集·小學》,貴州人民出版社,2002年。
(清)皮錫瑞:《今文尚書考證》,中華書局,1989年。
(清)俞樾等:《古書疑義舉例五種》,中華書局,2005年。
(清)胡吉宣:《玉篇校釋》,上海古籍出版社,1989年。
(清)孫詒讓:《古籀拾遺·古籀餘論》,中華書局,2005年。
(清)孫詒讓:《札迻》,中華書局,2006年。
(清)盧文弨:《鍾山札記·龍城札記·讀史札記》,中華書局,2010年。
(清)顧靄吉:《隸辨》,中華書局,1982年。
(清)俞　樾:《諸子平議》,中華書局,1956年。
(清)王先慎:《韓非子集解》,《諸子集成》,中華書局,2006年。
(清)蘇輿編,楊菁點校,蔣秋華、蔡長林校訂:《翼教叢編》,中研院中國文哲研究所,2005年。

近現代部分

B

白於藍:《〈郭店楚墓竹簡〉讀後記》,《中國古文字研究》第一輯,吉林大學出版社,1999年。

白於藍:《釋褧——兼談秀、采一字分化》,《中國古文字研究》第一輯,吉林大學出版社,1999年。

白於藍:《上海博物館藏竹簡〈容成氏〉"凡民俾赦者考"》,《文物》2005年第11期。

白於藍:《簡牘帛書通假字字典》,福建人民出版社,2008年。

白於藍:《釋"妻"》,《古文字研究》第二十八輯,中華書局,2010年。

白於藍:《釋"刬"》,《中國文字研究》第十四輯,大象出版社,2011年。

C

蔡玫芬主編:《赫赫宗周(西周文化特展)》,臺北故宮博物院,2012年。

蔡運章、張應橋:《季姬方尊銘文及其重要價值》,《文物》2003 年第 9 期。
曹建國、張玖青:《李商隱〈字略〉真僞考辨》,《文學遺産》2004 年第 3 期。
曹錦炎:《紹興坡塘出土徐器銘文及其相關問題》,《文物》1984 年第 1 期。
曹錦炎:《彭射銅器銘文補釋》,簡帛網,2011 年 4 月 25 日,http://www.bsm.org.cn/show_article.php?id=1466。
陳秉新:《害即胡簋之胡本字説》,《考古與文物》1990 年第 1 期。
陳秉新:《釋䚘、毃、般及从䚘諸字》,《吉林大學古籍整理研究所建所十五周年紀念文集》,吉林大學出版社,1998 年。
陳初生:《金文常用字典》,陝西人民出版社,2004 年。
陳復華、何九盈:《古韻通曉》,中國社會科學出版社,1987 年。
陳漢平:《西周册命制度研究》,學林出版社,1986 年。
陳漢平:《金文編訂補》,中國社會科學出版社,1993 年。
陳　劍:《上博簡〈子羔〉、〈從政〉篇的竹簡拼合與編連問題小議》,《文物》2003 年第 5 期。
陳　劍:《據戰國竹簡文字校讀古書兩則》,《第四屆國際中國古文字學研討會論文集——新世紀的古文字學與經典詮釋》,香港中文大學中國語言及文學系,2003 年。
陳　劍:《甲骨金文舊釋"尤"之字及相關諸字新釋》,《北京大學古文獻研究中心集刊》第四輯,北京大學出版社,2004 年。
陳　劍:《上博簡〈容成氏〉的竹簡拼合與編連問題小議》,《上博館藏戰國楚竹書研究續編》,上海書店出版社,2004 年。
陳　劍:《説"安"字》,《語言學論叢》第三十一輯,2005 年。
陳　劍:《上博竹書〈周易〉異文選釋(六則)》,《文史》2006 年第 4 期。
陳　劍:《柞伯簋銘補釋》,《甲骨金文考釋論集》,綫裝書局,2007 年。
陳　劍:《金文"象"字考釋》,《甲骨金文考釋論集》,綫裝書局,2007 年。
陳　劍:《郭店簡〈六德〉用爲"柔"之字考釋》,《中國文字學報》第二輯,商務印書館,2008 年。
陳　劍:《釋屾》,《出土文獻與古文字研究》第三輯,復旦大學出版社,2010 年。
陳　劍:《清華簡〈皇門〉"嚻"字補説》,《出土文獻與古文字研究》第四輯,上海古籍出版社,2011 年。
陳夢家:《東周盟誓與出土載書》,《考古》1966 年第 5 期。
陳夢家:《尚書通論》,中華書局,2007 年。
陳佩芬:《夏商周青銅器研究·東周篇》,上海古籍出版社,2010 年。
陳奇猷:《吕氏春秋新校釋》,上海古籍出版社,2002 年。
陳橋驛:《水經注校證》,中華書局,2008 年。
陳世輝:《略論〈説文解字〉中的"省聲"》,《古文字研究》第一輯,中華書局,1979 年。
陳斯鵬:《讀〈上博竹書(五)〉小記》,簡帛網,http://www.bsm.org.cn/show_article.php?id=310,2006 年 4 月 1 日。

陳松長：《馬王堆簡帛文字編》，文物出版社，2001年。
陳松長：《帛書〈陰陽五行〉甲篇的文字識讀與相關問題》，《簡帛語言文字研究》第一輯，巴蜀書社，2002年。
陳　偉：《包山楚簡初探》，武漢大學出版社，1996年。
陳　偉：《郭店楚簡別釋》，《江漢考古》1998年第4期。
陳　偉：《〈語叢〉一、三中有關"禮"的幾條簡文》，《郭店楚簡國際學術研討會論文集》，湖北人民出版社，2000年。
陳　偉：《郭店竹書別釋》，湖北教育出版社，2003年。
陳　偉：《上博竹書〈慎子曰恭儉〉初讀》，簡帛網，http：//www.bsm.org.cn/show_article.php?id＝589，2007年7月5日。
陳　偉：《讀〈上博六〉條記》，簡帛網，http：//www.bsm.org.cn/show_article.php?id＝597，2007年7月9日。
陳　偉：《車輿名試說(二則)》，《古文字研究》第二十八輯，中華書局，2010年。
陳　偉主編：《楚地出土戰國簡册[十四種]》，經濟科學出版社，2009年。
陳偉武：《銀雀山漢簡通假字辨議》，《古漢語研究》1997年第3期。
陳偉武：《雙聲符字綜論》，《中國古文字研究》第一輯，吉林大學出版社，1999年。
陳偉武：《試論晚清學者對傳抄古文的研究》，《第二屆國際清代學術研討會論文集》，臺灣中山大學中文系，1999年。
陳偉武：《戰國竹簡與傳世子書字詞合證》，《第四屆國際中國古文字學研討會論文集》，香港中文大學中國語言及文學系，2003年。
陳偉武：《荆門左冢楚墓漆梮文字釋補》，《出土文獻與傳世典籍的詮釋——紀念譚樸森先生逝世兩週年國際學術研討會論文集》，上海古籍出版社，2010年。
陳煒湛：《碧落碑研究》，《故宫博物院院刊》2002年第2期。
陳昭容：《秦"書同文字"新探》，《中研院歷史語言研究所集刊》第68本第3分册，1997年。
程鵬萬：《釋〈仲弓〉第16簡的"小人"》，《古文字研究》第二十六輯，中華書局，2006年。
程鵬萬：《安徽壽縣蔡侯墓出土殘鐘銘文中可以讀爲"文"的字》，《出土文獻與古文字研究》第四輯，上海古籍出版社，2011年。
程少軒：《試說"萬"字及相關問題》，《出土文獻與古文字研究》第二輯，復旦大學出版社，2008年。
程　燕：《詩經異文輯考》，安徽大學出版社，2010年。
程俊英、蔣見元：《詩經注析》，中華書局，2009年。

D

大西克也：《試論上博楚簡〈緇衣〉中的"![字]"字及相關諸字》，《第四屆國際中國古文字學研討會論文集》,香港中文大學中國語言及文學系編,2003年。

戴家祥:《金文大字典》,學林出版社,1995年。

戴尊德:《司馬光撰魏閑墓誌之研究》,《文物》1990年第12期。

鄧少平:《黃道周所撰其父墓誌及墓後碑銘與傳抄古文》,復旦大學出土文獻與古文字研究中心網站,http://www.gwz.fudan.edu.cn/SrcShow.asp?Src_ID=2199,2013年12月24日。

丁佛言:《説文古籀補補》,中華書局,1988年。

丁福保編纂:《説文解字詁林》,中華書局,1988年。

董蓮池:《金文編校補》,東北師範大學出版社,1995年。

董蓮池:《新金文編》,作家出版社,2011年。

董　珊、陳　劍:《郾王職壺銘文研究》,《北京大學中國古文獻研究中心集刊》第三輯,北京大學出版社,2002年。

董　珊:《戰國題名與工官制度》,北京大學博士學位論文(指導教師:李零教授),2002年。

董　珊:《季姬方尊補釋》,《戰國題銘與工官制度研究——附論新見銅器和簡帛》,北京大學考古文博學院博士後研究工作報告,2004年。

董　珊:《"弋日"解》,《文物》2007年第3期。

杜廼松:《記洛陽西宮出土的幾件銅器》,《文物》1965年第11期。

杜忠誥:《説文篆文訛形釋例》,文史哲出版社,2002年。

F

范常喜:《〈郭店楚墓竹簡〉中兩個省聲字小考》,簡帛網,http://www.bsm.org.cn/show_article.php?id=390,2006年8月1日。

范常喜:《馬王堆簡帛古文遺迹述議》,簡帛網,http://www.bsm.org.cn/show_article.php?id=720,2007年9月22日。

范麗梅:《郭店楚簡〈六德〉"仁類蔑而束"相關段落釋讀》,《楚地簡帛思想研究(三)——"新出楚簡國際學術研討會"論文集》,湖北教育出版社,2007年。

方詩銘、王修齡:《古本竹書紀年輯證》,上海古籍出版社,2008年。

方　勇:《秦簡劄記四則》,簡帛網,http://www.bsm.org.cn/show_article.php?id=1005,2009年3月20日。

方　勇:《秦簡牘文字彙編》,福建人民出版社,2012年。

馮勝君:《讀〈郭店楚墓竹簡〉札記(四則)》,《古文字研究》第二十二輯,中華書局,2000年。

馮勝君:《論郭店簡〈唐虞之道〉、〈忠信之道〉、〈語叢〉1—3以及上博簡〈緇衣〉爲具有齊系文字特點的抄本》,北京大學中文系博士後出站報告,2004年。

馮勝君:《戰國楚文字"黽"字用作"龜"字補議》,《漢字研究》第一輯,學苑出版社,

2005年。

馮勝君:《二十世紀古文獻新證研究》,齊魯書社,2006年。

馮勝君:《郭店簡與上博簡對比研究》,綫裝書局,2008年。

馮　時:《楚帛書研究三題》,《于省吾教授百年誕辰紀念文集》,吉林大學出版社,1996年。

復旦大學出土文獻與古文字研究中心研究生讀書會:《清華簡〈祭公之顧命〉研讀札記》,復旦大學出土文獻與古文字研究中心網站,http://www.gwz.fudan.edu.cn/SrcShow.asp? Src_ID=1354,2011年1月5日。

G

甘肅文物考古研究所:《天水放馬灘秦簡》,中華書局,2009年。

高　亨、董治安:《古字通假會典》,齊魯書社,1997年。

高　明:《侯馬載書盟主考》,《古文字研究》第一輯,中華書局,1979年。

高　明:《薀、箅考辨》,《文物》1982年第6期。

高　明:《楚繒書研究》,《古文字研究》第十二輯,中華書局,1985年。

高　明、葛英會:《古陶文字徵》,中華書局,1991年。

高　明:《帛書老子校注》,中華書局,1996年。

高西省:《論中韓兩國出土的航海圖紋銅鏡》,《考古與文物》2000年第4期。

高　智、張崇寧:《西伯既勘黎——西周黎侯銅器的出土與黎國墓地的確認》,《古代文明研究通訊》總第34期,北京大學中國考古學研究中心,2007年。

顧頡剛、顧廷龍:《尚書文字合編》,上海古籍出版社,1996年。

顧頡剛、劉起釪:《尚書校釋譯論》,中華書局,2010年。

顧史考:《郭店楚簡〈成之〉等篇雜志》,《清華大學學報(哲學社會科學版)》2006年第1期。

顧新民:《夏竦與〈古文四聲韻〉》,《江西歷史文物》1987年第1期。

郭寶鈞:《殷周車器研究》,文物出版社,1998年。

郭國權:《河南淅川縣下寺春秋楚墓青銅器銘文集釋》,吉林大學碩士學位論文(指導教師:李守奎教授),2008年。

郭禮炬、李雲波:《黃道周篆書其父墓誌及墓後碑銘釋文》,《閩臺文化研究》2013年第3期。

郭沫若:《金文叢考》,科學出版社,1954年。

郭沫若、聞一多、許維遹:《管子集校》,科學出版社,1956年。

郭沫若:《兩周金文辭大系考釋》,科學出版社,1957年。

郭沫若:《者汈鐘銘考釋》,《考古學報》1958年第1期。

郭沫若:《石鼓文研究・詛楚文考釋》,《郭沫若全集(考古編)》,科學出版社,1982年。

郭錫良:《漢字古音手册(增訂本)》,商務印書館,2010年。

郭永秉：《馬王堆漢墓帛書〈春秋事語〉補釋三則》，《出土文獻與古文字研究》第二輯，復旦大學出版社，2008年。

郭永秉：《釋上博楚簡〈平王問鄭壽〉的"訊"字》，《古文字研究》第二十七輯，中華書局，2008年。

郭永秉：《由〈凡物流形〉"鷹"字寫法推測郭店〈老子〉甲組與"脮"相當之字應爲"鷹"字變體》，復旦大學出土文獻與古文字研究中心網站，http://www.gwz.fudan.edu.cn/SrcShow.asp? Src_ID=583，2008年12月31日。

郭永秉：《談古文字中的"要"字和从"要"之字》，《古文字研究》第二十八輯，中華書局，2010年。

郭子直：《記元刻古文〈老子〉碑兼評〈集篆古文韻海〉》，《古文字研究》第二十一輯，中華書局，2001年。

國一姝：《〈古文四聲韻〉異體字處理訛誤的考析》，北京語言文化大學碩士學位論文（指導教師：石定果教授），2002年。

H

寒冬虹：《羅振玉題〈古文四聲韻〉》，《文獻》1991年第2期。

漢語大字典字形組編：《秦漢魏晋篆隸字形表》，四川辭書出版社，1985年。

漢語大字典編輯委員會：《漢語大字典》（縮印本），湖北辭書出版社、四川辭書出版社，1992年。

何琳儀：《釋"寬"》，《古文字論集（一）》，《考古與文物》叢刊第二號，1983年。

何琳儀：《戰國文字與傳抄古文》，《古文字研究》第十五輯，中華書局，1986年。

何琳儀：《長沙帛書通釋》，《江漢考古》1986年第1期。

何琳儀：《秦文字辨析舉例》，《人文雜誌》1987年第4期。

何琳儀：《戰國文字通論》，中華書局，1989年。

何琳儀：《古幣文編校釋》，《文物研究》第六輯，1990年。

何琳儀：《古璽雜識續》，《古文字研究》第十九輯，中華書局，1992年。

何琳儀：《包山楚簡選釋》，《江漢考古》1993年第4期。

何琳儀：《戰國古文字典》，中華書局，1998年。

何琳儀：《九里墩鼓座銘文新釋》，《出土文獻研究》第三輯，中華書局，1998年。

何琳儀：《戰國文字通論（訂補）》，江蘇教育出版社，2003年。

何琳儀、吴紅松：《説屋》，《語言》第四卷，首都師範大學出版社，2003年。

何琳儀：《第二批滬簡選釋》，《上博館藏戰國楚竹書研究續編》，上海書店出版社，2004年。

河南省文化局文物工作隊：《河南方城鹽店莊村宋墓》，《文物參考資料》1958年第11期。

何有祖：《〈慎子曰恭儉〉札記》，簡帛網，http://www.bsm.org.cn/show_article.php?

id=590,2007 年 7 月 5 日。

洪　颺：《古文字考釋通假關係研究》，福建人民出版社，2008 年。

洪　颺：《從砢簋銘文"埶公休"的釋讀談古文字資料中魚部字和月部的相通》，中國古文字研究會第十八次年會散發論文，2010 年。

湖北省荆沙鐵路考古隊：《包山楚簡》，文物出版社，1991 年。

湖北省文物考古研究所、北京大學中文系：《望山楚簡》，中華書局，1995 年。

湖北省文物考古研究所、北京大學中文系：《九店楚簡》，中華書局，2000 年。

胡光煒：《胡小石論文集三編·説文古文考》，上海古籍出版社，1995 年。

胡平生：《金代虞寅墓誌的"古文"蓋文》，《文物》1983 年第 7 期。

胡　瓊：《釋〈慎子曰恭儉〉中的"陟"》，簡帛網，http://www.bsm.org.cn/show_article.php?id=691,2007 年 8 月 8 日。

胡文輝：《〈論語·鄉黨〉"色斯舉也"解》，《中國文化》第八輯，1993 年。

黃德寬、徐在國：《郭店楚簡文字考釋》，《吉林大學古籍整理研究所建所十五周年紀念文集》，吉林大學出版社，1998 年。

黃德寬主編：《古文字譜系疏證》，商務印書館，2007 年。

黃鳳春、劉國勝：《記荆門左冢楚墓漆梮》，《第四屆國際中國古文字學研討會論文集》，2003 年；又見於《荆門左冢楚墓》，文物出版社，2006 年。

黃光武：《釋穆——兼談昭穆的禮樂含義》，《古文字研究》第二十三輯，中華書局，2002 年。

黃然偉：《殷周青銅器賞賜銘文研究》，香港龍門書店，1978 年。

黃盛璋：《旅大市所出啓封戈銘的國别、地理及其相關問題》，《考古》1981 年第 4 期。

黃盛璋：《關於加拿大多倫多市安大略博物館所藏三晋兵器及其相關問題》，《考古》1991 年第 1 期。

黃天樹：《〈説文〉重文與正篆關係補論》，《語言》第一卷，首都師範大學出版社，2000 年。

黃文傑：《氏民辨》，《容庚先生百年誕辰紀念文集》，廣東人民出版社，1998 年。

黃文傑：《秦至漢初簡帛文字研究》，商務印書館，2008 年。

黃錫全：《利用〈汗簡〉考釋古文字》，《古文字研究》第十五輯，中華書局，1986 年。

黃錫全：《汗簡注釋》，武漢大學出版社，1990 年。

黃錫全：《〈汗簡〉、〈古文四聲韻〉中之石經、〈説文〉"古文"的研究》，《古文字研究》第十九輯，中華書局，1992 年。

黃錫全：《〈包山楚簡〉釋文校釋》，中國古文字研究會第九屆學術研討會論文，1992 年；又名爲《〈包山楚簡〉部分釋文校釋》，《湖北出土商周文字輯證》，武漢大學出版社，1992 年。

黃錫全：《〈汗簡〉、〈古文四聲韻〉中之〈義雲章〉"古文"的研究》，《古文字研究》第二十輯，中華書局，2000 年。

黃錫全：《讀郭店楚簡〈老子〉札記三則》，《郭店楚簡國際學術研討會論文集》，湖北人民出版社，2000年。

黃錫全：《清華簡〈繫年〉"从門从戈"字簡議》，簡帛網，http://www.bsm.org.cn/show_article.php?id=1604，2011年12月23日。

黃旭初、黃鳳春：《湖北鄖縣新出唐國銅器銘文考釋》，《江漢考古》2003年第1期。

黃永武主編：《敦煌寶藏》，新文豐出版公司，1981—1986年。

J

季旭昇主編，陳美蘭、蘇建洲、陳嘉凌合撰：《〈上海博物館藏戰國楚竹書（二）〉讀本》，萬卷樓，2003年。

季旭昇：《說文新證》，福建人民出版社，2010年。

季旭昇：《上博五芻議（上）》，簡帛網，http://www.bsm.org.cn/show_article.php?id=195，2006年2月18日。

季旭昇：《説"婁"、"要"》，《古文字研究》第二十六輯，中華書局，2006年。

江　梅：《碧落碑研究》，東北師範大學碩士學位論文（指導教師：張世超教授），2004年。

蔣禮鴻：《義府續貂》，中華書局，1981年。

蔣玉斌：《釋殷墟自組卜辭中的"兆"字》，《古文字研究》第二十七輯，中華書局，2008年。

金兆梓：《尚書詮譯》，中華書局，2010年。

荊門市博物館：《郭店楚墓竹簡》，文物出版社，1998年。

K

康有爲：《新學僞經考》，三聯書店，1998年。

夔　一：《"陟"疑》，簡帛網，http://www.bsm.org.cn/show_article.php?id=737，2007年10月23日。

L

李春桃：《傳抄古文釋讀（五則）》，《中國文字》第三十六輯，2011年。

李春桃：《古文考釋八篇》，簡帛網，http://www.bsm.org.cn/show_article.php?id=1447，2011年4月13日。

李春桃：《〈汗簡〉、〈古文四聲韻〉所收古文誤置現象校勘（选録）》，簡帛網，http://www.bsm.org.cn/show_article.php?id=1449，2011年4月13日。

李春桃：《〈尚書·大誥〉"爾時罔敢易法"解詁——兼談〈莽誥〉的底本性質》，《史學集刊》2011年第3期。

李春桃：《近年重慶酉陽縣新發現古書文字性質新探》，《四川文物》2011年第5期。

李春桃：《釋邾公釻鐘銘中的"穆"字》，復旦大學出土文獻與古文字研究中心網站，

http://www.gwz.fudan.edu.cn/SrcShow.asp? Src_ID=1496,2011 年 5 月 13 日。

李春桃:《傳抄古文考釋四篇》,《古文字研究》第二十九輯,中華書局,2012 年。

李春桃:《利用楚簡資料研究古文五則》,《簡帛》第七輯,上海古籍出版社,2012 年。

李春桃:《古文形體三考》,《出土文獻與古文字研究》第五輯,上海古籍出版社,2013 年。

李春桃:《王國維與清末民初古文研究》,《戰國文字研究的回顧與展望》,中西書局,2017 年。

李春桃:《釋"紳"、"觳"——從楚帛書"紳"字考釋談起》,《簡帛研究二〇一五》春夏卷,廣西師範大學出版社,2015 年。

李春桃:《庚壺銘文拾遺》,《中國文字研究》第十九輯,上海書店出版社,2014 年。

李春桃:《鄭州黃崗寺北宋紀年壁畫墓所出古文墓誌銘簡論》,《中國文字學報》第六輯,商務印書館,2015 年。

李家浩:《戰國𨛬布考》,《古文字研究》第三輯,中華書局,1980 年。

李家浩:《信陽楚簡"澮"字及从"关"之字》,《中國語言學報》第一期,商務印書館,1982 年。

李家浩:《從戰國"忠信"印談古文字中的異讀現象》,《北京大學學報》1987 年第 2 期。

李家浩:《庚壺銘文及其年代》,《古文字研究》第十九輯,中華書局,1992 年。

李家浩:《包山 266 號簡所記木器研究》,《國學研究》第二卷,北京大學出版社,1994 年。

李家浩:《戰國官印考釋兩篇》,《于省吾教授百年誕辰紀念文集》,吉林大學出版社,1996 年。

李家浩:《信陽楚簡中的"柿枳"》,《簡帛研究》第二輯,法律出版社,1996 年。

李家浩:《䑛鐘銘文考釋》,《北大中文研究(創刊號)》,北京大學出版社,1998 年。

李家浩:《南越王墓車駰虎節銘文考釋》,《容庚先生百年誕辰紀念文集》,廣東人民出版社,1998 年。

李家浩:《傳遽鷹節銘文考釋》,《海上論叢(二)》,復旦大學出版社,1998 年。

李家浩:《燕國"洀谷山金鼎瑞"補釋》,《中國文字》新廿四期,藝文印書館,1998 年。

李家浩:《秦漢簡帛文字詞語雜釋》,臺灣師範大學國文學系、中國訓詁學會主辦:《第二屆國際暨第四屆全國訓詁學學術研討會論文集》,1998 年。

李家浩:《讀〈郭店楚墓竹簡〉瑣議》,《中國哲學》第二十輯,遼寧教育出版社,1999 年。

李家浩:《楚墓竹簡中的"昆"字及从"昆"之字》,《著名中年語言學家自選集·李家浩卷》,安徽教育出版社,2002 年。

李家浩:《包山楚簡"簸"字及其相關之字》,《著名中年語言學家自選集·李家浩卷》,安徽教育出版社,2002 年。

李家浩:《戰國官印考釋三篇》,《出土文獻研究》第六輯,2004 年。

李家浩:《釋上博戰國竹簡〈緇衣〉中的"亞"合文——兼釋兆域圖"逐"和矔羌鐘"毫"

等字》,《康樂集——曾憲通教授七十壽慶論文集》,中山大學出版社,2006年。

李家浩:《楚簡所記楚人祖先"姷(鬻)熊"與"穴熊"爲一人説——兼説上古音幽部與微、文二部音轉》,《文史》2010年第3期。

李家浩:《關於郭店竹書〈六德〉"仁類薆而速"一段文字的釋讀》,《出土文獻研究》第十輯,2011年。

李 零、劉 雨:《楚郪陵君三器》,《文物》1980年第8期。

李 零:《論東周時期的楚國典型銅器群》,《古文字研究》第十九輯,中華書局,1992年。

李 零:《古文字雜識(五則)》,《國學研究》第三卷,北京大學出版社,1995年。

李 零:《古文字雜識(兩篇)》,《于省吾教授百年誕辰紀念文集》,吉林大學出版社,1996年。

李 零:《李零自選集》,廣西師範大學出版社,1998年。

李 零:《郭店楚簡校讀記》,《道家文化研究》第十七輯,三聯書店,1999年。

李 零:《讀〈楚系簡帛文字編〉》,《出土文獻研究》第五輯,科學出版社,1999年。

李 零:《郭店楚簡中的"敏"字和"文"字》,《古文字研究》第二十四輯,中華書局,2002年。

李 零:《鑠古鑄今》,三聯書店,2007年。

李 零:《郭店楚簡校讀記(增訂本)》,北京大學出版社,2002年;又中國人民大學出版社,2007年。

李若暉:《孔壁古文〈論語〉探論》,《紅河學院學報》2006年第3期。

李守奎:《〈説文〉古文與楚文字互證三則》,《古文字研究》第二十四輯,中華書局,2002年。

李守奎:《楚文字編》,華東師範大學出版社,2003年。

李守奎:《郭店楚簡"雈"字蠡測》,《古文字研究》第二十六輯,中華書局,2006年。

李守奎、曲 冰、孫偉龍:《上海博物館藏戰國楚竹書(1—5)文字編》,作家出版社,2007年。

李天虹:《〈説文〉古文校補疏證》,吉林大學碩士論文(指導教師:林澐教授),1990年。

李天虹:《〈説文〉古文校補29則》,《江漢考古》1992年第4期。

李天虹:《〈包山楚簡〉釋文補正》,《江漢考古》1993年第3期。

李天虹:《〈説文〉古文新證》,《江漢考古》1995年第2期。

李天虹:《釋郭店楚簡〈成之聞之〉篇中的"肘"》,《古文字研究》第二十二輯,中華書局,2000年。

李天虹:《釋楚簡文字"廈"》,《華學》第四輯,紫禁城出版社,2000年。

李天虹:《再談〈鮑叔牙與隰朋之諫〉中的"息"字》,簡帛網,http://www.bsm.org.cn/show_article.php?id=252,2006年3月1日。

李學勤、李　零：《平山三器與中山國史的若干問題》，《考古學報》1979年第2期。
李學勤：《戰國題銘概述》（上、中、下），《文物》1959年第7、8、9期。
李學勤：《秦簡的古文字學考察》，《雲夢秦簡研究》，中華書局，1981年。
李學勤：《〈汗簡注釋〉序》，《汗簡注釋》，武漢大學出版社，1990年。
李學勤：《師𩛥鼎剩義》，《新出青銅器研究》，文物出版社，1990年。
李學勤：《汗簡》，《失落的文明》，上海文藝出版社，1997年。
李學勤：《説郭店簡"道"字》，《簡帛研究》第三輯，廣西教育出版社，1998年。
李學勤：《郭店楚簡與儒家經籍》，《中國哲學》第二十輯，遼寧教育出版社，1999年。
李學勤：《續釋"尋"字》，《故宮博物院院刊》2000年第6期。
李學勤：《試解郭店簡讀"文"之字》，《孔子·儒學研究文叢》第一輯，齊魯書社，2001年。
李學勤：《論孔子壁中書的文字類型》，《齊魯文化研究》第一輯，山東文藝出版社，2002年。
李學勤：《王國維〈桐鄉徐氏印譜序〉的背景與影響》，《清華大學學報》2005年第2期。
李學勤：《何簋與何尊的關係》，《出土文獻研究》第九輯，中華書局，2010年。
李學勤：《從清華簡談到周代黎國》，《出土文獻》第一輯，中西書局，2010年。
梁啓超：《飲冰室合集》，中華書局，1989年。
梁啓超著，朱維錚導讀：《清代學術概論》，上海古籍出版社，2009年。
聊城地區博物館：《山東高唐金代虞寅墓發掘簡報》，《文物》1982年第1期。
廖名春：《荆門郭店楚簡與先秦儒學》，《中國哲學》第二十輯，遼寧教育出版社，1999年。
廖名春：《郭店楚簡老子校釋》，清華大學出版社，2003年。
林文華：《〈琱生簋〉"戾我考我母命"新考》，復旦大學出土文獻與古文字研究中心網站，http://www.gwz.fudan.edu.cn/SrcShow.asp? Src_ID=697,2009年2月16日。
林　澐：《讀包山楚簡札記七則》，《江漢考古》1992年第4期。
林　澐：《説飄風》，《于省吾教授百年誕辰紀念文集》，吉林大學出版社，1996年。
林　澐：《釋史牆盤銘中的"逖虘髟"》，《林澐學術文集》，中國大百科全書出版社，1998年。
林　澐：《王、士同源及相關問題》，《林澐學術文集》，中國大百科全書出版社，1998年。
林志強：《古本〈尚書〉文字研究》，中山大學出版社，2009年。
劉安國：《西安市出土的"正始三體石經"殘石》，《人文雜誌》1957年第3期。
劉　波：《〈楚帛書·甲篇〉集釋》，吉林大學碩士學位論文（指導教師：李守奎教授），2009年。
劉傳賓：《郭店竹簡研究綜論（文本研究篇）》，吉林大學博士學位論文（指導教師：馮勝君教授），2010年。

劉廣瑞、朱建路：《大名新出夏漢文合璧墓誌銘的價值和意義》，《光明日報》2014 年 5 月 21 日。

劉洪濤：《〈説文〉"陟"字古文考》，簡帛網，http://www.bsm.org.cn/show_article.php?id=719，2007 年 9 月 22 日。

劉洪濤：《清華簡補釋四則》，復旦大學出土文獻與古文字研究中心網站，http://www.gwz.fudan.edu.cn/SrcShow.asp? Src_ID=1479，2011 年 4 月 27 日。

劉洪濤：《論掌握形體特點對古文字考釋的重要性》，北京大學博士學位論文（指導教師：李家浩教授），2012 年。

劉建民：《〈新集古文四聲韻〉與〈集古文韻〉字形來源差異研究》，《勵耘語言學刊》2016 年第 1 期。

劉樂賢：《釋〈説文〉古文慎字》，《考古與文物》1993 年第 4 期。

劉樂賢：《〈説文〉"法"字古文補釋》，《古文字研究》第二十四輯，中華書局，2002 年。

劉樂賢：《簡帛文獻數術探論》，湖北教育出版社，2003 年。

劉　墨：《乾嘉學術十論》，三聯書店，2006 年。

劉起釪：《〈尚書〉與歷代"石經"》，《史學史研究》1983 年第 3 期。

劉體智：《小校經閣金文拓本》，1935 年石印本。

劉　巍：《〈劉向歆父子年譜〉的學術背景與初始反響》，《歷史研究》2001 年第 3 期。

劉信芳：《楚帛書解詁》，《中國文字》新廿一期，藝文印書館，1996 年。

劉信芳：《荊門郭店竹簡老子解詁》，藝文印書館，1999 年。

劉信芳：《包山楚簡解詁試筆十七則》，《中國文字》新廿五期，藝文印書館，1999 年。

劉信芳：《包山楚簡解詁》，藝文印書館，2003 年。

劉信芳：《郭店楚簡〈六德〉解詁一則》，《古文字研究》第二十二輯，中華書局，2007 年。

劉　源：《從殷墟卜辭的"族"說到周初金文中的"三族"》，《古文字研究》第二十八輯，中華書局，2010 年。

劉　釗主編：《新甲骨文編》（增訂本），福建人民出版社，2014 年。

劉　釗：《〈金文編〉附錄存疑字考釋（十篇）》，中國古文字研究會第八屆年會會議論文，1990 年。

劉　釗：《包山楚簡文字考釋》，中國古文字研究會第九屆年會會議論文，1992 年。

劉　釗：《利用郭店楚簡字形考釋金文一例》，《古文字研究》第二十四輯，中華書局，2002 年。

劉　釗：《郭店楚簡校釋》，福建人民出版社，2003 年。

劉　釗：《古文字構形學》，福建人民出版社，2006 年。

劉昭瑞：《宋代著錄商周青銅器銘文箋證》，中山大學出版社，2000 年。

陸榮軍：《〈汗簡〉研究綜述》，《鹽城工學院學報》2004 年第 4 期。

陸錫興：《論武則天製字的幾個問題》，華東師範大學中國文字研究與應用中心網站，http://www.wenzi.cn/ShowArticle.aspx?id=4&article_id=87，2011 年 03 月 16 日。

羅福頤：《談長沙發現的戰國竹簡》，《文物參考資料》1954年第9期。
羅福頤主編：《古璽文編》，文物出版社，1981年。
羅福頤：《漢印文字徵》，文物出版社，1983年。
羅福頤：《三代吉金文存釋文》卷一，香港問學社，1983年。
羅福頤：《臨沂漢簡通假字表》，《古文字研究》第十一輯，中華書局，1985年。
羅福頤主編：《古璽彙編》，文物出版社，1998年。
羅振玉：《魏正始石經殘字跋》，國立北京大學《國學季刊》第一卷第三號，1923年。
呂朋林：《〈汗簡〉音切考校（上）》、《〈汗簡〉音切考校（下）》，《古籍整理研究學刊》1998年第1、2期。

M

馬承源：《商周青銅器銘文選》第1—4册，文物出版社，1988年。
馬承源主編：《上海博物館藏戰國楚竹書（一）》，上海古籍出版社，2001年。
馬承源主編：《上海博物館藏戰國楚竹書（二）》，上海古籍出版社，2002年。
馬承源主編：《上海博物館藏戰國楚竹書（三）》，上海古籍出版社，2003年。
馬承源主編：《上海博物館藏戰國楚竹書（四）》，上海古籍出版社，2004年。
馬承源主編：《上海博物館藏戰國楚竹書（五）》，上海古籍出版社，2005年。
馬承源主編：《上海博物館藏戰國楚竹書（六）》，上海古籍出版社，2007年。
馬承源主編：《上海博物館藏戰國楚竹書（七）》，上海古籍出版社，2008年。
馬國權：《金文字典述評》，《中華文史論叢》1980年第4期。
馬王堆漢墓帛書整理小組：《馬王堆帛書〈式法〉釋文摘要》，《文物》2000年第7期。
麥里筱：《簠字構形分析與簠形狀之爭議》，《古文字研究》第二十八輯，中華書局，2010年。
繆文遠：《戰國制度通考》，巴蜀書社，1998年。

N

南陽市文物考古研究所：《河南南陽春秋楚彭射墓發掘簡報》，《文物》2011年第3期。

P

駢宇騫：《〈晏子春秋〉校釋》，書目文獻出版社，1988年。

Q

秦　公：《碑別字新編》，文物出版社，1985年。
清華大學出土文獻研究與保護中心編，李學勤主編：《清華大學藏戰國竹簡》（壹），中西書局，2010年。
清華大學出土文獻研究與保護中心編，李學勤主編：《清華大學藏戰國竹簡》（貳），中西書局，2011年。

邱德修：《魏石經古文釋形考述》，學生書局，1977 年。

邱德修：《魏石經初探——魏石經古篆字典》，學海出版社，1978 年。

裘錫圭、李家浩：《曾侯乙墓竹簡釋文與考釋》，《曾侯乙墓》，文物出版社，1989 年。

裘錫圭：《文字學概要》，商務印書館，1988 年。

裘錫圭：《戰國貨幣考（十二篇）》，《北京大學學報》1978 年第 2 期。

裘錫圭：《釋"建"》，《古文字研究》第十七輯，中華書局，1989 年。

裘錫圭：《讀〈戰國縱橫家書釋文注釋〉札記》，《古代文史研究新探》，江蘇古籍出版社，1992 年。

裘錫圭：《考古發現的秦漢文字資料對於校讀古籍的重要性》，《古代文史研究新探》，江蘇古籍出版社，1992 年。

裘錫圭：《談談清末學者利用金文校勘〈尚書〉的一個重要發現》，《古代文史研究新探》，江蘇古籍出版社，1992 年。

裘錫圭：《釋殷墟甲骨文裏的"遠""𢕹"（邇）及有關諸字》，《古文字論集》，中華書局，1992 年。

裘錫圭：《甲骨文中的幾種樂器名稱——釋"庸""豐""鞀"》，《古文字論集》，中華書局，1992 年。

裘錫圭：《釋"弘"、"強"》，《古文字論集》，中華書局，1992 年。

裘錫圭：《說字小記·說"悤""聰"》，《古文字論集》，中華書局，1992 年。

裘錫圭：《史牆盤銘解釋》，《古文字論集》，中華書局，1992 年。

裘錫圭：《甲骨文中的見與視》，中研院歷史語言研究所、臺灣師範大學國文系編：《甲骨文發現一百周年學術研討會論文集》，1998 年。

裘錫圭：《應侯視工簋補釋》，《文物》2002 年第 7 期。

裘錫圭：《釋"尌"》，《龍宇純先生七秩晉五壽慶論文集》，臺北學生書局，2002 年。

裘錫圭：《讀逨器銘文札記三則》，《文物》2003 年第 6 期。

裘錫圭：《讀上博簡〈容成氏〉札記二則》，《古文字研究》第二十五輯，中華書局，2004 年。

裘錫圭：《簡帛古籍的用字方法是校讀傳世先秦秦漢古籍的重要根據》，《中國出土古文獻十講》，復旦大學出版社，2004 年。

裘錫圭：《燹公盨銘文考釋》，《中國出土古文獻十講》，復旦大學出版社，2004 年。

錢玄同：《重論經今古文學問題》，《古史辨》第五冊，上海古籍出版社，1982 年。

強運開：《說文古籀三補》，中華書局，1986 年。

R

饒宗頤：《楚繒書疏證》，《中研院歷史語言研究所集刊》第 40 本上冊，藝文印書館，1968 年。

容庚著，張振林、馬國權摹補：《金文編》，中華書局，1985 年。

S

山東省文物考古研究所:《臨淄北朝崔氏墓》,《考古學報》1984年第2期。
山東省博物館:《山東金文集成》,齊魯書社,2007年。
陝西周原考古隊:《陝西岐山鳳雛村西周青銅器窖藏簡報》,《文物》1979年第11期。
單育辰:《新出楚簡〈容成氏〉研究》,中華書局,2016年。
單育辰:《談晉系用爲"舍"之字》,《簡帛》第四輯,上海古籍出版社,2009年。
單育辰:《楚地戰國簡帛與傳世文獻對讀之研究》,中華書局,2014年。
商承祚:《説文中之古文考》,上海古籍出版社,1983年。
商承祚:《石刻篆文編》,中華書局,1992年。
沈　培:《説郭店楚簡中的"肆"》,《語言》第二卷,首都師範大學出版社,2001年。
沈　培:《上博簡〈緇衣〉篇"卺"字解》,《華學》第六輯,紫禁城出版社,2003年。
沈　培:《清華簡字詞考釋二則》,復旦大學出土文獻與古文字研究中心網站,http://www.gwz.fudan.edu.cn/SrcShow.asp? Src_ID=1367,2011年1月9日。
施安昌:《關於武則天造字的誤識與結構》,《故宫博物院院刊》1984年第4期。
施安昌編:《顔真卿書干禄字書》,紫禁城出版社,1990年。
施謝捷:《魏石經古文彙編》,未刊稿。
施謝捷:《燕王職劍跋》,《文博》1989年第2期。
施謝捷:《〈古璽彙編〉釋文校訂》,《容庚先生百年誕辰紀念文集》,廣東人民出版社,1998年。
施謝捷:《宰獸簋銘補釋》,《文物》1999年第11期。
施謝捷:《古璽彙考》,安徽大學博士學位論文(指導教師:黄德寬教授),2006年。
史傑鵬:《包山楚簡研究四則》,《湖北民族學院學報》2005年第3期。
舒大剛:《論日本傳〈古文孝經〉決非"隋唐之際"由我國傳入》,《四川大學學報》2002年第2期。
舒連景:《説文古文疏證》,商務印書館,1937年。
睡虎地秦墓竹簡整理小組:《睡虎地秦墓竹簡》,文物出版社,1978年。
四川大學古籍整理研究所等編:《諸子集成補編》第一册,四川人民出版社,1997年。
四庫全書整理所整理:《欽定四庫全書總目(整理本)》,中華書局,1997。
松丸道雄、高嶋謙一:《甲骨文字字釋綜覽》,東京大學出版會,1994年。
蘇建洲:《〈説文〉古文補説二則》,《〈上博楚竹書〉文字及相關問題研究》,萬卷樓圖書公司,2008年。
蘇建洲:《楚文字"炅"字及从"炅"之字再議——兼論傳鈔古文一個值得注意的現象》,《上博楚竹書文字及相關問題研究》,萬卷樓圖書公司,2008年。
蘇建洲:《金文考釋二篇》,《中國文字研究》第十三輯,2010年。
蘇建洲:《戰國文字"殷"字補釋》,復旦大學出土文獻與古文字研究中心網站,http://

www.gwz.fudan.edu.cn/SrcShow.asp？Src_ID=1574,2011 年 6 月 30 日。

孫　剛：《齊文字編》,福建人民出版社,2010 年。

孫海波：《甲骨文編》,中華書局,1965 年。

孫海波：《魏三字石經集錄》,藝文印書館,1975 年。

孫慰祖主編：《古封泥集成》,上海書店出版社,1994 年。

孫慰祖主編：《唐宋元私印押記集存》,上海書店出版社,2001 年。

T

湯餘惠、吳良寶：《郭店楚簡文字拾零（四篇）》,《簡帛研究二〇〇一》,廣西師範大學出版社,2001 年。

湯餘惠：《包山楚簡讀後記》,《考古與文物》1993 年第 2 期。

湯餘惠：《釋"旇"》,《吉林大學古籍整理研究所建所十五周年紀念文集》,吉林大學出版社,1998 年。

湯餘惠、賴炳偉、徐在國、吳良寶：《戰國文字編》,福建人民出版社,2001 年。

湯志彪：《三晉文字編》,作家出版社,2013 年。

唐　蘭：《古文字學導論》,齊魯書社,1981 年。

唐　蘭：《懷鉛隨錄——書碧落碑後》,《考古社刊》第五期,1936 年。

唐　蘭：《周王𣉩鐘考》,《故宮博物院年刊》1936 年第 7 期。

唐　蘭：《天壤閣甲骨文存》,北京輔仁大學,1939 年。

唐　蘭：《史䂞簋銘考釋》,《考古》1972 年第 5 期。

唐　蘭：《侯馬出土晉國趙嘉之盟載書新釋》,《文物》1972 年第 8 期。

唐　蘭：《略論西周微史家族窖藏銅器群的重要意義——陝西扶風新出牆盤銘文解釋》,《文物》1978 年第 3 期。

唐　蘭：《論周昭王時代的青銅器銘刻》,《古文字研究》第二輯；又《唐蘭先生金文論集》,紫禁城出版社,1995 年。

唐作藩：《上古音手册》,江蘇人民出版社,1982 年。

滕壬生：《楚系簡帛文字編》,湖北教育出版社,1995 年。

滕壬生：《楚系簡帛文字編（增訂本）》,湖北教育出版社,2008 年。

田　河：《出土戰國遣册所記名物分類匯釋》,吉林大學博士學位論文（指導教師：吴振武教授）,2007 年。

田　率：《𡧊膚簠銘文讀箋》,《古代文明》2014 年第 4 期。

W

汪寧生：《釋臣》,《考古》1979 年第 3 期。

王　丹：《〈古文四聲韻〉重文間的關係試析》,《漢字研究》第一輯,學苑出版社,2005 年。

王　丹:《〈汗簡〉、〈古文四聲韻〉新證》,上海古籍出版社,2015年。
王　丹:《〈汗簡〉、〈古文四聲韻〉研究綜述》,《菏澤學院學報》2009年第6期。
王國維:《水經注校》,上海人民出版社,1984年。
王國維:《漢代古文考》,《學術叢編》第八、九、十三册,1916年。
王國維:《史籀篇疏證》,《王國維遺書》第四册,上海古籍書店,1983年。
王國維:《〈史籀篇〉疏證序》,《王國維遺書》第六册,上海古籍書店,1983年。
王國維:《魏石經殘石考》,《王國維遺書》第九册,上海古籍書店,1983年。
王國維:《書〈古文四聲韻〉後》,《觀堂集林》,中華書局,1983年。
王國維:《説文所謂古文説》,《觀堂集林》,中華書局,1983年。
王國維:《魏石經考》,《觀堂集林》,中華書局,1983年。
王國維:《最近二三十年中中國新發見之學問》,《王國維文集》,中國文史出版社,1997年。
王國維:《戰國時秦用籀文六國用古文説》,《觀堂集林》,中華書局,2004年。
王國維:《桐鄉徐氏印譜序》,《觀堂集林》,中華書局,2004年。
王國維:《殷卜辭中所見先公先王考》、《殷卜辭所見先公先王續考》,《觀堂集林》,中華書局,2004年。
王　輝:《秦銅器銘文編年集釋》,三秦出版社,1990年。
王　輝:《商周金文》,文物出版社,2006年。
王　輝:《古文字通假字典》,中華書局,2008年。
王　慧:《魏石經古文集釋》,安徽大學碩士學位論文(指導教師:徐在國教授),2004年。
王　力:《同源字典》,中華書局,1991年。
王利器:《顔氏家訓集解》,中華書局,2007年。
王慶祥、蕭立文校注,羅繼祖審訂:《羅振玉王國維往來書信》,東方出版社,2000年。
王人聰:《毓慶宫舊藏"爲善最樂"印年代辨析》,《故宫博物院院刊》1994年第3期。
魏克彬:《侯馬與温縣盟書中的"岳公"》,《紀念中國古文字研究會成立三十周年國際學術研討會會議論文集》,2008年;該文後來又發表在《文物》2010年第10期。
魏啓鵬:《楚簡〈老子〉柬釋》,《道家文化研究》第十七輯,三聯書店,1999年。
魏宜輝:《説"裔"》,《古文字研究》第二十七輯,中華書局,2008年。
魏宜輝:《利用戰國竹簡文字釋讀春秋金文一例》,《史林》2009年第4期。
鄔可晶(補白):《石經古文"殸"字來源續探》,復旦大學出土文獻與古文字研究中心網站,http://www.gwz.fudan.edu.cn/SrcShow.asp? Src_ID=2346,2014年10月15日。
吴福熙:《敦煌殘卷古文尚書校注》,甘肅人民出版社,1992年。
吴鋼輯、吴大敏編:《唐碑俗字録·序》,三秦出版社,2004年。
吴紅松:《西周金文車飾二考》,《中原文物》2008年第1期。
吴九龍:《銀雀山漢簡中的古文、假借、俗省字》,《出土文獻研究續集》,文物出版社,

1989年。

吳良寶：《包山楚簡"愼"地考》,《中國文字》新三十三期,藝文印書館,2007年。

吳良寶：《戰國楚簡地名輯證》,武漢大學出版社,2010年。

吳榮曾：《戰國布幣地名考釋三則》,《中國錢幣》1992年第2期。

吳澤主編,劉寅生、袁英光編：《王國維全集——書信》,中華書局,1984年。

吳則虞：《晏子春秋集釋》,中華書局,1962年。

吳振武：《燕馬節補考——兼釋戰國時代的"射"字》,中國古文字研究會第八屆年會論文,1990年。

吳振武：《釋戰國"可以正民"成語璽》,《湖南博物館文集》,嶽麓書社,1991年。

吳振武：《戰國璽印中的"虞"和"衡鹿"》,《江漢考古》1991年第3期。

吳振武：《燕國銘刻中的"泉"字》,《華學》第二輯,中山大學出版社,1996年。

吳振武：《古璽姓氏考(複姓十五篇)》,《出土文獻研究》第三輯,中華書局,1998年。

吳振武：《陳曼瑚"逐"字新證》,《吉林大學古籍整理研究所建所十五周年紀念文集》,吉林大學出版社,1998年。

吳振武：《釋三方收藏在日本的中國古代官印》,《中國文字》新廿四期,藝文印書館,1998年。

吳振武：《戰國璽印中所見的監官》,《中國古文字研究》第一輯,吉林大學出版社,1999年。

吳振武：《談濟南市博物館藏元年相邦建信君鈹》,《揖芬集——張政烺先生九十華誕紀念文集》,社會科學文獻出版社,2002年。

吳振武：《釋侯馬盟書和溫縣盟書中的"䚶公"》,《追尋中華古代文明的蹤迹——李學勤先生學術活動五十年紀念文集》,復旦大學出版社,2002年。

吳振武：《新見古兵地名考釋兩則》,《九州》第三輯,2003年。

吳振武：《説徐王糧鼎銘文中的"魚"字》,《古文字研究》第二十六輯,中華書局,2006年。

吳振武：《試説平山戰國中山王墓銅器銘文中的"旃"字》,《中國文字學報》第一輯,商務印書館,2006年。

吳振武：《〈古璽文編〉校訂》,人民美術出版社,2011年。

吳振武：《宋建安高平范氏家族墓地所出古文磚誌跋》,《吉林大學古籍研究所建所三十周年紀念論文集》,上海古籍出版社,2014年。

X

襄陽市文物考古研究所：《湖北襄陽沈崗墓地M1022發掘簡報》,《文物》2013年第7期。

蕭毅：《楚簡文字研究》,武漢大學出版社,2010年。

徐剛：《碧落碑考釋》,《文史》2004年第4期。

徐　剛：《衛宏〈古文官書〉考述》，《中國典籍與文化》2004年第4期。
徐　剛：《古文源流考》，北京大學出版社，2008年。
徐在國、黃德寬：《古老子文字編》，安徽大學出版社，2007年。
徐在國、黃德寬：《傳抄〈老子〉古文輯説》，《中研院歷史語言研究所集刊》第73本第2分册；又《古老子文字編·附錄一》，安徽大學出版社，2007年。
徐在國：《談隸定古文中的義近誤置字》，《古籍整理研究學刊》1998年第6期。
徐在國：《隸定古文疏證》，安徽大學出版社，2002年。
徐在國：《上博竹書（二）文字雜考》，簡帛研究網站，http：//www.jianbo.org/Wssf/2003/xuzaiguo02.htm，2003年1月14日；後刊於《學術界》2003年第1期。
徐在國：《郭店簡文字補釋一則》，《古墓新知——紀念郭店楚簡出土十周年論文專輯》，國際炎黃文化出版社，2003年。
徐在國：《傳抄古文字編》，綫裝書局，2006年。
徐在國：《傳抄古文論著目》，《中國文字學報》第一輯，商務印書館，2006年。
徐在國：《〈戰國古文字典〉所錄陶文研究》，《中國文字學報》第三輯，商務印書館，2010年。
徐中舒：《經今古文問題綜論》，《紀念顧頡剛學術論文集》，巴蜀書社，1990年。
許雄志：《秦印文字彙編》，河南美術出版社，2001年。
許學仁：《〈古文四聲韻〉古文研究·古文合證篇》，文史哲出版社，作者自印本。

Y

顔世鉉：《郭店楚簡淺釋》，《張以仁先生七秩壽慶論文集》，學生書局，1999年。
顔世鉉：《郭店楚簡〈六德〉箋釋》，《中研院歷史語言研究所集刊》第72本第2分册，2001年。
楊寶忠：《論衡校箋》，河北教育出版社，1999年。
楊寶忠：《疑難字考釋與研究》，中華書局，2005年。
楊樹達：《積微居金文説》，中華書局，2004年。
楊澤生：《孔壁竹書的文字國別》，《中國典籍與文化》2004年第1期。
楊澤生：《竹書〈周易〉札記（四則）》，簡帛研究網站，http：//www.jianbo.org/admin3/html/yangzesheng03.htm，2004年5月8日。
楊澤生：《〈上博五〉零釋十二則》，簡帛網，http：//www.bsm.org.cn/show_article.php?id=296，2006年3月20日。
姚淦銘、王燕編：《王國維文集》，中國文史出版社，1997年。
于豪亮：《中山三器銘文考釋》，《考古學報》1979年第2期。
于豪亮：《陝西省扶風縣强家村出土虢季家族銅器銘文考釋》，《于豪亮學術文存》，中華書局，1985年。
于省吾主編：《甲骨文字詁林》，中華書局，1999年。

于省吾：《碧落碑跋》，《考古社刊》第五期，1936年。
于省吾：《雙劍誃群經新證・雙劍誃諸子新證》，上海書店出版社，1999年。
于省吾：《于省吾著作集・甲骨文字釋林》，中華書局，2009年。
于省吾：《于省吾著作集・雙劍誃吉金文選》，中華書局，2009年。
俞偉超：《中國古代公社組織的考察——論先秦兩漢的單—僤—彈》，文物出版社，1988年。
袁本良：《鄭珍〈汗簡箋正〉論略》，《貴州文史叢刊》2001年第3期。
袁珂校注：《山海經校注》（增訂本），巴蜀書社，1992年。

Z

曾憲通：《三體石經古文與説文古文合證》，《古文字研究》第七輯，中華書局，1982年。
曾憲通：《是對〈汗簡〉做出正確評價的時候了》，《曾憲通學術文集》收入該文時改名爲《論〈汗簡〉古文之是非得失》，汕頭大學出版社，2002年。
張富海：《北大中國古文獻研究中心"郭店楚簡研究"項目新動態》，簡帛研究網站，http://www.jianbo.org/Xyxw/Beida.htm，2003年6月2日。
張富海：《説"矣"》，《古文字研究》第二十六輯，中華書局，2006年。
張富海：《漢人所謂古文之研究》，綫裝書局，2008年。
張富海：《楚先"穴熊"、"鬻熊"考辨》，《簡帛》第五輯，上海古籍出版社，2010年。
張光裕、黃錫全、滕壬生主編：《曾侯乙墓竹簡文字編》，藝文印書館，1997年。
張光裕：《〈説文〉古文中所見言字及從心從言偏旁互用例劄迻》，《文物研究》第七輯，黃山書社，1991年。
張光裕：《欨簋銘文與西周史事新證》，《文物》2009年第2期。
張光遠：《春秋晚期齊莊公時庚壺考》，堪培拉澳洲國立大學中國銅器討論會論文，1981年。
張　頷：《"侯馬盟書"叢考續》，《古文字研究》第一輯，中華書局，1979年。
張　頷：《"安國君"印跋》，《中國歷史博物館館刊》1980年第2期。
張　頷：《山西陽曲縣西村廟梁傅山古文題記考釋》，《文物季刊》1995年第3期。
張　靜：《〈説文〉"古文以爲"考》，吉林大學碩士學位論文（指導教師：李守奎教授），2007年。
張克忠：《中山王墓青銅器銘文簡釋——附論墓主人問題》，《故宮博物院院刊》1979年第1期。
張　蕾：《〈説文〉小篆訛形研究》，天津師範大學碩士學位論文（指導教師：董蓮池教授），2007年。
張麗娜：《大徐本〈説文〉篆文訛形舉例》，吉林大學碩士學位論文（指導教師：吳良寶教授），2009年。
張　沛：《旬陽發現宋代窖藏》，《文博》1988年4期。

張　儒、劉毓慶：《漢字通用聲素研究》，山西古籍出版社，2002年。
張世超、孫凌安、金國泰、馬如森：《金文形義通解》，中文出版社，1996年。
張世超：《戰國秦漢時期用字現象舉隅》，《中國文字研究》第一輯，廣西教育出版社，1999年。
張守中：《中山王𰯾器文字編》，中華書局，1981年。
張守中：《包山楚簡文字編》，文物出版社，1996年。
張舜徽：《張舜徽集》，華中師範大學出版社，2004年。
張曉雲：《西周金文所記車馬器研究》，吉林大學碩士學位論文（指導教師：吳振武教授），2000年。
張新俊、張勝波：《新蔡葛陵楚簡文字編》，巴蜀書社，2008年。
張新俊：《上博楚簡文字研究》，吉林大學博士學位論文（指導教師：吳振武教授），2005年。
張新俊：《據清華簡釋字一例》，復旦大學出土文獻與古文字研究中心網站，http://www.gwz.fudan.edu.cn/SrcShow.asp? Src_ID=1573，2011年6月29日。
張學城：《〈說文〉古文研究》，安徽大學博士學位論文（指導教師：徐在國教授），2009年。
張學海主編：《海岱考古》第一輯，山東大學出版社，1989年。
張亞初、劉　雨：《西周金文官制研究》，中華書局，1986年。
張亞初：《甲骨金文零釋》，《古文字研究》第六輯，中華書局，1981年。
張亞初：《古文字分類考釋論稿》，《古文字研究》第十七輯，中華書局，1989年。
張亞初：《金文考證例釋》，《第三屆國際中國古文字學研討會論文集》，香港中文大學，1997年。
張亞初：《殷周金文集成引得》，中華書局，2001年。
張黶輝：《洛陽金村古墓出土器銘集釋》，吉林大學碩士學位論文（指導教師：吳良寶教授），2011年。
張　英：《海船鏡》，《北方文物》1985年第1期。
張英等：《吉林出土古代官印》，文物出版社，1992年。
張涌泉：《敦煌俗字研究》，上海教育出版社，1996年。
張涌泉：《漢語俗字叢考》，中華書局，2000年。
張涌泉：《漢語俗字研究（增訂本）》，商務印書館，2010年。
張政烺：《中山王𰯾壺及鼎銘考釋》，《古文字研究》第一輯，中華書局，1979年。
張政烺：《庚壺釋文》，《出土文獻研究》，文物出版社，1985年。
張政烺：《〈說文〉燕召公〈史篇〉名醜解·丂字說》，《文史論集》，中華書局，2012年。
章太炎：《新出三體石經考》，《章太炎全集（七）》，上海人民出版社，1999年。
趙　誠：《〈中山壺〉、〈中山鼎〉銘文試釋》，《古文字研究》第一輯，中華書局，1979年。
趙立偉、寧登國：《魏三體石經歷代著錄考》，《圖書館理論與實踐》2008年第2期。

趙立偉：《魏三體石經古文疏證（五則）》，《康樂集——曾憲通教授七十壽慶論文集》，中山大學出版社，2006年。

趙立偉：《魏三體石經古文輯證》，社會科學文獻出版社，2007年。

趙立偉：《論三體石經〈尚書〉異文的類型及價值》，《西華大學學報》2008年第4期。

趙建偉：《郭店竹簡〈老子〉校釋》，《道家文化研究》第十七輯，三聯書店，1999年。

趙平安：《〈說文〉古文考辨（五篇）》，《河北大學學報》1998年第1期。

趙平安：《金文考釋五篇》，《容庚先生百年誕辰紀念文集》，廣東人民出版社，1998年。

趙平安：《〈說文〉小篆研究》，廣西教育出版社，1999年。

趙平安：《〈窮達以時〉第9號簡考論——兼及先秦兩漢文獻中比干故事的衍變》，《古籍整理研究學刊》2002年第2期。

趙平安：《跋〈虢叔尊〉》，《古文字研究》第二十五輯，中華書局，2004年。

趙平安：《隸變研究》，河北大學出版社，2009年。

趙平安：《釋"䎽"及相關諸字》，《新出簡帛與古文字古文獻研究》，商務印書館，2009年。

趙平安：《釋"孛"及相關諸字》，《金文釋讀與文明探索》，上海古籍出版社，2011年。

趙平安：《釋戰國文字中的"乳"字》，《金文釋讀與文明探索》，上海古籍出版社，2011年。

趙平安：《〈厚父〉的性質及其蘊含的夏代歷史文化》，《文物》2014年第12期。

趙　彤：《釋"䚻"》，簡帛研究網，http://www.jianbo.org/admin3/html/zhaotong01.htm，2004年2月6日。

趙振華、王學春：《談偃師焦村魏石經〈尚書·無逸〉殘石》，《古籍整理研究學刊》2005年第5期。

鄭　超：《楚國官璽考述》，《文物研究》第二輯，黃山書社，1986年。

鄭　剛：《戰國文字中的"陵"和"李"》，中國古文字研究會第七次年會論文，1988年；收入氏著《楚簡道家文獻辨證》，汕頭大學出版社，2004年。

鄭州市文物考古研究院、河南省南水北調文物保護管理辦公室：《鄭州黃崗寺北宋紀年壁畫墓》，《中原文物》2013年第1期。

中國社會科學院考古研究所編：《殷周金文集成》，中華書局，1984—1994年。

中國社會科學院考古研究所編：《殷周金文集成（修訂增補本）》，中華書局，2007年。

中國社會科學院考古研究所編：《殷周金文集成釋文》，香港中文大學，2001年。

周　波：《秦、西漢前期出土文字資料中的六國古文遺迹》，《出土文獻與古文字研究》第二輯，復旦大學出版社，2008年。

周　波：《中山器銘文補釋》，《出土文獻與古文字研究》第三輯，復旦大學出版社，2010年。

周　波：《試說徐器銘文中的官名"賓尹"》，《出土文獻與古文字研究》第四輯，上海古籍出版社，2011年。

周　波:《戰國時代各系文字間的用字差異現象研究》,綫裝書局,2012年。

周法高主編,張日昇、徐芷儀、林潔明編纂:《金文詁林》,香港中文大學出版社,1974年。

周鳳五:《包山楚簡文字初考》,《王叔岷先生八十壽慶論文集》,大安出版社,1993年。

周鳳五:《楚簡文字的書法史意義》,《古文字與商周文明——"中央研究院"第三屆國際漢學會議論文集文字學組》,中研院歷史語言研究所,2002年。

周鳳五:《郭店竹簡文字補釋》,《古墓新知——紀念郭店楚簡出土十周年論文專輯》,國際炎黃文化出版社,2003年。

周　亞:《䣩王職壺銘文初釋》,《上海博物館集刊》第八期,上海書畫出版社,2000年。

周予同:《經今古文學》,中華書局,1955年。

周忠兵:《甲骨文中幾個從丄(牡)字的考辨》,《中國文字研究》第七輯,廣西教育出版社,2006年。

周忠兵:《從甲骨金文材料看商周時的墨刑》,《出土文獻與古文字研究》第四輯,上海古籍出版社,2011年。

周祖謨:《〈新集古文四聲韻〉與〈集古文韻〉辨異》,《古籍整理研究學刊》1991年第1期。

朱德熙、裘錫圭:《戰國文字研究(六種)》,《考古學報》1972年第1期。

朱德熙、裘錫圭:《平山中山王墓銅器銘文的初步研究》,《文物》1979年第1期。

朱德熙:《古文字考釋四篇》,《古文字研究》第八輯,中華書局,1983年。

朱德熙:《戰國文字中所見有關廄的資料》,《古文字學論集(初編)》,香港中文大學、中國文化研究所,1983年。

朱德熙:《長沙帛書考釋(五篇)》,《古文字研究》,第十九輯,中華書局,1992年。

朱鳳瀚:《新出金文與西周歷史》,上海古籍出版社,2011年。

朱起鳳:《辭通》,上海古籍出版社,1982年。

朱希祖:《汲冢書考》,中華書局,1960年。

朱曉雪:《包山楚簡綜述》,福建人民出版社,2013年。

祝鴻熹、黃金貴:《〈說文〉所稱古文中的假借字》,《語言研究》1982年第2期。

祝敏申:《〈說文解字〉與中國古文字學》,復旦大學出版社,1998年。

宗福邦、陳世鐃、蕭海波主編:《故訓匯纂》,商務印書館,2003年。

筆畫檢索表

一畫

一　288、289、368
乙　480

二畫

一
亠　213
丿　213
丁　290
二　291、472
十　389
七　479

丨
卜　399

丿
入　131、414
人　302、308、432
八　376
匕　434
九　479

乛
丩　389
又　394
刀　405
乃　409

三畫

一
廾　91、212
大　93、451
三　291、371
下　369
干　388
工　409
于　410
才　419
土　472

丨
口　182
上　369
小　376
山　444

丿
及　101、356、394
久　147
川　182、189、459
千　389

丶
宀　214
之　225、308、419

四畫

一
帀　78、324
尤　93
天　132、182、287、368
王　283、372
友　289、395
元　308、368
牙　388
巨　409
井　412
木　417
仄　445
夫　452
不　461

乛
也　85、466
子　304、482
屯　373
刃　406
女　464
弓　468
己　481

戈　466
五　479

丨
冃　73
水　86、104、326、457
中　113、373
日　149、302、422
少　376
止　381
曰　409
内　414

丿
介　46
气　68、373
手　103、463
升　114
氏　284、466
月　301、424
户　323、462
仁　360、433
公　377
分　376
牛　377
父　394
兮　410

今	413	左	408	白	432	地	302、472
什	433	可	410	丘	435	在	320、336
从	435	甘	409	冬	460	夷	360、451
勿	446	平	411	氐	466	吉	379
火	449	石	446			共	392
心	453	丙	480	、		臣	396
壬	482	戊	480	市	78	百	401
午	483	未	483	主	78、412	死	404
				必	377	韧	406
、		丨		半	377	刑	406
文	37、442	且	17、118、476	玄	403	邢	422
六	93、327、479	申	49、50、483	宄	430	有	424
斗	114	叫	70、325	立	453	考	438
亢	308	史	72、395			而	446
方	439	甲	79、480	丿		夸	451
		戶	215	孕	60	西	462
丿		只	310	矛	74	成	481
允	44	目	354、399	奴	89、465	戍	484
予	74、403	号	410	弘	90		
引	468	北	435	民	284、465	丨	
毋	308	兄	440	皮	397	虍	69
弔	434	冉	446	尼	439	吃	70
比	435	田	475	弁	440	曲	90、155、468
尺	439	四	479	司	442	虫	188
以	483			母	464	吁	380
丑	482	丿		弗	465	此	382
		生	78、420			光	450
五畫		矢	117、167、299、414	**六畫**			
一				一		丿	
玉	283	犯	194	朼	57	舌	71、388
执	299	仒	215	早	79	色	85、175、179、443
正	303、382	卯	224、299、482	再	81、403	先	93、103、151、440
功	317	外	425	戎	112		
丕	369	仙	359	朽	131、404	兆	111、399
示	370	句	389	邦	182、421	危	124、322、359、445
古	389	乎	410	列	217		
右	394	禾	426	至	224、462		

休	142	羽	105	酉	483	孚	394
夙	190、425	癸	106			秀	426
辰	213	纟	108	丨		谷	460
旨	224、321、411	阩	200	町	75	我	467
役	224	好	354、465	吟	128、188、380		
廷	230	艸	375	吴	167	丶	
伏	297	聿	395	足	188	社	68、215、371
后	299、442	弜	468	囟	240、323	决	87
行	387	糸	469	困	255	羌	94
延	387			步	258	序	104
自	400			旳	300	完	110、428
竹	407	**七畫**		生	419	没	117、458
朱	417			貝	420	次	189、332
年	427	一		吕	431	羌	310
臼	428	投	61	男	475	祀	370
任	433	辰	88、483	里	474	初	405
舟	439	杜	96			良	415
伐	434	抗	103	丿		弟	416
旬	443	折	104、375	免	62、434	宋	430
		赤	125、451	昏	71	忘	455
丶		更	137、398	狂	73、449		
冰	87	扶	141、463	兵	87、327	乛	
次	87	孛	235	何	104、433	君	100、302
汙	117	形	298	私	107	忌	132、455
宇	140、428	甫	307	攸	107、398	改	358、398
守	146、230、429	華	311	役	137	壯	373
阱	312	芥	336	利	144、405	即	412
羊	402	李	365、417	皀	178	矣	414
宅	428	吾	378	角	188	邵	422
并	435	走	381	囱	213	妦	464
衣	437	弄	392	牡	377	阿	478
亦	451	戒	392	伯	300、349、433		
州	459	豆	411	兔	357、434	**八畫**	
字	482	束	420	余	377		
		孝	438	告	378	一	
乛		夾	451	返	384	拔	15、62、463
弛	80			近	385	抱	15、463
						直	17、467

雨	66、224、460	呼	69	使	224、309	享	415
苟	69	虎	76	岳	248、444	郊	421
芙	69	昃	78	昏	284、422	夜	425
述	71	果	78、329、417	季	305	宗	430
邶	79	臰	80	兔	328	卒	437
奄	81、451	戾	81	周	379	戾	448
珇	92	卓	82、239	命	378	治	457
柯	104	昊	109	和	379	炎	450
披	105、306	尚	376	征	382	兖	457
杳	133	味	378	徂	382	波	458
拙	141	肯	405	往	386	官	478
更	145	典	408	秉	395		㇀
取	155	固	420	佳	401	希	85、446
押	176	昌	422	受	403	姐	89
兩	230、431	明	425	臽	409	糾	143
其	289、408	岫	444	卬	412	居	315、438
郁	308	易	447	帛	432	屈	439
長	314、446	狀	448	兒	440	始	465
武	325	非	461	忽	455		
奉	392	門	462		、	**九畫**	
事	395		㇀	宜	17、429		一
者	400	爭	17	法	58、351、448	刺	17
來	415	氛	68	定	59、428	軌	57、312
東	418	肭	74	役	61	封	58
析	418	阜	90	祉	68	珍	68、195
林	419	舍	102、413	炊	76	珎	68
若	419	肱	107	疚	81、167	柚	77
昔	422	卑	111	泥	87、306、321	巷	79
枺	428	侈	128、191	怩	87	柄	104
或	467	服	132	祈	91	拾	105
表	437	侍	138	庚	93、481	毒	145、286、374
奉	452	牧	142	妾	108、391	荊	223、243、374
妻	464	金	161、476	卷	110	柸	223
	丨	乳	188	宛	191	革	224、393
昆	33、146、423	炙	211、450	底	318	珉	272

栯 280	省 400	施 80	屋 439
春 289、321、375	胄 431	差 94、100	姪 464
要 320、363	思 453	度 123	姦 482
封 320、473	畎 459	津 127、458	
指 321	ノ	突 162	**十畫**
厚 349、415	禹 66、480	咨 189、412	一
甚 355、409	信 72、390	窀 200、412	秦 17、427
皆 358、400	俄 74	洐 214	挫 44
荅 374	郦 79	宣 234、309	桒 60
荒 375	郤 79、84	衿 313	荂 69
政 398	秋 81	涎 332	莫 69、170
殂 404	却 84	軍 354、477	泰 94
殆 404	鬼 85、444	帝 369	耽 88
南 419	俗 105、116、433	祖 371	班 131
頁 441	毗 117	祇 370	莊 131、226、354、374
面 441	侮 132、434	哀 380	
奏 452	食 144、413	前 381	起 196、381
契 451	拿 197	逆 383	夏 219、416
垣 473	皀 216	音 391	髟 274
城 473	皇 278、372	室 428	逐 292、343、385
垢 474	後 298、387	首 442	專 354、397
丨	泉 306、444	恃 454	珠 372
囿 62、420	怨 355	恆 472	速 383
荀 69	柤 413	一	鬲 393
則 73、347、405	侯 414	象 85	格 418
眅 73、315	保 432	陞 93	索 419
眊 73	重 436	陛 93	晉 422
虐 76、411	修 442	骨 119	都 421
畏 85、444	怨 455	矜 125	栗 426
幽 108、319	急 454	柔 191	馬 447
昒 131	拜 463	勇 198、475	栽 450
昔 143	丶	退 222、387	恭 453
虹 165	神 68、370	癸 224、482	恐 456
星 301、424	迷 71、384	陟 259、478	原 459
虻 312	亭 76、309	既 413	捍 464

筆畫檢索表 537

配	484	倉	413	宮	431	彰	200
	丨	乘	417	病	431	焉	228、402
眠	60	氣	428	衰	437	捷	245
哭	70、380	傷	434	立	453	教	289、304、398
虔	76	般	439	悔	456	基	290、473
晃	82、128、310	豹	446	涕	459	皷	313
柴	94	皋	452		一	姜	374
眹	131		丶	紋	37	彗	395
時	232、422	旂	36	陰	92、478	曹	409
蚊	271	疾	39、81	陸	92	頂	441
剛	406	窊	58	桑	106	奢	452
員	421	旅	59、256	陣	111、479	掬	464
	丿	畝	73、475	姬	154、323	戚	467
息	39	袖	77	孫	290、469	區	468
射	45、414	宴	81	弱	357、442	菫	474
殺	63、396	旃	80	通	383	乾	480
徒	70、382	席	82	能	449		丨
虒	76	袁	83	恕	454	貫	17
缺	82	涉	87、260、459	純	469	敗	73、398
敁	84	悦	90、162	紡	470	鹵	80
欱	84	被	123、207	務	475	冕	82
毧	103	宵	140	陳	478	帷	82
桀	106	朗	140		十一畫	紫	94
卿	109、136、443	悖	235、456			眺	111
俯	111	家	285		一	野	127、338、475
脆	124	流	294、295	毀	61	晦	141
飢	133、226	冥	316	菫	68	蚳	313
翄	139、375	害	335、430	萁	69	婁	319、362、465
特	142、378	唐	379	副	75	堂	330、473
胯	143	訊	390	菩	78、305	異	356
殷	153、437	效	397	掘	89	問	392
徐	386	益	411	菶	92	過	379
造	383	高	414	桼	94	睅	383
逑	385	兼	427	梓	147、365	衆	400
烏	402	容	429	執	174、452		

筆畫檢索表

ノ

隼	38
徙	56、70、110、383
逸	61
脫	74
假	82
從	83、435
動	91
進	151
偷	187
覓	236
悤	279
悟	308
象	313
移	357、427
牼	378
得	387
敏	397
貧	421
欲	441
魚	461
舍	483

、

淫	32、458
混	34
視	60、330、440
鹿	76
惟	82
袤	83
深	105、457
清	105
眷	110
庶	152、445
啟	154、166、397

扈	166
惇	172
悰	198
竟	277
淳	307
商	388
章	391
庸	399
產	420
族	424
康	427
惕	456
惜	456
涿	458
率	471

一

晝	72、396
敢	74、206、403
婚	77
艴	85
婥	89
陞	92
陘	92
鄉	137
孶	173
皲	306
習	324、101
張	468
紹	470
終	471
組	471
陽	478
責	481

十二畫

一

揚	40、77
軫	50
董	70
喪	70、79、279、380
琪	75
琈	75、215
揖	89
握	89
雲	88
跕	106
朝	114、282、423
超	139
期	140、169、424
絜	140
斯	169、331
款	195、441
棖	198
揎	235
達	251、384
尌	253
寮	262
殖	264、404
植	273
軺	280
搜	299
戟	309
堨	309
堯	309、474
喜	355、411
葬	376
越	381

煮	393
惠	403
散	404
極	418
粟	426
敬	443
惡	455
幸	481

丨

閔	36、272、283、462
量	72、436
晦	73
嵬	85
掌	89
間	88、190
嗟	100
猒	116
悶	136
間	190
閑	190、462
怒	220
單	250、380
貴	268
黑	275、450
閩	372
遇	383
虛	436
悲	456

ノ

順	56、221、441
遁	71、384
腓	75
貂	84
揳	89

鈕	92、199、476	滋	87	\[十三畫\]		歲	382
舒	102	溁	88、458			跬	388
脾	112	絭	110	一		路	388
筆	127	盜	126、285	靭	51	農	393
舜	132、416	惰	128	蒙	64、143	虞	411
備	132、353、433	敦	172	蓮	68	盟	425
笄	132、317	遂	223、385	楊	77、417	賊	466
殽	157	詞	294	葉	78		
短	191	尊	354、484	蓆	82、375	丿	
飲	192	祿	370	楫	88	解	38
創	243、406	善	391	瑳	100	亂	48、480
番	260、377	棄	402	艶	174	毁	55、116、473
策	286、408	游	424	載	196、302、477	微	71
然	343、449	富	429	瑁	224、372	遞	71
智	347、355、401	寑	430	瑚	240	詧	72、108
御	352、387	寓	430	聖	290、354、463	槩	76
術	357、387	廋	445	禁	351、371	愛	77、292、355、416
復	386	惻	456	蒼	374		
集	402	淵	458	蓋	375	貉	86
筥	407			遠	385	鉏	92、199
傲	433	一		肆	395	覛	111
奡	436	尋	33、73	嗇	415	熒	101
毳	438	費	60	楚	419	敫	178
猶	449	畫	72、271	雷	460	腦	194
無	467	堅	80			與	217、224、281、348、393
鈞	476	媒	89、171	丨			
		絶	90、470	業	17、392	遙	247、386
丶		弼	90、469	睦	73、327、399	會	253
詛	68、173、391	結	91、470	嗣	75	僉	309
遁	71	隃	224	虜	80	愆	333、455
道	71、350、385	登	382	罪	82、431	詹	376
童	72、81	幾	403	歇	84	鳧	397
雇	74	巽	408	蜀	124	筮	407
高	76	發	468	暇	154	煙	450
詞	84、443			跡	287		
渴	87			鼎	314	丶	
						滅	34、459

筆畫檢索表　541

詩	71、142、225、390	望	436	稟	199	遷	152
廊	75	監	436	鄰	276	蕉	188
廑	108	髮	442	鄭	107、293	播	260、464
塗	218			漆	300	遼	262
		丨				震	266
話	310	踴	72、197	褅	311	憂	289、294、416
誅	391	罰	281	寧	316、410	蕪	374
裔	437	聞	316	養	413	奭	401
慈	454	圖	357、420	寡	430	賢	421
慎	453	嘑	379	誨	390	撤	441
義	467			漁	461	慮	453
新	477	ノ		賓	421	撫	463
		稷	81	鄭	421		
一		稱	81	齊	426	丨	
遂	71	貌	84、86、178	端	453	踐	34
綏	306、471	舞	105	漾	457	閱	88
經	331、469	銘	160			罷	82
殿	396	僕	217、392	一		踢	89
群	402	箆	311	暨	80	獎	126
辟	443	餌	316、394	骴	82、239	墨	276
		鼻	401	熊	86	遺	385
十四畫		腠	404	墮	138	膚	404
		箕	408	綱	220		
一		槃	418	緘	276	ノ	
蔡	62、375	獄	449	翟	401	銳	44、158
競	106、440			綽	471	稷	61、427
爾	148	、				徵	71、83
臺	176	誥	72、108、390	十五畫		僵	82
毫	259	褒	77			億	222、434
厭	293、445	寬	81	一		鄶	254
聚	300、436	褫	83	犛	69	盤	290
輔	307、477	說	90、162	輦	76	稽	303、420
熙	323	旗	91、423	髳	84、274	德	386
壽	324、437	榮	101	墺	87	徹	397
摘	331	褐	123	駐	86、252、447	魯	400
臧	334、396	敲	131	霄	88	箭	407
嘉	411	韶	139	磔	122		
		寥	140	熱	148		

、		頓	92	獨	448	醯	195
審	33、377	霙	92	勳	475	鞫	219
廢	54、445	醜	118			趨	244、381
褫	83	操	140	劇	75	聰	279
熒	101	薄	144	濁	87、124、457	臨	436
廟	140、354、445	靜	200	燔	91	繄	448
遵	144	醢	240	營	101	戀	454
論	145	樹	252、355、417	營	101、431	懃	456
寮	182	蕭	408	龍	134、315	艱	474
稾	199			謀	141、318、389		
獎	232、448	戰	35、466	謁	171	瞋	73
蕑	207、321	默	42	憸	198	歈	84
潦	262	嘯	70	窺	236、431	髀	112
羹	303	鵙	74	澮	254		
褵	311	毄	86、212	燎	262	嗣	48
毅	396	閻	126	熾	263	鮨	55
窮	431	閿	198	親	354、441	簋	57、407
慶	454	噫	222	謂	389	螽	91
		螭	308	諺	391	籠	141
遹	71	閿	312	廩	415	邈	176
豫	102					黛	276
遲	384	穆	41、133、426	壅	71	膿	304
樂	418	毅	55、115、428	彊	82、88、115	簋	348
履	439	頹	74	隋	92	龠	388
彈	468	築	76、145、349、418			魏	444
十六畫		龜	84	**十七畫**		燮	450
		錯	159			鮮	461
髻	65、164	膳	232、404	舊	74、401	謝	46、391
毅	74、471	舉	281	隸	77	糜	120
髭	84	學	296、399	驛	86、212	糜	120
駱	86	篋	311	霜	88	燭	124
擁	89	劓	406	龏	116	邃	140
樧	91	衡	407	戴	142	謨	171、318
璠	91	篤	447	螫	145、472	盧	211
				邇	148、385		

| 檜 254
| 禮 370
| 濮 457
| 濟 458

　一

| 績 90、91
| 縱 91、212
| 嚮 136
| 牆 415

十八畫

　一

| 鼇 61
| 聵 73
| 檮 78
| 闐 88
| 贄 88
| 醫 179
| 鬈 275
| 繭 317、469
| 瓊 333
| 鞭 393
| 藝 394
| 瞽 400
| 鼇 474

　丨

| 蟠 91
| 鼂 282
| 瞿 402
| 醬 484

　丿

| 穫 35、427
| 鵝 74
| 簞 76
| 皦 326

| 歸 381
| 簡 407
| 鍛 476

　、

| 憒 70
| 禱 78、371
| 瀆 87
| 燊 101
| 竄 140
| 膺 194
| 離 318
| 謹 350、390
| 雜 437

　一

| 彝 73、471
| 斷 162、477
| 璧 372
| 織 469

十九畫

　一

| 轍 44、478
| 藜 69、89
| 壞 91、357、474
| 攆 116
| 蘢 141
| 繫 229、471
| 鬒 275
| 顛 303
| 藥 311、402
| 難 322、356
| 礦 446
| 麓 419
| 麗 448

| 丨
| 嚴 70、380
| 羅 82、432
| 羆 82、86
| 疇 119、317
| 翻 106

　丿

| 獠 262
| 犢 122
| 簠 207
| 鏑 476
| 辭 481

　、

| 譫 80、254
| 寵 134
| 龐 134
| 類 271
| 懷 454

　一

| 戀 47
| 疆 172
| 繪 254

二十畫

| 觸 38、406
| 鰒 55
| 齟 72
| 壤 91
| 蠐 91
| 蹉 100
| 趯 124
| 籋 119、148
| 響 136
| 饐 142、413
| 贓 276

| 競 277
| 寶 429
| 鶩 447
| 繼 470
| 鐘 476

二一畫

| 鶿 74
| 續 87、90、91、470
| 闢 88、462
| 儹 120
| 攜 141
| 邋 247
| 懼 290、454
| 囂 388
| 驅 447
| 露 460

二二畫

| 鷯 74
| 龕 88
| 邐 91
| 鷟 120
| 讀 122
| 韃 124
| 聾 134
| 籠 134
| 龔 134
| 玃 195
| 毀 198
| 襲 325
| 聽 463

二三畫

籥 76
籠 134
讎 390
變 398
顯 441

二四畫

觀 61
蠶 100
靈 373
甗 276
讒 304

二五畫

畫 412
蠹 472

二五畫

黌 254

二七畫

讚 413
鱺 311

二八畫

鑿 87、91、213
鑿 160

後　　記

　　呈現在大家面前的這本小書是在我的博士論文基礎上修改而成的，博士答辯在2012年6月，距今已五年有餘。事實上關於出版一事，答辯後不久就曾與上海古籍出版社洽談過，之所以遲延至今，除了外部原因，也與我天生的拖延性格有關。一直想把自己讀書階段的感受寫出來，現在就借着這本小書出版的機會吧。

　　我是家裏第二個孩子，上面還有一個姐姐。我父母都是五十年代生人，父親高中畢業，那個年代在我家周圍"學歷"算是高的，他也因此當過生産隊裏的會計；母親從小因要照顧患病的姥姥，同時還要承擔一些家務，所以她没有上學讀書，一天書也没有讀過，連一些簡單的常見字也不認識。然而我學習上受到的啓蒙却基本都來自我的母親。我自小偏愛數學，不大喜歡文科，歷史却是例外，這與母親對我無意識的引導關係密切。我小的時候電視還没有全面普及，主要娱樂便是聽廣播中的評書和母親講的歷史故事，故事内容涉及的人物很多，包括孫臏、劉秀、諸葛亮、秦瓊、朱元璋等等。這些故事自然不是母親從書上看來，而是她小時候聽周圍那些説書藝人所講的。母親的記憶力極好，對那些故事記得十分清楚，講得也比較詳細，我也非常喜歡聽。當然，這些都是"演義"的歷史，與正史存在很大區别。這却激發了我對歷史的濃厚興趣，以致在我能獨立閲讀之後，凡是看到與歷史相關的書籍都十分喜歡。這樣讀書雖然不夠系統，多數也與學術研究無甚關聯，但是久而久之也積累了一些知識，這也是我選擇現在專業的原始動力之一。

　　母親不認識字，但使用電視、手機等設備並未受到太大的影響，很多文字信息她應該是以圖片形式記在腦中，所以也能準確地找到我們的名字及電話號碼。母親現在見到學生上學，有時仍然羡慕，我想這是她一生最大的遺憾。而我從小學讀到博士，乃至博士後出站，共二十餘年，中間没有間斷過。我想這是命運有意的安排，要我把母親没有讀的書替她補救回來。近年來我父母身體都不大好，我由衷地希望他們健康、長壽。還有我的姐姐，以前一直由她照顧父母，我才能安心讀書。讀研時有很多價格昂貴的書籍都是她利用電子版給我做成打印本,我方能讀到很多重要的論著。

曾經看過一部叫《蝴蝶效應》的電影,片子主要講過去的細小改變對人未來的巨大影響。於我而言,影響最大的事情莫過於考研了。我本科就讀於哈爾濱師範大學中文系,那時對學術研究幾乎沒有瞭解,更別說心嚮往之。我對古代漢語課程十分感興趣,授課的李連元老師經常介紹吉林大學古籍研究所古文字專業,於是我就決定報考該專業。經過了一段時間的學習、準備,我覺得自己對這個專業越發喜愛。可是備考過程中却出現了波折,在我即將考試的2007年,國家突然規定歷史專業研究生考試必須統考,而我要報考的吉大古文字方向正歸於歷史專業,要按規定統考歷史試題。所以,之前複習的古代漢語及文字學內容均不在考試範疇,要全部重新準備跨專業的歷史課程,此時距考試時間已經不足四個月,當時對我的衝擊可想而知。與我一同準備報考吉大古籍所的兩位好友已經改報吉大文學院。我則比較彷徨,也許是注定與古籍所有緣,猶豫幾天後仍然決定堅持原來的報考方向。這倒不是因爲有主見,而是當時心裏總不願相信、面對統考這件事情。於是開始準備參考書籍,同時向歷史系的同學請教,得到的回復則頗爲相同:這是第一屆統考,對於考試題型、重點,大家都一無所知。還好之前看過一些雜書,所以對中國史的複習沒有太費力氣,主要就是按照教材梳理清楚。而世界史是比較頭疼的,這佔用了大部分時間。好在當時我的狀態總是迷迷糊糊,也因此沒有細想將來的得失,才能安心備考。研究生考試結束後,我並未抱什麼希望,也沒做任何復試準備,短暫調整便去聯繫工作。開學後成績公布,我的成績竟然很好,好到很多歷史專業的同學也沒有我的分數高,這完全超出了我的預料。所以人們常說考試存在很大偶然性,對此我是深信不疑的。現在想想,正是因爲當時的迷迷糊糊,才使得我能進入古籍所學習,這真的很奇妙。

這次考試對我的影響是巨大的,它改變了我的學習、生活環境。古籍所沒有外面的熙攘,仿佛一片淨土,在這裏除了讀書別無其他。所裏的老師、學長已垂範在前,我們自然不敢荒疏怠惰。入學後我被分配到吳振武老師名下,吳老師是知名學者,向來嚴格,估計作爲他的學生都會有壓力。我又天生"恐高",所以一度壓力極大。第一學期吳老師講授金文課程,那時我心裏較爲矛盾:一方面喜歡上課,因爲能見到導師,學到知識,還能聽到一些學術趣聞;另一方面又不想上課,因爲專業基礎不好,見到老師心裏沒底,就這樣惴惴不安地度過了一個學期。當年吉林大學研究生學制是兩年,所以第一年就需定好碩士論文題目。我論文研究對象確定爲傳抄古文,但涉及內容太多,兩年的時間是無法完成的(事實上確定題目後只剩下一年),與老師商議後決定直接攻博,將其作爲博士論文題目。題目確定雖早,我却一直未着手撰寫,除了做一些掃描、抓圖等基礎工作外，多數時間都在看書，内容多是本專業論著，也不以論文題目爲限。

論文的撰寫是從 2009 年博士入學後開始的，在吴老師的建議下，從整理傳抄古文異體關係入手，對研究材料逐一"摸排"。在這一過程中，我發現有很多訛變嚴重的古文形體以前没有解決；《古文四聲韻》中很多誤植現象也被忽略；還可利用傳抄古文解決其他方面問題。後來我把材料進行了分類，又結合自己的發現大體勾勒出論文的框架，於 2010 年夏天向吴老師彙報。老師看了之後很滿意，並做了具體的指導，還對其中一些發現給予了肯定。這次談話十分重要，我不但確定了論文結構，還獲得了極大的自信，意識到先前一些想法是可信的，自己也許是具有科研潛質的。隨後論文寫作進行得較爲順利，有時一天能寫數千字，在遇到新的發現時，往往停不下來。與此同時，也陸續把想法寫成單獨的文章，寄給學術期刊，有些篇目被錄用並最終發表，這對我也是極大的鼓舞。2011 年冬天論文寫作基本完成，於寒假前便交給了老師。之後老師給出了很多具體的修改意見，小到標點措辭，大到材料觀點，這些意見文中都已吸收。老師對論文的選題、寫作、修改都付出了很多心血，後來還幫忙推薦出版，書的封面題簽也是由老師題寫。不僅在學業上，同時在我個人生活上，老師也給予了很大的幫助，這些都是"謝"字表達不盡的。

論文的答辯專家、外審專家林澐、李家浩、胡平生、張世超、陳偉武、施謝捷、李守奎、徐在國、李天虹、徐正考、吴良寶等先生都對論文提出了修改意見，其中很多已吸收在文中；陳偉武先生不遠千里趕來主持答辯；馮勝君先生曾惠賜難見的《古文四聲韻》版本，並將小文列入出版叢書；顧莉丹女士爲小書的編輯不辭辛勞，還要忍受我交稿的一再推遲；還有古籍所的同事與上下届同學，我們經常相互討論，互有啟發。除此之外，我的中學老師王春天、師範學校老師林鳳慧、本科老師李連元，在不同階段都給予我很多幫助。對以上的老師、學友表示衷心的感謝。我中考報志願時父親幫我選擇了師範院校，希望我能早些工作減輕家庭負擔（更重要的是那時中師畢業後包分配工作），於是畢業後我有了小學教師資格證；本科和博士畢業後，又分別獲得了中學、大學教師資格證。大概命裏注定我是要當老師的，我也應該好好對待我的學生，這也是對那些曾經給予我幫助的老師們最好的回報。

妻子和我是本科同學，畢業後她在天津工作，我在長春讀書，兩地相處多年，克服了諸多困難。客觀地說，我對古文字專業的用心與投入遠比對她的多。與從事科研工作的人一起生活很不容易，這一點我很佩服她。幾年前她的工作也調到了長春，我們的女兒卓爾現在一歲半，卓爾小朋友有些脾氣，像我；也很有性格，像她媽媽。每每看到女兒，我都覺得很幸福，也很感恩，現在只有她能改變我的作息與生活。

曾經讀到一段話,頗有感觸,惜一時檢不到出處,大意是説做自己喜歡的事情,並有所突破,就會產生樂趣,這個樂趣是很大的,是别人奪不走的,一些發現若再得到認可,則更爲美妙。這本小書裏有很多我自己的想法,也期待同道、師友的檢驗,大家若能信服,進而產生共鳴,這是令我欣喜的。書中肯定也有不足之處,也希望得到大家的批評與指正,這可以使我取得進步。

2017年12月於長春

圖書在版編目(CIP)數據

傳抄古文綜合研究 / 李春桃著. —上海：上海古籍出版社，2021.5

（吉林大學中國古文字研究中心、出土文獻與中國古代文明研究協同創新中心學術叢刊）

ISBN 978-7-5325-9941-7

Ⅰ.①傳… Ⅱ.①李… Ⅲ.①汉字-古文字-研究 Ⅳ.①H121

中國版本圖書館 CIP 數據核字(2021)第 066194 號

吉林大學中國古文字研究中心、出土文獻與
中國古代文明研究協同創新中心學術叢刊

傳抄古文綜合研究

李春桃　著

上海古籍出版社出版發行

（上海瑞金二路 272 號　郵政編碼 200020）

（1）網址：www.guji.com.cn
（2）E-mail：guji1@guji.com.cn
（3）易文網網址：www.ewen.co

上海顯輝印刷有限公司印刷

開本 787×1092　1/16　印張 34.75　插頁 2　字數 641,000
2021 年 5 月第 1 版　2021 年 5 月第 1 次印刷
印數：1—1,800
ISBN 978-7-5325-9941-7
H·236　定價 158.00 元

如有質量問題，請與承印公司聯繫